华章经管
HZBOOKS | Economics Finance Business & Management

| 一带一路双向投资丛书 |

中国双向投资政策指南

国家发展和改革委员会
徐绍史 主编
何立峰 王晓涛 副主编

机械工业出版社
China Machine Press

图书在版编目（CIP）数据

中国双向投资政策指南 / 徐绍史主编．—北京：机械工业出版社，2016.1
（一带一路双向投资丛书）

ISBN 978-7-111-52883-8

I. 中…　II. 徐…　III. 投资政策－中国－指南　IV. F832.48-62

中国版本图书馆 CIP 数据核字（2016）第 016933 号

中国双向投资政策指南

出版发行：机械工业出版社（北京市西城区百万庄大街 22 号　邮政编码：100037）

责任编辑：冯小妹　　责任校对：殷　虹

印　　刷：北京诚信伟业印刷有限公司　　版　　次：2016 年 2 月第 1 版第 1 次印刷

开　　本：170mm×242mm　1/16　　印　　张：40

书　　号：ISBN 978-7-111-52883-8　　定　　价：120.00 元

凡购本书，如有缺页、倒页、脱页，由本社发行部调换

客服热线：（010）68995261　88361066　　投稿热线：（010）88379007

购书热线：（010）68326294　88379649　68995259　　读者信箱：hzjg@hzbook.com

EDITORIAL BOARD · 编委会

序言 · PREFACE

双向投资是一国吸收国际资本来本国投资与输出本国资本到境外投资的能力与水平的反映，是一个国家开放程度与国际化发展水平的重要标志。随着当今经济全球化、区域经济一体化的日趋深入发展，双向投资已越来越多地成为世界各国参与国际分工和全球合作与竞争的重要选择。

2014 年，在世界经济增长复苏缓慢、全球贸易低速增长、外国直接投资出现下降的形势下，中国经济仍保持 7.4% 的中高速增长，对世界经济增长做出了应有的贡献。其中，中国的双向投资，特别是对外直接投资取得了令人欣喜的佳绩。

2014 年，中国实际使用外资金额为 1285.02 亿美元，同比上年增长 3.57%，首次位列全球吸引外资第一。与此同时，中国对外直接投资为 1231.2 亿美元，同比上年增长 14.2%，投资额是 2002 年的 45.6 倍，不仅实现连续 12 年的增长，年均增速高达 37.5%，而且连续 3 年位列世界第三大对外投资国。到 2014 年年末，中国对外直接投资企业达 1.85 万家，投资存量已达 8826.4 亿美元，占全球的份额由 2002 年的 0.4% 上升至 3.4%，排名从第 25 位上升至第 8 位。2014 年，中国双向投资可圈可点，具有以下主要结构性特点：

一是从双向投资的产业领域分布看，服务业已成为中国双向投资的重点领域。2014 年，中国利用外资的一二三产业比重为1.62∶33.75∶64.63，第三产业已成为利用外资的主要领域，投资金额最多的主要产业领域依次排名是制造业、房地产业、金融业及租赁和商务服务业，共计占利用外资金额总量的77.96%。2014年，中国对外直接投资已涵盖国民经济的18个大类，对外直接投资金额的三大产业构成比为1.3∶25.3∶73.4，第三产业已成为主导。其中，第二产业主要是采矿业，专用设备、汽车、通用设备及金属制品等装备制造业；第三产业主要是租赁和商务服务业、批发零售业、金融业、房地产业、交通运输业、仓储和邮政业，以及信息运输、软件和信息技术服务业，合计金额占第三产业的69.1%。由此可见，随着中国服务业日益成为经济发展的重要支撑，中国服务业的“走出去”也呈现出更快的发展，并已经成为中国对外投资的主要力量。

二是从双向投资的国别地区分布看，发达经济体已成为新热点，但我国香港地区仍是内地双向投资最大和最稳定的来源地与投资目的地。2014年，中国境内利用外资的来源地仍主要是亚洲，新增外商企业数量与投资金额都占七成以上，其中来自我国香港地区的投资高达六成以上（占63.2%）。来自美国与欧盟15国的企业数量分别增长9.78%和3.12%，但实际投资金额同比则分别下降15.9%和4.5%。与此同时，发达经济体已成为中国对外投资的新热点，2014年，中国流向发达经济体的投资达238.3亿美元，同比上年增长高达72.3%。其中，对欧盟投资同比增长高达116.3%，对美国投资同比增长高达96.1%，对澳大利亚投资同比增长17.1%，均创历史最高。中国“走出去”的国别地区已从传统的亚非拉转向发达国家或地区，这表明随着中国经济综合实力的不断增强，以及中国企业发展经营实力的不断壮大，中国参与高端产业国际分工合作与竞争的能力正在大大提高。当然，发展中国家仍是中国“走出去”的主要地区，占中国对外投资的八成，其中我国香港地区占六成。

三是从双向投资的国内地区分布看，东部地区仍是中国双向投资的主要地区，但中西部的作用逐步增强。2014年，中国东部地区外商投资企业数量与投资金额占总量之比分别为86%和76.2%。相比之下，中部分别为9.3%和8.45%，西部分别为4.65%和8.4%，比重都仍较低。但与上年相比，中西部地区的实际使用外资金额均呈上升趋势。2014年，地方非金融类对外直接投资达 547.3 亿美元，同比增长 50.3%，占全国非金融类对外直接投资总量的 51.1%，首次超过中央企业和单位的对外投资规模。其中，东部占 81.8%，同比增长 53.2%；西部占 11.9%，同比增长 78.4%；中部占 6.3%，同比下降 3.1%。广东、北京、上海、天津、江苏、山东、浙江、辽宁、四川和云南为地方对外投资的前 10 位，投资总额 432.8 亿美元，占地方总量的 79.1%。

四是从双向投资的企业类型与投资方式看，多元化日益成为双向投资的发展格局。2014 年，外商独资、中外合资、中外合作及股份制等仍是中国利用外资的主要企业类型，但其中，外商独资企业数量及投资金额分别占 79% 和 73.7%，已成为主导。2014 年，中国国有企业尽管在对外直接投资中仍占 53.6%，但非国有企业的比重较上年同期增加了 1.6 个百分点，占比在不断扩大，表明非国有企业在“走出去”方面的作用日益重要。同时，中国对外投资已形成了并购投资、股权投资、收益再投资、债务工具投资等多种投资方式并存的多元化格局。

综上所述，2014 年，中国双向投资取得的成绩主要得益于：一方面，从国内看，在中国经济进入新常态、经济下行压力不断加大、结构调整任务不断加重的新形势下，适时提出了以“一带一路”及设立自贸区为主要标志的更加开放的新战略，以开放带动改革，以改革促进发展。在外需低迷的情况下，着力拓展内需，实施一系列创新驱动战略，借助新科技革命机遇，推进工业 4.0，提升制造业，发展新兴服务业，改善国内宏观调控，简政放权，为外商投资提供更加宽松、便利公平的宏观与市场环境。同时，放宽各类“走出去”政策，积极倡导国际产能和装备制造业合作，为企业对外投资提供更加积极便利的政策环境与金融服务。

另一方面，从国际看，国际金融危机后，全球经济一直不景气，大量游资需要寻求新的投资机会，而中国巨大的市场及稳定的发展环境对国际资本仍有较强的吸引力。同时，国际金融危机导致欧美等主要发达国家大量产业及企业的资产缩水，这为中国“走出去”提供了更加广阔的新空间。此外，众多的发展中国家不同程度地需要中国投资的支持，以促进其加快发展。这些因素产生的叠加效应强有力地推动中国双向投资出现了全面加快发展的新格局。

2015年，在“一带一路”战略强有力的推动下，中国与沿线国家的双向投资也跨入新阶段，正显示出强劲的发展势头与发展空间。1 ~ 7月，中国企业共对“一带一路”沿线的48个国家进行了直接投资，投资额合计85.9亿美元，同比增长29.5%，高于同期全国增长20.8%的水平，投资主要流向新加坡、印度尼西亚、老挝、俄罗斯、哈萨克斯坦、泰国等。1 ~ 7月，中国企业在“一带一路”沿线的60个国家新签对外承包工程项目合同1786份，新签合同额494.4亿美元，占同期中国对外承包工程新签合同额的44.9%，同比增长39.6%，高于同期全国增长23.7%的水平。截至5月底，中国对“一带一路”64个国家 / 地区累计实现各类投资共1612亿美元，约占中国对外直接投资累计总额的20%。在吸收外资方面，2015年1 ~ 5月，“一带一路”沿线国家在华设立外商投资企业767家，同比增长14.31%；实际投入外资金额29.19亿美元，同比增长11.59%，均高于同期全国增长8.8%和7.9%的水平。

但是，也应清醒地看到，中国在双向投资方面仍存在诸多问题：就“引进来”方面，主要是需要进一步改善国内投资环境，提升外资的质量与水平，吸引与指导外资更好地为促进中国经济增长、产业结构转型升级服务。就“走出去”方面，由于中国“走出去”的时间相对较短，发展经验还有待进一步积累。特别是由于对外投资面临的国家多、领域宽，情况复杂多变，政治、经济、文化、外交及市场等多因素交错，更增加了中国企业对外投资发展的不确定性与难度。对中国各级政府与企业来说，在今后的对外投资发展中还将要面临许多新形势、新问题，特别是对投资国国情、法律、市场等的深入了解与认识。

由国家发展和改革委员会国际合作中心组织编写的“一带一路双向投资丛书”，是为推动中国“引进来”与“走出去”双向投资良好发展提供的，以信息服务指导为主要内容的一套工具书。此书的主要特点：一是收集了中国国家层面与各地方2014年双向投资的发展情况，为国内外更多了解中国双向投资发展情况提供了大量信息；二是收集了中国最新有关双向投资的政策，特别是关于“一带一路”的政策，向外国投资者展示中国开放的新政策及投资导向；三是收集了“一带一路”沿线重点国家的国外投资指南，对中国企业对外投资提供一定的指导；四是收集了国内外专家对“一带一路”国家和地区双向投资的分析与研究报告，以及不同行业“走出去”“引进来”的典型案例分析。

我相信，本书的出版将对各方面更加全面完整了解中国的双向投资提供有益的信息与情况，将有助于更好地推进中国“一带一路”战略的加快实施，促进中国的国际化进程和与世界各国的经贸合作交流。

国家发展和改革委员会主任　徐绍史
2015 年 11 月

CONTENTS · 目录

对外投资篇

外商投资篇

双向投资篇

推动共建丝绸之路经济带和21世纪海上丝绸之路的愿景与行动

（国家发展改革委　外交部　商务部　2015年3月）

（经国务院授权发布）

前言

2000多年前，亚欧大陆上勤劳勇敢的人民，探索出多条连接亚欧非几大文明的贸易和人文交流通路，后人将其统称为“丝绸之路”。千百年来，“和平合作、开放包容、互学互鉴、互利共赢”的丝绸之路精神薪火相传，推进了人类文明进步，是促进沿线各国繁荣发展的重要纽带，是东西方交流合作的象征，是世界各国共有的历史文化遗产。

进入21世纪，在以和平、发展、合作、共赢为主题的新时代，面对复苏乏力的全球经济形势、纷繁复杂的国际和地区局面，传承和弘扬丝绸之路精神更显重要和珍贵。

2013年9月和10月，中国国家主席习近平在出访中亚和东南亚国家期间，先后提出共建“丝绸之路经济带”和“21世纪海上丝绸之路”（以下简称“一带一路”）的重大倡议，得到国际社会高度关注。中国国务院总理李克强参加2013年中国—东盟博览会时强调，铺就面向东盟的海上丝绸之路，打造带动腹地发展的战略支点。加快“一带一路”建设，有利于促进沿线各国经济繁荣与区域经济合作，加强不同文明交流互鉴，促进世界和平发展，是一项造福世界各国人民的伟大事业。

“一带一路”建设是一项系统工程，要坚持共商、共建、共享原则，积极推进沿线国家发展战略的相互对接。为推进实施“一带一路”重大倡议，让古丝绸之路焕发新的生机活力，以新的形式使亚欧非各国联系更加紧密，互利合作迈向新的历史高度，中国政府特制定并发布《推动共建丝绸之路经济带和21世纪海上丝绸之路的愿景与行动》。

一、时代背景

当今世界正发生复杂深刻的变化，国际金融危机深层次影响继续显现，世界经济缓慢复苏、发展分化，国际投资贸易格局和多边投资贸易规则酝酿深刻调整，各国面临的发展问题依然严峻。共建“一带一路”顺应世界多极化、经济全球化、文化多样化、社会信息化的潮流，秉持开放的区域合作精神，致力于维护全球自由贸易体系和开放型世界经济。共建“一带一路”旨在促进经济要素有序自由流动、资源高效配置和市场深度融合，推动沿线各国实现经济政策协调，开展更大范围、更高水平、更深层次的区域合作，共同打造开放、包容、均衡、普惠的区域经济合作架构。共建“一带一路”符合国际社会的根本利益，彰显人类社会共同理想和美好追求，是国际合作以及全球治理新模式的积极探索，将为世界和平发展增添新的正能量。

共建“一带一路”致力于亚欧非大陆及附近海洋的互联互通，建立和加强沿线各国互联互通伙伴关系，构建全方位、多层次、复合型的互联互通网络，实现沿线各国多元、自主、平衡、可持续的发展。“一带一路”的互联互通项目将推动沿线各国发展战略的对接与耦合，发掘区域内市场的潜力，促进投资和消费，创造需求和就业，增进沿线各国人民的人文交流与文明互鉴，让各国人民相逢相知、互信互敬，共享和谐、安宁、富裕的生活。

当前，中国经济和世界经济高度关联。中国将一以贯之地坚持对外开放的基本国策，构建全方位开放新格局，深度融入世界经济体系。推进“一带一路”建设既是中国扩大和深化对外开放的需要，也是加强和亚欧非及世界各国互利合作的需要，中国愿意在力所能及的范围内承担更多责任和义务，为人类和平发展作出更大的贡献。

二、共建原则

恪守联合国宪章的宗旨和原则。遵守和平共处五项原则，即尊重各国主权和领土完整、互不侵犯、互不干涉内政、和平共处、平等互利。

坚持开放合作。“一带一路”相关的国家基于但不限于古代丝绸之路的范围，各国和国际、地区组织均可参与，让共建成果惠及更广泛的区域。

坚持和谐包容。倡导文明宽容，尊重各国发展道路和模式的选择，加强不同文明之间的对话，求同存异、兼容并蓄、和平共处、共生共荣。

坚持市场运作。遵循市场规律和国际通行规则，充分发挥市场在资源配置中的决定性作用和各类企业的主体作用，同时发挥好政府的作用。

坚持互利共赢。兼顾各方利益和关切，寻求利益契合点和合作最大公约数，体现各方智慧和创意，各施所长，各尽所能，把各方优势和潜力充分发挥出来。

三、框架思路

“一带一路”是促进共同发展、实现共同繁荣的合作共赢之路，是增进理解信任、加强全方位交流的和平友谊之路。中国政府倡议，秉持和平合作、开放包容、互学互鉴、互利共赢的理念，全方位推进务实合作，打造政治互信、经济融合、文化包容的利益共同体、命运共同体和责任共同体。

“一带一路”贯穿亚欧非大陆，一头是活跃的东亚经济圈，一头是发达的欧洲经济圈，中间广大腹地国家经济发展潜力巨大。丝绸之路经济带重点畅通中国经中亚、俄罗斯至欧洲（波罗的海）；中国经中亚、西亚至波斯湾、地中海；中国至东南亚、南亚、印度洋。21 世纪海上丝绸之路重点方向是从中国沿海港口过南海到印度洋，延伸至欧洲；从中国沿海港口过南海到南太平洋。

根据“一带一路”走向，陆上依托国际大通道，以沿线中心城市为支撑，以重点经贸产业园区为合作平台，共同打造新亚欧大陆桥、中蒙俄、中国—中亚—西亚、中国—中南半岛等国际经济合作走廊；海上以重点港口为节点，共同建设通畅安全高效的运输大通道。中巴、孟中印缅两个经济走廊与推进“一带一路”建设关联紧密，要进一步推动合作，取得更大进展。

“一带一路”建设是沿线各国开放合作的宏大经济愿景，需各国携手努力，朝着互利互惠、共同安全的目标相向而行。努力实现区域基础设施更加完善，安全高效的陆海空通道网络基本形成，互联互通达到新水平；投资贸易便利化水平进一步提升，高标准自由贸易区网络基本形成，经济联系更加紧密，政治互信更加深入；人文交流更加广泛深入，不同文明互鉴共荣，各国人民相知相交、和平友好。

四、合作重点

沿线各国资源禀赋各异，经济互补性较强，彼此合作潜力和空间很大。以政策沟通、设施联通、贸易畅通、资金融通、民心相通为主要内容，重点在以下方面加强合作。

政策沟通。加强政策沟通是“一带一路”建设的重要保障。加强政府间合作，积极构建多层次政府间宏观政策沟通交流机制，深化利益融合，促进政治互信，达成合作新共识。沿线各国可以就经济发展战略和对策进行充分交流对接，共同制定推进区域合作的规划和措施，协商解决合作中的问题，共同为务实合作及大型项目实施提供政策支持。

设施联通。基础设施互联互通是“一带一路”建设的优先领域。在尊重相关国家主权和安全关切的基础上，沿线国家宜加强基础设施建设规划、技术标准体系的对接，共同推进国际骨干通道建设，逐步形成连接亚洲各次区域以及亚欧非之间的基础设施网络。强化基础设施绿色低碳化建设和运营管理，在建设中充分考虑气候变化影响。

抓住交通基础设施的关键通道、关键节点和重点工程，优先打通缺失路段，畅通瓶颈路段，配套完善道路安全防护设施和交通管理设施设备，提升道路通达水平。推进建立统一的全程运输协调机制，促进国际通关、换装、多式联运有机衔接，逐步形成兼容规范的运输规则，实现国际运输便利化。推动口岸基础设施建设，畅通陆水联运通道，推进港口合作建设，增加海上航线和班次，加强海上物流信息化合作。拓展建立民航全面合作的平台和机制，加快提升航空基础设施水平。

加强能源基础设施互联互通合作，共同维护输油、输气管道等运输通道安全，推进跨境电力与输电通道建设，积极开展区域电网升级改造合作。

共同推进跨境光缆等通信干线网络建设，提高国际通信互联互通水平，畅通信息丝绸之路。加快推进双边跨境光缆等建设，规划建设洲际海底光缆项目，完善空中（卫星）信息通道，扩大信息交流与合作。

贸易畅通。投资贸易合作是“一带一路”建设的重点内容。宜着力研究解决投资贸易便利化问题，消除投资和贸易壁垒，构建区域内和各国良好的营商环境，积极同沿线国家和地区共同商建自由贸易区，激发释放合作潜力，做大做好合作“蛋糕”。

沿线国家宜加强信息互换、监管互认、执法互助的海关合作，以及检验检疫、认证认可、标准计量、统计信息等方面的双多边合作，推动世界贸易组织《贸易便利化协定》生效和实施。改善边境口岸通关设施条件，加快边境口岸“单一窗口”建设，降低通关成本，提升通关能力。加强供应链安全与便利化合作，推进跨境监管程序协调，推动检验检疫证书国际互联网核查，开展“经认证的经营者”（AEO）互认。降低非关税壁垒，共同提高技术性贸易措施透明度，提高贸易自由化、便利化水平。

拓宽贸易领域，优化贸易结构，挖掘贸易新增长点，促进贸易平衡。创新贸易方式，发展跨境电子商务等新的商业业态。建立健全服务贸易促进体系，巩固和扩大传统贸易，大力发展现代服务贸易。把投资和贸易有机结合起来，以投资带动贸易发展。

加快投资便利化进程，消除投资壁垒。加强双边投资保护协定、避免双重征税协定磋商，保护投资者的合法权益。

拓展相互投资领域，开展农林牧渔业、农机及农产品生产加工等领域深度合作，积极推进海水养殖、远洋渔业、水产品加工、海水淡化、海洋生物制药、海洋工程技术、环保产业和海上旅游等领域合作。加大煤炭、油气、金属矿产等传统能源资源勘探开发合作，积极推动水电、核电、风电、太阳能等清洁、可再生能源合作，推进能源资源就地就近加工转化合作，形成能源资源合作上下游一体化产业链。加强能源资源深加工技术、装备与工程服务合作。

推动新兴产业合作，按照优势互补、互利共赢的原则，促进沿线国家加强在新一代信息技术、生物、新能源、新材料等新兴产业领域的深入合作，推动建立创业投资合作机制。

优化产业链分工布局，推动上下游产业链和关联产业协同发展，鼓励建立研发、生产和营销体系，提升区域产业配套能力和综合竞争力。扩大服务业相互开放，推动区域服务业加快发展。探索投资合作新模式，鼓励合作建设境外经贸合作区、跨境经济合作区等各类产业园区，促进产业集群发展。在投资贸易中突出生态文明理念，加强生态环境、生物多样性和应对气候变化合作，共建绿色丝绸之路。

中国欢迎各国企业来华投资。鼓励本国企业参与沿线国家基础设施建设和产业投资。促进企业按属地化原则经营管理，积极帮助当地发展经济、增加就业、改善民生，主动承担社会责任，严格保护生物多样性和生态环境。

资金融通。资金融通是“一带一路”建设的重要支撑。深化金融合作，推进亚洲货币稳定体系、投融资体系和信用体系建设。扩大沿线国家双边本币互换、结算的范围和规模。推动亚洲债券市场的开放和发展。共同推进亚洲基础设施投资银行、金砖国家开发银行筹建，有关各方就建立上海合作组织融资机构开展磋商。加快丝路基金组建运营。深化中国—东盟银行联合体、上合组织银行联合体务实合作，以银团贷款、银行授信等方式开展多边金融合作。支持沿线国家政府和信用等级较高的企业以及金融机构在中国境内发行人民币债券。符合条件的中国境内金融机构和企业可以在境外发行人民币债券和外币债券，鼓励在沿线国家使用所筹资金。

加强金融监管合作，推动签署双边监管合作谅解备忘录，逐步在区域内建立高效监管协调机制。完善风险应对和危机处置制度安排，构建区域性金融风险预警系统，形成应对跨境风险和危机处置的交流合作机制。加强征信管理部门、征信机构和评级机构之间的跨境交流与合作。充分发挥丝路基金以及各国主权基金作用，引导商业性股权投资基金和社会资金共同参与“一带一路”重点项目建设。

民心相通。民心相通是“一带一路”建设的社会根基。传承和弘扬丝绸之路友好合作精神，广泛开展文化交流、学术往来、人才交流合作、媒体合作、青年和妇女交往、志愿者服务等，为深化双多边合作奠定坚实的民意基础。

扩大相互间留学生规模，开展合作办学，中国每年向沿线国家提供1万个政府奖学金名额。沿线国家间互办文化年、艺术节、电影节、电视周和图书展等活动，合作开展广播影视剧精品创作及翻译，联合申请世界文化遗产，共同开展世界遗产的联合保护工作。深化沿线国家间人才交流合作。

加强旅游合作，扩大旅游规模，互办旅游推广周、宣传月等活动，联合打造具有丝绸之路特色的国际精品旅游线路和旅游产品，提高沿线各国游客签证便利化水平。推动21世纪海上丝绸之路邮轮旅游合作。积极开展体育交流活动，支持沿线国家申办重大国际体育赛事。

强化与周边国家在传染病疫情信息沟通、防治技术交流、专业人才培养等方面的合作，提高合作处理突发公共卫生事件的能力。为有关国家提供医疗援助和应急医疗救助，在妇幼健康、残疾人康复以及艾滋病、结核、疟疾等主要传染病领域开展务实合作，扩大在传统医药领域的合作。

加强科技合作，共建联合实验室（研究中心）、国际技术转移中心、海上合作中心，促进科技人员交流，合作开展重大科技攻关，共同提升科技创新能力。

整合现有资源，积极开拓和推进与沿线国家在青年就业、创业培训、职业技能开发、社会保障管理服务、公共行政管理等共同关心领域的务实合作。

充分发挥政党、议会交往的桥梁作用，加强沿线国家之间立法机构、主要党派和政治组织的友好往来。开展城市交流合作，欢迎沿线国家重要城市之间互结友好城市，以人文交流为重点，突出务实合作，形成更多鲜活的合作范例。欢迎沿线国家智库之间开展联合研究、合作举办论坛等。

加强沿线国家民间组织的交流合作，重点面向基层民众，广泛开展教育医疗、减贫开发、生物多样性和生态环保等各类公益慈善活动，促进沿线贫困地区生产生活条件改善。加强文化传媒的国际交流合作，积极利用网络平台，运用新媒体工具，塑造和谐友好的文化生态和舆论环境。

五、合作机制

当前，世界经济融合加速发展，区域合作方兴未艾。积极利用现有双多边合作机制，推动“一带一路”建设，促进区域合作蓬勃发展。

加强双边合作，开展多层次、多渠道沟通磋商，推动双边关系全面发展。推动签署合作备忘录或合作规划，建设一批双边合作示范。建立完善双边联合工作机制，研究推进“一带一路”建设的实施方案、行动路线图。充分发挥现有联委会、混委会、协委会、指导委员会、管理委员会等双边机制作用，协调推动合作项目实施。

强化多边合作机制作用，发挥上海合作组织（SCO）、中国—东盟“10+1”、亚太经合组织（APEC）、亚欧会议（ASEM）、亚洲合作对话（ACD）、亚信会议（CICA）、中阿合作论坛、中国—海合会战略对话、大湄公河次区域（GMS）经济合作、中亚区域经济合作（CAREC）等现有多边合作机制作用，相关国家加强沟通，让更多国家和地区参与“一带一路”建设。

继续发挥沿线各国区域、次区域相关国际论坛、展会以及博鳌亚洲论坛、中国—东盟博览会、中国—亚欧博览会、欧亚经济论坛、中国国际投资贸易洽谈会，以及中国—南亚博览会、中国—阿拉伯博览会、中国西部国际博览会、中国—俄罗斯博览会、前海合作论坛等平台的建设性作用。支持沿线国家地方、民间挖掘“一带一路”历史文化遗产，联合举办专项投资、贸易、文化交流活动，办好丝绸之路（敦煌）国际文化博览会、丝绸之路国际电影节和图书展。倡议建立“一带一路”国际高峰论坛。

六、中国各地方开放态势

推进“一带一路”建设，中国将充分发挥国内各地区比较优势，实行更加积极主动的开放战略，加强东中西互动合作，全面提升开放型经济水平。

西北、东北地区。发挥新疆独特的区位优势和向西开放重要窗口作用，深化与中亚、南亚、西亚等国家交流合作，形成丝绸之路经济带上重要的交通枢纽、商贸物流和文化科教中心，打造丝绸之路经济带核心区。发挥陕西、甘肃综合经济文化和宁夏、青海民族人文优势，打造西安内陆型改革开放新高地，加快兰州、西宁开发开放，推进宁夏内陆开放型经济试验区建设，形成面向中亚、南亚、西亚国家的通道、商贸物流枢纽、重要产业和人文交流基地。发挥内蒙古联通俄蒙的区位优势，完善黑龙江对俄铁路通道和区域铁路网，以及黑龙江、吉林、辽宁与俄远东地区陆海联运合作，推进构建北京—莫斯科欧亚高速运输走廊，建设向北开放的重要窗口。

西南地区。发挥广西与东盟国家陆海相邻的独特优势，加快北部湾经济区和珠江—西江经济带开放发展，构建面向东盟区域的国际通道，打造西南、中南地区开放发展新的战略支点，形成21世纪海上丝绸之路与丝绸之路经济带有机衔接的重要门户。发挥云南区位优势，推进与周边国家的国际运输通道建设，打造大湄公河次区域经济合作新高地，建设成为面向南亚、东南亚的辐射中心。推进西藏与尼泊尔等国家边境贸易和旅游文化合作。

沿海和港澳台地区。利用长三角、珠三角、海峡西岸、环渤海等经济区开放程度高、经济实力强、辐射带动作用大的优势，加快推进中国（上海）自由贸易试验区建设，支持福建建设21世纪海上丝绸之路核心区。充分发挥深圳前海、广州南沙、珠海横琴、福建平潭等开放合作区作用，深化与港澳台合作，打造粤港澳大湾区。推进浙江海洋经济发展示范区、福建海峡蓝色经济试验区和舟山群岛新区建设，加大海南国际旅游岛开发开放力度。加强上海、天津、宁波—舟山、广州、深圳、湛江、汕头、青岛、烟台、大连、福州、厦门、泉州、海口、三亚等沿海城市港口建设，强化上海、广州等国际枢纽机场功能。以扩大开放倒逼深层次改革，创新开放型经济体制机制，加大科技创新力度，形成参与和引领国际合作竞争新优势，成为“一带一路”特别是21世纪海上丝绸之路建设的排头兵和主力军。发挥海外侨胞以及香港、澳门特别行政区独特优势作用，积极参与和助力“一带一路”建设。为台湾地区参与“一带一路”建设作出妥善安排。

内陆地区。利用内陆纵深广阔、人力资源丰富、产业基础较好的优势，依托长江中游城市群、成渝城市群、中原城市群、呼包鄂榆城市群、哈长城市群等重点区域，推动区域互动合作和产业集聚发展，打造重庆西部开发开放重要支撑和成都、郑州、武汉、长沙、南昌、合肥等内陆开放型经济高地。加快推动长江中上游地区和俄罗斯伏尔加河沿岸联邦区的合作。建立中欧通道铁路运输、口岸通关协调机制，打造“中欧班列”品牌，建设沟通境内外、连接东中西的运输通道。支持郑州、西安等内陆城市建设航空港、国际陆港，加强内陆口岸与沿海、沿边口岸通关合作，开展跨境贸易电子商务服务试点。优化海关特殊监管区域布局，创新加工贸易模式，深化与沿线国家的产业合作。

七、中国积极行动

一年多来，中国政府积极推动“一带一路”建设，加强与沿线国家的沟通磋商，推动与沿线国家的务实合作，实施了一系列政策措施，努力收获早期成果。

高层引领推动。习近平主席、李克强总理等国家领导人先后出访20多个国家，出席加强互联互通伙伴关系对话会、中阿合作论坛第六届部长级会议，就双边关系和地区发展问题，多次与有关国家元首和政府首脑进行会晤，深入阐释“一带一路”的深刻内涵和积极意义，就共建“一带一路”达成广泛共识。

签署合作框架。与部分国家签署了共建“一带一路”合作备忘录，与一些毗邻国家签署了地区合作和边境合作的备忘录以及经贸合作中长期发展规划。研究编制与一些毗邻国家的地区合作规划纲要。

推动项目建设。加强与沿线有关国家的沟通磋商，在基础设施互联互通、产业投资、资源开发、经贸合作、金融合作、人文交流、生态保护、海上合作等领域，推进了一批条件成熟的重点合作项目。

完善政策措施。中国政府统筹国内各种资源，强化政策支持。推动亚洲基础设施投资银行筹建，发起设立丝路基金，强化中国—欧亚经济合作基金投资功能。推动银行卡清算机构开展跨境清算业务和支付机构开展跨境支付业务。积极推进投资贸易便利化，推进区域通关一体化改革。

发挥平台作用。各地成功举办了一系列以“一带一路”为主题的国际峰会、论坛、研讨会、博览会，对增进理解、凝聚共识、深化合作发挥了重要作用。

八、共创美好未来

共建“一带一路”是中国的倡议，也是中国与沿线国家的共同愿望。站在新的起点上，中国愿与沿线国家一道，以共建“一带一路”为契机，平等协商，兼顾各方利益，反映各方诉求，携手推动更大范围、更高水平、更深层次的大开放、大交流、大融合。“一带一路”建设是开放的、包容的，欢迎世界各国和国际、地区组织积极参与。

共建“一带一路”的途径是以目标协调、政策沟通为主，不刻意追求一致性，可高度灵活，富有弹性，是多元开放的合作进程。中国愿与沿线国家一道，不断充实完善“一带一路”的合作内容和方式，共同制定时间表、路线图，积极对接沿线国家发展和区域合作规划。

中国愿与沿线国家一道，在既有双多边和区域次区域合作机制框架下，通过合作研究、论坛展会、人员培训、交流访问等多种形式，促进沿线国家对共建“一带一路”内涵、目标、任务等方面的进一步理解和认同。

中国愿与沿线国家一道，稳步推进示范项目建设，共同确定一批能够照顾双多边利益的项目，对各方认可、条件成熟的项目抓紧启动实施，争取早日开花结果。

“一带一路”是一条互尊互信之路、一条合作共赢之路、一条文明互鉴之路。只要沿线各国和衷共济、相向而行，就一定能够谱写建设丝绸之路经济带和 21 世纪海上丝绸之路的新篇章，让沿线各国人民共享“一带一路”共建成果。

标准联通“一带一路”行动计划（2015—2017）

为贯彻落实《推动共建丝绸之路经济带和21世纪海上丝绸之路的愿景与行动》（以下简称《愿景与行动》）中提出的各项标准化工作任务，充分发挥标准化在推进“一带一路”建设中的基础和支撑作用，制定本行动计划。

一、指导思想

全面贯彻党的十八大和十八届三中、四中全会精神，深入贯彻落实习近平总书记系列重要讲话精神，主动适应经济发展新常态，积极培育国际竞争新优势，紧密围绕“政策沟通、设施联通、贸易畅通、资金融通、民心相通”的总体要求，不断深化与“一带一路”沿线国家标准化双多边合作和互联互通，大力推动中国标准“走出去”，加快提高标准国际化水平，全面服务“一带一路”建设。

二、工作目标

以“推动标准‘走出去’、促进投资贸易便利化、深化国际合作、提升标准国际化水平、支撑互联互通建设”为目标，全面对接服务《愿景与行动》，力争尽快形成加快标准“走出去”，助推国际产能和装备制造合作，完善推动标准“走出去”的政策措施；深化与沿线重点国家标准化互利合作，加快推进标准互认；促进共同制定国际标准，提升标准国际化水平；组织翻译500项急需的国家标准、行业标准的外文版，支撑设施联通和贸易畅通；组织开展重点国别大宗贸易商品标准比对分析，提升标准信息服务水平；建设东盟农业标准化示范区，以点带面，积极推广国内农业标准和管理经验；开展专家交流和人才培训，支持标准化能力建设，不断提升沿线国家的标准化水平。

三、工作原则

（一）统筹规划，需求导向

紧密围绕《愿景与行动》提出的任务要求，立足于建立和深化与沿线国家的标准化务实合作，更好地发挥政府宏观谋划、政策支持和指导服务作用，作好顶层设计。同时面向重要产业、重点企业，瞄准技术、产品和服务“走出去”过程中对标准化的迫切需求，确定标准联通“一带一路”的重点国别、优先领域和关键项目。

（二）分工负责，协同推进

充分发挥各级标准化主管部门作用，调动企业、相关标准化和专业研究机构、标准化技术委员会和区域标准化研究中心的积极性，加强全局规划和统筹管理，形成分工协作、步调一致、共同推进的工作格局。

（三）突出重点，以点带面

聚焦《愿景与行动》中明确的标准化工作和任务，把握重点方向，抓好重点项目，充分发挥在沿线国家重大建设项目和标准化示范区的引领带动效应，形成可复制推广的经验，逐步推进与沿线国家更加全面的合作。

（四）内外联动，互利共赢

秉承全方位开放精神，加强与“一带一路”沿线国家的协调沟通，综合考虑沿线国家发展战略、产业布局、合作诉求，寻求利益汇合点，在此基础上，探索与沿线国家建立标准化合作长效机制，广泛吸纳各方共同参与、共同建设、共同发展。

四、重点任务

（一）制定完善中国标准“走出去”专项规划和政策措施

针对重点国家、优先领域、关键项目，提出标准“走出去”规划，在国际产能和装备制造合作重点领域，制定实施《加快中国标准“走出去”，助推国际产能和装备制造合作工作方案》。研究制定翻译出版国家标准外文版快速程序、中国标准海外授权使用版权政策等相关管理办法，完善推动标准“走出去”的政策环境。

（二）深化与沿线重点国家的标准化互利合作

以经中亚、俄罗斯至欧洲，经中亚、西亚至波斯湾、地中海，以及东盟国家和南亚国家等为重点方向，以中蒙俄、中国—中亚—西亚等国际经济合作走廊为重点，寻求利益契合点，研究构建稳定通畅的标准化合作机制。

着力推动与蒙古、俄罗斯、哈萨克斯坦、塔吉克斯坦、乌兹别克斯坦、越南、柬埔寨、泰国、马来西亚、新加坡、印尼、印度、亚美尼亚、海合会标准化组织及沙特等主要海合会国家、埃及和苏丹等重点国家标准化机构签署标准化合作协议，积极推动与阿塞拜疆探讨解决标准化合作问题。探索形成沿线国家认可的标准互认程序与工作机制，加快推进标准互认工作。

聚焦沿线重点国家产业需求，充分发挥各行业、地方、企业、学协会和产业技术联盟作用，建立标准化合作工作组，深化关键项目的标准化务实合作。在钢铁、有色、铁路、公路、水运工程、石油天然气等领域，配合我国海外工程服务推广中国标准。

（三）推动共同制定国际标准

认真履行我国担任国际标准化组织常任理事国和技术机构负责人的职责。鼓励各行业实质性参与相关专业性国际、区域组织的标准化活动。发挥骨干企业积极性，在电力、铁路、海洋、航空航天等基础设施领域，节能环保、新一代信息技术、智能交通、高端装备制造、生物、新能源、新材料等新兴产业领域，以及中医药、烟花爆竹、茶叶、纺织、制鞋等传统优势领域，依托我国具有优势的技术标准，主动联系沿线重点国家开展国际标准研究，共同制定国际标准，提升标准国际化水平。在对双方产业均有重要影响的领域，联合推动国际标准化组织成立新技术机构。

（四）组织翻译优先领域急需标准外文版

围绕装备、产能、动植物检疫等“走出去”优先领域，发挥国内专业标准化技术委员会的平台作用，开展面向“一带一路”沿线国家标准“走出去”需求调研，梳理形成优先领域标准外文版目录，分步下达国家标准外文版制定计划。优先组织开展服务设施联通、贸易畅通等急需的铁路、公路、水运工程、电力、海洋、冶金、建材、工程机械、航空航天、中医药等领域500项国家、行业标准外文版翻译及出版工作。

（五）开展大宗进出口商品标准比对分析

开展我国与东盟、中亚、西亚、东南亚四个区域重点国家的进出口商品贸易情况和相关国家标准分析，梳理分析沿线重点国家大宗进出口商品类别，发挥行业、地方优势，依托相关标准化技术委员会、区域标准化研究中心，研究沿线重点国家技术法规和标准，开展优先领域大宗商品标准比对分析，形成优先领域大宗进出口商品标准比对分析研究报告，为“一带一路”建设提供标准信息服务。

（六）开展东盟农业标准化示范区建设

依托与东盟国家气候、环境、人文相似的地方省市，有效利用中国—东盟自贸区建设成果，积极推广我国农业标准化生产和管理经验。在水稻、甘蔗、茶叶、果蔬等特色农产品领域，宣传推介我国现行有效的农作物种子化肥等农业投入品、良好种植操作规范、产品质量分等分级、农产品流通等产前产中产后的相关标准，以及我国农业标准化示范区管理制度，开展本地化研究与示范推广，以点带线、以线带面，有效提高当地标准化种植技术水平。

（七）加强沿线国家标准化专家交流及能力建设

充分利用我国科技、商务等合作项目，加强与“一带一路”沿线国家有关部门的协调，面向沿线国家标准化发展和交流需求，采取多种方式，分批开展面向亚洲和非洲的标准化专家交流及人才培训项目，有针对性地举办综合知识类、专业领域类标准化援外培训班。派遣相关专业领域的高级别顾问和专家，支持沿线国家标准化能力建设，提升我国标准海外影响。加强“一带一路”标准化人才队伍建设，制定实施国际标准化人才培训规划，邀请一批国际标准化专家来我国讲学交流，培育一批标准化管理和专业人才，为开展沿线国家标准化合作交流提供人才保障。

（八）实施标准化互联互通重点项目

在电力电子设备、防爆设备、家用电器、数字电视广播、半导体照明、中医药、海洋技术、TD-LTE 信息通信等领域，支持一批由相关行业协会、产业联盟、科研机构、高等院校和企业等牵头组织，面向东盟、俄罗斯、中亚、中东欧等重点国家和区域开展的标准化互联互通项目，夯实标准化合作基础。研究建立“一带一路”标准化合作关键项目沟通机制，加强项目储备，为产业合作和互联互通提供标准化支撑。

（九）加强沿线重点国家和区域标准化研究

切实发挥地方的区位优势、技术优势和人才优势，推动建立沿线重点国家和区域标准化研究中心。积极组织开展面向阿拉伯国家、中亚、蒙俄、东盟、欧洲、北美等重点国家和区域的标准化法律法规、标准化体系、发展战略及重点领域相关标准研究，初步建立“标准化智库”体系并发挥好作用，推动形成早期成效。

（十）支持各地开展特色标准化合作

充分发挥各地区地缘优势、文化优势、语言优势和特色产业优势，研究制定本地区推进“一带一路”建设标准化实施方案，挖掘一批具备标准化工作基础的优势领域、优势技术和特色产品，提炼一批重点工作任务和标志性合作项目，开展中国城市与国外相关城市间的标准化合作试点。

五、保障措施

（一）组建标准联通“一带一路”专项领导小组

设立标准联通“一带一路”专项领导小组，统筹协调对内对外两方面工作，督促落实行动计划各项工作任务，指导各有关方面开展工作。领导小组以国家发展改革委分管领导和国家标准委主要领导为联合组长、相关部门有关司局主要负责人作为专项领导小组成员，办公室设在国家标准委。

（二）加强经费保障

在充分利用现有资金渠道，盘活存量资金的基础上，加大对初见成效的标准化项目的资金投入，并探索建立市场化、多元化的经费投入机制，做好行动计划有关项目的经费保障工作。

（三）强化工作落实与监督检查

按照行动计划的职责分工，各部门要进一步梳理落实重点任务和优先推进项目，制定实施计划和时间表，推动形成“一带一路”早期收获。加强对行动计划的督促检查，及时解决存在的问题。加强对行动计划实施情况的跟踪评估，及时提出调整计划、完善政策的意见和建议。

（四）作好政策宣传和引导工作

切实加强对行动计划的宣传引导，加大对相关工作政策和信息的宣传力度，加强对企业的宣传引导，营造社会各界积极参与标准联通“一带一路”建设的良好氛围。

国务院关于印发进一步深化中国（上海）自由贸易试验区改革开放方案的通知

（国发〔2015〕21号　2015年4月8日）

各省、自治区、直辖市人民政府，国务院各部委、各直属机构：

国务院批准《进一步深化中国（上海）自由贸易试验区改革开放方案》(以下简称《方案》)，现予印发。

一、进一步深化中国（上海）自由贸易试验区（以下简称自贸试验区）改革开放，是党中央、国务院作出的重大决策，是在新形势下为全面深化改革和扩大开放探索新途径、积累新经验的重要举措，对加快政府职能转变、积极探索管理模式创新、促进贸易和投资便利化、形成深化改革新动力、扩大开放新优势，具有重要意义。

二、扩展区域后的自贸试验区要当好改革开放排头兵、创新发展先行者，继续以制度创新为核心，贯彻长江经济带发展等国家战略，在构建开放型经济新体制、探索区域经济合作新模式、建设法治化营商环境等方面，率先挖掘改革潜力，破解改革难题。要积极探索外商投资准入前国民待遇加负面清单管理模式，深化行政管理体制改革，提升事中事后监管能力和水平。

三、上海市人民政府和有关部门要解放思想、改革创新，大胆实践、积极探索，统筹谋划、加强协调，支持自贸试验区先行先试。要加强组织领导，明确责任主体，精心组织好《方案》实施工作，有效防控各类风险。要及时总结评估试点实施效果，形成可复制可推广的改革经验，更好地发挥示范引领、服务全国的积极作用。

四、根据《全国人民代表大会常务委员会关于授权国务院在中国（广东）自由贸易试验区、中国（天津）自由贸易试验区、中国（福建）自由贸易试验区以及中国（上海）自由贸易试验区扩展区域暂时调整有关法律规定的行政审批的决定》，相应暂时调整有关行政法规和国务院文件的部分规定。具体由国务院另行印发。

五、《方案》实施中的重大问题，上海市人民政府要及时向国务院请示报告。

国务院

2015 年 4 月 8 日

（此件公开发布）

附件

进一步深化中国（上海）自由贸易试验区改革开放方案

中国（上海）自由贸易试验区（以下简称自贸试验区）运行以来，围绕加快政府职能转变，推动体制机制创新，营造国际化、市场化、法治化营商环境等积极探索，取得了重要阶段性成果。为贯彻落实党中央、国务院关于进一步深化自贸试验区改革开放的要求，深入推进《中国（上海）自由贸易试验区总体方案》确定的各项任务，制定本方案。

一、总体要求

（一）指导思想

全面贯彻落实党的十八大和十八届二中、三中、四中全会精神，按照党中央、国务院决策部署，紧紧围绕国家战略，进一步解放思想，坚持先行先试，把制度创新作为核心任务，把防控风险作为重要底线，把企业作为重要主体，以开放促改革、促发展，加快政府职能转变，在更广领域和更大空间积极探索以制度创新推动全面深化改革的新路径，率先建立符合国际化、市场化、法治化要求的投资和贸易规则体系，使自贸试验区成为我国进一步融入经济全球化的重要载体，推动“一带一路”建设和长江经济带发展，做好可复制可推广经验总结推广，更好地发挥示范引领、服务全国的积极作用。

（二）发展目标

按照党中央、国务院对自贸试验区“继续积极大胆闯、大胆试、自主改”、“探索不停步、深耕试验区”的要求，深化完善以负面清单管理为核心的投资管理制度、以贸易便利化为重点的贸易监管制度、以资本项目可兑换和金融服务业开放为目标的金融创新制度、以政府职能转变为核心的事中事后监管制度，形成与国际投资贸易通行规则相衔接的制度创新体系，充分发挥金融贸易、先进制造、科技创新等重点功能承载区的辐射带动作用，力争建设成为开放度最高的投资贸易便利、货币兑换自由、监管高效便捷、法制环境规范的自由贸易园区。

（三）实施范围

自贸试验区的实施范围120.72平方公里，涵盖上海外高桥保税区、上海外高桥保税物流园区、洋山保税港区、上海浦东机场综合保税区4个海关特殊监管区域（28.78平方公里），以及陆家嘴金融片区（34.26平方公里）、金桥开发片区（20.48平方公里）、张江高科技片区（37.2平方公里）。

自贸试验区土地开发利用须遵守土地利用法律法规。浦东新区要加大自主改革力度，加快政府职能转变，加强事中事后监管等管理模式创新，加强与上海国际经济、金融、贸易、航运中心建设的联动机制。

二、主要任务和措施

（一）加快政府职能转变

1. 完善负面清单管理模式。推动负面清单制度成为市场准入管理的主要方式，转变以行政审批为主的行政管理方式，制定发布政府权力清单和责任清单，进一步厘清政府和市场的关系。强化事中事后监管，推进监管标准规范制度建设，加快形成行政监管、行业自律、社会监督、公众参与的综合监管体系。

2. 加强社会信用体系应用。完善公共信用信息目录和公共信用信息应用清单，在市场监管、城市管理、社会治理、公共服务、产业促进等方面，扩大信用信息和信用产品应用，强化政府信用信息公开，探索建立采信第三方信用产品和服务的制度安排。支持信用产品开发，促进征信市场发展。

3. 加强信息共享和服务平台应用。加快以大数据中心和信息交换枢纽为主要功能的信息共享和服务平台建设，扩大部门间信息交换和应用领域，逐步统一信息标准，加强信息安全保障，推进部门协同管理，为加强事中事后监管提供支撑。

4. 健全综合执法体系。明确执法主体以及相对统一的执法程序和文书，建立联动联勤平台，完善网上执法办案系统。健全城市管理、市场监督等综合执法体系，建立信息共享、资源整合、执法联动、措施协同的监管工作机制。

5. 健全社会力量参与市场监督制度。通过扶持引导、购买服务、制定标准等制度安排，支持行业协会和专业服务机构参与市场监督。探索引入第三方专业机构参与企业信息审查等事项，建立社会组织与企业、行业之间的服务对接机制。充分发挥自贸试验区社会参与委员会作用，推动行业组织诚信自律。试点扩大涉外民办非企业单位登记范围。支持全国性、区域性行业协会入驻，探索引入竞争机制，在规模较大、交叉的行业以及新兴业态中试行“一业多会、适度竞争”。

6. 完善企业年度报告公示和经营异常名录制度。根据《企业信息公示暂行条例》，完善企业年度报告公示实施办法。采取书面检查、实地核查、网络监测、大数据比对等方式，对自贸试验区内企业年报公示信息进行抽查，依法将抽查结果通过企业信用信息公示系统向社会公示，营造企业自律环境。

7. 健全国家安全审查和反垄断审查协助工作机制。建立地方参与国家安全审查和反垄断审查的长效机制，配合国家有关部门做好相关工作。在地方事权范围内，加强相关部门协作，实现信息互通、协同研判、执法协助，进一步发挥自贸试验区在国家安全审查和反垄断审查工作中的建议申报、调查配合、信息共享等方面的协助作用。

8. 推动产业预警制度创新。配合国家有关部门试点建立与开放市场环境相匹配的产业预警体系，及时发布产业预警信息。上海市人民政府可选择重点敏感产业，通过实施技术指导、员工培训等政策，帮助企业克服贸易中遇到的困难，促进产业升级。

9. 推动信息公开制度创新。提高行政透明度，主动公开自贸试验区相关政策内容、管理规定、办事程序等信息，方便企业查询。对涉及自贸试验区的地方政府规章和规范性文件，主动公开草案内容，接受公众评论，并在公布和实施之间预留合理期限。实施投资者可以提请上海市人民政府对自贸试验区管理委员会制定的规范性文件进行审查的制度。

10. 推动公平竞争制度创新。严格环境保护执法，建立环境违法法人“黑名单”制度。加大宣传培训力度，引导自贸试验区内企业申请环境能源管理体系认证和推进自评价工作，建立长效跟踪评价机制。

11. 推动权益保护制度创新。完善专利、商标、版权等知识产权行政管理和执法体制机制，完善司法保护、行政监管、仲裁、第三方调解等知识产权纠纷多元解决机制，完善知识产权工作社会参与机制。优化知识产权发展环境，集聚国际知识产权资源，推进上海亚太知识产权中心建设。进一步对接国际商事争议解决规则，优化自贸试验区仲裁规则，支持国际知名商事争议解决机构入驻，提高商事纠纷仲裁国际化程度。探索建立全国性的自贸试验区仲裁法律服务联盟和亚太仲裁机构交流合作机制，加快打造面向全球的亚太仲裁中心。

12. 深化科技创新体制机制改革。充分发挥自贸试验区和国家自主创新示范区政策叠加优势，全面推进知识产权、科研院所、高等教育、人才流动、国际合作等领域体制机制改革，建立积极灵活的创新人才发展制度，健全企业主体创新投入制度，建立健全财政资金支持形成的知识产权处置和收益机制，建立专利导航产业发展工作机制，构建市场导向的科技成果转移转化制度，完善符合创新规律的政府管理制度，推动形成创新要素自由流动的开放合作新局面，在投贷联动金融服务模式创新、技术类无形资产入股、发展新型产业技术研发组织等方面加大探索力度，加快建设具有全球影响力的科技创新中心。

（二）深化与扩大开放相适应的投资管理制度创新

13. 进一步扩大服务业和制造业等领域开放。探索实施自贸试验区外商投资负面清单制度，减少和取消对外商投资准入限制，提高开放度和透明度。自贸试验区已试点的对外开放措施适用于陆家嘴金融片区、金桥开发片区和张江高科技片区。根据国家对外开放战略要求，在服务业和先进制造业等领域进一步扩大开放。在严格遵照全国人民代表大会常务委员会授权的前提下，自贸试验区部分对外开放措施和事中事后监管措施辐射到整个浦东新区，涉及调整行政法规、国务院文件和经国务院批准的部门规章的部分规定的，按规定程序办理。

14. 推进外商投资和境外投资管理制度改革。对外商投资准入特别管理措施（负面清单）之外领域，按照内外资一致原则，外商投资项目实行备案制

（国务院规定对国内投资项目保留核准的除外）；根据全国人民代表大会常务委员会授权，将外商投资企业设立、变更及合同章程审批改为备案管理，备案后按国家有关规定办理相关手续。对境外投资项目和境外投资开办企业实行以备案制为主的管理方式，建立完善境外投资服务促进平台。试点建立境外融资与跨境资金流动宏观审慎管理政策框架，支持企业开展国际商业贷款等各类境外融资活动。统一内外资企业外债政策，建立健全外债宏观审慎管理制度。

15. 深化商事登记制度改革。探索企业登记住所、企业名称、经营范围登记等改革，开展集中登记试点。推进“先照后证”改革。探索许可证清单管理模式。简化和完善企业注销流程，试行对个体工商户、未开业企业、无债权债务企业实行简易注销程序。

16. 完善企业准入“单一窗口”制度。加快企业准入“单一窗口”从企业设立向企业工商变更、统计登记、报关报检单位备案登记等环节拓展，逐步扩大“单一窗口”受理事项范围。探索开展电子营业执照和企业登记全程电子化试点工作。探索实行工商营业执照、组织机构代码证和税务登记证“多证联办”或“三证合一”登记制度。

（三）积极推进贸易监管制度创新

17. 在自贸试验区内的海关特殊监管区域深化“一线放开”、“二线安全高效管住”贸易便利化改革。推进海关特殊监管区域整合优化，完善功能。加快形成贸易便利化创新举措的制度规范，覆盖到所有符合条件的企业。加强口岸监管部门联动，规范并公布通关作业时限。鼓励企业参与“自主报税、自助通关、自动审放、重点稽核”等监管制度创新试点。

18. 推进国际贸易“单一窗口”建设。完善国际贸易“单一窗口”的货物进出口和运输工具进出境的应用功能，进一步优化口岸监管执法流程和通关流程，实现贸易许可、支付结算、资质登记等平台功能，将涉及贸易监管的部门逐步纳入“单一窗口”管理平台。探索长三角区域国际贸易“单一窗口”建设，推动长江经济带通关一体化。

19. 统筹研究推进货物状态分类监管试点。按照管得住、成本和风险可控原则，规范政策，创新监管模式，在自贸试验区内的海关特殊监管区域统筹研究推进货物状态分类监管试点。

20. 推动贸易转型升级。推进亚太示范电子口岸网络建设。加快推进大宗商品现货市场和资源配置平台建设，强化监管、创新制度、探索经验。深化贸易平台功能，依法合规开展文化版权交易、艺术品交易、印刷品对外加工等贸易，大力发展知识产权专业服务业。推动生物医药、软件信息等新兴服务贸易和技术贸易发展。按照公平竞争原则，开展跨境电子商务业务，促进上海跨境电子商务公共服务平台与境内外各类企业直接对接。统一内外资融资租赁企业准入标准、审批流程和事中事后监管制度。探索融资租赁物登记制度，在符合国家规定前提下开展租赁资产交易。探索适合保理业务发展的境外融资管理新模式。稳妥推进外商投资典当行试点。

21. 完善具有国际竞争力的航运发展制度和运作模式。建设具有较强服务功能和辐射能力的上海国际航运中心，不断提高全球航运资源配置能力。加快国际船舶登记制度创新，充分利用现有中资“方便旗”船税收优惠政策，促进符合条件的船舶在上海落户登记。扩大国际中转集拼业务，拓展海运国际中转集拼业务试点范围，打造具有国际竞争力的拆、拼箱运作环境，实现洋山保税港区、外高桥保税物流园区集装箱国际中转集拼业务规模化运作；拓展浦东机场货邮中转业务，增加国际中转集拼航线和试点企业，在完善总运单拆分国际中转业务基础上，拓展分运单集拼国际中转业务。优化沿海捎带业务监管模式，提高中资非五星旗船沿海捎带业务通关效率。推动与旅游业相关的邮轮、游艇等旅游运输工具出行便利化。在符合国家规定前提下，发展航运运价衍生品交易业务。深化多港区联动机制，推进外高桥港、洋山深水港、浦东空港国际枢纽港联动发展。符合条件的地区可按规定申请实施境外旅客购物离境退税政策。

（四）深入推进金融制度创新

22. 加大金融创新开放力度，加强与上海国际金融中心建设的联动。具体方案由人民银行会同有关部门和上海市人民政府另行报批。

（五）加强法制和政策保障

23. 健全法制保障体系。全国人民代表大会常务委员会已经授权国务院，在自贸试验区扩展区域暂时调整《中华人民共和国外资企业法》、《中华人民共和国中外合资经营企业法》、《中华人民共和国中外合作经营企业法》和《中华人民共和国台湾同胞投资保护法》规定的有关行政审批；扩展区域涉及《国务院关于在中国（上海）自由贸易试验区内暂时调整有关行政法规和国务院文件规定的行政审批或者准入特别管理措施的决定》（国发〔2013〕51号）和《国务院关于在中国（上海）自由贸易试验区内暂时调整实施有关行政法规和经国务院批准的部门规章规定的准入特别管理措施的决定》（国发〔2014〕38号）暂时调整实施有关行政法规、国务院文件和经国务院批准的部门规章的部分规定的，按规定程序办理；自贸试验区需要暂时调整实施其他有关行政法规、国务院文件和经国务院批准的部门规章的部分规定的，按规定程序办理。加强地方立法，对试点成熟的改革事项，适时将相关规范性文件上升为地方性法规和规章。建立自贸试验区综合法律服务窗口等司法保障和服务体系。

24. 探索适应企业国际化发展需要的创新人才服务体系和国际人才流动通行制度。完善创新人才集聚和培育机制，支持中外合作人才培训项目发展，加大对海外人才服务力度，提高境内外人员出入境、外籍人员签证和居留、就业许可、驾照申领等事项办理的便利化程度。

25. 研究完善促进投资和贸易的税收政策。自贸试验区内的海关特殊监管区域实施范围和税收政策适用范围维持不变。在符合税制改革方向和国际惯例，以及不导致利润转移和税基侵蚀前提下，调整完善对外投资所得抵免方式；研究完善适用于境外股权投资和离岸业务的税收制度。

三、扎实做好组织实施

在国务院的领导和协调下，由上海市根据自贸试验区的目标定位和先行先试任务，精心组织实施，调整完善管理体制和工作机制，形成可操作的具体计划。对出现的新情况、新问题，认真研究，及时调整试点内容和政策措施，重大事项及时向国务院请示报告。各有关部门要继续给予大力支持，加强指导和服务，共同推进相关体制机制创新，把自贸试验区建设好、管理好。

国务院关于印发中国（福建）自由贸易试验区总体方案的通知

（国发〔2015〕20号　2015年4月8日）

各省、自治区、直辖市人民政府，国务院各部委、各直属机构：

国务院批准《中国（福建）自由贸易试验区总体方案》(以下简称《方案》)，现予印发。

一、建立中国（福建）自由贸易试验区（以下简称自贸试验区），是党中央、国务院作出的重大决策，是在新形势下推进改革开放和深化两岸经济合作的重要举措，对加快政府职能转变、积极探索管理模式创新、促进贸易和投资便利化，为全面深化改革和扩大开放探索新途径、积累新经验，具有重要意义。

二、自贸试验区要当好改革开放排头兵、创新发展先行者，以制度创新为核心，贯彻“一带一路”建设等国家战略，在构建开放型经济新体制、探索闽台经济合作新模式、建设法治化营商环境等方面，率先挖掘改革潜力，破解改革难题。要积极探索外商投资准入前国民待遇加负面清单管理模式，深化行政管理体制改革，提升事中事后监管能力和水平。

三、福建省人民政府和有关部门要解放思想、改革创新，大胆实践、积极探索，统筹谋划、加强协调，支持自贸试验区先行先试。要加强组织领导，明确责任主体，精心组织好《方案》实施工作，有效防控各类风险。要及时总结评估试点实施效果，形成可复制可推广的改革经验，发挥示范带动、服务全国的积极作用。

四、根据《全国人民代表大会常务委员会关于授权国务院在中国（广东）自由贸易试验区、中国（天津）自由贸易试验区、中国（福建）自由贸易试验区以及中国（上海）自由贸易试验区扩展区域暂时调整有关法律规定的行政审批的决定》，相应暂时调整有关行政法规和国务院文件的部分规定。具体由国务院另行印发。

五、《方案》实施中的重大问题，福建省人民政府要及时向国务院请示报告。

国务院

2015 年 4 月 8 日

（此件公开发布）

附件

中国（福建）自由贸易试验区总体方案

建立中国（福建）自由贸易试验区（以下简称自贸试验区）是党中央、国务院作出的重大决策，是新形势下全面深化改革、扩大开放和深化两岸经济合作采取的重大举措。为全面有效推进自贸试验区建设，制定本方案。

一、总体要求

（一）指导思想

全面贯彻落实党的十八大和十八届二中、三中、四中全会精神，按照党中央、国务院决策部署，紧紧围绕国家战略，立足于深化两岸经济合作，立足于体制机制创新，进一步解放思想，先行先试，为深化两岸经济合作探索新模式，为加强与21世纪海上丝绸之路沿线国家和地区的交流合作拓展新途径，为我国全面深化改革和扩大开放积累新经验，发挥示范带动、服务全国的积极作用。

（二）战略定位

围绕立足两岸、服务全国、面向世界的战略要求，充分发挥改革先行优势，营造国际化、市场化、法治化营商环境，把自贸试验区建设成为改革创新试验田；充分发挥对台优势，率先推进与台湾地区投资贸易自由化进程，把自贸试验区建设成为深化两岸经济合作的示范区；充分发挥对外开放前沿优势，建设21世纪海上丝绸之路核心区，打造面向21世纪海上丝绸之路沿线国家和地区开放合作新高地。

（三）发展目标

坚持扩大开放与深化改革相结合、功能培育与制度创新相结合，加快政府职能转变，建立与国际投资贸易规则相适应的新体制。创新两岸合作机制，推动货物、服务、资金、人员等各类要素自由流动，增强闽台经济关联度。加快形成更高水平的对外开放新格局，拓展与21世纪海上丝绸之路沿线国家和地区交流合作的深度和广度。经过三至五年改革探索，力争建成投资贸易便利、金融创新功能突出、服务体系健全、监管高效便捷、法制环境规范的自由贸易园区。

二、区位布局

（一）实施范围

自贸试验区的实施范围118.04平方公里，涵盖三个片区：平潭片区43平方公里，厦门片区43.78平方公里（含象屿保税区0.6平方公里、象屿保税物流园区0.7平方公里、厦门海沧保税港区9.51平方公里），福州片区31.26平方公里（含福州保税区0.6平方公里、福州出口加工区1.14平方公里、福州保税港区9.26平方公里）。

自贸试验区土地开发利用须遵守土地利用法律法规。

（二）功能划分

按区域布局划分，平潭片区重点建设两岸共同家园和国际旅游岛，在投资贸易和资金人员往来方面实施更加自由便利的措施；厦门片区重点建设两岸新兴产业和现代服务业合作示范区、东南国际航运中心、两岸区域性金融服务中心和两岸贸易中心；福州片区重点建设先进制造业基地、21世纪海上丝绸之路沿线国家和地区交流合作的重要平台、两岸服务贸易与金融创新合作示范区。

按海关监管方式划分，自贸试验区内的海关特殊监管区域重点探索以贸易便利化为主要内容的制度创新，开展国际贸易、保税加工和保税物流等业务；非海关特殊监管区域重点探索投资体制改革，推动金融制度创新，积极发展现代服务业和高端制造业。

三、主要任务和措施

（一）切实转变政府职能

1. 深化行政管理体制改革。按照国际化、市场化、法治化要求，加快推进政府管理模式创新，福建省能够下放的经济社会管理权限，全部下放给自贸试验区。依法公开管理权限和流程。加快行政审批制度改革，促进审批标准化、规范化。建立健全行政审批目录制度，实行“一口受理”服务模式。完善知识产权管理和执法体制，以及纠纷调解、援助、仲裁等服务机制。健全社会服务体系，将原由政府部门承担的资产评估、鉴定、咨询、认证、检验检测等职能逐步交由法律、会计、信用、检验检测认证等专业服务机构承担。

（二）推进投资管理体制改革

2. 改革外商投资管理模式。探索对外商投资实行准入前国民待遇加负面清单管理模式。对外商投资准入特别管理措施（负面清单）之外领域，按照内外资一致原则，外商投资项目实行备案制（国务院规定对国内投资项目保留核准的除外），由福建省办理；根据全国人民代表大会常务委员会授权，将外商投资企业设立、变更及合同章程审批改为备案管理，备案由福建省负责办理，备案后按国家有关规定办理相关手续。配合国家有关部门实施外商投资国家安全审查和经营者集中反垄断审查。强化外商投资实际控制人管理，完善市场主体信用信息公示系统，实施外商投资全周期监管，建立健全境外追偿保障机制。减少项目前置审批，推进网上并联审批。

放宽外资准入。实施自贸试验区外商投资负面清单制度，减少和取消对外商投资准入限制，提高开放度和透明度。先行选择航运服务、商贸服务、专业服务、文化服务、社会服务及先进制造业等领域扩大对外开放，积极有效吸引外资。降低外商投资性公司准入条件。稳步推进外商投资商业保理、典当行试点。完善投资者权益保障机制，允许符合条件的境外投资者自由转移其合法投资收益。

3. 构建对外投资促进体系。改革境外投资管理方式，将自贸试验区建设成为企业“走出去”的窗口和综合服务平台。对一般境外投资项目和设立企业实行备案制，属省级管理权限的，由自贸试验区负责备案管理。确立企业及个人对外投资主体地位，支持企业在境外设立股权投资企业和专业从事境外股权投资的项目公司，支持设立从事境外投资的股权投资母基金。支持自贸试验区内企业和个人使用自有金融资产进行对外直接投资、自由承揽项目。建立对外投资合作“一站式”服务平台。加强境外投资事后管理和服务，完善境外资产和人员安全风险预警和应急保障体系。

（三）推进贸易发展方式转变

4. 拓展新型贸易方式。积极培育贸易新型业态和功能，形成以技术、品牌、质量、服务为核心的外贸竞争新优势。按照国家规定建设服务实体经济的国际国内大宗商品交易和资源配置平台，开展大宗商品国际贸易。按照公平竞争原则，发展跨境电子商务，完善与之相适应的海关监管、检验检疫、退税、跨境支付、物流等支撑系统。在严格执行货物进出口税收政策前提下，允许在海关特殊监管区内设立保税展示交易平台。符合条件的地区可按政策规定申请实施境外旅客购物离境退税政策。允许境内期货交易所开展期货保税交割试点。推进动漫创意、信息管理、数据处理、供应链管理、飞机及零部件维修等服务外包业务发展。开展飞机等高技术含量、高附加值产品境内外维修业务试点，建立整合物流、贸易、结算等功能的营运中心。扩大对外文化贸易和版权贸易。支持开展汽车平行进口试点，平行进口汽车应符合国家质量安全标准，进口商应承担售后服务、召回、“三包”等责任，并向消费者警示消费风险。

5. 提升航运服务功能。探索具有国际竞争力的航运发展制度和运作模式。允许设立外商独资国际船舶管理企业。放宽在自贸试验区设立的中外合资、中外合作国际船舶企业的外资股比限制。允许外商以合资、合作形式从事公共国际船舶代理业务，外方持股比例放宽至 51%，将外资经营国际船舶管理业务的许可权限下放给福建省，简化国际船舶运输经营许可流程。加快国际船舶登记制度创新，充分利用现有中资“方便旗”船税收优惠政策，促进符合条件的船舶在自贸试验区落户登记。允许自贸试验区试点海运快件国际和台港澳中转集拼业务。允许在自贸试验区内注册的大陆资本邮轮企业所属的

“方便旗”邮轮，经批准从事两岸四地邮轮运输。允许中资公司拥有或控股拥有的非五星旗船，试点开展外贸集装箱在国内沿海港口和自贸试验区内港口之间的沿海捎带业务。支持推动自贸试验区内符合条件的对外开放口岸对部分国家人员实施 72 小时过境免签证政策。结合上海试点实施情况，在统筹评估政策成效基础上，研究实施启运港退税试点政策。

6. 推进通关机制创新。建设国际贸易“单一窗口”，全程实施无纸化通关。推进自贸试验区内各区域之间通关一体化。简化《内地与香港关于建立更紧密经贸关系的安排》、《内地与澳门关于建立更紧密经贸关系的安排》以及《海峡两岸经济合作框架协议》(以下简称框架协议）下货物进口原产地证书提交需求。在确保有效监管前提下，简化自贸试验区内的海关特殊监管区域产品内销手续，促进内销便利化。大力发展转口贸易，放宽海运货物直接运输判定标准。试行企业自主报税、自助通关、自助审放、重点稽核的通关征管作业。在确保有效监管前提下，在海关特殊监管区域探索建立货物实施状态分类监管模式。允许海关特殊监管区域内企业生产、加工并内销的货物试行选择性征收关税政策。试行动植物及其产品检疫审批负面清单制度。支持自贸试验区与 21 世纪海上丝绸之路沿线国家和地区开展海关、检验检疫、认证认可、标准计量等方面的合作与交流，探索实施与 21 世纪海上丝绸之路沿线国家和地区开展贸易供应链安全与便利合作。

（四）率先推进与台湾地区投资贸易自由

7. 探索闽台产业合作新模式。在产业扶持、科研活动、品牌建设、市场开拓等方面，支持台资企业加快发展。推动台湾先进制造业、战略性新兴产业、现代服务业等产业在自贸试验区内集聚发展，重点承接台湾地区产业转移。取消在自贸试验区内从事农作物（粮棉油作物除外）新品种选育（转基因除外）和种子生产（转基因除外）的两岸合资企业由大陆方面控股要求，但台商不能独资。支持自贸试验区内品牌企业赴台湾投资，促进闽台产业链深度融合。探索闽台合作研发创新，合作打造品牌，合作参与制定标准，拓展产业价值链多环节合作，对接台湾自由经济示范区，构建双向投资促进合作新机制。

8. 扩大对台服务贸易开放。推进服务贸易对台更深度开放，促进闽台服务要素自由流动。进一步扩大通信、运输、旅游、医疗等行业对台开放。支持自贸试验区在框架协议下，先行试点，加快实施。对符合条件的台商，投资自贸试验区内服务行业的资质、门槛要求比照大陆企业。允许持台湾地区身份证明文件的自然人到自贸试验区注册个体工商户，无须经过外资备案（不包括特许经营，具体营业范围由工商总局会同福建省发布）。探索在自贸试验区内推动两岸社会保险等方面对接，将台胞证号管理纳入公民统一社会信用代码管理范畴，方便台胞办理社会保险、理财业务等。探索台湾专业人才在自贸试验区内行政企事业单位、科研院所等机构任职。深入落实《海峡两岸共同打击犯罪及司法互助协议》，创新合作形式，加强两岸司法合作。发展知识产权服务业，扩大对台知识产权服务，开展两岸知识产权经济发展试点。

电信和运输服务领域开放。允许台湾服务提供者在自贸试验区内试点设立合资或独资企业，提供离岸呼叫中心业务及大陆境内多方通信业务、存储转发类业务、呼叫中心业务、国际互联网接入服务业务（为上网用户提供国际互联网接入服务）和信息服务业务（仅限应用商店）。允许台湾服务提供者在自贸试验区内直接申请设立独资海员外派机构并仅向台湾船东所属的商船提供船员派遣服务，无须事先成立船舶管理公司。对台湾投资者在自贸试验区内设立道路客货运站（场）项目和变更的申请，以及在自贸试验区内投资的生产型企业从事货运方面的道路运输业务立项和变更的申请，委托福建省审核或审批。

商贸服务领域开放。在自贸试验区内，允许申请成为赴台游组团社的3家台资合资旅行社试点经营福建居民赴台湾地区团队旅游业务。允许台湾导游、领队经自贸试验区旅游主管部门培训认证后换发证件，在福州市、厦门市和平潭综合实验区执业。允许在自贸试验区内居住一年以上的持台湾方面身份证明文件的自然人报考导游资格证，并按规定申领导游证后在大陆执业。允许台湾服务提供者以跨境交付方式在自贸试验区内试点举办展览，委托福建省按规定审批在自贸试验区内举办的涉台经济技术展览会。

建筑业服务领域开放。在自贸试验区内，允许符合条件的台资独资建筑业企业承接福建省内建筑工程项目，不受项目双方投资比例限制。允许取得大陆一级注册建筑师或一级注册结构工程师资格的台湾专业人士作为合伙人，按相应资质标准要求在自贸试验区内设立建筑工程设计事务所并提供相应服务。台湾服务提供者在自贸试验区内设立建设工程设计企业，其在台湾和大陆的业绩可共同作为个人业绩评定依据，但在台湾完成的业绩规模标准应符合大陆建设项目规模划分标准。台湾服务提供者在自贸试验区内投资设立的独资建筑业企业承揽合营建设项目时，不受建设项目的合营方投资比例限制。台湾服务提供者在自贸试验区内设立的独资物业服务企业，在申请大陆企业资质时，可将在台湾和大陆承接的物业建筑面积共同作为评定依据。

产品认证服务领域开放。在强制性产品认证领域，允许经台湾主管机关确认并经台湾认可机构认可的、具备大陆强制性产品认证制度相关产品检测能力的台湾检测机构，在自贸试验区内与大陆指定机构开展合作承担强制性产品认证检测任务，检测范围限于两岸主管机关达成一致的产品，产品范围涉及制造商为台湾当地合法注册企业且产品在台湾设计定型、在自贸试验区内加工或生产的产品。允许经台湾认可机构认可的具备相关产品检测能力的台湾检测机构在自贸试验区设立分支机构，并依法取得资质认定，承担认证服务的范围包括食品类别和其他自愿性产品认证领域。在自愿性产品认证领域，允许经台湾认可机构认可的具备相关产品检测能力的台湾检测机构与大陆认证机构在自贸试验区内开展合作，对台湾本地或在自贸试验区内生产或加工的产品进行检测。台湾服务提供者在台湾和大陆从事环境污染治理设施运营的实践时间，可共同作为其在自贸试验区内申请企业环境污染治理设施运营资质的评定依据。

工程技术服务领域开放。允许台湾服务提供者在自贸试验区内设立的建设工程设计企业聘用台湾注册建筑师、注册工程师，并将其作为本企业申请建设工程设计资质的主要专业技术人员，在资质审查时不考核其专业技术职称条件，只考核其学历、从事工程设计实践年限、在台湾的注册资格、工程设计业绩及信誉。台湾服务提供者在自贸试验区内设立的建设工程设计企业中，出任主要技术人员且持有台湾方面身份证明文件的自然人，不受每人每年在大陆累计居住时间应当不少于 6 个月的限制。台湾服务提供者在自贸试验区内设立的建筑业企业可以聘用台湾专业技术人员作为企业经理，但须具有相应的从事工程管理工作经历；可以聘用台湾建筑业专业人员作为工程技术和经济管理人员，但须满足相应的技术职称要求。台湾服务提供者在自贸试验区内投资设立的建筑业企业申报资质应按大陆有关规定办理，取得建筑业企业资质后，可依规定在大陆参加工程投标。台湾服务提供者在自贸试验区内设立的建筑业企业中，出任工程技术人员和经济管理人员且持有台湾方面身份证明文件的自然人，不受每人每年在大陆累计居住时间应当不少于3个月的限制。允许台湾建筑、规划等服务机构执业人员，持台湾相关机构颁发的证书，经批准在自贸试验区内开展业务。允许通过考试取得大陆注册结构工程师、注册土木工程师（港口与航道）、注册公用设备工程师、注册电气工程师资格的台湾专业人士在自贸试验区内执业，不受在台湾注册执业与否的限制，按照大陆有关规定作为福建省内工程设计企业申报企业资质时所要求的注册执业人员予以认定。

专业技术服务领域开放。允许台湾会计师在自贸试验区内设立的符合《代理记账管理办法》规定的中介机构从事代理记账业务。从事代理记账业务的台湾会计师应取得大陆会计从业资格，主管代理记账业务的负责人应当具有大陆会计师以上（含会计师）专业技术资格。允许取得大陆注册会计师资格的台湾专业人士担任自贸试验区内合伙制会计师事务所合伙人，具体办法由福建省制定，报财政部批准后实施。允许符合规定的持台湾方面身份证明文件的自然人参加护士执业资格考试，考试成绩合格者发给相应的资格证书，在证书许可范围内开展业务。允许台湾地区其他医疗专业技术人员比照港澳相关医疗专业人员按照大陆执业管理规定在自贸试验区内从事医疗相关活动。允许取得台湾药剂师执照的持台湾方面身份证明文件的自然人在取得大陆《执业药师资格证书》后，按照大陆《执业药师注册管理暂行办法》等相关文件规定办理注册并执业。

上述各领域开放措施在框架协议下实施，并且只适用于注册在自贸试验区内的企业。

9. 推动对台货物贸易自由。积极创新监管模式，提高贸易便利化水平。建立闽台通关合作机制，开展货物通关、贸易统计、原产地证书核查、“经认证的经营者”互认、检验检测认证等方面合作，逐步实现信息互换、监管互认、执法互助。完善自贸试验区对台小额贸易管理方式。支持自贸试验区发展两岸电子商务，允许符合条件的台商在自贸试验区内试点设立合资或独资企业，提供在线数据处理与交易处理业务（仅限于经营类电子商务），申请可参照大陆企业同等条件。检验检疫部门对符合条件的跨境电商入境快件采取便利措施。除国家禁止、限制进口的商品，废物原料、危险化学品及其包装、大宗散装商品外，简化自贸试验区内进口原产于台湾商品有关手续。对台湾地区输往自贸试验区的农产品、水产品、食品和花卉苗木等产品试行快速检验检疫模式。进一步优化从台湾进口部分保健食品、化妆品、医疗器械、中药材的审评审批程序。改革和加强原产地证签证管理，便利证书申领，强化事中事后监管。

10. 促进两岸往来更加便利。推动人员往来便利化，在自贸试验区实施更加便利的台湾居民入出境政策。对在自贸试验区内投资、就业的台湾企业高级管理人员、专家和技术人员，在项目申报、入出境等方面给予便利。为自贸试验区内台资企业外籍员工办理就业许可手续提供便利，放宽签证、居留许可有效期限。对自贸试验区内符合条件的外籍员工，提供入境、过境、停居留便利。自贸试验区内一般性赴台文化团组审批权下放给福建省。加快落实台湾车辆在自贸试验区与台湾之间便利进出境政策，推动实施两岸机动车辆互通和驾驶证互认，简化临时入境车辆牌照手续。推动厦门—金门和马尾—马祖游艇、帆船出入境简化手续。

（五）推进金融领域开放创新

11. 扩大金融对外开放。建立与自贸试验区相适应的账户管理体系。完善人民币涉外账户管理模式，简化人民币涉外账户分类，促进跨境贸易、投融资结算便利化。自贸试验区内试行资本项目限额内可兑换，符合条件的自贸试验区内机构在限额内自主开展直接投资、并购、债务工具、金融类投资等交易。深化外汇管理改革，将直接投资外汇登记下放银行办理，外商直接投资项下外汇资本金可意愿结汇，进一步提高对外放款比例。提高投融资便利化水平，统一内外资企业外债政策，建立健全外债宏观审慎管理制度。允许自贸试验区内企业、银行从境外借入本外币资金，企业借入的外币资金可结汇使用。探索建立境外融资与跨境资金流动宏观审慎管理政策框架，支持企业开展国际商业贷款等各类境外融资活动。放宽自贸试验区内法人金融机构和企业在境外发行人民币和外币债券的审批和规模限制，所筹资金可根据需要调回自贸试验区内使用。支持跨国公司本外币资金集中运营管理。探索在自贸试验区内设立单独领取牌照的专业金融托管服务机构，允许自贸试验区内银行和支付机构、托管机构与境外银行和支付机构开展跨境支付合作。构建跨境个人投资者保护制度，严格投资者适当性管理。强化风险防控，实施主体监管，建立合规评价体系，以大数据为依托开展事中事后管理。

12. 拓展金融服务功能。推进利率市场化，允许符合条件的金融机构试点发行企业和个人大额可转让存单。研究探索自贸试验区内金融机构（含准金融机构）向境外转让人民币资产、销售人民币理财产品，多渠道探索跨境资金流动。推动开展跨境人民币业务创新，推进自贸试验区内企业和个人跨境贸易与投资人民币结算业务。在完善相关管理办法、加强有效监管前提下，允许自贸试验区内符合条件的中资银行试点开办外币离岸业务。支持自贸试验区内法人银行按有关规定开展资产证券化业务。创新知识产权投融资及保险、风险投资、信托等金融服务，推动建立知识产权质物处置机制。经相关部门许可，拓展自贸试验区内融资租赁业务经营范围、融资渠道，简化涉外业务办理流程。统一内外资融资租赁企业准入标准、设立审批和事中事后监管，允许注册在自贸试验区内由福建省有关主管部门准入的内资融资租赁企业享受与现行内资试点企业同等待遇。支持自贸试验区内设立多币种的产业投资基金，研究设立多币种的土地信托基金等。支持符合条件的自贸试验区内机构按照规定双向投资于境内外证券期货市场。在合法合规、风险可控前提下，逐步开展商品场外衍生品交易。支持厦门两岸区域性金融服务中心建设。支持境内期货交易所根据需要在平潭设立期货交割仓库。

13. 推动两岸金融合作先行先试。在对台小额贸易市场设立外币兑换机构。允许自贸试验区银行业金融机构与台湾同业开展跨境人民币借款等业务。支持台湾地区的银行向自贸试验区内企业或项目发放跨境人民币贷款。对自贸试验区内的台湾金融机构向母行（公司）借用中长期外债实行外债指标单列，并按余额进行管理。在框架协议下，研究探索自贸试验区金融服务业对台资进一步开放，降低台资金融机构准入和业务门槛，适度提高参股大陆金融机构持股比例，并参照大陆金融机构监管。按照国家区域发展规划，为自贸试验区内台资法人金融机构在大陆设立分支机构开设绿色通道。支持在自贸试验区设立两岸合资银行等金融机构。探索允许台湾地区的银行及其在大陆设立的法人银行在福建省设立的分行参照大陆关于申请设立支行的规定，申请在自贸试验区内设立异地（不同于分行所在城市）支行。台湾地区的银行在大陆的营业性机构经营台资企业人民币业务时，服务对象可包括被认定为视同台湾投资者的第三地投资者在自贸试验区设立的企业。在符合相关规定前提下，支持两岸银行业在自贸试验区内进行相关股权投资合作。研究探索台湾地区的银行在自贸试验区内设立的营业性机构一经开业即可经营人民币业务。在框架协议下，允许自贸试验区内大陆的商业银行从事代客境外理财业务时，可以投资符合条件的台湾金融产品；允许台资金融机构以人民币合格境外机构投资者方式投资自贸试验区内资本市场。研究探索放宽符合条件的台资金融机构参股自贸试验区证券基金机构股权比例限制。研究探索允许符合条件的台资金融机构按照大陆有关规定在自贸试验区内设立合资基金管理公司，台资持股比例可达 50% 以上。研究探索允许符合设立外资参股证券公司条件的台资金融机构按照大陆有关规定在自贸试验区内新设立 2 家两岸合资的全牌照证券公司，大陆股东不限于证券公司，其中一家台资合并持股比例最高可达 51%，另一家台资合并持股比例不超过 49%，且取消大陆单一股东须持股 49% 的限制。支持符合条件的台资保险公司到自贸试验区设立经营机构。支持福建省股权交易场所拓展业务范围，为台资企业提供综合金融服务。加强两岸在金融纠纷调解、仲裁、诉讼及金融消费者维权支持方面的合作，健全多元化纠纷解决渠道。

（六）培育平潭开放开发新优势

14. 推进服务贸易自由化。赋予平潭制定相应从业规范和标准的权限，在框架协议下，允许台湾建筑、规划、医疗、旅游等服务机构执业人员，持台湾有关机构颁发的证书，按规定范围在自贸试验区内开展业务。探索在自贸试验区内行政企事业单位等机构任职的台湾同胞试行两岸同等学历、任职资历对接互认，研究探索技能等级对接互认。对台商独资或控股开发的建设项目，借鉴台湾的规划及工程管理体制。

15. 推动航运自由化。简化船舶进出港口手续，对国内航行船舶进出港海事实行报告制度。支持简化入区申报手续，探索试行相关电子数据自动填报。探索在自贸试验区内对台试行监管互认。对平潭片区与台湾之间进出口商品原则上不实施检验（废物原料、危险化学品及其包装、大宗散装货物以及国家另有特别规定的除外），检验检疫部门加强事后监管。

16. 建设国际旅游岛。加快旅游产业转型升级，推行国际通行的旅游服务标准，开发特色旅游产品，拓展文化体育竞技功能，建设休闲度假旅游目的地。研究推动平潭实施部分国家旅游团入境免签政策，对台湾居民实施更加便利的入出境制度。平潭国际旅游岛建设方案另行报批。

四、保障机制

（一）实行有效监管

1. 围网区域监管。对自贸试验区内的海关特殊监管区域，比照中国（上海）自由贸易试验区内的海关特殊监管区域有关监管模式，实行“一线放开”、“二线安全高效管住”的通关监管服务模式，推动海关特殊监管区域整合优化。对平潭片区按照“一线放宽、二线管住、人货分离、分类管理”原则实施分线管理。除废物原料、危险化学品及其包装、散装货物外，检验检疫在一线实施“进境检疫，适当放宽进出口检验”模式，在二线推行“方便进出，严密防范质量安全风险”的检验检疫监管模式。

2. 全区域监管。建立自贸试验区内企业信用信息采集共享和失信联动惩戒机制，开展使用第三方信用服务机构的信用评级报告试点。完善企业信用信息公示系统，实施企业年度报告公示、经营异常名录和严重违法企业名单制度，建立相应的激励、警示、惩戒制度。建立常态化监测预警、总结评估机制，落实企业社会责任，对自贸试验区内各项业务实施有效监控。加强监管信息共享和综合执法。构筑以商务诚信为核心，覆盖源头溯源、检验检疫、监管、执法、处罚、先行赔付等方面的全流程市场监管体系。建立各部门监管数据和信息归集、交换、共享机制，切实加强事中事后动态监管。整合执法主体，形成权责统一、权威高效的综合执法体制。提高知识产权行政执法与海关保护的协调性与便捷性，建立知识产权执法协作调度中心和专利导航产业发展工作机制。完善金融监管措施，逐步建立跨境资金流动风险监管机制，完善风险监控指标，对企业跨境收支进行全面监测评价，实行分类管理。做好反洗钱、反恐怖融资工作，防范非法资金跨境、跨区流动。探索在自贸试验区内建立有别于区外的金融监管协调机制，形成符合自贸试验区内金融业发展特点的监管体制。健全符合自贸试验区内金融业发展实际的监控指标，实现对自贸试验区内金融机构风险可控。

（二）健全法制保障

全国人民代表大会常务委员会已经授权国务院，暂时调整《中华人民共和国外资企业法》、《中华人民共和国中外合资经营企业法》、《中华人民共和国中外合作经营企业法》和《中华人民共和国台湾同胞投资保护法》规定的有关行政审批，自 2015 年 3 月 1 日至 2018 年 2 月 28 日试行。自贸试验区需要暂时调整实施有关行政法规、国务院文件和经国务院批准的部门规章的部分规定的，按规定程序办理。各有关部门要支持自贸试验区在对台先行先试、拓展与 21 世纪海上丝绸之路沿线国家和地区交流合作等方面深化改革试点，及时解决试点过程中的制度保障问题。福建省要通过地方立法，建立与试点要求相适应的自贸试验区管理制度。

（三）完善税收环境

自贸试验区抓紧落实好现有相关税收政策，充分发挥现有政策的支持促进作用。中国（上海）自由贸易试验区已经试点的税收政策原则上可在自贸试验区进行试点，其中促进贸易的选择性征收关税、其他相关进出口税收等政策在自贸试验区内的海关特殊监管区域进行试点。自贸试验区内的海关特殊监管区域实施范围和税收政策适用范围维持不变。平潭综合实验区税收优惠政策不适用于自贸试验区内其他区域。此外，在符合税制改革方向和国际惯例，以及不导致利润转移和税基侵蚀前提下，积极研究完善适应境外股权投资和离岸业务发展的税收政策。

（四）组织实施

在国务院的领导和统筹协调下，由福建省根据试点内容，按照总体筹划、分步实施、率先突破、逐步完善的原则组织实施。各有关部门要大力支持，加强指导和服务，共同推进相关体制机制创新，在实施过程中要注意研究新情况，解决新问题，总结新经验，重大事项要及时报告国务院，努力推进自贸试验区更好更快发展。

（五）评估推广机制

自贸试验区要及时总结改革创新经验和成果。商务部、福建省人民政府要会同相关部门，对自贸试验区试点政策执行情况进行综合和专项评估，必要时委托第三方机构进行独立评估，并将评估结果报告国务院。对试点效果好且可复制可推广的成果，经国务院同意后推广到全国其他地区。

国务院关于在中国（上海）自由贸易试验区内暂时调整实施有关行政法规和经国务院批准的部门规章规定的准入特别管理措施的决定

（国发〔2014〕38号　2014年9月4日）

各省、自治区、直辖市人民政府，国务院各部委、各直属机构：

为适应在中国（上海）自由贸易试验区进一步扩大开放的需要，国务院决定在试验区内暂时调整实施《中华人民共和国国际海运条例》、《中华人民共和国认证认可条例》、《盐业管理条例》以及《外商投资产业指导目录》、《汽车产业发展政策》、《外商投资民用航空业规定》规定的有关资质要求、股比限制、经营范围等准入特别管理措施（目录附后）。

国务院有关部门、上海市人民政府要根据上述调整，及时对本部门、本市制定的规章和规范性文件作相应调整，建立与进一步扩大开放相适应的管理制度。

国务院将根据试验区改革开放措施的实施情况，适时对本决定的内容进行调整。

附件：国务院决定在中国（上海）自由贸易试验区内暂时调整实施有关行政法规和经国务院批准的部门规章规定的准入特别管理措施目录。

国务院

2014年9月4日

（此件公开发布）

附件

国务院决定在中国（上海）自由贸易试验区内暂时调整实施有关行政法规和经国务院批准的部门规章规定的准入特别管理措施目录

序号	准入特别管理措施	调整实施情况
1	《中华人民共和国国际海运条例》 第二十九条第一款：经国务院交通主管部门批准，外商可以依照有关法律、行政法规以及国家其他有关规定，投资设立中外合资经营企业或者中外合作经营企业，经营国际船舶运输、国际船舶代理、国际船舶管理、国际海运货物装卸、国际海运货物仓储、国际海运集装箱站和堆场业务；并可以投资设立外资企业经营国际海运货物仓储业务	暂时停止实施相关内容，允许外商以独资形式从事国际海运货物装卸、国际海运集装箱站和堆场业务
2	《中华人民共和国国际海运条例》 第二十九条第二款、第三款： 经营国际船舶运输、国际船舶代理业务的中外合资经营企业，企业中外商的出资比例不得超过49% 经营国际船舶运输、国际船舶代理业务的中外合作经营企业，企业中外商的投资比例比照适用前款规定 《外商投资产业指导目录》 限制外商投资产业目录 六、批发和零售业 5. 船舶代理（中方控股）、外轮理货（限于合资、合作）	暂时停止实施相关内容，允许外商以合资、合作形式从事公共国际船舶代理业务，外方持股比例放宽至51%
3	《中华人民共和国认证认可条例》 第十一条第一款：设立外商投资的认证机构除应当符合本条例第十条规定的条件外，还应当符合下列条件： （一）外方投资者取得其所在国家或者地区认可机构的认可 （二）外方投资者具有3年以上从事认证活动的业务经历 《外商投资产业指导目录》 限制外商投资产业目录 十、科学研究、技术服务和地质勘查业 2. 进出口商品检验、鉴定、认证公司	暂时停止实施相关内容，取消对外商投资进出口商品认证公司的限制，取消对投资方的资质要求
4	《盐业管理条例》 第二十条：盐的批发业务，由各级盐业公司统一经营。未设盐业公司的地方，由县级以上人民政府授权的单位统一组织经营	暂时停止实施相关内容，允许外商以独资形式从事盐的批发，服务范围限于试验区内

（续）

序号	准入特别管理措施	调整实施情况
5	《外商投资产业指导目录》 鼓励外商投资产业目录 二、采矿业 4. 提高原油采收率及相关新技术的开发应用（限于合资、合作）	暂时停止实施相关内容，允许外商以独资形式从事提高原油采收率（以工程服务形式）及相关新技术的开发应用
6	《外商投资产业指导目录》 鼓励外商投资产业目录 二、采矿业 5. 物探、钻井、测井、录井、井下作业等石油勘探开发新技术的开发与应用（限于合资、合作）	暂时停止实施相关内容，允许外商以独资形式从事物探、钻井、测井、录井、井下作业等石油勘探开发新技术的开发与应用
7	《外商投资产业指导目录》 禁止外商投资产业目录 三、制造业 （一）饮料制造业 1. 我国传统工艺的绿茶及特种茶加工（名茶、黑茶等）	暂时停止实施相关内容，允许外商以合资、合作形式（中方控股）从事中国传统工艺的绿茶加工
8	《外商投资产业指导目录》 鼓励外商投资产业目录 三、制造业 （八）造纸及纸制品业 1. 主要利用境外木材资源的单条生产线年产 30 万吨及以上规模化学木浆和单条生产线年产 10 万吨及以上规模化学机械木浆以及同步建设的高档纸及纸板生产（限于合资、合作）	暂时停止实施相关内容，允许外商以独资形式从事主要利用境外木材资源的单条生产线年产 30 万吨及以上规模化学木浆和单条生产线年产 10 万吨及以上规模化学机械木浆以及同步建设的高档纸及纸板生产
9	《外商投资产业指导目录》 鼓励外商投资产业目录 三、制造业 （十七）通用设备制造业 7. 400 吨及以上轮式、履带式起重机械制造（限于合资、合作）	暂时停止实施相关内容，允许外商以独资形式从事 400 吨及以上轮式、履带式起重机械制造
10	《外商投资产业指导目录》 限制外商投资产业目录 三、制造业 （十）通用设备制造业 1. 各类普通级（P0）轴承及零件（钢球、保持架）、毛坯制造	暂时停止实施相关内容，取消对外商投资各类普通级（P0）轴承及零件（钢球、保持架）、毛坯制造的限制
11	《外商投资产业指导目录》 限制外商投资产业目录 三、制造业 （十一）专用设备制造业 2. 320 马力及以下推土机、30 吨级及以下液压挖掘机、6 吨级及以下轮式装载机、220 马力及以下平地机、压路机、叉车、135 吨级及以下电力传动非公路自卸翻斗车、60 吨级及以下液力机械传动非公路自卸翻斗车、沥青混凝土搅拌与摊铺设备和高空作业机械、园林机械和机具、商品混凝土机械（托泵、搅拌车、搅拌站、泵车）制造	暂时停止实施相关内容，取消对外商投资 15 吨级以下（不含 15 吨）液压挖掘机、3 吨级以下（不含 3 吨）轮式装载机制造的限制

（续）

序号	准入特别管理措施	调整实施情况
12	《外商投资产业指导目录》 限制外商投资产业目录 三、制造业 （十一）专用设备制造业 1. 一般涤纶长丝、短纤维设备制造	暂时停止实施相关内容，取消对外商投资一般涤纶长丝、短纤维设备制造的限制
13	《外商投资产业指导目录》 鼓励外商投资产业目录 三、制造业 （十九）交通运输设备制造业 3. 汽车电子装置制造与研发：发动机和底盘电子控制系统及关键零部件，车载电子技术（汽车信息系统和导航系统），汽车电子总线网络技术（限于合资），电子控制系统的输入（传感器和采样系统）输出（执行器）部件，电动助力转向系统电子控制器（限于合资），嵌入式电子集成系统（限于合资、合作）、电控式空气弹簧，电子控制式悬挂系统，电子气门系统装置，电子组合仪表，ABS/TCS/ESP 系统，电路制动系统（BBW），变速器电控单元（TCU），轮胎气压监测系统（TPMS），车载故障诊断仪（OBD），发动机防盗系统，自动避撞系统，汽车、摩托车型试验及维修用检测系统	暂时停止实施相关内容，允许外商以独资形式从事汽车电子总线网络技术、电动助力转向系统电子控制器制造与研发
14	《外商投资产业指导目录》 鼓励外商投资产业目录 三、制造业 （十九）交通运输设备制造业 6. 轨道交通运输设备（限于合资、合作）：高速铁路、铁路客运专线、城际铁路、干线铁路及城市轨道交通运输设备的整车和关键零部件（牵引传动系统、控制系统、制动系统）的研发、设计与制造；高速铁路、铁路客运专线、城际铁路及城市轨道交通乘客服务设施和设备的研发、设计与制造，信息化建设中有关信息系统的设计与研发；高速铁路、铁路客运专线、城际铁路的轨道和桥梁设备研发、设计与制造，轨道交通运输通信信号系统的研发、设计与制造，电气化铁路设备和器材制造、铁路噪声和振动控制技术与研发、铁路客车排污设备制造、铁路运输安全监测设备制造	暂时停止实施相关内容，允许外商以独资形式投资与高速铁路、铁路客运专线、城际铁路配套的乘客服务设施和设备的研发、设计与制造，与高速铁路、铁路客运专线、城际铁路相关的轨道和桥梁设备研发、设计与制造，电气化铁路设备和器材制造、铁路客车排污设备制造
15	《外商投资产业指导目录》 鼓励外商投资产业目录 三、制造业 （十九）交通运输设备制造业 18. 豪华邮轮及深水（3000 米以上）海洋工程装备的设计（限于合资、合作） 24. 游艇的设计与制造（限于合资、合作）	暂时停止实施相关内容，允许外商以独资形式从事豪华邮轮、游艇的设计

（续）

序号	准入特别管理措施	调整实施情况
16	《外商投资产业指导目录》 鼓励外商投资产业目录 三、制造业 （十九）交通运输设备制造业 22. 船舶舱室机械的设计与制造（中方相对控股）	暂时停止实施相关内容，允许外商以独资形式从事船舶舱室机械的设计
17	《外商投资产业指导目录》 鼓励外商投资产业目录 三、制造业 （十九）交通运输设备制造业 13. 航空发动机及零部件、航空辅助动力系统设计、制造与维修（限于合资、合作）	暂时停止实施相关内容，允许外商以独资形式从事航空发动机零部件的设计、制造与维修
18	《汽车产业发展政策》 第四十八条：汽车整车、专用汽车、农用运输车和摩托车中外合资生产企业的中方股份比例不得低于50%。股票上市的汽车整车、专用汽车、农用运输车和摩托车股份公司对外出售法人股份时，中方法人之一必须相对控股且大于外资法人股之和。同一家外商可在国内建立两家（含两家）以下生产同类（乘用车类、商用车类、摩托车类）整车产品的合资企业，如与中方合资伙伴联合兼并国内其他汽车生产企业可不受两家的限制。境外具有法人资格的企业相对控股另一家企业，则视为同一家外商	暂时停止实施相关内容，允许外商以独资形式从事摩托车（排量≤250ml）生产
19	《外商投资产业指导目录》 鼓励外商投资产业目录 三、制造业 （十九）交通运输设备制造业 5. 大排量（排量>250ml）摩托车关键零部件制造：摩托车电控燃油喷射技术（限于合资、合作）、达到中国摩托车Ⅲ阶段污染物排放标准的发动机排放控制装置	暂时停止实施相关内容，允许外商以独资形式从事大排量（排量>250ml）摩托车关键零部件制造：摩托车电控燃油喷射技术
20	《外商投资产业指导目录》 鼓励外商投资产业目录 三、制造业 （二十）电气机械及器材制造业 6. 输变电设备制造（限于合资、合作）：非晶态合金变压器、500千伏及以上高压开关用操作机构、灭弧装置、大型盆式绝缘子（1000千伏、50千安以上），500千伏及以上变压器用出线装置、套管（交流500、750、1000千伏，直流所有规格）、调压开关（交流500、750、1000千伏有载、无载调压开关），直流输电用干式平波电抗器，±800千伏直流输电用换流阀（水冷设备、直流场设备），符合欧盟RoHS指令的电器触头材料及无Pb、Cd的焊料	暂时停止实施相关内容，允许外商以独资形式从事符合欧盟RoHS指令的电器触头材料及无Pb、Cd的焊料制造

（续）

序号	准入特别管理措施	调整实施情况
21	《外商投资产业指导目录》 鼓励外商投资产业目录 五、交通运输、仓储和邮政业 2. 支线铁路、地方铁路及其桥梁、隧道、轮渡和站场设施的建设、经营（限于合资、合作）	暂时停止实施相关内容，允许外商以独资形式从事地方铁路及其桥梁、隧道、轮渡和站场设施的建设、经营
22	《外商投资产业指导目录》 限制外商投资产业目录 六、批发和零售业 2. 粮食收购，粮食、棉花、植物油、食糖、烟草、原油、农药、农膜、化肥的批发、零售、配送（设立超过30家分店、销售来自多个供应商的不同种类和品牌商品的连锁店由中方控股）	暂时停止实施相关内容，允许外商以独资形式从事植物油、食糖、化肥的批发、零售、配送，粮食、棉花的零售、配送，取消门店数量限制
23	《外商投资产业指导目录》 限制外商投资产业目录 六、批发和零售业 1. 直销、邮购、网上销售	暂时停止实施相关内容，取消对外商投资邮购和一般商品网上销售的限制
24	《外商投资产业指导目录》 限制外商投资产业目录 五、交通运输、仓储和邮政业 1. 铁路货物运输公司	暂时停止实施相关内容，允许外商以独资形式从事铁路货物运输业务
25	《外商投资民用航空业规定》 第四条：外商投资方式包括： （一）合资、合作经营（简称“合营”） （二）购买民航企业的股份，包括民航企业在境外发行的股票以及在境内发行的上市外资股 （三）其他经批准的投资方式 外商以合作经营方式投资公共航空运输和从事公务飞行、空中游览的通用航空企业，必须取得中国法人资格	允许外商以独资形式从事航空运输销售代理业务
26	《外商投资产业指导目录》 限制外商投资产业目录 八、房地产业 3. 房地产二级市场交易及房地产中介或经纪公司	暂时停止实施相关内容，取消对外商投资房地产中介或经纪公司的限制
27	《外商投资产业指导目录》 限制外商投资产业目录 十、科学研究、技术服务和地质勘查业 3. 摄影服务（含空中摄影等特技摄影服务，但不包括测绘航空摄影，限于合资）	暂时停止实施相关内容，允许外商以独资形式从事摄影服务（不含空中摄影等特技摄影服务）

国家发展改革委关于修改《境外投资项目核准和备案管理办法》和《外商投资项目核准和备案管理办法》有关条款的决定

（中华人民共和国国家发展和改革委员会令第 20 号）

根据国务院发布的《政府核准的投资项目目录》，特制定《国家发展改革委关于修改〈境外投资项目核准和备案管理办法〉和〈外商投资项目核准和备案管理办法〉有关条款的决定》，现予公布。

主任：徐绍史

2014 年 12 月 27 日

国家发展改革委关于修改《境外投资项目核准和备案管理办法》和《外商投资项目核准和备案管理办法》有关条款的决定

一、对《境外投资项目核准和备案管理办法》（国家发展和改革委员会令第 9 号）作出修改。

将第七条第一款修改为“涉及敏感国家和地区、敏感行业的境外投资项目，由国家发展改革委核准。其中，中方投资额 20 亿美元及以上的，由国家发展改革委提出审核意见报国务院核准”。

二、对《外商投资项目核准和备案管理办法》（国家发展和改革委员会令第 12 号）作出修改。

（一）将第一条中的“《政府核准的投资项目目录（2013 年本)》”修改为“《政府核准的投资项目目录》”。

（二）将第四条修改为“外商投资项目核准权限、范围按照国务院发布的《核准目录》执行。

本办法所称项目核准机关，是指《核准目录》中规定的具有项目核准权限的行政机关”。

商务部、国家统计局关于印发《国际服务贸易统计制度》的通知[㊀]

（商服贸函〔2014〕807号　2014年9月26日）

各省、自治区、直辖市、计划单列市及新疆生产建设兵团商务主管部门、统计局，有关企事业单位：

为建立符合国际规范的服务贸易统计体系，科学、有效地开展服务贸易统计工作，促进服务贸易的健康发展，商务部、统计局结合近两年我国服务贸易发展的实际情况和特点，对2012年8月印发的《国际服务贸易统计制度》进行了修订。现将修订后的《国际服务贸易统计制度》印发给你们，并就有关事项通知如下：

一、主要修订内容

（一）对"服务进出口额"（服贸统综2表）的有关内容进行了调整。

（二）将原基层统计报表中的"教育服务进出口情况"分为"教育服务出口情况"和"教育服务进口情况"两张报表，并由基层表调整为综合表（服贸统综3表和4表）。

（三）调整自然人移动统计报表（服贸统综13表和14表）的有关内容。

㊀《国际服务贸易统计制度》参见 http://fms.mofcom.gov.cn/article/jingjidongtai/201410/20141000753415.shtml。

二、组织实施

修订后的《国际服务贸易统计制度》内综合表与基层表统计全部由商务主管部门组织实施。

商务部
国家统计局
2014 年 9 月 26 日

国家外汇管理局关于调整金融机构进入银行间外汇市场有关管理政策的通知

（汇发〔2014〕48号　2014年12月5日）

国家外汇管理局各省、自治区、直辖市分局、外汇管理部，深圳、大连、青岛、厦门、宁波市分局，各全国性银行：

为进一步简政放权，丰富市场参与主体，促进外汇市场发展，根据《中华人民共和国外汇管理条例》，现就调整境内金融机构进入银行间外汇市场有关管理政策通知如下：

一、境内金融机构经国家外汇管理局批准取得即期结售汇业务资格和相关金融监管部门批准取得衍生产品交易业务资格后，在满足银行间外汇市场相关业务技术规范条件下，可以成为银行间外汇市场会员，相应开展人民币对外汇即期和衍生产品交易，国家外汇管理局不实施银行间外汇市场事前入市资格许可。

金融机构应将本机构在银行间外汇市场进行人民币对外汇即期和衍生产品交易的内部操作规程和风险管理制度送中国外汇交易中心（以下简称交易中心）备案。

二、金融机构在银行间外汇市场开展人民币对外汇交易，应基于对冲代客和自身结售汇业务风险、在结售汇综合头寸限额内开展做市和自营交易、从事符合规定的自身套期保值等需要，并遵守银行间外汇市场交易、清算、信息等法规、规则及有关金融监管部门的规定。

三、经银行业监督管理部门批准设立的货币经纪公司（含分支机构），可以在银行间外汇市场开展人民币对外汇衍生产品交易、外汇对外汇交易、外汇拆借等外汇管理规定的外汇经纪业务，国家外汇管理局不实施事前资格许可。货币经纪公司开展外汇经纪业务，应遵守银行间外汇市场有关法规、规则。

四、交易中心和银行间市场清算所股份有限公司（以下简称上海清算所）应根据本通知要求，相应调整有关业务规则及系统，做好技术支持与服务工作。交易中心和上海清算所负责银行间人民币对外汇交易、清算的日常监控工作，发现异常交易、清算情况应及时向国家外汇管理局报告。

五、金融机构应遵守职业操守和市场惯例，促进外汇市场自律管理和规范发展。

六、本通知自2015年1月1日起实施。《国家外汇管理局关于中国银行在银行间外汇市场开展人民币与外币掉期交易有关问题的批复》（汇复〔2006〕61号）、《国家外汇管理局关于推出人民币对外汇期权交易有关问题的通知》（汇发〔2011〕8号）、《国家外汇管理局关于调整银行间外汇市场部分业务管理的通知》（汇发〔2012〕30号）、《国家外汇管理局关于调整人民币外汇衍生产品业务管理的通知》（汇发〔2013〕46号）同时废止，其他文件中涉及银行间外汇市场准入管理规定的有关事项以本通知为准。

国家外汇管理局各分局、外汇管理部接到本通知后，应即转发辖内金融机构。

特此通知。

国家外汇管理局

2014年12月5日

国家外汇管理局关于进一步改进和调整资本项目外汇管理政策的通知

（汇发〔2014〕2号　2014年1月10日）

国家外汇管理局各省、自治区、直辖市分局、外汇管理部，深圳、大连、青岛、厦门、宁波市分局，各中资银行：

为进一步深化资本项目外汇管理改革，简化行政审批程序，促进贸易投资便利化，根据《中华人民共和国外汇管理条例》及相关规定，国家外汇管理局决定进一步改进资本项目外汇管理方式，并调整部分资本项目外汇管理措施。现就有关问题通知如下：

一、简化融资租赁类公司对外债权外汇管理

（一）融资租赁类公司包括银行业监管部门批准设立的金融租赁公司、商务主管部门审批设立的外商投资租赁公司，以及商务部和国家税务总局联合确认的内资融资租赁公司等三类主体（以下统称为融资租赁类公司）。

（二）融资租赁类公司或其项目公司开展对外融资租赁业务时，应在融资租赁对外债权发生后15个工作日内，持以下材料到所在地外汇局办理融资租赁对外债权登记，所在地外汇局应当审核交易的合规性和真实性。

1. 申请书，包括但不限于公司基本情况及租赁项目的基本情况；

2. 主管部门同意设立融资租赁公司或项目公司的批复和工商营业执照；

3. 上年度经审计的财务报告及最近一期财务报表；

4. 租赁合同及租赁物转移的证明材料（如报关单、备案清单、发票等）。

（三）融资租赁类公司开展对外融资租赁业务时，不受现行境内企业境外放款额度限制。

（四）融资租赁类公司可直接到所在地银行开立境外放款专用账户，用于保留对外融资租赁租金收入。

上述外汇资金入账时，银行应审核该收入的资金来源。该账户内的外汇收入需结汇时，融资租赁类公司可直接向银行申请办理。

（五）所在地外汇局应在资本项目信息系统中使用“境外放款”功能登记融资租赁类公司融资租赁对外债权签约信息，采取纸质报表统计提款信息。

融资租赁类公司收到对外融资租赁租金收入时，应按照国际收支的有关申报要求进行申报，在“外汇局批件号 / 备案表号 / 业务编号”栏中填写该笔对外债权的业务编号，并应按月向所在地外汇局报送融资租赁对外债权的发生和租金收入等情况。银行应通过资本项目信息系统反馈对外融资租赁租金收入等信息。资本项目信息系统有关模块功能完善后，按新的要求采集相关信息。

二、简化境外投资者受让境内不良资产外汇管理

（一）取消国家外汇管理局对金融资产管理公司对外处置不良资产涉及的外汇收支和汇兑核准的前置管理。

（二）简化境外投资者受让境内不良资产登记手续。有关主管部门批准境内机构向境外投资者转让不良资产后 30 日内，受让境内不良资产的境外投资者或其境内代理人应持以下材料到主要资产所在地外汇局或其境内代理人所在地外汇局办理境外投资者受让境内不良资产登记手续。

1. 申请书，并填写《境外投资者受让境内不良资产登记表》（见附件）；

2. 有关主管部门批准境内机构对外转让不良资产的核准或备案文件；

3. 境内机构和境外投资者签署的转让合同主要条款复印件（无须提供不良资产及担保事项逐笔数据）；

4. 若由境内代理人办理，还需提供代理协议；

5. 针对前述材料需提供的补充材料。

（三）取消外汇局对金融资产管理公司处置不良资产收入结汇核准，改由银行直接办理入账或结汇手续。

出让不良资产的境内机构收到境外投资者的对价款后，可持以下材料直接到银行申请开立外汇账户保留外汇收入，或者申请不良资产外汇收入结汇。

1. 申请书；

2. 境外投资者受让不良资产办理登记时取得的资本项目信息系统《协议办理凭证》(复印件)；

3. 债权转让合同主要条款复印件；

4. 针对前述材料需提供的补充材料。

境内机构开立外汇账户保留外汇收入，或者办理不良资产外汇收入结汇手续时，应按照国际收支、外汇账户和结汇的有关申报要求进行申报，并在“外汇局批件号 / 备案表号 / 业务编号”栏中填写所对应的境外投资者受让境内不良资产登记的业务编号。

（四）因回购、出售（让）、清收、转股或其他原因导致境外投资者对登记资产的所有权变更或灭失时，境外投资者或其代理人应在所有权变更或灭失后 30 个工作日内到登记地外汇局办理境外投资者受让境内不良资产登记变更或注销手续。

（五）取消外汇局对境外投资者处置不良资产所得收益购付汇核准，改由银行审核办理。

受让境内不良资产的境外投资者通过清收、再转让等方式取得的收益，可持以下材料直接向银行申请办理对外购付汇手续：

1. 申请书；

2. 资本项目信息系统《协议办理凭证》；

3.《境外投资者受让境内不良资产登记表》复印件；

4. 关于不良资产处置收益来源的证明文件；

5. 若由境内代理人办理，还需提供代理协议；

6. 针对前述材料需提供的补充材料。

境外投资者办理对外购付汇手续时，应按照国际收支的有关申报要求进行申报，并在“外汇局批件号 / 备案表号 / 业务编号”栏中填写境外投资者受让境内不良资产登记的业务编号。

（六）银行应认真审核境内机构开立外汇账户保留外汇收入、办理不良资产外汇收入结汇和境外投资者办理对外购付汇手续时填写的境外投资者受让境内不良资产登记的业务编号。

（七）因境外投资者受让境内不良资产导致原有担保的受益人改变为境外投资者的，该担保不纳入对外担保管理。

境外投资者受让境内不良资产后新发生的对外担保，按照现行对外担保外汇管理规定进行管理。

三、进一步放宽境内机构境外直接投资前期费用管理

（一）境外直接投资前期费用（以下简称前期费用）累计汇出额不超过 300 万美元，且不超过中方投资总额 15% 的，境内机构可凭营业执照和组织机构代码证向所在地外汇局办理前期费用登记。

（二）前期费用累计汇出额超过 300 万美元，或超过中方投资总额 15% 的，境内机构除提交营业执照和组织机构代码证外，还应向所在地外汇局提供其已向境外直接投资主管部门报送的书面申请及境内机构参与投标、并购或合资合作项目的相关真实性证明材料办理前期费用登记。

（三）境内机构自汇出前期费用之日起 6 个月内仍未取得境外直接投资主管部门核准或备案的，应向所在地外汇局报告前期费用使用情况并将剩余资金退回。如确有客观原因，境内机构可向所在地外汇局申请延期，但最长不超过 12 个月。

四、进一步放宽境内企业境外放款管理

（一）放宽境内企业境外放款主体限制。允许境内企业向境外与其具有股权关联关系的企业放款。境内企业凭境外放款协议、最近一期财务审计报告到所在地外汇局办理境外放款额度登记，境内企业累计境外放款额度不得超过其所有者权益的 30%。如确有需要，超过上述比例的，由境内企业所在地外汇分局（外汇管理部）按个案集体审议方式处理。

（二）取消境外放款额度 2 年有效使用期限制。境内企业可根据实际业务

需求向所在地外汇局申请境外放款额度期限。

（三）如确有客观原因无法收回境外放款本息，境内企业可向所在地外汇分局（外汇管理部）申请注销该笔境外放款，由境内企业所在地外汇分局（外汇管理部）按个案集体审议方式处理。境外放款还本付息完毕（含债转股、债务豁免、担保履约）或注销境外放款后，不再进行境外放款的，境内企业可向所在地外汇局申请办理境外放款额度注销。

五、简化境内机构利润汇出管理

（一）银行为境内机构办理等值 5 万美元（含）以下利润汇出，原则上可不再审核交易单证；办理等值 5 万美元以上利润汇出，原则上可不再审核其财务审计报告和验资报告，应按真实交易原则审核与本次利润汇出相关的董事会利润分配决议（或合伙人利润分配决议）及其税务备案表原件。每笔利润汇出后，银行应在相关税务备案表原件上加章签注该笔利润实际汇出金额及汇出日期。

（二）取消企业本年度处置利润金额原则上不得超过最近一期财务审计报告中属于外方股东“应付股利”和“未分配利润”合计金额的限制。

六、简化个人财产转移售付汇管理

（一）移民财产转移购付汇核准，由移民原户籍所在地外汇局负责审批。继承财产转移购付汇核准，由被继承人生前户籍所在地外汇局负责审批。取消财产转移总金额超过等值人民币 50 万元报国家外汇管理局备案的要求。

（二）取消移民财产转移分次汇出的要求。申请人向原户籍所在地外汇局办理移民财产转移核准手续后，银行可在核准件审批额度内一次或分次汇出相关资金。

（三）取消继承人从不同被继承人处继承的财产应分别申请、分别汇出的要求。继承人从不同被继承人处继承财产，可选择其中一个被继承人生前户籍所在地外汇局合并提交申请材料，经核准后可在银行一次或分次汇出相关资金。

（四）取消对有关财产权利文件（如房屋产权证、房地产买卖契约或拆迁补偿安置协议、承包或租赁合同或协议、财产转让协议或合同、特许权使用协议或合同等）进行公证的要求；取消对委托代理协议、代理人身份证明进行公证的要求。

七、改进证券公司《证券业务外汇经营许可证》管理

证券公司经营外汇业务应按有关规定向国家外汇管理局领取《证券业务外汇经营许可证》（以下简称《许可证》）。除因公司更名、外汇业务范围调整等情况需按有关规定及时申请换领《许可证》外，自本通知实施之日起，证券公司无须定期更换《许可证》。

已领取《许可证》经营外汇业务的证券公司应当在每年的 1 月 31 日之前，向所在地外汇局报送上一年度外汇业务经营情况的书面报告（内容包括：公司经营外汇业务具体情况、外汇业务种类、购结汇及资金汇出入情况、外汇业务合规情况及相关外汇业务资产负债表等）。

本通知自 2014 年 2 月 10 日起实施，以前规定与本通知不符的，以本通知为准。请各分局、外汇管理部尽快将本通知转发至辖内中心支局、支局和辖内银行；各中资银行尽快将本通知转发至分支机构。执行中如遇问题，请及时向国家外汇管理局资本项目管理司反馈。

附件：境外投资者受让境内不良资产登记表。

国家外汇管理局

2014 年 1 月 10 日

附件

境外投资者受让境内不良资产登记表

申请日期：　　年　　月　　日

<table>
<tr><td>受让人（中英文）及代码：

注册地址：

联系人及电话：</td><td>代理人：

地址：

联系人及电话：</td></tr>
<tr><td>转让人及代码或标识码：</td><td>注册地址：</td></tr>
<tr><td colspan="2">转让标的：
1. 资产账面价值：________人民币元。

2. 资产转让价格：________人民币元，占账面价值的____%。
关于转让价格的说明：

3. 资产回收方式（直接卖断、合作经营或其他）：

4. 资产特征：债权笔数______；债务人户数______；关于原债权人、集中地域、资产类别等方面的说明：

5. 担保情况：担保项下债权本金余额______；担保项下债权笔数：______。

6. 外方收益汇出方式（定期、汇出频率或其他）：</td></tr>
</table>

质检总局、海关总署联合公告 2014 年第 62 号（关于调整《出入境检验检疫机构实施检验检疫的进出境商品目录》的公告）

（联合公告〔2014〕62 号　2014 年 6 月 9 日）

根据《中华人民共和国进出口商品检验法》及其实施条例有关规定，质检总局决定对《出入境检验检疫机构实施检验检疫的进出境商品目录》进行调整，现公告如下：

一、取消机电产品和食品接触产品的出口检验检疫，共涉及 222 个海关商品编码（见附件），自 2014 年 6 月 15 日起执行。出入境检验检疫机构对法定检验以外的进出口商品，根据国家规定实施抽查检验。

二、对海关商品编码 7202210010（硅铁，含硅量大于 55%，小于 90%）、7202290010（硅铁，含硅量大于等于 30% 且不超过 55%）项下的商品，新增实施出口商品检验，进出口商品收／发货人或代理人须持出入境检验检疫机构签发的《出境货物通关单》向海关办理出口手续，自 2014 年 7 月 15 日起执行。

附件：取消出口检验检疫的海关商品编码表。

质检总局　海关总署

2014 年 6 月 9 日

附件

取消出口检验检疫的海关商品编码表

序号	HS 编码	HS 名称	监管条件	调整后监管条件
1	8414301101	功率≤ 0.4KW 的冷藏、冷冻箱用无级变速压缩机	A/B	A
2	8414301190	其他小型电驱动冷藏或冷冻箱用压缩机（小型指电动机额定功率≤ 0.4KW）	A/B	A
3	8414301200	其他电驱动冷藏或冷冻箱用压缩机（指电动机额定功率 >0.4KW，但≤ 5KW）	A/B	A
4	8414301401	功率 >5KW 的空气调节器用无级变速压缩机	A/B	A
5	8414301402	功率 >5KW 的空气调节器用定速压缩机	A/B	A
6	8414301490	其他大型电动机驱动空调器用压缩机（大型指电动机额定功率超过 5KW 的）	A/B	A
7	8414301501	电动机额定功率 >5KW 的电动机驱动的无级变速压缩机（冷冻或冷藏设备用）	A/B	A
8	8414301502	电动机额定功率 >5KW 的电动机驱动定速压缩机（冷冻或冷藏设备用）	A/B	A
9	8414301590	其他大型电动机驱动冷冻或冷藏设备用压缩机（大型指电动机额定功率超过 5KW 的）	A/B	A
10	8415812001	4000 大卡 / 时 < 制冷量≤ 12 046 大卡 / 时（14 000W）热泵式空调器（装有制冷装置及一个冷热循环换向阀的）	A/B	A
11	8415812090	其他制冷量 >12 046 大卡 / 时（14 000W）热泵式空调器（装有制冷装置及一个冷热循环换向阀的）	A/B	A
12	8415822001	4000 大卡 < 制冷量≤ 12 046 大卡 / 时（14 000W）的其他空调（仅装有制冷装置，而无冷热循环装置的）	A/B	A
13	8415822090	其他制冷量 >12 046 大卡 / 时（14 000W）的其他空调（仅装有制冷装置，而无冷热循环装置的）	A/B	A
14	8418101000	容积 >500 升冷藏 – 冷冻组合机（各自装有单独外门的）	A/B	A
15	8418302100	制冷温度 >–40 ℃大的其他柜式冷冻箱（大的指容积 >500 升，但≤ 800 升）	A/B	A
16	8418402100	制冷温度 >–40 ℃大的立式冷冻箱（大的指容积 >500 升，但≤ 900 升）	A/B	A
17	8418500000	装有冷藏或冷冻装置的其他设备，用于存储及展示（包括柜、箱、展示台、陈列箱及类似品）	A/B	A
18	8418699020	制冰机、冰激凌机	A/B	A
19	8421211000	家用型过滤或净化水的机器及装置	A/B	A

（续）

序号	HS 编码	HS 名称	监管条件	调整后监管条件
20	8509401000	水果或蔬菜的榨汁机	A/B	A
21	8509409000	食品研磨机、搅拌器	A/B	A
22	8516500000	微波炉	A/B	A
23	8516603000	电饭锅	A/B	A
24	8516604000	电炒锅	A/B	A
25	8516605000	电烤箱	A/B	A
26	8516609000	其他电热炉（包括电热板、加热环、烧烤炉及烘烤器）	A/B	A
27	8516711000	滴液式咖啡机	A/B	A
28	8516712000	蒸馏渗滤式咖啡机	A/B	A
29	8516713000	泵压式咖啡机	A/B	A
30	8516719000	其他电热咖啡机和茶壶	A/B	A
31	8516721000	家用自动面包机	A/B	A
32	8516722000	片式烤面包机（多士炉）	A/B	A
33	8516729000	其他电热烤面包器	A/B	A
34	8516791000	电热饮水机	A/B	A
35	8702102000	机坪客车（机场专用车）	A/B	A
36	8702109100	30 座及以上大型客车（柴油型）（指装有柴油或半柴油发动机的 30 座及以上的客运车）	A/B	A
37	8702109201	20 ≤座≤ 23 装有压燃式活塞内燃发动机的客车	A/B	A
38	8702109290	24 ≤座≤ 29 装有压燃式活塞内燃发动机的客车	A/B	A
39	8702109300	10 ≤座≤ 19 装有压燃式活塞内燃发动机的客车	A/B	A
40	8702901000	30 座及以上大型客车（其他型）（指装有其他发动机的 30 座及以上的客运车）	A/B	A
41	8702902001	20 ≤座≤ 23 装有非压燃式活塞内燃发动机的客车	A/B	A
42	8702902090	24 ≤座≤ 29 装有非压燃式活塞内燃发动机的客车	A/B	A
43	8702903000	10 ≤座≤ 19 装有非压燃式活塞内燃发动机的客车	A/B	A
44	8703101100	全地形车	/B	
45	8703213001	排气量≤ 1 升的装有点燃往复式活塞内燃发动机的小轿车	A/B	A
46	8703213090	排气量≤ 1 升的装有点燃往复式活塞内燃发动机小轿车的成套散件	/B	
47	8703214001	排量≤ 1 升的带点燃往复式活塞内燃发动机的越野车（4 轮驱动）	A/B	A
48	8703214090	排量≤ 1 升的带点燃往复式活塞内燃发动机的越野车（4 轮驱动）的成套散件	A/B	A
49	8703215001	排量≤ 1 升的带点燃往复式活塞内燃发动机的小客车（9 座及以下）	A/B	A
50	8703215090	排量≤ 1 升的带点燃往复式活塞内燃发动机的小客车的成套散件（9 座及以下）	A/B	A

（续）

序号	HS 编码	HS 名称	监管条件	调整后监管条件
51	8703219001	排量≤ 1 升的带点燃往复式活塞内燃发动机的其他车辆	A/B	A
52	8703219090	排量≤ 1 升的带点燃往复式活塞内燃发动机的其他车辆的成套散件	A/B	A
53	8703223001	1< 排量≤ 1.5 升带点燃往复式活塞内燃发动机小轿车	A/B	A
54	8703223090	1< 排量≤ 1.5 升带点燃往复式活塞内燃发动机小轿车的成套散件	A/B	A
55	8703224001	1< 排量≤ 1.5 升带点燃往复活塞内燃发动机四轮驱动越野车	A/B	A
56	8703224090	1< 排量≤ 1.5 升带点燃往复活塞内燃发动机四轮驱动越野车的成套散件	A/B	A
57	8703225001	1< 排量≤ 1.5 升带点燃往复式活塞内燃发动机小客车（≤ 9 座）	A/B	A
58	8703225090	1< 排量≤ 1.5 升带点燃往复式活塞内燃发动机小客车的成套散件（≤ 9 座）	A/B	A
59	8703229001	1< 排量≤ 1.5 升带点燃往复式活塞内燃发动机其他车	A/B	A
60	8703229090	1< 排量≤ 1.5 升带点燃往复式活塞内燃发动机其他车的成套散件	A/B	A
61	8703234101	1.5< 排量≤ 2 升装点燃往复式活塞内燃发动机小轿车	A/B	A
62	8703234190	1.5< 排量≤ 2 升装点燃往复式活塞内燃发动机小轿车的成套散件	A/B	A
63	8703234201	1.5< 排量≤ 2 升装点燃往复式活塞内燃发动机越野车（4 轮驱动）	A/B	A
64	8703234290	1.5< 排量≤ 2 升装点燃往复式活塞内燃发动机越野车的成套散件（4 轮驱动）	A/B	A
65	8703234301	1.5< 排量≤ 2 升装点燃往复式活塞内燃发动机小客车（9 座及以下的）	A/B	A
66	8703234390	1.5< 排量≤ 2 升装点燃往复式活塞内燃发动机小客车的成套散件（9 座及以下的）	A/B	A
67	8703234901	1.5< 排量≤ 2 升装点燃往复式活塞内燃发动机的其他载人车辆	A/B	A
68	8703234990	1.5< 排量≤ 2 升装点燃往复式活塞内燃发动机的其他载人车辆的成套散件	A/B	A
69	8703235101	2< 排量≤ 2.5 升装点燃往复式活塞内燃发动机小轿车	A/B	A
70	8703235190	2< 排量≤ 2.5 升装点燃往复式活塞内燃发动机小轿车的成套散件	A/B	A
71	8703235201	2< 排量≤ 2.5 升装点燃往复式活塞内燃发动机越野车（4 轮驱动）	A/B	A
72	8703235290	2< 排量≤ 2.5 升装点燃往复式活塞内燃发动机越野车的成套散件（4 轮驱动）	A/B	A

（续）

序号	HS 编码	HS 名称	监管条件	调整后监管条件
73	8703235301	2< 排量≤ 2.5 升装点燃往复式活塞内燃发动机小客车（9 座及以下的）	A/B	A
74	8703235390	2< 排量≤ 2.5 升装点燃往复式活塞内燃发动机的小客车的成套散件（9 座及以下的）	A/B	A
75	8703235901	2< 排量≤ 2.5 升装点燃往复式活塞内燃发动机的其他载人车辆	A/B	A
76	8703235990	2< 排量≤ 2.5 升装点燃往复式活塞内燃发动机的其他载人车辆的成套散件	A/B	A
77	8703241101	3< 排量≤ 4 升装点燃往复式活塞内燃发动机小轿车	A/B	A
78	8703241190	3< 排量≤ 4 升装点燃往复式活塞内燃发动机小轿车的成套散件	A/B	A
79	8703241201	3< 排量≤ 4 升装点燃往复式活塞内燃发动机越野车（4 轮驱动）	A/B	A
80	8703241290	3< 排量≤ 4 升装点燃往复式活塞内燃发动机越野车的成套散件（4 轮驱动）	/B	
81	8703241301	3< 排量≤ 4 升装点燃往复式活塞内燃发动机的小客车（9 座及以下的）	A/B	A
82	8703241390	3< 排量≤ 4 升装点燃往复式活塞内燃发动机的小客车的成套散件（9 座及以下的）	A/B	A
83	8703241901	3< 排量≤ 4 升装点燃往复式活塞内燃发动机的其他载人车辆（不包括非 4 轮驱动越野车）	A/B	A
84	8703241902	3< 排量≤ 4 升装点燃往复式活塞内燃发动机的非 4 轮驱动越野车	A/B	A
85	8703241991	3< 排量≤ 4 升装点燃往复式活塞内燃发动机的非 4 轮驱动越野车成套散件	A/B	A
86	8703241999	3< 排量≤ 4 升装点燃往复式活塞内燃发动机的其他载人车辆的成套散件（不包括非 4 轮驱动越野车成套散件）	A/B	A
87	8703242101	排气量 >4 升装点燃往复式活塞内燃发动机小轿车	A/B	A
88	8703242190	排气量 >4 升装点燃往复式活塞内燃发动机小轿车的成套散件	A/B	A
89	8703242201	排气量 >4 升装点燃往复式活塞内燃发动机越野车（4 轮驱动）	A/B	A
90	8703242290	排气量 >4 升装点燃往复式活塞内燃发动机越野车的成套散件（4 轮驱动）	/B	
91	8703242301	排气量 >4 升装点燃往复式活塞内燃发动机的小客车（9 座及以下的）	A/B	A
92	8703242390	排气量 >4 升装点燃往复式活塞内燃发动机的小客车的成套散件（9 座及以下的）	A/B	A

（续）

序号	HS 编码	HS 名称	监管条件	调整后监管条件
93	8703242901	排量 >4 升装点燃往复式活塞内燃发动机的其他载人车辆（不包括非 4 轮驱动越野车）	A/B	A
94	8703242902	排量 >4 升装点燃往复式活塞内燃发动机的非 4 轮驱动越野车	A/B	A
95	8703242991	排量 >4 升装点燃往复式活塞内燃发动机的非 4 轮驱动越野车成套散件	A/B	A
96	8703242999	排量 >4 升装点燃往复式活塞内燃发动机的其他载人车辆的成套散件（不包括非 4 轮驱动越野车成套散件）	A/B	A
97	8703311101	排气量≤1 升的装有压燃往复式活塞内燃发动机小轿车	A/B	A
98	8703311190	排气量≤1 升的装有压燃往复式活塞内燃发动机小轿车的成套散件	A/B	A
99	8703311901	排量≤1 升的装有压燃往复式活塞内燃发动机的其他载人车辆	A/B	A
100	8703311990	排量≤1 升的装有压燃往复式活塞内燃发动机的其他载人车辆的成套散件	A/B	A
101	8703312101	1 升 < 排气量≤ 1.5 升装压燃往复式活塞内燃发动机小轿车	A/B	A
102	8703312190	1 升 < 排气量≤ 1.5 升装压燃往复式活塞内燃发动机小轿车的成套散件	A/B	A
103	8703312201	1 升 < 排气量≤ 1.5 升装压燃式活塞内燃发动机越野车（4 轮驱动）	A/B	A
104	8703312290	1 升 < 排气量≤ 1.5 升装压燃式活塞内燃发动机越野车的成套散件（4 轮驱动）	A/B	A
105	8703312301	1 升 < 排气量≤ 1.5 升装压燃往复式活塞内燃发动机小客车（9 座及以下的）	A/B	A
106	8703312390	1 升 < 排气量≤ 1.5 升装压燃往复式活塞内燃发动机小客车的成套散件（9 座及以下的）	A/B	A
107	8703312901	1 升 < 排量≤ 1.5 升装压燃往复式活塞内燃发动机的其他载人车辆	A/B	A
108	8703312990	1 升 < 排量≤ 1.5 升装压燃往复式活塞内燃发动机的其他载人车辆的成套散件	A/B	A
109	8703321101	1.5< 排量≤ 2 升装压燃往复式活塞内燃发动机小轿车	A/B	A
110	8703321190	1.5< 排量≤ 2 升装压燃往复式活塞内燃发动机小轿车的成套散件	A/B	A
111	8703321201	1.5< 排量≤ 2 升装压燃往复式活塞内燃发动机越野车（4 轮驱动）	A/B	A
112	8703321290	1.5< 排量≤ 2 升装压燃往复式活塞内燃发动机越野车的成套散件（4 轮驱动）	A/B	A

（续）

序号	HS 编码	HS 名称	监管条件	调整后监管条件
113	8703321301	1.5< 排量≤ 2 升装压燃往复式活塞内燃发动机小客车（9 座及以下的）	A/B	A
114	8703321390	1.5< 排量≤ 2 升装压燃往复式活塞内燃发动机小客车的成套散件（9 座及以下的）	A/B	A
115	8703321901	1.5< 排量≤ 2 升装压燃往复式活塞内燃发动机的其他载人车辆	A/B	A
116	8703321990	1.5< 排量≤ 2 升装压燃往复式活塞内燃发动机的其他载人车辆的成套散件	A/B	A
117	8703322101	2< 排量≤ 2.5 升装压燃往复式活塞内燃发动机小轿车	A/B	A
118	8703322190	2< 排量≤ 2.5 升装压燃往复式活塞内燃发动机小轿车的成套散件	A/B	A
119	8703322201	2< 排量≤ 2.5 升装压燃往复式活塞内燃发动机越野车（4 轮驱动）	A/B	A
120	8703322290	2< 排量≤ 2.5 升装压燃往复式活塞内燃发动机越野车的成套散件（4 轮驱动）	A/B	A
121	8703322301	2< 排量≤ 2.5 升装压燃往复式活塞内燃发动机小客车（9 座及以下的）	A/B	A
122	8703322390	2< 排量≤ 2.5 升装压燃往复式活塞内燃发动机小客车的成套散件（9 座及以下的）	A/B	A
123	8703322901	2< 排量≤ 2.5 升装压燃往复式活塞内燃发动机的其他载人车辆	A/B	A
124	8703322990	2< 排量≤ 2.5 升装压燃往复式活塞内燃发动机的其他载人车辆的成套散件	A/B	A
125	8703331101	2.5< 排量≤ 3 升装压燃往复式活塞内燃发动机小轿车	A/B	A
126	8703331190	2.5< 排量≤ 3 升装压燃往复式活塞内燃发动机小轿车的成套散件	A/B	A
127	8703331201	2.5< 排量≤ 3 升装压燃往复式活塞内燃发动机越野车（4 轮驱动）	A/B	A
128	8703331290	2.5< 排量≤ 3 升装压燃往复式活塞内燃发动机越野车的成套散件（4 轮驱动）	A/B	A
129	8703331301	2.5< 排量≤ 3 升装压燃往复式活塞内燃发动机小客车（9 座及以下的）	A/B	A
130	8703331390	2.5< 排量≤ 3 升装压燃往复式活塞内燃发动机小客车的成套散件（9 座及以下的）	A/B	A
131	8703331901	2.5< 排量≤ 3 升装压燃往复式活塞内燃发动机的其他载人车辆（不包括非 4 轮驱动越野车）	A/B	A
132	8703331902	2.5< 排量≤ 3 升装压燃往复式活塞内燃发动机的非 4 轮驱动越野车	A/B	A

（续）

序号	HS 编码	HS 名称	监管条件	调整后监管条件
133	8703331991	2.5< 排量≤ 3 升装压燃往复式活塞内燃发动机的非 4 轮驱动越野车成套散件	A/B	A
134	8703331999	2.5< 排量≤ 3 升装压燃往复式活塞内燃发动机的其他载人车辆的成套散件（不包括非 4 轮驱动越野车成套散件）	A/B	A
135	8703332101	3< 排量≤ 4 升装压燃往复式活塞内燃发动机小轿车	A/B	A
136	8703332190	3< 排量≤ 4 升装压燃往复式活塞内燃发动机小轿车的成套散件	A/B	A
137	8703332201	3< 排量≤ 4 升装压燃往复式活塞内燃发动机越野车（4 轮驱动）	A/B	A
138	8703332290	3< 排量≤ 4 升装压燃往复式活塞内燃发动机越野车的成套散件（4 轮驱动）	A/B	A
139	8703332301	3< 排量≤ 4 升装压燃往复式活塞内燃发动机小客车（9 座及以下的）	A/B	A
140	8703332390	3< 排量≤ 4 升装压燃往复式活塞内燃发动机小客车的成套散件（9 座及以下的）	A/B	A
141	8703332901	3< 排量≤ 4 升装压燃往复式活塞内燃发动机的其他载人车辆（不包括非 4 轮驱动越野车）	A/B	A
142	8703332902	3< 排量≤ 4 升装压燃往复式活塞内燃发动机的非 4 轮驱动越野车	A/B	A
143	8703332991	3< 排量≤ 4 升装压燃往复式活塞内燃发动机的非 4 轮驱动越野车成套散件	A/B	A
144	8703332999	3< 排量≤ 4 升装压燃往复式活塞内燃发动机的其他载人车辆的成套散件（不包括非 4 轮驱动越野车成套散件）	A/B	A
145	8703336101	排量 >4 升装压燃往复式活塞内燃发动机小轿车	A/B	A
146	8703336190	排量 >4 升装压燃往复式活塞内燃发动机小轿车的成套散件	A/B	A
147	8703336201	排量 >4 升装压燃往复式活塞内燃发动机越野车（4 轮驱动）	A/B	A
148	8703336290	排量 >4 升装压燃往复式活塞内燃发动机越野车的成套散件（4 轮驱动）	A/B	A
149	8703336301	排量 >4 升装压燃往复式活塞内燃发动机小客车（9 座及以下的）	A/B	A
150	8703336390	排量 >4 升装压燃往复式活塞内燃发动机小客车的成套散件（9 座及以下的）	A/B	A
151	8703336901	排量 >4 升装压燃往复式活塞内燃发动机其他载人车辆（不包括非 4 轮驱动越野车）	A/B	A
152	8703336902	排量 >4 升装压燃往复式活塞内燃发动机非 4 轮驱动越野车	A/B	A

（续）

序号	HS 编码	HS 名称	监管条件	调整后监管条件
153	8703336991	排量 >4 升装压燃往复式活塞内燃发动机非 4 轮驱动越野车成套散件	A/B	A
154	8703336999	排量 >4 升装压燃往复式活塞内燃发动机其他载人车辆的成套散件（不包括非 4 轮驱动越野车成套散件）	A/B	A
155	8703900001	其他型排气量≤ 1 升的其他载人车辆	A/B	A
156	8703900002	其他型 1.5 升 < 排气量≤ 2 升的其他载人车辆	A/B	A
157	8703900003	其他型 2 升 < 排气量≤ 2.5 升的其他载人车辆	A/B	A
158	8703900004	其他型 2.5 升 < 排气量≤ 3 升的其他载人车辆（不包括编号 8703900014 所述小轿车和越野车）	A/B	A
159	8703900005	其他型 3 升 < 排气量≤ 4 升的其他载人车辆（不包括编号 8703900015 所述小轿车和越野车）	A/B	A
160	8703900006	其他型排气量 >4 升的其他载人车辆（不包括编号 8703900016 所述小轿车和越野车）	A/B	A
161	8703900007	其他型 1 升 < 排气量≤ 1.5 升的其他载人车辆	A/B	A
162	8703900010	电动汽车和其他无法区分排气量的载人车辆	A/B	A
163	8703900014	其他型 2.5 升 < 排气量≤ 3 升的小轿车、越野车	A/B	A
164	8703900015	其他型 3 升 < 排气量≤ 4 升的小轿车、越野车	A/B	A
165	8703900016	其他型排气量 >4 升的小轿车、越野车	A/B	A
166	8703900091	其他型排气量 >2.5 升小轿车、越野车成套散件	A/B	A
167	8703900099	其他型载人车辆的成套散件	A/B	A
168	8704103000	非公路用电动轮货运自卸车	A/B	A
169	8704109000	其他非公路用货运自卸车	A/B	A
170	8704210000	柴油型其他小型货车（装有压燃式活塞内燃发动机，小型指车辆总重量≤ 5 吨）	A/B	A
171	8704223000	柴油型其他中型货车（装有压燃式活塞内燃发动机，中型指 5< 车辆总重量 <14 吨）	A/B	A
172	8704224000	柴油型其他重型货车（装有压燃式活塞内燃发动机，重型指 14 ≤车辆总重≤ 20 吨）	A/B	A
173	8704230001	固井水泥车、压裂车、混砂车底盘（车辆总重量 >35 吨，装驾驶室）	A/B	A
174	8704230002	起重≥ 55 吨汽车起重机用底盘（装有压燃式活塞内燃发动机）	A/B	A
175	8704230003	车辆总重量≥ 31 吨清障车专用底盘	A/B	A
176	8704230090	柴油型的其他超重型货车（装有压燃式活塞内燃发动机，超重型指车辆总重量 >20 吨）	A/B	A
177	8704310000	总重量≤ 5 吨的其他货车（汽油型，装有点燃式活塞内燃发动机）	A/B	A

（续）

序号	HS 编码	HS 名称	监管条件	调整后监管条件
178	8704323000	5 吨 < 总重量≤ 8 吨的其他货车（汽油型，装有点燃式活塞内燃发动机）	A/B	A
179	8704324000	总重量 >8 吨的其他货车（汽油型，装有点燃式活塞内燃发动机）	A/B	A
180	8704900000	装有其他发动机的货车	A/B	A
181	8705301000	装有云梯的机动救火车	A/B	A
182	8705309000	其他机动救火车	A/B	A
183	8705400000	机动混凝土搅拌车	A/B	A
184	8705901000	无线电通信车	A/B	A
185	8705906000	飞机加油车、调温车、除冰车	A/B	A
186	8705907000	道路（包括跑道）扫雪车	A/B	A
187	8705908000	石油测井车、压裂车、混沙车	A/B	A
188	8705909100	混凝土泵车	A/B	A
189	8705909901	跑道除冰车	A/B	A
190	8705909930	用于导弹、火箭等的车辆（为弹道导弹、运载火箭等运输、装卸和发射而设计的）	A/B	A
191	8705909990	其他特殊用途的机动车辆（主要用于载人或运货的车辆除外）	A/B	A
192	8711100010	微马力摩托车及脚踏两用车（装有往复式活塞发动机，微马力指排气量 =50cc）	A/B	A
193	8711100090	微马力摩托车及脚踏两用车（装有往复式活塞发动机，微马力指排气量 <50cc）	A/B	A
194	8711201000	50< 排量≤ 100 毫升装往复式活塞内燃发动机摩托车及脚踏两用车	A/B	A
195	8711202000	100< 排量≤ 125 毫升装往复式活塞内燃发动机摩托车及脚踏两用车	A/B	A
196	8711203000	125< 排量≤ 150 毫升装往复式活塞内燃发动机摩托车及脚踏两用车	A/B	A
197	8711204000	150< 排量≤ 200 毫升装往复式活塞内燃发动机摩托车及脚踏两用车	A/B	A
198	8711205000	200< 排量≤ 250 毫升装往复式活塞内燃发动机摩托车及脚踏两用车	A/B	A
199	8711301000	250< 排量≤ 400 毫升装往复式活塞内燃发动机摩托车及脚踏两用车	A/B	A
200	8711302000	400< 排量≤ 500 毫升装往复式活塞内燃发动机摩托车及脚踏两用车	A/B	A
201	8711400000	500< 排量≤ 800 毫升装往复式活塞内燃发动机摩托车及脚踏两用车	A/B	A

（续）

序号	HS 编码	HS 名称	监管条件	调整后监管条件
202	8711500000	排量 >800 毫升装往复式活塞内燃发动机摩托车及脚踏两用车	A/B	A
203	8711909001	排气量≤ 250 毫升摩托车及脚踏两用车	A/B	A
204	8711909002	排气量 >250 毫升摩托车及脚踏两用车	A/B	A
205	8711909009	其他无法区分排气量的摩托车及脚踏两用车	A/B	A
206	4823610000	竹浆纸制的盘、碟、盆、杯及类似品	A/B	A
207	4823691000	其他非木植物浆纸制的盘、碟、盆、杯及类似品	A/B	A
208	4823699000	其他纸制的盘、碟、盆、杯及类似品	A/B	A
209	6911101100	骨瓷餐具	A/B	A
210	6911101900	其他瓷餐具	A/B	A
211	6911102100	瓷厨房刀具	A/B	A
212	6911102900	其他瓷厨房器具	A/B	A
213	6912001000	陶餐具	A/B	A
214	6912009000	陶制厨房器具（包括家用或盥洗用的）	A/B	A
215	7323920000	餐桌、厨房等家用铸铁制搪瓷器（包括零件、已搪瓷的）	A/B	A
216	7323930000	餐桌、厨房等家用不锈钢器具（包括零件、已搪瓷的）	A/B	A
217	7323941000	面盆、钢铁制、已搪瓷（铸铁的除外）	A/B	A
218	7323942000	烧锅、钢铁制、已搪瓷（铸铁的除外）	A/B	A
219	7323949000	其他餐桌、厨房等家用钢铁制搪器（铸铁除外）	A/B	A
220	8211910000	刃面固定的餐刀	A/B	A
221	3924100000	塑料制餐具及厨房用具	A/B	A
222	7615109010	铝制高压锅	A/B	A

国家税务总局关于贯彻落实《国务院办公厅关于促进进出口稳定增长的若干意见》的通知

（税总函〔2015〕440号　2015年8月11日）

各省、自治区、直辖市和计划单列市国家税务局：

为认真贯彻落实《国务院办公厅关于促进进出口稳定增长的若干意见》（国办发〔2015〕55号），充分发挥出口退税的职能作用，积极支持外贸稳定增长，现将有关事项通知如下：

一、进一步加快出口退税进度，确保及时足额退税

（一）认真落实《国家税务总局关于印发〈全国税务机关出口退（免）税管理工作规范（1.0版）〉的通知》（税总发〔2014〕155号，以下简称《退税规范》）、《国家税务总局关于发布〈出口退（免）税企业分类管理办法〉的公告》（国家税务总局公告2015年第2号，以下简称《分类管理办法》），严格按照《退税规范》和《分类管理办法》规定的要求和时限审核、审批出口退（免）税，进一步提高工作效率，准确、及时办理出口退税。

（二）严格按照《退税规范》规定的要求和时限开展函调工作，所有的发函、复函及结果处理，必须通过出口货物税收函调系统网上处理，不允许“机外运行”。要进一步提高发函的针对性。回函地国税机关收到函调后，要及时核查，对能够在规定时限内完成核查的，不得随意延期复函，复函须明确无歧义。

（三）按照税务总局的统一部署，积极开展财税库银横向联网电子退库、更正、免抵调业务推广上线工作，进一步提高退库的效率，缩短税款退付在

途时间。

（四）当出现出口退税计划不足时，要及时向上级税务机关反映，申请追加计划。不得以计划不足等原因拖延办理出口退税。

（五）税务总局将于下半年对各地落实《退税规范》和《分类管理办法》的情况进行专项督查，各地可结合工作实际开展自查。

二、进一步抓好出口退税政策及管理规定的落实

（一）及时、准确地落实服务出口增值税零税率或免税政策，促进服务贸易发展。

（二）积极配合地方政府部门落实境外旅客购物离境退税政策，进一步扩大旅游购物消费，促进旅游业健康发展。

（三）认真落实外贸综合服务企业税收政策，发挥外贸综合服务企业提供出口服务的优势，支持中小企业有效开拓国际市场。及时跟踪外贸综合服务企业出口退（免）税管理中出现的新情况、新问题，采取有效措施予以解决。

（四）积极落实跨境电子商务企业税收政策，密切关注跨境电子商务企业出口退税情况，根据电子商务特点，探索创新出口退税管理机制，为跨境电子商务贸易发展创造良好条件。

（五）落实好企业申报出口退（免）税时免于提供纸质出口货物报关单、逾期未申报的出口退（免）税可延期申报等便民措施，进一步减轻企业的办税负担，提高退税效率。

三、持续优化出口退税服务

（一）结合深入开展“便民办税春风行动”的要求，通过各种行之有效的渠道和方式，及时做好出口退税政策宣传、解释、辅导工作，使企业能够及时了解、掌握政策变动信息，确保把出口退税政策落到实处。积极探索“互联网＋出口退税”，利用大数据、云计算等新兴技术进一步拓展出口退税服务的深度和广度。

（二）持续做好出口退税业务提醒服务，及时将出口退税审核系统生成的出口退税业务提醒信息通知出口企业，方便企业及时掌握本企业出口退（免）税申报的剩余期限、审核和退库进度等情况，使企业能够及时根据税务机关管理要求收取有关单证申报退（免）税，并统筹安排生产经营活动和退税业务办理。

四、进一步加强出口退税预警评估工作，严格审核，严密防范和打击骗取出口退税违法行为

（一）在认真落实各项出口退税政策，加快出口退税进度的同时，持续保持对骗取出口退税违法犯罪行为的高压态势，进一步加大打击骗取出口退税工作力度。切实将国家出口退税资金用于鼓励真实出口，支持守法企业健康发展，构建竞争公平、秩序规范的出口退税管理环境。

（二）进一步加强出口退税预警评估核查工作。各省、自治区、直辖市、计划单列市国家税务局要按照税务总局有关要求，制定切实可行的贯彻办法，完善预警指标体系，设置合理预警指标，及时发布预警信息，并组织开展相应的评估核查工作。要加大出口退税预警评估核查力度，将风险排除由“事后核查”逐步向“事前预警”、“事中监管”转变，提高防范骗税工作的质量和效率。

（三）严格按照《退税规范》规定的岗位监督制约机制，科学设置退税管理岗位，合理配备人员。要按照规定流程和要求进行出口退税审核、审批。要按照《分类管理办法》规定的差别化管理措施，对管理类别为三类、四类的出口企业重点审核。

（四）规范和加强出口退税审核系统的应用管理，保证出口退税审核系统的数据完整、准确、规范。

国家税务总局
2015 年 8 月 11 日

海关总署公告2015年第9号（关于开展丝绸之路经济带海关区域通关一体化改革的公告）

（总署公告〔2015〕9号　2015年3月30日）

为落实“一带一路”国家发展战略，顺应中国经济新常态和贸易发展新业态，尊重企业的自主选择与物流运作规律，加快经济紧密联系地区区域通关一体化改革步伐，海关总署决定在山东、河南、山西、陕西、甘肃、宁夏、青海、新疆、西藏（以下称丝绸之路经济带）等九省（区）内的青岛、济南、郑州、太原、西安、兰州、银川、西宁、乌鲁木齐、拉萨等十个海关（以下称丝绸之路经济带海关）启动丝绸之路经济带海关区域通关一体化改革。现将有关事项公告如下：

一、自2015年5月1日起，启用丝绸之路经济带海关区域通关一体化通关方式。

二、丝绸之路经济带海关区域通关一体化通关方式适用于丝绸之路经济带企业在丝绸之路经济带各口岸海关进出口的货物。丝绸之路经济带企业可自主选择向经营单位注册地、货物实际进出境地海关或其直属海关集中报关点办理申报、纳税和查验放行手续。

企业可根据实际需要，自主选择口岸清关、转关、区域通关一体化等任何一种通关方式。

三、取消丝绸之路经济带报关企业跨关区从事报关服务的限制，允许报关企业“一地注册、多地报关”；允许区域外报关企业在区域内设立的分支机构，在区域海关直接报关；允许许可证件证面签注口岸为丝绸之路经济带任一口岸的货物（除国家明确实施口岸限制管理措施的货物外），在区域内任一海关办理申报验放手续。

四、丝绸之路经济带海关间互认商品预归类、价格预审核、原产地预确定和归类、价格、原产地等专业认定结果以及暂时进出境等行政许可决定；待系统完善后，在银行总担保及汇总征税项目的基础上，实现企业的一份税款保函在丝绸之路经济带海关互认通用。

五、丝绸之路经济带海关区域通关一体化报关单审核、税单打印、税费核注核销、无纸转有纸、汇总征税试点等操作按现行规定办理。

六、丝绸之路经济带海关区域通关一体化报关单所涉货物可由企业根据物流实际需求，自主选择在口岸或属地海关监管场所实施查验。对需转运分流到属地监管场所实施查验的，进出境货物及其运输工具应符合海关途中监管的要求。

七、丝绸之路经济带海关可凭电子放行信息办理货物出场（库、区）手续，实现卡口自动核放。

八、丝绸之路经济带海关通过“中国海关网上服务大厅”和海关“12360”服务热线，为企业提供通关、舱单状态查询、疑难咨询等公共服务。

特此公告。

海关总署

2015 年 3 月 30 日

中华人民共和国外资银行管理条例实施细则（修订）

（中国银监会令 2015 年第 7 号　2015 年 7 月 1 日）

《中华人民共和国外资银行管理条例实施细则》已经中国银监会 2015 年第 4 次主席会议修订通过。现予公布，自 2015 年 9 月 1 日起施行。

主席：尚福林

2015 年 7 月 1 日

第一章　总　　则

第一条　根据《中华人民共和国银行业监督管理法》、《中华人民共和国商业银行法》和《中华人民共和国外资银行管理条例》（以下简称《条例》），制定本细则。

第二条　《条例》所称国务院银行业监督管理机构是指中国银监会，所称银行业监督管理机构是指中国银监会及其派出机构。

第二章　设立与登记

第三条　《条例》和本细则所称审慎性条件，至少包括下列内容：

（一）具有良好的行业声誉和社会形象；

（二）具有良好的持续经营业绩，资产质量良好；

（三）管理层具有良好的专业素质和管理能力；

（四）具有健全的风险管理体系，能够有效控制各类风险；

（五）具有健全的内部控制制度和有效的管理信息系统；

（六）按照审慎会计原则编制财务会计报告，且会计师事务所对财务会计报告持无保留意见；

（七）无重大违法违规记录和因内部管理问题导致的重大案件；

（八）具有有效的人力资源管理制度，拥有高素质的专业人才；

（九）具有对中国境内机构活动进行管理、支持的经验和能力；

（十）具备有效的资本约束与资本补充机制；

（十一）具有健全的公司治理结构；

（十二）法律、行政法规和中国银监会规定的其他审慎性条件。

本条第（九）项、第（十）项、第（十一）项仅适用于外商独资银行及其股东、中外合资银行及其股东以及外国银行。

第四条 《条例》第十一条所称主要股东，是指持有拟设中外合资银行资本总额或者股份总额 50% 以上，或者不持有资本总额或者股份总额 50% 以上但有下列情形之一的商业银行：

（一）持有拟设中外合资银行半数以上的表决权；

（二）有权控制拟设中外合资银行的财务和经营政策；

（三）有权任免拟设中外合资银行董事会或者类似权力机构的多数成员；

（四）在拟设中外合资银行董事会或者类似权力机构有半数以上投票权。

拟设中外合资银行的主要股东应当将拟设中外合资银行纳入其并表范围。

第五条 有下列情形之一的，不得作为拟设外商独资银行、中外合资银行的股东：

（一）公司治理结构与机制存在明显缺陷；

（二）股权关系复杂或者透明度低；

（三）关联企业众多，关联交易频繁或者异常；

（四）核心业务不突出或者经营范围涉及行业过多；

（五）现金流量波动受经济环境影响较大；

（六）资产负债率、财务杠杆率高于行业平均水平；

（七）代他人持有外商独资银行、中外合资银行股权；

（八）其他对拟设银行产生重大不利影响的情形。

第六条 《条例》第十条至第十二条所称提出设立申请前 1 年年末是指截至申请日的上一会计年度末。

第七条 外国银行在中国境内增设分行，除应当具备《条例》第九条、第十二条规定的条件外，其在中国境内已设分行应当具备中国银监会规定的审慎性条件。

外国银行在中国境内增设代表处，除应当具备《条例》第九条规定的条件外，其在中国境内已设代表处应当无重大违法违规记录。

第八条 外商独资银行、中外合资银行设立分行，应当具备中国银监会规定的审慎性条件。

第九条 设立外资银行营业性机构，申请人应当自接到批准筹建通知书之日起 15 日内到拟设机构所在地中国银监会派出机构领取开业申请表，开始筹建工作。

逾期未领取开业申请表的，自批准其筹建之日起 1 年内，中国银监会及其派出机构不受理该申请人在中国境内同一城市设立营业性机构的申请。

第十条 设立外资银行营业性机构，申请人在筹建期内应当完成下列工作：

（一）建立健全公司治理结构，并将公司治理结构说明报送所在地中国银监会派出机构（仅限外商独资银行、中外合资银行）；

（二）建立内部控制制度，包括内部组织结构、授权授信、信贷资金管理、资金交易、会计核算、计算机信息管理系统的控制制度和操作规程，并将内控制度和操作规程报送所在地中国银监会派出机构；

（三）配备符合业务发展需要的、适当数量的且已接受政策法规及业务知识等相关培训的业务人员，以满足对主要业务风险有效监控、业务分级审批和复查、关键岗位分工和相互牵制等要求；

（四）印制拟对外使用的重要业务凭证和单据，并将样本报送所在地中国银监会派出机构；

（五）配备经有关部门认可的安全防范设施，并将有关证明复印件报送所在地中国银监会派出机构；

（六）应当聘请在中国境内依法设立的合格的会计师事务所对其内部控制系统、会计系统、计算机系统等进行开业前审计，并将审计报告报送所在地中国银监会派出机构。

第十一条　拟设外资银行营业性机构在筹建事项完成后，筹备组负责人应当向拟设机构所在地中国银监会派出机构提出开业前验收。拟设机构所在地中国银监会派出机构应当在10日内进行验收。验收合格的，应当发给验收合格意见书。验收不合格的，应当书面通知申请人，申请人可以自接到通知书之日起10日后向拟设机构所在地中国银监会派出机构提出复验。

第十二条　经验收合格完成筹建工作的，申请人应当按照外资银行行政许可规章的规定向中国银监会或拟设机构所在地银监局提交开业申请资料。

第十三条　外资银行营业性机构获准开业后，应当按照有关规定领取金融许可证。

第十四条　外资银行营业性机构应当在规定的期限内开业。逾期未开业的，开业批准文件失效，由开业决定机关注销开业许可，收回其金融许可证，并予以公告。自开业批准文件失效之日起1年内，开业决定机关不受理该申请人在同一城市设立营业性机构的申请。

第十五条　外资银行营业性机构在开业前应当将开业日期书面报送所在地中国银监会派出机构。外资银行营业性机构开业前应当在中国银监会指定的全国性报纸和所在地中国银监会派出机构指定的地方性报纸上公告。

第十六条　外国银行将其在中国境内的分行改制为由其总行单独出资的外商独资银行，应当符合《条例》和本细则有关设立外商独资银行的条件，并且具备在中国境内长期持续经营以及对拟设外商独资银行实施有效管理的能力。

第十七条　外国银行将其在中国境内的分行改制为由其总行单独出资的外商独资银行的，经中国银监会批准，原外国银行分行的营运资金经合并验资可以转为外商独资银行的注册资本，也可以转回其总行。

第十八条　外国银行将其在中国境内的分行改制为由其总行单独出资的外商独资银行的，应当在拟设外商独资银行筹建期间、办理注册登记手续后，在中国银监会指定的全国性报纸和所在地中国银监会派出机构指定的地方性报纸上公告。

第十九条　外国银行代表处应当在办理注册登记手续后，在中国银监会指定的全国性报纸以及所在地中国银监会派出机构指定的地方性报纸上公告。

外国银行代表处应当自所在地银监局批准设立之日起6个月内迁入固定的办公场所，超出6个月后仍未迁入固定办公场所办公的，代表处设立批准决定失效。

第二十条　外国银行代表处迁入固定办公场所后，应当向所在地中国银监会派出机构报送下列资料：

（一）代表处基本情况登记表；

（二）工商登记证复印件；

（三）内部管理制度，内容包括代表处的职责安排、内部分工以及内部报告制度等；

（四）办公场所的租赁合同或者产权证明复印件；

（五）配备办公设施以及租赁电信部门数据通讯线路的情况；

（六）公章、公文纸样本以及工作人员对外使用的名片样本；

（七）中国银监会要求的其他资料。

第二十一条　外资银行营业性机构合并、分立后的注册资本或者营运资金、业务范围由中国银监会重新批准。

第二十二条　外资银行营业性机构临时停业3天以上6个月以下，应当在临时停业后5日内向所在地中国银监会派出机构报告，说明临时停业时间、理由及停业期间安排。外资银行营业性机构临时停业的，应当在营业场所外公告，说明临时停业期间的安排。所在地中国银监会派出机构应当及时将辖内外资银行营业性机构临时停业情况逐级报送中国银监会。

第二十三条　临时停业期限届满或者导致临时停业的原因消除，临时停业机构应当复业。外资银行营业性机构应当在复业后5日内向所在地中国银监会派出机构报告。营业场所重新修建的，外资银行营业性机构应当向所在地中国银监会派出机构报送营业场所的租赁或者购买合同意向书的复印件、安全和消防合格证明的复印件方可复业。

特殊情况需要延长临时停业期限的，应当按照本细则第二十二条规定重新办理。

第二十四条　外资银行营业性机构有《条例》第二十七条所列情形须

变更金融许可证所载内容的，应当根据金融许可证管理的有关规定办理变更事宜。

需要验资的，外资银行营业性机构应当将在中国境内依法设立的合格会计师事务所出具的验资证明报送所在地中国银监会派出机构。需要验收的，外资银行营业性机构所在地中国银监会派出机构应当进行验收。

外资银行营业性机构持中国银监会或所在地中国银监会派出机构的批准文件向工商行政管理机关办理变更登记，换领营业执照。

外资银行营业性机构有《条例》第二十七条第（一）项至第（三）项所列情形之一的，应当在中国银监会指定的全国性报纸以及所在地中国银监会派出机构指定的地方性报纸上公告。公告应当自营业执照生效之日起 30 日内完成。

第二十五条　外国银行代表处发生更名、变更办公场所等变更事项，应当在办理变更工商登记手续后在所在地中国银监会派出机构指定的地方性报纸上公告。

第三章　业务范围

第二十六条　《条例》第二十九条第（四）项、第三十一条第（四）项所称买卖政府债券、金融债券，买卖股票以外的其他外币有价证券包括但不限于下列外汇投资业务：在中国境外发行的中国和外国政府债券、中国金融机构债券和中国非金融机构债券。

第二十七条　《条例》第二十九条第（十二）项和第三十一条第（十一）项所称资信调查和咨询服务是指与银行业务有关的资信调查和咨询服务。

第二十八条　外国银行分行经营《条例》第三十一条规定的外汇业务，营运资金应当不少于 2 亿元人民币或者等值的自由兑换货币。

第二十九条　外国银行分行经营《条例》第三十一条规定的外汇业务和人民币业务，营运资金应当不少于 3 亿元人民币或者等值的自由兑换货币，其中人民币营运资金应当不少于 1 亿元人民币，外汇营运资金应当不少于 2 亿元人民币等值的自由兑换货币。

外资法人银行分行营运资金应当与业务规模相适应且拨付到位。

第三十条　外国银行分行改制的由其总行单独出资的外商独资银行可以承继原外国银行分行已经获准经营的全部业务。

第三十一条　外商独资银行、中外合资银行在获准的业务范围内授权其分支机构开展业务。

外国银行分行在获准的业务范围内授权其支行开展业务。

第三十二条　《条例》第三十四条是指外资银行营业性机构初次申请经营人民币业务应当具备的条件，其中第（一）项是指拟申请经营人民币业务的外资银行营业性机构开业 1 年以上。开业 1 年是指自外资银行营业性机构获准开业之日起至申请日止满 1 年。

已经获准经营人民币业务的外资银行营业性机构申请扩大人民币业务服务对象范围，应当具备中国银监会规定的审慎性条件，并经中国银监会或所在地银监局审批。

外资银行营业性机构申请经营人民币业务或者扩大人民币业务服务对象范围，应当按照外资银行行政许可规章的规定报送下列申请资料：

（一）申请人董事长或者行长（首席执行官、总经理）签署的致中国银监会主席的申请书；

（二）可行性研究报告；

（三）拟经营业务的内部控制制度及操作规程；

（四）中国银监会要求的其他资料。

外国银行的 1 家分行已经依照《条例》规定获准经营人民币业务的，该外国银行的其他分行申请经营人民币业务，不受《条例》第三十四条第一款第一项的限制。

外国银行的 1 家分行已经获准经营人民币业务的，该外国银行增设的分行在筹建期间可以开展人民币业务的筹备工作，经所在地中国银监会派出机构验收合格后，可以在开业时提出经营人民币业务的申请。

第三十三条　外商独资银行、中外合资银行经营对中国境内公民的人民币业务，除应当具备中国银监会规定的审慎性条件外，还应当具备符合业务特点以及业务发展需要的营业网点。

第三十四条　外资银行营业性机构应当自接到中国银监会或所在地银监

局批准其经营人民币业务或者扩大人民币业务服务对象范围的批准文件之日起4个月内完成下列筹备工作：

（一）配备符合业务发展需要的、适当数量的业务人员；

（二）印制拟对外使用的重要业务凭证和单据，并将样本报送所在地中国银监会派出机构；

（三）配备经有关部门认可的安全防范设施，并将有关证明的复印件报送所在地中国银监会派出机构；

（四）建立健全人民币业务的内部控制制度和操作规程，并报送所在地中国银监会派出机构；

（五）外资银行营业性机构需要增加注册资本或者营运资金的，应当聘请在中国境内依法设立的合格的会计师事务所验资，并将验资证明报送所在地中国银监会派出机构。

外资银行营业性机构未能在4个月内完成筹备工作的，中国银监会或所在地银监局原批准决定自动失效。

第三十五条　外资银行营业性机构在完成人民币业务筹备工作后，应当向所在地中国银监会派出机构提出验收，所在地中国银监会派出机构应当在10日内进行验收。验收合格的，应当发给验收合格意见书。验收不合格的，外资银行营业性机构可以自接到通知书10日后向所在地中国银监会派出机构提出复验。

外资银行营业性机构经所在地中国银监会派出机构验收合格并出具人民币业务验收合格意见书后，可以开展人民币业务。

第三十六条　外商独资银行分行、中外合资银行分行在其总行业务范围内经授权经营人民币业务。在开展业务前，应当按照本细则第三十四条的规定进行筹备并将总行对其经营人民币业务的授权书报送所在地中国银监会派出机构。

筹备工作完成后，外商独资银行分行、中外合资银行分行应当向所在地中国银监会派出机构申请验收，验收合格后凭所在地中国银监会派出机构出具的经营人民币业务确认函办理营业执照变更事宜，可以开展人民币业务。

第三十七条　外资银行营业性机构及其分支机构经营人民币业务或者扩

大人民币业务服务对象范围，应当在中国银监会指定的全国性报纸和所在地中国银监会派出机构指定的地方性报纸上公告。

第三十八条　外资银行营业性机构及其分支机构经营业务范围内的新产品，应当在经营业务后 5 日内向中国银监会或所在地中国银监会派出机构书面报告，内容包括新产品介绍、风险特点、内部控制制度和操作规程等。

第三十九条　外资银行营业性机构可以按照有关规定从事人民币同业借款业务。

第四章　任职资格管理

第四十条　外资银行的董事、高级管理人员、首席代表在中国银监会或者所在地银监局核准其任职资格前不得履职。

第四十一条　拟任人有下列情形之一的，不得担任外资银行的董事、高级管理人员和首席代表：

（一）有故意或者重大过失犯罪记录的；

（二）有违反社会公德的不良行为，造成恶劣影响的；

（三）对曾任职机构违法违规经营活动或者重大损失负有个人责任或者直接领导责任，情节严重的；

（四）担任或者曾任被接管、撤销、宣告破产或者吊销营业执照的机构的董事或者高级管理人员的，但能够证明本人对曾任职机构被接管、撤销、宣告破产或者吊销营业执照不负有个人责任的除外；

（五）因违反职业道德、操守或者工作严重失职，造成重大损失或者恶劣影响的；

（六）指使、参与所任职机构不配合依法监管或者案件查处的；

（七）被取消终身的董事和高级管理人员任职资格，或者受到监管机构或者其他金融管理部门处罚累计达到两次以上的；

（八）本人或者配偶负有数额较大的债务且到期未偿还的，包括但不限于在该外资银行的逾期贷款；

（九）存在其他所任职务与拟任职务有明显利益冲突，或者明显分散其履职时间和精力的情形；

（十）不具备本办法规定的任职资格条件，采取不正当手段以获得任职资格核准的；

（十一）法律、行政法规、部门规章规定的不得担任金融机构董事、高级管理人员或者首席代表的；

（十二）中国银监会认定的其他情形。

第四十二条　外资银行下列人员任职资格核准的申请，由中国银监会受理、审查和决定：

中国银监会直接监管的外商独资银行、中外合资银行董事长、行长（首席执行官、总经理）、董事、副董事长、董事会秘书、副行长（副总经理）、行长助理、首席运营官、首席风险控制官、首席财务官（财务总监、财务负责人）、首席技术官（首席信息官）、内审负责人、合规负责人以及其他对经营管理具有决策权或者对风险控制起重要作用的人员。

第四十三条　外资银行下列人员任职资格核准的申请，由拟任职机构所在地银监局受理和初审，中国银监会审查和决定：

非中国银监会直接监管的外商独资银行、中外合资银行董事长、行长（首席执行官、总经理）。

所在地银监局应当自受理之日起 20 日内将申请资料连同审核意见报送中国银监会。

中国银监会授权所在地银监局受理、审查和决定随机构开业初次任命的外商独资银行、中外合资银行董事长、行长（首席执行官、总经理）任职资格核准申请。

第四十四条　外资银行下列人员任职资格核准的申请，由拟任职机构所在地银监局受理、审查和决定：

（一）非中国银监会直接监管的外商独资银行、中外合资银行董事、副董事长、董事会秘书、副行长（副总经理）、行长助理、首席运营官、首席风险控制官、首席财务官（财务总监、财务负责人）、首席技术官（首席信息官）、内审负责人、合规负责人；

（二）外商独资银行分行、中外合资银行分行、外国银行分行的行长（总

经理)、副行长(副总经理)、合规负责人、管理型支行行长;外国银行代表处首席代表;

(三)其他对经营管理具有决策权或者对风险控制起重要作用的人员。

第四十五条 拟任人在中国境内的银行业金融机构担任过董事、高级管理人员和首席代表的,中国银监会或者所在地银监局在核准其任职资格前,可以根据需要征求拟任人原任职机构所在地银监局的意见。

拟任人原任职机构所在地银监局应当及时提供反馈意见。

第四十六条 外资银行递交任职资格核准申请资料后,中国银监会以及所在地银监局可以约见拟任人进行任职前谈话。

第四十七条 中国银监会直接监管的外资银行营业性机构董事长、行长离岗连续1个月以上的,应当向中国银监会书面报告;其他外资银行营业性机构董事长、行长、分行行长、管理型支行行长、外国银行代表处首席代表离岗连续1个月以上的,应当向所在地中国银监会派出机构书面报告。外资银行在提交上述报告的同时,应指定专人代行其职,代为履职时间不得超过6个月。外资银行应当在6个月内选聘符合任职资格条件的人员正式任职。

第四十八条 外资银行董事、高级管理人员和首席代表存在下列情形之一的,中国银监会及其派出机构可以视情节轻重,取消其一定期限直至终身的任职资格:

(一)被依法追究刑事责任的;

(二)拒绝、干扰、阻挠或者严重影响中国银监会及其派出机构依法监管的;

(三)因内部管理与控制制度不健全或者执行监督不力,造成所任职机构重大财产损失,或者导致重大金融犯罪案件发生的;

(四)因严重违法违规经营、内控制度不健全或者长期经营管理不善,造成所任职机构被接管、兼并或者被宣告破产的;

(五)因长期经营管理不善,造成所任职机构严重亏损的;

(六)对已任职的外资银行董事、高级管理人员、首席代表,中国银监会及其派出机构发现其任职前有违法、违规或者其他不宜担任所任职务的行为的;

(七)中国银监会认定的其他情形。

第五章　监督管理

第四十九条　外资银行营业性机构应当建立与其业务发展相适应的内部控制制度和业务操作规程，并于每年 3 月末前将内部控制制度和业务操作规程的修订内容报送所在地中国银监会派出机构。

第五十条　外商独资银行、中外合资银行应当设置独立的风险管理部门、合规管理部门和内部审计部门。

外国银行分行应当指定专门部门或者人员负责合规工作。

第五十一条　外资银行营业性机构结束内部审计后，应当及时将内审报告报送所在地中国银监会派出机构，所在地中国银监会派出机构可以采取适当方式与外资银行营业性机构的内审人员沟通。

第五十二条　外资银行营业性机构应当建立贷款风险分类制度，并将贷款风险分类标准与中国银监会规定的分类标准的对应关系报送所在地中国银监会派出机构。

第五十三条 《条例》第四十条所称资产负债比例管理的规定是指《中华人民共和国商业银行法》第三十九条的规定。

外商独资银行、中外合资银行有关资产负债比例的计算方法执行银行业监管报表指标体系的规定。

第五十四条　外商独资银行、中外合资银行应当建立关联交易管理制度，关联交易必须符合商业原则，交易条件不得优于与非关联方进行交易的条件。

中国银监会及其派出机构按照商业银行关联交易有关管理办法的规定对关联方及关联交易进行认定。

第五十五条　外资银行营业性机构应当制定与业务外包相关的政策和管理制度，包括业务外包的决策程序、对外包方的评价和管理、控制银行信息保密性和安全性的措施和应急计划等。

外资银行营业性机构签署业务外包协议前应当向所在地中国银监会派出机构报告业务外包协议的主要风险及相应的风险规避措施等。

第五十六条 《条例》第四十四条所称外国银行分行的生息资产包括外汇生息资产和人民币生息资产。

外国银行分行外汇营运资金的30%应当以6个月以上（含6个月）的外币定期存款作为外汇生息资产；人民币营运资金的30%应当以人民币国债或者6个月以上（含6个月）的人民币定期存款作为人民币生息资产。

外国银行分行以定期存款形式存在的生息资产应当存放在中国境内经营稳健、具有一定实力的3家或者3家以下中资商业银行。外国银行分行不得对以人民币国债形式存在的生息资产进行质押回购，或者采取其他影响生息资产支配权的处理方式。

外国银行分行应当分别于每年6月末和12月末向所在地中国银监会派出机构报告生息资产的存在情况，包括定期存款的存放银行、金额、期限和利率，持有人民币国债的金额、形式和到期日等内容。

外国银行分行动用生息资产，应当在变更生息资产存在形式或定期存款存放银行后5日内向所在地中国银监会派出机构报告，提交变更生息资产的书面材料以及变更后生息资产存放凭证复印件。

第五十七条 《条例》第四十五条所称营运资金加准备金等项之和是指营运资金、未分配利润和贷款损失一般准备之和，所称风险资产是指按照有关加权风险资产的规定计算的表内、表外加权风险资产。

《条例》第四十五条所规定的比例，按照外国银行在中国境内分行单家计算，按季末余额考核。

第五十八条 外国银行分行的流动性资产包括现金、黄金、在中国人民银行存款、存放同业、1个月内到期的拆放同业、1个月内到期的借出同业、境外联行往来及附属机构往来的资产方净额、1个月内到期的应收利息及其他应收款、1个月内到期的贷款、1个月内到期的债券投资、在国内外二级市场上可随时变现的其他债券投资、其他1个月内可变现的资产。上述各项资产中应当扣除预计不可收回的部分。生息资产不计入流动性资产。

外国银行分行的流动性负债包括活期存款、1个月内到期的定期存款、同业存放、1个月内到期的同业拆入、1个月内到期的借入同业、境外联行往来及附属机构往来的负债方净额、1个月内到期的应付利息及其他应付款、其他1个月内到期的负债。冻结存款不计入流动性负债。

外国银行分行应当每日按人民币、外币分别计算并保持《条例》第四十六条规定的流动性比例，按照外国银行在中国境内分行单家考核。

第五十九条 《条例》第四十七条所称境内本外币资产余额、境内本外币负债余额按照以下方法计算：

境内本外币资产余额 = 本外币资产总额 – 境外联行往来（资产）
– 境外附属机构往来（资产）– 境外贷款
– 存放境外同业 – 拆放境外同业
– 买入境外返售资产 – 境外投资
– 其他境外资产

下列投资不列入境外投资：购买在中国境外发行的中国政府债券、中国金融机构债券和中国非金融机构的债券。

境内本外币负债余额 = 本外币负债总额 – 境外联行往来（负债）
– 境外附属机构往来（负债）– 境外存款
– 境外同业存放 – 境外同业拆入
– 卖出境外回购款项 – 其他境外负债

《条例》第四十七条的规定按照外国银行在中国境内分行合并考核。

第六十条 外资银行营业性机构不得虚列、多列、少列资产、负债和所有者权益。

第六十一条 在中国境内设立 2 家及 2 家以上外国银行分行的，应当由外国银行总行或者经授权的地区总部指定其中 1 家分行作为管理行，统筹负责中国境内业务的管理以及中国境内所有分行的合并财务信息和综合信息的报送工作。

外国银行或者经授权的地区总部应当指定管理行行长负责中国境内业务的管理工作，并指定合规负责人负责中国境内业务的合规工作。

第六十二条 外资银行营业性机构应当按照中国银监会的规定，每季度末将跨境大额资金流动和资产转移情况报送所在地中国银监会派出机构。

第六十三条 外资银行营业性机构由总行或者联行转入信贷资产，应当在转入信贷资产后 5 日内向所在地中国银监会派出机构报告，提交关于转入信贷资产的金额、期限、分类及担保等情况的书面材料。

第六十四条 外国银行分行有下列情形之一的，应当向该分行或者管理行所在地中国银监会派出机构报告：

（一）外国银行分行未分配利润与本年度纯损益之和为负数，且该负数绝对值与贷款损失准备尚未提足部分之和超过营运资金 30% 的，应当每季度末报告；

（二）外国银行分行对所有大客户的授信余额超过其营运资金 8 倍的，应当每季度末报告，大客户是指授信余额超过外国银行分行营运资金 10% 的客户，该指标按照外国银行在中国境内分行季末余额合并计算；

（三）外国银行分行境外联行及附属机构往来的资产方余额超过境外联行及附属机构往来的负债方余额与营运资金之和的，应当每月末报告，该指标按照外国银行在中国境内分行合并计算；

（四）中国银监会认定的其他情形。

第六十五条　中国银监会及其派出机构对外资银行营业性机构采取的特别监管措施包括以下内容：

（一）约见有关负责人进行警诫谈话；

（二）责令限期就有关问题报送书面报告；

（三）对资金流出境外采取限制性措施；

（四）责令暂停部分业务或者暂停受理经营新业务的申请；

（五）责令出具保证书；

（六）对有关风险监管指标提出特别要求；

（七）要求保持一定比例的经中国银监会认可的资产；

（八）责令限期补充资本金或者营运资金；

（九）责令限期撤换董事或者高级管理人员；

（十）暂停受理增设机构的申请；

（十一）对利润分配和利润汇出境外采取限制性措施；

（十二）派驻特别监管人员，对日常经营管理进行监督指导；

（十三）提高有关监管报表的报送频度；

（十四）中国银监会采取的其他特别监管措施。

第六十六条　外资银行营业性机构应当向所在地中国银监会派出机构及时报告下列重大事项：

（一）财务状况和经营活动出现重大问题；

（二）经营策略的重大调整；

（三）除不可抗力原因外，外资银行营业性机构在法定节假日以外的日期暂停营业2日以内，应当提前7日向所在地中国银监会派出机构书面报告；

（四）外商独资银行、中外合资银行的重要董事会决议；

（五）外国银行分行的总行、外商独资银行或者中外合资银行股东的章程、注册资本和注册地址的变更；

（六）外国银行分行的总行、外商独资银行或者中外合资银行股东的合并、分立等重组事项以及董事长或者行长（首席执行官、总经理）的变更；

（七）外国银行分行的总行、外商独资银行或者中外合资银行股东的财务状况和经营活动出现重大问题；

（八）外国银行分行的总行、外商独资银行或者中外合资银行股东发生重大案件；

（九）外国银行分行的总行、外商独资银行或者中外合资银行外方股东所在国家或者地区以及其他海外分支机构所在国家或者地区金融监管当局对其实施的重大监管措施；

（十）外国银行分行的总行、外商独资银行或者中外合资银行外方股东所在国家或者地区金融监管法规和金融监管体系的重大变化；

（十一）中国银监会要求报告的其他事项。

第六十七条　外国银行代表处应当及时向所在地中国银监会派出机构报告其所代表的外国银行发生的下列重大事项：

（一）章程、注册资本或者注册地址变更；

（二）外国银行的合并、分立等重组事项以及董事长或者行长（首席执行官、总经理）变更；

（三）财务状况或者经营活动出现重大问题；

（四）发生重大案件；

（五）所在国家或者地区金融监管当局对其实施的重大监管措施；

（六）其他对外国银行经营产生重大影响的事项。

第六十八条　非外资银行在中国境内机构正式员工，在该机构连续工作超过20日或者在90日内累计工作超过30日的，外资银行应当向所在地中国银监会派出机构报告。

第六十九条　外商独资银行、中外合资银行和在中国境内设立2家及2家以上分行的外国银行，应当在每个会计年度结束后聘请在中国境内依法设立的合格会计师事务所对该机构在中国境内所有营业性机构进行并表或者合并审计，并在会计年度结束后4个月内将审计报告和管理建议书报送外商独资银行、中外合资银行总行或者管理行所在地中国银监会派出机构。

外国银行分行应当在每个会计年度结束后聘请在中国境内依法设立的合格会计师事务所进行审计，并在会计年度结束后4个月内将审计报告和管理建议书报送所在地中国银监会派出机构。

第七十条　外资银行营业性机构聘请在中国境内依法设立的合格会计师事务所进行年度或者其他项目审计1个月前，应当将会计师事务所及其参加审计的注册会计师的基本资料报送所在地中国银监会派出机构。

第七十一条　外商独资银行、中外合资银行的年度审计应当包括以下内容：资本充足情况、资产质量、公司治理情况、内部控制情况、盈利情况、流动性和市场风险管理情况等。

外国银行分行的年度审计应当包括以下内容：财务报告、风险管理、营运控制、合规经营情况和资产质量等。

第七十二条　中国银监会及其派出机构在必要时可以指定会计师事务所对外资银行营业性机构的经营状况、财务状况、风险状况、内部控制制度及执行情况等进行审计。

第七十三条　中国银监会及其派出机构可以要求外资银行营业性机构更换专业技能和独立性达不到监管要求的会计师事务所。

第七十四条　外商独资银行、中外合资银行应当在会计年度结束后6个月内向其总行所在地中国银监会派出机构报送外商独资银行及其股东、中外合资银行及其股东的年报。

外国银行分行及外国银行代表处应当在其总行会计年度结束后6个月内向所在地中国银监会派出机构报送其总行的年报。

第七十五条　外国银行代表处应当于每年2月末前按照中国银监会规定的格式向所在地中国银监会派出机构报送上年度工作报告和本年度工作计划。

第七十六条　外国银行代表处应当具备独立的办公场所、办公设施和专职工作人员。

第七十七条　外国银行代表处应当配备合理数量的工作人员，工作人员的职务应当符合代表处工作职责。

第七十八条　外国银行代表处应当建立会计账簿，真实反映财务收支情况，其成本以及费用开支应当符合代表处工作职责。

外国银行代表处不得使用其他企业、组织或者个人的账户。

第七十九条　外国银行代表处不得在其电脑系统中使用与代表处工作职责不符的业务处理系统。

第八十条　本细则要求报送的资料，除年报外，凡用外文书写的，应当附有中文译本。外资银行营业性机构的内部控制制度、业务操作规程、业务凭证样本应当附有中文译本；其他业务档案和管理档案相关文件如监管人员认为有必要的，也应当附有中文译本。特殊情况下，中国银监会及其派出机构可以要求有关中文译本经外国银行分行的总行、外商独资银行或者中外合资银行的外方股东所在国家或者地区认可的机构公证，并且经中国驻该国使馆、领馆认证。

第六章　终止与清算

第八十一条 《条例》第五十八条所称自行终止包括下列情形：

（一）外商独资银行、中外合资银行章程规定的营业期限届满或者其他解散事由出现的；

（二）外商独资银行、中外合资银行股东会决定解散的；

（三）外商独资银行、中外合资银行因合并或者分立需要解散的；

（四）外国银行、外商独资银行、中外合资银行关闭在中国境内分行的。

第八十二条　自中国银监会批准外商独资银行、中外合资银行解散或者外国银行、外商独资银行、中外合资银行关闭在中国境内分行的决定生效之日起，被批准解散、关闭的机构应当立即停止经营活动，交回金融许可证，并在 15 日内成立清算组。

第八十三条　清算组成员包括行长（总经理）、会计主管、中国注册会计师以及中国银监会指定的其他人员。外商独资银行、中外合资银行清算组还应当包括股东代表和董事长。清算组成员应当报经所在地中国银监会派出机构同意。

第八十四条　清算组应当书面通知工商行政管理机关、税务机关、劳动与社会保障部门等有关部门。

第八十五条　外商独资银行、中外合资银行自行解散或者外商独资银行、中外合资银行和外国银行关闭其在中国境内分行涉及的其他清算事宜按照《中华人民共和国公司法》的有关规定执行。

第八十六条　被解散或者关闭的外资银行营业性机构及其分支机构所在地中国银监会派出机构负责监督解散与清算过程，并将重大事项和清算结果逐级报至中国银监会。

第八十七条　清算组应当自成立之日起30日内聘请在中国境内依法设立的合格会计师事务所进行审计，自聘请之日起60日内向所在地中国银监会派出机构报送审计报告。

第八十八条　解散或者关闭清算过程中涉及外汇审批或者核准事项的，应当经国家外汇管理局及其分局批准。

第八十九条　清算组在清偿债务过程中，应当在支付清算费用、所欠职工工资和劳动保险费后，优先支付个人储蓄存款的本金和利息。

第九十条　清算组应当在每月10号前向所在地中国银监会派出机构报送有关债务清偿、资产处置、贷款清收、销户等情况的报告。

第九十一条　被清算机构全部债务清偿完毕后，清算组申请提取生息资产，应当向所在地中国银监会派出机构报送下列申请资料，由所在地中国银监会派出机构进行审批：

（一）由清算组组长签署的申请书；

（二）关于清算情况的报告；

（三）中国银监会要求的其他资料。

第九十二条　清算工作结束后，清算组应当制作清算报告，报送所在地中国银监会派出机构确认，并报送工商行政管理机关申请注销工商登记，在中国银监会指定的全国性报纸和所在地中国银监会派出机构指定的地方性报纸上公告。清算组应当将公告内容在公告日 3 日前书面报至所在地中国银监会派出机构。

第九十三条　清算后的会计档案及业务资料依照有关规定处理。

第九十四条　自外国银行分行清算结束之日起 2 年内，中国银监会及其派出机构不受理该外国银行在中国境内同一城市设立营业性机构的申请。

第九十五条　外商独资银行、中外合资银行有违法违规经营、经营管理不善等情形，不予撤销将严重危害金融秩序、损害社会公众利益的，由中国银监会按照《金融机构撤销条例》的规定撤销。

中国银监会责令关闭外国银行分行的，按照《中华人民共和国公司法》的有关规定执行。

第九十六条　外商独资银行、中外合资银行因不能支付到期债务，自愿或者应其债权人要求申请破产，或者因解散而清算，清算组在清理财产、编制资产负债表和财产清单后，发现外商独资银行、中外合资银行财产不足清偿债务须申请破产的，经中国银监会批准，应当立即向人民法院申请宣告破产。外商独资银行、中外合资银行经人民法院裁定宣告破产后，清算组应当将清算事务移交给人民法院。

第九十七条　外国银行将其在中国境内的分行改制为由其总行单独出资的外商独资银行的，原外国银行分行应当在外商独资银行开业后交回金融许可证，并依法向工商行政管理机关办理注销登记。

第九十八条　经批准关闭的代表处应当在依法办理注销登记手续后 15 日内，在中国银监会指定的全国性报纸及所在地中国银监会派出机构指定的地方性报纸上公告，并将公告内容报送所在地中国银监会派出机构。

第七章　附　　则

第九十九条　外资银行违反本细则的，中国银监会按照《条例》和其他有关规定对其进行处罚。

第一百条　中国银监会 2006 年 11 月 24 日公布的《中华人民共和国外资银行管理条例实施细则》(中国银行业监督管理委员会令 2006 年第 6 号）废止。

上海印发《中国（上海）自由贸易试验区大宗商品现货市场交易管理规定》的通知

（2014 年 11 月 17 日发布）

各有关单位：

为进一步加快推进中国（上海）自由贸易试验区面向国际的大宗商品现货市场建设，健全联合管理制度，规范交易活动，加强事中事后监管，保护交易各方合法权益，促进大宗商品现货市场健康发展，根据《中国（上海）自由贸易试验区总体方案》（国发〔2013〕38 号）以及《商品现货市场交易特别规定（试行）》（商务部、中国人民银行、证券监督管理委员会令 2013 年第 3 号），市商务委会同市金融办、自贸试验区管委会制定了《中国（上海）自由贸易试验区大宗商品现货市场交易管理规定》，现印发给你们，请认真遵照执行。

特此通知。

上海市商务委员会

上海市金融服务办公室

中国（上海）自由贸易试验区管委会

2014 年 11 月 17 日

附件

中国（上海）自由贸易试验区大宗商品现货市场交易管理规定

第一条　为推动中国（上海）自由贸易试验区（以下简称“自贸试验区”）面向国际的大宗商品现货市场建设，规范交易活动，保护交易各方的合法权益，加快推进现代流通方式，促进大宗商品现货市场健康发展，根据《中国（上海）自由贸易试验区总体方案》（国发〔2013〕38 号）以及《商品现货市场交易特别规定（试行）》（商务部、中国人民银行、证券监督管理委员会令 2013 年第 3 号），制定本规定。

第二条　本规定所称大宗商品现货市场，是指由买卖双方进行公开的、经常性的或定期性的大宗商品现货交易活动，具有信息、物流等配套服务功能的场所或互联网交易平台。

本规定所称大宗商品现货市场经营者（以下简称“市场经营者”），是指依法设立大宗商品现货市场，制定市场相关业务规则和规章制度，并为大宗商品现货交易活动提供场所及相关配套服务的法人。

第三条　上海市商务委员会（以下简称“市商务委”）负责大宗商品现货市场行业管理，指导自贸试验区大宗商品现货市场规划布局，加强物流仓储标准化制度建设与管理，促进市场建立健全交易、交收、仓储、信息发布、风险控制等业务规则与制度，加强行业监管，推动市场健康发展。

上海市金融服务办公室（以下简称“市金融办”）负责加强与国家金融管理部门沟通协调，指导做好大宗商品现货市场资金存管、清算和结算等相关工作，规范市场交易品种和交易方式，防范系统性金融风险，推动现货市场与期货市场联动发展。

中国（上海）自由贸易试验区管委会（以下简称“自贸试验区管委会”）负责制定自贸试验区大宗商品现货市场规划布局，加强市场设立及运行中的政策协调，建立健全自贸试验区大宗商品现货市场信息和统计监测机制，加强市场规范监管。

第四条　申请在自贸试验区设立的大宗商品现货市场应符合下列要求：

（一）市场发起人具有大宗商品领域行业背景，过往三年经营无违法记录。

（二）交易品种为进出口依存度高的大宗商品；交易价格不含进口关税和进口环节增值税；交易对象为大宗保税实物商品、以大宗保税实物商品为标的物的仓单和可转让提单等提货凭证。

（三）市场经营管理制度符合自贸试验区大宗商品现货市场相关交易管理规则。

自贸试验区管委会会同市商务委和市金融办等部门，与业内专家、行业代表等组成自贸试验区大宗商品现货市场评审委员会。评审委员会对市场发起人提交的项目方案开展综合评估，评审结果应书面告知市场发起人。

第五条　自贸试验区市场经营者开展经营活动应当遵照《商品现货市场交易特别规定（试行）》（商务部、中国人民银行、证券监督管理委员会令2013年第3号），并遵守下列规则：

（一）市场经营者应当建立健全交易、资金托管、清算、仓储、信息发布、风险控制、市场管理等业务规则与各项规章制度，做到“交易、托管、清算、仓储”分开，严格防范和妥善处置各类风险。

（二）市场经营者应当确保交易各方的交易资金存储在第三方的资金存管机构开设的专用资金账户，不得侵占、挪用账户资金，由主办银行或独立第三方清算机构对交易资金进行清算，确保交易资金安全。

（三）市场经营者应当建立完善的仓单管理及交收机制，由独立第三方仓单公示系统对仓单进行登记公示，确保仓单真实性和交收安全。指定交收仓库应为自贸试验区内的保税仓库或其他符合海关监管要求的保税仓库。

（四）市场经营者及其工作人员不得以任何方式参与市场交易。

第六条　自贸试验区大宗商品现货市场相关交易管理规则由自贸试验区管委会、市商务委、市金融办联合制定。

本规定自发布之日起施行，有效期两年，由市商务委会同市金融办、自贸试验区管委会负责解释。市商务委、市金融办、自贸试验区管委会发布的《中国（上海）自由贸易试验区大宗商品现货市场交易管理暂行规定》（沪商市场〔2014〕186号）同时废止。

中国（上海）自由贸易试验区条例

（上海市人民代表大会常务委员会公告第 14 号　2014 年 7 月 25 日）

《中国（上海）自由贸易试验区条例》已由上海市第十四届人民代表大会常务委员会第十四次会议于 2014 年 7 月 25 日通过，现予公布，自 2014 年 8 月 1 日起施行。

上海市人民代表大会常务委员会

2014 年 7 月 25 日

第一章　总　　则

第一条　为推进和保障中国（上海）自由贸易试验区建设，充分发挥其推进改革和提高开放型经济水平"试验田"的作用，根据《全国人民代表大会常务委员会关于授权国务院在中国（上海）自由贸易试验区暂时调整有关法律规定的行政审批的决定》、国务院批准的《中国（上海）自由贸易试验区总体方案》（以下简称"《总体方案》"）、《国务院关于在中国（上海）自由贸易试验区内暂时调整有关行政法规和国务院文件规定的行政审批或者准入特别管理措施的决定》和其他有关法律、行政法规，制定本条例。

第二条　本条例适用于经国务院批准设立的中国（上海）自由贸易试验区（以下简称"自贸试验区"）。

第三条　推进自贸试验区建设应当围绕国家战略要求和上海国际金融中心、国际贸易中心、国际航运中心、国际经济中心建设，按照先行先试、风险可控、分步推进、逐步完善的原则，将扩大开放与体制改革相结合，将培育功能与政策创新相结合，加快转变政府职能，建立与国际投资、贸易通行规则相衔接的基本制度体系和监管模式，培育国际化、市场化、法治化的营商环境，建设具有国际水准的投资贸易便利、监管高效便捷、法治环境规范的自由贸易试验区。

第四条　本市推进自贸试验区建设应当聚焦制度创新的重点领域和关键环节，充分运用现行法律制度和政策资源，改革妨碍制度创新的体制、机制，不断激发制度创新的主动性、积极性，营造自主改革、积极进取的良好氛围。

第五条　充分激发市场主体活力，法律、法规、规章未禁止的事项，鼓励公民、法人和其他组织在自贸试验区积极开展改革创新活动。

第二章　管理体制

第六条　按照深化行政体制改革的要求，坚持简政放权、放管结合，积极推行告知承诺制等制度，在自贸试验区建立事权划分科学、管理高效统一、运行公开透明的行政管理体制。

第七条　市人民政府在国务院领导和国家有关部门指导、支持下，根据《总体方案》明确的目标定位和先行先试任务，组织实施改革试点工作，依法制定与自贸试验区建设、管理有关的规章和政策措施。

本市建立自贸试验区建设协调机制，推进改革试点工作，组织有关部门制定、落实阶段性目标和各项措施。

第八条　中国（上海）自由贸易试验区管理委员会（以下简称“管委会”）为市人民政府派出机构，具体落实自贸试验区改革试点任务，统筹管理和协调自贸试验区有关行政事务，依照本条例履行下列职责：

（一）负责组织实施自贸试验区发展规划和政策措施，制定有关行政管理制度。

（二）负责自贸试验区内投资、贸易、金融服务、规划国土、建设、交通、绿化市容、环境保护、人力资源、知识产权、统计、房屋、民防、水务、市政等有关行政管理工作。

（三）领导工商、质监、税务、公安等部门在区内的行政管理工作；协调金融、海关、检验检疫、海事、边检等部门在区内的行政管理工作。

（四）组织实施自贸试验区信用管理和监管信息共享工作，依法履行国家安全审查、反垄断审查有关职责。

（五）统筹指导区内产业布局和开发建设活动，协调推进重大投资项目建设。

（六）发布公共信息，为企业和相关机构提供指导、咨询和服务。

（七）履行市人民政府赋予的其他职责。

市人民政府在自贸试验区建立综合审批、相对集中行政处罚的体制和机制，由管委会集中行使本市有关行政审批权和行政处罚权。管委会实施行政审批和行政处罚的具体事项，由市人民政府确定并公布。

第九条　海关、检验检疫、海事、边检、工商、质监、税务、公安等部门设立自贸试验区工作机构（以下统称“驻区机构”），依法履行有关行政管理职责。

市人民政府其他有关部门和浦东新区人民政府（以下统称“有关部门”）按照各自职责，支持管委会的各项工作，承担自贸试验区其他行政事务。

第十条　管委会应当与驻区机构、有关部门建立合作协调和联动执法工作机制，提高执法效率和管理水平。

第十一条　管委会、驻区机构应当公布依法行使的行政审批权、行政处罚权和相关行政权力的清单及运行流程。发生调整的，应当及时更新。

第三章　投资开放

第十二条　自贸试验区在金融服务、航运服务、商贸服务、专业服务、文化服务、社会服务和一般制造业等领域扩大开放，暂停、取消或者放宽投资者资质要求、外资股比限制、经营范围限制等准入特别管理措施。

第十三条　自贸试验区内国家规定对外商投资实施的准入特别管理措施，由市人民政府发布负面清单予以列明，并根据发展实际适时调整。

自贸试验区实行外商投资准入前国民待遇加负面清单管理模式。负面清单之外的领域，按照内外资一致的原则，外商投资项目实行备案制，国务院规定对国内投资项目保留核准的除外；外商投资企业设立和变更实行备案管理。负面清单之内的领域，外商投资项目实行核准制，国务院规定对外商投资项目实行备案的除外；外商投资企业设立和变更实行审批管理。

外商投资项目和外商投资企业的备案办法，由市人民政府制定。

第十四条　自贸试验区推进企业注册登记制度便利化，依法实行注册资本认缴登记制。

工商行政管理部门组织建立外商投资项目核准（备案）、企业设立和变更审批（备案）等行政事务的企业准入单一窗口工作机制，统一接收申请材料，统一送达有关文书。投资者在自贸试验区设立外商投资企业，可以自主约定经营期限，法律、行政法规另有规定的除外。

在自贸试验区内登记设立的企业（以下简称“区内企业”）可以到区外再投资或者开展业务，有专项规定要求办理相关手续的，按照规定办理。

第十五条　区内企业取得营业执照后，即可从事一般生产经营活动；从事需要审批的生产经营活动的，可以在取得营业执照后，向有关部门申请办理。

从事法律、行政法规或者国务院决定规定需要前置审批的生产经营活动的，应当在申请办理营业执照前，依法办理批准手续。

第十六条　自贸试验区内投资者可以开展多种形式的境外投资。境外投资一般项目实行备案管理，境外投资开办企业实行以备案制为主的管理，由管委会统一接收申请材料，并统一送达有关文书。

境外投资项目和境外投资开办企业的备案办法，由市人民政府制定。

第十七条　区内企业解散、被宣告破产的，应当依法清算并办理注销登记等手续。

依法实行注册资本认缴制的区内企业，股东以认缴的出资额或者认购的股份为限对企业债务承担责任。

第四章　贸易便利

第十八条　自贸试验区与境外之间的管理为“一线”管理，自贸试验区与境内区外之间的管理为“二线”管理，按照“一线放开、二线安全高效管住、区内流转自由”的原则，在自贸试验区建立与国际贸易等业务发展需求相适应的监管模式。

第十九条　按照通关便利、安全高效的要求，在自贸试验区开展海关监管制度创新，促进新型贸易业态发展。

海关在自贸试验区建立货物状态分类监管制度，实行电子围网管理，推行通关无纸化、低风险快速放行。

境外进入区内的货物，可以凭进口舱单先行入区，分步办理进境申报手续。口岸出口货物实行先报关、后进港。

对区内和境内区外之间进出的货物，实行进出境备案清单比对、企业账册管理、电子信息联网等监管制度。

区内保税存储货物不设存储期限。简化区内货物流转流程，允许分送集报、自行运输；实现区内与其他海关特殊监管区域之间货物的高效便捷流转。

第二十条　按照进境检疫、适当放宽进出口检验，方便进出、严密防范质量安全风险的原则，在自贸试验区开展检验检疫监管制度创新。

检验检疫部门在自贸试验区运用信息化手段，建立出入境质量安全和疫病疫情风险管理机制，实施无纸化申报、签证、放行，实现风险信息的收集、分析、通报和运用，提供出入境货物检验检疫信息查询服务。

境外进入区内的货物属于检疫范围的，应当接受入境检疫；除重点敏感货物外，其他货物免于检验。

区内货物出区依企业申请，实行预检验制度，一次集中检验，分批核销放行。进出自贸试验区的保税展示商品免于检验。

区内企业之间仓储物流货物，免于检验检疫。

在自贸试验区建立有利于第三方检验鉴定机构发展和规范的管理制度，检验检疫部门按照国际通行规则，采信第三方检测结果。

第二十一条　自贸试验区建立国际贸易单一窗口，形成区内跨部门的贸易、运输、加工、仓储等业务的综合管理服务平台，实现部门之间信息互换、监管互认、执法互助。

企业可以通过单一窗口一次性递交各管理部门要求的标准化电子信息，处理结果通过单一窗口反馈。

第二十二条　自贸试验区实行内外贸一体化发展，鼓励区内企业统筹开展国际贸易和国内贸易，培育贸易新型业态和功能，形成以技术、品牌、质量、服务为核心的竞争优势。

自贸试验区支持国际贸易、仓储物流、加工制造等基础业务转型升级和服务贸易发展。鼓励离岸贸易、国际大宗商品交易、融资租赁、期货保税交割、跨境电子商务等新型贸易发展，推动生物医药研发、软件和信息服务、数据处理等外包业务发展。

鼓励跨国公司在区内设立总部，建立整合贸易、物流、结算等功能的营运中心。

第二十三条　自贸试验区加强与海港、空港枢纽的联动，加强与区外航运产业集聚区协同发展，探索形成具有国际竞争力的航运发展制度和运作模式。

自贸试验区支持国际中转、集拼、分拨业务以及集装箱转运业务和航空货邮国际中转业务发展。符合条件的航运企业可以在国内沿海港口与上海港之间从事外贸进出口集装箱沿海捎带业务。

完善航运服务发展环境，在自贸试验区发展航运金融、国际船舶运输、国际船舶管理、国际船员服务和国际航运经纪等产业，发展航运运价指数衍生品交易业务，集聚航运服务功能性机构。

在自贸试验区实行以“中国洋山港”为船籍港的国际船舶登记制度，建立高效率的船舶登记流程。

第二十四条　自贸试验区简化区内企业外籍员工就业许可审批手续，放宽签证、居留许可有效期限，提供入境、出境和居留的便利。

对接受区内企业邀请开展商务贸易的外籍人员，出入境管理部门应当按照规定给予过境免签和临时入境便利。

对区内企业因业务需要多次出国、出境的中国籍员工，出入境管理部门应当提供办理出国出境证件的便利。

第五章　金融服务

第二十五条　在风险可控的前提下，在自贸试验区内创造条件稳步进行人民币资本项目可兑换、金融市场利率市场化、人民币跨境使用和外汇管理改革等方面的先行先试。

鼓励金融要素市场、金融机构根据国家规定，进行自贸试验区金融产品、业务、服务和风险管理等方面的创新。本市有关部门应当为自贸试验区金融创新提供支持和便利。

本市建立国家金融管理部门驻沪机构、市金融服务部门和管委会参加的自贸试验区金融工作协调机制。

第二十六条　自贸试验区建立有利于风险管理的自由贸易账户体系，实现分账核算管理。区内居民可以按照规定开立居民自由贸易账户；非居民可以在区内银行开立非居民自由贸易账户，按照准入前国民待遇原则享受相关金融服务；上海地区金融机构可以通过设立分账核算单元，提供自由贸易账户相关金融服务。

自由贸易账户之间以及自由贸易账户与境外账户、境内区外的非居民机构账户之间的资金，可以自由划转。自由贸易账户可以按照规定，办理跨境融资、担保等业务。居民自由贸易账户与境内区外的银行结算账户资金流动，视同跨境业务管理。同一非金融机构主体的居民自由贸易账户与其他银行结算账户之间，可以按照规定，办理资金划转。

第二十七条　自贸试验区跨境资金流动按照金融宏观审慎原则实施管理。简化自贸试验区跨境直接投资汇兑手续，自贸试验区跨境直接投资与前置核准脱钩，直接向银行办理所涉及的跨境收付、汇兑业务。各类区内主体可以按照规定开展相关的跨境投融资汇兑业务。

区内个人可以按照规定，办理经常项下跨境人民币收付业务，开展包括证券投资在内的各类跨境投资。区内个体工商户可以根据业务需要，向其境外经营主体提供跨境贷款。

区内金融机构和企业可以按照规定，进入证券和期货交易场所进行投资和交易。区内企业的境外母公司可以按照规定，在境内资本市场发行人民币债券。区内企业可以按照规定，开展境外证券投资以及衍生品投资业务。

区内企业、非银行金融机构以及其他经济组织可以按照规定，从境外融入本外币资金，在区内或者境外开展风险对冲管理。

第二十八条　根据中国人民银行有关规定，国家出台的各项鼓励和支持扩大人民币跨境使用的政策措施，均适用于自贸试验区。

简化自贸试验区经常项下以及直接投资项下人民币跨境使用。区内金融机构和企业可以从境外借入人民币资金。区内企业可以根据自身经营需要，开展跨境双向人民币资金池以及经常项下跨境人民币集中收付业务。上海地区银行业金融机构可以与符合条件的支付机构合作，提供跨境电子商务的人民币结算服务。

第二十九条　在自贸试验区推进利率市场化体系建设，完善自由贸易账户本外币资金利率市场化定价监测机制，区内符合条件的金融机构可以优先发行大额可转让存单，放开区内外币存款利率上限。

第三十条　建立与自贸试验区发展需求相适应的外汇管理体制。简化经常项目单证审核、直接投资项下外汇登记手续。放宽对外债权债务管理。改进跨国公司总部外汇资金集中运营管理、外币资金池以及国际贸易结算中心外汇管理。完善结售汇管理，便利开展大宗商品衍生品的柜台交易。

第三十一条　根据自贸试验区需要，经金融管理部门批准，支持不同层级、不同功能、不同类型、不同所有制的金融机构进入自贸试验区；引导和鼓励民间资本投资区内金融业；支持自贸试验区互联网金融发展；支持在区内建立面向国际的金融交易以及服务平台，提供登记、托管、交易和清算等服务；支持在区内建立完善信托登记平台，探索信托受益权流转机制。

第三十二条　本市配合金融管理部门完善金融风险监测和评估，建立与自贸试验区金融业务发展相适应的风险防范机制。

开展自贸试验区业务的上海地区金融机构和特定非金融机构应当按照规定，向金融管理部门报送相关信息，履行反洗钱、反恐怖融资和反逃税等义务，配合金融管理部门关注跨境异常资金流动，落实金融消费者和投资者保护责任。

第六章　税收管理

第三十三条　自贸试验区按照国家规定，实施促进投资和贸易的有关税收政策；其所属的上海外高桥保税区、上海外高桥保税物流园区、洋山保税港区和上海浦东机场综合保税区执行相应的海关特殊监管区域的税收政策。

遵循税制改革方向和国际惯例，积极研究完善不导致利润转移、税基侵蚀的适应境外股权投资和离岸业务发展的税收政策。

第三十四条　税务部门应当在自贸试验区建立便捷的税务服务体系，实施税务专业化集中审批，逐步取消前置核查，推行先审批后核查、核查审批分离的工作方式；推行网上办税，提供在线纳税咨询、涉税事项办理情况查询等服务，逐步实现跨区域税务通办。

第三十五条　税务部门应当在自贸试验区开展税收征管现代化试点，提高税收效率，营造有利于企业发展、公平竞争的税收环境。

税务部门应当运用税收信息系统和自贸试验区监管信息共享平台进行税收风险监测，提高税收管理水平。

第七章　综合监管

第三十六条　在自贸试验区创新行政管理方式，推进政府管理由注重事先审批转为注重事中事后监管，提高监管参与度，推动形成行政监管、行业自律、社会监督、公众参与的综合监管体系。

第三十七条　自贸试验区建立涉及外资的国家安全审查工作机制。对属于国家安全审查范围的外商投资，投资者应当申请进行国家安全审查；有关管理部门、行业协会、同业企业以及上下游企业可以提出国家安全审查建议。

当事人应当配合国家安全审查工作，提供必要的材料和信息，接受有关询问。

第三十八条　自贸试验区建立反垄断工作机制。

涉及区内企业的经营者集中，达到国务院规定的申报标准的，经营者应当事先申报，未申报的不得实施集中。对垄断协议、滥用市场支配地位以及滥用行政权力排除、限制竞争等行为，依法开展调查和执法。

第三十九条　管委会、驻区机构和有关部门应当记录企业及其有关责任人员的信用相关信息，并按照公共信用信息目录向市公共信用信息服务平台自贸试验区子平台归集。

管委会、驻区机构和有关部门可以在市场准入、货物通关、政府采购以及招投标等工作中，查询相对人的信用记录，使用信用产品，并对信用良好的企业和个人实施便利措施，对失信企业和个人实施约束和惩戒。

自贸试验区鼓励信用服务机构利用各方面信用信息开发信用产品，为行政监管、市场交易等提供信用服务；鼓励企业和个人使用信用产品和服务。

第四十条　自贸试验区实行企业年度报告公示制度和企业经营异常名录制度。

区内企业应当按照规定，报送企业年度报告，并对年度报告信息的真实性、合法性负责。企业年度报告按照规定向社会公示，涉及国家秘密、商业秘密和个人隐私的内容除外。

工商行政管理部门对区内企业报送年度报告的情况开展监督检查。发现企业未按照规定履行年度报告公示义务等情况的，应当载入企业经营异常名录，并向社会公示。

公民、法人和其他组织可以查阅企业年度报告和经营异常名录等公示信息，工商行政管理等部门应当提供查询便利。

企业年度报告公示和企业经营异常名录管理办法，由市工商行政管理部门制定。

第四十一条　在自贸试验区建设统一的监管信息共享平台，促进监管信息的归集、交换和共享。管委会、驻区机构和有关部门应当及时主动提供信息，参与信息交换和共享。

管委会、驻区机构和有关部门应当依托监管信息共享平台，整合监管资源，推动全程动态监管，提高联合监管和协同服务的效能。

监管信息归集、交换、共享的办法，由管委会组织驻区机构和有关部门制定。

第四十二条　鼓励律师事务所、会计师事务所、税务师事务所、知识产权服务机构、报关报检机构、检验检测机构、认证机构、船舶和船员代理机构、公证机构、司法鉴定机构、信用服务机构等专业机构在自贸试验区开展业务。

管委会、驻区机构和有关部门应当通过制度安排，将区内适合专业机构办理的事项，交由专业机构承担，或者引入竞争机制，通过购买服务等方式，引导和培育专业机构发展。

第四十三条　自贸试验区建立企业和相关组织代表等组成的社会参与机制，引导企业和相关组织等表达利益诉求、参与试点政策评估和市场监督。

支持行业协会、商会等参与自贸试验区建设，推动行业协会、商会等制定行业管理标准和行业公约，加强行业自律。

区内企业从事经营活动，应当遵守社会公德、商业道德，接受社会公众的监督。

第四十四条　在自贸试验区推进电子政务建设，在行政管理领域推广电子签名和具有法律效力的电子公文，实行电子文件归档和电子档案管理。电子档案与纸质档案具有同等法律效力。

第四十五条　本市建立自贸试验区综合性评估机制。市发展改革部门应当会同管委会和有关部门，自行或者委托第三方开展监管制度创新、行业整体、行业企业试点政策实施情况和风险防范等方面的评估，为推进完善扩大开放领域、改革试点任务和制度创新措施提供政策建议。

第八章　法治环境

第四十六条　坚持运用法治思维、法治方式在自贸试验区开展各项改革创新，为自贸试验区建设营造良好的法治环境。

国家规定的自贸试验区投资、贸易、金融、税收等改革试点措施发生调整，或者国家规定其他区域改革试点措施可适用于自贸试验区的，按照相关规定执行。

本市地方性法规不适应自贸试验区发展的，市人民政府可以提请市人大及其常委会就其在自贸试验区的适用作出相应规定；本市规章不适应自贸试验区发展的，管委会可以提请市人民政府就其在自贸试验区的适用作出相应规定。

第四十七条　自贸试验区内各类市场主体的平等地位和发展权利，受法律保护。区内各类市场主体在监管、税收和政府采购等方面享有公平待遇。

第四十八条　自贸试验区内投资者合法拥有的企业、股权、知识产权、利润以及其他财产和商业利益，受法律保护。

第四十九条　自贸试验区内劳动者平等就业、选择职业、取得劳动报酬、休息休假、获得劳动安全卫生保护、接受职业技能培训、享受社会保险和福利、参与企业民主管理等权利，受法律保护。

在自贸试验区推行企业和劳动者集体协商机制，推动双方就劳动报酬、劳动安全卫生等有关事项进行平等协商。发挥工会在维护职工权益、促进劳动关系和谐稳定方面的作用。

在自贸试验区健全公正、公开、高效、便民的劳动保障监察和劳动争议处理机制，保护劳动者和用人单位双方的合法权益。

第五十条　加强自贸试验区环境保护工作，探索开展环境影响评价分类管理，提高环境保护管理水平和效率。

鼓励区内企业申请国际通行的环境和能源管理体系标准认证，采用先进生产工艺和技术，节约能源，减少污染物和温室气体排放。

第五十一条　加强自贸试验区知识产权保护工作，完善行政保护与司法保护衔接机制。

本市有关部门应当和国家有关部门加强协作，实行知识产权进出境保护和境内保护的协同管理和执法配合，探索建立自贸试验区知识产权统一管理和执法的体制、机制。

完善自贸试验区知识产权纠纷多元解决机制，鼓励行业协会和调解、仲裁、知识产权中介服务等机构在协调解决知识产权纠纷中发挥作用。

第五十二条　本市制定有关自贸试验区的地方性法规、政府规章、规范性文件，应当主动公开草案内容，征求社会公众、相关行业组织和企业等方面的意见；通过并公布后，应当对社会各方意见的处理情况作出说明；在公布和实施之间，应当预留合理期限，作为实施准备期。但因紧急情况等原因需要立即制定和施行的除外。

本市制定的有关自贸试验区的地方性法规、政府规章、规范性文件，应当在通过后及时公开，并予以解读和说明。

第五十三条　公民、法人和其他组织对管委会制定的规范性文件有异议的，可以提请市人民政府进行审查。审查规则由市人民政府制定。

第五十四条　本市建立自贸试验区信息发布机制，通过新闻发布会、信息通报例会或者书面发布等形式，及时发布自贸试验区相关信息。

管委会应当收集国家和本市关于自贸试验区的法律、法规、规章、政策、办事程序等信息，在中国（上海）自由贸易试验区门户网站上公布，方便各方面查询。

第五十五条　自贸试验区实行相对集中行政复议权制度。

公民、法人或者其他组织不服管委会、市人民政府工作部门及其驻区机构、浦东新区人民政府在自贸试验区内作出的具体行政行为，可以向市人民政府申请行政复议；不服浦东新区人民政府工作部门在自贸试验区内作出的具体行政行为，可以向浦东新区人民政府申请行政复议。重大、复杂、疑难的行政复议案件，应当由行政复议委员会审议。

第五十六条　依法在自贸试验区设立司法机构，公正高效地保障中外当事人合法权益。

本市依法设立的仲裁机构应当依据法律、法规并借鉴国际商事仲裁惯例，适应自贸试验区特点完善仲裁规则，提高商事纠纷仲裁的国际化程度，并基于当事人的自主选择，提供独立、公正、专业、高效的仲裁服务。

本市设立的行业协会、商会以及商事纠纷专业调解机构等可以参与自贸试验区商事纠纷调解，发挥争议解决作用。

第九章　附　　则

第五十七条　本条例自 2014 年 8 月 1 日起施行。1996 年 12 月 19 日上海市第十届人民代表大会常务委员会第三十二次会议审议通过的《上海外高桥保税区条例》同时废止。

中国（上海）自由贸易试验区仲裁规则

［上海国际经济贸易仲裁委员会（上海国际仲裁中心）
第二届委员会第四次会议审议并通过　2014 年 5 月 1 日］

第一章　总　　则

第一条　规则的制定

上海国际经济贸易仲裁委员会（同时使用“上海国际仲裁中心”的名称，原名“中国国际经济贸易仲裁委员会上海分会”，以下简称“仲裁委员会”）为公正、专业、高效地解决涉及中国（上海）自由贸易试验区的合同和其他财产权益纠纷，根据《中华人民共和国仲裁法》和有关法律的规定制定本规则。

第二条　机构与职能

（一）仲裁委员会系解决作为平等主体的自然人、法人及其他经济组织之间发生的合同和其他财产权益纠纷的仲裁机构。

（二）仲裁委员会在中国（上海）自由贸易试验区设立中国（上海）自由贸易试验区仲裁院，提供咨询、立案、开庭审理等仲裁服务。

（三）当事人在仲裁协议中订明由上海国际经济贸易仲裁委员会、上海国际仲裁中心、中国国际经济贸易仲裁委员会上海分会仲裁的，由仲裁委员会进行仲裁。当事人在仲裁协议中订明由中国国际贸易促进委员会上海市分会/上海国际商会的仲裁委员会或仲裁院仲裁的，或由上海涉外经济贸易仲裁委员会仲裁的，或由中国（上海）自由贸易试验区仲裁院仲裁的，或约定的仲裁机构名称可推定为仲裁委员会的，均视为同意由仲裁委员会进行仲裁。

（四）仲裁委员会履行当事人约定适用的其他仲裁规则规定由仲裁机构履行的职能。

（五）仲裁委员会可以根据当事人约定的《联合国国际贸易法委员会仲裁规则》作为仲裁员指定机构，并依照约定或规定提供其他程序管理服务。

（六）仲裁委员会主任履行本规则赋予的职责，副主任受主任的委托履行主任的职责。

（七）仲裁委员会设秘书处，在仲裁委员会秘书长的领导下负责处理仲裁委员会的日常事务，履行本规则赋予的职责。

（八）仲裁委员会设在中国上海。

（九）仲裁委员会设有仲裁员名册。

（十）仲裁委员会设有调解员名册，适用于本规则下的调解员调解。

第三条 规则的适用

（一）凡当事人约定将争议提交仲裁委员会仲裁，争议的当事人、标的物或民商事关系产生、变更、消灭的法律事实涉及中国（上海）自由贸易试验区的，适用本规则进行仲裁，但当事人对仲裁规则另有约定的除外。

（二）凡当事人约定将争议提交仲裁委员会仲裁并约定适用本规则的，适用本规则进行仲裁。

（三）凡当事人约定将争议提交仲裁委员会且仲裁在中国（上海）自由贸易试验区仲裁院进行的，或者约定将争议提交中国（上海）自由贸易试验区仲裁院或其他名称可以推定为中国（上海）自由贸易试验区仲裁院仲裁的，均适用本规则进行仲裁，但当事人对仲裁规则另有约定的除外。

（四）凡当事人约定按照本规则进行仲裁但未约定仲裁机构的，视为同意将争议提交仲裁委员会，并适用本规则进行仲裁。

（五）当事人对案件是否应当适用本规则提出异议的，由仲裁委员会作出决定。

第四条 案件分类

仲裁委员会受理下列争议案件：

（一）国际的或涉外的争议案件。

（二）涉及香港特别行政区、澳门特别行政区或台湾地区的争议案件。

（三）国内的争议案件。

第五条 仲裁协议

（一）仲裁委员会根据当事人在争议发生之前或者在争议发生之后达成的将争议提交仲裁委员会仲裁的仲裁协议和一方当事人的书面申请，受理案件。

（二）仲裁协议系指当事人在合同中订明的仲裁条款，或者以其他方式达成的提交仲裁的书面协议。

（三）仲裁协议应当采取书面形式。书面形式包括合同书、信件、电报、电传、传真、电子数据交换和电子邮件等可以有形地表现所载内容的形式。在仲裁申请书和仲裁答辩书的交换中一方当事人声称有仲裁协议而另一方当事人不做否认表示的，视为存在书面仲裁协议。

（四）仲裁协议所适用的法律对仲裁协议的形式及效力另有规定的，从其规定。

（五）合同中的仲裁条款应当视为与合同其他条款分离地、独立地存在的条款，附属于合同的仲裁协议也应当视为与合同其他条款分离地、独立地存在的一个部分；合同的变更、解除、终止、转让、失效、无效、未生效、被撤销以及成立与否，均不影响仲裁条款或仲裁协议的效力。

第六条　对仲裁协议及 / 或管辖权的异议

（一）仲裁委员会有权对仲裁协议的存在、效力以及仲裁案件的管辖权作出决定。如有必要，仲裁委员会也可以授权仲裁庭作出管辖权决定，仲裁庭依此授权作出管辖权决定的，可在仲裁程序中单独作出，也可在裁决书中作出。

（二）如果仲裁委员会依表面证据认为存在对当事人有约束力的由仲裁委员会进行仲裁的协议，则可根据表面证据作出仲裁委员会有管辖权的决定，仲裁程序继续进行。仲裁委员会依表面证据作出管辖权决定后，如果仲裁庭在审理过程中发现与表面证据不一致的事实及 / 或证据，可授权仲裁庭重新作出管辖权决定。

（三）当事人对仲裁协议及 / 或仲裁案件管辖权的异议，应在仲裁庭首次开庭前书面提出；书面审理的案件，应在第一次实体答辩前提出。

（四）当事人对仲裁协议及 / 或仲裁案件管辖权的异议，不影响仲裁程序的进行。

（五）上述管辖权异议及 / 或决定包括对仲裁案件主体资格的异议及 / 或决定。

第七条　仲裁地

（一）当事人书面约定仲裁地的，从其约定。

（二）如果当事人对仲裁地未作约定，仲裁委员会所在地为仲裁地。

（三）仲裁裁决应当视为在仲裁地作出。

第八条　诚信合作

当事人应当诚信合作，进行仲裁程序。

第九条　放弃异议

一方当事人知道或者应当知道本规则规定或仲裁协议约定的任何条款或情形未被遵守，但仍参加仲裁程序或继续进行仲裁程序且不对此情况及时地、明确地提出书面异议的，视为放弃提出异议的权利。

第二章　仲裁案件的申请及反请求

第十条　仲裁程序的开始

仲裁程序自仲裁委员会收到仲裁申请书之日起开始。

第十一条　申请仲裁

当事人依据本规则申请仲裁时应：

（一）提交由申请人及/或申请人授权的仲裁代理人签名及/或盖章的仲裁申请书。仲裁申请书应写明：

1. 申请人和被申请人的名称和住所，包括邮政编码、电话、电传、传真、电报、电子邮件或其他电子通讯方式；

2. 申请仲裁所依据的仲裁协议；

3. 申请人的仲裁请求；

4. 仲裁请求所依据的事实和理由。

（二）在提交仲裁申请书时，附具申请人请求所依据的证据材料、当事人的主体资格证明文件及其他证明文件。

（三）按照本规则所附的仲裁费用表的规定预缴仲裁费。

第十二条　案件的受理

（一）仲裁委员会收到申请人的仲裁申请书及其附件后，经过审查，认为申请仲裁的手续不完备的，可以要求申请人予以完备；当事人未按要求完备手续的，视为当事人未提出仲裁申请。

（二）申请仲裁的手续已完备的，秘书处应在 5 日内向申请人发出案件的受理通知，随附仲裁规则、仲裁员名册、仲裁费用表；在发出案件的受理通知之日起 5 日内向被申请人发送仲裁通知，随附仲裁申请书及附件材料、仲裁规则、仲裁员名册、仲裁费用表。

（三）仲裁委员会受理案件后，应指定一至两名。

秘书处的人员协助仲裁庭负责仲裁案件的程序管理工作。

第十三条　答辩

（一）被申请人应在收到仲裁通知之日起 45 日内向秘书处提交答辩书；本规则第四条第（三）款所涉的争议案件，前述期限为 20 日。

（二）被申请人确有正当理由请求延长答辩期限的，由仲裁庭决定是否延长；仲裁庭尚未组成的，由秘书处决定。

（三）答辩书由被申请人及 / 或被申请人授权的仲裁代理人签名及 / 或盖章，并应当包括下列内容：

1. 被申请人的名称和住所，包括邮政编码、电话、电传、传真、电报、电子邮件或其他电子通讯方式；

2. 对申请人的仲裁申请的答辩及所依据的事实和理由。

（四）被申请人在提交答辩书时，附具其答辩所依据的证据材料、主体资格证明文件及其他证明文件。

（五）仲裁庭有权决定是否接受逾期提交的答辩书。

（六）被申请人未提交答辩书的，不影响仲裁程序的进行。

第十四条　反请求及其答辩

（一）被申请人如有反请求，应在收到仲裁通知之日起 45 日内以书面形式提交秘书处；本规则第四条第（三）款所涉的争议案件，前述期限为 20 日。

（二）被申请人确有正当理由请求延长反请求期限的，由仲裁庭决定是否延长；仲裁庭尚未组成的，由秘书处决定。

（三）仲裁庭有权决定是否接受逾期提交的反请求。

（四）被申请人提出反请求时，应在其反请求书中写明具体的反请求及其所依据的事实和理由，并附具有关的证明文件。

（五）被申请人提出反请求，应当按照本规则所附的仲裁费用表并在规定的时间内预缴仲裁费；未按期缴纳的，视为未提出反请求申请。

（六）仲裁委员会认为被申请人提出反请求的手续已完备的，应将反请求书及其附件发送申请人。申请人应在收到反请求书及其附件之日起 30 日内对被申请人的反请求提交答辩书；本规则第四条第（三）款所涉的争议案件，前述期限为 20 日；申请人确有正当理由请求延长答辩期限的，由仲裁庭决定是否延长；仲裁庭尚未组成的，由秘书处决定。

（七）仲裁庭有权决定是否接受逾期提交的反请求答辩书。

（八）申请人对被申请人的反请求未提交答辩书的，不影响仲裁程序的进行。

第十五条　变更仲裁请求或反请求

申请人可以对其仲裁请求提出变更，被申请人也可以对其反请求提出变更，但仲裁庭认为其提出的时间过迟而影响仲裁程序正常进行的，可以拒绝其变更请求。

第十六条　提交仲裁文件的份数

当事人提交仲裁申请书、答辩书、反请求书和有关证明材料以及其他文件时，应一式五份；如果当事人人数超过两人，则应当增加相应份数；如果仲裁庭组成人数为一人，则可以减少两份；如果当事人提出临时措施申请的，则应当增加相应的份数。

第十七条　仲裁代理人

（一）当事人可以授权一至五名中国及 / 或外国的仲裁代理人办理有关的仲裁事项。当事人或其仲裁代理人应当提交授权委托书。

（二）如当事人需委托六名以上仲裁代理人的，应当书面提出申请并说明理由。仲裁庭根据案件情况决定是否同意该申请；仲裁庭尚未组成的，由秘书处决定。

第三章　临时措施

第十八条　临时措施

当事人可以根据临时措施执行地所在国家 / 地区的法律向仲裁委员会及 / 或具有管辖权的法院提出如下一种或数种临时措施的申请：

1. 财产保全；

2. 证据保全；

3. 要求一方作出一定行为及 / 或禁止其作出一定行为；

4. 法律规定的其他措施。

第十九条　仲裁前临时措施

（一）临时措施申请人在提起仲裁前，可以根据临时措施执行地所在国家 / 地区的有关法律规定，直接向具有管辖权的法院提出临时措施申请，也可以请求仲裁委员会协助其向具有管辖权的法院提出临时措施申请。

（二）临时措施申请人请求仲裁委员会协助的，应当提供下列文件：

1. 仲裁协议；

2. 符合本规则第二十条第（一）款规定的临时措施申请书。仲裁委员会经审查后认为可以协助的，应在收到前述文件之日起 3 日内将该文件转交具有管辖权的法院，并通知临时措施申请人。

（三）临时措施申请人应当根据临时措施执行地所在国家 / 地区的有关法律规定在法院采取临时措施后的法定期限内向仲裁委员会申请仲裁。

第二十条　仲裁程序中的临时措施

（一）仲裁委员会受理案件后，当事人向仲裁委员会提出临时措施申请的，应提交临时措施申请书。临时措施申请书应当写明：

1. 当事人的名称和住所；

2. 申请临时措施的理由；

3. 申请的具体临时措施；

4. 临时措施执行地及具有管辖权的法院；

5. 临时措施执行地有关法律规定。

（二）对于临时措施申请，仲裁委员会将根据临时措施执行地所在国家 / 地区的有关法律及本规则的规定，转交具有管辖权的法院作出裁定，或提交仲裁庭作出决定，或提交根据本规则第二十一条规定组成的紧急仲裁庭作出决定。

第二十一条　紧急仲裁庭

（一）当事人需在仲裁案件受理后至仲裁庭组成前提出临时措施申请的，

可以根据执行地国家 / 地区有关法律的规定向仲裁委员会提交组成紧急仲裁庭的书面申请。当事人提交组成紧急仲裁庭的书面申请，应当说明理由；是否同意组成紧急仲裁庭，由仲裁委员会决定。

（二）仲裁委员会同意组成紧急仲裁庭的，当事人应当按照本规则所附的仲裁费用表的规定预缴费用。申请组成紧急仲裁庭手续完备的，仲裁委员会主任可在 3 日内在仲裁员名册中指定一名仲裁员组成紧急仲裁庭处理临时措施申请。秘书处应将紧急仲裁庭的组成情况通知当事人。

（三）接受指定组成紧急仲裁庭的仲裁员应根据本规则第三十一条的规定履行披露义务。当事人可根据本规则第三十二条的规定对组成紧急仲裁庭的仲裁员申请回避。

（四）紧急仲裁庭应根据本规则第二十二条的规定对临时措施的申请作出决定。

（五）紧急仲裁庭应在仲裁庭组成之日解散，并应向仲裁庭移交全部案卷材料。

（六）除非当事人另有约定，组成紧急仲裁庭的仲裁员不再担任与临时措施申请有关的争议案件的仲裁员。

（七）本条规定的程序不影响仲裁程序的进行。

（八）与组成紧急仲裁庭的仲裁员有关的其他事项，本条未规定的，参照本规则第四章的有关规定。

第二十二条　临时措施决定的作出

（一）对于提交紧急仲裁庭或仲裁庭的临时措施申请，紧急仲裁庭或仲裁庭应以执行地国家 / 地区有关法律规定的形式作出书面决定，并说明理由。紧急仲裁庭或仲裁庭作出的临时措施决定，应当署名并加盖仲裁委员会印章。

（二）紧急仲裁庭或仲裁庭作出临时措施决定前，可以根据临时措施申请的内容要求申请临时措施的当事人提供适当的担保。

（三）本条规定的临时措施决定，紧急仲裁庭应在组成之日起 20 日内作出，仲裁庭应在收到临时措施申请之日起 20 日内作出。当事人根据本条第（二）款规定提供担保的，紧急仲裁庭或仲裁庭应在当事人提供担保之日起 10 日内作出。

第二十三条　临时措施决定的变更

（一）临时措施申请的相对方对临时措施决定有异议的，应在收到临时措施决定之日起 3 日内向仲裁委员会书面提出，由秘书处提交作出临时措施决定的紧急仲裁庭或仲裁庭作出决定。作出临时措施决定的紧急仲裁庭已经解散的，由此后组成的仲裁庭作出决定。

（二）紧急仲裁庭或仲裁庭应在收到前述异议之日起 3 日内，作出是否维持、修改、中止、撤销临时措施决定的决定。

（三）紧急仲裁庭或仲裁庭可自行决定是否修改、中止、撤销临时措施决定。仲裁庭亦可自行决定是否修改、中止、撤销此前由紧急仲裁庭作出的临时措施决定。

（四）紧急仲裁庭或仲裁庭根据本条的规定对临时措施决定作出任何变更的，均应以书面形式作出并说明理由。该变更同时构成临时措施决定的组成部分。

（五）申请临时措施的当事人应当在收到临时措施变更决定之日起 5 日内，通知具有管辖权的法院。

第二十四条　临时措施决定的遵守

当事人应当遵守紧急仲裁庭及 / 或仲裁庭作出的临时措施决定。

第四章　仲　裁　庭

第二十五条　仲裁员的义务

仲裁员不代表任何一方当事人，应当独立于各方当事人且平等地对待各方当事人。

第二十六条　仲裁庭的人数

（一）仲裁庭由一名或三名仲裁员组成。

（二）除非当事人另有约定或本规则另有规定，仲裁庭由三名仲裁员组成。

第二十七条　仲裁员的人选

（一）当事人可从仲裁员名册中选定仲裁员。

（二）当事人可以推荐仲裁员名册外的人士担任仲裁员，也可以约定共同推荐仲裁员名册外的人士担任首席仲裁员或独任仲裁员。

第二十八条　三人仲裁庭的组成

（一）当事人在收到案件受理通知 / 仲裁通知之日起 15 日内，可各自选定或委托仲裁委员会主任指定一名仲裁员。当事人未能在前述期限内选定或委托仲裁委员会主任指定仲裁员的，由仲裁委员会主任指定。当事人若请求延长前述期限的，应在前述期限内以书面形式向仲裁委员会提出；是否延期，由秘书处决定。

（二）当事人可在仲裁员名册内各自选定仲裁员，也可以各自推荐一名仲裁员名册外的人士担任仲裁员。当事人推荐仲裁员名册外的人士担任仲裁员的，应在本条第（一）款规定的期限内将该名人士的信息提交至秘书处。经仲裁委员会主任依法确认后同意的，该名人士可以担任案件的仲裁员；不同意的，推荐该名人士的一方当事人应在收到不同意决定之日起 5 日内，在仲裁员名册内选定或委托仲裁委员会主任指定仲裁员。当事人未能按照前述规定选定或委托仲裁委员会主任指定仲裁员的，由仲裁委员会主任指定。

（三）第三名仲裁员由双方当事人在被申请人收到仲裁通知之日起 15 日内，在仲裁员名册内共同选定或共同委托仲裁委员会主任指定。第三名仲裁员为仲裁庭的首席仲裁员。

（四）双方当事人可以各自推荐一至三名仲裁员作为首席仲裁员人选，并将推荐名单在本条第（三）款规定的期限内提交至秘书处。双方当事人的推荐名单中有一名人选相同的，该名仲裁员为双方当事人共同选定的首席仲裁员；有两名以上人选相同的，由仲裁委员会主任根据案件的具体情况在相同人选中确定一名首席仲裁员，该名首席仲裁员仍为双方共同选定的首席仲裁员；推荐名单中没有相同人选时，由仲裁委员会主任在推荐名单之外指定首席仲裁员。

（五）双方当事人可以约定共同推荐一名仲裁委员会仲裁员名册外的人士担任首席仲裁员，并应在本条第（三）款规定的期限内将共同推荐的该名人士信息提交至秘书处。经仲裁委员会主任依法确认后同意的，该名人士可以担任案件的首席仲裁员；不同意的，双方当事人应在收到不同意决定之日起 5 日内，在仲裁员名册内按照本条第（三）款规定选定或共同委托仲裁委员会主任指定首席仲裁员。双方当事人未能按照前述规定共同选定或共同委托仲裁委员会主任指定首席仲裁员的，由仲裁委员会主任指定。

（六）当事人应当承担仲裁员因审理案件需要支出的差旅费、食宿费、仲裁员特殊报酬及其他必要费用。如果当事人未在规定的期限内预缴前述费用，当事人选定或推荐的仲裁员将视为未被选定或推荐而由仲裁委员会主任根据本规则的规定代为指定，当事人关于指定仲裁员的协议将被视为无法实施而由仲裁委员会主任根据本规则的规定另行指定。

（七）被选定的仲裁员拒绝接受选定、经仲裁委员会主任确认后可以担任案件仲裁员或首席仲裁员的人士拒绝担任仲裁员或首席仲裁员，或前述人士因健康及其他可能影响正常履行仲裁员职责的原因不能参加案件审理的，当事人应在收到重新选定仲裁员通知之日起 10 日内，重新选定仲裁员。当事人未能按照本条规定重新选定仲裁员的，由仲裁委员会主任指定。

第二十九条　独任仲裁庭的组成

独任仲裁庭由一名仲裁员参照本规则第二十八条第（三）、（四）、（五）、（六）款规定的程序组成。

第三十条　多方当事人案件仲裁庭的组成

（一）仲裁案件有两个以上申请人及 / 或被申请人时，申请人方及 / 或被申请人方的仲裁员应当参照本规则第二十八条第（一）、（二）款的规定产生。

（二）首席仲裁员或独任仲裁员应当参照本规则第二十八条第（三）、（四）、（五）、（六）款的规定产生。

第三十一条　披露

（一）仲裁员应当签署声明书，向仲裁委员会书面披露可能引起对其公正性和独立性产生合理怀疑的任何事实或情况。

（二）在仲裁过程中出现应当披露情形的，仲裁员应当立即书面向仲裁委员会披露。

（三）仲裁员应当提交声明书及 / 或披露的信息，由秘书处转交各方当事人。

第三十二条　仲裁员的回避

（一）当事人收到秘书处转交的仲裁员声明书及 / 或书面披露后，如果以仲裁员披露的事实或情况为理由要求该仲裁员回避的，则应在收到仲裁员书面披露之日起 10 日内向仲裁委员会书面提出。当事人申请组成紧急仲裁庭的仲裁员回避的，应在收到仲裁员书面披露之日起 5 日内向仲裁委员会书面提出。逾期没有提出的，不得再以仲裁员曾经披露的事项为由申请该仲裁员回避。

（二）当事人对仲裁员的公正性和独立性产生合理怀疑的，可以申请该仲裁员回避，并应在收到组庭通知之日起 15 日向仲裁委员会书面提出。回避申请应当说明所依据的具体事实和理由，并举证。当事人在此之后得知回避事由的，则可在得知之日起 15 日内提出，但不应迟于最后一次开庭终结。

（三）秘书处应当立即将当事人的回避申请转交另一方当事人、被申请回避的仲裁员及仲裁庭其他成员。另一方当事人、被申请回避的仲裁员及仲裁庭其他成员均可对此发表评述意见。

（四）一方当事人申请回避，且另一方当事人同意的，或者被申请回避的仲裁员主动提出不再担任该仲裁案件的仲裁员的，则该仲裁员不再担任该案仲裁员。前述情形并不表示当事人提出回避的理由成立。

（五）除本条第（四）款规定的情形外，仲裁员是否回避，由仲裁委员会主任作出决定并可不说明理由。

（六）在仲裁委员会主任就仲裁员是否回避作出决定前，被申请回避的仲裁员应当继续履行职责。

第三十三条　替换仲裁员

（一）仲裁员在法律上或事实上不能履行其职责，或者没有按照本规则的要求或在规则规定的期限内履行应尽职责时，仲裁委员会主任有权自行决定将其更换；该仲裁员也可以主动申请不再担任仲裁员。

（二）仲裁员因健康原因、被除名、回避或者由于自动退出等其他原因不能履行职责时，应当按照原选定或者指定该仲裁员的程序，根据本规则第二十八条第（七）款的规定选定或者指定替代的仲裁员。

（三）替代的仲裁员选定或者指定后，由新组成的仲裁庭决定已进行的全部或部分审理是否需要重新进行。

（四）是否替换仲裁员，由仲裁委员会主任作出决定并可不说明理由。

第三十四条　多数仲裁员继续仲裁程序

在最后一次开庭终结后，如果三人仲裁庭中的一名仲裁员因健康原因或被除名而不能参加合议及/或作出裁决，另外两名仲裁员可以请求仲裁委员会主任按照本规则第三十三条的规定替换该仲裁员；在征求双方当事人意见并经仲裁委员会主任同意后，该两名仲裁员也可以继续进行仲裁程序，作出决定或裁决。秘书处应将上述情况通知双方当事人。

第五章　审　　理

第三十五条　审理方式

（一）除非当事人另有约定，仲裁庭可以根据案件的具体情况按照其认为适当的方式审理案件。在任何情形下，仲裁庭均应公平、公正行事，给予各方当事人陈述与辩论的合理机会。

（二）仲裁庭应当开庭审理案件，但经双方当事人申请或者征得双方当事人同意，仲裁庭也认为不必开庭审理的，仲裁庭可仅依据书面文件进行审理。

（三）仲裁庭可在其认为适当的地点或以其认为适当的方式进行合议。

（四）除非当事人另有约定，仲裁庭认为必要时可以发布程序指令、发出问题清单、举行庭前会议、召开预备庭、制作审理范围书等，也可就证据材料的交换、核对等作出安排。

第三十六条　案件合并

（一）仲裁标的为同一种类或者有关联的两个或者两个以上的案件，经一方当事人申请并征得其他当事人同意，仲裁庭可以决定合并审理。

（二）除非当事人另有约定，合并的仲裁案件应当合并于最先开始仲裁程序的仲裁案件。除非当事人一致同意作出一份裁决书，仲裁庭应就合并的仲裁案件分别作出裁决书。

（三）仲裁庭组成人员不同的两个或者两个以上的案件，不适用本条的规定。

第三十七条　其他协议方加入仲裁程序

（一）在仲裁庭组成前，申请人或被申请人请求增加同一仲裁协议下其他协议方为申请人或被申请人的，应当提交书面申请。由秘书处决定是否同意。秘书处作出同意决定的，多方申请人及/或多方被申请人不能共同选定该方仲裁员的，则该案仲裁员全部由仲裁委员会主任指定，即使当事人之前已选定仲裁员。

（二）仲裁庭已组成的，申请人及 / 或被申请人请求增加同一仲裁协议下其他协议方为被申请人，且该协议方放弃重新选定仲裁员并认可已进行的仲裁程序的，仲裁庭可以决定是否同意。

第三十八条　案外人加入仲裁程序

在仲裁程序中，双方当事人可经案外人同意后，书面申请增加其为仲裁当事人，案外人也可经双方当事人同意后书面申请作为仲裁当事人。案外人加入仲裁的申请是否同意，由仲裁庭决定；仲裁庭尚未组成的，由秘书处决定。

第三十九条　开庭通知

（一）仲裁案件第一次开庭审理的日期，经仲裁庭决定后，由秘书处在开庭前 20 日通知双方当事人；本规则第四条第（三）款所涉的争议案件，由秘书处在开庭前 15 日通知双方当事人。

（二）当事人有正当理由的，可以请求延期开庭，但必须在开庭前 7 日以书面形式向仲裁庭提出；是否延期，由仲裁庭决定。

（三）当事人有正当理由未能按本条第（二）款规定的期限提出延期开庭申请的，是否接受其延期申请，由仲裁庭决定。

（四）第一次开庭审理后开庭审理日期及延期后开庭审理日期的通知，不受本条第（一）款的限制。

第四十条　开庭地点

（一）当事人约定了开庭地点的，仲裁案件的开庭审理应当在约定的地点进行，但出现本规则第八十二条第（二）款规定的情形除外。

（二）除非当事人另有约定，由仲裁委员会受理的案件应在上海开庭审理；如仲裁庭认为必要，经仲裁委员会秘书长同意，也可在其他地点开庭审理。

第四十一条　保密

（一）仲裁庭审理案件不公开进行。如果双方当事人要求公开审理，由仲裁庭作出是否公开审理的决定。

（二）不公开审理的案件，双方当事人及其仲裁代理人、证人、翻译人员、仲裁员、专家、鉴定人、秘书处的有关人员，均不得对外界透露案件实体和程序的有关情况。

第四十二条　当事人缺席

（一）申请人无正当理由开庭时不到庭的，或在开庭审理时未经仲裁庭许可中途退庭的，可以视为撤回仲裁申请；如果被申请人提出了反请求，不影响仲裁庭就反请求进行审理，并作出裁决。

（二）被申请人无正当理由开庭时不到庭的，或在开庭审理时未经仲裁庭许可中途退庭的，仲裁庭可以进行缺席审理，并作出裁决；如果被申请人提出了反请求，可以视为撤回反请求。

第四十三条　庭审记录

（一）开庭审理时，仲裁庭应将开庭情况记入笔录，也可对庭审进行影音记录，但调解情况除外。

（二）庭审笔录和影音记录供仲裁庭查用。

（三）当事人和其他仲裁参与人认为对自己陈述的记录有遗漏或者有差错的，有权申请补正；仲裁庭不同意其补正的，应将该申请记录在案。

（四）笔录由仲裁员、记录人员、当事人和其他仲裁参与人签名或者盖章。

第四十四条　举证

（一）当事人应当对其申请、答辩和反请求所依据的事实提供证据加以证明。

（二）仲裁庭可以规定当事人提交证据的期限。当事人应在规定的期限内提交。逾期提交的，仲裁庭可以不予接受。当事人在举证期限内提交证据材料确有困难的，可在期限届满前申请延长举证期限。是否延长，由仲裁庭决定。

（三）当事人未能在规定的期限内提交证据，或者虽提交证据但不足以证明其主张的，负有举证责任的当事人承担因此产生的后果。

（四）当事人对证据事项或证据规则有特别约定的，从其约定，但其约定无法实施的除外。

第四十五条　仲裁庭自行调查

（一）仲裁庭认为必要时，可以自行调查事实，收集证据。

（二）仲裁庭自行调查事实、收集证据时，认为有必要通知双方当事人到场的，应当及时通知双方当事人到场。一方或双方当事人不到场的，仲裁庭自行调查事实和收集证据不受其影响。

（三）仲裁庭自行调查收集的证据，应经秘书处转交双方当事人，给予双方当事人提出意见的机会。

第四十六条　专家报告及鉴定意见

（一）当事人可就案件中的专门问题提出咨询或鉴定申请，由仲裁庭决定是否同意。仲裁庭认为必要的，也可就案件中的专门问题向专家咨询或者指定鉴定人进行鉴定。专家和鉴定人可以是中国或外国的机构或自然人。

（二）专家或鉴定人由当事人共同选定，当事人可以参照本规则第二十八条第（三）、（四）款的规定共同选定；不能共同选定的，则由仲裁庭指定。

（三）当事人应当按照约定或仲裁庭确定的比例预缴咨询/鉴定费用，未在规定的期限内预缴的，仲裁庭有权决定不进行咨询或鉴定。

（四）仲裁庭有权要求当事人，而且当事人也有义务向专家或鉴定人提供或出示任何有关资料、文件或财产、货物，以供专家或鉴定人审阅、检验或鉴定。

（五）专家报告或鉴定意见应由秘书处转交双方当事人，给予双方当事人提出意见的机会。任何一方当事人要求专家或鉴定人出席庭审的，经仲裁庭同意后，专家或鉴定人可以出席庭审，并在仲裁庭认为必要和适宜的情况下就其报告作出解释。

第四十七条　质证

（一）除非当事人另有约定，一方当事人提交的证据材料应经秘书处转交其他当事人及仲裁庭。

（二）开庭审理的案件，证据应在开庭时出示，当事人可以进行质证。

（三）当事人开庭后提交的证据材料，仲裁庭决定接受但不再开庭审理的，可以要求当事人在一定期限内提交书面质证意见。

第四十八条　程序中止

（一）当事人请求中止仲裁程序，或出现其他情形需要中止仲裁程序的，仲裁程序可以中止。

（二）中止仲裁程序的决定，由仲裁庭作出，仲裁庭尚未组成的，由仲裁委员会秘书长作出。

第四十九条　撤回申请和撤销案件

（一）当事人可以提出申请撤回全部仲裁请求或全部仲裁反请求。申请人撤回全部仲裁请求的，不影响仲裁庭就被申请人的反请求进行审理和裁决。被申请人撤回全部仲裁反请求的，不影响仲裁庭就申请人的仲裁请求进行审理和裁决。

（二）在仲裁庭组成前撤销案件的，由仲裁委员会秘书长作出决定；在仲裁庭组成后撤销案件的，由仲裁庭作出决定。

第六章　仲裁与调解相结合

第五十条　调解员调解

（一）一方当事人在仲裁案件受理后至仲裁庭组成前，提出书面调解申请的，仲裁委员会主任应在收到另一方当事人书面同意之日起 3 日内，在调解员名册中指定一名调解员对争议进行调解。

（二）调解员的调解不影响仲裁庭组成前的仲裁程序进行。在调解过程中，一方当事人提出暂缓组成仲裁庭申请，另一方当事人书面同意的，秘书处可以暂缓组成仲裁庭的程序。

（三）接受指定的调解员，应当书面披露可能影响其调解独立性、公正性的情形，并由秘书处及时通知当事人。当事人在调解程序中可以提出调解员回避、更换的书面申请，由仲裁委员会主任作出决定并可不说明理由。

（四）调解员可以采用其认为有利于当事人达成和解的方式对争议进行调解，包括但不限于：

1. 单独或同时会见当事人及其仲裁代理人进行调解；

2. 要求当事人提出书面或口头的调解建议或方案；

3. 依据公允善良的原则，向当事人提出调解争议的建议。

（五）当事人经调解员调解达成和解协议的，申请人可以撤回仲裁申请，或请求此后组成的仲裁庭按照和解协议内容作出仲裁裁决。

（六）在进行调解的过程中，任何一方当事人提出终止调解的，调解员应当终止调解。在任何情况下，调解员调解程序在仲裁庭组成之日终止。

（七）除非当事人书面同意，接受指定的调解员不再担任本案仲裁员。

第五十一条　仲裁庭调解

（一）仲裁庭组成后，如果双方当事人有调解意愿，或一方当事人有调解意愿并经仲裁庭征得另一方当事人同意的，仲裁庭可在仲裁程序进行过程中对其审理的案件进行调解。

（二）仲裁庭可以按照其认为适当的方式进行调解。

（三）仲裁庭在进行调解的过程中，任何一方当事人提出终止调解或仲裁庭认为已无调解成功的可能时，应当终止调解，继续进行仲裁程序。

（四）在仲裁庭进行调解的过程中，双方当事人在仲裁庭之外达成和解的，应当视为是在仲裁庭调解下达成的和解。

（五）经仲裁庭调解达成和解的，双方当事人应当签订书面和解协议；当事人可以撤回仲裁请求或反请求，也可以请求仲裁庭依照和解协议书的内容作出裁决书。

第五十二条　仲裁机构外的和解

当事人在仲裁委员会之外通过协商或调解达成和解协议的，可以凭当事人达成的由仲裁委员会仲裁的仲裁协议及和解协议，请求仲裁委员会组成仲裁庭，按照和解协议的内容作出仲裁裁决。除非当事人另有约定，仲裁委员会主任指定一名独任仲裁员组成仲裁庭，按照仲裁庭认为适当的程序进行审理并作出裁决。具体程序和期限不受本规则其他条款限制。

第五十三条　调解内容不得援引

如果调解不成功，任何一方当事人均不得在之后的仲裁程序、司法程序和其他任何程序中援引对方当事人或调解员或仲裁庭在调解过程中曾发表的意见、提出的观点、作出的陈述、表示认同或否定的建议或主张作为其请求、答辩或反请求的依据。

第七章　裁　　决

第五十四条　裁决期限

（一）本规则第四条第（一）、（二）款所涉争议案件，仲裁庭应在组庭之日起 6 个月内作出裁决书。

（二）本规则第四条第（三）款所涉争议案件，仲裁庭应在组庭之日起 4 个月内作出裁决书。

（三）经仲裁庭请求，仲裁委员会秘书长认为确有正当理由和必要的，可以延长前述期限。

（四）下列期间不计入上述期限：

1. 根据本规则第四十六条进行咨询或鉴定的期间；

2. 根据法律及 / 或本规则规定中止仲裁程序的期间。

第五十五条　裁决的作出

（一）仲裁庭应当根据事实，符合法律规定，公平合理地作出裁决。

（二）仲裁庭在其作出的裁决中，应当写明仲裁请求、争议事实、裁决理由、裁决结果、仲裁费用的承担、裁决的日期和地点。当事人协议不写明争议事实和裁决理由的，或者按照双方当事人和解协议的内容作出裁决的，可以不写明争议事实和裁决理由。仲裁庭有权在裁决中确定当事人履行裁决的具体期限及逾期履行所应承担的责任。

（三）凡约定提交仲裁委员会、或中国（上海）自由贸易试验区仲裁院、或仲裁委员会且在中国（上海）自由贸易试验区仲裁院进行的仲裁案件，裁决书均应加盖仲裁委员会印章。

（四）由三名仲裁员组成的仲裁庭审理的案件，裁决依全体仲裁员或多数仲裁员的意见作出。少数仲裁员的书面意见应当附卷，亦可附在裁决书后，但该书面意见不构成裁决书的组成部分。

（五）仲裁庭不能形成多数意见时，裁决依首席仲裁员的意见作出。其他仲裁员的书面意见应当附卷，亦可附在裁决书后，但该书面意见不构成裁决书的组成部分。

（六）除非裁决依首席仲裁员意见或独任仲裁员意见作出，裁决应由多数仲裁员署名。持有不同意见的仲裁员可在裁决书上署名，也可不署名。

（七）作出裁决书的日期，即为裁决发生法律效力的日期。

（八）裁决是终局的，对双方当事人均有约束力。任何一方当事人均不得向法院起诉，也不得向其他任何机构提出变更仲裁裁决的请求。

第五十六条　友好仲裁的裁决

当事人在仲裁协议中约定，或在仲裁程序中经协商一致书面提出请求的，仲裁庭可以进行友好仲裁。仲裁庭可仅依据公允善良的原则作出裁决，但不得违反法律的强制性规定和社会公共利益。

第五十七条　部分裁决

如果仲裁庭认为必要或者当事人提出请求并经仲裁庭同意的，仲裁庭可在作出最终仲裁裁决之前先行作出部分裁决。任何一方当事人不履行部分裁决的，不影响仲裁程序的进行，也不影响仲裁庭作出最终裁决。

第五十八条　费用承担

（一）仲裁庭有权在裁决书中决定当事人最终应向仲裁委员会支付的仲裁费和其他费用。

（二）仲裁庭有权在裁决书中裁决败诉方应当补偿胜诉方因办理案件而支出的合理费用，作出该裁决时应具体考虑案件的裁决结果、复杂程度、胜诉方当事人及 / 或仲裁代理人的实际工作量以及案件的争议金额等因素。

第五十九条　裁决书草案的核阅

仲裁庭应在签署裁决书之前将裁决书草案提交仲裁委员会核阅。在不影响仲裁庭独立裁决的情况下，仲裁委员会可就裁决书的有关问题提请仲裁庭注意。

第六十条　裁决书的更正

当事人可在收到裁决书之日起 30 日内就裁决书中的书写、打印、计算上的错误或其他类似性质的错误，书面申请仲裁庭作出更正；确有错误的，仲裁庭应在收到书面申请之日起 30 日内作出书面更正。仲裁庭也可在作出裁决书后的合理时间内自行以书面形式作出更正。该书面更正构成裁决书的组成部分。

第六十一条　补充裁决

如果任何一方当事人认为裁决有漏裁事项的，可在收到裁决书之日起 30 日内以书面形式请求仲裁庭就该事项作出补充裁决；确有漏裁事项的，仲裁庭应在收到上述书面申请之日起 30 日内作出补充裁决。仲裁庭也可在作出裁决书后的合理时间内自行作出补充裁决。该补充裁决构成原裁决书的组成部分。

第六十二条　裁决的履行

（一）当事人应当依照裁决书写明的期限履行仲裁裁决；裁决书未写明履

行期限的，应当立即履行。

（二）一方当事人不履行裁决的，另一方当事人可以依法向有管辖权的法院申请执行。

第八章　简易程序

第六十三条　简易程序的适用

（一）除非当事人另有约定，凡争议金额超过人民币 10 万元但不超过人民币 100 万元的，或争议金额超过人民币 100 万元，经一方当事人书面申请并征得另一方当事人书面同意的，适用本简易程序的规定。

（二）没有争议金额或者争议金额不明确的，由仲裁委员会根据案件的复杂程度、涉及利益的大小以及其他有关因素综合考虑决定是否适用简易程序的规定。

第六十四条　仲裁庭的组成

适用简易程序的案件，按照本规则第二十九条的规定组成独任仲裁庭。

第六十五条　答辩和反请求

（一）被申请人应在收到仲裁通知之日起 20 日内，向秘书处提交答辩书并附具其答辩所依据的证据材料、主体资格证明文件及其他证明文件；如被申请人有反请求的，也应在此期限内提交反请求书及有关证明文件。

（二）申请人应在收到反请求书及其附件之日起 20 日内，对被申请人的反请求提交答辩书。

（三）当事人确有正当理由请求延长上述期限的，由仲裁庭决定是否延长此期限，仲裁庭尚未组成的，由秘书处决定。

第六十六条　审理方式

仲裁庭可以按照其认为适当的方式审理案件，可以决定开庭审理，也可以决定仅依据当事人提交的书面材料和证据进行书面审理。

第六十七条　开庭通知

（一）对于开庭审理的案件，仲裁庭确定开庭日期后，秘书处应在开庭前 10 日将开庭日期通知双方当事人。当事人有正当理由的，可以请求延期开庭，但必须在开庭前 5 日向仲裁庭书面提出；是否延期，由仲裁庭决定。

（二）当事人有正当理由未能按本条第（一）款规定的期限提出延期开庭申请的，是否接受其延期申请，由仲裁庭决定。

（三）再次开庭审理日期及延期后开庭审理日期的通知，不受本条第（一）款的限制。

第六十八条　裁决期限

（一）仲裁庭应在组庭之日起 3 个月内作出裁决书。

（二）经仲裁庭请求，仲裁委员会秘书长认为确有正当理由和必要的，可以延长上述期限。

第六十九条　程序变更

（一）仲裁请求的变更、反请求的提出或变更，不影响简易程序的进行。

（二）变更的仲裁请求、提出或变更的反请求所涉及争议的金额超过人民币 100 万元的，除非当事人约定继续适用简易程序，简易程序应变更为本规则第二章至第七章规定的程序。

第七十条　本规则其他条款的适用

本章未规定的事项，适用本规则其他各章的有关规定。

第九章　小额争议程序

第七十一条　小额争议程序的适用

本规则第四条第（三）款所涉案件且争议金额不超过人民币 10 万元的，适用本小额争议程序的规定。

第七十二条　仲裁庭的组成

适用小额争议程序的案件，由仲裁委员会主任指定一名仲裁员组成独任仲裁庭，但当事人另有约定的除外。

第七十三条　答辩和反请求

（一）被申请人应在收到仲裁通知之日起 10 日内，向秘书处提交答辩书，附具其答辩所依据的证据材料、主体资格证明文件及其他证明文件；如被申请人有反请求的，也应在前述期限内提交反请求书及有关证明文件。

（二）申请人应在收到被申请人反请求书及其附件之日起 10 日内向秘书处提交答辩书。

第七十四条　审理方式

仲裁庭可以按照其认为适当的方式审理案件，可以决定开庭审理，也可以决定仅依据当事人提交的书面材料和证据进行书面审理。

第七十五条　开庭通知

（一）对于开庭审理的案件，仲裁庭确定开庭日期后，秘书处应在开庭前 7 日将开庭日期通知双方当事人。当事人有正当理由的，可以请求延期开庭，但必须在开庭前 5 日向仲裁庭书面提出；是否延期，由仲裁庭决定。

（二）当事人有正当理由未能按本条第（一）款规定的期限提出延期开庭申请的，是否接受其延期申请，由仲裁庭决定。

（三）再次开庭审理日期及延期后开庭审理日期的通知，不受本条第（一）款的限制。

第七十六条　裁决期限

（一）仲裁庭应在组庭之日起 45 日内作出裁决书。

（二）经仲裁庭请求，仲裁委员会秘书长认为确有正当理由和必要的，可以延长上述期限。

第七十七条　程序变更

（一）仲裁请求的变更、反请求的提出或变更，不影响小额争议程序的进行。

（二）变更的仲裁请求、提出或变更的反请求所涉及争议的金额超过人民币 10 万元但未超过人民币 100 万元的，除非当事人约定继续适用小额争议程序，小额争议程序应当变更为简易程序。

（三）变更的仲裁请求、提出或变更的反请求所涉及争议的金额超过人民币 100 万元的，除非当事人约定继续适用小额争议程序，小额争议程序应当变更为本规则第二章至第七章规定的程序。

第七十八条　本规则其他条款的适用

本章未规定的事项，适用本规则其他相关规定。

第十章 附 则

第七十九条 仲裁语言

（一）当事人对仲裁语言有约定的，从其约定。当事人没有约定的，以中文为仲裁语言，但仲裁庭在适当考虑仲裁协议或争议所涉合同使用的语言，以及案件的其他具体情形且征得双方当事人同意后，可以决定以其他语言为仲裁语言。

（二）仲裁庭开庭时，如果当事人或其仲裁代理人、证人需要翻译人员的，可以委托秘书处聘请，也可由当事人自行安排。

（三）当事人提交的各种文书和证明材料，仲裁庭及/或秘书处认为必要时，可以要求当事人提供相应的中文译本或其他语言译本。

第八十条 送达

（一）除非当事人另有约定，有关仲裁的文书、通知、材料等均可以当面送达或以邮寄、专递、传真、电传、电报或秘书处认为适当的其他方式发送给当事人及/或其仲裁代理人。

（二）向一方当事人及/或其仲裁代理人发送的有关仲裁的文书、通知、材料等，如经当面递交或投递至营业地、注册地、住所地、惯常居住地或通讯地址，或者经对方当事人合理查询不能找到上述任一地点，秘书处以挂号信或能提供投递记录的其他任何手段投递给受送达人最后一个为人所知的营业地、注册地、住所地、惯常居住地或通讯地址，即视为已经送达。

第八十一条 期限

（一）本规则规定的期限或者根据本规则确定的期限，应自期限开始之次日起算。期限开始之日，不计算在期限内。

（二）如果期限开始之次日为送达地公共假日或者非工作日，则从其后的第一个工作日开始计算。期限内的公共假日和非工作日应计算在期限内。期限届满日是公共假日或者非工作日的，以其后的第一个工作日为期限届满日。

第八十二条 仲裁费用及实际费用

（一）仲裁委员会除按照所附的仲裁费用表的规定向当事人收取仲裁费外，可向当事人收取其他额外的、合理的实际开支费用，包括仲裁员办理案件的特殊报酬、差旅费、食宿费，以及仲裁庭聘请专家、鉴定人和翻译人员等的费用。

（二）当事人约定在仲裁委员会所在地之外开庭的，应预缴因此而发生的差旅费、食宿费等必要费用。在规定的期限内未预缴此必要费用的，则在仲裁委员会所在地开庭。

第八十三条　规则的解释

（一）本规则由仲裁委员会负责解释。

（二）本规则条文标题不用于解释条文含义。

（三）除非另有声明，仲裁委员会发布的其他文件不构成本规则的组成部分。

第八十四条　规则的正式文本

仲裁委员会公布的本规则的中文、英文以及其他语言文本，均为正式文本。不同文本的表述不一致的，以中文文本为准。

第八十五条　规则的施行

本规则自 2014 年 5 月 1 日起施行。在本规则施行前仲裁委员会受理的案件，仍适用受理案件时适用的仲裁规则。

对外投资篇

国务院关于改进口岸工作支持外贸发展的若干意见

（国发〔2015〕16号　2015年4月1日）

各省、自治区、直辖市人民政府，国务院各部委、各直属机构：

口岸是国家对外开放的门户，是对外交往和经贸合作的桥梁，是国家安全的重要屏障。改革开放30多年来，口岸快速发展，对我国改革开放和现代化建设产生了广泛而深刻的影响。当前，我国改革进入攻坚期和深水区，经济发展进入新常态，对外开放步入新阶段，这些都对口岸工作提出了新的更高要求。为适应新形势新要求，推动外贸稳定增长和转型升级，促进经济平稳健康发展，按照党中央、国务院的决策部署，现就改进口岸工作、支持外贸发展提出如下意见：

一、优化口岸服务，促进外贸稳定增长

（一）加大简政放权力度

在现有基础上再取消下放一批涉及口岸通关及进出口环节的行政审批事项，全部取消非行政许可审批。建立规范口岸相关部门行政审批的管理制度。严格控制新设行政审批事项，不得违法设定或变相设定审批。明确审查标准，承诺办理时限，不得违法提高审批门槛、延长审批时限。健全完善行政审批制度改革配套管理制度，优化内部核批程序，减少审核环节，在改进服务、高效便民的同时做到放管结合，加强事中事后监管。研究探索实行联合审批、并联审批。尽快制定公布权力清单和责任清单。规范并发挥口岸相关行业协会作用，促进口岸通关中介服务市场健康发展。

（二）改进口岸通关服务

加强口岸执法政务公开的系统性、及时性，进一步规范和公布通关作业

时限。推进口岸监管方式创新，通过属地管理、前置服务、后续核查等方式将口岸通关现场非必要的执法作业前推后移，把口岸通关现场执法减到最低限度。对企业实施分类管理，拓宽企业集中申报、提前申报范围，支持企业扩大出口、增加进口。完善查验办法，增强查验针对性和有效性。提高非侵入、非干扰式检查检验比例。对查验没有问题的免除企业吊装、移位、仓储等费用，此类费用由中央财政负担。同时，加大对有问题企业的处罚力度。对“走出去”企业在国外生产加工的符合我国要求的产品进口，予以通关便利。

（三）清理规范收费

坚决取缔进出口环节违规设立的行政事业性收费，进一步规范进出口环节经营服务性收费，切实减轻外贸企业负担。对依法合规设立的进出口环节行政事业性收费、政府性基金以及实施政府定价或指导价的经营服务性收费实行目录清单管理，未列入清单的一律按乱收费查处。对征收对象相同、计征方式相似、使用范围相近的收费项目予以归并，适当降低收费标准。厘清各类电子商务平台边界，属于政府投入的免费向社会开放，属于市场化增值服务的放开资质要求，鼓励多元化投入。清理整顿报关、报检、货代、船代、港口服务等环节收费，坚决取缔依托行政机关、依靠行政权力提供强制服务、不具备资质、只收费不服务的“红顶中介”。协调毗邻国家公布进出境环节各类收费的项目、标准和依据。

（四）推进通关作业无纸化

优化报关单随附单证传输方式，提高企业申报效率，节约报关成本。加快推进税费电子数据联网进程，取消纸质税单，实现税单无纸化。进一步完善和优化联网核查管理，逐步取消人工验核纸质单证，加快推进监管证件无纸化进程。研究取消纸质出口货物报关单（出口退税专用），税务部门可凭海关电子数据为企业办理出口退税手续，提高企业出口退税速度。

二、加强口岸建设，推动外贸转型升级

（五）加强口岸基础设施建设

以共享共用为目标，整合口岸监管设施资源和查验场地。尽快制定口

岸查验设施建设标准。研究规范口岸查验设施建设、改造、运行维护等资金管理，进一步明确资金来源渠道，加大资金投入力度。规范国家对外开放口岸查验设施建设改造中央基建投资补助申请渠道。利用多种资金渠道，加强边境口岸改造及查验设施建设，改善边境口岸通行条件。统筹使用援外资金，对国际运输大通道所涉及毗邻国家口岸基础和查验设施建设的援助优先予以安排，确保我与毗邻国家边境口岸通行能力相当以及跨境基础设施互联互通。

（六）积极推进国际贸易“单一窗口”建设

依托电子口岸公共平台，推进国际贸易“单一窗口”建设，加快推进形成电子口岸跨部门共建、共管、共享机制。推动“单一窗口”共享数据标准化，完善和拓展“单一窗口”的应用功能，进一步优化口岸监管执法流程和通关流程。按照2015年底在沿海口岸、2017年在全国所有口岸建成“单一窗口”的目标，加快推广上海自贸试验区“单一窗口”建设试点经验，条件成熟的地区可探索建立与区域发展战略相适应的“单一窗口”。同时，加强风险分析和综合研判，推动监控指挥、全程可视化物流监控体系建设。推进出入境证件电子化，推广旅客自助式通关系统和车辆“一站式”电子验放系统。

（七）支持新型贸易业态和平台发展

支持跨境电子商务综合试验区建设，建立和完善跨境电子商务通关管理系统和质量安全监管系统，为大众创业、万众创新提供更为宽松、便捷的发展环境，取得经验后，逐步扩大综合试点范围。加快出台促进跨境电子商务健康快速发展的指导意见，支持企业运用跨境电子商务开拓国际市场，按照公平竞争原则开展并扩大跨境电子商务进口业务。进一步完善相关政策，创新监管方式，扩大市场采购贸易试点范围，推动外贸综合服务企业加快发展，支持扩大外贸出口。

（八）推进海关特殊监管区域制度创新

加强口岸与海关特殊监管区域联动发展，加快复制推广自贸试验区及海关特殊监管区域试点成熟的创新制度措施。规范、完善海关特殊监管区域税收政策，为区内企业参与国内市场创造公平竞争的政策环境。总结苏州、重庆贸易多元化试点经验，适时研究扩大试点。在上海自贸试验区的海关特殊监管区域内，积极推进内销选择性征收关税政策先行先试，统筹研究推进货物状态分类监管试点。充分发挥海关特殊监管区域辐射带动作用，推动区域产业升级，继续引导加工贸易向中西部地区转移，鼓励加工贸易企业向海关特殊监管区域集中。促进与加工贸易相关联的销售、结算、物流、检测、维修和研发等生产性服务业有序发展。

（九）支持地方依托口岸发展经济

依托口岸优势，建设海关特殊监管区域、边境经济合作区、跨境经济合作区及现代物流园区等平台和载体，打造集综合加工、商贸流通、现代物流、文化旅游等于一体的口岸经济增长极。推进内陆与沿海沿边口岸之间的物流合作和联动发展，发展国际物流，构建集仓储、运输、加工为一体的现代物流体系。配合国家产业政策，增设整车、药品等进口口岸。在有条件的口岸支持建设检验检疫指定口岸。完善免税店政策，优化口岸免税店空间布局，促进免税业务健康发展。规范边民互市贸易，支持边境地区发展特色优势产业，促进边贸与产业互促互动。继续发挥边境贸易资源能源通道作用，支持边境贸易企业参与大宗资源能源产品经营。

三、深化口岸协作，改善外贸发展环境

（十）创新大通关协作机制和模式

统筹推进全国一体化通关改革，实现全国海关报关、征税、查验、放行通关全流程的一体化作业，推动检验检疫一体化，实现通报、通检、通放。在京津冀、长江经济带和广东地区区域通关一体化先行先试基础上，加快跨行政区域、跨部门口岸大通关建设步伐。建立健全中欧班列等便捷通关协作机制，创新多式联运监管体系。促进粤港澳口岸通关事务合作，加强口岸跨

境重大基础设施建设项目的沟通协调，完善粤港、粤澳口岸联络协作机制，密切粤港澳人员和经贸往来。创新珠澳口岸查验机制和通关模式。

（十一）加强口岸执法协作

加快实现信息互换、监管互认、执法互助，扩大联合执法、联合查验范围。进一步优化监管执法流程，逐步由“串联执法”转为“并联执法”。在全面实施关检合作“三个一”（一次申报、一次查验、一次放行）的基础上，逐步向“单一窗口”转变，实现口岸相关部门信息共享共用。探索对进出境运输工具、货物实施“联合查验、一次放行”等通关新模式，减少重复查验。

（十二）促进与周边国家口岸互联互通

积极推动双边和多边口岸国际合作交流，加快加入国际便利运输公约等谈判进程，构建国际运输大通道多国跨区域口岸通关和便利运输协作机制。将边境口岸合作事务纳入与邻国签署的共建“一带一路”合作备忘录等协议，与毗邻国家围绕重点口岸开展合作。建立健全我与毗邻国家口岸合作机制，加强双边在口岸对等设立、工作制度、安全防范、便利通关和基础设施建设等方面的沟通与协作。支持边境口岸地方政府、口岸查验机构与毗邻国家对应政府和机构开展交流协作，协调解决通关中存在的问题。选择部分条件较好的边境口岸开展查验监管模式创新的国际合作，研究实施“一地两检”、“绿色通道”、“联合监管”等措施，推动陆路边境口岸提升通行能力和通关效率。

（十三）保障口岸安全畅通

建立健全口岸突发事件应急联动机制和处置预案，明确任务分工，落实安全防控措施。加大对口岸查验及安防设备等硬件的投入，提高查验监管科技水平和疫病疫情防控能力。口岸查验各部门要加强联防联控，及时交换相关情报信息，推动在防控暴恐、应对突发事件、打击走私、打击骗退税、查处逃避检验检疫、反偷渡和制止不安全产品及假冒伪劣商品进出境等方面的合作，提高口岸整体安防管控水平，确保口岸运行安全、高效、畅通。

四、扩大口岸开放，提升对外开放水平

（十四）扩大内陆地区口岸对外开放

完善“一带一路”内陆地区口岸支点布局，支持在国际铁路货物运输沿线主要站点和重要内河港口合理设立直接办理货物进出境手续的查验场所。支持内陆航空口岸增开国际客货运航线、航班。在符合条件的地方扩大旅客联程中转、口岸签证和过境免签政策试点口岸范围。发展江海、铁水、陆航等多式联运，允许运输工具、货物换装和集拼，实现多式联运一次申报、指运地（出境地）一次查验，对换装地不改变施封状态的予以直接放行，加快形成横贯东中西、联结南北方的对外经济贸易走廊。

（十五）加快沿边地区口岸开放步伐

将沿边重点开发开放试验区、边境经济合作区、跨境经济合作区建成我与周边合作的重要平台，允许沿边重点口岸、边境城市、经济合作区在人员往来、加工物流、旅游等方面实施特殊方式和政策。有序推动边境口岸的对等设立和扩大开放，加快建设丝绸之路经济带重要开放门户和跨境通道。支持边境地区完善口岸功能，推进边境口岸城镇化建设，促进城镇、产业与口岸经济协同可持续发展。研究制定边民通道管理办法，规范云南、广西等省区边民通道管理，支持“一口岸多通道”监管模式创新。

（十六）提升沿海地区口岸开放水平

推进 21 世纪海上丝绸之路建设所涉港口对外开放，支持上海、广东、天津、福建等自贸试验区范围内港口、机场的开放和建设。统筹规划、有序开发利用沿海对外开放的港口码头和岸线资源，实现同一经济区域内口岸合理布局、错位发展、优势互补。按照长三角、珠三角、环渤海、北部湾等区域经济协同发展需求，在沿海地区形成若干具有较强国际竞争力的枢纽型水运、航空口岸和区域口岸集群。

五、夯实口岸基础，提高服务经济社会发展能力

（十七）创新口岸开放管理机制

加强口岸运量统计、通关效率和发展状况监测分析，科学预测中远期客货运量，为口岸的开放布局、优化整合、投资建设等提供数据支撑。实施口岸动态管理，制定口岸准入退出管理办法，整合或关闭开放后长期无通关业务和业务量小、国家批准后长期不开放的口岸。推行口岸分级管理，根据口岸的功能定位、客货运量，探索实施国际枢纽口岸、国家重要口岸和地区普通口岸三级管理方式，在扩大开放、建设投入、功能扩展、通关模式和人力资源配置等方面实行差别化措施。优化整合、规范管理内陆无水港、监管点和车辆检查场等查验场所。

（十八）优化口岸开放工作流程

深入研究新形势下口岸的功能定位，科学论证经济社会发展对口岸工作的需求，准确评估全国口岸布局状况，研究制定国家“十三五”口岸发展规划。由省、自治区、直辖市人民政府按照国家口岸发展规划和口岸开放有关要求，按程序提出口岸开放申请，涉及口岸查验机构设置和人员编制、国家基建投资补助及军事设施保护措施等，统一由国家口岸管理部门会商中央编办、国务院相关部门和总参谋部研究确定。健全口岸开放审批会商机制，明确各环节办理时限，加强有关信息沟通，提高口岸开放审批效率。完善口岸开放验收的标准、条件和工作规程。完善临时开放口岸管理办法，根据需求适当延长临时开放期限。

（十九）优化口岸查验人力资源配置

按照“总量控制、动态调整”原则，健全查验机构设置、人员编制的调配机制，促进系统内编制的挖潜调剂与优化配置。进一步优化查验流程、整合内设机构，合理设置工作岗位，推行口岸查验机构扁平化管理模式，加大人员向执法一线倾斜力度。通过深化改革、简政放权、改进管理、创新监管，进一步提高查验机构工作效能。深入开展窗口建设、行风治理。以外树形象、

内强素质为重点，加强队伍建设，努力打造文明、公正、廉洁的高素质口岸查验队伍。

（二十）完善通关法治体系建设

抓紧出台口岸工作条例。推动适时修订完善与口岸执法相关的法律法规。建立健全口岸开放、建设、运行等方面的规章制度。加快建设企业诚信体系，建立健全企业信用评价档案。制定完善查验机构执法服务规范和标准，营造稳定、透明、可预期的执法服务和营商环境。

六、加强对口岸工作的组织领导

（二十一）加强组织领导和工作协调

充分发挥国务院口岸工作部际联席会议制度的作用，协调解决全国口岸改革发展中的重大问题，研究确定并推进实施口岸重大改革方案和政策措施，推进口岸通关中各部门的协作配合。国务院口岸工作部际联席会议统一承担全国及各地方电子口岸建设业务指导和综合协调职责。国家口岸管理部门要加强政策研究和协调，会同有关部门制定联席会议工作规则，完善工作机制，加强督促落实。

（二十二）强化地方政府责任

各省、自治区、直辖市人民政府要制定落实国家口岸发展规划的配套措施，结合本地实际进一步完善口岸工作制度，统筹规划口岸发展。县级以上地方人民政府要进一步加强对本地区口岸工作的领导，建立健全口岸工作综合协调机制，完善口岸基础设施，强化口岸综合治理，推进跨区域口岸合作和大通关建设，做好口岸服务保障工作，确保口岸安全高效运行。

国务院

2015 年 4 月 1 日

国务院关于发布政府核准的投资项目目录（2014 年本）的通知

（国发〔2014〕53 号　2014 年 10 月 31 日）

各省、自治区、直辖市人民政府，国务院各部委、各直属机构：

为进一步深化投资体制改革和行政审批制度改革，加大简政放权力度，切实转变政府投资管理职能，使市场在资源配置中起决定性作用，确立企业投资主体地位，更好发挥政府作用，加强和改进宏观调控，现发布《政府核准的投资项目目录（2014 年本）》，并就有关事项通知如下：

一、企业投资建设本目录内的固定资产投资项目，须按照规定报送有关项目核准机关核准。企业投资建设本目录外的项目，实行备案管理。事业单位、社会团体等投资建设的项目，按照本目录执行。

原油、天然气开发项目由具有开采权的企业自行决定，并报国务院行业管理部门备案。具有开采权的相关企业应依据相关法律法规，坚持统筹规划，合理开发利用资源，避免资源无序开采。

二、法律、行政法规和国家制定的发展规划、产业政策、总量控制目标、技术政策、准入标准、用地政策、环保政策、信贷政策等是企业开展项目前期工作的重要依据，是项目核准机关和国土资源、环境保护、城乡规划、行业管理等部门以及金融机构对项目进行审查的依据。环境保护部门应根据项目对环境的影响程度实行分级分类管理，对环境影响大、环境风险高的项目严格环评审批，并强化事中事后监管。

三、对于钢铁、电解铝、水泥、平板玻璃、船舶等产能严重过剩行业的项目，要严格执行《国务院关于化解产能严重过剩矛盾的指导意见》（国发〔2013〕41 号），各地方、各部门不得以其他任何名义、任何方式备案新增产能项目，各相关部门和机构不得办理土地（海域）供应、能评、环评审批和新增授信支持等相关业务，并合力推进化解产能严重过剩矛盾各项工作。

四、项目核准机关要改进完善管理办法，切实提高行政效能，认真履行核准职责，严格按照规定权限、程序和时限等要求进行审查。监管重心要与核准、备案权限同步下移，地方政府要切实履行监管职责。有关部门要密切配合，按照职责分工，相应改进管理办法，依法加强对投资活动的监管。对不符合法律法规规定以及未按规定权限和程序核准或者备案的项目，有关部门不得办理相关手续，金融机构不得提供信贷支持。

五、按照规定由国务院核准的项目，由发展改革委审核后报国务院核准。按照规定报国务院备案的项目，由发展改革委核准后报国务院备案。核报国务院核准的项目、国务院投资主管部门核准的项目，事前须征求国务院行业管理部门的意见。由地方政府核准的项目，省级政府可以根据本地实际情况具体划分地方各级政府的核准权限。由省级政府核准的项目，核准权限不得下放。

六、法律、行政法规和国家有专门规定的，按照有关规定执行。商务主管部门按国家有关规定对外商投资企业的设立和变更、国内企业在境外投资开办企业（金融企业除外）进行审核或备案管理。

七、本目录自发布之日起执行，《政府核准的投资项目目录（2013 年本）》即行废止。

国务院

2014 年 10 月 31 日

（此件公开发布）

国务院办公厅关于进一步加强贸易政策合规工作的通知

（国务院办公厅 2014年6月9日）

各省、自治区、直辖市人民政府，国务院各部委、各直属机构：

为贯彻落实党的十八届三中全会精神，加快构建开放型经济新体制，坚持世界贸易体制规则，经国务院批准，现就进一步加强贸易政策合规工作通知如下：

一、本通知所称贸易政策，是指国务院各部门、地方各级人民政府及其部门制定的有关或影响货物贸易、服务贸易以及与贸易有关的知识产权的规章、规范性文件和其他政策措施，不包括针对特定的行政管理对象实施的具体行政行为。

二、本通知所称合规，是指上述贸易政策应当符合《世界贸易组织协定》及其附件和后续协定、《中华人民共和国加入议定书》和《中国加入工作组报告书》。

三、商务部负责接收世界贸易组织成员对国务院各部门、地方各级人民政府及其部门制定的贸易政策提出的书面意见，并组织做好以下工作：

（一）涉及国务院有关部门制定的贸易政策，由商务部商有关部门研究提出合规性书面意见，抄送国务院法制办公室，有关部门做好相关后续工作。

（二）涉及地方人民政府及其部门制定的贸易政策，由商务部商有关部门提出合规性书面意见，并告知有关省、自治区、直辖市人民政府，抄送国务院法制办公室，有关地方人民政府做好相关后续工作。

四、国务院各部门应在拟定贸易政策的过程中进行合规性评估，并在正式发布时将政策文本抄送商务部（中国政府世界贸易组织通报咨询局）。

国务院各部门拟定的贸易政策，有下列情形之一的，如政策制定部门认为有必要，应在按有关程序报送审查或自行发布之前就是否合规征求商务部的意见：

（一）涉及与《世界贸易组织协定》等国际经贸条约、协定之间衔接的；

（二）可能对贸易产生重要影响的。

商务部应在收到征求意见稿之日起 7 个工作日内，对政策措施提出书面意见，特殊情况可适当延长。

各省、自治区、直辖市人民政府参照上述程序组织开展本地区的相关工作，抓紧制定具体措施，并指定商务主管部门或有关机构具体负责。

五、商务部可就落实本通知要求会同有关部门制定具体办法。

六、各地区、各部门要高度重视贸易政策合规工作，不断提高国际贸易规则意识，认真落实本通知各项要求，加大干部国际贸易规则培训力度。

国务院办公厅

2014 年 6 月 9 日

（此件公开发布）

附件

可能影响贸易的政策措施

一、直接影响进口的政策措施

1. 海关程序、估价和原产地规则。
2. 关税。
3. 影响进口的间接税。
4. 进口禁令和许可。
5. 国营贸易。
6. 贸易救济。
7. 标准和其他技术要求。
8. 与进口有关的融资政策。

二、直接影响出口的政策措施

9. 出口税。
10. 出口退税。
11. 加工贸易税收减让。
12. 出口禁止、限制和许可。
13. 国营贸易。
14. 与出口有关的融资、保险和担保政策。
15. 促进和营销支持措施。

三、其他影响贸易的政策措施

16. 税收优惠政策。

17. 补贴和其他政府支持。

18. 涉及贸易的产业政策。

19. 价格管制。

20. 竞争政策和消费者保护政策。

21. 与贸易有关的知识产权政策。

22. 与贸易有关的投资政策。

23. 与服务部门市场准入有关的政策。

24. 与服务部门国民待遇有关的政策。

25. 其他影响贸易的政策。

国务院办公厅关于支持外贸稳定增长的若干意见

（国办发〔2014〕19号　2014年5月4日）

各省、自治区、直辖市人民政府，国务院各部委、各直属机构：

目前外贸形势复杂严峻，实现全年预期目标需要付出艰苦努力。为支持外贸稳定增长，经国务院批准，现提出如下意见：

一、着力优化外贸结构

（一）进一步加强进口

继续深化外贸管理体制改革，进一步减少自动进口许可货物种类。加快培育国家进口贸易促进创新示范区，充分发挥进口贸易集聚区对扩大进口的示范和带动作用。积极支持数字化、智能化等先进技术设备、关键零部件进口。扩大国内短缺资源进口，合理增加与群众生活密切相关、必要的一般消费品进口。结合淘汰落后产能，赋予符合条件的原油加工企业原油进口和使用资质，扩大原油进口渠道。加快实施自贸区战略。（商务部、发展改革委、工业和信息化部、财政部、农业部、海关总署、税务总局、质检总局负责）

（二）保持货物贸易稳定增长

做强一般贸易，提高一般贸易在货物贸易中的比重，稳定传统优势产品出口，支持拥有知识产权、品牌、营销网络、高技术含量、高附加值、高效益的产品出口。提升加工贸易，修订加工贸易禁止类和限制类商品目录，完善加工贸易政策，创新加工贸易模式，加大加工贸易梯度转移力度，形成沿海地区转型升级、内陆地区有序承接的新格局。发展其他贸易，扩大边境贸

易。（商务部、海关总署负责）

（三）支持服务贸易发展

充分利用现有专项资金政策，加大对服务贸易发展的支持。逐步扩大服务进口。结合“营改增”改革范围的扩大，对服务出口实行零税率或免税，鼓励服务出口。鼓励政策性金融机构在业务范围内加大对服务贸易扶持力度，支持服务贸易重点项目建设。建立和完善与服务贸易特点相适应的口岸通关管理模式。（商务部、财政部、海关总署、税务总局负责）

（四）发挥“走出去”的贸易促进作用

加快推进与周边国家互联互通基础设施建设。推动境外经贸合作区建设。鼓励企业采取绿地投资、企业并购等方式到境外投资，促进部分产业向境外转移。采取综合措施，支持企业开展重大项目国际合作和工程承包，带动中国装备、材料、产品、标准、技术、服务“走出去”。支持企业开展境外品牌、技术和生产线等并购，提高国际竞争力。（商务部、发展改革委负责）

二、进一步改善外贸环境

（五）提高贸易便利化水平

进一步优化监管方式方法，提高海关查验的针对性和有效性，推动区域性通关一体化试点，推行通关作业无纸化，加快通关速度。加快电子口岸建设，实行国际贸易“单一窗口”受理，全面推进“一次申报、一次查验、一次放行”，实现口岸部门和地方政府信息共享。进一步减少行政审批项目，简化程序，减少出口商品检验的商品种类。整顿和规范进出口环节经营性服务和收费，减轻企业负担。（商务部、海关总署、质检总局、财政部、发展改革委负责）

（六）规范进出口经营秩序

充分发挥行业协会的预警、组织、协调作用，加强行业自律，规范企业行为，防止恶性竞争，努力营造国际化、法治化的营商环境。建立外贸企业

信用记录数据库，惩戒失信，打击欺诈，促进外贸企业诚信体系建设。（商务部、发展改革委负责）

（七）加强贸易摩擦应对

积极支持企业应对反倾销、反补贴调查。加强贸易摩擦应对工作队伍建设，充分发挥经济贸易、国际法律专家的作用。加强贸易摩擦应对工作总体协调和部门合作，努力减轻贸易摩擦对我企业发展国际贸易的消极影响。完善贸易救济立法，依法开展贸易救济调查。（商务部负责）

三、强化政策保障

（八）进一步完善人民币汇率市场化形成机制

进一步发挥市场在人民币汇率形成中的作用，增强人民币汇率双向浮动弹性，保持人民币汇率在合理均衡水平上的基本稳定。鼓励金融机构开发适应实体经济发展需要的避险产品，帮助企业有效规避汇率风险。（人民银行负责）

（九）推进跨境贸易人民币结算

扩大跨境人民币结算规模，加快推进人民币在跨境贸易和投资中的使用，推动人民币对其他货币直接交易市场发展，更好地为跨境贸易人民币结算服务。（人民银行负责）

（十）改善融资服务

进一步拓宽进出口企业融资渠道，鼓励商业银行开展进出口信贷业务。按照风险可控、商业可持续原则，积极创新金融产品和服务，继续开展出口信用保险保单融资，加大对有订单、有效益外贸企业的金融支持。积极发展融资租赁。完善中资金融机构全球授信管理，加强与重点行业出口企业合作，稳步将供应链融资延伸到境外。（人民银行、发展改革委、财政部、银监会、商务部、外汇局负责）

（十一）加大出口信用保险支持

扩大出口信用保险规模和覆盖面，加大对品牌产品、服务贸易、国际营销网络和小微企业的支持力度。鼓励保险公司扩大短期出口信用保险业务，进一步增加短期出口信用保险经营主体。在风险可控的前提下，对大型成套设备出口融资应保尽保；发挥外汇储备委托贷款平台等作用，采取有效措施降低大型成套设备出口融资成本。（财政部、商务部、外汇局负责）

（十二）完善出口退税政策

加大中央财政对出口退税负担较重地区的补助力度，进一步加快出口退税进度，确保及时足额退税。适时扩大融资租赁货物出口退税试点范围。同时，加大打击骗退税力度。（财政部、商务部、发展改革委、工业和信息化部、海关总署、税务总局负责）

四、增强外贸企业竞争力

（十三）支持各类外贸企业发展

加快外贸生产基地建设，推动外贸发展方式的转变。支持外贸综合服务企业发展，为小微企业出口提供专业化服务。支持民营、中小外贸企业发展。引导外贸企业结构调整、兼并重组、提质增效，加快形成有核心竞争力的跨国企业集团。（商务部、工业和信息化部、发展改革委、财政部、海关总署、税务总局、质检总局、外汇局负责）

（十四）创新和完善多种贸易平台

加快国际展会、电子商务、内外贸结合商品市场等贸易平台建设。扩大“市场采购”方式试点范围。出台跨境电子商务贸易便利化措施。鼓励企业在海外设立批发展示中心、商品市场、专卖店、“海外仓”等各类国际营销网络。（商务部、发展改革委、财政部、海关总署、税务总局、质检总局、外汇局负责）

五、加强组织领导

（十五）进一步提高认识

外贸发展不仅对稳增长、保就业至关重要，而且有利于促进中国经济与世界经济深度融合。各地区、各部门要全面准确地把握外贸形势，兼顾当前和长远，采取果断有力措施，激发市场主体活力，提振外贸企业信心，促进进出口平稳增长。

（十六）抓好政策措施落实

地方各级人民政府、各部门要高度重视外贸工作，顾全大局，积极作为。坚持深化改革、扩大开放，进一步转变职能、简政放权，强化服务意识，提高对外贸企业特别是小微企业的服务水平。地方各级人民政府要根据形势需要和本地实际，出台有针对性的配套措施，形成政策合力。各相关部门要根据本意见抓紧制定具体工作方案，明确时限要求。商务部要派出工作组，宣讲政策，加强指导，督促检查，确保各项政策措施落实到位。

国务院办公厅

2014 年 5 月 4 日

（此件公开发布）

国家卫生和计划生育委员会、商务部关于开展设立外资独资医院试点工作的通知

（国卫医函〔2014〕244 号　2014 年 7 月 25 日）

北京市、天津市、上海市、江苏省、福建省、广东省、海南省卫生计生委、商务主管部门：

为推进健康服务业发展，更好地满足人民群众医疗服务需求，根据《中共中央关于全面深化改革若干重大问题的决定》和《国务院关于促进健康服务业发展的若干意见》(国发〔2013〕40 号）精神，决定在北京等 7 省（市）开展设立外资独资医院试点工作。现就有关事项通知如下：

一、试点范围

从本通知印发之日起，允许境外投资者通过新设或并购的方式在北京市、天津市、上海市、江苏省、福建省、广东省、海南省设立外资独资医院。除香港、澳门和台湾投资者外，其他境外投资者不得在上述省（市）设置中医类医院。

二、设置要求

（一）申请设立外资独资医院的境外投资者应是能够独立承担民事责任的法人，具有直接或间接从事医疗卫生投资与管理的经验，并符合下列要求之一：

1. 能够提供国际先进的医院管理理念、管理模式和服务模式；

2. 能够提供具有国际领先水平的医学技术和设备；

3. 可以补充或改善当地在医疗服务能力、医疗技术、资金和医疗设施方面的不足。

（二）拟申请设立的外资独资医院应当符合国家制定的医疗机构基本标准。没有国家标准的，执行《卫生部关于专科医院设置审批管理有关规定的通知》（卫医政发〔2011〕87 号）。

（三）外资独资医院的设置审批权限下放到省级。申请设置外资独资医院的境外投资者应向拟设置外资独资医院所在地设区的市级卫生计生行政部门（含中医药管理部门，下同）提出申请，设区的市级卫生计生行政部门提出初审意见，报省级卫生计生行政部门审批。省级商务主管部门凭省级卫生计生行政部门的行政许可，依据外商投资法律法规进行外资独资医院设立的审批工作。

（四）外资独资医院的设立和变更应按照《医疗机构管理条例》、《医疗机构管理条例实施细则》和《外商投资商业领域管理办法》规定的程序和要求办理。

（五）设立外资独资医院还应符合试点省（市）省级卫生计生行政部门及商务主管部门规定的其他条件和要求。

三、组织实施

（一）省级卫生计生行政部门和商务主管部门要按照逐步开放、风险可控的原则，自行制定本省（市）设立外资独资医院的试点实施方案，并在各自职责范围内负责本行政区域内外资独资医院的审批和日常监督管理工作。试点实施方案在执行前需抄报国家卫生计生委和商务部。

（二）设立外资独资医院必须遵守国家有关法律、法规和规章，包括执行临床诊疗常规和技术规范，执行医疗技术准入的规章制度等相关规定，加强医疗质量管理，保障医疗安全。

（三）试点省（市）卫生计生行政部门要依法依规对外资独资医院实施监督管理，并按照医疗机构执业登记信息管理的有关要求，做好数据的报送工作。

试点中遇到的问题，请及时联系国家卫生计生委和商务部。

联 系 人：国家卫生计生委医政医管局　高勇

电　　话：010-68792824

传　　真：010-68791871

邮　　箱：yiliaojigouchu@163.com

联 系 人：商务部外资司　孙笑宇

电　　话：010-65197327

传　　真：010-65197396

邮　　箱：fuwuyechu-wz@163.com

国家卫生计生委　商务部

2014 年 7 月 25 日

国家发展改革委办公厅关于启用全国境外投资项目备案管理网络系统的通知

（发改办外资〔2014〕1386号　2014年6月22日）

各省、自治区、直辖市及计划单列市、新疆生产建设兵团发展改革委，各中央管理企业：

为进一步提高境外投资项目备案的便利化，我委开发建设了“全国境外投资项目备案管理网络系统”（以下简称“备案系统”），自即日起启动运行。现就有关事项通知如下：

一、《境外投资项目核准和备案管理办法》（国家发展改革委令第9号）规定实行备案管理的境外投资项目，原则上均通过备案系统进行申报。

二、备案系统部署在互联网上，可通过国家发展改革委门户网站（www.ndrc.gov.cn）的“政务服务中心”–“网上办事”栏目中的“全国境外投资项目备案管理网络系统”进行访问。

三、各省级发展改革部门的用户名和初始密码已由备案系统预先设置。请各省级发展改革部门通过正式工作邮箱向备案系统专用邮箱jwtz@ndrc.gov.cn发送邮件索取用户名和初始密码。

四、各类企业的用户名和密码需通过备案系统注册申请。中央企业的用户注册申请由国家发展改革委受理，地方企业的用户注册申请由省级发展改革部门受理。

五、各类企业在获得用户名和密码后登录备案系统，填报境外投资项目备案表，并按要求上传相关附件。备案系统会根据填报的企业类型、注册地和项目中方投资额等信息，自动分送国家发展改革委或相关省级发展改革部门受理。原则上，各类企业不必另行报送纸质备案申请材料。

六、各省级发展改革部门和各类企业要及时登录备案系统查看项目审核进展。对填报材料不符要求的，备案系统会发送通知要求补齐补正；对已通过或未通过审核的，备案系统会发送通知告知结果。对于通过备案审核的项目，国家发展改革委或省级发展改革部门将出具纸质《项目备案通知书》。

七、各省级发展改革部门要在项目完成备案审核后及时下载项目备案申请材料，我委随后将在备案系统中删除该项材料。

八、出于商业机密的考虑，允许企业不通过备案系统申报项目备案，可以纸质文件办理项目备案手续。

九、备案系统使用过程中若发现重要情况和问题，请径向我委外资司反映。联系人：张焕腾，电话：010-68501670。

国家发展改革委办公厅

2014 年 6 月 22 日

国家发展改革委办公厅关于印发境外投资项目核准文件格式文本的通知

（发改办外资〔2014〕1329号　2014年6月13日）

各省、自治区、直辖市及计划单列市、新疆生产建设兵团发展改革委，各中央管理企业：

为贯彻落实投资体制改革精神，进一步完善境外投资项目核准制，规范项目核准机关对境外投资项目的核准行为，根据《中华人民共和国行政许可法》、《国务院关于投资体制改革的决定》、《境外投资项目核准和备案管理办法》（国家发展改革委第9号令）等有关法律、法规和规章规定，制定境外投资项目核准文件格式文本，现印发你们，并就有关事项通知如下：

一、本次印发的核准文件格式文本，适用于国家发展改革委核准的中国境内各类法人实施的境外投资项目。

二、国家发展改革委在核准境外投资项目时，将严格按照《国务院关于投资体制改革的决定》、《境外投资项目核准和备案管理办法》以及《国家发展改革委关于实施〈境外投资项目核准和备案管理办法〉有关事项的通知》（发改外资〔2014〕947号）的相关要求，主要从符合国家法律法规和产业政策、境外投资政策、互利共赢和共同发展的原则、国家资本项目管理以及投资主体的投资实力等方面进行核准。

三、境外投资项目的资金来源、市场前景、经济效益和产品技术方案等，由投资主体自主决策、自担风险。

四、自本通知印发之日起，国家发展改革委核准境外投资项目时，均按照本格式文本的要求办理核准文件。

附件：境外投资项目核准文件格式文本。

国家发展改革委办公厅

2014年6月13日

附件

境外投资项目核准文件格式文本

国家发展改革委关于________项目核准的批复

____________：

报来___________（文件名及文号）收悉。经研究，现就核准事项批复如下：

一、同意____________项目。

二、并购类项目：标的基本情况，包括业务范围、下属公司及地域分布、资产和经营情况（包括总资产、净资产、盈利水平等），以及收购的股权比例等。

建设类项目：项目建设方案，包括建设地点、建设内容、建设期限等、主要产品及产量等。

（具体内容可根据项目实际情况适当增减）

三、项目总投资为______万美元，其中___________（主要的资金使用情况）。资金来源由____________以自有资金出资______万美元，其余______万美元申请银行贷款解决。

四、本文件自印发之日起______年内（建设类项目为两年，其他类项目为一年）有效，请在有效期限内据此向商务、外汇等部门申办相关手续。

请项目单位依照法律法规，稳妥做好项目（收购 / 建设）有关工作，积极防范各类风险。项目实施中的重大问题请及时报告我委（根据项目具体情况进行风险提示或提出相关建议）。

____年__月__日

抄送：项目投资主体、有关单位。

国家发展改革委关于实施《境外投资项目核准和备案管理办法》有关事项的通知

（发改外资〔2014〕947号　2014年5月14日）

各省、自治区、直辖市及计划单列市、新疆生产建设兵团发展改革委，各中央管理企业：

为促进和规范境外投资，提高境外投资项目管理的便利化和透明度，现就实施《境外投资项目核准和备案管理办法》（国家发展改革委令第9号）有关事项通知如下：

一、关于项目核准

由国家发展改革委核准或由国家发展改革委提出审核意见报国务院核准的境外投资项目，提交国家发展改革委的核准申请材料应包括核准申报文件和项目申请报告及附件（一式3份，并附电子版光盘）。

省级政府发展改革部门申报文件内容应包括经审核的项目基本情况、对是否符合核准条件的初审意见等；中央管理企业申报文件内容应包括项目基本情况、集团公司或总公司意见等。

项目申请报告可由项目投资主体自行编制或请有资质的第三方机构编制，示范大纲见附件1。

二、关于项目备案

由国家发展改革委备案的境外投资项目，提交国家发展改革委的备案申请材料应包括备案申报文件和项目备案申请表及附件（一式3份，并附电子版光盘）。申报文件和申请表的格式见附件2。国家发展改革委对符合备案条件的境外投资项目出具的备案通知书格式见附件3。

三、关于项目信息报告

需向国家发展改革委报送项目信息报告的境外投资项目，提交国家发展改革委的信息报告材料应包括信息报告报送函和项目信息报告（一式 3 份，并附电子版光盘）。报送函和信息报告的格式见附件 4。

（一）地方企业通过所在地的省级政府发展改革部门向国家发展改革委报送项目信息报告。中央管理企业由集团公司或总公司向国家发展改革委报送项目信息报告。

（二）国家发展改革委收到项目信息报告后，对符合国家境外投资政策的项目，由业务主管司在 7 个工作日内出具确认函（格式见附件 5）。投资主体凭确认函对外开展实质性工作。

（三）如项目存在重大不利因素，国家发展改革委将在确认函中作出特别备注，进行风险提示。对于此类项目，国家发展改革委在项目核准或备案时将严格审查，投资主体和有关金融机构应慎重决策。

四、各省级政府发展改革部门要按照第 9 号令和本通知的要求，加快境外投资管理职能转变，改进和完善内部工作程序，提高管理效率，增加工作透明度，同时要建立健全项目协调机制和责任追究制度，寓管理于服务，促进本地区境外投资健康发展。各中央管理企业要严格执行第 9 号令和本通知规定的各项管理制度，积极稳妥做好本企业及下属子公司的境外投资工作，坚决避免国内企业间无序恶性竞争，切实防范投资风险。

五、本通知自印发之日起执行。此前发布的《国家发展改革委关于印发境外投资项目申请报告示范大纲的通知》（发改外资〔2007〕746 号）、《国家发展改革委办公厅关于境外投资项目备案证明的通知》（发改办外资〔2007〕1239 号）、《国家发展改革委关于完善境外投资项目管理有关问题的通知》（发改外资〔2009〕1479 号）和《国家发展改革委关于做好境外投资项目下放核准权限工作的通知》（发改外资〔2011〕235 号）同时废止。已按上述文件规定取得的境外投资项目核准文件、备案证明、境外收购或竞标项目信息报告确认函等仍然有效；此前按上述文件规定应报而未报项目核准、备案、信息报告等的，仍按违规行为处理。

附件：1. 境外投资项目申请报告示范大纲。

2. 境外投资项目备案申报文件和申请表格式。

3. 项目备案通知书格式。

4. 境外收购或竞标项目信息报告报送函和信息报告格式。

5. 境外收购或竞标项目信息报告确认函格式。

国家发展改革委

2014 年 5 月 14 日

附件 1

境外投资项目申请报告示范大纲

一、项目名称

名称中应包括投资主体、投资目的国和反映主要投资内容的关键词。

二、投资方情况

（一）主要投资方基本情况：包括企业全称、企业性质、注册地、注册资本、经营范围、资产负债状况、股权结构、主要股东情况。

（二）主要投资方基本经营情况：包括企业近两年主要业务规模和经营情况、主要财务指标。

（三）其他投资方简要情况：包括注册地、注册资本、企业性质、主要业务规模和经营状况。

三、必要性分析

说明项目对各投资方的必要性和意义，包括项目与投资方国内项目的关系、与企业发展战略的关系、与我国相关产业发展的关系等。

四、项目背景及投资环境情况

（一）项目背景：包括投资方如何介入项目、投资方对外考察、尽职调查、与外方谈判、其他竞争投资者等情况。

（二）投资环境情况：包括所在国家与项目有关的法律法规情况、相关行业及市场状况、中央和地方政府的意见、当地社区的意见。

五、项目内容

建设类项目

（一）建设内容：包括建设地点、建设规模、建设期限、进度安排、技术方案、需要建设的配套设施等；涉及资源开发的，还应说明可开发资源量、品位、中方可获权益资源量及开发方案等。

（二）主要产品及目标市场：包括项目主要产品及规模、产品目标市场及销售方案。

（三）相关配套条件落实情况：包括项目道路、铁路、港口、能源供应等相关基础设施配套情况及安排，项目土地情况及安排，项目满足当地环保要求的措施，项目在劳动力供应和安全方面的安排和措施，所在地政府相关审批情况，加工类项目应说明项目原料来源的情况。

（四）财务效益指标：包括项目总销售收入、利润、投资回收期、内部收益率等财务预测指标，以及中方投资回收期及回报率等预测指标。

并购类项目

（一）被收购对象情况：股权收购类项目应包括被收购企业全称（中英文）、主要经营范围、注册地、注册资本、生产情况、经营情况及资产与负债等财务状况，股权结构、上市情况及最新股市表现、主要股东简况，被收购企业及其产品、技术在同行业所处地位等；资产收购类项目应包括被收购资产构成，专业中介机构确定的评估价，资产所有者基本情况等。

（二）收购方案：包括收购标的、收购价格（说明定价方法及主要参数）、实施主体、交易方式、收购进度安排、对其他竞争者的应对设想等。

（注：并购类项目同时包括投资建设方面内容的，还应说明建设类项目所要求的各项内容，并说明项目综合财务效益指标。）

六、项目合作及资金情况

（一）项目合作方案：包括项目各方股比、出资形式、合作方式、收入和利润分配、产品分配、其他合作内容。

（二）项目资金运用：包括项目总投资，建设类项目的前期费用（中介费、勘探费等）、工程建设资金及其使用构成等，并购类项目的收购前期费用、收购资金及其使用构成，中方投资额及其使用构成等。

（三）项目资金筹措：包括项目资本金及各方出资，银行贷款及其他社会融资的构成与来源。

七、项目风险分析

分析项目可能存在的较大风险因素，并提出防范风险的相关措施。

八、其他事项

（一）项目是否存在需要中国政府协助解决的问题。

（二）实施项目的下一步工作计划。

九、附件

（一）《境外投资项目核准和备案管理办法》（国家发展改革委第 9 号令）第十二条要求随项目申请报告提供的有关文件。

（二）需要提供的其他相关证明文件。

附件 2

（密级）

（申报单位文头）

（申报单位文件编号）

关于 *** 项目申请备案的请示

国家发展改革委：

根据《境外投资项目核准和备案管理办法》（国家发展改革委令第 9 号）有关规定，现将___________（项目名称）项目备案申请表上报你委，请予以备案。

申报单位

（加盖公章）

年　　月　　日

境外投资项目备案申请表

<table>
<tr><td colspan="2">一、投资项目名称</td><td colspan="5"></td></tr>
<tr><td rowspan="9">二、投资主体情况</td><td rowspan="8">主要投资方</td><td>企业名称</td><td colspan="2"></td><td>注册资本</td><td>万元</td></tr>
<tr><td>注册地址</td><td colspan="4">省　　市　　县（市、区）</td></tr>
<tr><td>企业类型</td><td colspan="4">□国有及国有控股企业　□民营及民营控股企业
□外资企业　□其他</td></tr>
<tr><td>主要经营范围、主要产品的生产（销售）规模</td><td colspan="4"></td></tr>
<tr><td>股权结构</td><td colspan="4">（说明主要股东名称及持股比例）</td></tr>
<tr><td colspan="5">企业资产、经营状况（金额单位：万元）</td></tr>
<tr><td>（最新）年末</td><td>总资产</td><td></td><td>净资产</td><td></td></tr>
<tr><td>（最新）年度</td><td>主营业务收入</td><td></td><td>净利润</td><td></td></tr>
<tr><td>境内其他投资方基本情况（如有）</td><td colspan="5"></td></tr>
<tr><td colspan="2">三、境外合作方基本情况（如有）</td><td colspan="5"></td></tr>
<tr><td colspan="2">四、投资背景及目的</td><td colspan="5">（项目的由来，投资主体实施项目的意图，外方合作意愿等）</td></tr>
<tr><td colspan="2" rowspan="2">五、投资地点</td><td>投资目的国</td><td colspan="4">项目所在地</td></tr>
<tr><td></td><td colspan="4"></td></tr>
<tr><td colspan="2">六、投资领域</td><td colspan="5">□油气　□电力　□矿产　□农林牧渔　□基础设施　□制造加工
□科技研发　□服务业　□房地产及旅游设施　□________</td></tr>
<tr><td colspan="2">七、投资方式</td><td colspan="5">□新建　□并购　□参股　□增资　□注资　□________</td></tr>
<tr><td colspan="2">八、投资内容</td><td colspan="5">（建设类项目需要说明建设内容、建设规模、产品/市场、配套基础设施，以及预期投资收益率、投资回收期；并购类项目需要说明目标公司最新年度生产经营状况、资产财务状况、股权及股价状况，以及具体收购方案；涉及能源资源开发的，还需说明资源储量、勘探状况、生产开发情况等）</td></tr>
</table>

（续）

<table>
<tr><td rowspan="7">九、投资规模及资金来源</td><td>总投资额</td><td>万美元</td><td colspan="2">实际使用币种：　　，折合汇率：</td></tr>
<tr><td>中方投资额</td><td>万美元</td><td colspan="2">实际使用币种：　　，折合汇率：</td></tr>
<tr><td>投资
用途说明</td><td colspan="3"></td></tr>
<tr><td rowspan="4">中方资金
来源</td><td colspan="2">自有资金</td><td>境内贷款</td></tr>
<tr><td colspan="2"></td><td></td></tr>
<tr><td colspan="2">境外贷款（注明币种、单位）</td><td>其他资金、权益或资产</td></tr>
<tr><td colspan="2"></td><td></td></tr>
<tr><td></td><td>中方投资额以外的投资资金构成</td><td colspan="3"></td></tr>
<tr><td>十、已开展的前期工作和下一步工作计划</td><td colspan="4"></td></tr>
<tr><td colspan="5">十一、附件
（一）公司董事会决议或相关的出资决议
（二）投标、并购或合资合作项目，提交中外方签署的意向书或框架协议等文件
（三）涉及银行融资的，提供银行出具的含融资金额的意向书</td></tr>
<tr><td>联系人</td><td></td><td colspan="2">联系电话（座机、手机）</td><td></td></tr>
<tr><td>传真号</td><td></td><td colspan="2">电子邮箱</td><td></td></tr>
<tr><td>通信地址</td><td colspan="4"></td></tr>
</table>

附件 3

项目备案通知书

发改办　　备〔　〕第　号

____________(申报单位):

报来《关于 *** 项目申请备案的请示》(申报文号) 收悉。根据《境外投资项目核准和备案管理办法》(国家发展改革委令第 9 号), 经审核, 同意对____________________________________(项目名称) 项目 (具体情况见背页) 予以备案。

项目单位可凭本通知书依法办理外汇、海关、出入境管理和税收等相关手续。

本通知书有效期____年。

国家发展和改革委员会办公厅

年　　月　　日

<table>
<tr><td>项目名称</td><td colspan="3"></td></tr>
<tr><td>投资主体</td><td colspan="3"></td></tr>
<tr><td>投资目的国</td><td></td><td>项目所在地</td><td></td></tr>
<tr><td>投资内容</td><td colspan="3"></td></tr>
<tr><td>投资总额</td><td></td><td>中方投资额</td><td></td></tr>
<tr><td>资金来源</td><td colspan="3"></td></tr>
<tr><td>备　注</td><td colspan="3"></td></tr>
</table>

附件 4

（密级）

（申报单位文头）

（申报单位文件编号）

关于报送 *** 项目信息报告的函

国家发展改革委：

根据《境外投资项目核准和备案管理办法》（国家发展改革委令第 9 号）和《国家发展改革委关于实施〈境外投资项目核准和备案管理办法〉有关事项的通知》（发改外资〔2014〕947 号）的有关规定，现将______________(项目名称）项目信息报告报送你委，请予以确认。

申报单位

（加盖公章）

年　　月　　日

境外收购或竞标项目信息报告

<table>
<tr><td>一、项目名称</td><td colspan="5"></td></tr>
<tr><td rowspan="8">二、投资主体</td><td>主要投资方名称</td><td colspan="4"></td></tr>
<tr><td>注册地址</td><td colspan="4"></td></tr>
<tr><td>主要股东
及股比</td><td colspan="4"></td></tr>
<tr><td rowspan="2">（最新）年度
经营状况</td><td>主营业务
情况</td><td colspan="3"></td></tr>
<tr><td>营业额</td><td></td><td>利润额</td><td></td></tr>
<tr><td rowspan="2">（最新）年末
资产状况</td><td>总资产</td><td></td><td>净资产</td><td></td></tr>
<tr><td>资产负债率</td><td colspan="3"></td></tr>
<tr><td>其他投资方
基本情况</td><td colspan="4"></td></tr>
<tr><td rowspan="2">三、投资背景</td><td>项目由来</td><td colspan="4"></td></tr>
<tr><td>投资目的</td><td colspan="4"></td></tr>
<tr><td rowspan="3">四、收购或竞标目标</td><td>目标名称</td><td colspan="2"></td><td>现所有者</td><td></td></tr>
<tr><td>外方出让原因</td><td colspan="4"></td></tr>
<tr><td>基本情况</td><td colspan="4">（包括最新年度生产经营状况、资产财务状况、股权及股价状况，涉及能源资源的，说明资源储量、勘探状况、生产开发情况、估值、配套基础设施）</td></tr>
<tr><td rowspan="2">五、已开展的前期工作</td><td>对外工作</td><td colspan="4">（主要说明考察谈判情况、已达成的初步意向等）</td></tr>
<tr><td>尽职调查</td><td colspan="4">（包括经济技术、法律、财务、社区、环境等尽职调查结论）</td></tr>
<tr><td rowspan="2">六、收购或竞标方案</td><td>交易方式
及内容</td><td colspan="4"></td></tr>
<tr><td>交易金额</td><td colspan="2"></td><td>资金来源</td><td></td></tr>
<tr><td>七、下一步工作时间表</td><td colspan="5"></td></tr>
<tr><td colspan="6">八、附件
1. 投资主体与外方签署的意向性协议文件
2. 投资主体相关决策文件
3. 其他支持性文件：________________________________</td></tr>
<tr><td>联系人</td><td colspan="2"></td><td>联系电话
（座机、手机）</td><td colspan="2"></td></tr>
<tr><td>传真</td><td colspan="2"></td><td>电子邮箱</td><td colspan="2"></td></tr>
</table>

附件 5

境外收购或竞标项目信息报告确认函

发改　　境外确字〔20　〕号

__________(申报单位)：

你单位________________(信息报告报送函文号）文报来《境外收购或竞标项目信息报告》收悉。对于所报________________(项目名称)，特以本函确认，有效期__________。

国家发展改革委　　司

年　　月　　日

抄送：

境外投资项目核准和备案管理办法

（国家发展和改革委员会令第 9 号　2014 年 4 月 8 日）

《境外投资项目核准和备案管理办法》业经国家发展改革委主任办公会讨论通过，现予以发布，并于 2014 年 5 月 1 日起施行。我委 2004 年 10 月发布的《境外投资项目核准暂行管理办法》（国家发展改革委第 21 号令）同时废止。

主任：徐绍史

2014 年 4 月 8 日

第一章　总　　则

第一条　为促进和规范境外投资，加快境外投资管理职能转变，根据《中华人民共和国行政许可法》、《国务院关于投资体制改革的决定》和《国务院对确需保留的行政审批项目设定行政许可的决定》，特制定本办法。

第二条　本办法适用于中华人民共和国境内各类法人（以下简称“投资主体”）以新建、并购、参股、增资和注资等方式进行的境外投资项目，以及投资主体以提供融资或担保等方式通过其境外企业或机构实施的境外投资项目。

第三条　本办法所称境外投资项目是指投资主体通过投入货币、有价证券、实物、知识产权或技术、股权、债权等资产和权益或提供担保，获得境外所有权、经营管理权及其他相关权益的活动。

第四条　本办法所称中方投资额是指投资主体为境外投资项目投入的货币、有价证券、实物、知识产权或技术、股权、债权等资产和权益或提供担保的总额。

第五条　国家根据不同情况对境外投资项目分别实行核准和备案管理。

第六条　国家发展和改革委员会（以下简称“国家发展改革委”）会同有关部门加强对企业境外投资的宏观指导、投向引导和综合服务，并通过多双边投资合作和对话机制，为投资主体实施境外投资项目积极创造有利的外部环境。

第二章　核准和备案机关及权限

第七条　中方投资额 10 亿美元及以上的境外投资项目，由国家发展改革委核准。涉及敏感国家和地区、敏感行业的境外投资项目不分限额，由国家发展改革委核准。其中，中方投资额 20 亿美元及以上，并涉及敏感国家和地区、敏感行业的境外投资项目，由国家发展改革委提出审核意见报国务院核准。

本办法所称敏感国家和地区包括：未建交和受国际制裁的国家，发生战争、内乱等国家和地区。本办法所称敏感行业包括：基础电信运营，跨境水资源开发利用，大规模土地开发，输电干线、电网，新闻传媒等行业。

第八条　本办法第七条规定之外的境外投资项目实行备案管理。其中，中央管理企业实施的境外投资项目、地方企业实施的中方投资额 3 亿美元及以上境外投资项目，由国家发展改革委备案；地方企业实施的中方投资额 3 亿美元以下境外投资项目，由各省、自治区、直辖市及计划单列市和新疆生产建设兵团等省级政府投资主管部门备案。

第九条　对于境外投资项目前期工作周期长、所需前期费用（包括履约保证金、保函手续费、中介服务费、资源勘探费等）规模较大的，根据现行外汇管理规定的需要，投资主体可参照本办法第七、八条规定对项目前期费用申请核准或备案。经核准或备案的项目前期费用计入项目中方投资额。

第十条　中方投资额 3 亿美元及以上的境外收购或竞标项目，投资主体在对外开展实质性工作之前，应向国家发展改革委报送项目信息报告。国家发展改革委收到项目信息报告后，对符合国家境外投资政策的项目，在 7 个工作日内出具确认函。项目信息报告格式文本由国家发展改革委发布。

本办法所称境外收购项目，是指投资主体以协议、要约等方式收购境外企业全部或者部分股权、资产或其他权益的项目。境外竞标项目，是指投资主体参与境外公开或不公开的竞争性投标等方式获得境外企业全部或者部分股权、资产或其他权益的项目。

本办法所称对外开展实质性工作，境外收购项目是指对外签署约束性协议、提出约束性报价及向对方国家或地区政府审查部门提出申请，境外竞标项目是指对外正式投标。

第三章　核准和备案程序及条件

第十一条　由国家发展改革委核准或由国家发展改革委提出审核意见报国务院核准的境外投资项目，地方企业直接向所在地的3省级政府发展改革部门提交项目申请报告，由省级政府发展改革部门提出审核意见后报送国家发展改革委；中央管理企业由集团公司或总公司向国家发展改革委报送项目申请报告。

第十二条　向国家发展改革委报送的项目申请报告主要包括项目名称、投资主体情况、项目必要性分析、背景及投资环境情况、项目实施内容、投融资方案、风险分析等内容。项目申请报告示范大纲由国家发展改革委发布。

项目申请报告应附以下附件：

（一）公司董事会决议或相关的出资决议；

（二）投资主体及外方资产、经营和资信情况的文件；

（三）银行出具的融资意向书；

（四）以有价证券、实物、知识产权或技术、股权、债权等资产权益出资的，按资产权益的评估价值或公允价值核定出资额，并应提交具备相应资质的会计师事务所、资产评估机构等中介机构出具的审计报告、资产评估报告及有权机构的确认函，或其他可证明有关资产权益价值的第三方文件；

（五）投标、并购或合资合作项目，应提交中外方签署的意向书或框架协议等文件。

第十三条　对于项目申请报告及附件不齐全或内容不符合规定要求的，

国家发展改革委在5个工作日内一次性告知申报单位予以补正。

第十四条　涉及敏感国家和地区、敏感行业的境外投资项目，国家发展改革委在受理项目申请报告之日起3个工作日内征求有关部门意见，有关部门应当自收到征求意见函之日起7个工作日内出具书面意见。

第十五条　国家发展改革委在受理项目申请报告后，若确有必要，应在5个工作日内委托有资质的咨询机构进行评估。接受委托的咨询机构在规定时限内提出评估报告，并对评估结论承担责任。评估时限原则上不超过40个工作日。评估费用由国家发展改革委承担，咨询机构及其工作人员不得收取申报单位或投资主体的任何费用。

第十六条　国家发展改革委自受理项目申请报告之日起，对于符合核准条件的境外投资项目在20个工作日内完成核准，或提出审核意见报国务院核准。如20个工作日不能做出核准决定或提出审核意见的，由国家发展改革委负责人批准延长10个工作日，并将延长期限的理由告知申报单位。前款规定的核准期限，不包括委托咨询机构评估的时间。

第十七条　国家发展改革委对核准的项目将向申报单位出具书面核准文件；对不予核准的项目，将以书面决定的方式通知申报单位并说明理由，投资主体享有依法申请行政复议或者提起行政诉讼的权利。

第十八条　国家发展改革委核准项目的条件为：

（一）符合国家法律法规和产业政策、境外投资政策；

（二）符合互利共赢、共同发展的原则，不危害国家主权、安全和公共利益，不违反我国缔结或参加的国际条约；

（三）符合国家资本项目管理相关规定；

（四）投资主体具备相应的投资实力。

第十九条　属于国家发展改革委备案的项目，地方企业应填报境外投资项目备案申请表并附有关附件，直接提交所在地的省级政府发展改革部门，由省级政府发展改革部门报送国家发展改革委；中央管理企业由集团公司或总公司向国家发展改革委报送备案申请表及有关附件。境外投资项目备案申请表格式文本及附件要求由国家发展改革委发布。

第二十条　对于备案申请表及附件不齐全或内容不符合规定要求的，国家发展改革委在5个工作日内一次性告知申报单位予以补正。

第二十一条　国家发展改革委在受理备案申请表之日起7个工作日内，对符合备案条件的境外投资项目出具备案通知书。对不予备案的境外投资项目，国家发展改革委将以书面决定的方式通知申报单位并说明理由，投资主体享有依法申请行政复议或者提起行政诉讼的权利。

第二十二条　国家发展改革委对申请备案的境外投资项目，主要从是否属于备案管理范围，是否符合相关法律法规、产业政策和境外投资政策，是否符合国家资本项目管理相关规定，是否危害国家主权、安全、公共利益，以及投资主体是否具备相应投资实力等进行审核。

第二十三条　对于已经核准或备案的境外投资项目，如出现下列情况之一的，应按照本办法第七、八条规定向国家发展改革委申请变更：

（一）项目规模和主要内容发生变化；

（二）投资主体或股权结构发生变化；

（三）中方投资额超过原核准或备案的20%及以上。

第四章　核准和备案文件效力

第二十四条　投资主体凭核准文件或备案通知书，依法办理外汇、海关、出入境管理和税收等相关手续。对于未按规定权限和程序核准或者备案的项目，有关部门不得办理相关手续，金融机构不得发放贷款。

第二十五条　投资主体实施需国家发展改革委核准或备案的境外投资项目，在对外签署具有最终法律约束效力的文件前，应当取得国家发展改革委出具的核准文件或备案通知书；或可在签署的文件中明确生效条件为依法取得国家发展改革委出具的核准文件或备案通知书。

第二十六条　核准文件和备案通知书应规定有效期，其中建设类项目核准文件和备案通知书有效期二年，其他项目核准文件和备案通知书有效期一年。在有效期内投资主体未能完成办理本办法第二十四条所述相关手续的，应在有效期届满前30个工作日内申请延长有效期。

第五章 法律责任

第二十七条 国家发展改革委工作人员有下列行为之一的，责令其限期整改，并依据《行政机关公务员处分条例》等有关规定追究有关责任人的行政责任；构成犯罪的，由司法机关依法追究刑事责任。

（一）滥用职权、玩忽职守、徇私舞弊、索贿受贿的；

（二）违反本办法规定的程序和条件办理项目核准、备案的；

（三）其他违反本办法规定的行为。

第二十八条 投资主体应当对境外投资项目申请报告或项目备案申请表及附件的真实性、合法性负责。投资主体在境外投资项目申报过程中违反法律法规，隐瞒有关情况或提供虚假材料的，国家发展改革委将不予受理或不予核准、备案；已经取得核准文件或备案通知书的，国家发展改革委将撤销核准文件或备案通知书，并给予警告。

第二十九条 对于按照本办法规定投资主体应申请办理核准或备案但未依法取得核准文件或备案通知书而擅自实施的项目，以及未按照核准文件或备案通知书内容实施的项目，一经发现，国家发展改革委将会同有关部门责令其停止项目实施，并提请或者移交有关机关依法追究有关责任人的法律和行政责任。对于按照本办法第十条规定投资主体应报送项目信息报告但未获得信息报告确认函而对外开展实质性工作的，国家发展改革委将予以通报批评，责令其纠正。对于性质严重、给国家利益造成严重损害的，国家发展改革委将会同有关部门依法进行处罚，并提请或者移交有关机关依法追究有关责任人的法律和行政责任。

第六章 附　　则

第三十条 各省级政府投资主管部门要加强对本地企业境外投资的引导和服务，并参照本办法规定制定相应的备案管理办法。国家发展改革委对省级政府投资主管部门境外投资项目备案工作进行指导和监督，并对发现的问题及时予以纠正。

第三十一条　投资主体在境外投资参股或设立股权投资基金，适用本办法。自然人和其他组织在境外实施的投资项目，参照本办法规定另行制定具体管理办法。

第三十二条　投资主体在香港特别行政区、澳门特别行政区实施的投资项目，参照本办法执行。投资主体在台湾地区实施的投资项目，参照本办法规定另行制定具体管理办法。

第三十三条　本办法由国家发展改革委负责解释。

第三十四条　本办法自 2014 年 5 月 8 日起施行。国家发展改革委于 2004 年 10 月颁布的《境外投资项目暂行管理办法》(第 21 号令）同时废止。

商务部、国家统计局、国家外汇管理局关于印发《对外直接投资统计制度》的通知

（商合函〔2015〕6号　2015年1月8日）

各省、自治区、直辖市、计划单列市及新疆生产建设兵团商务主管部门，统计局、外汇局，有关企业、单位：

根据《部门统计调查管理暂行办法》（国家统计局令1999年第4号）的规定，商务部、国家统计局、国家外汇管理局结合近两年我国对外投资的实际及特点，并按照经济合作与发展组织（OECD）《关于外国直接投资基准定义》（第四版，以下简称定义）的相关要求，对2012年12月印发的《对外直接投资统计制度》进行了修订和补充，主要调整内容如下：

一、对统计指标名称进行了规范。按照定义要求，将对外直接投资构成中的“股本”调整为“股权”，“利润再投资”调整为“收益再投资”，“其他投资”调整为“债务工具”。

二、将“境内投资者与境外企业间投资、收益分配情况”表拆分为“对外直接投资流量、存量情况”表（FDIN3表）和“对外直接投资收入情况”表（FDIN5表），并将“对外直接投资收入情况”中相关指标及内容根据定义进行了调整。

三、增加反映境内投资者与境外成员企业间债务工具情况的“成员企业间债务工具情况”年报表（FDIN4表）。

四、增加反映境内投资者通过境外企业最终返程投资到中国内地企业的“境外企业返程投资情况”年报表（FDIN7表）。

五、增加反映我国文化及相关产业对外投资情况的年报表（FDIN10表）和月报表（FDIY6表）。

六、增加按投资方式分组的对外直接投资月报表（FDIY2表）。

七、将“境外企业基本情况”表（FDIN2 表）的统计对象由全部境外企业调整为中方控股 50% 以上的境外企业。

八、将“金融业对外直接投资情况”表（FDI 金融 Y1 表、FDI 金融 Y2 表）的报告期由季度调整为月度。

九、根据基准定义，将“对外直接投资月度情况”表（FDIY1 表）中实现直接投资的方式由“新设、收购、股权置换”调整为“新设、并购、增资、财务重组”，同时加入“境内投资者对境外成员企业的直接投资”；在“对外投资并购基本事项”表（FDIY3 表）中增加“并购后中方所占股权金额”指标。

十、对国家（地区）的统计界定作如下修改：对外直接投资的国家（地区）按首个投资目的国家（地区）进行统计。如果直接投资的首个流入国家（地区）是英属维尔京、开曼群岛、百慕大群岛，需将下一个有实体境外企业（有雇员、办公室）存在的国家（地区）作为直接投资的国家（地区）进行统计，但当下属实体企业是中国大陆企业时，应将英属维尔京、开曼群岛、百慕大群岛作为首个投资目的国家（地区）进行统计。

十一、在统计原则的界定中增加了分支机构的界定。

十二、取消了附录中“关于统计机构和统计人员及统计奖惩办法的说明”，增加国家统计局 2012 年发布的“文化及相关产业分类”。

现将修订后的《对外直接投资统计制度》印发给你们，自 2015 年 1 月 1 日起施行。《商务部、国家统计局、国家外汇管理局关于印发〈对外直接投资统计制度〉的通知》(商合函〔2012〕1129 号）同时废止。

商务部　国家统计局　国家外汇管理局

2015 年 1 月 8 日

附件

对外直接投资统计制度㊀

《中华人民共和国统计法》第七条规定：国家机关、企业事业单位和其他组织以及个体工商户和个人等统计调查对象，必须依照本法和国家有关规定，真实、准确、完整、及时地提供统计调查所需的资料，不得提供不真实或者不完整的统计资料，不得迟报、拒报统计资料。

《中华人民共和国统计法》第九条规定：统计机构和统计人员对在统计工作中知悉的国家秘密、商业秘密和个人信息，应当予以保密。

一、总说明

（一）为准确、及时、全面地反映我国对外直接投资的实际情况，科学、有效地组织全国对外直接投资统计工作，充分发挥统计咨询、监督作用，依照《中华人民共和国统计法》，特制定本制度。

（二）对外直接投资统计的基本任务是通过统计调查、统计分析和提供统计资料，全面、准确、及时地反映我国对外直接投资的全貌，为国家分析境外投资发展趋势，监测宏观运行，制定促进导向政策和实施监督管理，以及建立我国资本项目预警机制提供依据。

（三）本制度适用于所有发生对外直接投资活动的境内机构和个人（以下简称境内投资者）。

（四）本制度所称对外直接投资是指我国境内投资者以现金、实物、无形资产等方式在国外及港澳台地区设立、参股、兼并、收购国（境）外企业，拥有该企业 10% 或以上的股权，并以拥有或控制企业的经营管理权为核心的经济活动。

（五）对外直接投资统计实行统一领导，分级管理，逐级报送。

1. 商务部根据国家统计局的统一要求，负责全国对外直接投资的统计工

㊀ 本报表制度根据《中华人民共和国统计法》有关规定制定。

作，管理各省、自治区、直辖市及计划单列市商务主管部门和中央企业的对外直接投资统计工作，综合编制、汇总全国对外直接投资统计资料。

2. 国家外汇管理局（以下简称外汇局）负责全国金融业的对外直接投资统计工作，管理金融业境内投资者的对外直接投资统计工作，综合编制、汇总并向商务部提供金融领域的对外直接投资统计资料。

3. 各省级商务主管部门负责本行政区域内对外直接投资统计工作，管理本行政区域内非金融业境内投资者（不包括该行政区域内中央管理的企业，下同）的对外直接投资统计工作，综合编制、汇总并向商务部报送本行政区域内的对外直接投资统计资料。

4. 境内投资者负责管理本单位的对外直接投资统计工作，按照本制度规定的表式搜集其境外直接投资企业的统计资料，综合编制、汇总并向省级商务主管部门、商务部或外汇局报送本单位的统计资料。

（六）对外直接投资统计的范围主要包括境内投资者通过直接投资方式在境外拥有或控制 10% 或以上投票权或其他等价利益的各类公司型和非公司型的境外直接投资企业（以下简称境外企业）。

境外企业按设立的方式主要分为境外子公司、联营公司和分支机构。

对外直接投资统计的内容主要包括：境内投资者的基本情况；境外企业的基本情况；对外直接投资流量、存量情况；成员企业间债务工具情况；对外直接投资收入情况；通过境外企业实现的货物进出口情况；通过境外企业再投资情况；境外企业返程投资情况；境外主要作物种植情况；文化及相关产业对外投资情况；对外直接投资月度投资情况；对外投资并购情况；农业对外投资合作情况；境外经济贸易合作区情况等。

（七）对外直接投资统计的指标主要包括：对外直接投资额；对外直接投资流量；年末对外直接投资存量；反向投资额；股权；收益再投资；债务工具；资产总额；负债总额；所有者权益；实收资本；销售（营业）收入；利润总额；年末从业人数；境内投资者通过境外企业实现的出口额；境内投资者通过境外企业实现的进口额；对所在国缴纳的税金总额等。

（八）本制度采用定期填报统计报表方式，收集、整理统计资料。调查表分为年度报表和月度报表。

商务部、国家统计局和外汇局根据需要对重点统计调查项目采取典型调查方式，收集、整理统计资料，具体办法另文制定。

对外直接投资统计报表报送渠道：

1. 境内投资者为中央企业、单位的，直接向商务部报送统计报表。

2. 境内投资者为金融企业（包括银行、保险公司、证券公司、基金公司、信托公司、财务公司等）的，直接向外汇局报送统计报表。

3. 其他境内投资者向所在地省级商务主管部门报送统计报表。

4. 各省级商务主管部门汇总本行政区域内（不包括中央企业）的统计资料并上报商务部，同时抄送同级统计部门。

5. 外汇局负责收集、审核、汇总金融业境内投资者的统计资料，向商务部提供金融部分对外直接投资统计资料。

6. 商务部负责汇总全行业对外直接投资统计资料并报国家统计局，同时共享外汇局使用。

境内投资者对外直接投资涉及的所有境外企业均按 1、2、3 渠道报送。

（九）对外直接投资统计数据采取定期公布制度。对外投资合作业务管理中使用的以及对外提供的统计资料，以商务部、国家统计局和外汇局公布的统计资料为准。

年度统计数据由商务部、国家统计局和外汇局于次年 9 月 30 日前以统计公报形式对外公布，月度统计数据由商务部于月后 30 日内通过政府网站或新闻发布会形式对外公布，并自公布之日起 10 日内报国家统计局备案。每年 1 季度，商务部根据月度统计数据生成年度对外直接投资统计初步数据，同比计算基期为上年度统计初步数据。

对外公布的对外直接投资月度统计数据包括商务部根据上年度收益再投资测算的月度收益再投资，商务部根据测算比例将月度收益再投资分摊到有关行业、地区、省份等。

商务部、国家统计局和外汇局可根据对外直接投资实际情况对本年月度数据及上年度年报数据予以调整，年度最终数据以统计公报公布的数据为准。

（十）逢国家法定的节假日，统计报表的报送时间顺延。

（十一）本制度使用的国别（地区）统计代码，按海关总署制定的《国别（地区）统计代码》执行。

法人单位代码按各级技术监督部门颁发的《中华人民共和国组织机构代

码证书》代码填报。

境内投资者所属行业类别按国家统计局发布的中华人民共和国《国民经济行业分类》(GB/T 4754—2011）执行，境外企业所属行业类别参照执行。

文化及相关产业分类按照国家统计局2012年发布的《文化及相关产业分类》执行。

二、统计报表目录㊀

略。

三、调查表式㊁

略。

四、附录

(一）国民经济行业分类目录（GB/T 4754—2011）

行业大类代码	类别名称	行业大类代码	类别名称
A	农、林、牧、渔业	C	制造业
01	农业	13	农副食品加工业
02	林业	14	食品制造业
03	畜牧业	15	酒、饮料和精制茶制造业
04	渔业	16	烟草制品业
05	农、林、牧、渔服务业	17	纺织业
B	采矿业	18	纺织服装、服饰业
06	煤炭开采和洗选业	19	皮革、毛皮、羽毛及其制品和制鞋业
07	石油和天然气开采业	20	木材加工和木、竹、藤、棕、草制品业
08	黑色金属矿采选业	21	家具制造业
09	有色金属矿采选业	22	造纸和纸制品业
10	非金属矿采选业	23	印刷和记录媒介复制业
11	开采辅助活动	24	文教、工美、体育和娱乐用品制造业
12	其他采矿业	25	石油加工、炼焦和核燃料加工业

㊀ 请参考商务部或国家统计局或国家外汇管理局网站。

㊁ 同上。

（续）

行业大类代码	类别名称	行业大类代码	类别名称
26	化学原料和化学制品制造业	64	互联网和相关服务
27	医药制造业	65	软件和信息技术服务业
28	化学纤维制造业	J	金融业
29	橡胶和塑料制品业	66	货币金融服务
30	非金属矿物制品业	67	资本市场服务
31	黑色金属冶炼和压延加工业	68	保险业
32	有色金属冶炼和压延加工业	69	其他金融业
33	金属制品业	K	房地产业
34	通用设备制造业	70	房地产业
35	专用设备制造业	L	租赁和商务服务业
36	汽车制造业	71	租赁业
37	铁路、船舶、航空航天和其他运输设备制造业	72	商务服务业
38	电气机械和器材制造业	M	科学研究和技术服务业
39	计算机、通信和其他电子设备制造业	73	研究和试验发展
40	仪器仪表制造业	74	专业技术服务业
41	其他制造业	75	科技推广和应用服务业
42	废弃资源综合利用业	N	水利、环境和公共设施管理业
43	金属制品、机械和设备修理业	76	水利管理业
D	电力、热力、燃气及水的生产和供应业	77	生态保护和环境治理业
44	电力、热力生产和供应业	78	公共设施管理业
45	燃气生产和供应业	O	居民服务、修理和其他服务业
46	水的生产和供应业	79	居民服务业
E	建筑业	80	机动车、电子产品和日用产品修理业
47	房屋建筑业	81	其他服务业
48	土木工程建筑业	P	教育
49	建筑安装业	82	教育
50	建筑装饰和其他建筑业	Q	卫生和社会工作
F	批发和零售业	83	卫生
51	批发业	84	社会工作
52	零售业	R	文化、体育和娱乐业
G	交通运输、仓储和邮政业	85	新闻和出版业
53	铁路运输业	86	广播、电视、电影和影视录音制作业
54	道路运输业	87	文化艺术业
55	水上运输业	88	体育
56	航空运输业	89	娱乐业
57	管道运输业	S	公共管理、社会保障和社会组织
58	装卸搬运和运输代理业	90	中国共产党机关
59	仓储业	91	国家机构
60	邮政业	92	人民政协、民主党派
H	住宿和餐饮业	93	社会保障
61	住宿业	94	群众团体、社会团体和其他成员组织
62	餐饮业	95	基层群众自治组织
I	信息传输、软件和信息技术服务业	T	国际组织
63	电信、广播电视和卫星传输服务	96	国际组织

（二）关于划分企业登记注册类型的规定

第一条　本规定以在工商行政管理机关登记注册的各类企业为划分对象。其他经济组织参照本规定执行。

第二条　本规定以工商行政管理部门对企业登记注册的类型为依据，将企业登记注册类型分为以下几种：内资企业：包括国有企业，集体企业，股份合作企业，联营企业，有限责任公司，股份有限公司，私营企业，其他企业；港、澳、台商投资企业：包括合资经营企业（港或澳、台资），合作经营企业（港或澳、台资），港、澳、台商独资经营企业，港、澳、台商投资股份有限公司；外商投资企业：包括中外合资经营企业，中外合作经营企业，外资企业，外商投资股份有限公司。

第三条　国有企业是指企业全部资产归国家所有，并按《中华人民共和国企业法人登记管理条例》规定登记注册的非公司制的经济组织。不包括有限责任公司中的国有独资公司。

第四条　集体企业是指企业资产归集体所有，并按《中华人民共和国企业法人登记管理条例》规定登记注册的经济组织。

第五条　股份合作企业是指以合作制为基础，由企业职工共同出资入股，吸收一定比例的社会资产投资组建，实行自主经营，自负盈亏，共同劳动，民主管理，按劳分配与按股分红相结合的一种集体经济组织。

第六条　联营企业是指两个及两个以上相同或不同所有制性质的企业法人或事业单位法人，按自愿、平等、互利的原则，共同投资组成的经济组织。

第七条　有限责任公司是指根据《中华人民共和国公司登记管理条例》规定登记注册，由两个以上，五十个以下的股东共同出资，每个股东以其所认缴的出资额对公司承担有限责任，公司以其全部资产对其债务承担责任的经济组织。

有限责任公司包括国有独资公司以及其他有限责任公司。

国有独资公司是指国家授权的投资机构或者国家授权的部门单独投资设立的有限责任公司。

其他有限责任公司是指国有独资公司以外的其他有限责任公司。

第八条　股份有限公司是指根据《中华人民共和国公司登记管理条例》规定登记注册，其全部注册资本由等额股份构成并通过发行股票筹集资本，股东以其认购的股份对公司承担有限责任，公司以其全部资产对其债务承担责任的经济组织。

第九条　私营企业是指由自然人投资设立或由自然人控股，以雇佣劳动为基础的营利性经济组织。包括按照《公司法》、《合伙企业法》、《私营企业暂行条例》规定登记注册的私营有限责任公司、私营股份有限公司、私营合伙企业和私营独资企业。

私营独资企业是指按《私营企业暂行条例》的规定，由一名自然人投资经营，以雇佣劳动为基础，投资者对企业债务承担无限责任的企业。

私营合伙企业是指按《合伙企业法》或《私营企业暂行条例》的规定，由两个以上自然人按照协议共同投资、共同经营、共负盈亏，以雇佣劳动为基础，对债务承担无限责任的企业。

私营有限责任公司是指按《公司法》、《私营企业暂行条例》的规定，由两个以上自然人投资或由单个自然人控股的有限责任公司。

私营股份有限公司是指按《公司法》的规定，由五个以上自然人投资，或由单个自然人控股的股份有限公司。

第十条　其他企业是指上述第三条至第九条之外的其他内资经济组织。

第十一条　合资经营企业（港或澳、台资）是指港澳台地区投资者与内地企业依照《中华人民共和国中外合资经营企业法》及有关法律的规定，按合同规定的比例投资设立、分享利润和分担风险的企业。

第十二条　合作经营企业（港或澳、台资）是指港澳台地区投资者与内地企业依照《中华人民共和国中外合作经营企业法》及有关法律的规定，依照合作合同的约定进行投资或提供条件设立、分配利润和分担风险的企业。

第十三条　港、澳、台商独资经营企业是指依照《中华人民共和国外资企业法》及有关法律的规定，在内地由港澳台地区投资者全额投资设立的企业。

第十四条　港、澳、台商投资股份有限公司是指根据国家有关规定，经外经贸部依法批准设立，其中港、澳、台商的股本占公司注册资本的比例达25% 以上的股份有限公司。凡其中港、澳、台商的股本占公司注册资本的比例小于 25% 的，属于内资企业中的股份有限公司。

第十五条　中外合资经营企业是指外国企业或外国人与中国内地企业依照《中华人民共和国中外合资经营企业法》及有关法律的规定，按合同规定的比例投资设立、分享利润和分担风险的企业。

第十六条　中外合作经营企业是指外国企业或外国人与中国内地企业依照《中华人民共和国中外合作经营企业法》及有关法律的规定，依照合作合同的约定进行投资或提供条件设立、分配利润和分担风险的企业。

第十七条　外资企业是指依照《中华人民共和国外资企业法》及有关法律的规定，在中国内地由外国投资者全额投资设立的企业。

第十八条　外商投资股份有限公司是指根据国家有关规定，经外经贸部依法批准设立，其中外资的股本占公司注册资本的比例达 25% 以上的股份有限公司。凡其中外资股本占公司注册资本的比例小于 25% 的，属于内资企业中的股份有限公司。

第十九条　本规定由国家统计局会同国家工商行政管理局负责解释。

第二十条　本规定自颁布之日起施行，国家统计局和国家工商行政管理局一九九二年制定的《关于经济类型划分的暂行规定》同时废止。

企业登记注册类型与代码

代码	企业登记注册类型
100	内资企业
110	国有企业
120	集体企业
130	股份合作企业
140	联营企业
141	国有联营企业
142	集体联营企业
143	国有与集体联营企业
149	其他联营企业
150	有限责任公司

（续）

代码	企业登记注册类型
151	国有独资公司
159	其他有限责任公司
160	股份有限公司
170	私营企业
171	私营独资企业
172	私营合伙企业
173	私营有限责任公司
174	私营股份有限公司
190	其他企业
200	港、澳、台商投资企业
210	合资经营企业（港或澳、台资）
220	合作经营企业（港或澳、台资）
230	港、澳、台商独资经营企业
240	港、澳、台商投资股份有限公司
290	其他港、澳、台商投资商投资企业
300	外商投资企业
310	中外合资经营企业
320	中外合作经营企业
330	外资企业
340	外商投资股份有限公司
390	其他外商投资企业
400	个体经营
410	个体户
420	个人合伙

（三）国别（地区）统计代码表

国别地区代码	中文名（简称）	英文名（简称）
100	亚洲	Asia
101	阿富汗	Afghanistan
102	巴林	Bahrain
103	孟加拉国	Bangladesh
104	不丹	Bhutan
105	文莱	Brunei

106	缅甸	Myanmar
107	柬埔寨	Cambodia
108	塞浦路斯	Cyprus
109	朝鲜	Korea，DPR
110	中国香港	China Hong Kong
111	印度	India
112	印度尼西亚	Indonesia
113	伊朗	Iran
114	伊拉克	Iraq
115	以色列	Israel
116	日本	Japan
117	约旦	Jordan
118	科威特	Kuwait
119	老挝	Lao，PDR
120	黎巴嫩	Lebanon
121	中国澳门	China Macau
122	马来西亚	Malaysia
123	马尔代夫	Maldives
124	蒙古	Mongolia
125	尼泊尔联邦民主共和国	Nepal，FDR
126	阿曼	Oman
127	巴基斯坦	Pakistan
128	巴勒斯坦	Palestine
129	菲律宾	Philippines
130	卡塔尔	Qatar
131	沙特阿拉伯	Saudi Arabia
132	新加坡	Singapore
133	韩国	Korea，Rep.
134	斯里兰卡	Sri Lanka
135	叙利亚	Syrian Arab Republic

136	泰国	Thailand
137	土耳其	Turkey
138	阿联酋	United Arab Emirates
139	也门	Yemen
141	越南	Viet Nam
142	中国	China
143	中国台湾省	Taiwan，Prov. of China
144	东帝汶	Timor-Leste
145	哈萨克斯坦	Kazakhstan
146	吉尔吉斯斯坦	Kyrgyzstan
147	塔吉克斯坦	Tajikistan
148	土库曼斯坦	Turkmenistan
149	乌兹别克斯坦	Uzbekistan
199	亚洲其他国家（地区）	Oth. Asia nes
200	**非洲**	**Africa**
201	阿尔及利亚	Algeria
202	安哥拉	Angola
203	贝宁	Benin
204	博茨瓦纳	Botswana
205	布隆迪	Burundi
206	喀麦隆	Cameroon
207	加那利群岛	Canary Islands
208	佛得角	Cape Verde
209	中非	Central African Republic.
210	塞卜泰（休达）	Ceuta
211	乍得	Chad
212	科摩罗	Comoros
213	刚果（布）	Congo
214	吉布提	Djibouti
215	埃及	Egypt

216	赤道几内亚	Equatorial Guinea
217	埃塞俄比亚	Ethiopia
218	加蓬	Gabon
219	冈比亚	Gambia
220	加纳	Ghana
221	几内亚	Guinea
222	几内亚比绍	Guinea-Bissau
223	科特迪瓦	Cote d'lvoire
224	肯尼亚	Kenya
225	利比里亚	Liberia
226	利比亚	Libyan Arab Jamahiriya
227	马达加斯加	Madagascar
228	马拉维	Malawi
229	马里	Mali
230	毛里塔尼亚	Mauritania
231	毛里求斯	Mauritius
232	摩洛哥	Morocco
233	莫桑比克	Mozambique
234	纳米比亚	Namibia
235	尼日尔	Niger
236	尼日利亚	Nigeria
237	留尼汪	Reunion
238	卢旺达	Rwanda
239	圣多美和普林西比	Sao Tome and Principe
240	塞内加尔	Senegal
241	塞舌尔	Seychelles
242	塞拉利昂	Sierra Leone
243	索马里	Somalia
244	南非	South Africa
245	西撒哈拉	Western Sahara

246	苏丹	Sudan
247	坦桑尼亚	Tanzania
248	多哥	Togo
249	突尼斯	Tunisia
250	乌干达	Uganda
251	布基纳法索	Burkina Faso
252	刚果（金）	Congo，DR
253	赞比亚	Zambia
254	津巴布韦	Zimbabwe
255	莱索托	Lesotho
256	梅利利亚	Melilla
257	斯威士兰	Swaziland
258	厄立特里亚	Eritrea
259	马约特	Mayotte
260	南苏丹共和国	Republic of South Sudan
299	非洲其他国家（地区）	Oth. Afr. nes
300	**欧洲**	**Europe**
301	比利时	Belgium
302	丹麦	Denmark
303	英国	United Kingdom
304	德国	Germany
305	法国	France
306	爱尔兰	Ireland
307	意大利	Italy
308	卢森堡	Luxembourg
309	荷兰	Netherlands
310	希腊	Greece
311	葡萄牙	Portugal
312	西班牙	Spain
313	阿尔巴尼亚	Albania

314	安道尔	Andorra
315	奥地利	Austria
316	保加利亚	Bulgaria
318	芬兰	Finland
320	直布罗陀	Gibraltar
321	匈牙利	Hungary
322	冰岛	Iceland
323	列支敦士登	Liechtenstein
324	马耳他	Malta
325	摩纳哥	Monaco
326	挪威	Norway
327	波兰	Poland
328	罗马尼亚	Romania
329	圣马力诺	San Marino
330	瑞典	Sweden
331	瑞士	Switzerland
334	爱沙尼亚	Estonia
335	拉脱维亚	Latvia
336	立陶宛	Lithuania
337	格鲁吉亚	Georgia
338	亚美尼亚	Armenia
339	阿塞拜疆	Azerbaijan
340	白俄罗斯	Belarus
343	摩尔多瓦	Moldova
344	俄罗斯联邦	Russian Federation
347	乌克兰	Ukraine
350	斯洛文尼亚	Slovenia
351	克罗地亚	Croatia
352	捷克	Czech Republic
353	斯洛伐克	Slovakia

354	马其顿	Macedonia，FYR
355	波黑	Bosnia and Hercegovina
356	梵蒂冈城国	Vatican City State
357	法罗群岛	Faroe Islands
358	塞尔维亚	Serbia
359	黑山	Montenegro
399	欧洲其他国家（地区）	Oth. Eur. nes
400	**拉丁美洲**	**Latin America**
401	安提瓜和巴布达	Antigua & Barbuda
402	阿根廷	Argentina
403	阿鲁巴	Aruba
404	巴哈马	Bahamas
405	巴巴多斯	Barbados
406	伯利兹	Belize
408	多民族玻利维亚国	Estado Plurinacional de Bolivia
409	博内尔	Bonaire
410	巴西	Brazil
411	开曼群岛	Cayman Islands
412	智利	Chile
413	哥伦比亚	Colombia
414	多米尼克	Dominica
415	哥斯达黎加	Costa Rica
416	古巴	Cuba
417	库拉索岛	Curacao
418	多米尼加共和国	Dominican Republic
419	厄瓜多尔	Ecuador
420	法属圭亚那	French Guiana
421	格林纳达	Grenada
422	瓜德罗普	Guadeloupe
423	危地马拉	Guatemala

424	圭亚那	Guyana
425	海地	Haiti
426	洪都拉斯	Honduras
427	牙买加	Jamaica
428	马提尼克	Martinique
429	墨西哥	Mexico
430	蒙特塞拉特	Montserrat
431	尼加拉瓜	Nicaragua
432	巴拿马	Panama
433	巴拉圭	Paraguay
434	秘鲁	Peru
435	波多黎各	Puerto Rico
436	萨巴	Saba
437	圣卢西亚	Saint Lucia
438	圣马丁岛	Saint Martin Islands
439	圣文森特和格林纳丁斯	Saint Vincent and Grenadines
440	萨尔瓦多	El Salvador
441	苏里南	Suriname
442	特立尼达和多巴哥	Trinidad and Tobago
443	特克斯和凯科斯群岛	Turks and Caicos Islands
444	乌拉圭	Uruguay
445	委内瑞拉	Venezuela
446	英属维尔京群岛	Virgin Islands，British
447	圣基茨和尼维斯	Saint Kitts and Nevis
448	圣皮埃尔和密克隆	Saint Pierre and Miquelon
449	荷属安的列斯	Netherlands Antilles
499	拉丁美洲其他国家（地区）	Oth. L.Amer. nes
500	**北美洲**	**North America**
501	加拿大	Canada
502	美国	United States

503	格陵兰	Greenland
504	百慕大	Bermuda
599	北美洲其他国家（地区）	Oth. N.Amer. nes
600	**大洋洲**	**Oceania**
601	澳大利亚	Australia
602	库克群岛	Cook Islands
603	斐济	Fiji
604	盖比群岛	Gambier Islands
605	马克萨斯群岛	Marquesas Islands
606	瑙鲁	Nauru
607	新喀里多尼亚	New Caledonia
608	瓦努阿图	Vanuatu
609	新西兰	New Zealand
610	诺福克岛	Norfolk Island
611	巴布亚新几内亚	Papua New Guinea
612	社会群岛	Society Islands
613	所罗门群岛	Solomon Islands
614	汤加	Tonga
615	土阿莫土群岛	Tuamotu Islands
616	土布艾群岛	Tubuai Islands
617	萨摩亚	Samoa
618	基里巴斯	Kiribati
619	图瓦卢	Tuvalu
620	密克罗尼西亚联邦	Micronesia，Fs
621	马绍尔群岛	Marshall Islands
622	帕劳	Palau
623	法属波利尼西亚	French Polynesia
625	瓦利斯和富图纳	Wallis and Futuna
699	大洋洲其他国家（地区）	Oth. Ocean. nes
701	**国（地）别不详**	**Countries (reg.) unknown**

（四）数据来源参考表式：境外企业基本信息采集表

20　年

境外企业名称（中文）：

（英文）：

所在国家：________所在城市：________

设立日期：

企业类别：

设立方式：子公司□　联营公司□　分支机构□

中方持股比例：　　%

当前状态：筹备设立□　正在经营□　暂停经营□　撤（注）销□　　　　　计量单位：万美元

指标	序号	内容与数值
甲	乙	1
一、基本情况	—	
1. 资产总额	1	
2. 负债总额	2	
2-1. 其中：对境内投资者的负债	3	
3. 所有者权益	4	
3-1. 其中：实收资本（中方）	5	
未分配利润	6	
4. 销售（营业）收入总额	7	
5. 利润总额	8	
6. 对所在国缴纳税金总额	9	
7. 年末从业人员数（人）	10	
7-1. 其中：中方人员数（人）	11	
二、直接投资情况	—	
1. 当期来自境内投资者的直接投资流量	12	
1-1. 当期来自境内投资者的直接投资额	13	
1-1-1. 其中：新增股权	14	
1-1-2. 当期收益再投资	15	
1-1-3. 债务工具	16	
1-2. 减：当期对境内投资者的反向投资额	17	
2. 年末来自境内投资者的累计直接投资存量	18	
2-1. 年末累计直接投资额	19	
2-1-1. 其中：股权	20	
2-1-2. 收益再投资	21	
2-1-3. 债务工具	22	
2-2. 减：年末对境内投资者的累计反向投资额	23	
三、直接投资收入情况	—	
1. 境内投资者对本企业直接投资收入总额	24	
1-1. 权益收入总额	25	

（续）

指标	序号	内容与数值
甲	乙	1
1-1-1. 其中：已分配收益（红利或分支机构利润）	26	
1-1-2. 再投资收益	27	
1-1-3. 减：境内投资者对本企业分配的反向投资	28	
收益	29	
1-2. 债务收入总额	30	
1-2-1. 其中：应收利息	31	
1-2-2. 减：应付境外企业反向投资利息	32	
四、货物进出口情况	—	
1. 境内投资者通过本企业实现的出口额	33	
2. 境内投资者通过本企业实现的进口额	34	
2-1. 进口主要权益油气（万吨）	35	
原油	36	
成品油	37	
天然气	38	

填报人：　　　　负责人：　　　　联系电话：　　　　报出日期：20　年　月　日

填表说明：

1. 本表综合反映报告年度境外企业的基本情况和经营活动情况，境内投资者对其拥有的各境外直接投资企业投资情况、收入情况、货物进出口情况。由境内投资者负责发放给境外企业填报。其中境外企业基本情况反映报告年度非金融业境内投资者所拥有的控股在50%以上境外企业（包括金融业）的基本情况，中方控股50%以下的境外企业不需填报此项内容。
2. 所在国家（地区）及城市：指境外企业注册登记所在的国家和城市。
3. 设立日期：境内投资者实际设立境外企业的日期。
4. 中方持股比例：指境外企业章程中所注明的中方所持有的股份（百分数）。
5. 年末从业人员数：指报告年度末，在本单位从事一定的劳动并取得劳动报酬或其他形式劳动报酬的全部人员数。
6. 资产总额、负债总额、所有者权益：分别根据境外企业年度合并会计报表“资产负债表”中“资产总额”、“负债总额”、“所有者权益总额”、“未分配利润”填报；实收资本是指中方所拥有的部分。
7. 销售（营业）收入总额、当年利润总额：分别根据填报单位企业年终会计报表“损益表”中“销售（营业）收入总额”、“利润总额”项目的数值填列。
8. 债务工具：指境内投资者和境外子公司、分支机构以及联营公司之间的债务交易等，包括境内投资者与境外子公司、联营公司和分支机构的借贷、应收和应付款项、债务证券等。境内投资者当期提供给境外子公司、联营公司、分支机构的债务交易记作当期对外直接投资流量和存量的增加；境外子公司、联营公司归还当期或以前年度境内投资者债务记作当期对外直接投资的负流量，同时应调减当期存量。
9. 反向投资额：指境外企业对境内投资者持股比例低于10%的投资。如果境外企业不存在对境内投资者的反向投资则本表中的所有减项为“0”。
10. 收益再投资：指境外子公司或联营公司未作为红利分配但应归属于境内投资者的利润部分，以及境外分支机构的利润部分。当期收益再投资：等于报告年度境外企业资产负债表中按中方股权比例计算的未分配利润期末数与期初数的差额，当期利润再投资为负数记入当期负流量。收益再投资：等于报告年度境外企业资产负债表中按中方股权比例计算的未分配利润期末数，未分配利润期末数为负数不计入对外直接投资存量。

11. 对外直接投资收入：是境内投资者对外直接投资回报的一部分，包括权益投资所得净值加上境内投资者与对外直接投资企业间的债务收入净值。权益收入：是境内投资者投资境外企业股权部分的回报，是境内投资者在境外企业当期所得的占比（基于股权比例）扣除境外企业对境内投资者反向投资收益的净值。债务收入即来源于境内投资者与境外企业间贷款、贸易信贷和其他债务形式的利息收入的净值。应收利息指报告境内投资者向境外企业提供的债务工具的应计利息收入，无论是否支付。应付境外企业反向投资利息指境外企业对境内投资者持股比例低于10%的投资中涉及债务工具的应付利息，无论是否支付。

基本计算关系：

1. 当期来自境内投资者的直接投资流量 = 当期来自境内投资者的直接投资额 – 当期对境内投资者的反向投资额
2. 当期来自境内投资者的直接投资额 = 新增股权 + 当期收益再投资 + 对境内投资者的新增债务工具（负债）
3. 新增股权 = 股本期末数 – 股本期初数
4. 当期收益再投资 = 按持股比例计算属于境内投资者的未分配利润期末数 – 期初数
5. 年末来自境内投资者的直接投资存量 = 年末来自境内投资者的直接投资额 – 年末对境内投资者的反向投资额
6. 年末来自境内投资者的直接投资额 = 股本 + 收益再投资 + 对境内投资者的债务工具
7. 当期对外直接投资收入 = 权益收入 + 债务收入；权益收入 = 已分配收入（红利或分支机构利润）+ 再投资收益［（利润 – 已付红利）× 股权比重］– 对境外企业分配的反向投资收益

（五）文化及相关产业分类

（2012年国家统计局发布）

类别名称	国民经济行业代码
一、新闻出版发行服务	
（一）新闻服务	
新闻业	8510
（二）出版服务	
图书出版	8521
报纸出版	8522
期刊出版	8523
音像制品出版	8524
电子出版物出版	8525
其他出版业	8529
（三）发行服务	
图书批发	5143
报刊批发	5144
音像制品及电子出版物批发	5145
图书、报刊零售	5243
音像制品及电子出版物零售	5244

（续）

类别名称	国民经济行业代码
二、广播电视电影服务	
（一）广播电视服务	
广播	8610
电视	8620
（二）电影和影视录音服务	
电影和影视节目制作	8630
电影和影视节目发行	8640
电影放映	8650
录音制作	8660
三、文化艺术服务	
（一）文艺创作与表演服务	
文艺创作与表演	8710
艺术表演场馆	8720
（二）图书馆与档案馆服务	
图书馆	8731
档案馆	8732
（三）文化遗产保护服务	
文物及非物质文化遗产保护	8740
博物馆	8750
烈士陵园、纪念馆	8760
（四）群众文化服务	
群众文化活动	8770
（五）文化研究和社团服务	
社会人文科学研究	7350
专业性团体（的服务）*	9421
（六）文化艺术培训服务	
文化艺术培训	8293
其他未列明教育 *	8299
（七）其他文化艺术服务	
其他文化艺术业	8790
四、文化信息传输服务	
（一）互联网信息服务	
互联网信息服务	6420
（二）增值电信服务（文化部分）	
其他电信服务 *	6319
（三）广播电视传输服务	
有线广播电视传输服务	6321
无线广播电视传输服务	6322
卫星传输服务 *	6330

（续）

类别名称	国民经济行业代码
五、文化创意和设计服务	
（一）广告服务	
广告业	7240
（二）文化软件服务	
软件开发 *	6510
数字内容服务 *	6591
（三）建筑设计服务	
工程勘察设计 *	7482
（四）专业设计服务	
专业化设计服务	7491
六、文化休闲娱乐服务	
（一）景区游览服务	
公园管理	7851
游览景区管理	7852
野生动物保护 *	7712
野生植物保护 *	7713
（二）娱乐休闲服务	
歌舞厅娱乐活动	8911
电子游艺厅娱乐活动	8912
网吧活动	8913
其他室内娱乐活动	8919
游乐园	8920
其他娱乐业	8990
（三）摄影扩印服务	
摄影扩印服务	7492
七、工艺美术品的生产	
（一）工艺美术品的制造	
雕塑工艺品制造	2431
金属工艺品制造	2432
漆器工艺品制造	2433
花画工艺品制造	2434
天然植物纤维编织工艺品制造	2435
抽纱刺绣工艺品制造	2436
地毯、挂毯制造	2437
珠宝首饰及有关物品制造	2438
其他工艺美术品制造	2439
（二）园林、陈设艺术及其他陶瓷制品的制造	
园林、陈设艺术及其他陶瓷制品制造 *	3079
（三）工艺美术品的销售	
首饰、工艺品及收藏品批发	5146
珠宝首饰零售	5245
工艺美术品及收藏品零售	5246

五、主要概念及指标解释

1. 对外直接投资：指我国企业、团体等（以下简称境内投资者）在国外及港澳台地区以现金、实物、无形资产等方式投资，并以控制国（境）外企业的经营管理权为核心的经济活动。对外直接投资的内涵主要体现在一经济体通过投资于另一经济体而实现其持久利益的目标。

2. 直接投资企业：指境内投资者直接拥有或控制 10% 或以上投票权（对公司型企业）或其他等价利益的境外企业。境外企业按设立方式主要分为子公司、联营公司和分支机构。

（1）子公司：境内投资者拥有该境外企业 50% 以上的股东或成员表决权，并具有该境外企业行政、管理或监督机构主要成员的任命权或罢免权。

（2）联营公司：境内投资者拥有该境外企业 10% ~ 50% 的股东或成员表决权。

（3）分支机构：即境内投资者在国（境）外的非公司型企业。

3. 成员企业：指企业间互相不持有股份，但为同一企业所影响，则这些企业称为成员企业。只要企业间直接或间接地有一个共同的母公司，这些企业即成为成员企业。

例如：中国 A 企业在中国香港设立直接投资企业 B，在美国设立了境外企业 C，企业 C 和 B 互为成员企业。

4. 境外成员企业：指与境内投资者互为成员企业的境外企业。

例如：中国 A 企业在中国内地设立了 B 企业，又在英国投资了企业 C，企业 C 是中国企业 B 的境外成员企业。

5. 对外直接投资额：指境内投资者在报告期内直接向其境外企业实现的投资，包括股权投资、收益再投资以及债务工具三部分。

金融业的对外直接投资仅包括股权投资和收益再投资。

（1）股权投资：指境内投资者在其境外分支机构投入的股本金，或在其境外子公司和联营公司的股份。

股权：等于报告年度末境外企业资产负债表中“股本”项乘以中方所占投资份额（或股权比重），当期股权的减少记作当期负流量。

新增股权：等于报告年度境外企业股本增加额乘以中方股权份额，其中包括境内投资者当年实际缴付的股本和由投资收益转增的股本。股权增加额为该企业年末、年初资产负债表“股本”项目相减之差。

（2）收益再投资：指境外子公司或联营公司未作为红利分配但应归属于境内投资者的利润部分，以及境外分支机构未汇给境内投资者的利润部分。

当期收益再投资：等于报告年度境外企业资产负债表中按中方股权比例计算的未分配利润期末数与期初数的差额，当期利润再投资为负数记入当期负流量。

收益再投资：等于报告年度境外企业资产负债表中按中方股权比例计算的未分配利润期末数，未分配利润期末数为负数不计入对外直接投资存量。

（3）债务工具：指境内投资者和境外子公司、分支机构以及联营公司之间的债务交易等，包括境内投资者与境外子公司、联营公司和分支机构的借贷款、应收和应付款项、债务证券等。境内投资者与境外成员企业间的贷款往来亦纳入此范畴。

境内投资者当期提供给境外子公司、联营公司、分支机构、境外成员企业贷款记作当期对外直接投资流量和存量的增加；境外子公司、联营公司、境外成员企业归还当期或以前年度境内投资者记作当期对外直接投资的负流量，同时应调减当期存量。

境内投资者与境外子公司、联营公司、分支机构间当期新增应收和应付款项的净值记作当期对外直接投资的流量的增加或减少；期末应收和应付款项的净值记作对外直接投资的存量的增加或减少。

6. 反向投资额：指境外企业对境内投资者持股比例低于 10% 的投资。

7. 返程投资：指境内投资者将本地资金通过各种渠道流到国（境）外，再以直接投资（控股≥ 10%）的形式将这些资金返回到本地经济体。

8. 当期对外直接投总额：等于报告期境外企业新增股权加上当期收益再投资，加上对境内投资者的新增债务工具（包括贷款、应收款等）。

9. 当期对外直接投资流量：等于当期对外直接投资总额，减去当期境外企业对境内投资者的反向投资。

10. 年末对外直接投资总额：等于报告期境外企业资产负债表中按中方投

资比例计算的股本期末数加上按中方投资比例计算的未分配利润期末数，加上期末对境内投资者的债务工具（指境内投资者对境外企业提供贷款、应收款等）。

11. 年末对外直接投资存量：等于年末对外直接投资总额减去境外企业累计对境内投资者的反向投资。

12. 资产总额：指企业拥有的流动资产、固定资产、无形资产、长期投资、在建工程、其他资产等用货币计量的价值总和。

13. 负债总额：反映报告期末企业承担的能够以货币计量、需要以资产或者劳务偿付的债务，包括流动负债、长期负债和其他负债。

14. 所有者权益：指所有者在企业资产中享有的经济利益（按股比计算），其金额为资产减去负债后的余额，包括实收资本（或者股本）、资本公积、盈余公积和未分配利润等。

15. 实收资本：指投资者按照企业章程，或合同、协议的约定，实际投入企业的资本。

16. 销售（营业）收入：指企业在销售商品或提供劳务等经营业务中实现的营业收入，包括主营业务收入和其他业务收入。

17. 利润总额：是企业在报告期的经营成果，包括营业利润、投资净收益和营业外收支净额。

18. 年末从业人员数：指报告年度末在境（内）外企业从事一定的劳动并取得劳动报酬或其他形式劳动报酬的全部人员数。

境外企业与中国境内有对外劳务合作经营资质的企业签订用工合同的相关从业人员不纳入境外企业年末从业人员统计。

19. 通过境外企业实现的货物出口总值：指通过境外企业在报告年度内出口的各种货物价值的总和。

20. 通过境外企业实现的货物进口总值：指通过境外企业在报告年度内进口的各种货物价值的总和。

21. 对所在国上缴税金总额：指境外企业按照投资所在国家或者地区的法律规定实际缴纳的各项税金之和。

22. 对外直接投资收入：是境内投资者对外直接投资回报的一部分，包括权益投资所得加上境内投资者与对外直接投资企业间的债务收入。

23. 权益收入：即境内投资者投资境外企业股权部分的回报，是境内投资者在境外企业当期所得的占比（基于股权比例），包括红利和再投资收益。

24. 债务收入：即来源于境内投资者与境外企业及境外成员企业间贷款、贸易信贷和其他债务形式的利息收入。

25. 并购：是兼并和收购的总称。兼并指境内投资者（或通过其直接投资设立的境外企业）在国（境）外合并其他境外独立企业的行为。收购指境内投资者（或通过其直接投资设立的境外企业）在国（境）外用现金或者有价证券等方式购买境外实体企业（包括项目）的股票或者资产，以获得对该企业（或项目）的全部资产或者某项资产的所有权，或对该企业的控制权。

并购事项的统计界定：

（1）境内投资者直接与卖方签订并购境外实体企业（或项目）协议以及实施并购的行为活动纳入并购事项统计。

（2）境内投资者通过其境外企业与卖方签订并购企业（或项目）协议以及实施并购的行为活动纳入并购事项统计。

（3）境内投资者之间的境外企业股权转让不纳入并购事项统计。

上述（1）中所涉及并购企业（或项目）的最终控股比例不得小于10%；（2）中所涉及并购事项不受最终控股比例限制。

26. 实际交易额：指根据收购协议境内投资者（或其境外企业）实际支付给卖方的各种资金总和。

27. 月末从业人员数：指报告期末从事一定的劳动并取得劳动报酬的全部人员数量。

28. 农业对外投资合作：指境内投资者通过直接投资或再投资方式拥有、控制国（境）外农业类境外企业或项目的活动。

29. 自有资金：是指境内投资者（或境外企业）为进行生产经营活动所经常持有，可以自行支配使用并无须偿还的那部分资金。

30. 文化及相关产业：依据国家统计局《文化及相关产业分类（2012）》，指为社会公众提供文化产品和文化相关产品的生产活动的集合。具体范围包括：

（1）以文化为核心内容，为直接满足人们的精神需要而进行的创作、制造、传播、展示等文化产品（包括货物和服务）的生产活动。

（2）为实现文化产品生产所必需的辅助生产活动。

（3）作为文化产品实物载体或制作（使用、传播、展示）工具的文化用品的生产活动（包括制造和销售）。

（4）为实现文化产品生产所需专用设备的生产活动（包括制造和销售）。

31. 统计原则的界定。

（1）国家（地区）的统计界定。

对外直接投资的国家（地区）按首个投资目的国家（地区）进行统计。如果直接投资的首个流入国家（地区）是英属维尔京、开曼群岛、百慕大群岛，需将下一个实体境外企业（有雇员、办公室）存在的国家（地区）作为直接投资的国家（地区）进行统计，但当下属实体企业是中国大陆企业时，应将英属维尔京、开曼群岛、百慕大群岛作为首个投资目的国家（地区）进行统计。

（2）境内投资者与境外企业的行业分类的界定。

境内投资者根据中华人民共和国《国民经济行业分类》（GB/T 4754—2011），按销售收入份额最大的产品的所属行业确定其行业类别。

境外企业分类参照中华人民共和国《国民经济行业分类》（GB/T 4754—2011）执行。

（3）货币转换和计价原则。

境内投资者调查表（FDIN1 表），填报的内容以人民币为货币单位；其余报表的金额均以美元作为统一货币单位。以非美元计价的，须按照国家外汇管理局制定的《各种货币对美元内部统一折算率表》规定的折算率折合为美元。

经营活动有关指标（如营业收入、出口总值、进口总值等）按实际交易价，即以市场价值作为计价基础；资产、负债、权益等存量指标按账面价值计算。

（4）报告年份的界定。

本制度各项统计报表数据均按日历年度上报；以财政年度反映的境外企业的数据须调整为日历年度或按最近一期财政年度报表的数据填报，并在报表中加以说明。

（5）分支机构的统计界定。

境内投资者在国（境）外设立的机构有下列情形之一的，纳入对外直接投资分支机构统计范畴：

A：有独立财务账户并在当地有登记。

B：在当地拥有土地、建筑物等不可移动资产所有权（不包括本国政府在当地拥有的土地和建筑，如大使馆、领事馆、军事基地、科研设施、信息或移民部门、援助机构等）。

C：境内投资者直接承担国（境）外工程项目建设，在项目所在国设立一年以上的办公室（注册或非注册）并存在完整、独立的活动账户。

如境内投资者在国（境）外承担的水坝、电站、桥梁等大型工程建设项目，大多数情况下，由未在当地登记的办公室（经理办、代表处、项目部）实施和管理项目，已构成生产经营属性，属于国际标准意义的直接投资活动。

D：拥有移动设备（如船舶、航空器、天然气和石油钻探设备、铁路车辆等）并经营至少一年。

（6）其他统计界定。

A. 凡境内投资者在境外企业中拥有或控制 10% 或以上的投票权（对公司型企业）或其他等价利益（对非公司型企业）的投资，均计入对外直接投资统计。

B. 子公司获得由境内直接投资者担保的借款，不计入对外直接投资统计。

C. 参加国际组织的投资不计入对外直接投资统计。

D. 以提供技术并收取管理费的跨境服务不计入对外直接投资统计。

E. 境外企业若被其他国家企业收（并）购，记作境内投资者对外直接投资的减少。

F. 若境外企业中有多家境内投资者，且均拥有 10% 以上的股份，可作为上报单位分别报送按股权比例计算的相应指标。

G. 境外企业对境内投资者投资控股比例大于或等于 10% 不计入反向投资。

H. 报告年度通过追加投资等方式达到控制企业 10% 或以上的投票权的境外企业纳入报告年度的对外直接投资统计，追加投资金额记作当期的对外直接投资的增加，期末对外直接投资存量按其持股比例计算的所有者权益部分计算。

I. 境内投资者之间以股权置换的方式获得境外企业 10% 以上股权计入当期对外直接投资的增加，由于股权置换而丧失或减少境外企业股权，计入当期对外直接投资的减少。

J. 境内银行（或存款公司）放在其境外支行或子公司内的存款不属于直接投资。

K. 境内银行（或存款公司）通过境外支行或子公司吸收的存款不属于直接投资。

L. 境内保险公司在境外设立的保险公司的技术储备（即为防范现有风险的实际储备，提前支付的保费，赢利保险业务储备，以及未决索赔的准备金）不属于直接投资。

商务部关于印发《对外承包工程业务统计制度》和《对外劳务合作业务统计制度》的通知

（商合函〔2014〕976号　2014年12月26日）

各省、自治区、直辖市、计划单列市及新疆生产建设兵团商务主管部门，中央企业：

根据《部门统计调查项目管理暂行办法》（国家统计局令1999年第4号）的规定，我部结合近两年对外承包工程和劳务合作业务发展情况，对《对外承包工程业务统计制度》、《对外劳务合作业务统计制度》进行了修订并经国家统计局核准。修订内容如下：

一、《对外承包工程业务统计制度》

在对外承包工程项目明细表（CB2）中增加“项目实施地点”及“项目承揽方式”两项统计内容。

二、《对外劳务合作业务统计制度》

将对外劳务合作外派人员、月末在外人员的行业构成表（LW1、LW2）根据中华人民共和国《国民经济行业分类》(GB/T 4754—2011）标准进行了规范。

现将修订后的《对外承包工程业务统计制度》、《对外劳务合作业务统计制度》印发给你们，自2015年1月1日起执行，执行期两年。

商务部

2014年12月26日

附件 1

对外承包工程业务统计制度[㊀]

（商务部　2014 年 12 月）

《中华人民共和国统计法》第七条规定：国家机关、企业事业单位和其他组织以及个体工商户和个人等统计调查对象，必须依照本法和国家有关规定，真实、准确、完整、及时地提供统计调查所需的资料，不得提供不真实或者不完整的统计资料，不得迟报、拒报统计资料。

《中华人民共和国统计法》第九条规定：统计机构和统计人员对在统计工作中知悉的国家秘密、商业秘密和个人信息，应当予以保密。

《对外承包工程管理条例》第二十二条规定，对外承包工程的单位应按照国务院商务主管部门和国务院统计部门的规定，向有关部门报送业务统计资料。

一、总说明

（一）为科学、有效地组织全国对外承包工程业务统计工作，保障统计资料的准确性、及时性和完整性，充分发挥统计信息、咨询、监督作用，依照《中华人民共和国统计法》、《中华人民共和国统计法实施细则》以及《对外承包工程管理条例》特制定本制度。

（二）对外承包工程指中国的企业或者其他单位承包境外建设工程的活动。本制度适用于我国境内的各级商务主管部门和获得对外承包工程经营资格的企业（以下简称企业）。

（三）对外承包工程业务统计的基本任务是通过统计调查、统计分析和提供统计资料，准确、及时、全面地反映对外承包工程业务的实际情况，为有

㊀ 本报表制度根据《中华人民共和国统计法》和《对外承包工程管理条例》有关规定制定。

关部门制定方针、政策提供可靠的数据支持，它是我国涉外经济统计的重要组成部分。

（四）对外承包工程业务统计实行统一领导，分级管理。

商务部负责全国对外承包工程业务统计工作，管理各省、自治区、直辖市、计划单列市商务主管部门，有关中央管理的企业（不包括在地方的中央管理的企业，以下简称中央企业，下同）的对外承包工程业务统计工作，审核、汇总、编制全国对外承包工程业务统计资料。

地方商务主管部门负责本行政区域内对外承包工程业务统计工作，管理本行政区域内企业（包括在该行政区域内中央管理的企业，以下简称地方企业，下同）的统计工作，审核、汇总并向商务部上报本行政区域内对外承包工程业务统计资料。

企业负责本单位的对外承包工程业务统计工作，编制统计资料并上报地方商务主管部门或商务部。

（五）企业承揽的下列业务纳入对外承包工程业务统计：

1. 承包国（境）外工程项目。指企业按照国际上通行的做法，在国外及港澳台地区承揽和实施的各类工程项目。

2. 承包我国对外经济援助项目。指企业以投标、议标等方式承揽和实施的我国对外经济援助项目。

3. 承包我国驻外机构工程项目。指企业以投标、议标等方式承揽和实施的我国驻外使（领）馆等工程项目。

4. 企业自带设备，以收取设备使用费、技术服务费等形式承揽和实施的国外及港澳台地区工程项目。

5. 企业为实施承包工程项目出口的大型成套和机电设备，并负责安装和调试。

6. 企业在国外及港澳台地区承担地形地貌测绘，地质资源普查与勘探，建设区域规划，工程设计、生产工艺、技术资料和工程技术咨询，工程项目的可行性考察、研究和评估，工程监理，技术指导等经济活动。

（六）对外承包工程业务统计的主要指标包括：新签合同额、完成营业额、外派人数、月末在外人数、雇佣项目所在国人员数量等。

（七）对外承包工程业务统计报表报送渠道：地方企业报地方商务主管部门；中央企业报商务部；地方商务主管部门审核本行政区域内企业的报表后报商务部，同时抄报同级统计部门；商务部汇总全国数据后报国家统计局。

经商务部批准具有对外承包工程经营资格的企业（集团），仅报告企业（集团）总部及不具有经营资格的下属公司的统计资料；具有经营资格的下属公司的统计资料由该公司按属地化原则报送所在地商务主管部门。

（八）统计资料公布：月度数据于月后2日内，通过商务部政府网站或商务部例行发布会对外公布，主要指标包括新签合同额、完成营业额。

（九）各级商务主管部门和企业应加强数据传输的现代化建设，充分运用网络传输手段，全面提高统计工作质量。商务部可根据业务发展的实际情况，对月度对外承包工程业务统计数据进行调整。对外经济合作业务管理工作中使用及对外提供的统计资料，以商务部发布的统计资料为准。

（十）逢国家法定的节假日，统计报表的报送时间顺延。

（十一）本制度使用的国别（地区）统计代码，按国家统计局制定的《国别（地区）统计代码》执行。

二、报表目录

基层报表

表号	表名	报告期别	填报范围	报送单位	报送日期及方式	页码
CB1	对外承包工程业务情况	月	有对外承包工程经营资格的企业	有对外承包工程经营资格的企业	月后2日内，网络传输	8
CB2	对外承包工程项目明细	月	同上	同上	同上	9
CB3	主要交通运输建设项目明细	月	同上	同上	同上	10
CB4	主要电力工程建设项目明细	月	同上	同上	同上	11
CB5	对外承包工程企业经营情况	年	同上	同上	年后4月30日前，网络传输	12

三、调查表式

基层报表

对外承包工程业务情况

表　　号：CB1
制定机关：商务部
批准机关：国家统计局
批准文号：
有效期至：2014 年 12 月

企业名称：
组织机构代码：□□□□□□□□-□

年　　月

指标 国家（地区）	新签合同份数（份）	新签合同额（万美元）		完成营业额（万美元）		外派人数（人）	月末在外人数（人）	月末雇佣项目所在国人员数量（人）
		金额	其中：设计咨询	金额	其中：设计咨询			
甲	1	2	3	4	5	6	7	8
合计								
×× 国家（地区）								
×× 国家（地区）								

统计负责人：　　制表人：　　联系电话：　　报出日期：20　年　月　日

填表说明：

1. 本表综合反映报告月份企业开展对外承包工程业务的国家（地区）分布基本情况。
2. 本表由企业于月后 2 日内报送省级商务主管部门或商务部。
3. “设计咨询”指新签合同额和完成营业额中企业承担地形地貌测绘，地质资源普查与勘探，建设区域规划，工程设计、生产工艺、技术资料和工程技术咨询，工程项目的可行性考察、研究和评估，工程监理，技术指导等部分的金额。
4. 月末雇佣项目所在国人员数量：指报告期末企业在执行国（境）外工程项目中雇佣项目所在国家（地区）各种人员数量的总和。包括：雇佣当地项目的管理、施工、后勤等方面的人员。

对外承包工程项目明细

表　　号：CB2
制定机关：商务部
批准机关：国家统计局
批准文号：
有效期至：2014 年 12 月

企业名称：
组织机构代码：□□□□□□□□-□

年　　月

指标 / 项目	项目所在国家（地区）	项目类别		签约日期	对外签约单位	项目实施单位	业主	项目资金来源	新签合同额（万美元）	
		大类	小类						金额	其中：设计咨询
合计	甲	乙	丙	丁	戊	己	庚	辛	1	2
×× 项目										
×× 项目										

（续表）

完成营业额（万美元）		带动国产设备材料出口额（万美元）	外派人数（人）	月末在外人数（人）	月末雇佣项目所在国人员数量（人）	月末雇佣第三国人员数量（人）
金额	其中：设计咨询					
3	4	5	6	7	8	9

统计负责人：　　制表人：　　联系电话：　　报出日期：20　年　月　日

填表说明：

1. 本表综合反映报告月份企业对外承包工程业务项目的基本情况。
2. 本表由企业于月后 2 日内报送省级商务主管部门或商务部。
3. “项目实施地点”指实施对外承包工程项目所在国家（地区）的具体省份（州、地区或离项目实施地点最近的城市）。
4. “项目类别”项目大小分类见附录。
5. “签约日期”指对外承包工程项目的签约日期。
6. “对外签约单位”指与国（境）外业主签订合同的企业。
7. “项目实施单位”指具体实施对外承包工程项目的企业。
8. “业主”指与企业签订对外承包工程项目合同的项目发起人。
9. 项目资金来源：指企业承揽工程项目工程款的来源方，包括项目所在国政府、世界银行、其他区域性金融机构、中国政府援外项目款项、中国政府优惠出口买方信贷等。
10. 项目承揽方式：施工总承包、设计－采购－施工总承包（EPC）、设计咨询、交钥匙工程（BT等）、特许经营（BOT、BOO、PPP 等）。
11. “设计咨询”指新签合同额和完成营业额中企业承担地形地貌测绘，地质资源普查与勘探，建设区域规划，工程设计、生产工艺、技术资料和工程技术咨询，工程项目的可行性考察、研究和评估，工程监理，技术指导等部分的金额。
12. 月末雇佣项目所在国人员数量：指报告期末企业在执行国（境）外工程项目中雇佣项目所在国各种人员数量。包括项目的管理、施工、后勤人员等。
13. 月末雇佣第三国人员数量：指报告期末企业在执行国（境）外工程项目中所雇佣的扣除本国及项目所在国人员以外的各种人员数量。包括项目的管理、施工、后勤人员等。

主要交通运输建设项目明细

表　　号：CB3

制定机关：商务部

批准机关：国家统计局

企业名称：　　　　　　　　　　　　　　　　　批准文号：

组织机构代码：□□□□□□□□-□　　　　　有效期至：2014 年 12 月

年　　月

<table>
<tr><td rowspan="4">指标
分类、项目</td><td colspan="4">签约情况</td><td colspan="4">进展情况</td><td rowspan="4">月末在外人数</td></tr>
<tr><td rowspan="3">新签合同金额（万美元）</td><td colspan="3">线路总里程（公里）</td><td rowspan="3">完成营业额（万美元）</td><td colspan="3">已完工线路里程（公里）</td></tr>
<tr><td rowspan="2">总计</td><td colspan="2">其中</td><td rowspan="2">总计</td><td colspan="2">其中</td></tr>
<tr><td>全线桥梁长度（米）</td><td>全线隧洞长度（米）</td><td>桥梁长度（米）</td><td>隧洞长度（米）</td></tr>
<tr><td>甲</td><td>1</td><td>2</td><td>3</td><td>4</td><td>5</td><td>6</td><td>7</td><td>8</td><td>9</td></tr>
<tr><td>合计</td><td></td><td></td><td></td><td></td><td></td><td></td><td></td><td></td><td></td></tr>
<tr><td>一、公路</td><td></td><td></td><td></td><td></td><td></td><td></td><td></td><td></td><td></td></tr>
<tr><td>××国家（地区）</td><td></td><td></td><td></td><td></td><td></td><td></td><td></td><td></td><td></td></tr>
<tr><td>××项目</td><td></td><td></td><td></td><td></td><td></td><td></td><td></td><td></td><td></td></tr>
<tr><td>*</td><td></td><td></td><td></td><td></td><td></td><td></td><td></td><td></td><td></td></tr>
<tr><td>*</td><td></td><td></td><td></td><td></td><td></td><td></td><td></td><td></td><td></td></tr>
<tr><td>二、铁路</td><td></td><td></td><td></td><td></td><td></td><td></td><td></td><td></td><td></td></tr>
<tr><td>××国家（地区）</td><td></td><td></td><td></td><td></td><td></td><td></td><td></td><td></td><td></td></tr>
<tr><td>××项目</td><td></td><td></td><td></td><td></td><td></td><td></td><td></td><td></td><td></td></tr>
<tr><td>*</td><td></td><td></td><td></td><td></td><td></td><td></td><td></td><td></td><td></td></tr>
<tr><td>*</td><td></td><td></td><td></td><td></td><td></td><td></td><td></td><td></td><td></td></tr>
</table>

统计负责人：　　　　制表人：　　　　联系电话：　　　　报出日期：20　年　月　日

填表说明：

1. 本表综合反映报告月份企业开展主要交通运输类工程项目的基本情况。主要交通运输项目指企业在国（境）外承揽和实施的涉及合同金额在 1000 万美元以上的公路（含高速公路）和铁路（含地铁、轻轨等）工程建设类的项目，包括公路、铁路修复项目。
2. 本表由企业于月后 2 日内通过网络传输报送。
3. 线路总里程：指合同文本规定的公路、铁路项目的路面或铺轨总长度（包括桥梁、隧道等），以“公里”作为统计单位。
4. 全线桥梁长度：指公路、铁路线路总里程中涉及桥梁的长度，以“米”作为统计单位。
5. 全线隧洞长度：指公路、铁路线路总里程中涉及隧洞的长度，以“米”作为统计单位。
6. 已完工线路里程：指报告期已经完成（即经监理工程师确认）的公路、铁路项目的路面或铺轨长度（包括桥梁、隧道等），以“公里”作为统计单位。

主要电力工程建设项目明细

表　　号：CB4
制定机关：商务部
批准机关：国家统计局
企业名称：　　　　　　　　　　　　　　　　　　批准文号：
组织机构代码：□□□□□□□□-□　　　　　　有效期至：2014 年 12 月

年　　月

指标 / 分类、国家、项目	签约情况		进展情况		月末在外人数（人）
	新签合同金额（万美元）	装机容量（万千瓦）	完成营业额（万美元）	带动国产设备材料出口（万美元）	
甲	1	2	3	4	5
合计					
一、化石燃料电厂					
×× 国家（地区）					
×× 项目					
二、水电站					
×× 国家（地区）					
×× 项目					
三、核电站					
×× 国家（地区）					
×× 项目					
四、热电联电站					
×× 国家（地区）					
×× 项目					
五、风力发电站					
×× 国家（地区）					
×× 项目					
六、太阳能电站					
×× 国家（地区）					
×× 项目					

统计负责人：　　　　制表人：　　　　联系电话：　　　　报出日期：20　年　月　日

填表说明：

1. 本表综合反映报告月份企业开展主要电力工程建设类项目的基本情况。主要电力工程建设项目指企业在国（境）外承揽和实施的涉及化石燃料电厂、水电站、核电站、热电联电站、风力发电站、太阳能电站建设的项目。
2. 本表由企业于月后 2 日内通过网络传输报送。
3. 装机容量：指该电站系统按合同文本规定安装达到的发电机组额定有功功率的总和。该指标由电站项目总包方填报，以“万千瓦”作为统计单位。

对外承包工程企业经营情况

表　　号：CB5
制定机关：商务部
批准机关：国家统计局
企业名称：　　　　　　　　　　　　　　　　　批准文号：
组织机构代码：□□□□□□□□-□　　　有效期至：2014 年 12 月
年

指标	单位	数值
甲	乙	1
1. 对外承包工程利润总额	万元人民币	
2. 当年新增承包工程项下流动资金贷款金额	万元人民币	
（1）美元部分	万美元	
（2）人民币部分	万元人民币	
3. 年末对外承包工程项下流动资金贷款金额	万美元	
（1）美元部分	万美元	
（2）人民币部分	万元人民币	
4. 支付给当地及第三国人员的工资	万美元	
5. 在当地及第三国采购设备材料金额	万美元	
6. 境外纳税总额	万美元	
7. 带动国产设备材料出口额	万美元	
8. 年末雇佣外籍劳务人员数量	人	

统计负责人：　　制表人：　　联系电话：　　报出日期：20　年　月　日

填表说明：

1. 本表综合反映我国对外承包工程企业年度经营情况及对社会的贡献情况。
2. 本表由企业于年后 4 月 30 日前通过网络传输报送。
3. 当年新增承包工程项下流动资金贷款金额：指报告年度企业为执行国（境）外工程项目而从境内银行性金融机构取得的超过一年（含一年）的流动资金贷款总额。
4. 年末对外承包工程项下流动资金贷款余额：指截至报告期末企业为执行国（境）外工程项目而从境内银行性金融机构取得的超过一年（含一年）的流动资金贷款总额中，扣除已归还部分款项的余额。
5. 支付给当地及第三国人员的工资：指支付给非我国外派人员的工资（含保险、社保等福利支出）总额。
6. 在当地及第三国购买的设备材料：指为完成该工程项目，在当地（项目所在国家地区）及第三国（除我国和东道国之外的地区）购买的设备材料的总额。
7. 年末雇佣外籍人员数量：指报告期末企业在国（境）外工程项目中雇佣当地员工和第三国员工的总和。

四、附录

对外承包工程项目分类（标准参照：美国国际工程新闻记录）

项目类别代码（大类、小类）	类别名称
A	**房屋建筑项目**
01	商用建筑（包括用于商业活动的商场、市场以及商用办公楼等）
02	政府办公设施
03	教育用设施（包括幼儿园、学校等）
04	监狱惩戒机构
05	卫生保健机构（包括医院以及与卫生保健相关的场所建设）
06	物流分销、仓储设施（包括各类仓库、商品分拨中心等）
07	酒店、汽车旅馆、会展中心
08	多户单元住宅（包括供多户居民居住的住宅、公寓等）
09	体育设施（包括体育场、运动中心等）
10	游乐场所、主题公园
11	宗教和文化设施
12	土地平整
13	其他
B	**工业建设项目**
01	钢铁和有色金属加工厂建设
02	化学品（非石油）厂建设（包括化肥厂等）
03	制药厂建设
04	食品和饮料加工厂建设
05	纸浆和造纸厂建设
06	非金属矿物制品厂建设（包括水泥厂、石灰厂、玻璃厂等）
07	其他

C	**制造加工设施建设项目**
01	汽车装配和零部件制造厂建设
02	半导体制造厂建设
03	电子装配厂建设
04	航空航天设备制造厂建设
05	其他
D	**水利建设项目**
01	水处理、海水淡化厂
02	供水管线、沟渠建设
03	水坝、水库
04	防洪堤坝、海堤建设
05	打井工程
06	其他
E	**废水（物）处理项目**
01	污水处理厂
02	卫生间、下水道处理
03	固体废弃物处理
04	其他
F	**交通运输建设项目**
01	公路（含高速公路）
02	桥梁
03	港口及港口设施建设
04	机场（含航站楼）
05	铁路（含地铁、轻轨及相关公共交通枢纽）
06	其他
G	**危险品处理项目**
01	化学品处理和土壤（指遭受污染的土壤）修复
02	核废料处理
03	石棉和铅减排处理
04	空气净化设施

05 其他

H **电力工程建设**

01 化石燃料电厂（石油、天然气和煤作为燃料的电厂）

02 核电站

03 水电站

04 热电联产电厂（指同时向用户供给电能和热能的火力发电厂）、废燃料电厂

05 风力发电站

06 太阳能发电站

07 输配电工程（包括输电线路工程、变电工程、换流站工程等）

08 电站运营维护（含改造）

09 其他

I **石油化工项目**

01 炼油厂和石化厂建设

02 油气管线建设

03 海上石油平台建设

04 01-03 项服务维护运转

05 其他

J **通讯工程建设**

01 广播电视转播塔施工

02 数据和网络中心建设

03 通讯传送架与设施的施工（含地下和水下通信电缆）

04 通信线路和设备安装

05 航空航天工程（含卫星发射等）

06 其他

K **其他**

01 与采矿业相关的地质勘察

02 矿山工程建筑（含坑道、隧道、井道的挖掘、搭建等）

03 其他

五、主要指标及解释

1. 对外承包工程的界定：根据《对外承包工程管理条例》，对外承包工程是指中国的企业或者其他单位承包境外建设工程项目的活动。

对外承包工程项目分为十一大类：房屋建筑项目、工业建设项目、制造加工设施建设项目、水利建设项目、废水（物）处理项目、交通运输建设项目、危险品处理项目、电力工程建设项目、石油化工项目、通讯工程项目、其他。

2. 新签合同额的界定：指企业在报告期内签订的合法有效的对外承包工程项目合同的金额。

（1）对外承包工程项目新签合同额按企业与国（境）外业主签定的合同文本所规定的金额统计。

（2）企业必须根据项目的合同文本或其他合法有效文件填报新签合同额，并以合同文本规定的正式生效日期为统计日期。

（3）新签合同额以美元作为计算单位。

项目合同以非美元计价的，若合同规定了对美元折算率，其新签合同额按合同规定的折算率折合美元计算统计；若合同未规定对美元折算率，须按所签合同生效当日所在国家（地区）官方规定的合同计价货币对美元折算率的中间价折合美元计算统计。

（4）企业与国内或国（境）外企业联合中标的项目，其新签合同额按其实际实施的部分计算统计。

（5）企业与国（境）外业主签定项目合同，但施工地点在第三国的，则以施工地点为国别统计该项目。

（6）以实物形式支付的项目新签合同额按合同中所列实物的数量，乘以报告期内拟销售地市场价格并折合美元计算统计。

（7）当年签定的合同发生变更，应根据业务部门的变更通知，在本年度下一报告期调整合同金额，并加以说明。以往年度的合同发生变更，在本年度和历史统计资料中均不予调整。

（8）报告期内对往年合同签定补充合同时，视同新签合同。

（9）企业之间以总包、分包方式实施的对外承包工程项目，其新签合同额由与国（境）外业主签定合同的企业统计。

（10）企业与不具有经营资格的国内企业之间以总包、分包方式实施的对外承包工程项目，其新签合同额由具有经营资格的企业统计。

3. 完成营业额的界定：指企业在报告期内完成的以货币形式表现的工作量。

（1）对外承包工程项目完成营业额按承包方编制的经现场监理工程师或项目总监审核签字的工程进度证明等计算统计。

（2）企业必须根据提交给业主据以结算项目款项或反映报告期项目工作量的有效凭证或单据填报完成营业额。

（3）完成营业额以美元作为计算单位。

项目合同以非美元结算的，若合同规定了对美元折算率，其完成营业额按合同中规定的折算率折合美元计算统计；若合同中未规定对美元折算率，须按报告期第一日所在国家（地区）官方规定的合同计价货币对美元折算率的中间价折合美元计算统计。

（4）企业与国内或国（境）外企业联合中标的项目，其完成营业额按其实际完成的工作量统计。

（5）企业之间以总包、分包方式实施的对外承包工程项目，其完成营业额由项目实施企业统计。

（6）企业与不具有经营资格的国内企业之间以总包、分包方式实施的对外承包工程项目，其完成营业额由具有经营资格的企业统计。

4. 外派人数：指企业在报告期内派往国（境）外执行对外承包工程项目的人数。

5. 月末在外人数：指报告期末企业在国（境）外执行对外承包工程项目的人数。

6. 月末雇佣项目所在国人员数量：指报告期末企业在执行国（境）外工程项目中所雇佣项目所在国各种劳务人员数量。包括项目的管理、施工、后勤人员等。

7. 月末雇佣第三国人员数量：指报告期末企业在执行国（境）外工程项目中所雇佣的扣除本国及项目所在国人员以外的各种人员数量。包括项目的管理、施工、后勤人员等。

8. 派出人数、月末在外人数的统计界定原则：

（1）派往本企业签约承揽的境外承包工程项目人员纳入外派人员、月末在外人数统计。

（2）向本企业境外企业签约承揽的境外工程项目派出本企业自有人员纳入外派人员、月末在外人数统计。

（3）派往本企业分包的境外工程项目人员纳入外派人员、月末在外人数统计。

（4）本企业的境外企业与对外劳务合作企业签订劳务合作合同招用的人员不纳入承包工程外派人员、月末在外人数统计。

（5）派往境外注册的承包工程项目公司、办事处、代表处的常驻人员不纳入承包工程外派人员、月末在外人数统计。

9. 外派人数、月末在外人数的计算原则：

（1）外派人数、月末在外人数以人作为计算单位。

（2）外派人数、月末在外人数由统计该项目完成营业额的企业统计。

（3）企业之间以总包、分包方式实施的对外承包工程项目，其外派人数、月末在外人数由统计该项目完成营业额的企业统计。

10. 对外承包工程利润总额：指在企业年度利润总额中属于对外承包工程利润的部分。

11. 带动国产设备材料出口额：指为完成对外承包项目而带出国（境）外的国产设备、材料的总额。

12. 境外纳税总额：是指企业在完成对外承包工程项目中根据项目所在国家（地区）法律而缴纳的各种税费的总和。

13. 承包工程项目分类的确定：

（1）如同一项目涉及两个或以上的项目大类，合同额可以根据合同文本进行拆分的，则分别进行分类项目统计。

（2）如同一项目涉及两个或以上的项目大类，合同额无法根据合同额进行拆分的，则按项目主要类别（即合同文本中合同额比重最大的）进行工程项目分类统计。

（3）与采矿业相关的地质勘察（含数据采集等）纳入“其他”工程项目类别进行统计。

（4）矿山工程建筑（含坑道、隧道、井道的挖掘、搭建等）项目纳入“其他”工程项目类别进行统计。

附件 2

对外劳务合作业务统计制度[㊀]

（商务部　2014 年 12 月）

《中华人民共和国统计法》第七条规定：国家机关、企业事业单位和其他组织以及个体工商户和个人等统计调查对象，必须依照本法和国家有关规定，真实、准确、完整、及时地提供统计调查所需的资料，不得提供不真实或者不完整的统计资料，不得迟报、拒报统计资料。

《中华人民共和国统计法》第九条规定：统计机构和统计人员对在统计工作中知悉的国家秘密、商业秘密和个人信息，应当予以保密。

《对外劳务合作管理条例》第三十二条规定：国务院商务主管部门会同国务院统计部门建立对外劳务合作统计制度，及时掌握并汇总、分析对外劳务合作发展情况。

一、总说明

（一）为科学、有效地组织全国对外劳务合作业务统计工作，充分发挥统计信息、咨询、监督作用，依照《中华人民共和国统计法》、《中华人民共和国统计法实施细则》以及《对外劳务合作管理条例》，特制定本制度。

（二）对外劳务合作指组织劳务人员赴其他国家或地区为国外的企业或机构工作的经营性活动。

（三）本制度适用于我国境内各级商务主管部门和获得对外劳务合作经营资格的企业以及海员外派机构（以下简称企业）。

（四）对外劳务合作业务统计的基本任务是通过统计调查、统计分析和提供统计资料，准确、及时、全面地反映对外劳务合作业务的实际情况，为有

㊀ 本报表制度根据《中华人民共和国统计法》和《对外劳务合作管理条例》有关规定制定。

关部门制定方针、政策提供可靠的数据支持，是我国对外投资合作统计体系的重要组成部分。

（五）对外劳务合作业务统计实行统一领导，分级管理。

1. 商务部负责全国对外劳务合作业务统计工作，管理各省、自治区、直辖市、计划单列市商务主管部门，有关中央管理的企业（不包括在地方的中央管理的企业，以下简称中央企业，下同）的对外劳务合作统计工作，综合编制、汇总全国对外劳务合作业务统计资料。

2. 地方商务主管部门负责本行政区域内对外劳务合作业务统计工作，管理本行政区域内企业（包括在该行政区域内中央管理的企业，以下简称地方企业，下同）的统计工作，综合编制、汇总并向商务部上报本行政区域内对外劳务合作统计资料。

3. 企业负责本单位的对外劳务合作业务统计工作，编制统计资料并上报地方商务主管部门或商务部。

（六）中国公民个人到境外工作不属对外劳务合作业务统计范畴。

（七）企业与境外中资企业（包括中国企业为承揽境外承包工程项目而设立的境外企业）签订劳务合作合同，按照合同约定派人员赴境外工作的活动纳入对外劳务合作统计。

（八）对外劳务合作业务统计的主要指标包括：派出人数、期末在外人数、新签劳务人员合同工资总额、劳务人员实际收入总额。

（九）对外劳务合作业务统计报送渠道：地方企业报地方商务主管部门；中央企业报商务部；地方商务主管部门汇总本行政区域内企业的报表并报商务部，同时抄报同级统计部门；商务部汇总全国数据后报国家统计局。

（十）统计资料公布：月度数据于月后 2 日内，通过商务部政府网站或商务部例行发布会对外公布，主要指标包括派出人数、期末在外人数、新签劳务人员合同工资总值等。

（十一）对外经济合作业务管理工作中使用以及对外提供的统计资料，以商务部发布的统计资料为准。

（十二）逢国家法定的节假日，统计报表的报送时间顺延。

（十三）本制度使用的国别（地区）统计代码，按国家统计局制定的《国别（地区）统计代码》执行。

二、报表目录

基层报表

表号	表名	报告期别	填报范围	报送单位	报送日期及方式	页码
LW1	对外劳务合作派出人员构成	月	有对外劳务合作经营资格的企业	有对外劳务合作经营资格的企业	月后2日内，网络传输	23
LW2	对外劳务合作期末在外人员构成	月	同上	同上	同上	24
LW3	对外劳务合作项目明细	月	同上	同上	同上	25

三、调查表式

基层报表

对外劳务合作派出人员构成

表　　号：LW1
制定机关：商务部
批准机关：国家统计局
批准文号：国统制〔2014〕138号
有效期限：2016年11月
单　　位：人

企业名称：
组织机构代码：□□□□□□□□□-□

年　　月

指标 项目名称	合计	农、林、牧、渔业			采矿业	制造业					建筑业	居民服务、修理和其他服务业
		小计	其中：渔船船员	其中：农业种植		小计	其中：纺织服装	其中：电子	其中：食品加工制造	其中：机械加工		
甲	1	2	3	4	5	6	7	8	9	10	11	12
合计												
××国家（地区）												
××项目												
*												
*												

（续表）

交通运输、仓储和邮政业			信息传输、软件和信息服务业	批发和零售业	住宿和餐饮业		文化、体育和娱乐业	卫生和社会工作		其他
小计	其中：海员	其中：空乘人员			小计	其中：厨师		小计	其中：护士	
13	14	15	16	17	18	19	20	21	22	23

统计负责人：　　制表人：　　联系电话：　　报出日期：　　年　月　日

填表说明：

1. 本表综合反映报告月份企业开展对外劳务合作业务派出人员的构成情况。
2. 本表由企业于月后2日内通过网络传输报送。
3. 如国家（地区）和项目涉及派出渔船船员劳务，渔船船员项下应分别填报远洋人数和近海人数。近海指驻在国或地区管辖的水域，远洋是指驻在国或地区管辖以外水域。

对外劳务合作月末在外人员构成

表　　号：LW2
制定机关：商务部
批准机关：国家统计局
批准文号：国统制〔2014〕138 号
有效期限：2016 年 11 月
单　　位：人

企业名称：
组织机构代码：□□□□□□□□-□

年　　月

项目名称 \ 指标	合计	农、林、牧、渔业			采矿业	制造业					建筑业	居民服务、修理和其他服务业
		小计	其中：渔船船员	其中：农业种植		小计	其中：纺织服装	其中：电子	其中：食品加工制造	其中：机械加工		
甲	1	2	3	4	5	6	7	8	9	10	11	12
合计												
×× 国家（地区）												
×× 项目												
*												
*												

（续表）

交通运输、仓储和邮政业			信息传输、软件和信息服务业	批发和零售业	住宿和餐饮业		文化、体育和娱乐业	卫生和社会工作		其他
小计	其中：海员	其中：空乘人员			小计	其中：厨师		小计	其中：护士	
13	14	15	16	17	18	19	20	21	22	23

统计负责人：　　制表人：　　联系电话：　　报出日期：　　年　月　日

填表说明：

1. 本表综合反映报告月份企业对外劳务合作业务期末在外人员的构成情况。
2. 本表由企业于月后 2 日内通过网络传输报送。
3. 如国家（地区）和项目涉及派出渔船船员劳务，渔船船员项下应分别填报远洋人数和近海人数。

对外劳务合作项目明细

	表　　号：LW3
	制定机关：商务部
	批准机关：国家统计局
企业名称：	批准文号：国统制〔2014〕138 号
组织机构代码：□□□□□□□□□ - □	有效期限：2016 年 11 月
	单　　位：万美元、美元、人

年　月

指标 / 项目名称	项目所在国家（地区）	外方签约单位	雇主名称	签约日期
甲	乙	丙	丁	戊
合计				
×× 项目				
×× 项目				
*				
*				

（续表）

新签劳务人员合同工资总额	劳务人员实际收入总额	劳务人员实际月平均工资	派出人数	月末在外人数
1	2	3	4	5

统计负责人：　　制表人：　　联系电话：　　报出日期：　　年　月　日

填表说明：

1. 本表综合反映报告月份企业开展对外劳务合作业务项目的基本情况。
2. 外方签约单位：指与企业签订对外劳务合作合同的国（境）外企业名称，外方签约单位若是中资企业，需在统计系统中明确中资企业的境内投资者名称。
3. 雇主名称：指劳务人员工作的最终雇主。
4. 签约日期：指企业与国（境）外业主签订合同的日期。
5. 新签劳务人员工资额、劳务人员实际收入总额以“万美元”作为统计单位；劳务人员实际月平均工资以“美元”作为统计单位。
6. 本表由企业于月后 2 日内通过网络传输报送。

四、主要指标及解释

1. 对外劳务合作的统计界定：对外劳务合作指组织劳务人员赴其他国家或地区为国外的企业或机构工作的经营性活动。

对外劳务合作人员行业一级分类执行国家统计局国民经济经济分类标准

（GB/T 4754—2011），二级细类根据业务情况划分。

2. 派出人数：指企业在报告期内派往国（境）外执行对外劳务合作项目的人数。

3. 月末在外人数：指报告期末企业在国（境）外执行对外劳务合作项目的人数。

4. 新签对外劳务人员合同工资总额：指企业与外方签约单位或雇主订立书面合同文本中所规定的对外劳务人员工资总额。

派往日本的研修生，其新签合同工资总额按日本国劳动基准法规定的本国人均月生活水准金额乘以合同月数乘以人数计算。

新签合同工资总额以美元作为计算单位。以非美元计价的，若合同规定了对美元折算率，其新签合同工资总额按合同规定的折算率折合美元计算统计；若合同未规定对美元折算率，须按所签合同生效当日所在国家（地区）官方规定的合同计价货币对美元折算率的中间价折合美元计算统计。

新签合同工资总额发生变更，应根据业务部门的变更通知，在本年度下一报告期调整，并加以说明。以往年度的合同发生变更，在本年度和历史统计资料中均不予调整。

5. 对外劳务人员实际收入总额：指（1）报告期根据合同规定的对外劳务人员工资标准含工资、奖金、津贴等计算的在外劳务人员应获取的全部劳动报酬总额。（2）境外签约单位或雇主直接向劳务人员支付的工资、加班费、津贴和奖金等的各种收入的总额。该指标以美元计算。

6. 劳务人员实际月平均工资：指报告月度劳务人员平均每人所得的货币工资额。月平均工资等于报告月度雇主实际支付的全部劳务人员工资总额除以报告月份劳务人员平均人数。

对外援助管理办法（试行）

（商务部令 2014 年第 5 号　2014 年 11 月 15 日）

《对外援助管理办法（试行）》已经 2014 年 10 月 21 日商务部第 30 次部务会议审议通过，现予发布，自 2014 年 12 月 15 日起施行。

部长　高虎城

2014 年 11 月 15 日

第一章　总　　则

第一条　为了规范对外援助管理，提高对外援助效果，依据有关法律、行政法规的规定制定本办法。

第二条　本办法所称对外援助是指使用政府对外援助资金（以下称援外资金）向受援方提供经济、技术、物资、人才和管理等支持的活动。

第三条　对外援助的受援方主要包括与中华人民共和国已经建立外交关系且有接受援助需要的发展中国家，以及发展中国家为主的国际或区域性组织。

在人道主义援助等紧急或特殊情况下，发达国家或与中华人民共和国无外交关系的发展中国家也可作为受援方。

第四条　对外援助应尊重受援国主权、不干涉受援国内政，致力于减轻与消除受援方贫困，改善受援方民生和生态环境，促进受援方的经济发展和社会进步，增强受援方自主发展能力，巩固和发展与受援方的友好合作关系。

第五条　商务部负责对外援助工作，拟定并执行对外援助政策和方案，编制对外援助计划，确定对外援助项目（以下称援外项目）并组织实施，管理援外资金的使用，开展对外援助国际交流与合作。

驻外使领馆经济商务机构协助商务部办理与对外援助有关的政府间事务，负责援外项目实施的境外监督管理。

各省级商务主管部门协助商务部处理对外援助管理事务。

第六条　商务部建立全口径对外援助统计制度，收集、汇总和编制对外援助统计资料。

第七条　商务部制定统一的对外援助标识，负责标识使用的监督管理。

第二章　对外援助政策规划

第八条　商务部会同有关部门制定对外援助中长期政策规划和国别援助指导意见，经批准后执行。

第九条　商务部建立援外项目储备制度。

第十条　对外援助储备项目是编制援外资金计划和预算，以及援外项目立项的主要依据。

第十一条　商务部负责搜集、审核和确定具体国别的对外援助储备项目，并对确定的储备项目实行动态管理。

第三章　对外援助方式

第十二条　对外援助资金主要包括无偿援助、无息贷款和优惠贷款三种类型。

无偿援助主要用于受援方在减贫、民生、社会福利、公共服务以及人道主义等方面的援助需求；

无息贷款主要用于受援方在公共基础设施和工农业生产等方面的援助需求；

优惠贷款主要用于支持受援方有经济效益的生产型项目、较大规模的基础设施建设、提供大宗机电产品和成套设备。

第十三条　除特殊情况外，对外援助由商务部通过政府间援助的形式组织实施。

第十四条　对外援助以项目援助实施为主。

在人道主义援助等紧急或特殊情况下，可向受援方提供现汇援助。

第十五条　援外项目主要包括以下类型：

（一）成套项目，即中方在援外资金项下，通过组织或指导施工、安装和试生产全过程或其中部分阶段，向受援方提供生产生活、公共服务等成套设备和工程设施，并提供建成长效质量保证和配套技术服务的项目；

（二）物资项目，即中方在援外资金项下，向受援方提供一般生产生活物资、技术性产品或单项设备，并承担必要配套技术服务的项目；

（三）技术援助项目，即中方在援外资金项下，综合采用选派专家、技术工人或提供设备等手段帮助受援方实现某一特定技术目标的项目；

（四）人力资源开发合作项目，即中方在援外资金项下，为受援方官员和技术人员等提供各种形式的学历学位教育、中短期研修、人员交流以及高级专家服务的项目；

（五）志愿服务项目，即中方在援外资金项下，选派志愿人员到受援方从事公益性服务的项目。

第四章　援外项目立项

第十六条　除人道主义援助等紧急或特殊情况外，拟立项的援外项目应从对外援助储备项目中确定。

第十七条　援外项目在立项前应经过可行性研究。

中方可要求受援方提供拟立项项目的相关资料，作为进行可行性研究的前提。

第十八条　除依照有关规定需报请国务院批准立项的项目外，商务部根据可行性研究结果决定是否立项。

第十九条　援外项目立项后，商务部一般应与受援方商签立项协议。

立项协议应明确项目的技术内容、资金安排、协议各方的权利和义务，特别是：

（一）项目实施所需当地配套条件和后续运营、保障或管理责任的承担；

（二）中方在援外项目项下进入受援方的设备材料、一般物资和援外人员合理数量生活物资的关税及其他捐税的承担或免除；

（三）为中方设备材料、一般物资和援外人员入境、居留和开展工作提供的便利；

（四）在受援方当地执行援外项目任务的援外人员应有的礼遇，以及人员安全的保证措施。

第二十条　援外项目实施过程中涉及立项协议内容重大调整的，中外双方应签订补充立项协议。

第二十一条　优惠贷款项下的援外项目由商务部根据承办金融机构的评审意见决定是否立项，并与受援方签署优惠贷款框架协议。

第五章　援外项目监督管理

第二十二条　商务部对援外项目的安全、质量、功能、进度、资金使用等方面进行监督与检查。

第二十三条　援外项目一般由中方负责实施。

经与受援方商定，援外项目可由中方与受援方按照分工合作的原则实施，或在落实中方外部监督的前提下由受援方自主实施。

第二十四条　援外项目管理机构依据商务部有关规定组织和监督管理相关援外项目的实施，并接受商务部的监督检查。

第二十五条　商务部依法对援外项目中方实施主体资格进行管理。

第二十六条　援外项目由中方负责实施的，项目具体实施主体应通过招投标等方式选定。相关办法由商务部另行制定。

第二十七条　援外项目中方实施主体不得将所承担的任务转包或违法分包。

第二十八条　援外项目由中方负责实施的，商务部或援外项目管理机构一般应与受援方商签援外项目实施协议，明确规定援外项目实施的具体事宜和双方权利义务。

第二十九条　援外项目由中方负责实施的，商务部或援外项目管理机构应与实施主体订立援外项目实施合同，明确规定援外项目组织实施的具体事宜和双方权利义务。

援外项目实施合同应明确实施主体对援外项目在合理使用年限内承担相应的质量保证责任。

第三十条　按照第二十三条第二款规定方式实施的援外项目，中方应与受援方商签协议，明确双方权利义务。

第三十一条　除涉及两用物项和技术出口管制的管理外，对外援助物资出口不纳入配额和许可证管理。

第三十二条　对于援外项目项下需从中华人民共和国境内采购、发运的物资，商务部会同国务院有关部门制定对外援助出口物资的检验监管和口岸验放办法。

第三十三条　因外交、国家安全或承担的国际义务等原因，或因不可抗力导致援外项目无法完成时，商务部可中断或终止援外项目。

第三十四条　商务部按照财政预算相关规定管理援外资金，建立项目预算编报、执行、调整的配套制度。

援外资金应当专款专用、单独核算，任何单位和个人不得以任何理由挪作他用。

第三十五条　商务部建立援外项目评估制度，对援外项目实施情况进行评估。

第三十六条　对于中方实施主体的违法违规行为，任何单位和个人可依法向商务部投诉或举报。

第三十七条　商务部建立对外援助实施主体诚信评价体系，对实施主体参与援外项目过程中的行为进行评价。

第六章　对外援助人员管理

第三十八条　对外援助人员是指政府或援外项目的中方实施主体指派执行对外援助任务的人员。

第三十九条　对外援助人员在外执行援外项目任务期间享有国家规定的待遇。

第四十条　对外援助人员在受援方当地执行援外项目任务期间应遵守中国和受援方的法律法规，尊重受援方的风俗习惯，认真履行工作职责，不得从事其他商务活动。

第四十一条　中方实施主体应当依法与对外援助人员订立劳动合同，明确劳动工资制度，建立规范的劳动合同关系。

第四十二条　中方实施主体应按照有关规定保证其派遣的对外援助人员在外执行对外援助任务期间享有相应的工作和生活待遇及人身意外伤害保障。

第四十三条　商务部会同国务院有关部门制定对外援助人员在外执行援外项目任务期间的基本待遇标准，并建立相应的人身意外伤害保险和救助制度。

第四十四条　对外援助人员在执行援外项目任务期间做出突出成绩的，商务部可依法给予表彰；在执行援外项目任务期间牺牲的，商务部应依法报请国务院有关部门评定为烈士。

第七章　法律责任

第四十五条　以欺骗、贿赂等不正当手段获得对外援助实施主体资格的，实施主体资格应当予以撤销，商务部给予警告，可以并处 3 万元人民币以下罚款，并可以依法公布处罚决定；违反相关法律、行政法规规定的，依照法律、行政法规的规定给予行政处罚；构成犯罪的，依法追究刑事责任。

第四十六条　援外项目中方实施主体有下列行为之一的，商务部给予警告，可以并处 3 万元人民币以下罚款，并可以依法公布处罚决定；违反相关法律、行政法规规定的，依照法律、行政法规的规定给予行政处罚；构成犯罪的，依法追究刑事责任：

（一）违反本办法第二十七条规定将所承担的援外项目任务转包或违法分包的；

（二）未按援外项目实施合同履行义务或迟延履行义务，影响项目正常实施，造成严重不良影响的；

（三）违反本办法第三十四条第二款规定挪用援外资金的；

（四）违反本办法第四十二条规定的。

援外项目中方实施主体违反本条第一款规定受到行政、刑事处罚的，自处罚生效之日起二至六年内，不选定其参与援外项目。

第四十七条　国家机关和援外项目管理机构的工作人员在对外援助管理中有下列行为之一的，视情节轻重给予相应处分；构成犯罪的，依法追究刑事责任：

（一）利用职务便利索取他人财物，或非法收受他人财物为他人谋取利益的；

（二）滥用职权、玩忽职守或徇私舞弊，致使国家利益遭受损失的；

（三）泄露国家秘密的。

第八章　附　　则

第四十八条　对外人道主义援助项目的实施和管理另有规定的，从其规定。

第四十九条　军事援助管理不适用本办法。

第五十条　本办法由商务部负责解释。

第五十一条　本办法自 2014 年 12 月 15 日起施行。

境外投资管理办法

（商务部令 2014 年第 3 号　2014 年 9 月 6 日）

《境外投资管理办法》已经 2014 年 8 月 19 日商务部第 27 次部务会议审议通过，现予发布，自 2014 年 10 月 6 日起施行。

部长　高虎城

2014 年 9 月 6 日

第一章　总　　则

第一条　为了促进和规范境外投资，提高境外投资便利化水平，根据《国务院关于投资体制改革的决定》、《国务院对确需保留的行政审批项目设定行政许可的决定》及相关法律规定，制定本办法。

第二条　本办法所称境外投资，是指在中华人民共和国境内依法设立的企业（以下简称企业）通过新设、并购及其他方式在境外拥有非金融企业或取得既有非金融企业所有权、控制权、经营管理权及其他权益的行为。

第三条　企业开展境外投资，依法自主决策、自负盈亏。

第四条　企业境外投资不得有以下情形：

（一）危害中华人民共和国国家主权、安全和社会公共利益，或违反中华人民共和国法律法规；

（二）损害中华人民共和国与有关国家（地区）关系；

（三）违反中华人民共和国缔结或者参加的国际条约、协定；

（四）出口中华人民共和国禁止出口的产品和技术。

第五条　商务部和各省、自治区、直辖市、计划单列市及新疆生产建设兵团商务主管部门（以下称省级商务主管部门）负责对境外投资实施管理和监督。

第二章　备案和核准

第六条　商务部和省级商务主管部门按照企业境外投资的不同情形，分别实行备案和核准管理。

企业境外投资涉及敏感国家和地区、敏感行业的，实行核准管理。

企业其他情形的境外投资，实行备案管理。

第七条　实行核准管理的国家是指与中华人民共和国未建交的国家、受联合国制裁的国家。必要时，商务部可另行公布其他实行核准管理的国家和地区的名单。

实行核准管理的行业是指涉及出口中华人民共和国限制出口的产品和技术的行业、影响一国（地区）以上利益的行业。

第八条　商务部和省级商务主管部门应当依法办理备案和核准，提高办事效率，提供优质服务。

商务部和省级商务主管部门通过“境外投资管理系统”（以下简称“管理系统”）对企业境外投资进行管理，并向获得备案或核准的企业颁发《企业境外投资证书》（以下简称《证书》，样式见附件 1）。《证书》由商务部和省级商务主管部门分别印制并盖章，实行统一编码管理。

《证书》是企业境外投资获得备案或核准的凭证，按照境外投资最终目的地颁发。

第九条　对属于备案情形的境外投资，中央企业报商务部备案；地方企业报所在地省级商务主管部门备案。

中央企业和地方企业通过“管理系统”按要求填写并打印《境外投资备案表》（以下简称《备案表》，样式见附件 2），加盖印章后，连同企业营业执照复印件分别报商务部或省级商务主管部门备案。

《备案表》填写如实、完整、符合法定形式，且企业在《备案表》中声明其境外投资无本办法第四条所列情形的，商务部或省级商务主管部门应当自收到《备案表》之日起 3 个工作日内予以备案并颁发《证书》。企业不如实、完整填报《备案表》的，商务部或省级商务主管部门不予备案。

第十条　对属于核准情形的境外投资，中央企业向商务部提出申请，地方企业通过所在地省级商务主管部门向商务部提出申请。

企业申请境外投资核准需提交以下材料：

（一）申请书，主要包括投资主体情况、境外企业名称、股权结构、投资金额、经营范围、经营期限、投资资金来源、投资具体内容等；

（二）《境外投资申请表》（样式见附件 3），企业应当通过“管理系统”按要求填写打印，并加盖印章；

（三）境外投资相关合同或协议；

（四）有关部门对境外投资所涉的属于中华人民共和国限制出口的产品或技术准予出口的材料；

（五）企业营业执照复印件。

第十一条　核准境外投资应当征求我驻外使（领）馆（经商处室）意见。涉及中央企业的，由商务部征求意见；涉及地方企业的，由省级商务主管部门征求意见。征求意见时，商务部和省级商务主管部门应当提供投资事项基本情况等相关信息。驻外使（领）馆（经商处室）应当自接到征求意见要求之日起 7 个工作日内回复。

第十二条　商务部应当在受理中央企业核准申请后 20 个工作日内［包含征求驻外使（领）馆（经商处室）意见的时间］作出是否予以核准的决定。申请材料不齐全或者不符合法定形式的，商务部应当在 3 个工作日内一次告知申请企业需要补正的全部内容。逾期不告知的，自收到申请材料之日起即为受理。中央企业按照商务部的要求提交全部补正申请材料的，商务部应当受理该申请。

省级商务主管部门应当在受理地方企业核准申请后对申请是否涉及本办法第四条所列情形进行初步审查，并在 15 个工作日内［包含征求驻外使（领）馆（经商处室）意见的时间］将初步审查意见和全部申请材料报送商务部。申请材料不齐全或者不符合法定形式的，省级商务主管部门应当在 3 个工作日内一次告知申请企业需要补正的全部内容。逾期不告知的，自收到申请材料之日起即为受理。地方企业按照省级商务主管部门的要求提交全部补正申请材料的，省级商务主管部门应当受理该申请。商务部收到省级商务主管部门的初步审查意见后，应当在 15 个工作日内作出是否予以核准的决定。

第十三条　对予以核准的境外投资，商务部出具书面核准决定并颁发《证书》；因存在本办法第四条所列情形而不予核准的，应当书面通知申请企业并说明理由，告知其享有依法申请行政复议或者提起行政诉讼的权利。企业提供虚假材料申请核准的，商务部不予核准。

第十四条　两个以上企业共同开展境外投资的，应当由相对大股东在征求其他投资方书面同意后办理备案或申请核准。如果各方持股比例相等，应当协商后由一方办理备案或申请核准。如投资方不属同一行政区域，负责办理备案或核准的商务部或省级商务主管部门应当将备案或核准结果告知其他投资方所在地商务主管部门。

第十五条　企业境外投资经备案或核准后，原《证书》载明的境外投资事项发生变更的，企业应当按照本章程序向原备案或核准的商务部或省级商务主管部门办理变更手续。

第十六条　自领取《证书》之日起2年内，企业未在境外开展投资的，《证书》自动失效。如需再开展境外投资，应当按照本章程序重新办理备案或申请核准。

第十七条　企业终止已备案或核准的境外投资，应当在依投资目的地法律办理注销等手续后，向原备案或核准的商务部或省级商务主管部门报告。原备案或核准的商务部或省级商务主管部门根据报告出具注销确认函。

终止是指原经备案或核准的境外企业不再存续或企业不再拥有原经备案或核准的境外企业的股权等任何权益。

第十八条　《证书》不得伪造、涂改、出租、出借或以任何其他形式转让。已变更、失效或注销的《证书》应当交回原备案或核准的商务部或省级商务主管部门。

第三章　规范和服务

第十九条　企业应当客观评估自身条件、能力，深入研究投资目的地投资环境，积极稳妥开展境外投资，注意防范风险。境内外法律法规和规章对资格资质有要求的，企业应当取得相关证明文件。

第二十条　企业应当要求其投资的境外企业遵守投资目的地法律法规、尊重当地风俗习惯，履行社会责任，做好环境、劳工保护、企业文化建设等工作，促进与当地的融合。

第二十一条　企业对其投资的境外企业的冠名应当符合境内外法律法规和政策规定。未按国家有关规定获得批准的企业，其境外企业名称不得使用“中国”、“中华”等字样。

第二十二条　企业应当落实人员和财产安全防范措施，建立突发事件预警机制和应急预案。在境外发生突发事件时，企业应当在驻外使（领）馆和国内有关主管部门的指导下，及时、妥善处理。

企业应当做好外派人员的选审、行前安全、纪律教育和应急培训工作，加强对外派人员的管理，依法办理当地合法居留和工作许可。

第二十三条　企业应当要求其投资的境外企业中方负责人当面或以信函、传真、电子邮件等方式及时向驻外使（领）馆（经商处室）报到登记。

第二十四条　企业应当向原备案或核准的商务部或省级商务主管部门报告境外投资业务情况、统计资料，以及与境外投资相关的困难、问题，并确保报送情况和数据真实准确。

第二十五条　企业投资的境外企业开展境外再投资，在完成境外法律手续后，企业应当向商务主管部门报告。涉及中央企业的，中央企业通过“管理系统”填报相关信息，打印《境外中资企业再投资报告表》（以下简称《再投资报告表》，样式见附件 4）并加盖印章后报商务部；涉及地方企业的，地方企业通过“管理系统”填报相关信息，打印《再投资报告表》并加盖印章后报省级商务主管部门。

第二十六条　商务部负责对省级商务主管部门的境外投资管理情况进行检查和指导。省级商务主管部门应当每半年向商务部报告本行政区域内境外投资的情况。

第二十七条　商务部会同有关部门为企业境外投资提供权益保障、投资促进、风险预警等服务。

商务部发布《对外投资合作国别（地区）指南》、国别产业指引等文件，帮助企业了解投资目的地投资环境；加强对企业境外投资的指导和规范，会同有关部门发布环境保护等指引，督促企业在境外合法合规经营；建立对外投资与合作信息服务系统，为企业开展境外投资提供数据统计、投资机会、投资障碍、风险预警等信息。

第四章　法律责任

第二十八条　企业以提供虚假材料等不正当手段办理备案并取得《证书》的，商务部或省级商务主管部门撤销该企业境外投资备案，给予警告，并依法公布处罚决定。

第二十九条　企业提供虚假材料申请核准的，商务部给予警告，并依法公布处罚决定。该企业在一年内不得再次申请该项核准。

企业以欺骗、贿赂等不正当手段获得境外投资核准的，商务部撤销该企业境外投资核准，给予警告，并依法公布处罚决定。该企业在三年内不得再次申请该项核准；构成犯罪的，依法追究刑事责任。

第三十条　企业开展境外投资过程中出现本办法第四条所列情形的，应当承担相应的法律责任。

第三十一条　企业伪造、涂改、出租、出借或以任何其他形式转让《证书》的，商务部或省级商务主管部门给予警告；构成犯罪的，依法追究刑事责任。

第三十二条　境外投资出现第二十八至三十一条规定的情形以及违反本办法其他规定的企业，三年内不得享受国家有关政策支持。

第三十三条　商务部和省级商务主管部门有关工作人员不依照本办法规定履行职责、滥用职权、索取或者收受他人财物或者谋取其他利益，构成犯罪的，依法追究刑事责任；尚不构成犯罪的，依法给予行政处分。

第五章　附　　则

第三十四条　省级商务主管部门可依照本办法制定相应的工作细则。

第三十五条　本办法所称中央企业系指国务院国有资产监督管理委员会

履行出资人职责的企业及其所属企业、中央管理的其他单位。

第三十六条　事业单位法人开展境外投资、企业在境外设立分支机构参照本办法执行。

第三十七条　企业赴香港、澳门、台湾地区投资参照本办法执行。

第三十八条　本办法由商务部负责解释。

第三十九条　本办法自 2014 年 10 月 6 日起施行。商务部 2009 年发布的《境外投资管理办法》(商务部令 2009 年第 5 号) 同时废止。

附件：1. 企业境外投资证书（样式）。

2. 境外投资备案表（样式）。

3. 境外投资申请表（样式）。

4. 境外中资企业再投资报告表（样式）。

附件 1

企业境外投资证书（样式）

境外投资证第　　号

××公司下页所列境外投资符合《境外投资管理办法》（商务部令 2014 年第 3 号）有关规定，现予以颁发《企业境外投资证书》。

公司自领取本证书之日起 2 年内，未从事右页所列境外投资，证书自动失效。

公司开展境外投资业务应认真遵守境内外相关的法律法规和政策。

发证机关（盖章）

年　　月　　日

<table>
<tr><td colspan="2">境外企业
（最终目的地）</td><td>名称</td><td colspan="2"></td><td>国家 / 地区</td><td></td></tr>
<tr><td colspan="2">设立方式</td><td colspan="5">□新设　　□并购　　□变更</td></tr>
<tr><td rowspan="2">投资
主体</td><td colspan="2">中方名称</td><td colspan="2"></td><td>股比</td><td></td></tr>
<tr><td colspan="2">外方名称</td><td colspan="2"></td><td>股比</td><td></td></tr>
<tr><td rowspan="2">投资
总额</td><td colspan="2">中方</td><td colspan="4">万元人民币（折合　　万美元）</td></tr>
<tr><td colspan="2">外方</td><td colspan="4">万元人民币（折合　　万美元）</td></tr>
<tr><td colspan="3">中方境内现金出资
实际币种和金额</td><td>币种</td><td></td><td>金额
（单位：万）</td><td></td></tr>
<tr><td rowspan="9">中方投资构成
（单位：
万元人民币）</td><td rowspan="6">境内</td><td rowspan="2">现金</td><td>自有资金</td><td colspan="3"></td></tr>
<tr><td>银行贷款</td><td colspan="3"></td></tr>
<tr><td colspan="2">实物</td><td colspan="3"></td></tr>
<tr><td colspan="2">无形资产</td><td colspan="3"></td></tr>
<tr><td colspan="2">股权</td><td colspan="3"></td></tr>
<tr><td colspan="2">其他</td><td colspan="3"></td></tr>
<tr><td rowspan="3">境外</td><td colspan="2">自有资金</td><td colspan="3"></td></tr>
<tr><td colspan="2">银行贷款</td><td colspan="3"></td></tr>
<tr><td colspan="2">其他</td><td colspan="3"></td></tr>
<tr><td colspan="2">经营范围</td><td colspan="5"></td></tr>
<tr><td colspan="2">申报文号</td><td colspan="2"></td><td>核准或备案
文号</td><td colspan="2"></td></tr>
<tr><td colspan="2">投资路径
（仅限第一层级境外企业）</td><td>名称</td><td colspan="2"></td><td>国家 / 地区</td><td></td></tr>
<tr><td colspan="2">备注</td><td colspan="5"></td></tr>
</table>

附件 2

境外投资备案表（样式）

单位：万美元

<table>
<tr><td colspan="5">【系统统一编号】</td></tr>
<tr><td>基本事由</td><td colspan="4"></td></tr>
<tr><td rowspan="4">境内投资主体</td><td colspan="2">名称：</td><td rowspan="4">联系人</td><td>姓名：</td></tr>
<tr><td colspan="2">法定代表人：</td><td>座机：</td></tr>
<tr><td colspan="2">地址：</td><td>手机：</td></tr>
<tr><td colspan="2">所有制类型：（下拉列表选择）</td><td>电子邮件：</td></tr>
<tr><td>主管部门 / 集团总部</td><td colspan="4"></td></tr>
<tr><td>投资路径（仅限第一层级境外企业）</td><td colspan="2">名称：（可视情增加）</td><td colspan="2">国家（地区）：</td></tr>
<tr><td>境外投资最终目的地</td><td colspan="4">国家（地区）： 省（州）： 城市：</td></tr>
<tr><td>境外企业名称（最终目的地）</td><td colspan="4">中文：
外文：</td></tr>
<tr><td rowspan="4">股权结构</td><td rowspan="2">中方</td><td>股东 1：</td><td colspan="2">股比：</td></tr>
<tr><td>股东 2：（可视情增加）</td><td colspan="2">股比：</td></tr>
<tr><td rowspan="2">外方</td><td>股东 1：</td><td colspan="2">股比：</td></tr>
<tr><td>股东 2：</td><td colspan="2">股比：</td></tr>
<tr><td>设立方式</td><td colspan="4">○新设 ○并购 ○变更</td></tr>
<tr><td>经营范围</td><td colspan="4"></td></tr>
<tr><td rowspan="2">境外企业所属行业</td><td colspan="4">（下拉式列表选择）</td></tr>
<tr><td colspan="4">○是否属于涉及出口国家限制出口的产品和技术的行业
○是否属于影响一国（地区）以上利益的行业</td></tr>
<tr><td>注册资本</td><td colspan="4">______，中方占 % 股份，外方占 % 股份</td></tr>
</table>

（续）

<table>
<tr><td>投资规模</td><td colspan="2">投资总额______（折合______万元人民币），其中，1. 中方投资额______（折合______万元人民币）；2. 外方投资额______（折合______万元人民币）。折算汇率：</td></tr>
<tr><td rowspan="2">中方出资币种和金额（单位：万）</td><td colspan="2">币种 1：　　　　　　　　　　　　　　　金额：</td></tr>
<tr><td colspan="2">币种 2：（可视情增加）　　　　　　　　　金额：</td></tr>
<tr><td rowspan="2">中方投资的构成（单位：万美元）</td><td>境内</td><td>1. 现金出资______（包括股东借款等债权出资），其中：自有资金______，银行贷款______（包括项目融资）
2. 实物出资______
3. 无形资产______
4. 股权出资______
5. 其他______</td></tr>
<tr><td>境外</td><td>1. 自有资金______
2. 银行贷款______（包括内保外贷、外保外贷等）
3. 其他______</td></tr>
<tr><td rowspan="2">投资具体情况</td><td>项目简况</td><td>（包括经营内容、规模、产品 / 市场、配套基础设施、投资回收期等。如属于并购类投资，需包括并购目标公司的生产经营状况、资产财务状况以及具体收购方案等）</td></tr>
<tr><td>项目意义</td><td>（包括带动出口、获取技术、获得或建立营销网络、创造当地就业和税收等情况）</td></tr>
<tr><td colspan="3">本单位承诺本表中涉及的投资无以下情形：
（一）危害中华人民共和国国家主权、安全和社会公共利益，或违反中华人民共和国法律法规
（二）损害中华人民共和国与有关国家（地区）关系
（三）违反中华人民共和国缔结或者参加的国际条约、协定
（四）出口中华人民共和国禁止出口的产品和技术
本单位保证以上填报事项及材料的真实性，承诺遵守中华人民共和国及投资目的地相关法律法规，并按照《境外投资管理办法》（商务部令 2014 年第 3 号）的规定开展境外投资

企业盖章：

年　　月　　日</td></tr>
<tr><td colspan="3">注：实行核准管理的国家中，与我国未建交的国家名单参见中华人民共和国外交部网站（cs.mfa.gov.cn/zlbg/bgzl/qtzl/t1094257.shtml）；受联合国制裁的国家名单参见联合国中文网站（www.un.org/chinese/sc/committees/list_compend.shtml）</td></tr>
<tr><td colspan="3">以下由商务部或省级商务主管机关填写</td></tr>
</table>

初核		复核		签发	

附件 3

境外投资申请表（样式）

单位：万美元

<table>
<tr><td colspan="6" align="right">【系统统一编号】</td></tr>
<tr><td>基本事由</td><td colspan="5"></td></tr>
<tr><td rowspan="4">境内投资主体</td><td colspan="2">名称：</td><td colspan="2" rowspan="4">联系人</td><td>姓名：</td></tr>
<tr><td colspan="2">法定代表人：</td><td>座机：</td></tr>
<tr><td colspan="2">地址：</td><td>手机：</td></tr>
<tr><td colspan="2">所有制类型：（下拉列表选择）</td><td>电子邮件：</td></tr>
<tr><td>主管部门 / 集团总部</td><td colspan="5"></td></tr>
<tr><td>投资路径（仅限第一层级境外企业）</td><td colspan="3">名称：（可视情增加）</td><td colspan="2">国家（地区）：</td></tr>
<tr><td>境外投资最终目的地</td><td colspan="5">国家（地区）： 省（州）： 城市：</td></tr>
<tr><td>境外企业名称（最终目的地）</td><td colspan="5">中文：
外文：</td></tr>
<tr><td>注册资本</td><td colspan="5">______，中方占 % 股份，外方占 % 股份</td></tr>
<tr><td rowspan="4">股权结构</td><td rowspan="2">中方</td><td colspan="2">股东 1：</td><td colspan="2">股比：</td></tr>
<tr><td colspan="2">股东 2：（可视情增加）</td><td colspan="2">股比：</td></tr>
<tr><td rowspan="2">外方</td><td colspan="2">股东 1：</td><td colspan="2">股比：</td></tr>
<tr><td colspan="2">股东 2：</td><td colspan="2">股比：</td></tr>
<tr><td>设立方式</td><td colspan="5">○新设 ○并购 ○变更</td></tr>
<tr><td>经营范围</td><td colspan="5"></td></tr>
<tr><td rowspan="2">境外企业所属行业</td><td colspan="5">（下拉式列表选择）</td></tr>
<tr><td colspan="5">○是否属于涉及出口国家限制出口的产品和技术的行业
○是否属于影响一国（地区）以上利益的行业</td></tr>
</table>

（续）

<table>
<tr><td>投资规模</td><td colspan="2">投资总额______（折合______万元人民币），其中，1. 中方投资额______（折合______万元人民币）；2. 外方投资额______（折合______万元人民币）。折算汇率：</td></tr>
<tr><td rowspan="2">中方出资币种和金额（单位：万）</td><td colspan="2">币种 1：　　　　金额：</td></tr>
<tr><td colspan="2">币种 2：（可视情增加）　　　　金额：</td></tr>
<tr><td rowspan="2">中方投资的构成（单位：万美元）</td><td>境内</td><td>1. 现金出资______（包括股东借款等债权出资），其中：自有资金______，银行贷款______（包括项目融资）
2. 实物出资______
3. 无形资产______
4. 股权出资______
5. 其他______</td></tr>
<tr><td>境外</td><td>1. 自有资金______
2. 银行贷款______（包括内保外贷、外保外贷等）
3. 其他______</td></tr>
<tr><td rowspan="2">投资具体情况</td><td>项目简况</td><td>（包括经营内容、规模、产品 / 市场、配套基础设施、投资回收期等。如属于并购类投资，需包括并购目标公司的生产经营状况、资产财务状况以及具体收购方案等）</td></tr>
<tr><td>项目意义</td><td>（包括带动出口、获取技术、获得或建立营销网络、创造当地就业和税收等情况）</td></tr>
<tr><td colspan="3">本单位承诺本表中涉及的投资无以下情形：
（一）危害中华人民共和国国家主权、安全和社会公共利益，或违反中华人民共和国法律法规
（二）损害中华人民共和国与有关国家（地区）关系
（三）违反中华人民共和国缔结或者参加的国际条约、协定
（四）出口中华人民共和国禁止出口的产品和技术
本单位保证以上填报事项及材料的真实性，承诺遵守中华人民共和国及投资目的地相关法律法规，并按照《境外投资管理办法》（商务部令 2014 年第 3 号）的规定开展境外投资

企业盖章：

年　　月　　日</td></tr>
<tr><td colspan="3">注：实行核准管理的国家中，与我国未建交的国家名单参见中华人民共和国外交部网站（cs.mfa.gov.cn/zlbg/bgzl/qtzl/t1094257.shtml）；受联合国制裁的国家名单参见联合国中文网站（www.un.org/chinese/sc/committees/list_compend.shtml）</td></tr>
<tr><td colspan="3">以下由商务部或省级商务主管机关填写</td></tr>
</table>

初核		复核		签发	

附件 4

境外中资企业再投资报告表（样式）

单位：万美元

<table>
<tr><td colspan="4" align="right">【系统统一编号】</td></tr>
<tr><td>基本事由</td><td colspan="3"></td></tr>
<tr><td rowspan="2">境外中资企业名称</td><td>中文：</td><td rowspan="2">注册地</td><td rowspan="2"></td></tr>
<tr><td>外文：</td></tr>
<tr><td rowspan="2">再投资境外企业（项目）名称</td><td>中文：</td><td rowspan="2">注册地</td><td rowspan="2">国家（地区）：（下拉式列表选择）
省（州）：
城市：</td></tr>
<tr><td>外文：</td></tr>
<tr><td>再投资规模</td><td colspan="3">投资总额______，其中：1. 自有资金______；2. 境内银行贷款______；3. 境外银行贷款______；4. 其他______</td></tr>
<tr><td>再投资简介</td><td colspan="3">（包括经营内容、规模、产品 / 市场、配套基础设施、投资回收期等。如属于并购类投资，需包括并购目标公司的生产经营状况、资产财务状况以及具体收购方案等）</td></tr>
<tr><td>注册资本</td><td colspan="3">______</td></tr>
<tr><td>股权结构</td><td colspan="3">境外中资企业占股比：
其他方股东名称及股比：</td></tr>
<tr><td>设立方式</td><td colspan="3">○新设　　　　　　　○并购</td></tr>
<tr><td>经营范围</td><td colspan="3"></td></tr>
<tr><td>所属行业</td><td colspan="3">（下拉式列表选择）</td></tr>
<tr><td>多层级再投资报告说明</td><td colspan="3">（如该境外中资企业通过设立多层级企业实现再投资，则需填写此项）</td></tr>
<tr><td colspan="4">附件：
《企业境外投资证书》（即境外中资企业获得的证书）</td></tr>
<tr><td colspan="4">本单位保证以上填报事项及材料的真实性，承诺遵守中华人民共和国及投资目的地相关法律法规，并按照《境外投资管理办法》（商务部令 2014 年第 3 号）的规定开展境外投资

企业盖章：

年　　月　　日</td></tr>
</table>

对外劳务合作风险处置备用金管理办法（试行）

（商务部、财政部令 2014 年第 2 号　2014 年 7 月 18 日）

《对外劳务合作风险处置备用金管理办法（试行）》已经 2014 年 1 月 21 日商务部第 13 次部务会议审议通过，并经财政部同意，现予发布，自 2014 年 8 月 17 日起施行。

部长　高虎城

部长　楼继伟

2014 年 7 月 18 日

第一章　总　　则

第一条　为规范对外劳务合作企业的经营行为，保障外派劳务人员合法权益，根据《对外劳务合作管理条例》，制定本办法。

第二条　对外劳务合作风险处置备用金（以下简称备用金）是指对外劳务合作企业缴存，用于《对外劳务合作管理条例》第十条所规定使用范围的专用资金。

第三条　对外劳务合作企业缴存备用金的银行，由负责对外劳务合作经营资格审批的商务主管部门（以下简称商务主管部门）会同同级财政部门指定。

第四条　商务主管部门和财政部门应根据本地区对外劳务合作企业数量和外派劳务规模等实际情况，在本行政区域内择优指定一家或多家信用等级良好、服务水平优良，并承诺按照要求提供相关服务的银行作为备用金缴存银行。

第五条　对外劳务合作企业应到指定银行办理备用金缴存和取款手续。

第二章　备用金的缴存

第六条　对外劳务合作企业应当自获得对外劳务合作经营资格并在工商行政管理部门登记之日起 5 个工作日内，在指定银行缴存备用金。

第七条　备用金缴存标准为 300 万元人民币，以现金或等额银行保函形式缴存。

第八条　对外劳务合作企业以现金形式缴存备用金的，需持《营业执照》副本和《对外劳务合作经营资格证书》到指定银行开设专门账户并办理存款手续。缴存备用金的对外劳务合作企业应与指定银行签订《对外劳务合作风险处置备用金存款协议书》(附件 1)，并将复印件送商务主管部门备案。

第九条　备用金本金和利息归对外劳务合作企业所有，对外劳务合作企业可自由提取和使用备用金利息。

第十条　对外劳务合作企业以银行保函形式缴存备用金的，由指定银行出具受益人为商务主管部门的不可撤销保函（附件 2），保证在发生《对外劳务合作管理条例》第十条规定使用情形时履行担保责任。对外劳务合作企业应在其对外劳务合作经营资格存续期间提供有效的保函，保函有效期至少为两年。商务主管部门应在保函到期前一个月提醒对外劳务合作企业延长保函的有效期。保函正本由商务主管部门保存。

第十一条　商务主管部门应当将缴存备用金的对外劳务合作企业名单向社会公布。

第三章　备用金的使用

第十二条　对外劳务合作企业拒绝或无力承担违反国家规定收取应退还给劳务人员的服务费或按照约定应向劳务人员支付的劳动报酬的，在劳务人员向商务主管部门投诉并提供相关合同以及收费凭证或者工资凭条等证据后，商务主管部门应书面通知对外劳务合作企业在 5 个工作日内退还或支付劳务人员有关费用。

对外劳务合作企业在规定时间内未退还或支付有关费用的，商务主管部门应做出使用备用金的决定并书面通知有关对外劳务合作企业和指定银行，同时出具《对外劳务合作风险处置备用金取款通知书》(附件3，以下简称《取款通知书》)。指定银行根据书面通知和《取款通知书》，从备用金中将相应数额的款项以现金或转账方式支付给商务主管部门指定的劳务人员。

第十三条　对外劳务合作企业拒绝或无力承担依法应向劳务人员支付的劳动报酬或赔偿劳务人员的损失所需费用的，商务主管部门凭人民法院判决、裁定及其他生效法律文书使用备用金。

第十四条　对外劳务合作企业拒绝或无力承担因发生突发事件，劳务人员回国或接受紧急救助所需费用的，商务主管部门应向对外劳务合作企业提供发生劳务人员回国或接受紧急救助所发生的费用证明，并书面通知对外劳务合作企业在5个工作日内支付有关费用。

对外劳务合作企业在规定时间内未支付有关费用的，商务主管部门应做出使用备用金的决定，并书面通知有关对外劳务合作企业和指定银行，同时出具《取款通知书》。指定银行根据书面通知和《取款通知书》，从备用金中将相应数额的款项以现金或转账方式支付给商务主管部门指定的人员或单位。

第十五条　提供保函的指定银行应在收到书面通知和《取款通知书》5个工作日内，履行担保责任。

第十六条　备用金使用后，对外劳务合作企业应当自使用之日起20个工作日内将备用金补足到300万元人民币。

第十七条　对外劳务合作企业停止开展对外劳务合作的，应当对其派出的尚在国外工作的劳务人员做出妥善安排，并将安排方案连同2年内有效的备用金缴存凭证或者保函报商务主管部门备案。

对外劳务合作企业自备案之日起2年内未发生针对其的劳务纠纷投诉或者诉讼的，商务主管部门应出具书面通知和《取款通知书》，指定银行根据书面通知和《取款通知书》，退还其缴存的备用金或允许其撤销保函。

第十八条　指定银行应每季度分别向对外劳务合作企业和商务主管部门提供备用金存款对账单。

第十九条　对外劳务合作企业对商务主管部门使用备用金的决定持有异议的，可以依法申请行政复议或者向人民法院提起行政诉讼。

第四章　备用金的管理

第二十条　备用金实行专款专用。

第二十一条　对外劳务合作企业未依据《对外劳务合作管理条例》和本办法规定缴存或者补足备用金的，商务主管部门责令其在备用金应缴存或补足之日起一个月内改正；拒不改正的，吊销其对外劳务合作经营资格证书。

第二十二条　备用金由商务主管部门负责使用、管理，同级财政部门负责监督，并接受审计部门的审计。

第五章　附　　则

第二十三条　对外承包工程企业备用金缴存标准暂为 20 万元人民币。缴存和使用依照《对外承包工程管理条例》及本办法相关规定执行。

第二十四条　本办法施行前从事对外劳务合作经营的企业，如不再从事对外劳务合作经营的，应向商务主管部门、财政部门申请退还备用金；如继续从事对外劳务合作经营的，应按照《对外劳务合作管理条例》和本办法的有关规定及时缴存备用金。未取得对外劳务合作经营资格或未及时缴存备用金的，分别按照《对外劳务合作管理条例》第三十九条和第四十一条有关规定处理。

第二十五条　本办法由商务部会同财政部负责解释。

第二十六条　本办法自 2014 年 8 月 17 日起施行，2001 年 11 月 27 日原对外贸易经济合作部、财政部发布的《对外劳务合作备用金暂行办法》（原对外贸易经济合作部　财政部二○○一年第 7 号令）及其补充规定同时废止。

附件：1. 对外劳务合作风险处置备用金存款协议书。

2. 对外劳务合作风险处置备用金银行保函。

3. 对外劳务合作风险处置备用金取款通知书。

附件 1

对外劳务合作风险处置备用金存款协议书

为加强对对外劳务合作风险处置备用金的管理，根据《对外劳务合作管理条例》（以下简称《条例》）和《对外劳务合作风险处置备用金管理办法》，对外劳务合作企业和银行就对外劳务合作风险处置备用金（以下简称备用金）的管理事项达成以下协议：

一、备用金属于对外劳务合作企业依法缴存、保障劳务人员合法权益的专用资金，除发生《条例》第十条规定，以及《对外劳务合作风险处置备用金管理办法》第十八条的情形外，任何单位和个人不得使用备用金。

二、银行对对外劳务合作企业缴存的备用金，按照（　　）年定期、到期自动转存管理。本金和全部利息收入归对外劳务合作企业所有。

三、对外劳务合作企业不得以缴纳备用金的有关凭证设定担保，银行应在出具的备用金有关凭证上注明“专用款项不得担保”字样。

四、备用金使用按照如下方式执行：

（一）发生《条例》第十条（一）至（三）项情形需要使用备用金，负责对外劳务合作经营资格审批的商务主管部门（以下简称商务主管部门）书面通知有关对外劳务合作企业和指定银行，并出具《对外劳务合作风险处置备用金取款通知书》(以下简称《取款通知书》)。银行根据书面通知和《取款通知书》，在与商务主管部门核对无误后，从备用金中将相应数额的款项以现金或转账方式支付给商务主管部门指定的劳务人员。

（二）发生《条例》第十条（四）项情形需要使用备用金，商务主管部门书面通知有关对外劳务合作企业和指定银行，并出具《取款通知书》。银行根据书面通知和《取款通知书》，在与商务主管部门核对无误后，从备用金中将相应数额的款项以现金或转账方式支付给商务主管部门指定的人员或单位。

（三）对外劳务合作企业终止经营并妥善安置外派劳务人员后，商务主管部门根据有关规定向银行出具书面通知和《取款通知书》，银行将备用金退还给对外劳务合作企业。

（四）提供保函的指定银行，应在收到书面通知和《取款通知书》5个工作日内，履行担保责任。

（五）非以上规定的情形而出现备用金减少，银行应承担补足责任。

按照第（一）、（二）、（三）、（四）项规定的方式执行时，对超出对外劳务合作企业缴存备用金数额的，银行不承担任何支付义务。

五、备用金使用后3个工作日内，银行应将备用金使用的有关情况通知对外劳务合作企业和商务主管部门。

六、银行应每季度出具备用金存款对账单一式两份，分别发送给对外劳务合作企业和商务主管部门。

七、本协议一式两份，对外劳务合作企业和银行各存一份，复印件送商务主管部门备案。

附注一：存款原因（选择其一）

1. 新设立（　　）；

2. 备用金使用后补足到300万元人民币（　　）。

存款金额：　　佰　拾　万　千　佰　拾　元　角　分

小写：

附注二：商务主管部门、对外劳务合作企业和开户银行基本信息

商务主管部门：

通信地址及邮编：

联系人：

联系电话：

联系传真：

对外劳务合作企业：

对外劳务合作经营资格证书编号：

通信地址及邮编：

联系人：

联系电话：

联系传真：

开户银行：

通信地址及邮编：

联系人：

联系电话：

联系传真：

对外劳务合作企业 （盖章）	开户银行 （盖章）
法定代表人或授权代表人 （签字）	法定代表人或授权代表人 （签字）
签字时间：	签字时间：

附件 2

对外劳务合作风险处置备用金银行保函

编　　号：

开立日期：

__________________厅（局 / 委）：

根据《对外劳务合作管理条例》和《对外劳务合作风险处置备用金管理办法》，________________企业（以下简称对外劳务合作企业，对外劳务合作经营资格证书编号：__________）需依法缴纳__________（金额大写：__________）的对外劳务合作风险处置备用金。应对外劳务合作企业申请，我行（担保银行名称、地址）兹开立以贵厅（局）为受益人，金额不超过__________（金额大写：__________）的不可撤销保函，保证对外劳务合作企业支付：

一、对外劳务合作企业违反国家规定收取，应当退还给劳务人员的服务费；

二、依法或者按照约定应当由对外劳务合作企业向劳务人员支付的劳动报酬；

三、依法应由对外劳务合作企业赔偿劳务人员损失所需费用；

四、因发生突发事件，应由对外劳务合作企业承担的劳务人员回国或者接受紧急救助所需费用。

如果对外劳务合作企业届时没有支付上述费用 / 劳动报酬，我行保证在收到贵厅（局 / 委）出具的说明对外劳务合作企业未支付上述费用 / 劳动报酬的书面通知原件、本保函正本原件和《对外劳务合作风险处置备用金取款通知书》的 5 个工作日内，在上述担保金额范围内，根据《对外劳务合作风险处置备用金取款通知书》履行支付义务。

本保函有效期自____年____月____日起至____年____月____日止。

开户银行（盖章）

地址：

签字时间：

附件 3

对外劳务合作风险处置备用金取款通知书

企业名称		经营资格证书编号	
通信地址及邮编			
法定代表人		联系电话	
备用金开户银行		联系电话	
支付对象姓名 / 名称		身份证号 / 营业执照编号	
取款原因	1. 对外劳务合作企业违反国家规定收取，应当退还给劳务人员的服务费； 2. 依法或者按照约定应当由对外劳务合作企业向劳务人员支付的劳动报酬； 3. 依法应当由对外劳务合作企业赔偿劳务人员损失所需费用； 4. 因发生突发事件，应当由对外劳务合作企业承担的劳务人员回国或者接受紧急救助所需费用； 5. 因企业终止经营，退还给对外劳务合作企业。		
取款金额	大写：	小写：	
辅助文件			
商务主管部门意见	请银行在 5 个工作日内从对外劳务合作企业备用金专用账户中将上述款项支付给有关单位 / 人员。 经办人签字：　　　　单位盖章： 联系电话：　　　　领导签字：		

国家发展改革委关于__________项目核准的批复

__________：

报来（文件名及文号）收悉。经研究，现就核准事项批复如下：

一、同意______________项目。

二、并购类项目：标的基本情况，包括业务范围、下属公司及地域分布、资产和经营情况（包括总资产、净资产、盈利水平等），以及收购的股权比例等。

建设类项目：项目建设方案，包括建设地点、建设内容、建设期限等、主要产品及产量等。

（具体内容可根据项目实际情况适当增减）

三、项目总投资为______万美元，其中__________________（主要的资金使用情况）。资金来源由______以自有资金出资______万美元，其余______万美元申请银行贷款解决。

四、本文件自印发之日起______年内（建设类项目为两年，其他类项目为一年）有效，请在有效期限内据此向商务、外汇等部门申办相关手续。

请项目单位依照法律法规，稳妥做好项目（收购 / 建设）有关工作，积极防范各类风险。项目实施中的重大问题请及时报告我委（根据项目具体情况进行风险提示或提出相关建议）。

____年____月____日

商务部关于印发《境外企业知识产权指南（试行）》的通知

（商法函〔2014〕61号　2014年2月8日）

各省、自治区、直辖市、计划单列市及新疆生产建设兵团商务主管部门，各中央企业：

为帮助企业更好地防范海外投资的知识产权风险，及时妥善地解决知识产权纠纷，现印发《境外企业知识产权指南（试行）》(以下简称《指南》)。

请各地商务主管部门加强对《指南》的宣传，指导我企业增强知识产权保护意识，了解并遵守东道国知识产权政策法规，加强知识产权风险和纠纷应对工作。

商务部

2014年2月8日

附件

境外企业知识产权指南（试行）

第一条 【宗旨】为指导中国企业及其在境外投资设立的企业进一步规范在投资合作活动所在国家或地区的知识产权相关行为，及时防范知识产权侵权风险，妥善解决知识产权纠纷，引导企业积极维护自身权利并充分尊重合法权利人的权利，树立中国企业良好社会形象，制定本指南。

第二条 【适用范围】本指南适用于中国企业境外投资合作活动中的知识产权相关行为，包括知识产权的创造、运用、保护和管理。

第三条 【意识培养】企业应不断加强能力建设，提高知识产权意识，全面提升企业知识产权创造、运用、保护和管理能力，增强企业国际竞争力。

第四条 【文化建设】企业应建设有知识产权内涵的企业文化，重视知识产权人才的培养和储备，做好企业员工的知识产权培训工作。

第五条 【制度建设】企业应建立符合实际的知识产权相关的内部激励与管理制度，包括但不限于研发鼓励制度、研发档案管理制度、商业秘密管理制度以及流动人员知识产权保护义务管理制度等。

第六条 【人员配置】企业应配备知识产权法务人员，处理知识产权相关事务。

第七条 【资金配备】企业应设立专项资金，用于知识产权的创造、研发、培育、推广、保护以及知识产权纠纷的避免和处理。

第八条 【进入前总体要求】在进入海外市场前，企业应充分了解同类企业在国外的知识产权状况、所在国家或地区法律制度以及该国知识产权诉讼环境。

鼓励企业在进入海外市场时，积极与我驻当地经商机构、当地政府、行业协会、专业服务机构等建立联系并保持交流和沟通。

第九条 【海外知识产权战略】鼓励企业围绕境外投资合作发展战略，根据自身情况、竞争对手状况以及市场所在地状况，合理、经济地建立海外知识产权战略，建立专利、商标、版权等相关知识产权海外策略与布局，在已经和即将进入的海外市场，积极寻求知识产权的保护。

第十条 【专利】鼓励企业根据自身经营战略，重点选择相关海外市场提出专利申请。

第十一条 【专利】鼓励企业在申请专利时，不但要对核心技术申请专利，也要对相应的外围技术及时进行研发和申请，以避免因不掌握外围专利，影响核心专利的使用范围，引发不必要的侵权或纠纷。

第十二条 【专利】鼓励企业根据市场动向及时调整专利策略，并分析以往的专利，找出防御性专利和竞争对手可能用来攻击的专利，以更好应对潜在的专利纠纷。

第十三条 【商标】鼓励企业根据自身经营战略，重点选择相关海外市场提出商标申请。

第十四条 【商标】鼓励企业在产品进入特定海外市场之前先行申请商标注册，以防止被竞争对手抢注，避免不必要的商标侵权或纠纷。

第十五条 【著作权】鼓励境外企业根据所在国家或地区法律申请作品登记，以此获得权利的初步证明，避免或减少因著作权归属问题发生纠纷。

第十六条 【境外销售】鼓励中国企业在从事境外销售时，聘请专业知识产权机构对自身销售产品所涉及到的技术、商标等是否侵犯该国专利、商标等知识产权进行调查。

经调查后如果有侵权情况存在，可对自己的产品进行改进，避免侵权结果的发生。

第十七条 【境外生产、销售】境外企业应严格遵守所在国家或地区知识产权法律制度，不得从事侵权行为，不得生产和制售假冒伪劣产品。

第十八条 【境外收购】鼓励中国企业在从事境外收购时，聘请专业知识产权机构及行业顾问就目标企业的知识产权状况进行尽职调查，确保其不存在侵权或其他法律瑕疵，避免发生不必要的知识产权侵权或纠纷。

第十九条 【纠纷应对原则】鼓励企业积极应对知识产权纠纷，根据所在国家或地区法律法规及相关国际条约，维护自身的合法权益。

鼓励企业优先通过商业谈判或调解的方式解决知识产权纠纷。

第二十条 【对方侵权】企业在所在国家或地区境内发现他方涉嫌侵犯自身知识产权合法权益时，要及时搜集对方侵权证据，如情况紧急，可依法采取证据保全措施。

第二十一条 【对方侵权】企业确认在所在国家或地区遭受知识产权侵权后，可通过向对方发送律师函或沟通协商的方式解决。若双方未能达成一致意见，可选择申请临时禁令或提起诉讼。

第二十二条 【被控侵权】企业在所在国家或地区境内被控侵犯知识产权时，应及时搜集影响对方知识产权权利稳定性的证据及确认自身权利合法有效的证明材料，以进行侵权评估。

第二十三条 【被控侵权】企业在所在国家或地区境内被控侵犯知识产权，被提起诉讼的，企业应尽快建立应诉团队，确定适当的诉讼策略。

第二十四条 【执行裁决】企业在所在国家或地区境内被最终裁决侵犯知识产权的，应当承担相应的法律责任，认真执行东道国或地区司法机关的生效判决。

国家外汇管理局关于进一步简化和改进直接投资外汇管理政策的通知

（汇发〔2015〕13号　2015年2月13日）

国家外汇管理局各省、自治区、直辖市分局、外汇管理部，深圳、大连、青岛、厦门、宁波市分局；各中资外汇指定银行：

为进一步深化资本项目外汇管理改革，促进和便利企业跨境投资资金运作，规范直接投资外汇管理业务，提升管理效率，国家外汇管理局决定在总结前期部分地区试点经验的基础上，在全国范围内进一步简化和改进直接投资外汇管理政策。现就有关事项通知如下：

一、取消境内直接投资项下外汇登记核准和境外直接投资项下外汇登记核准两项行政审批事项

改由银行按照本通知及所附《直接投资外汇业务操作指引》（见附件）直接审核办理境内直接投资项下外汇登记和境外直接投资项下外汇登记（以下合称直接投资外汇登记），国家外汇管理局及其分支机构（以下简称外汇局）通过银行对直接投资外汇登记实施间接监管。

（一）本通知实施后，已经取得外汇局金融机构标识码且在所在地外汇局开通资本项目信息系统的银行可直接通过外汇局资本项目信息系统为境内外商投资企业、境外投资企业的境内投资主体（以下简称相关市场主体）办理直接投资外汇登记。

（二）银行及其分支机构应在所在地外汇局的指导下开展直接投资外汇登记等相关业务，并在权限范围内履行审核、统计监测和报备责任。

（三）相关市场主体可自行选择注册地银行办理直接投资外汇登记，完成

直接投资外汇登记后，方可办理后续直接投资相关账户开立、资金汇兑等业务（含利润、红利汇出或汇回）。

二、简化部分直接投资外汇业务办理手续

（一）简化境内直接投资项下外国投资者出资确认登记管理。取消境内直接投资项下外国投资者非货币出资确认登记和外国投资者收购中方股权出资确认登记。将外国投资者货币出资确认登记调整为境内直接投资货币出资入账登记，外国投资者以货币形式（含跨境现汇和人民币）出资的，由开户银行在收到相关资本金款项后直接通过外汇局资本项目信息系统办理境内直接投资货币出资入账登记，办理入账登记后的资本金方可使用。

（二）取消境外再投资外汇备案。境内投资主体设立或控制的境外企业在境外再投资设立或控制新的境外企业无须办理外汇备案手续。

（三）取消直接投资外汇年检，改为实行存量权益登记。相关市场主体应于每年 9 月 30 日（含）前，自行或委托会计师事务所、银行通过外汇局资本项目信息系统报送上年末境内直接投资和（或）境外直接投资存量权益（以下合称直接投资存量权益）数据。

对于未按前款规定办理的相关市场主体，外汇局在资本项目信息系统中对其进行业务管控，银行不得为其办理资本项下外汇业务。在按要求补报并向外汇局出具说明函说明合理理由后，外汇局取消业务管控，对涉嫌违反外汇管理规定的，依法进行行政处罚。

参加外汇局直接投资存量权益抽样调查的外商投资企业等相关市场主体应按照直接投资存量权益抽样调查制度要求，按季度向注册地外汇局报送相关信息。

三、银行应提高办理直接投资外汇登记的合规意识

（一）银行应制定直接投资外汇登记业务的内部管理规章制度，并留存备查。内部管理规章制度应当至少包括以下内容：

1. 直接投资外汇登记业务操作规程，包括业务受理、材料合规性和真实性审核等业务流程和操作标准；

2. 直接投资外汇登记业务风险管理制度，包括合规性风险审查、经办复核和分级审核制度等；

3. 直接投资外汇登记业务统计报告制度，包括数据采集渠道和操作程序等。

（二）银行自行对已经取得外汇局金融机构标识码的分支机构开展直接投资外汇登记进行业务准入管理。

（三）银行应严格按照本通知及所附《直接投资外汇业务操作指引》的要求，认真履行真实性审核义务，通过外汇局资本项目信息系统办理直接投资外汇登记业务，并应完整保存相关登记资料备查。

（四）银行在办理直接投资外汇登记业务过程中，如遇规定不明确、数据不准确或发现异常情况的，应及时向相关市场主体注册地外汇局反馈。

四、外汇局应强化对银行的培训指导和事后监管

（一）外汇局应加强对银行的培训指导和事后监管，及时掌握其直接投资外汇业务办理和相关数据、报表及其他资料报送情况，对银行办理直接投资外汇登记合规性及内控制度的执行情况开展事后核查和检查，全面了解银行办理直接投资外汇登记的情况，发现异常情况要及时上报，对违规问题要及时纠正、处理。

（二）银行未按规定要求履行直接投资外汇登记审核、统计、报告责任的，外汇局除按外汇管理有关规定对其处罚外，还可暂停该银行办理直接投资外汇登记。对违规情节特别严重或暂停期内未能进行有效整改的，外汇局可停止该银行办理直接投资外汇登记。

本通知自 2015 年 6 月 1 日起实施。本通知实施后，之前规定与本通知内容不一致的，以本通知为准。外商投资企业资本金结汇管理方式改革试点地区继续按照《国家外汇管理局关于在部分地区开展外商投资企业外汇资本金结汇管理方式改革试点有关问题的通知》（汇发〔2014〕36 号）等有关规定实行意愿结汇政策。国家外汇管理局各分局、外汇管理部接到本通知后，应及

时转发辖内中心支局、支局、城市商业银行、农村商业银行、外资银行、农村合作银行；各中资银行接到通知后，应及时转发所辖各分支机构。执行中如遇问题，请及时向国家外汇管理局资本项目管理司反映。

附件：直接投资外汇业务操作指引。

国家外汇管理局

2015 年 2 月 13 日

附件

直接投资外汇业务操作指引

直接投资外汇业务操作指引说明

一、直接投资外汇（含现汇与人民币，下同）登记是申请人办理后续直接投资外汇业务的前提。申请主体应先到注册地银行办理相关直接投资外汇登记手续，并领取业务登记凭证（加盖银行业务专用章），作为办理直接投资项下账户开立和资金汇兑等后续业务的依据。

二、申请人与银行应严格按照本操作指引办理相关业务。申请人承担申请事项真实、合法的责任，其提交的申请材料是保证申请事项真实性的重要依据。

三、银行应通过外汇局资本项目信息系统办理直接投资外汇登记，凭外汇局资本项目信息系统中的登记信息和额度控制等信息为申请人办理后续直接投资外汇业务，并制定与本操作指引和外汇局资本项目信息系统相适应的、完备的内控制度，用于保证本操作指引和外汇局资本项目信息系统操作的准确性、完整性、及时性，并完整保留相关业务办理资料（相关市场主体直接投资外汇登记注销两年后可销毁），以备外汇局实施事后核查和检查。

四、本操作指引中规定收取或审核的相关材料，仅限于外汇局要求的部分，申请人办理业务时仍须按照其他管理部门规定和银行展业三原则（了解客户、了解业务、尽职审查）及自身制度要求提交其他相关材料。除申请书、登记表等要求留存原件外，银行收取或审核相关材料时，应查验原件并留存加盖申请人公章（申请人为个人的应亲笔签名）的复印件。

五、银行为相关市场主体办理直接投资项下外汇业务，应首先确认申请人已及时、准确、完整报送以前年度直接投资存量权益数据。如未按规定报送的，应要求申请人按要求向外汇局办理报送手续后，方可为其办理直接投资项下外汇业务。

六、直接投资项下同名同类型账户间（资本项目—结汇待支付账户除外）外汇资金划转，银行可在审核交易真实性证明文件后直接办理。开户主体因发放外币委托贷款、参与外币资金池、境外放款、购买保本型理财产品及经登记或核准的其他资本项目业务需办理境内外汇划转手续的，银行可在审核交易真实性证明文件后直接办理。银行为企业办理境内划转时，划出资金尚需原路划回的，银行不得将划出账户关户。

七、本操作指引中直接投资相关外汇账户所产生的利息或收益，申请人可在本直接投资相关外汇账户中保留，然后可凭利息、收益清单划入经常项目结算账户保留或直接在银行办理结汇。

八、对于已经在外汇局资本项目信息系统中登记备案的信息，如银行需调整或修正的，应及时与外汇局联系并按照相关数据申报要求重新报送。

九、参与直接投资外汇管理改革试点的地区，相关银行和申请人可按照试点政策办理所涉直接投资外汇业务。

十、银行在业务办理过程中，如遇因客观原因需要超规定额度的直接投资前期费用登记、境内居民个人特殊目的公司外汇补登记以及其他规定不明确的业务需求，应及时上报相关市场主体注册地外汇局，外汇局按个案业务集体审议制度等相关规定办理相关业务。

一、境内直接投资外汇业务

1.1 境内直接投资前期费用基本信息登记

法规依据	1.《中华人民共和国外汇管理条例》(国务院令第 532 号) 2.《国家外汇管理局关于进一步改进和调整直接投资外汇管理政策的通知》(汇发〔2012〕59 号) 3.《国家外汇管理局关于印发〈外国投资者境内直接投资外汇管理规定〉及配套文件的通知》(汇发〔2013〕21 号) 4.《国家外汇管理局关于进一步改进和调整资本项目外汇管理政策的通知》(汇发〔2014〕2 号) 5. 其他相关法规
审核材料	1.《境内直接投资基本信息登记业务申请表》(一) 2. 工商行政管理部门出具的公司名称预先核准通知书或行业主管部门出具的相关证明
办理原则	1. 外国投资者开立前期费用账户并汇入前期费用前，应先到后续设立外商投资企业注册地银行办理前期费用基本信息登记 2. 经登记的前期费用，可作为外国投资者对后续设立外商投资企业的出资 3. 前期费用登记金额每一投资项目原则上不得超过等值 30 万美元，如遇特殊情况或确有实际需要超过 30 万美元的，外国投资者需至后续设立的外商投资企业注册地外汇局申请(外汇局按个案业务集体审议制度处理）办理 4. 前期费用外汇账户有效期为 6 个月（自开户之日起）。如确有客观原因，开户主体可提交说明函向银行申请延期，但最长不得超过 12 个月 5. 对境内银行和非银行金融机构（含保险公司）进行直接投资的外国投资者，参照本操作指引办理（例如，对境内银行进行直接投资的外国投资者，可提交银行业监督管理部门相关批复文件，以筹备组名义办理境内直接投资前期费用基本信息登记)，另有规定的从其规定

1.2 新设外商投资企业基本信息登记

法规依据	1.《中华人民共和国外汇管理条例》(国务院令第 532 号) 2.《对外贸易经济合作部　国家税务总局　国家工商行政管理总局　国家外汇管理局关于加强外商投资企业审批、登记、外汇及税收管理有关问题的通知》(外经贸法发〔2002〕575 号) 3.《国家工商行政管理总局　商务部　海关总署　国家外汇管理局关于印发〈关于外商投资的公司审批登记管理法律适用若干问题的执行意见〉的通知》(工商外企字〔2006〕81 号) 4.《国家外汇管理局　建设部关于规范房地产市场外汇管理有关问题的通知》(汇发〔2006〕47 号) 5.《国家税务总局　国家外汇管理局关于服务贸易等项目对外支付税务备案有关问题的公告》(国家税务总局　国家外汇管理局公告 2013 年第 40 号) 6.《国家外汇管理局关于进一步改进和调整直接投资外汇管理政策的通知》(汇发〔2012〕59 号) 7.《国家外汇管理局关于印发〈外国投资者境内直接投资外汇管理规定〉及配套文件的通知》(汇发〔2013〕21 号) 8.《国家外汇管理局关于境内居民通过特殊目的公司境外投融资及返程投资外汇管理有关问题的通知》(汇发〔2014〕37 号) 9. 其他相关法规

（续）

审核材料	1.《境内直接投资基本信息登记业务申请表》(一) 2. 组织机构代码证及营业执照副本（按规定先验资后办理工商登记的企业，无须提交营业执照副本） 3. 有关主管部门批准设立文件（按规定无须提交的除外），有外商投资企业批准证书的应提交该证书（外商投资合伙企业仅需提交包括外商投资合伙企业全部登记事项在内的加盖工商部门印章的企业基本信息单） 4. 外资房地产企业另需提交已通过商务部门备案的证明材料 5. 外国投资者以其境内合法所得在境内投资新设外商投资企业的，还应提交主管税务部门出具的税务凭证原件（《服务贸易等项目对外支付税务备案表》，按规定无须提交的除外）
办理原则	1. 外商投资企业应在领取营业执照后到注册地银行办理基本信息登记，取得业务登记凭证；外商投资性公司以外汇资金境内再投资新设的外商投资企业按照接收境内再投资基本信息登记办理，外商投资性公司与外国投资者共同出资的，被投资企业需分别办理接收境内再投资基本信息登记和新设外商投资企业基本信息登记手续，其中办理新设外商投资企业基本信息登记时，外商投资性公司视为中方股东登记 2. 申请人应如实披露其外国投资者是否直接或间接被境内居民持股或控制。如外国投资者被境内居民直接或间接持股或控制，银行在为该外商投资企业办理外汇登记时应在外汇局资本项目信息系统中将其标识为“返程投资” 3. 设立其他外商投资非法人机构参照本项操作指引办理基本信息登记手续（代表处等分支机构除外） 4. 外商投资企业应全额登记外国投资者各类出资形式及金额；跨境现汇与人民币流入总额不得超过已登记的外国投资者跨境可汇入资金总额。如主管部门的相关批准文件中未明确投资金额的，银行可根据企业最高权力机关出具的证明文件，按实需原则为企业登记可汇入金额 5. 银行应区分外商投资企业设立时外国投资者的出资方式在外汇局资本项目信息系统中办理登记；外国投资者以其在境内合法取得的利润用于境内再投资或转增资本的，出资方式登记为人民币利润再投资；以其在境内股权转让所得、减资所得、先行回收所得、清算所得用于境内再投资和以所投资企业的盈余公积、资本公积和外债本金及利息转增资本的，出资方式登记为非人民币利润再投资；以境内其他资本项下外汇账户原币划转的，出资方式登记为境内外汇 6. 银行完成登记后，应在主管税务部门出具的税务凭证原件上签注登记事项、登记金额、日期并加盖银行业务用章，留存有签注字样和加盖业务专用章的复印件 7. 外国投资者前期费用未全部结汇的，原币划转至资本金账户继续结汇使用，外汇局资本项目信息系统中出资方式登记为境外汇入。已经结汇的前期费用也可作为外国投资者的出资，出资方式登记为前期费用结汇 8. 中外合作开采能源项目，如果外国投资者与具体项目分别取得工商营业执照且分属不同地区的，可由企业选择其中一个所属地银行办理外汇登记 9. 外国投资者在境内直接投资（新设）设立银行和非银行金融机构（含保险公司），参照本操作指引办理

1.3 外国投资者并购境内企业办理外商投资企业基本信息登记

法规依据	1.《中华人民共和国外汇管理条例》(国务院令第 532 号) 2.《对外贸易经济合作部　国家税务总局　国家工商行政管理总局　国家外汇管理局关于加强外商投资企业审批、登记、外汇及税收管理有关问题的通知》(外经贸法发〔2002〕575 号) 3.《国家工商行政管理总局　商务部　海关总署　国家外汇管理局关于印发〈关于外商投资的公司审批登记管理法律适用若干问题的执行意见〉的通知》(工商外企字〔2006〕81 号) 4.《关于外国投资者并购境内企业的规定》(商务部　国务院国有资产监督管理委员会国家税务总局　国家工商行政管理总局　中国证券监督管理委员会　国家外汇管理局令 2006 年第 10 号) 5.《国家外汇管理局　建设部关于规范房地产市场外汇管理有关问题的通知》(汇发〔2006〕47 号) 6.《国家税务总局　国家外汇管理局关于服务贸易等项目对外支付税务备案有关问题的公告》(国家税务总局　国家外汇管理局公告 2013 年第 40 号) 7.《国家外汇管理局关于进一步改进和调整直接投资外汇管理政策的通知》(汇发〔2012〕59 号) 8.《国家外汇管理局关于印发〈外国投资者境内直接投资外汇管理规定〉及配套文件的通知》(汇发〔2013〕21 号) 9.《国家外汇管理局关于境内居民通过特殊目的公司境外投融资及返程投资外汇管理有关问题的通知》(汇发〔2014〕37 号) 10. 其他相关法规
审核材料	1.《境内直接投资基本信息登记业务申请表》(一) 2. 组织机构代码证及变更为外商投资企业后的工商营业执照副本（按规定先验资后办理工商登记变更的企业，无须提交变更后的营业执照副本；依规定无须变更营业执照的，应提交有关备案材料） 3. 有关主管部门批准设立文件（按规定无须提交的除外），有外商投资企业批准证书的应提交该证书（外商投资合伙企业仅需提交包括外商投资合伙企业全部登记事项在内的加盖工商行政管理部门印章的企业基本信息单） 4. 特殊目的公司以关联并购形式返程投资的，应出具商务部门批准设立的文件；外资房地产企业另需提交已通过商务部门备案的证明材料 5. 外国投资者以其境内合法所得在境内并购设立外商投资企业，还应提交主管税务部门出具的税务凭证原件（《服务贸易等项目对外支付税务备案表》，按规定无须提交的除外）
办理原则	1. 外商投资企业应在领取营业执照后到注册地银行办理基本信息登记，取得业务登记凭证。外商投资企业应将业务登记凭证提供给股权出让方凭以办理资产变现账户开立。外商投资性公司以外汇资金境内再投资并购设立的外商投资企业按照接收境内再投资基本信息登记办理。外商投资性公司与外国投资者共同出资的，被投资企业需分别办理接收境内再投资基本信息登记和并购设立外商投资企业基本信息登记手续，其中办理并购设立外商投资企业基本信息登记时，外商投资性公司视为中方股东登记 2. 申请人应如实披露其外国投资者是否直接或间接被境内居民持股或控制（参照本操作指引“1.2 新设外商投资企业基本信息登记”办理原则第 2 条办理） 3. 被并购境内企业若取得的是依据《关于外国投资者并购境内企业的规定》加注的批准证书和营业执照，银行应在资本项目信息系统中加注“自颁发之日起 14 个月内有效”字样。待该企业领取了无加注的批准证书和营业执照后，在资本项目信息系统进行变更操作，将加注的字样去除。逾期未取得无加注的批准证书和营业执照的，银行应及时报告企业注册地外汇局，由外汇局通过资本项目信息系统业务管控功能暂停该外商投资企业相关业务

（续）

办理原则	4. 外国投资者并购A股上市公司持股比例达到25%或以上的，被并购A股上市公司取得的是加注"外商投资股份公司（A股并购25%或以上）"字样的批准证书，银行应在外汇局资本项目信息系统备注栏加注"外商投资股份公司（A股并购25%或以上）"字样 5. 外国投资者以境外股权并购境内公司的，应在外汇局资本项目信息系统中加注"自颁发之日起8个月内有效"字样。待该企业领取了无加注的批准证书和营业执照后，再将加注的字样去除。加注字样去除之前，该企业不得向股东分配利润或向有关联关系的公司提供担保，不得对外支付转股、减资、清算等资本项目款项。自工商行政管理部门颁发加注的营业执照之日起6个月内，如果境内外公司未完成其股权变更手续，银行应及时报告企业注册地外汇局，由外汇局通过资本项目信息系统业务管控功能暂停其相关业务并将其股权结构恢复至并购前状态 6. 外商投资企业应全额登记外国投资者各类出资形式及金额；跨境现汇与人民币流入总额不得超过已登记的外国投资者跨境可汇入资金总额 7. 并购设立其他外商投资非法人机构参照本项操作指引办理基本信息登记手续 8. 银行应区分外国投资者并购时的出资方式在外汇局资本项目信息系统中办理登记 9. 银行办理完登记后，应在主管税务部门出具的税务凭证原件上签注登记事项、登记金额、日期并加盖银行业务用章，留存有签注字样和加盖业务专用章的复印件 10. 外国投资者并购境内银行和非银行金融机构（含保险公司），参照本操作指引办理

1.4 外商投资企业基本信息登记变更、注销

法规依据	1.《中华人民共和国外汇管理条例》(国务院令第532号) 2.《对外贸易经济合作部　国家税务总局　国家工商行政管理总局　国家外汇管理局关于加强外商投资企业审批、登记、外汇及税收管理有关问题的通知》(外经贸法发〔2002〕575号) 3.《国家外汇管理局关于转发〈国务院办公厅关于妥善处理现有保证外方投资固定汇报项目有关问题的通知〉的通知》(汇发〔2002〕105号) 4.《国家工商行政管理总局　商务部　海关总署　国家外汇管理局关于印发〈关于外商投资的公司审批登记管理法律适用若干问题的执行意见〉的通知》(工商外企字〔2006〕81号) 5.《关于外国投资者并购境内企业的规定》(商务部　国务院国有资产监督管理委员会　国家税务总局　国家工商行政管理总局　中国证券监督管理委员会　国家外汇管理局令2006年第10号) 6.《国家外汇管理局　建设部关于规范房地产市场外汇管理有关问题的通知》(汇发〔2006〕47号) 7.《国家税务总局　国家外汇管理局关于服务贸易等项目对外支付税务备案有关问题的公告》(国家税务总局　国家外汇管理局公告2013年第40号) 8.《国家外汇管理局关于进一步改进和调整直接投资外汇管理政策的通知》(汇发〔2012〕59号) 9.《国家外汇管理局关于印发〈外国投资者境内直接投资外汇管理规定〉及配套文件的通知》(汇发〔2013〕21号) 10.《国家外汇管理局关于境内居民通过特殊目的公司境外投融资及返程投资外汇管理有关问题的通知》(汇发〔2014〕37号) 11. 其他相关法规

（续）

审核材料	一、增资、减资、股权转让等资本变动事项的登记变更 1.《境内直接投资基本信息登记业务申请表》(一) 2. 有关主管部门批准文件（按规定无须提交的除外），有外商投资企业批准证书的应提交该证书（外商投资合伙企业登记事项变更的，仅需提交包括外商投资合伙企业全部登记事项在内的加盖工商部门印章的企业基本信息单）。外资股东减持 A 股上市公司股份不超过总股本 5% 的，仅需提交证券登记结算机构出具的外资股东持股情况变化证明材料。办理外资房地产企业外方增资变更、中国投资者向外国投资者转让股权，或者外商投资企业营业范围增加房地产开发的，另需提交已通过商务部门备案的证明材料；企业注册币种变更的，还需提交相关主管部门出具变更注册币种的证明材料 3. 涉及外国投资者以其境内合法所得在境内对外商投资企业增资，以及发生股权转让需对外支付转股对价的，还应提交主管税务部门出具的税务凭证原件（《服务贸易等项目对外支付税务备案表》，按规定无须提交的除外） 二、注册地（所属外汇局）变更（迁移） 1.《境内直接投资基本信息登记业务申请表》(一) 2. 有关主管部门批准企业或金融机构变更事项的证明文件 三、除资本变动和迁移外的其他登记事项的变更 1. 变更后的商务主管部门批准证书或相关备案文件 2. 变更后的营业执照副本或其他变更证明 四、中外合作企业外国投资者先行回收投资基本信息登记及变更 1.《境内直接投资基本信息登记业务申请表》(一) 2. 相关主管部门批复文件（主管部门未出具先行回收事项批复文件的，需提交企业合作合同及企业最高权力机关出具的关于外国投资者先行回收投资的决议） 五、基本信息登记注销 1.《境内直接投资基本信息登记业务申请表》(一) 2. 因清算注销的，需提交以下材料：到期清算的，提交依《公司法》规定的清算公告；提前清算或需主管部门批准的特别清算的，提交主管部门关于企业清算结业的批准文件；其他清算的，提交工商主管部门吊销企业营业执照的公告（证明文件）或人民法院判决公司解散的有关证明文件等 3. 注销税务登记证明 4. 普通清算提交会计师事务所出具的清算审计报告，特别清算提交主管部门确认的清算报告（因吸收合并办理注销的无须提供）
办理原则	一、基本信息登记变更 1. 外商投资企业发生基础信息变更（包括但不限于企业名称、经营范围、法人代表、地址等）、投资信息变更（包括但不限于注册资本、投资总额、出资方式、注册币种、投资者及投资者认缴的出资额等）、企业合并、分立、迁移、币种变更等，应在主管部门批准或备案后到注册地银行办理基本信息登记变更手续 2. 申请人应如实披露其外国投资者是否直接或间接被境内居民持股或控制（参照本操作指引“1.2 新设外商投资企业基本信息登记”办理原则第 2 条办理）。如变更登记后境内企业的外国投资者不再直接或间接被境内居民持股或控制的，在境内居民或特殊目的公司权力机构提交相关真实性证明材料后，银行可依规定在外汇局资本项目信息系统中取消其相应返程投资标识 3. 减资变更登记时，减资所得金额（可汇出境外或境内再投资）仅限于减少外国投资者实缴注册资本，不包括资本公积、盈余公积、未分配利润等其他所有者权益；减资所得用于弥补账面亏损或调减外方出资义务的，减资所得金额应设定为零

（续）

办理原则	4. 外商投资企业发生合并后，存续企业应到注册地银行办理增资登记，被吸收企业应到注册地银行办理注销登记；若新产生一家外商投资企业的，应办理新设登记，并在备注栏内注明“合并”。外商投资企业发生分立后，存续企业应办理减资登记，分立新设的企业应办理新设登记，并在备注栏内注明“分立”，如原外商投资企业注销的，应到注册地银行办理注销登记。存续企业或新设企业的出资形式应选择“合并”或“分立” 5. 银行办理完变更登记后，应在税务凭证原件上签注登记事项、登记金额、日期并加盖银行业务专用章，留存有签注字样和加盖业务专用章的复印件 6. 外商投资企业应全额登记外国投资者各类出资形式及金额；跨境现汇与人民币流入总额不得超过已登记的外国投资者跨境可汇入资金总额 7. 外商投资非法人机构办理变更登记参照本项操作指引办理 8. 境内上市公司外资股东因减持股份而申请汇出减持所得的，属于跨境证券投资项下业务，申请人应向上市公司注册地外汇局申请办理 9. 外国投资者（股权出资人）以其持有的境内企业（股权企业 A）股权对境内企业（被投资企业 B）出资的，应按如下顺序办理：首先，股权企业注册地银行在查验股权企业 A 出资到位后，为股权企业 A 办理变更登记，将变更登记凭证打印后交与外国投资者；然后被投资企业 B 方可根据自身股权结构变化情况，持变更登记凭证向注册地银行申请办理设立登记、增资或转股变更登记手续 10. 外国投资者收购外商投资企业中方股东股权的，外商投资企业办理外汇登记变更并取得后续业务登记凭证后，应将业务登记凭证提供给中方股东凭以办理资产变现账户开立 二、中外合作企业外国投资者先行回收投资基本信息登记及变更 1. 银行应审核企业申请表信息与相关主管部门批复文件或合作合同相关约定信息是否一致，不一致的不得办理登记 2. 外国投资者先行回收投资累计汇出资金原则上不得超过外国投资者实际投入的资金。超出部分应参照利润汇出办理 三、基本信息登记注销 1. 外商投资企业因破产、解散、营业期限届满、合并或分立等原因注销的，应在发布清算公告期结束后到注册地银行办理基本信息登记注销手续 2. 外商投资企业因外国投资者减资、转股、先行回收投资等撤资行为转为内资企业的，应在领取变更后的营业执照之后到注册地银行办理基本信息登记变更手续 3. 因合并或分立，原外商投资企业注销的，应在原企业办理基本信息登记注销时，在外汇局资本项目信息系统中将其“外方股东清算所得处置计划”选为“再投资” 4. 上市公司外资股东减持股份导致公司转为内资企业的，上市公司应在领取变更后的营业执照之后到注册地银行办理基本信息登记变更手续 5. 外商投资企业清算注销，原则上应先办理基本信息登记注销，后办理工商登记注销。如果外商投资企业在办理工商登记注销后申请办理外方权益登记注销的，申请主体应为外商投资企业清算组，申请材料为：由清算组负责人签字并由原外商投资企业全部股东加盖公章（无公章的可由法定代表人签字）的申请书、有关主管部门关于原外商投资企业清算注销的批准文件或其他证明文件（如法院裁定、行政吊销文件等）、工商登记注销证明、工商主管部门关于清算组合法成立的证明材料、外方股东的主体证明文件、清算报告、原外商投资企业全体股东出具的保证书（内容为保证清算组已依法对原外商投资企业进行清算，申请人向银行提交的文件均真实有效，全体股东将承担违反上述保证产生的一切责任） 四、外资银行和非银行金融机构（含保险公司）参照本操作指引办理相关业务，另有规定的从其规定

1.5 开立外汇保证金账户的主体基本信息登记、变更

法规依据	1.《中华人民共和国外汇管理条例》(国务院令第532号) 2.《国家外汇管理局关于进一步改进和调整直接投资外汇管理政策的通知》(汇发〔2012〕59号) 3.《国家外汇管理局关于印发〈外国投资者境内直接投资外汇管理规定〉及配套文件的通知》(汇发〔2013〕21号) 4. 其他相关法规
审核材料	1.《境内直接投资基本信息登记业务申请表》(二) 2. 证明境内机构确需开立外汇保证金账户的真实性材料
办理原则	1. 开户主体应到注册地银行办理主体基本信息登记、变更 2. 对境外汇入保证金账户，银行在办理开户主体的基本信息登记后，还应在协议信息登记模块中办理FDI保证金登记操作，境内主体凭业务登记凭证到银行办理开户等相关事宜。对境内划入保证金账户，银行仅办理开户主体的基本信息登记

1.6 接收境内再投资基本信息登记、变更

法规依据	1.《中华人民共和国外汇管理条例》(国务院令第532号) 2.《国家外汇管理局关于进一步改进和调整直接投资外汇管理政策的通知》(汇发〔2012〕59号) 3.《国家外汇管理局关于印发〈外国投资者境内直接投资外汇管理规定〉及配套文件的通知》(汇发〔2013〕21号) 4. 其他相关法规
审核材料	1.《境内直接投资基本信息登记业务申请表》(二) 2. 需经有关主管部门批准的，提交主管部门批复文件；无须主管部门批准的，提交出资协议
办理原则	1. 境内机构接收以投资为主要业务的外商投资企业（外商投资性公司、外商投资创业投资企业以及外商投资股权投资企业等）再投资外汇资金或接收其他境内主体再投资外汇资金的，应在注册地银行申请办理接收境内再投资基本信息登记后，再开立境内再投资专用账户 2. 境内机构或个人接收境内主体以外汇支付的股权转让对价，应在注册地（个人主要资产所在地）银行申请办理接收境内再投资基本信息登记后，再开立境内再投资专用账户

1.7 境内直接投资货币出资入账登记

法规依据	1.《中华人民共和国外汇管理条例》(国务院令第532号) 2.《国家外汇管理局关于进一步改进和调整直接投资外汇管理政策的通知》(汇发〔2012〕59号) 3.《国家外汇管理局关于印发〈外国投资者境内直接投资外汇管理规定〉及配套文件的通知》(汇发〔2013〕21号) 4. 其他相关法规
审核材料	1.《境内直接投资货币出资入账登记申请表》 2. 业务登记凭证
办理原则	1. 收款银行在收到外国投资者境外汇入、境内划转资本金（其他货币形式出资不办理出资入账登记）后，应督促标的企业尽快提交货币出资入账登记申请，并及时（原则上不超过5个工作日）通过外汇局资本项目信息系统办理货币出资入账登记 2. 若缴款人与投资人不一致，银行应在出资入账登记中注明 3. 出资入账登记所使用的资金折算率应以资金入账日中国人民银行发布的人民币汇率中间价及不同外币间套算率为准；没有相应人民币汇率中间价的，以资金入账日开户银行的挂牌汇价为准 4. 资金汇入时境内银行收取的手续费可视为外国投资者出资办理出资入账登记 5. 银行应在外汇局资本项目信息系统中将申请信息与系统采集到的基本信息登记和资金流入数据进行核对和匹配

1.8 境内直接投资存量权益登记（年度）

法规依据	1.《中华人民共和国外汇管理条例》(国务院令第532号) 2.《国家外汇管理局关于进一步改进和调整直接投资外汇管理政策的通知》(汇发〔2012〕59号) 3.《国家外汇管理局关于印发〈外国投资者境内直接投资外汇管理规定〉及配套文件的通知》(汇发〔2013〕21号) 4. 其他相关法规
审核材料	外商投资企业自行或委托会计师事务所、银行通过外汇局资本项目信息系统向外汇局发送的《境内直接投资外方权益统计表》
办理原则	1. 外商投资企业应于每年1月1日至9月30日（含）期间，通过外汇局资本项目信息系统企业端、银行端或事务所端向外汇局报送上年度境内直接投资存量权益相关数据信息 2. 外商投资企业自行对数据信息的真实性、准确性负责，注册地外汇局不再逐项审核 3. 外商投资企业注册地外汇局负责事后对企业报送的境内直接投资存量权益登记内容进行抽查，对于隐瞒真实情况、弄虚作假的企业，外汇局按相关程序通过资本项目信息系统业务管控功能暂停该外商投资企业相关业务，并依法予以处罚 4. 银行为外商投资企业办理资本项下外汇业务前，应确认其已按规定办理境内直接投资存量权益登记及是否被业务管控。未按规定办理登记或被业务管控的，银行不得为其办理资本项下外汇业务 5. 外资银行和非银行金融机构（含保险公司）参照本操作指引办理境内直接投资存量权益登记

1.9 前期费用外汇账户的开立、入账和使用

法规依据	1.《中华人民共和国外汇管理条例》(国务院令第 532 号) 2.《境内外汇账户管理规定》(银发〔1997〕416 号) 3.《国家外汇管理局关于进一步改进和调整直接投资外汇管理政策的通知》(汇发〔2012〕59 号) 4.《国家外汇管理局关于印发〈外国投资者境内直接投资外汇管理规定〉及配套文件的通知》(汇发〔2013〕21 号) 5. 其他相关法规
审核材料	一、开户、入账 1. 业务登记凭证 2. 外汇局资本项目信息系统银行端中打印的前期费用流入控制信息表 二、账户资金使用管理 1. 结汇按照本操作指引 1.14 境内直接投资所涉外汇账户内资金结汇要求收取材料。外国投资者对上市公司战略投资的前期费用，需根据证监会批复文件结汇 2. 划转按照本操作指引 1.15 外国投资者前期费用外汇账户资金原币划转要求收取材料 3. 经常项目支出按照经常项目真实性审核要求收取材料；资本项目支出提供经外汇局(银行) 登记或外汇局核准文件
办理原则	一、开户、入账 1. 账户原则上应以外国投资者名义开立（按规定先验资后办理工商登记的企业和金融机构，可凭工商行政管理部门出具的公司名称预先核准通知书或行业主管部门出具的相关证明以境内相关主体名义开立)。银行应根据前期费用流入控制信息表为其办理账户开立 2. 外国投资者设立一家外商投资企业或外资金融机构原则上仅可开立一个前期费用外汇账户；账户原则上应于拟设立外商投资企业或外资金融机构注册地开立 3. 账户收入范围：外汇局资本项目信息系统登记金额内外国投资者从境外汇入的用于设立外商投资企业或外资金融机构的前期费用，以及用于验资的资金 4. 账户支出范围：参照资本金结汇管理原则在境内结汇使用、经真实性审核后的经常项目对外支付、原路汇回境外、划入后续设立的外商投资企业外汇资本金账户及经外汇局(银行) 登记或外汇局核准的资本项目支出 5. 账户内资金来源限于境外汇入（非居民存款账户、离岸账户视同境外)，不得以现钞存入 6. 银行应查询外汇局资本项目信息系统前期费用流入控制信息表中的尚可流入金额办理入账手续 二、账户资金使用管理 1. 结汇参照本操作指引 1.14 境内直接投资所涉外汇账户内资金结汇“一、外汇资本金账户内资金结汇”的支付结汇原则办理（但不收取第 5 项材料） 2. 经常项目付汇按照经常项目真实性审核原则办理 3. 账户内资金余额可在成立外商投资企业或外资金融机构后转入其资本金账户。若未设立外商投资企业或外资金融机构，外国投资者应向银行申请关闭该账户，账户内剩余资金原路汇回境外 4. 账户内资金不得用于质押贷款、发放委托贷款 三、其他要求 1. 银行应在业务办理后及时通过外汇局资本项目信息系统报送有关信息 2. 前期费用外汇账户有效期为 6 个月（自开户之日起)。如确有客观原因，开户主体可提交说明函向银行申请延期，但最长不得超过 12 个月

1.10　外汇资本金账户的开立、入账和使用

法规依据	1.《中华人民共和国外汇管理条例》(国务院令第 532 号) 2.《境内外汇账户管理规定》(银发〔1997〕416 号) 3.《国家外汇管理局综合司关于完善外商投资企业外汇资本金支付结汇管理有关业务操作问题的通知》(汇综发〔2008〕142 号) 4.《国家外汇管理局关于发布〈境内企业内部成员外汇资金集中运营管理规定〉的通知》(汇发〔2009〕49 号) 5.《国家外汇管理局综合司关于完善外商投资企业外汇资本金支付结汇管理有关业务操作问题的补充通知》(汇综发〔2011〕88 号) 6.《国家外汇管理局关于进一步改进和调整直接投资外汇管理政策的通知》(汇发〔2012〕59 号) 7.《国家外汇管理局关于印发〈外国投资者境内直接投资外汇管理规定〉及配套文件的通知》(汇发〔2013〕21 号) 8. 其他相关法规
审核材料	一、开户、入账 1. 业务登记凭证 2. 外汇局资本项目信息系统银行端中打印的资本金流入控制信息表 二、账户资金使用管理 1. 结汇按照本操作指引 1.14 境内直接投资所涉外汇账户内资金结汇要求收取材料 2. 划转按照本操作指引 1.16 外商投资企业外汇资本金账户资金原币划转要求收取材料 3. 经常项目支出按照经常项目真实性审核要求收取材料；资本项目支出提供经外汇局(银行) 登记或外汇局核准文件
办理原则	一、账户开立 1. 账户应以外商投资企业名义开立。银行应根据资本金流入控制信息表为其办理账户开立 2. 账户可在不同银行开立多个；允许异地开户 3. 账户收入范围：外国投资者汇入的外汇资本金或认缴出资（含非居民存款账户、离岸账户、境外个人境内外汇账户出资）；外国投资者通过境外汇入保证金专用账户汇入的外汇资本金和认缴出资；原由本账户划出至境内划入保证金专用账户、委托贷款账户、资金集中管理专户、境外放款专用账户、保本型银行理财专户后划回的资金；同名资本金账户划入资金；因交易撤销退回的资金及经外汇局（银行）登记或外汇局核准的其他收入（经常项目账户划入、外债账户划入资金等） 4. 账户支出范围：按规定在经营范围内结汇使用；按规定在境内原币划转（划至境内划入保证金专用账户、同名资本金账户、委托贷款账户、资金集中管理专户、境外放款专用账户、保本型银行理财专户、境内再投资专用账户)；因外国投资者减资、撤资汇出的资金；经真实性审核后的经常项目对外支出；及经外汇局（银行）登记或外汇局核准的资本项目支出 二、账户关闭 1. 企业因正常经营需要关户的，银行可根据企业申请为其办理关户手续 2. 外商投资企业因转内资注销外汇登记的，可待资本金账户余额使用完毕后关户 三、入账管理 1. 银行应查询外汇局资本项目信息系统资本金流入控制信息表中尚可流入金额为企业办理资金入账手续

（续）

办理原则	2. 银行应按资金来源（境外汇入或境内划转）并区分不同性质进行国际收支申报。针对接收到的境内原币划转资金，银行应与开户主体核对资金来源和用途是否与账户收入范围相符，对于与收入范围不符的资金应原路汇回 3. 因汇率差异等特殊原因导致实际流入金额超出尚可流入金额的，累计超出金额原则上不得超过等值 3 万美元 4. 投资人与缴款人不一致的，且入账资金未被其他相关部门认可出资的，银行应将汇入款原路汇回境外。若该款项已办理境内直接投资货币出资入账登记，应在办理境内直接投资货币出资入账登记撤销手续后方可办理退款，并应按规定办理国际收支申报 5. 账户内资金不得以现钞存入 四、账户资金使用管理 1. 银行应审核开户主体提交的该笔资本金对应的境内直接投资货币出资入账登记表（银行可通过外汇局资本项目信息系统核对相关信息）。未办理货币出资入账登记的资金不得使用（包括但不限于结汇、付汇、境内划转） 2. 按规定在经营范围内结汇、划转及对外支付 3. 境内划出按照本操作指引 1.16 外商投资企业外汇资本金账户资金原币划转的要求办理 4. 经常项目支出按照经常项目真实性审核原则办理；资本项目支出提供经外汇局（银行）登记或外汇局核准文件 五、其他要求 银行应在业务办理后及时通过外汇局资本项目信息系统报送有关信息 六、外资银行和非银行金融机构（含保险公司）参照本操作指引办理相关业务，另有规定的从其规定（其中，所涉银行无须开立资本金账户）

1.11 境内资产变现账户的开立、入账和使用

法规依据	1.《中华人民共和国外汇管理条例》(国务院令第 532 号） 2.《境内外汇账户管理规定》(银发〔1997〕416 号） 3.《个人外汇管理办法》(中国人民银行令 2006 年第 3 号） 4.《关于外国投资者并购境内企业的规定》（商务部　国务院国有资产监督管理委员会　国家税务总局　国家工商行政管理总局　中国证券监督管理委员会　国家外汇管理局令 2006 年第 10 号） 5.《国家外汇管理局关于印发〈个人外汇管理办法实施细则〉的通知》(汇发〔2007〕1 号） 6.《国家外汇管理局综合司关于完善外商投资企业外汇资本金支付结汇管理有关业务操作问题的通知》(汇综发〔2008〕142 号） 7.《国家外汇管理局关于进一步改进和调整直接投资外汇管理政策的通知》（汇发〔2012〕59 号） 8.《国家外汇管理局关于印发〈外国投资者境内直接投资外汇管理规定〉及配套文件的通知》(汇发〔2013〕21 号） 9. 其他相关法规

（续）

审核材料	一、开户、入账 1. 业务登记凭证 2. 外汇局资本项目信息系统银行端中打印的股权转让流入控制信息表 二、账户资金使用管理 1. 结汇按照本操作指引 1.14 境内直接投资所涉外汇账户内资金结汇要求收取材料 2. 划转按照本操作指引 1.17 境内资产变现账户资金原币划转要求收取材料 3. 经常项目支出按照经常项目真实性审核要求收取材料；资本项目支出提供经外汇局（银行）登记或外汇局核准文件
办理原则	一、账户开立 1. 账户应以境内股权出让方的名义开立。银行应根据外汇局资本项目信息系统股权转让流入控制信息表为其办理账户开立 2. 针对一笔股权转让交易（股权转让款的分次支付不作为多笔交易），股权出让方仅可开立一个境内资产变现账户；允许异地开户 3. 账户收入范围：外国投资者汇入的股权转让对价（含非居民存款账户、离岸账户、境外个人境内外汇账户出资）；外国投资者通过境外汇入保证金专用账户划入的股权转让对价；原由本账户划出至境内划入保证金专用账户、委托贷款账户、资金集中管理专户、境外放款专用账户、保本型银行理财专户后划回的资金；及经外汇局（银行）登记或核准的其他收入 4. 账户支出范围：按规定在经营范围内结汇使用；按规定境内原币划转（划至境内划入保证金专用账户、委托贷款账户、资金集中管理专户、境外放款专用账户、保本型银行理财专户、境内再投资专用账户）、经真实性审核后的经常项目对外支出；及经外汇局（银行）登记或外汇局核准的资本项目支出 二、账户关闭 企业因正常经营需要关户的，银行可根据企业申请为其办理关户手续 三、入账管理 1. 银行应查询股权转让流入控制信息表中的尚可流入金额办理入账手续 2. 银行应按资金来源（境外汇入或境内划转）并区分不同性质进行国际收支申报。针对接收到的境内原币划转资金，银行应与开户主体核对资金来源和用途是否与账户收入范围相符，对于与收入范围不符的资金应原路汇回 3. 因汇率差异等特殊原因导致实际流入金额超出尚可流入金额的，累计超出金额原则上不得超过等值 3 万美元 4. 账户内资金不得以现钞存入 四、账户资金使用管理 1. 按规定在经营范围内结汇、划转或对外支付 2. 境内划出按照本操作指引 1.17 境内资产变现账户资金原币划转原则办理 3. 经常项目支出按照经常项目真实性审核原则办理；资本项目支出需经外汇局（银行）登记或外汇局核准 五、其他要求 银行应于业务办理后及时通过外汇局资本项目信息系统报送有关信息 六、外资银行和非银行金融机构（含保险公司）参照本操作指引办理相关业务，另有规定的从其规定

1.12 境内再投资专用账户的开立、入账和使用

法规依据	1.《中华人民共和国外汇管理条例》(国务院令第 532 号) 2.《境内外汇账户管理规定》(银发〔1997〕416 号) 3.《国家外汇管理局关于进一步改进和调整直接投资外汇管理政策的通知》(汇发〔2012〕59 号) 4.《国家外汇管理局关于印发〈外国投资者境内直接投资外汇管理规定〉及配套文件的通知》(汇发〔2013〕21 号) 5. 其他相关法规
审核材料	一、开户、入账 1. 业务登记凭证 2. 外汇局资本项目信息系统银行端中打印的境内再投资流入控制信息表 二、账户资金使用管理 1. 结汇按照本操作指引 1.14 境内直接投资所涉外汇账户内资金结汇要求收取材料 2. 划转按照本操作指引 1.18 境内再投资专用账户资金原币划转要求收取材料 3. 经常项目支出按照经常项目真实性审核要求收取材料；资本项目支出提供外汇局（银行）登记或外汇局核准文件
办理原则	一、账户开立 1. 账户应以接收境内外汇再投资或股权转让对价外汇资金的主体名义开立。银行应根据境内再投资流入控制信息表为其办理账户开立 2. 账户仅可开立一个，可以异地办理开户 3. 账户收入范围：外汇资本金账户、境内资产变现账户划入的境内再投资资金；原由该账户划出至境内划入保证金专用账户、委托贷款账户、资金集中管理专户、境外放款专用账户、保本型银行理财专户后划回的资金；经外汇局（银行）登记或核准的其他境内再投资外汇资金 4. 账户支出范围：按规定在经营范围内结汇使用；按规定境内原币划转（划至境内划入保证金账户、委托贷款账户、资金集中管理专户、境外放款专用账户、保本型银行理财专户）、经真实性审核后的经常项目对外支出；及经外汇局（银行）登记或外汇局核准的资本项目支出 二、账户关闭 企业因正常经营需要关户的，银行可根据企业申请为其办理关户手续 三、入账管理 1. 银行应查询境内再投资流入控制信息表中的尚可流入金额办理入账手续 2. 境内外汇再投资不得存在出资人和缴款人不一致情况。针对接收到的境内原币划转资金，银行应与开户主体核对资金来源和用途是否与账户收入范围相符，对于与收入范围不符的资金应原路汇回 3. 因汇率差异等特殊原因导致实际流入金额超出尚可流入金额的，累计超出金额原则上不得超过等值 3 万美元 4. 账户内资金不得以现钞存入 四、账户资金使用管理 1. 此类账户资金无须办理境内直接投资货币出资入账登记 2. 资金结汇按照本操作指引 1.14 境内直接投资所涉外汇账户内资金结汇原则办理 3. 境内划出按照本操作指引 1.18 境内再投资专用账户资金原币划转原则办理 4. 经常项目支出按照经常项目真实性审核原则办理；资本项目支出需经外汇局（银行）登记或外汇局核准 五、其他要求 银行应在业务办理后及时通过外汇局资本项目信息系统报送有关信息

1.13 保证金专用外汇账户的开立、入账和使用

法规依据	1.《中华人民共和国外汇管理条例》(国务院令第 532 号) 2.《境内外汇账户管理规定》(银发〔1997〕416 号) 3.《国家外汇管理局关于进一步改进和调整直接投资外汇管理政策的通知》(汇发〔2012〕59 号) 4.《国家外汇管理局关于印发〈外国投资者境内直接投资外汇管理规定〉及配套文件的通知》(汇发〔2013〕21 号) 5. 其他相关法规
审核材料	一、开户 1. 业务登记凭证 2. 外汇局资本项目信息系统银行端中打印的接收境外保证金控制信息表 3. 开立境内划入保证金账户时仅需提交主体身份证明文件和开户需求证明材料 二、入账 接收境外汇入、境内划入保证金的，收取接收该笔保证金的相关真实性证明材料（接收境外汇入土地竞标保证金、产权交易保证金的，应提交相关交易公告文件、参与竞标主体的申请或相关确认文件） 三、划出 交易真实性、合法性证明材料 四、汇回境外 交易未成功需将保证金原路汇回境外的真实性证明材料（如，土地竞标保证金应提交土地管理部门出具的未成交确认文件；产权交易保证金应提交产权交易所出具的未成交确认文件）
办理原则	一、账户开立 1. 银行应根据外汇局资本项目信息系统接收境外保证金控制信息表为其办理账户开立 2. 此账户区分为境外汇入保证金专用账户和境内划入保证金专用账户两类，不得混用。每个开户主体原则上只能开立一个境外汇入保证金专用账户，可开立多个境内划入保证金专用账户 3. 账户应在开户主体注册地开立，不得异地开户 4. 账户收入范围：汇（划）入参与竞标等交易的境内直接投资项下保证类资金 5. 账户支出范围：原路汇回或用于外国投资者境内合法出资、境内外支付对价 二、账户关闭 企业因正常经营需要关户的，银行可根据企业申请为其办理关户手续 三、入账管理 账户内资金不得以现钞存入 四、账户资金使用管理 1. 银行应审核保证金支付的真实交易背景，严禁虚构交易 2. 账户内资金仅作为交易保证用途，不得结汇，不得用于质押贷款 3. 境内划入保证金专用账户资金，无论是否竞标成功均应划回原划入账户。境外汇入保证金专用账户内资金，如竞标成功可作为对后续成立外商投资企业境内投资的出资；如竞标未成功，则应原路汇回境外 五、其他要求 银行应在业务办理后及时通过外汇局资本项目信息系统报送有关信息

1.14　境内直接投资所涉外汇账户内资金结汇

法规依据	1.《中华人民共和国外汇管理条例》(国务院令第 532 号) 2.《国家外汇管理局综合司关于完善外商投资企业外汇资本金支付结汇管理有关业务操作问题的通知》(汇综发〔2008〕142 号) 3.《国家外汇管理局综合司关于完善外商投资企业外汇资本金支付结汇管理有关业务操作问题的补充通知》(汇综发〔2011〕88 号) 4.《国家外汇管理局关于进一步改进和调整直接投资外汇管理政策的通知》(汇发〔2012〕59 号) 5.《国家外汇管理局关于印发〈外国投资者境内直接投资外汇管理规定〉及配套文件的通知》(汇发〔2013〕21 号) 6. 其他相关法规
审核材料	一、外汇资本金账户内资金结汇 1. 资本金结汇所得人民币资金的支付命令函（支付命令函是指由企业或个人签发，银行据以将结汇所得人民币资金进行对外支付的书面指令） 2. 资本金结汇后的人民币资金用途证明文件（包括商业合同或收款人出具的支付通知，支付通知应含商业合同主要条款内容、金额、收款人名称及银行账户号码、资金用途等）。本项材料验原件，留存加盖企业公章或财务印章的复印件 3. 前一笔资本金结汇所得人民币资金按照支付命令函对外支付的发票等相关凭证（验原件，留存加盖企业公章或财务印章及有结汇银行批注结汇金额、日期等字样的复印件）、加盖企业公章或财务印章的税务部门网络发票真伪查询结果打印件及其使用情况明细清单(若该笔结汇为一次性或分次结汇中的最后一笔，企业应当于结汇后的 20 个工作日内向银行提交前述材料） 4. 结汇所得人民币资金支付国家机关、事业单位等机构税费的，提交专用收据、缴款通知书或完税凭证（验原件，留存加盖企业公章或财务印章的复印件） 5. 银行应通过外汇局资本项目信息系统核对该笔结汇是否已办理对应的境内直接投资货币出资入账登记，并打印留存相应货币出资入账登记表 6. 等值 5 万美元（含）以下备用金结汇的，企业无须提交上述针对备用金的第 2、3 项文件 7. 资本金账户利息可凭银行出具的利息清单直接办理结汇 8. 石油类对外合作项目的资本金账户结汇，可凭企业提交的结汇计划，进行真实性审核后直接办理 9. 视情况要求补充的其他材料 二、前期费用外汇账户、境内机构开立的境内资产变现外汇账户、境内机构开立的境内再投资专用账户等账户内资金结汇参照本操作指引“一、外汇资本金账户内资金结汇”相关要求收取材料，但不收取第 5 项材料 三、境内个人开立的境内再投资专用账户和境内个人开立的境内资产变现账户内资金结汇 1. 相关完税证明，无转股收益的可免予提交 2. 视情况要求补充的其他材料 四、以中外合作开采海上或陆上油气田项目名义开立的账户内资金结汇缴纳弃置费 1. 商务主管部门对合作开发油气田项目总体开发方案的批复 2. 已报国家相关主管部门备案的《合作项目的弃置费预备（或调整）方案》或《合作项目的弃置费实施方案》 3. 其他与海上合作油气田弃置费相关的证明材料

（续）

<table>
<tr><td>办理原则</td><td>一、外汇资本金账户内资金结汇
1. 银行不得为未按规定办理境内直接投资存量权益登记的外商投资企业办理外汇资本金结汇业务；未办理境内直接投资货币出资入账登记的资本金不得办理结汇、划转、付汇等业务
2. 外商投资企业资本金结汇所得人民币资金，应当在审批部门批准、登记或备案的经营范围内使用；用于证券投资的，应当按国家有关规定执行
3. 外商投资企业资本金结汇所得人民币资金不得用于境内股权投资。经相关主管部门批准的外商投资性公司、外商创业投资企业、外商投资股权投资企业等以股权投资为主要业务的外商投资企业以其外汇资本金进行境内股权投资以及境内主体以资产变现账户内的外汇资金进行境内股权投资，须将外汇资金原币划转至被投资企业开立的境内再投资专用账户，不得结汇支付。另有规定的除外
4. 外商投资企业资本金结汇所得人民币资金不得发放委托贷款、偿还企业间借贷（含第三方垫款）以及偿还转贷予第三方的银行借款。外商投资企业以外汇资本金结汇所得人民币资金偿还已使用完毕的银行贷款（含委托贷款），银行应要求结汇企业提交原贷款合同（或委托贷款合同）、与贷款合同所列用途一致的人民币贷款资金使用发票、原贷款行出具的贷款发放对账单等贷款资金使用完毕的证明材料，并留存复印件备查
5. 银行在为外商投资企业办理资本金转存定期、远期结售汇及掉期、结构性存款等业务时，应限于保本型产品，不得变相结汇。资本金账户资金因上述原因划出尚未划回的，不得关户
6. 外商投资企业以外汇资本金结汇所得人民币资金支付土地出让金的，银行应要求企业提交国有建设用地出让合同以及相应的非税缴款通知单等材料，严格审核相关合同、缴款通知单以及结汇支付财政专户之间的一致性
7. 非房地产类外商投资企业的资本金结汇所得人民币资金不得支付购买非自用房地产的相关费用
8. 外商投资企业资本金账户与人民币账户开立在同一家银行的，结汇银行须在当日办理完毕结汇、人民币资金入账及对外支付划出手续；不在同一家银行的，结汇银行在办理结汇所得人民币资金划出时，应当在划款凭证上注明“资本金结汇”字样，人民币资金划入银行应当在 2 个工作日内（含划入当日）根据支付命令函办理该笔资金的对外支付划转手续
9. 企业以备用金名义结汇的，每笔不得超过等值 5 万美元，每月不得超过等值 10 万美元
10. 银行应审核企业资本金结汇所得人民币资金用途的真实性与合规性，如发现各项材料之间不能互相印证或者存在矛盾的，不得为该企业办理相关业务。银行应认真履行资本金结汇资金用途的发票核查手续。银行若发现网上核查或税务机关认定发票存在真实性疑问的，应及时向外汇局报告相关情况。银行办理完毕结汇业务后，应在发票等相关凭证原件上批注已办理资本金结汇金额和日期，加盖银行业务章，并留存批注后的发票等相关凭证复印件
11. 企业存在不完全符合现行资本金结汇管理规定，但确有真实支付需求的，银行可合理审查相关资料后为其办理结汇，同时在外汇局资本项目信息系统的结汇用途栏注明“特殊备案”并留存专项档案以备外汇局非现场和现场核查
12. 单个资本金账户累计结汇额（含以“备用金”用途结汇的金额）与该资本金账户已付汇（含境内划转）金额之和达到账户贷方累计发生额 95% 的，银行应对上述结汇（备用金除外）所对应的发票等凭证进行真实性核查，并在企业结汇申请书上加注“已核实账户内 95% 资金结汇发票（不含付汇）”字样、日期及银行业务章后，方可按支付结汇制要求办理</td></tr>
</table>

（续）

办理原则	余下的资本金结汇或付汇手续。《国家外汇管理局综合司关于完善外商投资企业外汇资本金支付结汇管理有关业务操作问题的通知》（汇综发〔2008〕142 号）发布前办理的结汇业务无须核查 13. 银行针对企业资本金结汇支付后发生退货、撤销交易和发票作废等情况的应留存专项档案以备外汇局现场核查 二、前期费用外汇账户、境内机构开立的境内再投资专用账户、境内机构开立的境内资产变现账户内资金结汇内资金结汇参照外汇资本金账户内资金结汇管理。境内机构以其境内资产变现账户内资金进行境内股权投资的，可原币划转至被投资企业开立的境内再投资专用账户，不得结汇支付 三、境内个人以资产变现账户或境内再投资专用账户资金结汇所得人民币支付本次资产变现收入税款的，可直接凭缴税通知书办理结汇，无须提交相应的资产变现收入完税凭证 四、外方合作者按规定需以中外合作开采海上或陆上油气田项目名义开立的账户内资金结汇缴纳弃置费的，由银行直接办理，无须外汇局核准 五、银行应在业务办理完成后及时通过外汇局资本项目信息系统报送有关信息，对于需填报资金用途的应准确报送

1.15 外国投资者前期费用外汇账户资金原币划转

法规依据	1.《中华人民共和国外汇管理条例》(国务院令第 532 号) 2.《国家外汇管理局关于印发〈境内外汇划转管理暂行规定〉的通知》(〔97〕汇管函字第 250 号) 3.《国家外汇管理局关于进一步改进和调整直接投资外汇管理政策的通知》(汇发〔2012〕59 号) 4.《国家外汇管理局关于印发〈外国投资者境内直接投资外汇管理规定〉及配套文件的通知》(汇发〔2013〕21 号) 5. 其他相关法规
审核材料	1. 书面申请（申请中应准确表述资金划出原因和用途、划出和接收主体信息、划出和划入行名称及账号信息、划出资金金额和币种等重要信息） 2. 后续成立外商投资企业（或外资金融机构）的商务（或行业）主管部门批准设立文件和批准证书
办理原则	1. 银行应审核划转交易的真实性、合法性 2. 划入账户应为被投资企业的外汇资本金账户；外国投资者必须是划入账户开户主体的股权投资方 3. 划出行应于资金划转后，及时完成境内原币划转的国际收支申报，并于划出后关注该笔资金划转结果；若划转错误的，应待资金退回后重新划出，并同时按照规定调整国际收支申报信息 4. 划入行应于资金划入时确认划入资金是否符合账户收入范围，并与开户主体核对该笔资金交易的划出信息以确认交易准确性；对不符合账户收入范围及境内划转规定，或经核实划转错误的，划入行应将资金原路汇回

1.16 外商投资企业外汇资本金账户资金原币划转

法规依据	1.《中华人民共和国外汇管理条例》(国务院令第 532 号) 2.《国家外汇管理局关于印发〈境内外汇划转管理暂行规定〉的通知》(〔97〕汇管函字第 250 号) 3.《国家外汇管理局综合司关于完善外商投资企业外汇资本金支付结汇管理有关业务操作问题的通知》(汇综发〔2008〕142 号) 4.《国家外汇管理局综合司关于完善外商投资企业外汇资本金支付结汇管理有关业务操作问题的补充通知》(汇综发〔2011〕88 号) 5.《国家外汇管理局关于进一步改进和调整直接投资外汇管理政策的通知》(汇发〔2012〕59 号) 6.《国家外汇管理局关于印发〈外国投资者境内直接投资外汇管理规定〉及配套文件的通知》(汇发〔2013〕21 号) 7. 其他相关法规
审核材料	一、向同名资本金账户划出(更换开户银行业务适用) 1. 书面申请(申请中应准确表述资金划出原因和用途、划出和接收主体信息、划出和划入行名称及账号信息、划出资金金额和币种等重要信息) 2.《境内直接投资货币出资入账登记申请表》 二、向境内划入保证金专用账户(参与境内直接投资相关的竞标业务适用)、境内再投资专用账户(外商投资性公司境内外汇对子公司出资或收购境内企业中方股权业务适用)、委托贷款账户、资金集中管理专户、境外放款专用账户、保本型银行理财专户等划出 1. 书面申请(申请中应准确表述资金划出原因和用途、划出和接收主体信息、划出和划入行名称及账号信息、划出资金金额和币种等重要信息) 2.《境内直接投资货币出资入账登记申请表》 3. 证明该笔资金划出用于相应用途的真实性证明材料
办理原则	1. 银行应审核划转交易的真实性、合法性 2. 银行不得为未办理境内直接投资货币出资入账登记的资金办理划转手续 3. 划出行应于资金划转后,及时完成境内原币划转的国际收支申报,并于划出后关注该笔资金划转结果;若划转错误的,应待资金退回后重新划出,并同时按照规定调整国际收支申报信息 4. 划入行应于资金划入时确认划入资金是否符合账户收入范围,并与开户主体核对该笔资金交易的划出信息以确认交易准确性:对不符合账户收入范围及境内划转规定,或经核实划转错误的,划入行应将资金原路汇回

1.17 境内资产变现账户资金原币划转

法规依据	1.《中华人民共和国外汇管理条例》(国务院令第 532 号) 2.《国家外汇管理局关于印发〈境内外汇划转管理暂行规定〉的通知》(〔97〕汇管函字第 250 号) 3.《国家外汇管理局综合司关于完善外商投资企业外汇资本金支付结汇管理有关业务操作问题的通知》(汇综发〔2008〕142 号) 4.《国家外汇管理局综合司关于完善外商投资企业外汇资本金支付结汇管理有关业务操作问题的补充通知》(汇综发〔2011〕88 号) 5.《国家外汇管理局关于进一步改进和调整直接投资外汇管理政策的通知》(汇发〔2012〕59 号) 6.《国家外汇管理局关于印发〈外国投资者境内直接投资外汇管理规定〉及配套文件的通知》(汇发〔2013〕21 号) 7. 其他相关法规
审核材料	一、向境内划入保证金专用账户划出(参与境内直接投资相关的竞标业务适用) 1. 书面申请(申请中应准确表述资金划出原因和用途、划出和接收主体信息、划出和划入行名称及账号信息、划出资金金额和币种等重要信息) 2. 证明该笔资金划出用于保证用途的真实合法材料 二、向境内再投资专用账户划出(外商投资性公司以境内外汇对子公司出资或收购境内企业中方股权业务适用) 1. 书面申请(申请中应准确表述资金划出原因和用途、划出和接收主体信息、划出和划入行名称及账号信息、划出资金金额和币种等重要信息) 2. 证明该笔资金划出用于境内出资用途的真实性证明材料(须经主管部门批准或备案的,应收取相应批准或备案文件)
办理原则	1. 银行应审核划转交易的真实性、合法性 2. 划出行应于资金划转后,及时完成境内原币划转的国际收支申报,并于划出后关注该笔资金划转结果;若划转错误的,应待资金退回后重新划出,并同时按照规定调整国际收支申报信息 3. 划入行应于资金划入时确认划入资金是否符合账户收入范围,并与开户主体核对该笔资金交易的划出信息以确认交易准确性:对不符合账户收入范围及境内划转规定,或经核实划转错误的,划入行应将资金原路汇回

1.18 境内再投资专用账户资金原币划转

法规依据	1.《中华人民共和国外汇管理条例》(国务院令第 532 号) 2.《国家外汇管理局关于印发〈境内外汇划转管理暂行规定〉的通知》(〔97〕汇管函字第 250 号) 3.《国家外汇管理局综合司关于完善外商投资企业外汇资本金支付结汇管理有关业务操作问题的通知》(汇综发〔2008〕142 号) 4.《国家外汇管理局综合司关于完善外商投资企业外汇资本金支付结汇管理有关业务操作问题的补充通知》(汇综发〔2011〕88 号) 5.《国家外汇管理局关于进一步改进和调整直接投资外汇管理政策的通知》(汇发〔2012〕59 号) 6.《国家外汇管理局关于印发〈外国投资者境内直接投资外汇管理规定〉及配套文件的通知》(汇发〔2013〕21 号) 7. 其他相关法规
审核材料	一、向境内划入保证金专用账户划出(参与境内直接投资相关的竞标业务适用) 1. 书面申请(申请中应准确表述资金划出原因和用途、划出和接收主体信息、划出和划入行名称及账号信息、划出资金金额和币种等重要信息) 2. 证明该笔资金划出用于保证用途的真实性证明材料 二、向非同名境内再投资专用账户划出(外商投资性公司境内外汇对子公司出资或收购境内企业中方股权业务适用) 1. 书面申请(申请中应准确表述资金划出原因和用途、划出和接收主体信息、划出和划入行名称及账号信息、划出资金金额和币种等重要信息) 2. 证明该笔资金划出用于境内出资用途的真实性证明材料(须经主管部门批准或备案的应收取相应批准或备案文件) 三、因减资、股权转让、清算等减少或撤销投资原因退回原资本金账户、境内再投资专用账户或境内资产变现账户 1. 书面申请(申请中应准确表述资金划出原因和用途、划出和接收主体信息、划出和划入行名称及账号信息、划出资金金额和币种等重要信息) 2. 需返还至投资方原划出账户的真实性证明材料(须经主管部门批准或备案的应收取相应批准或备案文件)
办理原则	1. 银行应审核划转交易的真实性、合法性 2. 划出行应于资金划转后,及时完成境内原币划转的国际收支申报,并于划出后关注该笔资金划转结果;若划转错误的,应待资金退回后重新划出,并同时按照规定调整国际收支申报信息 3. 划入行应于资金划入时确认划入资金是否符合账户收入范围,并与开户主体核对该笔资金交易的划出信息以确认交易准确性;对不符合账户收入范围及境内划转规定,或经核实划转错误的,划入行应将资金原路汇回 4. 因减资、股权转让、清算等减少或撤销投资原因退回原资本金账户、境内再投资专用账户或境内资产变现账户的,应及时完成退款的国际收支申报

1.19 保证金专用外汇账户资金原币划转

法规依据	1.《中华人民共和国外汇管理条例》(国务院令第 532 号) 2.《国家外汇管理局关于印发〈境内外汇划转管理暂行规定〉的通知》(〔97〕汇管函字第 250 号) 3.《个人外汇管理办法》(中国人民银行令 2006 年第 3 号) 4.《关于外国投资者并购境内企业的规定》(商务部 国务院国有资产监督管理委员会 国家税务总局 国家工商行政管理总局 中国证券监督管理委员会 国家外汇管理局令 2006 年第 10 号) 5.《国家外汇管理局 建设部关于规范房地产市场外汇管理有关问题的通知》(汇发〔2006〕47 号) 6.《国家外汇管理局关于印发〈个人外汇管理办法实施细则〉的通知》(汇发〔2007〕1 号) 7.《国家外汇管理局综合司关于完善外商投资企业外汇资本金支付结汇管理有关业务操作问题的通知》(汇综发〔2008〕142 号) 8.《国家外汇管理局综合司关于完善外商投资企业外汇资本金支付结汇管理有关业务操作问题的补充通知》(汇综发〔2011〕88 号) 9.《国家外汇管理局关于进一步改进和调整直接投资外汇管理政策的通知》(汇发〔2012〕59 号) 10.《国家外汇管理局关于印发〈外国投资者境内直接投资外汇管理规定〉及配套文件的通知》(汇发〔2013〕21 号) 11. 其他相关法规
审核材料	一、境外汇入保证金专用账户因交易成功将资金划至境内接收方账户(仅限资本金账户和境内资产变现账户) 1. 书面申请(申请中应准确表述资金划出原因和用途、划出和接收主体信息、划出和划入行名称及账号信息、划出资金金额和币种等重要信息) 2. 证明交易成功需将保证金作为交易款项划至境内接收方账户的真实合法材料(土地竞标保证金应提交土地管理部门出具的成交确认文件;产权交易保证金应提交相关交易所出具的成交确认文件) 二、境内划入保证金专用账户因交易成功或未成功将资金划回原账户 1. 书面申请(申请中应准确表述资金划出原因和用途、划出和接收主体信息、划出和划入行名称及账号信息、划出资金金额和币种等重要信息) 2. 证明交易成功或者未成功需将保证金划回原账户的真实合法材料
办理原则	1. 银行应审核划转交易的真实性、合法性 2. 划出行应于资金划转后,及时完成境内原币划转的国际收支申报,并于划出后关注该笔资金划转结果;若划转错误的,应待资金退回后重新划出,并同时按照规定调整国际收支申报信息 3. 划入行应于资金划入时确认划入资金是否符合账户收入范围,并与开户主体核对该笔资金交易的划出信息以确认交易准确性:对不符合账户收入范围及境内划转规定,或经核实划转错误的,划入行应将资金原路汇回

1.20 外国投资者清算、减资所得资金汇出

法规依据	1.《中华人民共和国外汇管理条例》(国务院令第532号) 2.《中华人民共和国公司法》(中华人民共和国主席令2005年第42号) 3.《中国人民银行办公厅关于A股上市公司外资股东减持股份及分红所涉账户开立与外汇管理有关问题的通知》(银办发〔2009〕178号) 4.《国家外汇管理局关于进一步改进和调整直接投资外汇管理政策的通知》(汇发〔2012〕59号) 5.《国家外汇管理局关于印发〈外国投资者境内直接投资外汇管理规定〉及配套文件的通知》(汇发〔2013〕21号) 6. 其他相关法规
审核材料	1. 业务登记凭证 2. 外汇局资本项目信息系统银行端中打印的减资或清算流出控制信息表
办理原则	1. 银行应根据减资或清算流出控制信息表为申请主体办理资金汇出。银行或外汇局在备注栏中进行备注的，汇款银行应同时结合备注内容办理 2. 银行应在业务办理后及时完成国际收支申报

1.21 境内机构及个人收购外国投资者股权资金汇出

法规依据	1.《中华人民共和国外汇管理条例》(国务院令第532号) 2.《国家税务总局　国家外汇管理局关于服务贸易等项目对外支付税务备案有关问题的公告》(国家税务总局　国家外汇管理局公告2013年第40号) 3.《国家外汇管理局关于进一步改进和调整直接投资外汇管理政策的通知》(汇发〔2012〕59号) 4.《国家外汇管理局关于印发〈外国投资者境内直接投资外汇管理规定〉及配套文件的通知》(汇发〔2013〕21号) 5. 其他相关法规
审核材料	1. 业务登记凭证 2. 外汇局资本项目信息系统银行端中打印的股权转让流出控制信息表
办理原则	1. 银行应根据股权转让流出控制信息表为申请主体办理资金汇出。外汇局或银行在备注栏中进行备注的，汇款银行应结合备注内容办理 2. 银行应在业务办理后及时完成国际收支申报手续

1.22 外国投资者先行回收投资资金汇出

法规依据	1.《中华人民共和国外汇管理条例》(国务院令第532号) 2.《国家税务总局 国家外汇管理局关于服务贸易等项目对外支付税务备案有关问题的公告》(国家税务总局 国家外汇管理局公告2013年第40号) 3.《国家外汇管理局关于进一步改进和调整直接投资外汇管理政策的通知》(汇发〔2012〕59号) 4.《国家外汇管理局关于印发〈外国投资者境内直接投资外汇管理规定〉及配套文件的通知》(汇发〔2013〕21号) 5.《国家外汇管理局关于印发服务贸易外汇管理法规的通知》(汇发〔2013〕30号) 6. 其他相关法规
审核材料	1. 业务登记凭证 2. 外汇局资本项目信息系统银行端中打印的先行回收投资流出控制信息表
办理原则	1. 银行应根据先行回收投资流出控制信息表为申请主体办理资金汇出。银行或外汇局在备注栏中进行备注的，汇款银行应结合备注内容办理 2. 银行应在业务办理后及时完成国际收支申报

1.23 境外机构在境内设立的分支、代表机构和境外个人购买境内商品房结汇

法规依据	1.《中华人民共和国外汇管理条例》(国务院令第532号) 2.《建设部 商务部 国家发展和改革委员会 中国人民银行 国家工商行政管理总局 国家外汇管理局关于规范房地产市场外资准入和管理的意见》(建住房〔2006〕171号) 3.《国家外汇管理局 建设部关于规范房地产市场外汇管理有关问题的通知》(汇发〔2006〕47号) 4.《住房和城乡建设部 国家外汇管理局关于进一步规范境外机构和个人购房管理的通知》(建房〔2010〕186号) 5.《国家外汇管理局关于进一步改进和调整直接投资外汇管理政策的通知》(汇发〔2012〕59号) 6. 其他相关法规
审核材料	1. 境外机构设立的境内分支、代表机构提供有效注册登记证明；港澳居民提供《港澳居民往来内地通行证》，台湾居民提供《台湾居民来往大陆通行证》，华侨提供侨务部门出具的认定证明，其他境外个人提供护照等有效身份证明 2. 商品房销售合同或预售合同 3. 房地产主管部门出具的该非居民在所在城市购房的商品房预售合同登记备案等相关证明（购买现房及二手房的，应提供房地产主管部门出具的相关产权登记证明文件） 4. 如委托他人办理，应提供经公证的授权委托书及受托人的有效身份证明
办理原则	1. 银行应将非居民购买境内商品房的外汇资金结汇后直接划入房地产开发企业的人民币账户或二手房转让方的人民币账户，不得为其办理境内原币划转 2. 外汇按揭贷款购房和外汇担保人民币贷款购房后结汇履约还贷，按照《国家外汇管理局 建设部关于规范房地产市场外汇管理有关问题的通知》(汇发〔2006〕47号）的审核要求执行 3. 境内代表机构经常项目账户资金不得结汇购买商品房 4. 夫妻双方共同购买境内商品房，其中一方为境内个人，另一方为境外个人、港澳台居民或华侨的，参照本规定办理

1.24 境外机构在境内设立的分支、代表机构和境外个人将因未购得退回的人民币购房款购汇汇出

法规依据	1.《中华人民共和国外汇管理条例》(国务院令第532号) 2.《建设部 商务部 国家发展和改革委员会 中国人民银行 国家工商行政管理总局 国家外汇管理局关于规范房地产市场外资准入和管理的意见》(建住房〔2006〕171号) 3.《国家外汇管理局 建设部关于规范房地产市场外汇管理有关问题的通知》(汇发〔2006〕47号) 4.《住房和城乡建设部 国家外汇管理局关于进一步规范境外机构和个人购房管理的通知》(建房〔2010〕186号) 5.《国家外汇管理局关于进一步改进和调整直接投资外汇管理政策的通知》(汇发〔2012〕59号) 6. 其他相关法规
审核材料	1. 原结汇凭证 2. 与房地产开发企业或二手房出让方解除商品房买卖合同的证明文件 3. 房地产主管部门出具的取消购买商品房的证明 4. 如委托他人办理，应提供经公证的授权委托书及受托人的有效身份证明
办理原则	1. 结汇后退回的，人民币购汇后应原路退回境外机构或个人外汇账户，或划回原境内外汇账户（只适用于原购房款为从境内外汇账户结汇支付的情况） 2. 允许购房款境内留存期间产生的合理利息一并汇出 3. 银行应在业务办理后及时完成国际收支申报

1.25 境外机构在境内设立的分支、代表机构及境外个人转让境内商品房所得资金购付汇

法规依据	1.《中华人民共和国外汇管理条例》(国务院令第532号) 2.《建设部 商务部 国家发展和改革委员会 中国人民银行 国家工商行政管理总局 国家外汇管理局关于规范房地产市场外资准入和管理的意见》(建住房〔2006〕171号) 3.《国家外汇管理局 建设部关于规范房地产市场外汇管理有关问题的通知》(汇发〔2006〕47号) 4.《住房和城乡建设部 国家外汇管理局关于进一步规范境外机构和个人购房管理的通知》(建房〔2010〕186号) 5.《国家税务总局 国家外汇管理局关于服务贸易等项目对外支付税务备案有关问题的公告》(国家税务总局 国家外汇管理局公告2013年第40号) 6.《国家外汇管理局关于进一步改进和调整直接投资外汇管理政策的通知》(汇发〔2012〕59号) 7. 其他相关法规
审核材料	1. 身份证明文件或注册登记证明 2. 商品房转让合同及登记证明文件 3.《服务贸易等项目对外支付税务备案表》(金额在5万美元及以下的无须提交）或其他完税证明材料 4. 如委托其他人办理，应提供经公证的授权委托书及受托人的有效身份证明

（续）

办理原则	1. 汇出金额不得超出商品房转让金额扣减本次转让所包括的税费后的余额 2. 银行应审核税务证明中记载金额与申请汇出金额是否一致，申请汇出金额超出税务证明记载金额的不得办理 3. 办理资金汇出时，转让商品房应已在房产主管部门办理权属转移手续 4. 银行应在业务办理后及时完成国际收支申报

二、境外直接投资外汇业务

2.1 境内机构境外直接投资前期费用登记

法规依据	1.《中华人民共和国外汇管理条例》(国务院令第 532 号） 2.《国家外汇管理局关于发布〈境内机构境外直接投资外汇管理规定〉的通知》（汇发〔2009〕30 号） 3.《国家外汇管理局关于境内银行境外直接投资外汇管理有关问题的通知》（汇发〔2010〕31 号） 4.《国家外汇管理局关于进一步改进和调整直接投资外汇管理政策的通知》（汇发〔2012〕59 号） 5.《国家外汇管理局关于进一步改进和调整资本项目外汇管理政策的通知》（汇发〔2014〕2 号） 6. 其他相关法规
审核材料	一、汇出境外直接投资前期费用的，需提交以下材料： 1.《境外直接投资外汇登记业务申请表》 2. 营业执照和组织机构代码证 二、境内机构为其境外分支、代表机构等非独立核算机构购买境外房产的，需提交以下材料： 1.《境外直接投资外汇登记业务申请表》 2. 境外设立分支、代表等非独立核算机构的批准 / 备案文件或注册证明文件 3. 境外购房合同或协议 4. 其他真实性证明材料
办理原则	1. 境内机构（含境内企业、银行及非银行金融机构，下同）汇出境外的前期费用，累计汇出额原则上不超过 300 万美元且不超过中方投资总额的 15% 2. 境内机构汇出境外的前期费用，可列入其境外直接投资总额 3. 银行通过外汇局资本项目信息系统为境内机构办理前期费用登记手续后，境内机构凭业务登记凭证直接到银行办理后续资金购付汇手续 4. 境内投资者在汇出前期费用之日起 6 个月内仍未设立境外投资项目或购买境外房产的，应向注册地外汇局报告其前期费用使用情况并将剩余资金退回。如确有客观原因，开户主体可提交说明函向原登记银行申请延期，经银行同意，6 个月期限可适当延长，但最长不得超过 12 个月 5. 如确有客观原因，前期费用累计汇出额超过 300 万美元或超过中方投资总额 15% 的，境内投资者需提交说明函至注册地外汇局申请（外汇局按个案业务集体审议制度处理）办理

2.2 境内机构境外直接投资外汇登记

法规依据	1.《中华人民共和国外汇管理条例》(国务院令第 532 号) 2.《关于外国投资者并购境内企业的规定》(中华人民共和国商务部 国务院国有资产监督管理委员会 国家税务总局 国家工商行政管理总局 中国证券监督管理委员会 国家外汇管理局令 2006 年第 10 号) 3.《国家外汇管理局关于发布〈境内机构境外直接投资外汇管理规定〉的通知》(汇发〔2009〕30 号) 4.《国家外汇管理局关于境内银行境外直接投资外汇管理有关问题的通知》(汇发〔2010〕31 号) 5.《国家外汇管理局关于鼓励和引导民间投资健康发展有关外汇管理问题的通知》(汇发〔2012〕33 号) 6.《国家外汇管理局关于进一步改进和调整直接投资外汇管理政策的通知》(汇发〔2012〕59 号) 7.《国家外汇管理局关于境内居民通过特殊目的公司境外投融资及返程投资外汇管理有关问题的通知》(汇发〔2014〕37 号) 8. 其他相关法规
审核材料	1.《境外直接投资外汇登记业务申请表》 2. 营业执照或注册登记证明及组织机构代码证(多个境内机构共同实施一项境外直接投资的，应提交各境内机构的营业执照或注册登记证明及组织机构代码证) 3. 非金融企业境外投资提供商务主管部门颁发的《企业境外投资证书》；金融机构境外投资提供相关金融主管部门对该项投资的批准文件或无异议函 4. 外国投资者以境外股权并购境内公司导致境内公司或其股东持有境外公司股权的，另需提供加注的外商投资企业批准证书和加注的外商投资企业营业执照
办理原则	1. 境内机构在以境内外合法资产或权益(包括但不限于货币、有价证券、知识产权或技术、股权、债权等)向境外出资前，应到注册地银行申请办理境外直接投资外汇登记。在外汇局资本项目信息系统中登记商务主管部门颁发的企业境外投资证书中的投资总额，同时允许企业根据实际需要按现行规定对外放款。金融类境外投资根据行业主管部门的批复或无异议函等进行相应登记 2. 境内机构以境外资金或其他境外资产或权益出资的境外直接投资，应向注册地银行申请办理境外直接投资外汇登记。银行应审核其境外资金留存或境外收益获取的合规性，涉嫌以其非法留存境外的资产或权益转做境外投资的，不得为其办理境外直接投资外汇登记。外汇局资本项目管理部门应加强境内机构以境外资金或其他境外资产或权益出资的境外投资登记业务的事后核查，对涉嫌违规的移交外汇检查部门处理 3. 多个境内机构共同实施一项境外直接投资的，由约定的一个境内机构向其注册地银行申请办理境外直接投资外汇登记；银行通过外汇局资本项目信息系统完成境外直接投资外汇登记后，其他境内机构可分别向注册地银行领取业务登记凭证 4. 境内机构设立境外分公司，参照境内机构境外直接投资管理。境内机构应到注册地银行办理境外直接投资外汇登记。在外汇局资本项目信息系统中，开办费用应纳入投资总额登记。境内机构设立境外分公司每年应按规定办理境外直接投资存量权益登记 5. 银行通过外汇局资本项目信息系统为境内机构办理境外直接投资外汇登记手续后，境内机构凭业务登记凭证直接到银行办理后续资金购付汇手续

2.3 境内机构境外直接投资外汇变更登记

法规依据	1.《中华人民共和国外汇管理条例》(国务院令第532号) 2.《关于外国投资者并购境内企业的规定》(中华人民共和国商务部 国务院国有资产监督管理委员会 国家税务总局 国家工商行政管理总局 中国证券监督管理委员会 国家外汇管理局令2006年第10号) 3.《国家外汇管理局关于发布〈境内机构境外直接投资外汇管理规定〉的通知》(汇发〔2009〕30号) 4.《国家外汇管理局关于境内银行境外直接投资外汇管理有关问题的通知》(汇发〔2010〕31号) 5.《国家外汇管理局关于鼓励和引导民间投资健康发展有关外汇管理问题的通知》(汇发〔2012〕33号) 6.《国家外汇管理局关于进一步改进和调整直接投资外汇管理政策的通知》(汇发〔2012〕59号) 7.《国家外汇管理局关于境内居民通过特殊目的公司境外投融资及返程投资外汇管理有关问题的通知》(汇发〔2014〕37号) 8. 其他相关法规
审核材料	1.《境外直接投资外汇登记业务申请表》 2. 非金融类境外投资提供商务主管部门对变更事项的批准或备案文件；金融类境外投资提供相关行业主管部门对变更事项的批准或备案文件 3. 如新增境内投资者，应提供该境内投资者的营业执照和组织机构代码证
办理原则	1. 境内机构因转股、减资等原因不再持有境外企业股权的，需按照本操作指引办理 2. 多个境内机构共同实施一项境外直接投资的，由约定的一个投资主体向其注册地外汇局辖内银行申请办理变更登记，其他境内机构无须重复申请；银行通过外汇局资本项目信息系统完成境外直接投资外汇变更登记后，其他境内机构可分别向注册地银行领取业务登记凭证 3. 境外企业因减资、转股等需要汇回资金的，在注册地银行办理变更登记后，直接到银行办理后续境外资产变现账户开立、汇回资金入账等手续 4. 境外放款转为对境外公司股权的，应同时向注册地外汇局申请办理境外放款变更或注销登记 5. 境内投资者收购其他境内投资者境外企业股权的，由股权出让方按照本操作指引办理变更登记 6. 外国投资者以境外股权并购境内公司导致境内公司或其股东持有境外公司股权的，自工商行政管理部门颁发加注的营业执照之日起6个月内完成股权变更，如果境内外公司没有完成其股权变更手续，则境外投资外汇登记自动失效，应在资本项目信息系统中注销其登记 7. 境内机构设立境外分公司需追加开办费用的，参照本操作指引办理，开办费用的金额按照实需原则确定，并在外汇局资本项目信息系统中纳入投资总额登记 8. 境内投资主体设立或控制的境外企业在境外再投资设立或控制新的境外企业无须办理外汇备案手续

2.4 境内机构境外直接投资清算登记

法规依据	1.《中华人民共和国外汇管理条例》(国务院令第 532 号) 2.《关于外国投资者并购境内企业的规定》(中华人民共和国商务部 国务院国有资产监督管理委员会 国家税务总局 国家工商行政管理总局 中国证券监督管理委员会 国家外汇管理局令 2006 年第 10 号) 3.《国家外汇管理局关于发布〈境内机构境外直接投资外汇管理规定〉的通知》(汇发〔2009〕30 号) 4.《国家外汇管理局关于境内银行境外直接投资外汇管理有关问题的通知》(汇发〔2010〕31 号) 5.《国家外汇管理局关于进一步改进和调整直接投资外汇管理政策的通知》(汇发〔2012〕59 号) 6.《国家外汇管理局关于境内居民通过特殊目的公司境外投融资及返程投资外汇管理有关问题的通知》(汇发〔2014〕37 号) 7. 其他相关法规
审核材料	1.《境外直接投资外汇登记业务申请表》 2. 商务或行业主管部门对注销事项的批准或备案文件 3. 清算审计报告或最近一期财务报表
办理原则	1. 多个境内机构共同实施一项境外直接投资的，由约定的其中一家境内机构向其注册地银行申请办理清算登记 2. 境外企业因清算需汇回资金的，在境外投资企业的境内投资主体（或约定的一家境内投资主体）办理清算登记后，各境内机构可凭业务登记凭证直接到银行办理后续境外资产变现账户开立、汇回资金入账手续等

2.5 境内居民个人特殊目的公司外汇（补）登记

法规依据	1.《中华人民共和国外汇管理条例》(国务院令第 532 号) 2.《关于外国投资者并购境内企业的规定》(中华人民共和国商务部 国务院国有资产监督管理委员会 国家税务总局 国家工商行政管理总局 中国证券监督管理委员会 国家外汇管理局令 2006 年第 10 号) 3.《国家外汇管理局关于境内居民通过特殊目的公司境外投融资及返程投资外汇管理有关问题的通知》(汇发〔2014〕37 号) 4. 其他相关法规
审核材料	一、境内居民个人以境内外合法资产或权益（包括但不限于货币、有价证券、知识产权或技术、股权、债权等）向特殊目的公司出资的，应提交以下材料： 1. 书面申请与《境内居民个人境外投资外汇登记表》(一式两份) 2. 境内居民个人身份证明文件 3. 特殊目的公司登记注册文件及股东或实际控制人证明文件（如股东名册、认缴人名册等） 4. 境内外企业权力机构同意境外投融资的决议书（企业尚未设立的，提供权益所有人同意境外投融资的书面说明） 5. 境内居民个人直接或间接持有拟境外投融资境内企业资产或权益，或者合法持有境外资产或权益的证明文件

（续）

审核材料	6. 在前述材料不能充分说明交易的真实性或申请材料之间的一致性时，要求提供的补充材料 二、境内居民个人参与非上市特殊目的公司权益激励计划的，应提交以下材料： 1. 书面申请与《境内居民个人境外投资外汇登记表》(一式两份) 2. 已登记的特殊目的公司的境外投资外汇业务登记凭证 3. 相关境内企业出具的个人与其雇佣或劳动关系证明材料 4. 特殊目的公司或其实际控制人出具的能够证明所涉权益激励真实性的证明材料 5. 在前述材料不能充分说明交易的真实性或申请材料之间的一致性时，要求提供的补充材料 三、境内居民个人以境内外合法资产或权益已向特殊目的公司出资但未按规定办理境外投资外汇登记的，还应提交说明函
办理原则	1. 境内居民个人除持有中国境内居民身份证、军人身份证件、武装警察身份证件的中国公民外，还包括虽无中国境内合法身份证件，但因经济利益关系在中国境内习惯性居住的境外个人。其中，无中国境内合法身份证件，但因经济利益关系在中国境内习惯性居住的境外个人，是指持护照的外国公民（包括无国籍人）以及持港澳居民来往内地通行证、台湾居民来往大陆通行证的港澳台同胞，具体包括： （1）在境内拥有永久性居所，因境外旅游、就学、就医、工作、境外居留要求等原因而暂时离开永久居所，在上述原因消失后仍回到永久性居所的自然人 （2）持有境内企业内资权益的自然人 （3）持有境内企业原内资权益，后该权益虽变更为外资权益但仍为本人所最终持有的自然人 境内居民个人在办理境外投资外汇登记业务时，须凭合法身份证件（居民身份证件或护照等）办理，境外永久居留证明等不能作为业务办理依据 对于持护照的外国公民（包括无国籍人）以及持港澳居民来往内地通行证、台湾居民来往大陆通行证的港澳台同胞等境外个人，在境内办理境外投资外汇登记业务时，需审核相关真实性证明材料（如境内购买的房产、内资权益等相关财产权利证明文件等） 对于同时持有境内合法身份证件和境外（含港澳台）合法身份证件的，视同境外个人管理。对于境外个人以其境外资产或权益向境外特殊目的公司出资的，不纳入境内居民个人特殊目的公司外汇（补）登记范围 2. 境内居民个人办理登记之前，可在境外先行设立特殊目的公司，但在登记完成之前，除支付（含境外支付）特殊目的公司注册费用外，境内居民个人对该特殊目的公司不得发生其他出资（含境外出资）行为，否则按特殊目的公司外汇补登记处理 3. 境内居民个人只为直接设立或控制的（第一层）特殊目的公司办理登记 4. 境内居民个人以境内资产或权益向特殊目的公司出资的，应向境内企业资产或权益所在地银行申请办理境内居民个人特殊目的公司外汇登记。如有多个境内企业资产或权益且所在地不一致时，境内居民应选择其中一个主要资产或权益所在地银行集中办理登记。境内居民个人以境外合法资产或权益出资的，应向户籍所在地银行申请办理登记 5. 对于境内居民个人以境内外合法资产或权益已向特殊目的公司出资但未按规定办理境外投资外汇登记的，在境内居民个人向相关外汇局（详见上文办理原则第 4 条）出具说明函详细说明理由后，相关外汇局按照个案业务集体审议制度审核办理补登记。对于涉嫌违反外汇管理规定的，依法进行处理 6. 银行办理境内居民个人特殊目的公司外汇登记的，应在《境内居民个人境外投资外汇登记表》上加盖银行业务专用章，留存一份备查，另一份返还给登记申请人。外汇局办理境内居民个人特殊目的公司外汇补登记的，应在《境内居民个人境外投资外汇登记表》上加盖资本项目外汇业务专用章，留存一份备查，另一份返还给登记申请人 7. 境内居民个人参与境外上市公司股权激励计划按相关外汇管理规定办理

2.6 境内居民个人特殊目的公司外汇变更登记

法规依据	1.《中华人民共和国外汇管理条例》(国务院令第 532 号) 2.《关于外国投资者并购境内企业的规定》(商务部 国务院国有资产监督管理委员会 国家税务总局 国家工商行政管理总局 中国证券监督管理委员会 国家外汇管理局令 2006 年第 10 号) 3.《国家外汇管理局关于境内居民通过特殊目的公司境外投融资及返程投资外汇管理有关问题的通知》(汇发〔2014〕37 号) 4. 其他相关法规
审核材料	1. 书面申请与新《境内居民个人境外投资外汇登记表》(一式两份) 2. 原《境内居民个人境外投资外汇登记表》 3. 其他相关真实性证明材料
办理原则	1. 已登记的特殊目的公司发生境内居民个人股东、名称、经营期限等基本信息变更，或发生境内居民个人增资、减资、股权转让或置换、合并或分立等重要事项变更的，适用本操作指引 2. 境内居民个人从已登记的特殊目的公司获得资本变动收入，在特殊目的公司登记地银行办理外汇变更登记后，方可到银行办理后续境外资产变现账户开立、资金入账等手续 3. 银行完成境内居民个人特殊目的公司外汇登记后，应在新《境内居民个人境外投资外汇登记表》上加盖银行业务专用章，留存一份备查，另一份返还登记申请人，同时收回原《境内居民个人境外投资外汇登记表》

2.7 境内居民个人特殊目的公司外汇注销登记

法规依据	1.《中华人民共和国外汇管理条例》(国务院令第 532 号) 2.《关于外国投资者并购境内企业的规定》(商务部 国务院国有资产监督管理委员会 国家税务总局 国家工商行政管理总局 中国证券监督管理委员会 国家外汇管理局令 2006 年第 10 号) 3.《国家外汇管理局关于境内居民通过特殊目的公司境外投融资及返程投资外汇管理有关问题的通知》(汇发〔2014〕37 号) 4. 其他相关法规
审核材料	1. 书面申请及相关真实性证明材料 2. 原《境内居民个人境外投资外汇登记表》
办理原则	因转股、破产、解散、清算、经营期满、身份变更等原因造成境内居民个人不再持有已登记的特殊目的公司权益的，或者不再属于需要办理特殊目的公司登记的，适用本操作指引

2.8 境外直接投资存量权益登记（年度）

法规依据	1.《中华人民共和国外汇管理条例》(国务院令第 532 号) 2.《国家外汇管理局关于进一步改进和调整直接投资外汇管理政策的通知》(汇发〔2012〕59 号) 3. 其他相关法规
审核材料	境外投资企业（含境内居民个人在境外设立的特殊目的公司）的境内投资主体自行或委托会计师事务所、银行通过外汇局资本项目信息系统向外汇局发送的《境外直接投资中方权益统计表》
办理原则	1. 境外投资企业（含境内居民个人在境外设立的特殊目的公司）的境内投资主体应于每年 1 月 1 日至 9 月 30 日（含）期间，通过外汇局资本项目信息系统企业端、银行端或事务所端向外汇局报送上年度境外企业资产、负债和所有者权益相关数据信息 2. 由两个或两个以上境内投资主体共同投资一家境外投资企业（含境内居民个人在境外设立的特殊目的公司）的，各境内投资主体应确定其中一个境内投资主体作为境外直接投资存量权益信息申报主体，由其向境外投资企业登记地外汇局申报相关信息，其他境内投资主体不再申报。持股比例最大的境内投资主体原则上为申报责任股东，若持股比例相同，由相关境内投资主体约定其中一个境内投资主体为申报责任股东 3. 境外投资企业（含境内居民个人在境外设立的特殊目的公司）的境内投资主体自行对数据信息的真实性、准确性负责，境外投资企业登记地外汇局不再逐项审核 4. 境外投资企业（含境内居民个人在境外设立的特殊目的公司）的境内投资主体注册地外汇局（资产所在地企业注册地外汇局或个人户籍所在地外汇局）负责事后对相关境外直接投资存量权益登记信息内容进行抽查，对于隐瞒真实情况、弄虚作假的境内投资主体，外汇局按相关程序通过资本项目信息系统业务管控功能暂停该境外投资企业的境内投资主体相关业务，并依法进行处理 5. 银行为境外投资企业（含境内居民个人在境外设立的特殊目的公司）的境内投资主体办理资本项下外汇业务前，应确认其已按规定办理境外直接投资存量权益登记及是否被业务管控。未按规定办理登记或被业务管控的，银行不得为其办理资本项下外汇业务

2.9 境内机构境外直接投资前期费用汇出、汇回

法规依据	1.《中华人民共和国外汇管理条例》(国务院令第 532 号) 2.《国家外汇管理局关于发布〈境内机构境外直接投资外汇管理规定〉的通知》(汇发〔2009〕30 号) 3.《国家外汇管理局关于境内银行境外直接投资外汇管理有关问题的通知》(汇发〔2010〕31 号) 4.《国家外汇管理局关于进一步改进和调整直接投资外汇管理政策的通知》(汇发〔2012〕59 号) 5. 其他相关法规
审核材料	一、前期费用汇出 1. 业务登记凭证 2. 外汇局资本项目信息系统银行端中打印的境外投资前期费用额度控制信息表 二、前期费用汇回 1. 业务登记凭证 2. 外汇局资本项目信息系统银行端中打印的境外投资前期费用额度控制信息表

（续）

办理原则	1. 汇出银行应按照外汇局资本项目信息系统登记的信息办理汇出业务；累计汇出金额原则上不得超过外汇局资本项目信息系统登记的前期费用额度 2. 前期费用退回金额累计不得超过已汇出境外的前期费用金额 3. 前期费用资金原则上按原路退回，对于原购汇汇出的部分，可凭原购汇凭证直接办理结汇手续 4. 银行应在业务办理后及时完成国际收支申报

2.10 境内机构境外直接投资资金汇出

法规依据	1.《中华人民共和国外汇管理条例》(国务院令第532号) 2.《国家外汇管理局关于发布〈境内机构境外直接投资外汇管理规定〉的通知》(汇发〔2009〕30号) 3.《国家外汇管理局关于境内银行境外直接投资外汇管理有关问题的通知》(汇发〔2010〕31号) 4.《国家外汇管理局关于进一步改进和调整直接投资外汇管理政策的通知》(汇发〔2012〕59号) 5. 其他相关法规
审核材料	1. 业务登记凭证 2. 外汇局资本项目信息系统银行端中打印的对外义务出资额度控制信息表
审核原则	1. 汇出资金累计不得超过外汇局资本项目信息系统登记的可汇出资金额度 2. 银行应在业务办理后及时完成国际收支申报 3. 收款人信息与外汇局资本项目信息系统中登记信息不一致的，银行应进行真实性审核并在国际收支申报交易附言中予以说明

2.11 境外资产变现账户开立、注销

法规依据	1.《中华人民共和国外汇管理条例》(国务院令第532号) 2.《国家外汇管理局关于发布〈境内机构境外直接投资外汇管理规定〉的通知》(汇发〔2009〕30号) 3.《国家外汇管理局关于进一步改进和调整直接投资外汇管理政策的通知》(汇发〔2012〕59号) 4.《国家外汇管理局关于境内居民通过特殊目的公司境外投融资及返程投资外汇管理有关问题的通知》(汇发〔2014〕37号) 5. 其他相关法规
审核材料	业务登记凭证或《境内居民个人境外投资外汇登记表》
审核原则	1. 境外投资企业发生减资、转股、清算或债权投资回收等业务以及境内居民个人从特殊目的公司获得资本变动收入等需汇回资金的，银行可根据境内机构、境内个人的申请直接办理开户手续 2. 账户使用完毕后，银行可根据开户主体的申请直接办理账户注销手续 3. 银行应在业务办理后及时向外汇局资本项目信息系统报送有关信息

2.12 境外资产变现账户入账、结汇

法规依据	1.《中华人民共和国外汇管理条例》(国务院令第532号) 2.《国家外汇管理局关于发布〈境内机构境外直接投资外汇管理规定〉的通知》(汇发〔2009〕30号) 3.《国家外汇管理局关于进一步改进和调整直接投资外汇管理政策的通知》(汇发〔2012〕59号) 4.《国家外汇管理局关于境内居民通过特殊目的公司境外投融资及返程投资外汇管理有关问题的通知》(汇发〔2014〕37号) 5.其他相关法规
审核材料	一、入账 1.业务登记凭证或《境内居民个人境外投资外汇登记表》 2.外汇局资本项目信息系统银行端中打印的额度控制信息表 二、结汇 (一)境内机构 参照本操作指引1.14境内直接投资所涉外汇账户内资金结汇"一、外汇资本金账户内资金结汇"的支付结汇原则办理(但不收取第5项材料) (二)境内个人 1.《境内居民个人境外投资外汇登记表》 2.税务申报单或完税凭证
审核原则	1.银行应查询外汇局资本项目信息系统中登记的开户主体可汇回额度后,为其办理入账手续,当次入账金额不得超出尚可汇回金额。其中,境内机构为境内银行的,境外投资产生的利润不得单独结汇,应纳入银行外汇利润统一管理,并按照相关规定办理结汇 2.银行应在业务办理后及时完成国际收支申报

2.13 境外直接投资企业利润汇回

法规依据	1.《中华人民共和国外汇管理条例》(国务院令第532号) 2.《国家外汇管理局关于发布〈境内机构境外直接投资外汇管理规定〉的通知》(汇发〔2009〕30号) 3.《国家外汇管理局关于境内银行境外直接投资外汇管理有关问题的通知》(汇发〔2010〕31号) 4.《国家外汇管理局关于进一步改进和调整直接投资外汇管理政策的通知》(汇发〔2012〕59号) 5.《国家外汇管理局关于境内居民通过特殊目的公司境外投融资及返程投资外汇管理有关问题的通知》(汇发〔2014〕37号) 6.其他相关法规
审核材料	1.业务登记凭证 2.境内投资主体获得境外企业利润的相关真实性证明材料
审核原则	1.汇回利润可保留在相关市场主体经常项目外汇账户或直接结汇 2.银行在办理境外投资企业利润汇回时,应审核境外投资企业的境内投资主体境外直接投资存量权益登记情况,对于应办理境外直接投资存量权益登记但未按规定在规定时限内办理登记的相关市场主体,应待其办理境外直接投资存量权益登记后,方可为其办理利润汇回手续 3.银行应在业务办理后及时完成国际收支申报

2.14 特殊目的公司项下境内个人购付汇

法规依据	1.《中华人民共和国外汇管理条例》(国务院令第 532 号) 2.《关于外国投资者并购境内企业的规定》(中华人民共和国商务部 国务院国有资产监督管理委员会 国家税务总局 国家工商行政管理总局 中国证券监督管理委员会 国家外汇管理局令 2006 年第 10 号) 3.《国家外汇管理局关于进一步改进和调整直接投资外汇管理政策的通知》(汇发〔2012〕59 号) 4.《国家外汇管理局关于境内居民通过特殊目的公司境外投融资及返程投资外汇管理有关问题的通知》(汇发〔2014〕37 号) 5. 其他相关法规
审核材料	外汇局资本项目信息系统打印的核准件
办理原则	1. 银行应严格按照外汇局相应核准件要求办理 2. 银行应在业务办理后及时完成国际收支申报

三、资本项目直接投资外汇业务申请表

表 1　境内直接投资基本信息登记业务申请表（一）

<table>
<tr><td colspan="2">一、申请事项</td></tr>
<tr><td>□境内直接投资前期费用登记</td><td>前期费用主要用途：</td></tr>
<tr><td>□外商投资企业基本信息登记</td><td>成立方式：□新设　□并购（□转股并购　□增资并购　□资产并购）</td></tr>
<tr><td rowspan="2">□外商投资企业基本信息登记变更</td><td>□基本信息变更　□增资　□减资（□减外方实际出资　□外方出资义务减少　□中方减资）□先行回收投资　□出资方式变更　□注册币种变更</td></tr>
<tr><td>□股权转让（□中方转外方　□外方转中方　□外方转外方　□中方转中方）</td></tr>
<tr><td rowspan="2">□外商投资企业迁移登记</td><td>□迁出登记　　迁入地区：</td></tr>
<tr><td>□迁入登记　　迁出地区：</td></tr>
<tr><td>□外商投资企业基本信息登记注销</td><td>□提前清算　□到期清算　□转内资　□吸收合并　□特殊清算</td></tr>
</table>

<table>
<tr><td colspan="4">二、企业基本信息（变更登记的，填写变更后的基本信息）</td></tr>
<tr><td>组织机构代码</td><td></td><td>经营到期日</td><td>年　月　日</td></tr>
<tr><td>主管部门批复文号</td><td></td><td>主管部门批准日期</td><td>年　月　日</td></tr>
<tr><td>工商注册日期</td><td>年　月　日</td><td>营业执照注册号</td><td></td></tr>
<tr><td>法定代表人</td><td></td><td>所属行业</td><td></td></tr>
<tr><td>主要经营范围</td><td colspan="3"></td></tr>
<tr><td>注册地址</td><td colspan="3"></td></tr>
<tr><td>投资总额</td><td></td><td>注册资本</td><td></td></tr>
<tr><td>企业性质</td><td>□合资　□独资　□合作　□合伙</td><td>企业类型</td><td>□有限责任　□股份制　□其他</td></tr>
<tr><td>上市情况</td><td>□未上市　□上市（□A股上市　□B股上市　□H股上市　□其他证券市场上市）</td><td>是否投资性公司</td><td>□是　□否</td></tr>
<tr><td>返程投资情况</td><td colspan="3">□非返程投资　□返程投资</td></tr>
<tr><td>联系人</td><td></td><td>联系电话</td><td></td></tr>
</table>

<table>
<tr><td colspan="5">三、股东基本信息（变更登记的，填写变更后的信息；迁移、注销登记的，填写当前股东信息）</td></tr>
<tr><td>股东名称</td><td>护照号码 / 组织机构代码 / 身份证号码 / 永久居留证号码 / 其他</td><td>所属国别或地区 / 境内机构注册地 / 境内个人常住地</td><td>实际控制人所属国别 / 地区</td><td>实际控制人名称（外方股东实际控制人为非中国境内居民的，无须填写此项）</td></tr>
<tr><td></td><td></td><td></td><td></td><td></td></tr>
<tr><td></td><td></td><td></td><td></td><td></td></tr>
</table>

（续）

四、外方股东投资信息（变更登记的，填写变更后的信息；迁移、注销登记的，填写当前股东信息）

外方股东名称	所占注册资本	所占注册资本比例（%）	所占注册资本出资额	出资形式（包括但不限于：境外汇入现汇与人民币、境内划转、人民币利润再投资、人民币非利润再投资、实物、无形资产等，请根据实际情况填写，详见填表说明第44项）			利润分配比例（%）
合计 —			—				—

五、中方股东投资信息（变更登记的，填写变更后的信息；迁移、注销登记的，填写当前股东信息）

中方股东名称	所占注册资本	出资比例（%）	所占注册资本出资额	利润分配比例（%）
合计		—		—

六、外国投资者前期费用流入信息（办理前期费用业务必填）

外国投资者名称	拟成立境内企业或项目名称	拟成立境内企业或项目所在地区	拟成立境内企业或项目投资总额	外国投资者所占注册资本金额	申请流入前期费用金额

七、外方股东向中方转让股权所得处置计划（办理股权转让外方转中方必填）

中方股东名称（受让方）	外方股东名称（出让方）	转让注册资本金额	股权转让对价	1. 用于境内再投资金额	2. 汇出境外金额

八、中方股东向外方转让股权所得处置计划（办理股权转让中方转外方必填）

中方股东名称（出让方）	中方股东组织机构代码或身份证号码	外方股东名称（受让方）	转让注册资本金额	股权转让对价

九、外方股东减资所得处置计划（办理减资业务必填）

减资外方股东名称	减少注册资本金额	减资所得金额	1. 用于境内再投资金额	2. 汇出境外金额

（续）

<table>
<tr><td colspan="4">十、企业清算外方股东所得资产处置计划（外资企业清算后有剩余资产的必填）</td></tr>
<tr><td>外方股东名称</td><td>清算所得金额</td><td>1. 用于境内再投资金额</td><td>2. 汇出境外金额</td></tr>
<tr><td></td><td></td><td></td><td></td></tr>
<tr><td colspan="4">十一、备注（以上表格内容无法完全涵盖企业申请事项的，可在此栏中填写）</td></tr>
<tr><td colspan="4">十二、承诺：请勾选
□本公司为非返程投资企业。本公司保证外方股东没有直接或间接地被境内居民持股或控制。如存在虚假、误导性陈述骗取外汇登记的行为，本公司及其法定代表人愿意承担由此而导致的法律后果。
□本公司为返程投资企业。本公司如实披露了外方股东实际控制人情况。如存在虚假、误导性陈述骗取外汇登记的行为，本公司及其法定代表人愿意承担由此而导致的法律后果。
□本企业所填写《境内直接投资基本信息登记业务申请表》中各项内容及所提交的所有书面材料均真实有效，所有复印件均与原件完全相同。本企业保证所提交的各项表格、文件真实、准确、完整，否则本企业及其法定代表人将承担由此而导致的一切后果。

法定代表人签名（或授权委托人签名）：　　　　单位公章：

申请日期：　　年　　月　　日</td></tr>
</table>

填表说明：

1. 申请人办理境内直接投资前期费用登记、外商投资企业基本信息外汇登记及登记变更、外商投资企业基本信息注销（即外方权益注销）、中外合作企业外国投资者先行回收投资对外支付登记业务的，应按规定如实、准确、完整地填写并提交本申请表。
2. 本申请表中所涉金额栏目，均按注册币种折算后填写阿拉伯数字，保留小数点后两位。
3. 请根据申请内容勾选申请事项，若勾选“外商投资企业基本信息登记变更”，请选择变更类型，变更类型可多选。
4. 成立方式中的“新设”指境外机构或个人在境内新成立外商投资企业。
5. 成立方式中的“转股并购”指境外机构或个人收购原境内企业股权，并将内资企业变更为外商投资企业的行为。
6. 成立方式中的“增资并购”指境外机构或个人认购原境内企业增资，并将内资企业变更为外商投资企业的行为。
7. 成立方式中的“资产并购”指境外机构或个人设立外商投资企业，并通过该企业协议购买境内企业资产且运营该资产，或者境外机构或个人协议购买境内企业资产，并以该资产投资设立外商投资企业并运营该资产。
8. “外商投资企业迁移登记”指外商投资企业的注册地转移到其他地区，需要到迁出地银行办理所属外汇局的变更登记。
9. “企业基本信息变更”指外商投资企业的名称、注册地址、经营范围、法定代表人、所属行业、投资总额、经营到期日、企业类型、上市情况、返程投资情况等基本信息发生变动。
10. “增资”指外商投资企业注册资本增加。
11. “减资”指外商投资企业注册资本减少。
12. “减外方实际出资”指外商投资企业外方股东减少其已经实际到位的注册资本。

13.“外方出资义务减少”指外商投资企业外方股东减少其尚未到位的注册资本。

14.“先行回收投资”指外商投资企业的外方股东与中方约定，在企业成立一段时期后可以先行回收初始投资的行为。

15.“股权转让”指外商投资企业的股权发生转让。

16.“中方转外方”指外商投资企业的原中方股东将所持股权的全部或部分转让给境外机构或个人。

17.“外方转中方”指外商投资企业的原外方股东将所持股权的全部或部分转让给境内机构或个人。

18.“外方转外方”指外商投资企业的原外方股东将所持股权的全部或部分转让给境外机构或个人。

19.“中方转中方”指外商投资企业的原中方股东将所持股权的全部或部分转让给境内机构或个人。

20.“组织机构代码”指质量技术监督局颁发的“组织机构代码证”上九位代码。

21.“经营到期日”指工商营业执照上的经营期限届满之日，经营期限为“无限期”的，按 99 年计算。

22.“主管部门批复文号”指商务部门或行业主管部门批准企业相关业务的批文文号。

23.“主管部门批准日期”指商务部门或行业主管部门批准企业相关业务的批文落款日期。

24.“工商注册日期”指工商营业执照上的“成立日期”。

25.“营业执照注册号”指工商营业执照上的“注册号”。

26.“法定代表人”指工商营业执照上的“法定代表人”名称。

27.“所属行业”根据《国民经济行业分类》(GB/T 4754—2002）填写。

28.“主要经营范围”根据工商营业执照上的“经营范围”填写，经营范围太长无法填写完整的，可只填写三项主要经营范围。

29.“注册地址”根据工商营业执照上的“住所”填写。

30.“投资总额”根据外商投资企业批准证书上的“投资总额”栏填写。

31.“注册资本”根据外商投资企业批准证书上的“注册资本”栏填写。

32.“外方所占比例”栏目填写全部外方股东所占股份比例的合计值。

33.“企业性质”根据主管部门批复文件或工商营业执照上的“公司类型”内容勾选。

34.“企业类型”按照工商营业执照上的“公司类型”勾选。

35.“上市情况”根据企业实际上市情况勾选。

36.“返程投资情况”选项含义：

返程投资——本企业外方股东直接或间接地被境内居民持股或控制。

非返程投资——本企业外方股东没有直接或间接地被境内居民持股或控制。

37.“外方股东名称”根据外商投资企业批准证书上的“投资者名称”栏目中外方股东名称填写。

38.“所属国家 / 地区”根据外商投资企业批准证书上的“注册地”栏目填写。

39.“实际控制人名称”——外方股东实际控制人为中国境内居民的，填写“实际控制人名称”栏；外方股东实际控制人非中国境内居民，但与外方股东不属于同一国别 / 地区的，填写“实际控制人所属国别 / 地区”栏。

40.“所占注册资本”根据外商投资企业批准证书上的“出资额”栏目填写。

41.“所占注册资本出资额”根据商务主管部门或行业主管部门批复文件或公司章程中外方股东实际出资金额填写。

42.“出资比例”根据商务主管部门或行业主管部门批复文件或公司章程中外方股东所占注册资本比例填写。

43. 出资形式包括但不限于：境外汇入现汇与人民币、境内划转、前期费用结汇、人民币利润再投资、人民币非利润再投资、实物、无形资产、股权、其他非货币资本、合并分立、资产并购、其他；企业应根据外国投资者实际出资情况，在出资形式栏中填写出资形式名称，并在下面一栏填写该出资形式对应的出资金额。

其中主要出资形式含义如下：

“境外汇入（含人民币)”指该外方股东以境外汇入（包括从离岸账户非居民账户汇入）的外汇或人民币资金进行出资。

"境内划转"指外方股东以境内外汇资金进行出资。

"前期费用结汇"指外方股东汇入的前期费用中已结汇的资金进行出资。

"人民币利润再投资"指外方股东以在境内合法所得的利润进行再投资（或转增资）出资。

"人民币非利润再投资"指外方股东以其在境内股权转让所得、减资所得、先行回收所得、清算所得用于境内再投资出资或以所投资企业的盈余公积、资本公积转增资本出资。

"其他非货币资本"指外方股东以实物、无形资产、股权以外的非货币资本出资。

"合并分立"指外方股东所投资企业因合并、分立产生股权变化的出资形式。

"资产并购"指外方股东以合法取得的境内资产进行出资。

"其他"指上述出资方式以外的出资形式。

44."利润分配比例"指该外方股东按照公司章程应该享有的利润分配比例。

45."中方股东名称"根据外商投资企业批准证书上的"投资者名称"栏目中中方股东名称填写。

46."组织机构代码 / 身份证号码"栏填写中方股东的组织机构代码证号码或者身份证件号码。

47."所属地区"指境内机构的注册地区或境内个人的常住地区。

48."清算所得金额"指公司外方股东在公司清算后获得的资产金额，请根据企业清算审计报告或清算小组决议填写。

49."用于境内再投资"指外方股东清算所得用于在境内开展投资活动的金额。

50."汇出境外金额"指外方股东清算所得需汇出境外的金额。

51."转让注册资本金额"指股权出让方向受让方转让的注册资本金额。

52."股权转让对价"指出让股权的价格。

53."减少注册资本金额"指外方股东申请减少的注册资本金额。

54."减资所得金额"指外方股东减少注册资本所得金额。

55."外商投资企业外方权益注销登记"中的"提前清算"指外商投资企业在经营期限到期前提前清盘撤资的行为。

56."外商投资企业外方权益注销登记"中的"到期清算"指外商投资企业在经营期满后正常清算的行为。

57."外商投资企业外方权益注销登记"中的"转内资"指外商投资企业外方股东向境内机构或个人出让所持全部股权，转让后企业变更为内资企业。该业务附属于外商投资企业变更登记中股权转让项下的外方转中方选项。

58."外商投资企业外方权益注销登记"中的"吸收合并"指外商投资企业被另一境内公司吸收后主体消亡，不再存续。

59."外商投资企业外方权益注销登记"中的"特殊清算"指外商投资企业因为破产、诉讼等特殊原因而进行清算。

60."护照号码"指外方股东为境外个人的，需填写护照号码（持《外国人永久居留证》的境外个人，可填写《外国人永久居留证》号码），境外机构无须填写。

61."出资方式变更"指外商投资企业外方股东变更其注册资本的出资形式，例如：将"境外汇入"变更为"实物"出资。

62."注册币种变更"指外商投资企业因股份制改造等原因，申请注册币种变更业务时，表头上的"注册币种"一栏填写变更后的注册币种。

表 2　境内直接投资基本信息登记业务申请表（二）

<table>
<tr><td colspan="4">一、申请事项</td></tr>
<tr><td colspan="2">□主体信息登记</td><td colspan="2">□主体信息变更</td></tr>
<tr><td colspan="4">二、主体基本信息（变更登记的，填写变更后的基本信息）</td></tr>
<tr><td>主体类型</td><td colspan="3">□境内个人　　□境内机构</td></tr>
<tr><td>主体名称</td><td colspan="3"></td></tr>
<tr><td>主体代码（组织机构代码 / 金融机构标识码 / 个人身份证件号码 / 护照号码 / 其他）</td><td colspan="3"></td></tr>
<tr><td>境内机构注册地 / 境内个人常住地</td><td colspan="3"></td></tr>
<tr><td>上市情况</td><td colspan="3">□未上市　□ A 股上市　□ B 股上市　□境外上市　□其他</td></tr>
<tr><td>特殊主体性质</td><td colspan="3">□港澳台居民　□国有中资企业　□外商投资企业　□境外投资企业　□特殊目的公司　□投资性公司　□投资性公司境内再投资企业　□境外银行　□境外非银行金融机构　□其他</td></tr>
<tr><td>联系人</td><td></td><td>联系电话</td><td></td></tr>
<tr><td colspan="4">三、接收外商投资性公司境内再投资基本情况（如境内主体的股东中有外商投资性公司，需填写此栏信息）</td></tr>
<tr><td>外商投资性公司代码</td><td></td><td>外商投资性公司名称</td><td></td></tr>
<tr><td>外商投资性公司出资币种</td><td></td><td>外商投资性公司出资金额</td><td></td></tr>
<tr><td colspan="4">四、备注（如以上表格内容不能完整反映主体信息，可在此栏中填写）</td></tr>
<tr><td colspan="4">五、承诺：请勾选
□本人 / 本机构所填写的《境内直接投资基本信息登记业务申请表》中各项内容及所提交的所有书面材料均真实有效，本人 / 本机构保证所提交的各项表格、文件真实、准确、完整，否则本人 / 本机构将承担由此而导致的一切后果。

本人 / 法定代表人签名（或授权委托人签名）：　　　　单位公章：

申请日期：　年　月　日</td></tr>
</table>

填表说明：

1. 申请办理开立外汇保证金账户的主体基本信息登记、变更或接收境内再投资基本信息登记、变更业务（本操作指引 1.5 和 1.6 项），应按规定如实、准确、完整地填写并提交本申请表。
2. “主体信息登记”指境内外主体在外汇局系统数据库中没有相关信息，但需要办理境内直接投资项下业务，应先办理主体信息登记。
3. “主体信息变更”指境内外主体基本信息发生变动，应办理主体信息变更登记。
4. “主体类型”请根据主体情况勾选。
5. “主体名称”指主体有效证明文件上的名称。
6. “主体代码”指境内企业的组织机构代码证号码、境内金融机构的金融机构标识码和境内个人的身份证件号码，其他请填写代码类型及号码。
7. “境内机构注册地 / 境内个人常住地”指境内机构的登记注册地或境内个人的常住地。
8. “上市情况”指主体在境内外的上市情况。
9. “特殊主体性质”根据主体实际情况勾选。
10. “外商投资性公司代码”指在中国境内设立、以开展投资为目的的外商投资企业的组织机构代码证号码。
11. “外商投资性公司名称”指在中国境内设立、以开展投资为目的的外商投资企业的营业执照上的注册名称。
12. “外商投资性公司出资币种”指外商投资性公司对境内主体出资的实际币种。
13. “外商投资性公司出资金额”指外商投资性公司对境内主体的出资金额。

表3　境内直接投资货币出资入账登记申请表

一、申请主体基本信息

主体名称			
境内机构主体代码（组织机构代码）			
境外机构及个人所在国家 / 地区			
联系人		联系电话	

二、货币出资入账信息（汇总）

对应出资的外商投资企业名称	对应出资的外商投资企业代码	本次出资外方股东名称	本次出资外方股东所属国家 / 地区	外商投资企业注册币种	外方股东认缴注册资本金额	外方股东认缴注册资本出资额	外方股东累计已登记到位注册资本金额	外方股东累计已登记到位注册资本实际出资金额	本次拟登记注册资本金额	本次实际出资金额

三、货币出资入账信息（明细）

本次出资外方股东名称	实际缴款人名称	出资形式（包括但不限于：境外汇入现汇与人民币、境内划转，请根据实际情况填写，详见填表说明第10项）			实际流入币种及金额	折注册币种及金额

四、备注（如以上表格内容不能完整反映主体信息，可在此栏中填写）

五、承诺：请勾选

□本人 / 本机构所填写的《境内直接投资货币出资入账登记申请表》中各项内容及所提交的所有书面材料均真实有效，本人 / 本机构保证所提交的各项表格、文件真实、准确、完整，否则本人 / 本机构将承担由此而导致的一切后果。

本人 / 法定代表人签名（或授权委托人签名）：　　　　单位公章：

申请日期：　　年　　月　　日

以下为银行填写：

银行经办人员签名：　　　　复核人员签名：

受理日期：　　年　　月　　日　　　　年　　月　　日

填表说明：

1. 申请人办理境内直接投资货币出资入账登记业务（本操作指引 1.7 项）的，应按规定如实、准确、完整地填写并提交本申请表。
2. “对应出资的外商投资企业名称”指外方出资所对应的外商投资企业名称。
3. “对应出资的外商投资企业代码”指该企业组织机构代码证书上的 9 位编码。
4. “外商投资企业注册币种”指外商投资企业办理基本信息登记时登记的币种。
5. “外方认缴注册资本金额”指外方所占注册资本金额。
6. “外方认缴注册资本出资额”指外方实际出资金额。
7. “外方股东累计已登记到位的注册资本金额”指外方股东已经被登记到位的注册资本金额。
8. “外方股东累计已登记到位注册资本的实际出资金额”指外方股东已经被登记的实际出资金额。
9. “本次拟登记注册资本金额”指外方股东本次出资的注册资本金额。
10. 出资形式包括但不限于：境外汇入现汇与人民币、境内划转。企业应根据外国投资者实际出资情况，在出资形式栏中填写出资形式名称，并在下面一栏填写该出资形式对应的出资金额。其中主要出资形式含义如下：

    “境外汇入现汇与人民币”指该外方股东以境外汇入（包括从离岸账户、非居民账户汇入）的外汇或人民币资金进行出资。

    “境内划转”指外方股东以境内外汇资金进行出资。

表 4　境内直接投资外方权益统计表

<table>
<tr><td colspan="3">编制单位：</td><td colspan="4">填报时间：　　年　　月　　日</td></tr>
<tr><td colspan="7">组织机构代码：　　　　　　　　　　　　　　　　　　　　金额单位：人民币元</td></tr>
<tr><td colspan="3">指标</td><td colspan="2">期初数</td><td colspan="2">期末数</td></tr>
<tr><td colspan="3">一、外商投资企业资产合计</td><td colspan="2"></td><td colspan="2"></td></tr>
<tr><td colspan="3">其中：流动资产</td><td colspan="2"></td><td colspan="2"></td></tr>
<tr><td colspan="3">非流动资产</td><td colspan="2"></td><td colspan="2"></td></tr>
<tr><td colspan="3">二、外商投资企业负债合计</td><td colspan="2"></td><td colspan="2"></td></tr>
<tr><td colspan="3">其中：短期负债</td><td colspan="2"></td><td colspan="2"></td></tr>
<tr><td colspan="3">长期负债</td><td colspan="2"></td><td colspan="2"></td></tr>
<tr><td colspan="3">三、归属外商投资企业全体股东的权益</td><td colspan="2"></td><td colspan="2"></td></tr>
<tr><td colspan="3">四、归属于外方股东的权益</td><td colspan="2"></td><td colspan="2"></td></tr>
<tr><td colspan="3">4.1　归属外方股东的实收资本</td><td colspan="2"></td><td colspan="2"></td></tr>
<tr><td colspan="3">4.2　外方股东享有的公积金及留存收益额</td><td colspan="2"></td><td colspan="2"></td></tr>
<tr><td colspan="3">其中：资本公积</td><td colspan="2"></td><td colspan="2"></td></tr>
<tr><td colspan="3">盈余公积</td><td colspan="2"></td><td colspan="2"></td></tr>
<tr><td colspan="3">未分配利润</td><td colspan="2"></td><td colspan="2"></td></tr>
<tr><td colspan="3">4.3　其他</td><td colspan="2"></td><td colspan="2"></td></tr>
<tr><td colspan="3">五、外商投资企业少数股东权益</td><td colspan="2"></td><td colspan="2"></td></tr>
<tr><td colspan="3">六、外方投资者实际出资额</td><td colspan="2"></td><td colspan="2"></td></tr>
<tr><td colspan="3">七、外商投资企业应付外方股利</td><td colspan="2"></td><td colspan="2"></td></tr>
<tr><td colspan="3">八、外商投资企业盈利情况</td><td colspan="2">当期（上年）数</td><td colspan="2">历年累计</td></tr>
<tr><td colspan="3">归属于外商投资企业全体股东的净利润</td><td colspan="2"></td><td colspan="2"></td></tr>
<tr><td colspan="3">其中：外方股东享有的净利润</td><td colspan="2"></td><td colspan="2"></td></tr>
<tr><td colspan="3">分配外方股东的利润金额合计</td><td colspan="2"></td><td colspan="2"></td></tr>
<tr><td colspan="3">汇往外方股东的利润金额合计</td><td colspan="2"></td><td colspan="2"></td></tr>
<tr><td colspan="7">附注（仅投资性外商投资企业填写）</td></tr>
<tr><td rowspan="2">权益法核算子公司中享有的权益（期末数）</td><td>应付股利</td><td>实收资本</td><td>未分配利润</td><td>资本公积</td><td>盈余公积</td><td>其他</td></tr>
<tr><td></td><td></td><td></td><td></td><td></td><td></td></tr>
<tr><td rowspan="2">成本法核算子公司中享有的权益（期末数）</td><td>应付股利</td><td>实收资本</td><td>未分配利润</td><td>资本公积</td><td>盈余公积</td><td>其他</td></tr>
<tr><td></td><td></td><td></td><td></td><td></td><td></td></tr>
<tr><td colspan="7">备注（存在特殊情况须在本栏目中进行详细说明）</td></tr>
</table>

填表说明：

1. “流动资产”“非流动资产”“短期负债”“长期负债”及“资产合计”“负债合计”按照境内外商投资企业合并财务报表相关会计科目填写。
2. “归属于外商投资企业全体股东的权益”按照境内外商投资企业合并财务报表相关会计科目填写。
3. “归属于外方股东的权益”：为外方股权比例或约定比例（符合相关法律法规的规定）乘以境内外商投资企业合并财务报表“归属于本机构全体股东的权益”。该项目应等于“4.1 实收资本(归属于外方)”“4.2 外方享有的公积金及留存收益额”和“4.3 其他”三项之和。外商投资企业中由境内投资性外商投资企业出资的部分视为中方投资者投资，不纳入本表的外方权益统计。
4. “归属外方股东的实收资本”：为外方股权比例或约定比例（符合相关法律法规的规定）乘以境内外商投资企业合并财务报表“归属于本机构全体股东的权益”下“实收资本”。
5. “外方股东享有的公积金及留存收益额”：按外方股权比例或约定比例（符合相关法律法规的规定）计算确定的外方股东应享有的资本公积、盈余公积和未分配利润等。其中，未执行财政部 2006 年 2 月 15 日颁布的《企业会计准则》的企业，其权益项目中的储备基金、发展基金等其他类留存收益余额可一并计入盈余公积。其中，“资本公积”“盈余公积”和“未分配利润”均为按股权比例或约定比例计算的金额。
6. “其他”：为外方股权比例或约定比例（符合相关法律法规的规定）乘以境内外商投资企业合并财务报表“归属于本机构全体股东的权益”下“其他”。
7. “少数股东权益”按照境内外商投资企业合并财务报表相关会计科目填写。
8. “外方投资者实际出资金额”：截至 ×××× 年 12 月 31 日境外投资者以外汇、人民币、无形资产、实物资产等各类形式的实际出资及购买中方股权支付的交易对价，外商投资企业以应付外方股东利润、资本公积、盈余公积、未分配利润和已登记外债（可含利息）转增资本的实际出资。外方投资者溢、折价（符合相关法律法规的规定）投入的实际出资均应记入本项目。
   外商投资企业中由境内投资性外商投资企业出资的部分视为中方投资者投资，不属于外方投资者实际出资金额。
9. “应付外方股利”：外商投资企业已宣告分配但尚未支付给外方的股利（未扣除应代扣代缴的税款）。
10. “归属于外商投资企业全体股东的净利润”按照外商投资企业财务报表（合并报表）相关会计科目填写，“其中：外方股东享有的净利润”按外方股权比例或约定比例（符合相关法律法规的规定）计算后填写。
11. “分配外方股东的利润金额合计”“汇往外方股东的利润金额合计”当期数按上年度实际发生额填写，分配的利润和汇出的利润中可能包含以往年度产生的利润。
12. “附注”：“应付股利”“实收资本”“资本公积”“未分配利润”“盈余公积”和“其他”仅投资性外商投资企业汇总境内子公司数据填写。境内子公司数据须区分按“权益法”核算或“成本法”核算的子公司进行分项填写，存在多家子公司的须填写合计权益金额。计算公式为：外方投资者实际享有权益 = 境内子公司权益 × 投资性外商投资企业中外国投资者股权比例或约定比例（符合相关法律法规的规定）× 境内子公司中投资性外商投资企业股权比例或约定比例（符合相关法律法规的规定）。
13. 针对外商投资企业之间发生吸收合并的情况，被吸收公司应及时到注册地银行办理注销手续，不再重复进行外汇年报数据申报。存续公司的期初数应按照该公司期初的实际规模填写，期末数应按照吸收合并后新公司的实际金额填写。
14. 本表的期初数应与上年度申报的期末数相同。若确实存在对上年度数据调整，导致两者不同的，应在“备注栏”中详细注明原因和调整内容。
15. 本表的填报币种为人民币元，折算汇率应按照资金实际记账时的汇率进行折算。
16. 表中所有项目应保留小数点后两位。
17. 表中所有项目均为必填，为零的须填写“0”，不能为空白。

表 5　境外直接投资外汇登记业务申请表

投资主体名称：　　　　　　　　投资主体代码：　　　　　　　　境外投资企业注册币种：

一、申请事项		
□境外投资企业外汇登记	成立方式：□新设　□并购　□其他	
□境外投资企业变更登记	□基本信息变更　□增资　□减资（□减中方实际出资　□中方出资义务减少）□出资形式　□注册币种变更	
	□股权转让（□中方转外方　□外方转中方　□外方转外方　□中方转中方）	
□境外投资前期费用登记	申请金额：	
□境外投资企业注销登记	注销原因：□清算　□其他	

二、境外投资企业基本信息（变更登记的，填写变更后的基本信息；注销登记的，填写注销前基本信息）			
企业中文名称		企业外文名称	
主管部门批复文号		主管部门批准日期	年　　月　　日
所在国家 / 地区		所属行业	
主要经营范围			
投资总额		中方协议投资总额	
中方所占比例（%）		投资项目性质	
境外投资企业性质	□有限责任　□股份制　□其他	境外投资企业类型	□中方独资　□中外合资　□合作　□合伙
前期费用已汇出金额		上市情况	□未上市　□已上市（上市地：　　　）
联系人		联系电话	

三、股东基本信息（变更登记的，填写变更后的信息；注销登记的，填写当前股东信息）		
股东名称	护照号码 / 组织机构代码 / 身份证明文件号码	所属国别或地区 / 境内机构注册地 / 境内个人常住地

四、中方股东投资信息（变更登记的，填写变更后的信息；注销登记的，填写当前股东信息）							
中方股东名称	协议投资总额	已汇出前期费用	货币出资	债权转股权	境外解决	境内权益出资 A. 实物 B. 无形资产 C. 股权 D. 其他形式	利润分配比例（%）
合计							

（续）

出资方式选择境外解决的，请说明资金来源：

五、外方股东投资信息（变更登记的，填写变更后的信息；注销登记的，填写当前股东信息）

外方股东名称	协议投资总额	利润分配比例（%）
合计		

六、外方股东向中方转让股权所得付款计划（股权转让外方转中方需填写）

中方股东名称（受让方）	外方股东名称（出让方）	外方股东国别／地区	转让投资金额	股权转让对价	其中：1. 境外支付金额	2. 其他

七、中方股东向外方转让股权所得处置计划（股权转让中方转外方需填写）

中方股东名称（出让方）	外方股东名称（受让方）	转让投资金额	股权转让对价	其中：1. 留存境外金额	2. 调回境内金额

八、中方股东减资所得处置计划（中方减实际出资需填写）

中方股东名称	减少投资金额	减资所得金额	其中：1. 留存境外金额	2. 调回境内金额

九、境外投资企业注销后中方股东所得资产处置计划（境外投资企业注销后有剩余资产调回境内的需填写）

中方股东名称（出让方）	清算所得金额	1. 留存境外金额	2. 需调回境内金额

十、备注（以上表格内容无法完全涵盖企业申请事项的，可在此栏中填写）

十一、承诺：请勾选

□本企业所填写《境外直接投资外汇登记业务申请表》中各项内容及所提交的所有书面材料均真实有效，所有复印件均与原件完全相同。本企业保证所提交的各项表格、文件真实、准确、完整，否则本企业及其法定代表人愿承担由此而导致的一切后果。

法定代表人签名（或授权委托人签名）： 单位公章：

申请日期： 年 月 日

填表说明：

1. 申请人办理境内机构境外直接投资前期费用登记、境外直接投资外汇登记、境外直接投资外汇变更登记、境内机构境外直接投资清算登记业务的，应按规定如实、准确、完整地填写并提交本申请表。
2. 本申请表中所涉金额栏目，均按注册币种折算后填写阿拉伯数字；保留小数点后两位。
3. 请根据申请内容勾选申请事项，若勾选“境外投资企业变更登记”，请选择变更类型，变更类型可多选。
4. “境外投资企业外汇登记”指境内主体在境外以新设或并购的方式取得境外公司控制权的行为。

5. 成立方式中的“新设”“并购”和“其他”根据“企业境外投资证书”上的设立方式勾选。
6.“境外投资企业注销登记”——境外投资企业因清算等原因需办理境外投资企业注销登记。
7.“境外投资前期费用登记”——境内主体获得境外投资主管部门批复文件之前，如因项目前期调研、招投标等原因需汇出资金的，需办理境外投资前期费用登记。
8.“境外投资企业基本信息变更”主要指境外投资企业名称、经营范围、所属行业、投资项目性质、境外投资企业类型、上市情况等信息发生变动。
9.“增资”指境内主体增加对境外投资企业的出资。
10.“减资”指境内主体减少对境外投资企业的出资。
11.“减中方实际出资”指境内主体减少对境外投资企业的已到位实际出资。
12.“中方出资义务减少”指境内主体减少对境外投资企业的尚未到位出资。
13.“股权转让”指境外投资企业的股权发生转让。
14.“中方转外方”指境外投资企业的原中方股东将所持股权的全部或部分转让给境外机构或个人。
15.“外方转中方”指境外投资企业的原外方股东将所持股权的全部或部分转让给境内机构或个人。
16.“外方转外方”指境外投资企业的原外方股东将所持股权的全部或部分转让给境外机构或个人。
17.“中方转中方”指境外投资企业的原中方股东将所持股权的全部或部分转让给境内机构或个人。
18.“企业中文名称”根据企业境外投资证书填写；特殊情况需特殊说明。
19.“企业外文名称”根据企业境外投资证书填写；特殊情况需特殊说明。
20.“主管部门批复文号”指商务部门或行业主管部门批准企业相关业务的批文文号。
21.“主管部门批准日期”指商务部门或行业主管部门批准企业相关业务的批文落款日期。
22.“所在国家 / 地区”根据企业境外投资证书相关内容填写。
23.“所属行业”根据《国民经济行业分类》(GB/T 4754—2002）填写。
24.“主要经营范围”根据企业境外投资证书上的“经营范围”填写，经营范围太长无法填写完整的，可只填写三项主要经营范围。
25.“投资总额”根据企业境外投资证书上的中方和外方投资总额合计数填写。
26.“中方协议投资总额”根据企业境外投资证书上的中方投资总额填写。
27.“中方所占比例”根据企业境外投资证书上的中方所占股比合计填写。
28.“投资项目性质”包括“境外资源勘探开发、境外制造加工、境外科技研发、带动出口（含境外带料加工）及其他”，请根据实际情况勾选。
29.“境外投资企业性质”指境外投资企业的组织形式，根据境外公司登记注册证书填写。
30.“境外投资企业类型”指境外投资企业中外方股东之前的合作形式，如无外方股东，则勾选中方独资。
31.“上市情况”根据企业实际上市情况勾选。
32. 中方协议投资总额 = 已汇出前期费用金额 + 货币出资 + 债权转股权 + 境外解决 + 境内权益出资。
33.“前期费用已汇出金额”根据申请境外投资的中方是否做过前期费用登记情况填写。
34.“中方股东名称”按企业境外投资证书上的投资主体中的“中方名称”填写。
35.“协议投资总额”根据企业境外投资证书上的股东对应投资总额填写。
36.“债权转股权”指中方股东以其持有境外债权转作公司股权。
37.“境外解决”指中方股东以其境外持有的合法资产或权益对境外投资企业出资。
38.“实物、无形资产、股权、其他形式”指中方股东以上述出资方式出资的金额，此栏目如需多选，请分开填写，例如“A. 20 万美元；B. 50 万美元”。
39.“外方股东名称”按企业境外投资证书上的投资主体中的“外方名称”填写。
40.“股权转让对价”指出让股权的价格。
41.“减资所得金额”指中方股东减少注册资本所得金额。
42.“境外投资企业变更登记”中的“出资形式”指境内股东拟对外投资的出资形式发生变化。

表 6　境内居民个人境外投资外汇登记表

一、境内居民个人基本信息		
境内居民个人姓名	境内企业资产或权益所在地或境内个人户籍所在地（境外个人填写在中国境内的习惯性居住地）	居民身份证件号码或护照号码

二、申请事项			
□境外投资企业新设登记	□境内资产 / 权益出资 □境外资产 / 权益出资	境内资产 / 权益名称： 境外资产 / 权益名称：	
	□货币出资	出资形式：	申请金额：
	□其他	出资形式：	申请金额：
□境外投资企业变更登记	□基本信息变更　□增资　□减资　□出资形式		
	□股权转让（□中方转外方　□外方转中方　□外方转外方　□中方转中方）		
□境外投资企业注销登记	注销原因：　□股权转让　□清算　□其他		
联系人		联系电话	

三、境外投资企业基本信息（变更登记的，填写变更后的基本信息；注销登记的，填写注销前基本信息）							
境外企业名称	注册地	注册日期	上市地	上市日期	总资产	已发行总股数	预留员工期权股数

四、境外投资企业的中方股东投资信息（变更登记的，填写变更后的信息；注销登记的，填写当前股东信息）					
中方股东名称	币种	出资额	出资比例（%）	持股数	持股比例（%）

五、境外投资企业的外方股东投资信息（变更登记的，填写变更后的信息；注销登记的，填写当前股东信息，股权结构分散的，可酌情填写主要外方股东信息）					
外方股东名称	币种	投资金额	出资比例（%）	持股数	持股比例（%）

六、拟返程投资企业基本信息（变更登记的，填写变更后的信息；注销登记的，填写当前股东信息）		
返程投资企业名称	组织机构代码	外商投资企业批准证书编号

（续）

七、境外投资企业的外方股东向中方转让股权所得付款计划（股权转让外方转中方需填写）

中方股东名称（受让方）	外方股东名称（出让方）	外方股东国别 / 地区	转让股份数	股权转让对价	1. 境外支付金额	2. 需汇出境外金额

八、境外投资企业的中方股东向外方转让股权所得处置计划（股权转让中方转外方需填写）

中方股东名称（出让方）	外方股东名称（受让方）	转让股份数	股权转让对价	1. 留存境外金额	2. 调回境内金额

九、境外投资企业的中方股东减资所得处置计划（中方减实际出资需填写）

中方股东名称	减少股份数	减资所得金额	1. 留存境外金额	2. 调回境内金额

十、境外投资企业注销后中方股东所得资产处置计划（境外投资企业注销后有剩余资产调回境内的需填写）

中方股东名称（出让方）	清算所得金额	1. 留存境外金额	2. 需调回境内金额

十一、备注（以上表格内容无法完全涵盖企业申请事项的，可在此栏中填写）

十二、承诺：请勾选

□本人所填写《境内居民个人境外投资外汇登记表》中各项内容及所提交的所有书面材料均真实有效，所有复印件均与原件完全相同。本人保证按照有关规定完整、真实地办理外汇登记及变更手续，如有违反，本人愿承担由此而导致的一切后果。

□以上资料真实完整地反映了本人（或本人及本人所代理的所有境内居民个人）的境外持股状况，如存在虚假陈述、骗取外汇登记的行为，本人愿意承担由此而导致的法律责任。

□本人承诺，本人用于境外投资的境内外资产及权益均通过合法渠道取得，其中不含：司法、纪检监察等部门依法限制对外转移的财产，本人或近亲属涉及尚未审结的国内刑事、民事诉讼案件的财产，法律规定不得对外转移的财产，以及不能证明合法来源的财产等。如有虚假承诺，本人愿意承担由此而导致的法律责任。

□本人及所设立的特殊目的公司，不存在危害中国国家主权、安全和社会公共利益，或违反中国法律法规，或损害中国与有关国家（地区）关系，或违反中国对外缔结的国际条约，或涉及中国禁止出口的技术和产品等情况。

境内居民个人（委托人）签名：

申请日期：　　年　　月　　日

银行（外汇局）：＿＿＿＿＿＿＿＿＿＿（盖章）

填表说明：

1. 申请人办理境内居民个人（以下简称中方）特殊目的公司外汇（补）登记、外汇变更登记和注销登记等业务的，应按规定如实、准确、完整地填写并提交本表（一式两份）。银行办理境内居民个人特殊目的公司外汇登记的，应在《境内居民个人境外投资外汇登记表》上加盖银行业务专用章，留存一份备查，另一份返还给登记申请人。外汇局办理境内居民个人特殊目的公司外汇补登记的，应在《境内居民个人境外投资外汇登记表》上加盖资本项目外汇业务专用章，留存一份备查，另一份返还给登记申请人。
2. 本表中所涉金额栏目，均按注册币种折算后填写阿拉伯数字；保留小数点后两位。
3. 请根据申请内容勾选申请事项，若勾选“境外投资企业变更登记”，请选择变更类型，变更类型可多选。
4. “境外投资企业新设登记”指境内居民个人直接或间接取得境外公司控制权的行为。境内外资产或权益包括但不限于货币、有价证券、实物、知识产权或技术、股权、债权、无形资产等。
5. “股权转让”指境外投资企业的股权发生转让。
6. “中方转外方”指境外投资企业的原中方股东将所持股权的全部或部分转让给境外机构或个人。
7. “外方转中方”指境外投资企业的原外方股东将所持股权的全部或部分转让给境内机构或个人。
8. “外方转外方”指境外投资企业的原外方股东将所持股权的全部或部分转让给境外机构或个人。
9. “中方转中方”指境外投资企业的原中方股东将所持股权的全部或部分转让给境内机构或个人。
10. “境外投资企业注销登记”——境外投资企业因清算、股权转让等原因，需办理境外投资企业注销登记。
11. “基本信息变更”指境外投资企业名称等主要事项发生变动。
12. “境外企业名称”指境内居民个人直接设立或控制的特殊目的公司。
13. “注册地”指境外企业的所在国家或地区。
14. “注册日期”指境外企业在境外设立的日期。
15. “上市地”指公开发行股票的证券交易所所在国家或地区。
16. “上市日期”指股票公开发行的日期。
17. “返程投资企业名称”指境内居民个人通过特殊目的公司直接或间接控制的境内公司名称。
18. “外商投资企业批准证书编号”指商务主管部门颁发的返程投资企业批准证书编号。
19. “股权转让对价”指出让股权的价格。
20. “境外支付金额”指中方股东以其境外持有的合法资产或权益对境外投资企业出资金额。
21. “减资所得金额”指中方股东减少注册资本所得金额。
22. “境内居民个人（受托人）签名”指直接或间接持有境外特殊目的公司股份或股权的境内居民个人需自行或委托他人签名确认填表内容的真实性。

表 7 境外直接投资中方权益统计表

指标	期初数	期末数
一、境外投资企业资产合计		
其中：流动资产		
非流动资产		
二、境外投资企业负债合计		
其中：短期负债		
长期负债		
三、归属于境外投资企业全体股东的权益		
其中：归属中方股东的权益		
其中：归属中方股东的未分配利润余额		
四、境外投资企业少数股东权益		
五、境外投资企业应付中方股利		
六、境外投资企业盈利情况	当期（上年）数	历年累计
归属于境外投资企业全体股东的净利润		
其中：中方股东享有的净利润		
分配中方股东的利润金额合计		
汇回中方股东的利润金额合计		

填表说明：

1. “流动资产”“非流动资产”“短期负债”“长期负债”及“资产合计”“负债合计”按照第一层级境外投资企业（含境外特殊目的公司，以下简称境外 SPV）合并财务报表相关会计科目填写。
2. “归属于境外投资企业全体股东的权益”按照第一层级境外投资企业（含境外 SPV）合并财务报表相关会计科目填写，“其中：归属中方股东的权益”“其中：归属中方股东的未分配利润余额”按中方股权比例或约定比例（符合相关法律法规的规定）计算后填写。
3. “境外投资企业少数股东权益”按照第一层级境外投资企业（含境外 SPV）合并财务报表相关会计科目填写。
4. “应付中方股利”：企业已宣告分配但尚未支付给中方的股利（未扣除应代扣代缴的税款）。
5. “归属于境外投资企业全体股东的净利润”按照第一层级境外投资企业（含境外 SPV）合并财务报表相关会计科目填写，“其中：中方股东享有的净利润”按中方股权比例或约定比例（符合相关法律法规的规定）计算后填写。
6. “分配中方股东的利润金额合计”“汇回中方股东的利润金额合计”的当期数按上年度实际发生额填写，分配的利润和汇回的利润中可能包含以往年度产生的利润。

国家外汇管理局关于境外上市外汇管理有关问题的通知

（汇发〔2014〕54号　2014年12月26日）

国家外汇管理局各省、自治区、直辖市分局、外汇管理部，深圳、大连、青岛、厦门、宁波市分局，各中资外汇指定银行总行：

为规范和完善境外上市外汇管理，根据《中华人民共和国外汇管理条例》等相关法规，现就有关事项通知如下：

一、本通知所称的境外上市，是指在境内注册的股份有限公司（以下简称境内公司）经中国证券监督管理委员会（以下简称中国证监会）许可，在境外发行股票（含优先股及股票派生形式证券）、可转换为股票的公司债券等法律、法规允许的证券（以下简称境外股份），并在境外证券交易所公开上市流通的行为。

二、国家外汇管理局及其分支局、外汇管理部（以下简称外汇局）对境内公司境外上市涉及的业务登记、账户开立与使用、跨境收支、资金汇兑等行为实施监督、管理与检查。

三、境内公司应在境外上市发行结束之日起15个工作日内，持下列材料到其注册所在地外汇局（以下简称所在地外汇局）办理境外上市登记：

（一）书面申请，并附《境外上市登记表》(见附件1)；

（二）中国证监会许可境内公司境外上市的证明文件；

（三）境外发行结束的公告文件；

（四）前述材料内容不一致或不能说明交易真实性时，要求提供的补充材料。

所在地外汇局审核上述材料无误后，在资本项目信息系统（以下简称系统）为境内公司办理登记，并通过系统打印业务登记凭证，加盖业务印章后交境内公司。境内公司凭此登记凭证办理境外上市开户及相关业务。

四、境内公司境外上市后，其境内股东根据有关规定拟增持或减持境外上市公司股份的，应在拟增持或减持前20个工作日内，持下列材料到境内股东所在地外汇局办理境外持股登记：

（一）书面申请，并附《境外持股登记表》(见附件2)；

（二）关于增持或减持事项的董事会或股东大会决议（如有）；

（三）需经财政部门、国有资产管理部门等相关部门批准的，应提供相关部门的批准文件；

（四）前述材料内容不一致或不能说明交易真实性时，要求提供的补充材料。

所在地外汇局审核上述材料无误后，在系统为境内股东办理登记，并通过系统打印业务登记凭证，加盖业务印章后交境内股东。境内股东凭此登记凭证到银行办理增持或减持境外上市公司股份开户及相关业务。

五、境内公司（银行类金融机构除外）应当凭境外上市业务登记凭证，针对其首发（或增发）、回购业务，在境内银行开立“境内公司境外上市专用外汇账户”（以下简称“境内公司境外上市专户”），办理相关业务的资金汇兑与划转（账户类型、收支范围及注意事项见附件3）。

六、境内公司（银行类金融机构除外）应在其境外上市专户开户银行开立一一对应的结汇待支付账户（人民币账户，以下简称待支付账户），用于存放境外上市专户资金结汇所得的人民币资金、以人民币形式调回的境外上市募集资金，以及以人民币形式汇出的用于回购境外股份的资金和调回回购剩余资金（账户收支范围见附件3）。

七、境外上市公司的境内股东应当凭境外持股业务登记凭证，针对其增持、减持或转让境外上市公司股份等业务，在境内银行开立“境内股东境外持股专用账户”（以下简称“境内股东境外持股专户”），办理相关业务的资金汇兑与划转（账户类型、收支范围及注意事项见附件3）。

八、境内公司及其境内股东因办理境外上市相关业务需要，可在境外开立相应的专用账户（以下简称“境外专户”）。境外专户的收支范围应当符合附件3的相关要求。

九、境内公司境外上市募集资金可调回境内或存放境外，资金用途应与招股说明文件或公司债券募集说明文件、股东通函、董事会或股东大会决议等公开披露的文件（以下简称公开披露文件）所列相关内容一致。

境内公司发行可转换为股票的公司债券所募集资金拟调回境内的，应汇入其境内外债专户并按外债管理有关规定办理相关手续；发行其他形式证券所募集资金拟调回境内的，应汇入其境外上市专户（外汇）或待支付账户（人民币）。

十、境内公司回购其境外股份，可以使用符合有关规定的境外资金和境内资金。境内公司需使用并汇出境内资金的，应凭在所在地外汇局登记回购相关信息（含变更）后取得的境外上市业务登记凭证（回购相关信息未登记的，需在拟回购前20个工作日内办理登记，取得相应业务登记凭证）及回购相关情况说明或证明性材料，到开户银行通过境外上市专户（外汇）或待支付账户（人民币）办理相关资金汇划手续。

回购结束后，由境内汇出境外用于回购的资金如有剩余，应汇回境内公司境外上市专户（外汇）或待支付账户（人民币）。

十一、境内公司根据需要，可持境外上市业务登记凭证向开户银行申请将境外上市专户资金境内划转或支付，或结汇划往待支付账户。

十二、境内公司申请将待支付账户资金境内划转或支付的，应向开户银行提供境外上市公开披露文件中有关资金用途与调回及结汇资金用途是否一致的证明材料，资金用途与公开披露文件中有关资金用途不一致或公开披露文件未予明确的，应提供关于变更或明确对应资金用途的董事会或股东大会决议。其中，境内公司回购境外股份调回的剩余资金可在境内直接划转或支付。

开户银行应在对境内公司境外上市专户或待支付账户资金用途进行严格审核后，为境内公司办理有关账户资金划转及支付手续。

十三、境内股东依据有关规定增持境内公司境外股份，可以使用符合有关规定的境外资金和境内资金。境内股东需使用并汇出境内资金的，应凭境外持股业务登记凭证及增持相关情况说明或证明性材料，到开户银行通过境内股东境外持股专户办理资金汇兑手续。

增持结束后，由境内汇出境外用于增持的资金如有剩余，应汇回境内股东境外持股专户。境内股东可凭境外持股业务登记凭证到银行办理相关资金境内划转或结汇手续。

十四、境内股东因减持、转让境内公司境外股份或境内公司从境外证券市场退市等原因所得的资本项下收入，可留存境外或调回汇入境内股东境外持股专户。调回境内的，境内股东可凭境外持股业务登记凭证到银行办理相关资金境内划转或结汇手续。

十五、境内公司若发生如下变更情形，应在变更之日起 15 个工作日内持书面申请、最新填写的《境外上市登记表》及相关交易真实性证明材料，到所在地外汇局办理境外上市登记变更。需经主管部门审批或备案的变更事项，另需提供主管部门关于变更事项的批复或备案文件。

（一）境外上市公司名称、注册地址、主要股东信息等发生变更；

（二）增发（含超额配售）股份或资本公积、盈余公积、未分配利润转增股本等资本变动；

（三）回购境外股份；

（四）将可转换债券转为股票（需提供外债登记变更或注销凭证）；

（五）境内股东增持、减持、转让、受让境外股份计划实施完毕使得境外上市公司股权结构发生变化；

（六）原登记的境外募集资金使用计划和用途发生变更；

（七）其他登记有关内容的变更。

十六、境内公司的国有股东按照《减持国有股筹集社会保障资金管理暂行办法》（国发〔2001〕22 号）有关规定需将减持收入上缴全国社会保障基金（以下简称社保基金）的，应当由该境内公司代为办理，并通过该境内公司境外上市专户及待支付账户办理相应的资金汇兑与划转。

境内公司应持国有股东需上缴社保基金的减持收入情况说明（包括减持应得资金测算说明和应缴、拟缴资金数额等）、境外上市业务登记凭证等材料，向其境外上市专户及待支付账户开户银行申请将国有股东减持收入直接划转（或结汇至待支付账户后划转）至财政部在境内银行开立的对应账户。

十七、境内公司向境外的监管部门、交易所、承销机构、律师、会计师等境外机构支付与其境外上市相关的合理费用，原则上应从境外上市募集资金中扣减，确需从境内汇出（含购汇汇出）的，应持下列材料向银行申请办理：

（一）境外上市业务登记凭证；

（二）能够说明汇出（含购汇汇出）境外金额及对应事项的境外上市费用支付清单及相关证明材料；

（三）有关境外机构应向境内税务部门完税的，另需提供代扣境外企业或个人税款等相关税务证明。

十八、境内公司从境外证券市场退市的，应在退市之日起15个工作日内持主管部门相关批复复印件、退市公告等真实性证明材料及境外上市业务登记凭证、相关账户和资金处理情况说明到所在地外汇局办理境外上市登记注销。所在地外汇局同时收回该境内公司境外上市业务登记凭证。

十九、境内公司及境内股东的开户银行，应在境内公司及境内股东相关境内账户开立、变更或关闭后，按《国家外汇管理局关于发布〈金融机构外汇业务数据采集规范（1.0版）〉的通知》（汇发〔2014〕18号）要求报送账户信息。

二十、境内公司、境内股东及相关境内银行应当按照有关规定及时办理国际收支统计申报。

二十一、境内公司、境内股东及相关境内银行等违反本通知的，外汇局可依法采取相应的监管措施，并依据《中华人民共和国外汇管理条例》相应条款进行行政处罚。

二十二、境内金融机构境外上市外汇管理相关事宜应按照本通知办理，对银行类和保险类金融机构境外上市募集资金调回结汇等另有规定的除外。

二十三、本通知发布前已办理境外上市登记的境内公司，按以下原则办理：

（一）已开立相关账户，资金尚未全部调回及结汇，或发生配股、增发等涉及资金跨境及结购汇行为的，应凭业务登记凭证在开户银行开立相应的待支付账户，按本通知办理后续业务。

（二）未开立相关账户的，按本通知办理。

二十四、本通知要求报送的相关申请及登记备案材料均需提供具有法律效力的中文文本。具有中文及其他文字等多种文本的，以具有法律效力的中文文本为准。

二十五、本通知由国家外汇管理局负责解释。

二十六、本通知自发布之日起实施。《国家外汇管理局关于境外上市外汇管理有关问题的通知》(汇发〔2013〕5号)同时废止。其他相关外汇管理规定与本通知不一致的，以本通知为准。

各分局收到本通知后，应尽快转发辖内中心支局、支局、城市商业银行及外资银行。各中资外汇指定银行收到本通知后，应尽快转发所辖分支行。执行中如遇问题，请及时向国家外汇管理局资本项目管理司反馈。

附件：1. 境外上市登记表。

2. 境外持股登记表。

3. 境外上市相关账户管理一览表。

国家外汇管理局

2014年12月26日

附件 1

境外上市登记表

登记类别：□初始登记　　□变更登记　　　　　　　　编号（外汇局填写）：

<table>
<tr><td colspan="8">境外上市的境内公司（以下简称境内公司）基本信息</td></tr>
<tr><td>境内公司名称</td><td colspan="4"></td><td>组织机构代码</td><td colspan="2"></td></tr>
<tr><td>注册地址</td><td colspan="4"></td><td>法定代表人</td><td colspan="2"></td></tr>
<tr><td>上市地及证券交易所</td><td colspan="4"></td><td>上市时间</td><td colspan="2"></td></tr>
<tr><td>证监会批准文号</td><td colspan="7"></td></tr>
<tr><td>证券名称</td><td colspan="4"></td><td>证券代码</td><td colspan="2"></td></tr>
<tr><td>总股数</td><td></td><td>总股本金额</td><td></td><td></td><td>币种</td><td colspan="2"></td></tr>
<tr><td>总股本变更原因</td><td colspan="7">□增发（含超额配售）　□回购　□可转债转股
□资本公积、盈余公积、未分配利润转增股本
□其他（具体说明：　　　　　　　　　　）</td></tr>
<tr><td>联系人</td><td colspan="5"></td><td>联系电话</td><td></td></tr>
<tr><td colspan="8">主要境内股东的基本信息</td></tr>
<tr><td></td><td colspan="2">名称（或姓名）</td><td colspan="2">组织机构代码
（或身份证号码）</td><td colspan="2">持股比例</td><td>注册地址</td></tr>
<tr><td>境内股东 1</td><td colspan="2"></td><td colspan="2"></td><td colspan="2"></td><td></td></tr>
<tr><td>境内股东 2</td><td colspan="2"></td><td colspan="2"></td><td colspan="2"></td><td></td></tr>
<tr><td>……（可加行）</td><td colspan="2"></td><td colspan="2"></td><td colspan="2"></td><td></td></tr>
</table>

<table>
<tr><td colspan="6">发行信息</td></tr>
<tr><td colspan="2">发行方式</td><td colspan="4">□首次发行　　　　　　□增发（含超额配售）</td></tr>
<tr><td colspan="2" rowspan="2">发行种类</td><td colspan="2">股票</td><td rowspan="2">存托凭证</td><td rowspan="2">其他</td></tr>
<tr><td>普通股</td><td>优先股</td></tr>
<tr><td colspan="2">名称及代码</td><td></td><td></td><td></td><td></td></tr>
<tr><td colspan="2">发行时间</td><td></td><td></td><td></td><td></td></tr>
<tr><td colspan="2">发行数量</td><td></td><td></td><td></td><td></td></tr>
<tr><td rowspan="3">实际募集资金</td><td>金额</td><td></td><td></td><td></td><td></td></tr>
<tr><td>币种</td><td></td><td></td><td></td><td></td></tr>
<tr><td colspan="4">合计金额（折美元）</td><td></td></tr>
</table>

<table>
<tr><td colspan="7">发行募集资金运用信息</td></tr>
<tr><td rowspan="2">国有股减持上缴社保基金情况</td><td>国有股东减持股数</td><td></td><td>减持金额</td><td></td><td>币种</td><td></td></tr>
<tr><td>国有股东上缴社保基金股数</td><td></td><td>上缴社保基金金额</td><td></td><td>币种</td><td></td></tr>
</table>

（续）

<table>
<tr><td rowspan="10">募集资金运用计划</td><td rowspan="6">留存境外</td><td>用途</td><td>金额</td><td>币种</td></tr>
<tr><td>经常项下境外支付</td><td></td><td></td></tr>
<tr><td>境外投资</td><td></td><td></td></tr>
<tr><td>境外放款</td><td></td><td></td></tr>
<tr><td>现金留存</td><td></td><td></td></tr>
<tr><td>其他</td><td></td><td></td></tr>
<tr><td rowspan="4">调回境内</td><td rowspan="2">调回资金</td><td></td><td></td></tr>
<tr><td></td><td></td></tr>
<tr><td>折美元合计</td><td colspan="2"></td></tr>
<tr><td>其中：结汇</td><td></td><td></td></tr>
<tr><td rowspan="4">账户信息</td><td colspan="2">开户银行</td><td>境外上市专用外汇账户账号</td><td>结汇待支付账户账号</td></tr>
<tr><td colspan="2"></td><td></td><td></td></tr>
<tr><td colspan="2"></td><td></td><td></td></tr>
<tr><td colspan="2"></td><td></td><td></td></tr>
<tr><td rowspan="10">募集资金实际运用情况</td><td rowspan="6">留存境外</td><td>用途</td><td>金额</td><td>币种</td></tr>
<tr><td>经常项下境外支付</td><td></td><td></td></tr>
<tr><td>境外投资</td><td></td><td></td></tr>
<tr><td>境外放款</td><td></td><td></td></tr>
<tr><td>现金留存</td><td></td><td></td></tr>
<tr><td>其他</td><td></td><td></td></tr>
<tr><td rowspan="4">调回境内</td><td rowspan="2">调回资金</td><td></td><td></td></tr>
<tr><td></td><td></td></tr>
<tr><td>折美元合计</td><td colspan="2"></td></tr>
<tr><td>其中：结汇</td><td></td><td></td></tr>
</table>

<table>
<tr><td colspan="7">回购境外股份信息</td></tr>
<tr><td colspan="4">证监会许可文号（如有）</td><td colspan="3"></td></tr>
<tr><td rowspan="7">回购计划</td><td colspan="3">回购证券种类</td><td></td><td>回购数量</td><td></td></tr>
<tr><td colspan="3">回购金额</td><td></td><td>回购期限</td><td></td></tr>
<tr><td rowspan="5">计划使用金额</td><td colspan="2">境外解决</td><td></td><td>币种</td><td></td></tr>
<tr><td rowspan="3">境内汇出</td><td>购汇</td><td></td><td>币种</td><td></td></tr>
<tr><td>自有外汇</td><td></td><td>币种</td><td></td></tr>
<tr><td>人民币</td><td></td><td>/</td><td></td></tr>
</table>

（续）

<table>
<tr><td rowspan="9">回购完成情况</td><td colspan="3">回购证券种类</td><td></td><td>回购数量</td><td></td></tr>
<tr><td colspan="3">回购金额</td><td></td><td>回购期限</td><td></td></tr>
<tr><td rowspan="4">实际使用金额</td><td colspan="2">境外解决</td><td></td><td>币种</td><td></td></tr>
<tr><td rowspan="3">境内汇出</td><td>购汇</td><td></td><td>币种</td><td></td></tr>
<tr><td>自有外汇</td><td></td><td>币种</td><td></td></tr>
<tr><td>人民币</td><td></td><td>/</td><td></td></tr>
<tr><td colspan="2" rowspan="3">回购剩余资金调回</td><td rowspan="2">调回资金</td><td></td><td>币种</td><td></td></tr>
<tr><td></td><td>币种</td><td></td></tr>
<tr><td>折美元合计</td><td colspan="3"></td></tr>
</table>

<table>
<tr><td colspan="4">可转债转股信息</td></tr>
<tr><td colspan="2">证监会许可文号（如有）</td><td colspan="2"></td></tr>
<tr><td>外债登记编号</td><td></td><td>转换比例</td><td></td></tr>
<tr><td>债转股前债券总数</td><td></td><td>债转股前总股数</td><td></td></tr>
<tr><td>本次转换债券数</td><td></td><td>本次转换股数</td><td></td></tr>
<tr><td colspan="4">其他需要说明的信息</td></tr>
<tr><td colspan="4"></td></tr>
<tr><td colspan="4">本公司承诺对此登记表中由本公司填写内容的真实性负责，并承诺按照外汇管理有关规定及报经国家外汇管理部门登记确认的境外上市信息办理相关业务，接受国家外汇管理部门的监督、管理和检查。

境外上市的境内公司（名称及公章）：
年　　月　　日</td></tr>
</table>

填表说明：

1. 境内公司填报本登记表，外汇局审核无误并在资本项目信息系统办理登记后，将加盖业务印章的业务登记凭证交境内公司。
2. 若本登记表中已经外汇局登记确认的相关事项发生变更，境内公司申请办理变更登记时，应按照变更后的内容重新填写本登记表，并对变更内容进行标注。外汇局审核无误后在资本项目信息系统办理变更登记，并向境内公司出具新的加盖业务印章的业务登记凭证，同时收回原业务登记凭证。

附件 2

境外持股登记表

登记类别：☐初始登记　　☐变更登记　　　　　　　　　　　　编号（外汇局填写）：

<table>
<tr><td colspan="7">境外上市的境内公司（以下简称境内公司）基本信息</td></tr>
<tr><td colspan="3">境内公司名称</td><td colspan="2"></td><td>组织机构代码</td><td></td></tr>
<tr><td colspan="3">注册地址</td><td colspan="2"></td><td>法定代表人</td><td></td></tr>
<tr><td colspan="3">上市地及证券交易所</td><td colspan="2"></td><td>上市时间</td><td></td></tr>
<tr><td colspan="3">证监会批准文号</td><td colspan="4"></td></tr>
<tr><td colspan="3">证券名称</td><td colspan="2"></td><td>证券代码</td><td></td></tr>
<tr><td colspan="3">总股数</td><td>总股本金额</td><td></td><td>币种</td><td></td></tr>
<tr><td colspan="3">联系人</td><td colspan="2"></td><td>联系电话</td><td></td></tr>
<tr><td colspan="7">境内股东基本信息</td></tr>
<tr><td rowspan="2">（机构股东填写）</td><td colspan="2">股东名称</td><td colspan="2"></td><td>组织机构代码</td><td></td></tr>
<tr><td colspan="2">注册地址</td><td colspan="2"></td><td>法定代表人</td><td></td></tr>
<tr><td rowspan="2">（个人股东填写）</td><td colspan="2">股东姓名</td><td colspan="2"></td><td>身份证件类型</td><td></td></tr>
<tr><td colspan="2">身份证件号码</td><td colspan="4"></td></tr>
<tr><td colspan="3">当前持股股数</td><td colspan="2"></td><td>当前持股比例</td><td></td></tr>
<tr><td colspan="7">增持信息</td></tr>
<tr><td rowspan="6">增持计划</td><td colspan="3">增持证券种类</td><td></td><td>增持数量</td><td></td></tr>
<tr><td colspan="3">增持金额</td><td></td><td>增持后持股比例</td><td></td></tr>
<tr><td rowspan="4">计划使用金额</td><td colspan="2">境外解决</td><td></td><td>币种</td><td></td></tr>
<tr><td rowspan="3">境内汇出</td><td>购汇</td><td></td><td>币种</td><td></td></tr>
<tr><td>自有外汇</td><td></td><td>币种</td><td></td></tr>
<tr><td>人民币</td><td></td><td>/</td><td></td></tr>
<tr><td rowspan="4">境外持股专用账户信息</td><td colspan="4">开户银行</td><td colspan="2">账号</td></tr>
<tr><td colspan="4"></td><td colspan="2"></td></tr>
<tr><td colspan="4"></td><td colspan="2"></td></tr>
<tr><td colspan="4"></td><td colspan="2"></td></tr>
<tr><td rowspan="9">增持完成情况</td><td colspan="3">增持证券种类</td><td></td><td>增持数量</td><td></td></tr>
<tr><td colspan="3">增持金额</td><td></td><td>增持后持股比例</td><td></td></tr>
<tr><td rowspan="4">实际使用金额</td><td colspan="2">境外解决</td><td></td><td>币种</td><td></td></tr>
<tr><td rowspan="3">境内汇出</td><td>购汇</td><td></td><td>币种</td><td></td></tr>
<tr><td>自有外汇</td><td></td><td>币种</td><td></td></tr>
<tr><td>人民币</td><td></td><td>/</td><td></td></tr>
<tr><td rowspan="3" colspan="2">增持剩余资金调回</td><td rowspan="2">调回资金</td><td></td><td>币种</td><td></td></tr>
<tr><td></td><td>币种</td><td></td></tr>
<tr><td>折美元合计</td><td></td><td></td><td></td></tr>
</table>

（续）

<table>
<tr><td colspan="6">减持信息</td></tr>
<tr><td rowspan="6">减持
计划</td><td colspan="2">减持证券种类</td><td></td><td>减持数量</td><td></td></tr>
<tr><td colspan="2">减持金额</td><td></td><td>减持后持股比例</td><td></td></tr>
<tr><td rowspan="4">计划
减持
资金
安排</td><td colspan="2">境外留存</td><td>币种</td><td></td></tr>
<tr><td rowspan="3">汇回
境内</td><td>结汇</td><td></td><td>币种</td><td></td></tr>
<tr><td>保留现汇</td><td></td><td>币种</td><td></td></tr>
<tr><td>人民币</td><td></td><td>/</td><td></td></tr>
<tr><td rowspan="6">减持
完成情况</td><td colspan="2">减持证券种类</td><td></td><td>减持数量</td><td></td></tr>
<tr><td colspan="2">减持金额</td><td></td><td>减持后持股比例</td><td></td></tr>
<tr><td rowspan="4">实际
减持
资金
安排</td><td colspan="2">境外留存</td><td>币种</td><td></td></tr>
<tr><td rowspan="3">汇回
境内</td><td>结汇</td><td></td><td>币种</td><td></td></tr>
<tr><td>保留现汇</td><td></td><td>币种</td><td></td></tr>
<tr><td>人民币</td><td></td><td>/</td><td></td></tr>
<tr><td colspan="6">其他需要说明的信息</td></tr>
<tr><td colspan="6"></td></tr>
<tr><td colspan="6">本公司（本人）承诺对此登记表中由本公司（本人）填写内容的真实性负责，并承诺按照外汇管理有关规定及报经国家外汇管理部门登记确认的境外持股信息办理相关业务，接受国家外汇管理部门的监督、管理和检查。

境内股东（名称及公章 / 签名）：
年　　月　　日</td></tr>
</table>

填表说明：

1. 境内股东填报本登记表，外汇局审核无误并在资本项目信息系统办理登记后，将加盖业务印章的业务登记凭证交境内股东。
2. 若本登记表中已经外汇局登记确认的股东名称、增（减）持数量、金额、比例等重要事项发生变更，境内股东应按照变更后的内容重新填写本登记表（对变更内容进行标注），向所在地外汇局申请办理变更登记。所在地外汇局审核无误后在资本项目信息系统办理变更登记，并向境内股东出具新的加盖业务印章的业务登记凭证，同时收回原业务登记凭证。

附件 3

境外上市相关账户管理一览表

开户主体	账户类型	账户收入范围	账户支出范围	注意事项
境内公司	境外上市专用外汇账户	境外上市首发/增发募集调回的外汇资金，以自有外汇、人民币购汇划入的用于回购境外股份的外汇资金，回购境外股份剩余资金调回的外汇资金，境内国有股东减持收入调回的外汇资金，从境外证券市场退市调回的外汇资金，账户利息收入，境外上市相关的其他外汇收入，以及经外汇局许可的其他收入	公开披露文件中所列经常项目下和资本项目下的支出，境内划转公司其他外汇账户，结汇划往待支付账户，为境外机构代扣代缴境内税费，代境内国有股东将国有股减持收入划转社保基金，汇往境外用于回购境外股份，境外上市相关的其他支出，以及经外汇局许可的其他支出	无开户银行、账户数量限制
	结汇待支付账户	境外上市募集调回的人民币资金，从境外上市专用外汇账户结汇划入的资金，境内划入符合规定的用于回购境外股份的人民币资金，回购境外股份剩余资金调回的人民币资金，境内国有股东减持收入调回的人民币资金，从境外证券市场退市调回的人民币资金，账户利息收入，境外上市相关的其他人民币收入，以及经外汇局许可的其他收入	公开披露文件中所列经常项目下和资本项目下的支出，为境外机构代扣代缴境内税费，代境内国有股东将国有股减持收入划转社保基金，境内划转公司其他人民币账户，汇往境外用于回购境外股份，境外上市相关的其他支出，以及经外汇局许可的其他支出	与境外上市境内专用外汇账户一一对应
	境外专用账户	境外首发或增发募集的资金，资金存放境外产生的利息收入等，因境内国有股东减持需代为上缴社保基金的减持收入，从境内公司境外上市专用外汇账户划入用于回购境外股份的资金，以及其他与境外上市相关的收入	募集资金或回购剩余资金调回境内，划出回购境外股份的资金，支付境外上市或回购境外股份的相关费用，按公开披露文件所列的资金用途境外运用，以及经外汇局许可的其他支出	境内公司如需增发、回购境外股份，可直接使用原发股所用境外专用账户；原账户如已关闭，可另开立境外专用账户

（续）

开户主体	账户类型	账户收入范围	账户支出范围	注意事项
境内股东	境外持股专用账户	境内划入符合规定的用于增持境外上市股份的资金，增持境外上市股份剩余资金汇回，从境外划入的减持或转让境外股份所得的资金，账户利息收入，以及经外汇局许可的其他收入	用于增持境外股份汇往境外资金，经常项目下的支出及经外汇局许可的资本项目下支出，境内划转境内股东其他账户，结汇，经外汇局许可的其他支出	
	境外专用账户	境内股东为增持境外股份从境外持股专用账户划入的资金，境内股东减持境外股份所得收入，账户利息收入，以及经外汇局许可的其他收入	增持境外股份划出的资金，增持结束后剩余资金汇回境内，境内股东减持境外股份所得收入汇回境内，支付相关税费，以及经外汇局许可的其他支出	

国家外汇管理局关于境内居民通过特殊目的公司境外投融资及返程投资外汇管理有关问题的通知

（汇发〔2014〕37号　2014年7月4日）

国家外汇管理局各省、自治区、直辖市分局、外汇管理部，深圳、大连、青岛、厦门、宁波市分局；各中资外汇指定银行：

为充分发挥市场在资源配置中的决定性作用，支持国家“走出去”战略的实施，充分利用国际国内两种资源、两个市场，进一步简化和便利境内居民通过特殊目的公司从事投融资活动所涉及的跨境资本交易，切实服务实体经济发展，有序提高跨境资本和金融交易可兑换程度，根据《中华人民共和国外汇管理条例》等规定，现就境内居民通过特殊目的公司境外投融资及返程投资外汇管理有关问题通知如下：

一、本通知所称“特殊目的公司”，是指境内居民（含境内机构和境内居民个人）以投融资为目的，以其合法持有的境内企业资产或权益，或者以其合法持有的境外资产或权益，在境外直接设立或间接控制的境外企业。

本通知所称“返程投资”，是指境内居民直接或间接通过特殊目的公司对境内开展的直接投资活动，即通过新设、并购等方式在境内设立外商投资企业或项目（以下简称外商投资企业），并取得所有权、控制权、经营管理权等权益的行为。

本通知所称“境内机构”，是指中国境内依法设立的企业事业法人以及其他经济组织；“境内居民个人”是指持有中国境内居民身份证、军人身份证件、武装警察身份证件的中国公民，以及虽无中国境内合法身份证件，但因经济利益关系在中国境内习惯性居住的境外个人。

本通知所称“控制”，是指境内居民通过收购、信托、代持、投票权、回购、可转换债券等方式取得特殊目的公司的经营权、收益权或者决策权。

二、国家外汇管理局及其分支机构（以下简称外汇局）对境内居民设立特殊目的公司实行登记管理。境内居民个人设立的特殊目的公司登记及相关外汇管理，按本通知执行。境内机构设立的特殊目的公司登记及相关外汇管理，按现行规定和本通知执行。

三、境内居民以境内外合法资产或权益向特殊目的公司出资前，应向外汇局申请办理境外投资外汇登记手续。境内居民以境内合法资产或权益出资的，应向注册地外汇局或者境内企业资产或权益所在地外汇局申请办理登记；境内居民以境外合法资产或权益出资的，应向注册地外汇局或者户籍所在地外汇局申请办理登记。

境内居民个人应提交以下真实性证明材料办理境外投资外汇登记手续：

（一）书面申请与《境内居民个人境外投资外汇登记表》。

（二）个人身份证明文件。

（三）特殊目的公司登记注册文件及股东或实际控制人证明文件（如股东名册、认缴人名册等）。

（四）境内外企业权力机构同意境外投融资的决议书（企业尚未设立的，提供权益所有人同意境外投融资的书面说明）。

（五）境内居民个人直接或间接持有的拟境外投融资境内企业资产或权益，或者合法持有境外资产或权益的证明文件。

（六）在前述材料不能充分说明交易的真实性或申请材料之间的一致性时，要求提供的补充材料。

境内机构按《国家外汇管理局关于发布〈境内机构境外直接投资外汇管理规定〉的通知》(汇发〔2009〕30号）等相关规定办理境外投资外汇登记手续。

境内居民办理境外投资外汇登记后，方可办理后续业务。

四、境内居民及其设立的特殊目的公司，不得危害我国国家主权、安全和社会公共利益；不得违反我国法律法规；不得损害我国与有关国家（地区）关系；不得违反我国对外缔结的国际条约；不得涉及我国禁止出口的技术或产品。

境外特殊目的公司登记不具有证明其投融资行为已符合行业主管部门合

法合规的效力。

五、已登记境外特殊目的公司发生境内居民个人股东、名称、经营期限等基本信息变更，或发生境内居民个人增资、减资、股权转让或置换、合并或分立等重要事项变更后，应及时到外汇局办理境外投资外汇变更登记手续。

境内居民境外投资外汇变更登记完成后，方可办理后续业务（含利润、红利汇回）。

六、非上市特殊目的公司以本企业股权或期权等为标的，对其直接或间接控制的境内企业的董事、监事、高级管理人员及其他与公司具有雇佣或劳动关系的员工进行权益激励的，相关境内居民个人在行权前可提交以下材料到外汇局申请办理特殊目的公司外汇登记手续：

（一）书面申请与《境内居民个人境外投资外汇登记表》。

（二）已登记的特殊目的公司的境外投资外汇业务登记凭证。

（三）相关境内企业出具的个人与其雇佣或劳动关系证明材料。

（四）特殊目的公司或其实际控制人出具的能够证明所涉权益激励真实性的证明材料。

（五）在前述材料不能充分说明交易的真实性或申请材料之间的一致性时，要求提供的补充材料。

境内居民个人参与境外上市公司股权激励计划按相关外汇管理规定办理。

七、特殊目的公司完成境外融资后，融资资金如调回境内使用的，应遵守中国外商投资和外债管理等相关规定。返程投资设立的外商投资企业应按照现行外商直接投资外汇管理规定办理相关外汇登记手续，并应如实披露股东的实际控制人等有关信息。

八、境内居民从特殊目的公司获得的利润、红利调回境内的，应按照经常项目外汇管理规定办理；资本变动外汇收入调回境内的，应按照资本项目外汇管理规定办理。

九、因转股、破产、解散、清算、经营期满、身份变更等原因造成境内居民不再持有已登记的特殊目的公司权益的，或者不再属于需要办理特殊目的公司登记的，应提交相关真实性证明材料及时到外汇局办理变更或注销登记手续。

十、境内居民直接或间接控制的境内企业，可在真实、合理需求的基础上按现行规定向其已登记的特殊目的公司放款。

十一、境内居民可在真实、合理需求的基础上购汇汇出资金用于特殊目的公司设立、股份回购或退市等。

十二、本通知实施前，境内居民以境内外合法资产或权益已向特殊目的公司出资但未按规定办理境外投资外汇登记的，境内居民应向外汇局出具说明函说明理由。外汇局根据合法性、合理性等原则办理补登记，对涉嫌违反外汇管理规定的，依法进行行政处罚。

十三、境内居民与境外特殊目的公司之间的跨境收支，应按现行规定办理国际收支统计申报。

十四、外汇局定期分析境内居民通过特殊目的公司境外投融资及返程投资整体情况，密切关注其对国际收支的影响，并加强对境内居民通过特殊目的公司境外投融资及返程投资的事中、事后监管。

十五、境内居民或其直接、间接控制的境内企业通过虚假或构造交易汇出资金用于特殊目的公司，外汇局根据《中华人民共和国外汇管理条例》第三十九条进行处罚。

境内居民未按规定办理相关外汇登记、未如实披露返程投资企业实际控制人信息、存在虚假承诺等行为，外汇局根据《中华人民共和国外汇管理条例》第四十八条第（五）项进行处罚。

在境内居民未按规定办理相关外汇登记、未如实披露返程投资企业实际控制人信息或虚假承诺的情况下，若发生资金流出，外汇局根据《中华人民共和国外汇管理条例》第三十九条进行处罚；若发生资金流入或结汇，根据《中华人民共和国外汇管理条例》第四十一条进行处罚。

境内居民与特殊目的公司相关跨境收支未按规定办理国际收支统计申报的，外汇局根据《中华人民共和国外汇管理条例》第四十八条第（一）项进行处罚。

十六、本通知自发布之日起实施。《国家外汇管理局关于境内居民通过境外特殊目的公司融资及返程投资外汇管理有关问题的通知》（汇发〔2005〕75号）同时废止。之前相关规定与本通知内容不一致的，以本通知为准。

国家外汇管理局各分局、外汇管理部接到本通知后，应及时转发辖内中心支局、支局、城市商业银行、农村商业银行、外资银行、农村合作银行；各中资银行接到通知后，应及时转发所辖各分支机构。执行中如遇问题，请及时向国家外汇管理局资本项目管理司反馈。

附件：1. 返程投资外汇管理所涉业务操作指引。

2. 资本项目直接投资外汇业务申请表。

国家外汇管理局

2014 年 7 月 4 日

附件 1

返程投资外汇管理所涉业务操作指引

一、新设外商投资企业基本信息登记

法规依据	1.《中华人民共和国外汇管理条例》(国务院令第 532 号) 2.《对外贸易经济合作部　国家税务总局　国家工商行政管理总局　国家外汇管理局关于加强外商投资企业审批、登记、外汇及税收管理有关问题的通知》(外经贸法发〔2002〕575 号) 3.《国家工商行政管理总局　商务部　海关总署　国家外汇管理局关于印发〈关于外商投资的公司审批登记管理法律适用若干问题的执行意见〉的通知》(工商外企字〔2006〕81 号) 4.《国家外汇管理局　建设部关于规范房地产市场外汇管理有关问题的通知》(汇发〔2006〕47 号) 5.《国家税务总局　国家外汇管理局关于服务贸易等项目对外支付税务备案有关问题的公告》(国家税务总局　国家外汇管理局公告 2013 年第 40 号) 6.《国家外汇管理局关于进一步改进和调整直接投资外汇管理政策的通知》(汇发〔2012〕59 号) 7.《国家外汇管理局关于印发〈外国投资者境内直接投资外汇管理规定〉及配套文件的通知》(汇发〔2013〕21 号) 8. 其他相关法规
审核材料	1.《境内直接投资基本信息登记业务申请表》 2. 组织机构代码证及营业执照副本(按规定先验资后办理工商登记的企业，无须提交营业执照副本) 3. 有关主管部门批准设立文件(按规定无须提交的除外)，有外商投资企业批准证书的应提交该证书(外商投资合伙企业仅需提交包括外商投资合伙企业全部登记事项在内的加盖工商部门印章的企业基本信息单) 4. 外资房地产企业另需提交已通过商务部备案的证明材料 5. 外国投资者以其境内合法所得在境内投资新设外商投资企业的，还应提交主管税务部门出具的税务凭证原件(按规定无须提交的除外)
审核原则	1. 外商投资企业应在领取营业执照后到注册地外汇局办理基本信息登记，取得后续业务办理凭证；外商投资性公司境内再投资新设的外商投资企业按照接收境内再投资基本信息登记办理，外商投资性公司与外国投资者共同出资的，被投资企业需分别办理接收境内再投资基本信息登记和新设外商投资企业基本信息登记手续，外商投资性公司视为中方股东登记 2. 申请人应如实披露其外国投资者是否直接或间接被境内居民持股或控制。如外国投资者被境内居民直接或间接持股或控制，外汇局在为该外商投资企业办理外汇登记时应在资本项目信息系统中将其标识为“返程投资” 3. 设立其他外商投资非法人机构参照本项操作指引办理基本信息登记手续(代表处等分支机构除外)

（续）

审核原则	4. 外商投资企业应全额登记外国投资者各类出资形式及金额；跨境人民币与跨境现汇流入总额不得超过已登记的外国投资者跨境可汇入资金总额 5. 外汇局应区分外商投资企业设立时外国投资者的出资方式在资本项目信息系统中办理登记；外国投资者以其在境内合法取得的利润用于境内再投资或转增资本的，出资方式登记为人民币利润再投资，以其在境内股权转让所得、减资所得、先行回收所得、清算所得用于境内再投资和以所投资企业的盈余公积、资本公积和外债转增资本的，出资方式登记为非人民币利润再投资 6. 外汇局完成登记后，应在主管税务部门出具的税务凭证原件上签注登记事项、登记金额、日期并加盖外汇局业务用章，留存有签注字样和加盖业务专用章的复印件 7. 外国投资者前期费用未全部结汇的，原币划转至资本金账户继续结汇使用，系统中出资方式登记为境外汇入。已经结汇的前期费用也可作为外国投资者的出资，出资方式登记为前期费用结汇 8. 中外合作开采能源项目，如果外国投资者与具体项目分别取得工商营业执照且分属不同地区的，可由企业选择其中一个所属地办理外汇登记 9. 外国投资者在境内直接投资（新设）设立银行，参照本操作指引办理登记，但所设银行无须开立资本金账户，资本金结汇应遵循银行自身结售汇的有关规定
办理时限	5 个工作日
授权范围	外商投资企业注册地外汇局办理

二、外国投资者并购境内企业办理外商投资企业基本信息登记

法规依据	1.《中华人民共和国外汇管理条例》(国务院令第 532 号) 2.《对外贸易经济合作部　国家税务总局　国家工商行政管理总局　国家外汇管理局关于加强外商投资企业审批、登记、外汇及税收管理有关问题的通知》(外经贸法发〔2002〕575 号) 3.《国家工商行政管理总局　商务部　海关总署　国家外汇管理局关于印发〈关于外商投资的公司审批登记管理法律适用若干问题的执行意见〉的通知》(工商外企字〔2006〕81 号) 4.《关于外国投资者并购境内企业的规定》(商务部　国务院国有资产监督管理委员会　国家税务总局　国家工商行政管理总局　中国证券监督管理委员会　国家外汇管理局令 2006 年第 10 号) 5.《国家外汇管理局　建设部关于规范房地产市场外汇管理有关问题的通知》(汇发〔2006〕47 号) 6.《国家税务总局　国家外汇管理局关于服务贸易等项目对外支付税务备案有关问题的公告》(国家税务总局　国家外汇管理局公告 2013 年第 40 号) 7.《国家外汇管理局关于进一步改进和调整直接投资外汇管理政策的通知》(汇发〔2012〕59 号) 8.《国家外汇管理局关于印发〈外国投资者境内直接投资外汇管理规定〉及配套文件的通知》(汇发〔2013〕21 号) 9. 其他相关法规

（续）

审核材料	1.《境内直接投资基本信息登记业务申请表》 2. 组织机构代码证及变更为外商投资企业后的工商营业执照副本（按规定先验资后办理工商登记变更的企业，无须提交变更后的营业执照副本；依规定无须变更营业执照的，应提交有关备案材料） 3. 有关主管部门批准设立文件（按规定无须提交的除外），有外商投资企业批准证书的应提交该证书（外商投资合伙企业仅需提交包括外商投资合伙企业全部登记事项在内的加盖工商行政管理部门印章的企业基本信息单） 4. 特殊目的公司以关联并购形式返程投资的，应出具商务部批准设立的文件；外资房地产企业另需提交已通过商务部备案的证明材料 5. 外国投资者以其境内合法所得在境内并购设立外商投资企业，还应提交主管税务部门出具的税务凭证原件（按规定无须提交的除外）
审核原则	1. 外商投资企业应在领取营业执照后到注册地外汇局办理基本信息登记，取得后续业务办理凭证。外商投资企业应将业务办理凭证提供给股权出让方凭以办理资产变现账户开立。外商投资性公司境内再投资并购设立的外商投资企业按照接收境内再投资基本信息登记办理。外商投资性公司与外国投资者共同出资的，被投资企业需分别办理接收境内再投资基本信息登记和并购设立外商投资企业基本信息登记手续 2. 外国投资者并购境内企业同时增加注册资本的，无须提交变更后的营业执照 3. 申请人应如实披露其外国投资者是否直接或间接被境内居民持股或控制（参照本操作指引“一、新设外商投资企业基本信息登记”审核原则第 2 条办理） 4. 被并购境内企业若取得的是依据《关于外国投资者并购境内企业的规定》加注的批准证书和营业执照，应在资本项目信息系统中加注“自颁发之日起 14 个月内有效”字样。待该企业领取了无加注的批准证书和营业执照后，在资本项目信息系统进行变更操作，将加注的字样去除。逾期未取得无加注的批准证书和营业执照的，外汇局应通过系统业务管控功能将该外商投资企业相关业务暂停 5. 外国投资者以境外股权并购境内公司的，应在资本项目信息系统中加注“自颁发之日起 8 个月内有效”字样。待该企业领取了无加注的批准证书和营业执照后，再将加注的字样去除。加注字样去除之前，该企业不得向股东分配利润或向有关联关系的公司提交担保，不得对外支付转股、减资、清算等资本项目款项。自工商行政管理部门颁发加注的营业执照之日起 6 个月内，如果境内外公司没有完成其股权变更手续，则外商投资企业基本信息登记自动失效，境内公司股权结构应恢复到股权并购之前的状态 6. 外商投资企业应全额登记外国投资者各类出资形式及金额；跨境人民币与跨境现汇流入总额不得超过已登记的外国投资者跨境可汇入资金总额 7. 并购设立其他外商投资非法人机构参照本项操作指引办理基本信息登记手续 8. 外汇局应区分外国投资者并购时的出资方式在资本项目信息系统中办理登记 9. 外汇局办理完成登记后，应在主管税务部门出具的税务凭证原件上签注登记事项、登记金额、日期并加盖外汇局业务用章，留存有签注字样和加盖业务专用章的复印件 10. 外国投资者并购 A 股上市公司，持股比例达到 25% 或以上的，应在资本项目信息系统备注栏加注“外商投资股份公司（A 股并购 25% 或以上）”字样
办理时限	5 个工作日
授权范围	外商投资企业注册地外汇局办理

三、外商投资企业基本信息登记变更、注销

法规依据	1.《中华人民共和国外汇管理条例》(国务院令第532号) 2.《对外贸易经济合作部　国家税务总局　国家工商行政管理总局　国家外汇管理局关于加强外商投资企业审批、登记、外汇及税收管理有关问题的通知》(外经贸法发〔2002〕575号) 3.《国家外汇管理局关于转发〈国务院办公厅关于妥善处理现有保证外方投资固定汇报项目有关问题的通知〉的通知》(汇发〔2002〕105号) 4.《国家工商行政管理总局　商务部　海关总署　国家外汇管理局关于印发〈关于外商投资的公司审批登记管理法律适用若干问题的执行意见〉的通知》(工商外企字〔2006〕81号) 5.《关于外国投资者并购境内企业的规定》(商务部　国务院国有资产监督管理委员会　国家税务总局　国家工商行政管理总局　中国证券监督管理委员会　国家外汇管理局令2006年第10号) 6.《国家外汇管理局　建设部关于规范房地产市场外汇管理有关问题的通知》(汇发〔2006〕47号) 7.《国家税务总局　国家外汇管理局关于服务贸易等项目对外支付税务备案有关问题的公告》(国家税务总局　国家外汇管理局公告2013年第40号) 8.《国家外汇管理局关于进一步改进和调整直接投资外汇管理政策的通知》(汇发〔2012〕59号) 9.《国家外汇管理局关于印发〈外国投资者境内直接投资外汇管理规定〉及配套文件的通知》(汇发〔2013〕21号) 10. 其他相关法规
审核材料	一、增资、减资、股权转让等资本变动事项的登记变更 1.《境内直接投资基本信息登记业务申请表》 2. 有关主管部门批准文件（按规定无须提交的除外），有外商投资企业批准证书的应提交该证书（外商投资合伙企业登记事项变更的，仅需提交包括外商投资合伙企业全部登记事项在内的加盖工商部门印章的企业基本信息单）。外资股东减持A股上市公司股份不超过总股本5%的，仅需提交证券登记结算机构出具的外资股东持股情况变化证明材料。办理外资房地产企业外方增资变更、中国投资者向外国投资者转让股权，或者外商投资企业营业范围增加房地产开发的，另需提交已通过商务部备案的证明材料；企业注册币种变更的，还需提交确需变更注册币种的证明材料 3. 涉及外国投资者以其境内合法所得在境内对外商投资企业增资，以及发生股权转让需对外支付转股对价的，还应提交主管税务部门出具的税务凭证原件（按规定不需提交的除外） 二、企业注册地（所属外汇局）变更（迁移） 1.《境内直接投资基本信息登记业务申请表》 2. 有关主管部门批准企业变更事项的证明文件 三、除资本变动和迁移外的其他登记事项的变更 1. 变更后的商务主管部门批准证书或相关备案文件 2. 变更后的营业执照副本或其他变更证明

（续）

审核材料	四、中外合作企业外国投资者先行回收投资基本信息登记及变更 1.《境内直接投资基本信息登记业务申请表》 2. 相关主管部门批复文件（主管部门未出具先行回收事项批复文件的，需提交企业合作合同及企业最高权力机关出具的关于外国投资者先行回收投资的决议） 五、基本信息登记注销 1.《境内直接投资基本信息登记业务申请表》 2. 因清算注销的，需提交以下材料：到期清算的，提交依公司法规定的清算公告；提前清算或需主管部门批准的特别清算的，提交主管部门关于企业清算结业的批准文件；其他清算的，提交工商行政管理部门吊销企业营业执照的公告（证明文件）或人民法院判决公司解散的有关证明文件等 3. 注销税务登记证明 4. 普通清算提交会计师事务所出具的清算审计报告，特别清算提交主管部门确认的清算报告
审核原则	一、基本信息登记变更 1. 外商投资企业发生基础信息变更（包括但不限于企业名称、经营范围、法人代表、地址等）、投资信息变更（包括但不限于注册资本、投资总额、出资方式、注册币种、投资者及投资者认缴的出资额等）、企业合并、分立、迁移、币种变更等，应在主管部门批准或备案后到注册地外汇局办理基本信息登记变更手续 2. 申请人应如实披露其外国投资者是否直接或间接被境内居民持股或控制（参照本操作指引“一、新设外商投资企业基本信息登记”审核原则第 2 条办理）。如变更登记后境内企业的外国投资者不再直接或间接被境内居民持股或控制的，在境内居民或特殊目的公司权力机构提交相关真实性证明材料后，注册地外汇局可依规定在资本项目信息系统中取消其相应返程投资标识 3. 减资变更登记时，减资所得金额（可汇出境外或境内再投资）仅限于减少外国投资者实缴注册资本，不包括资本公积、盈余公积、未分配利润等其他所有者权益；减资所得用于弥补账面亏损或调减外方出资义务的，减资所得金额应设定为零 4. 外商投资企业发生合并后，存续企业应办理增资登记，被吸收企业办理注销登记；若新产生一家外商投资企业的，应办理新设登记，并在备注栏内注明“合并”。外商投资企业发生分立后，存续企业应办理减资登记，分立新设的企业应办理新设登记，并在备注栏内注明“分立” 5. 外汇局办理完成变更登记后，应在税务凭证原件上签注登记事项、登记金额、日期并加盖外汇局业务用章，留存有签注字样和加盖业务专用章的复印件 6. 外商投资企业应全额登记外国投资者各类出资形式及金额；跨境人民币与跨境现汇流入总额不得超过已登记的外国投资者跨境可汇入资金总额 7. 外商投资非法人机构办理变更登记参照本项操作指引办理 8. 上市公司外资股东减持股份的，变更登记不产生对外付汇额度，资本项目信息系统中转股对价应按实际交易价格填写；外方持股比例低于 25% 的，应在资本项目信息系统备注栏加注“外商投资股份公司（A 股并购）”

（续）

	9. 外国投资者（股权出资人）以其持有的境内企业（股权企业）股权对境内企业（被投资企业）出资的，应按如下顺序办理：首先，股权企业所在地外汇局在查验股权企业出资到位后，为股权企业办理变更登记；然后，被投资企业方可根据自身股权结构变化情况向所在地外汇局申请办理设立登记、增资或转股变更登记及股权出资确认手续 10. 外国投资者收购外商投资企业中方股东股权的，外商投资企业办理外汇登记变更并取得后续业务办理凭证后，应将业务办理凭证提供给中方股东凭以办理资产变现账户开立 二、中外合作企业外国投资者先行回收投资基本信息登记及变更 1. 外汇局应审核企业申请表信息与相关主管部门批复文件或合作合同相关约定信息是否一致，不一致的不得办理登记 2. 外国投资者先行回收投资累计汇出资金不得超过外国投资者实际投入的资金。超出部分应参照利润汇出办理 三、基本信息登记注销 1. 外商投资企业因破产、解散、营业期限届满、合并或分立等原因注销的，应在发布清算公告期结束后到注册地外汇局办理基本信息登记注销手续 2. 外商投资企业因外国投资者减资、转股、先行回收投资等撤资行为转为内资企业的，应在领取变更后的营业执照之后到注册地外汇局办理基本信息登记变更手续，外汇局仅办理相应登记变更即可，无须另行办理登记注销 3. 因合并或分立，原外商投资企业注销的，应在原企业办理基本信息登记注销时，在资本项目信息系统中将其“外方股东清算所得处置计划”选为“再投资” 4. 外商投资企业清算注销，原则上应先办理外汇登记注销，后办理工商登记注销。如果外商投资企业在办理工商登记注销后申请办理外汇登记注销的，申请主体应为外商投资企业清算组；申请材料为：由清算组负责人签字并由原外商投资企业全部股东加盖公章（无公章的可由法定代表人签字）的申请书、有关主管部门关于原外商投资企业清算注销的批准文件或其他证明文件（如法院裁定、行政吊销文件等）、工商登记注销证明、工商行政管理部门关于清算组合法成立的证明材料、外方股东的主体证明文件、清算报告、原外商投资企业全体股东出具的保证书（内容为保证清算组已依法对原外商投资企业进行清算，申请人向外汇局提交的文件均真实有效，全体股东将承担违反上述保证产生的一切责任）
办理时限	外汇登记变更 5 个工作日
授权范围	外商投资企业注册地外汇局办理

四、境内机构境外直接投资前期费用登记

法规依据	1.《中华人民共和国外汇管理条例》(国务院令第 532 号) 2.《国家外汇管理局关于发布〈境内机构境外直接投资外汇管理规定〉的通知》(汇发〔2009〕30 号) 3.《国家外汇管理局关于境内银行境外直接投资外汇管理有关问题的通知》(汇发〔2010〕31 号) 4.《国家外汇管理局关于进一步改进和调整直接投资外汇管理政策的通知》(汇发〔2012〕59 号) 5.《国家外汇管理局关于进一步改进和调整资本项目外汇管理政策的通知》(汇发〔2014〕2 号) 6. 其他相关法规
审核材料	一、前期费用累计汇出额不超过 300 万美元且不超过中方投资总额 15% 的，需提交以下材料： 1.《境内直接投资基本信息登记业务申请表》 2. 营业执照和组织机构代码证 二、前期费用累计汇出额超过 300 万美元或超过中方投资总额 15% 的，需提交以下材料： 1.《境内直接投资基本信息登记业务申请表》 2. 营业执照和组织机构代码证 3. 境内机构已向境外投资主管部门报送的书面申请 4. 境内机构参与投标、并购或合资合作项目的相关真实性证明材料（包括中外方签署的意向书、备忘录或框架协议等）
审核原则	1. 境内机构汇出境外的前期费用，可列入其境外直接投资总额 2. 外汇局通过资本项目信息系统为企业办理前期费用登记手续后，企业凭业务登记凭证直接到银行办理后续资金购付汇手续 3. 境内投资者在汇出前期费用之日起 6 个月内仍未设立境外投资项目的，注册地外汇局应要求报告其前期费用使用情况并将剩余资金退回。如确有客观原因，6 个月期限可适当延长，但最长不得超过 12 个月 4. 境内银行境外直接投资的，参照本操作指引办理。未获得银行业监督管理部门或其他相关主管部门境外直接投资核准的境内银行，应自汇出前期费用之日起 12 个月内将剩余资金调回
办理时限	5 个工作日
授权范围	境内机构注册地外汇局办理

五、境内机构境外直接投资外汇登记

法规依据	1.《中华人民共和国外汇管理条例》(国务院令第 532 号) 2.《商务部　国家外汇管理局关于印发〈企业境外并购事项前期报告制度〉的通知》(商合函〔2005〕131 号) 3.《关于外国投资者并购境内企业的规定》(中华人民共和国商务部　国务院国有资产监督管理委员会　国家税务总局　国家工商行政管理总局　中国证券监督管理委员会　国家外汇管理局令 2006 年第 10 号) 4.《国家外汇管理局关于发布〈境内机构境外直接投资外汇管理规定〉的通知》(汇发〔2009〕30 号) 5.《国家外汇管理局关于境内银行境外直接投资外汇管理有关问题的通知》(汇发〔2010〕31 号) 6.《国家外汇管理局关于鼓励和引导民间投资健康发展有关外汇管理问题的通知》(汇发〔2012〕33 号) 7.《国家外汇管理局关于进一步改进和调整直接投资外汇管理政策的通知》(汇发〔2012〕59 号) 8. 其他相关法规
审核材料	1.《境外直接投资外汇登记业务申请表》 2. 营业执照或注册登记证明及组织机构代码证（多个境内机构共同实施一项境外直接投资的，应提交各境内机构的营业执照或注册登记证明及组织机构代码证） 3. 非金融类境外投资提供商务主管部门颁发的《企业境外投资证书》或《境外并购事项前期报告表》（依据《关于外国投资者并购境内企业的规定》设立的特殊目的公司需提供商务部的批准或备案文件）；金融类境外投资提供相关金融主管部门对该项投资的批准文件 4. 外国投资者以境外股权并购境内公司导致境内公司或其股东持有境外公司股权的，另需提供加注的外商投资企业批准证书和加注的外商投资企业营业执照
审核原则	1. 境内机构在以境内外合法资产或权益（包括但不限于货币、有价证券、知识产权或技术、股权、债权等）向境外出资前，应到所在地外汇局申请办理境外直接投资外汇登记。在资本项目信息系统中登记商务主管部门颁发的境外投资批准证书中的投资总额（投资总额内不再区分股权出资和债权出资），同时允许企业根据实际需要按现行规定对外放款。金融类境外投资根据行业主管部门的批复等进行相应登记 2. 以境外资金或其他境外资产或权益出资的，应审核其境外资金留存或境外收益获取的合规性，如境内机构以其非法留存境外的资产或权益转做境外投资，应移交外汇检查部门处理后办理登记手续 3. 多个境内机构共同实施一项境外直接投资的，由约定的一个境内机构向其注册地外汇局申请办理境外直接投资外汇登记；系统登记完成后，其他境内机构可分别向注册地外汇局领取业务登记凭证 4. 境内机构设立境外分公司，参照境内机构境外直接投资管理。境内机构应到注册地外汇局办理境外直接投资外汇登记。开办费用的金额按照境内机构上报相关主管部门的请示等文件中所注明的金额登记，在资本项目信息系统中，开办费用应纳入投资总额登记。境内机构设立境外分公司每年应按时参加境外投资外汇年检或年报 5. 依据《关于外国投资者并购境内企业的规定》设立的特殊目的公司办理境外直接投资外汇登记时，应在资本项目信息系统中将该境外企业标识为“特殊目的公司” 6. 外汇局通过资本项目信息系统为企业办理登记手续后，企业凭业务登记凭证直接到银行办理后续资金购付汇手续
办理时限	5 个工作日
授权范围	境内机构注册地外汇局办理。境内机构依据《关于外国投资者并购境内企业的规定》设立或控制特殊目的公司办理境外投资外汇登记的，由境内机构注册地外汇分局（外汇管理部）办理，不得授权辖内分支机构办理

六、境内机构境外直接投资外汇变更登记

法规依据	1.《中华人民共和国外汇管理条例》(国务院令第532号) 2.《关于外国投资者并购境内企业的规定》(中华人民共和国商务部 国务院国有资产监督管理委员会 国家税务总局 国家工商行政管理总局 中国证券监督管理委员会 国家外汇管理局令2006年第10号) 3.《国家外汇管理局关于发布〈境内机构境外直接投资外汇管理规定〉的通知》(汇发〔2009〕30号) 4.《国家外汇管理局关于境内银行境外直接投资外汇管理有关问题的通知》(汇发〔2010〕31号) 5.《国家外汇管理局关于鼓励和引导民间投资健康发展有关外汇管理问题的通知》(汇发〔2012〕33号) 6.《国家外汇管理局关于进一步改进和调整直接投资外汇管理政策的通知》(汇发〔2012〕59号) 7. 其他相关法规
审核材料	1.《境外直接投资外汇登记业务申请表》 2. 非金融类境外投资提供商务主管部门对变更事项的批准或备案文件(依据《关于外国投资者并购境内企业的规定》设立的特殊目的公司,相关变更事项需提供商务部的批准或备案文件);金融类境外投资提供相关金融监督管理部门对变更事项的批准或备案文件 3. 如新增境内投资者,应提供该境内投资者的营业执照和组织机构代码证
审核原则	1. 境内机构因转股、减资等原因不再持有境外企业股权的,也需按照本操作指引办理 2. 多个境内机构共同实施一项境外直接投资的,由约定的一个投资主体向其注册地所在外汇局申请办理变更登记,其他境内机构无须重复申请;系统变更登记完成后,其他境内机构可分别向注册地外汇局领取业务登记凭证 3. 境外企业因减资、转股等需要汇回资金的,在外汇局办理变更登记后,直接到银行办理境外资产变现账户开立、汇回资金入账手续 4. 境外放款转为对境外公司股权的,应同时办理境外放款变更或注销登记 5. 境内投资者收购其他境内投资者境外企业股权的,由股权出让方按照本操作指引办理变更登记。股权受让方也应按照本操作指引提交变更登记申请材料 6. 外国投资者以境外股权并购境内公司导致境内公司或其股东持有境外公司股权的,自工商行政管理部门颁发加注的营业执照之日起6个月内完成股权变更,如果境内外公司没有完成其股权变更手续,则境外投资外汇登记自动失效,应在资本项目信息系统中注销其登记 7. 境内机构设立境外分公司需追加开办费用的,参照本操作指引办理,开办费用的金额按照企业实需原则确定,并在资本项目信息系统中纳入投资总额登记
办理时限	5个工作日
授权范围	境内机构注册地外汇局办理。境内机构依据《关于外国投资者并购境内企业的规定》设立或控制特殊目的公司办理境外投资外汇登记变更的,由境内机构注册地外汇分局(外汇管理部)办理,不得授权辖内分支机构办理

七、境内机构境外直接投资清算登记

法规依据	1.《中华人民共和国外汇管理条例》(国务院令第 532 号) 2.《关于外国投资者并购境内企业的规定》(中华人民共和国商务部　国务院国有资产监督管理委员会　国家税务总局　国家工商行政管理总局　中国证券监督管理委员会　国家外汇管理局令 2006 年第 10 号) 3.《国家外汇管理局关于发布〈境内机构境外直接投资外汇管理规定〉的通知》(汇发〔2009〕30 号) 4.《国家外汇管理局关于境内银行境外直接投资外汇管理有关问题的通知》(汇发〔2010〕31 号) 5.《国家外汇管理局关于进一步改进和调整直接投资外汇管理政策的通知》(汇发〔2012〕59 号) 6. 其他相关法规
审核材料	1.《境外直接投资外汇登记业务申请表》 2. 商务主管部门对注销事项的批准或备案文件（依据《关于外国投资者并购境内企业的规定》设立的特殊目的公司，相关注销事项需提供商务部的批准文件） 3. 清算审计报告或财务报表
审核原则	1. 多个境内机构共同实施一项境外直接投资的，由约定的其中一家境内机构向其注册地外汇局申请办理清算登记 2. 境外企业因清算需汇回资金的，在外汇局办理清算登记后，各境内机构可凭业务登记凭证直接到银行办理后续境外资产变现账户开立、汇回资金入账手续等
办理时限	5 个工作日
授权范围	境内机构注册地外汇局办理。境内机构依据《关于外国投资者并购境内企业的规定》设立或控制特殊目的公司办理境外投资外汇清算登记的，由境内机构注册地外汇局分局（外汇管理部）办理，不得授权辖内分支机构办理

八、境内机构境外放款额度登记

法规依据	1.《中华人民共和国外汇管理条例》(国务院令第 532 号) 2.《境内外汇账户管理规定》(银发〔1997〕416 号) 3.《国家外汇管理局关于境内企业境外放款外汇管理有关问题的通知》(汇发〔2009〕24 号) 4.《国家外汇管理局关于鼓励和引导民间投资健康发展有关外汇管理问题的通知》(汇发〔2012〕33 号) 5.《国家外汇管理局关于进一步改进和调整直接投资外汇管理政策的通知》(汇发〔2012〕59 号) 6.《国家外汇管理局关于进一步改进和调整资本项目外汇管理政策的通知》(汇发〔2014〕2 号) 7. 其他相关法规
审核材料	1.《境外放款外汇登记业务申请表》 2. 境外放款协议 3. 放款人最近一期财务审计报告
审核原则	1. 放款人和借款人均依法注册成立且放款人在最近两年内无外汇处罚记录，未违反外汇年检或年报相关规定 2. 允许境内企业向境外与其具有股权关联关系的企业放款。股权关联关系企业为具有直接或间接持股关系的两家企业（包含但不限于母对子、子对母、母对孙、孙对母等），或由同一家母公司直接或间接持股的两家企业（如兄弟企业）。境内居民直接或间接控制的境内企业，可在真实、合理需求的基础上按现行规定向其已登记的特殊目的公司放款。此外，对直接或间接持股比例无限制 3. 境内企业累计境外放款额度不得超过其所有者权益的 30%。如确有需要，超过上述比例的，由境内企业所在地外汇分局（外汇管理部）按个案集体审议方式处理 4. 取消对放款人和借款人注册资本足额到位的要求，借款人接受的境外放款额度可不受中方协议投资总额的限制
办理时限	10 个工作日。需要集体审议处理的，应于 20 个工作日内处理完毕
授权范围	境内机构注册地外汇局办理。需要集体审议处理的，由境内机构注册地外汇局分局（外汇管理部）办理

九、境内机构境外放款额度变更与注销登记

法规依据	1.《中华人民共和国外汇管理条例》(国务院令第 532 号) 2.《境内外汇账户管理规定》(银发〔1997〕416 号) 3.《国家外汇管理局关于境内企业境外放款外汇管理有关问题的通知》(汇发〔2009〕24 号) 4.《国家外汇管理局关于进一步改进和调整直接投资外汇管理政策的通知》(汇发〔2012〕59 号) 5.《国家外汇管理局关于进一步改进和调整资本项目外汇管理政策的通知》(汇发〔2014〕2 号) 6. 其他相关法规
审核材料	一、变更 1.《境外放款外汇登记业务申请表》 2. 变更后的放款协议 3. 放款人最近一期财务审计报告 二、注销 1.《境外放款外汇登记业务申请表》 2. 境外放款还本付息完毕(含债转股、债务豁免或担保履约),或确有客观原因无法收回境外放款本息的,需提交相关证明材料
审核原则	1. 增加境外放款额度或原放款协议发生变化(如利率调整、期限变更等)的,需办理变更登记 2. 境外放款还本付息完毕(含债转股、债务豁免或担保履约)后,不再进行境外放款的,需办理境外放款额度注销。正常还本付息的,应通过资本项目信息系统核查其还本付息情况 3. 如确有客观原因无法收回境外放款本息,境内企业可向所在地外汇分局(外汇管理部)申请注销该笔境外放款,由境内企业所在地外汇分局(外汇管理部)按个案集体审议方式处理 4. 对外放款债转股的,可与“境内机构境外直接投资外汇变更登记”一并办理 5. 境外放款期限届满后如需继续使用,应在期限届满前 1 个月内,由放款人向所在地外汇局提出展期申请
办理时限	10 个工作日
授权范围	境内机构注册地外汇局办理

十、境内居民个人特殊目的公司外汇（补）登记

法规依据	1.《中华人民共和国外汇管理条例》(国务院令第 532 号) 2.《关于外国投资者并购境内企业的规定》(中华人民共和国商务部　国务院国有资产监督管理委员会　国家税务总局　国家工商行政管理总局　中国证券监督管理委员会　国家外汇管理局令 2006 年第 10 号) 3. 其他相关法规
审核材料	一、境内居民个人以境内外合法资产或权益（包括但不限于货币、有价证券、知识产权或技术、股权、债权等）向特殊目的公司出资的，应提交以下材料： 1. 书面申请与《境内居民个人境外投资外汇登记表》 2. 境内居民个人身份证明文件 3. 特殊目的公司登记注册文件及股东或实际控制人证明文件（如股东名册、认缴人名册等） 4. 境内外企业权力机构同意境外投融资的决议书（企业尚未设立的，提供权益所有人同意境外投融资的书面说明） 5. 境内居民个人直接或间接持有拟境外投融资境内企业资产或权益，或者合法持有境外资产或权益的证明文件 6. 在前述材料不能充分说明交易的真实性或申请材料之间的一致性时，要求提供的补充材料 二、境内居民个人参与非上市特殊目的公司权益激励计划的，应提交以下材料： 1. 书面申请与《境内居民个人境外投资外汇登记表》 2. 已登记的特殊目的公司的境外投资外汇业务登记凭证 3. 相关境内企业出具的个人与其雇佣或劳动关系证明材料 4. 特殊目的公司或其实际控制人出具的能够证明所涉权益激励真实性的证明材料 5. 在前述材料不能充分说明交易的真实性或申请材料之间的一致性时，要求提供的补充材料 三、境内居民个人以境内外合法资产或权益已向特殊目的公司出资但未按规定办理境外投资外汇登记的，还应提交说明函
审核原则	1. 境内居民个人除持有中国境内居民身份证、军人身份证件、武装警察身份证件的中国公民外，还包括虽无中国境内合法身份证件，但因经济利益关系在中国境内习惯性居住的境外个人。其中，无中国境内合法身份证件，但因经济利益关系在中国境内习惯性居住的境外个人，是指持护照的外国公民（包括无国籍人）以及持港澳居民来往内地通行证、台湾居民来往大陆通行证的港澳台同胞，具体包括： （1）在境内拥有永久性居所，因境外旅游、就学、就医、工作、境外居留要求等原因而暂时离开永久居所，在上述原因消失后仍回到永久性居所的自然人 （2）持有境内企业内资权益的自然人 （3）持有境内企业原内资权益，后该权益虽变更为外资权益但仍为本人所最终持有的自然人 境内居民个人在办理境外投资外汇登记业务时，须凭合法身份证件（居民身份证件或护照等）办理，境外永久居留证明等不能作为业务办理依据 对于持护照的外国公民（包括无国籍人）以及持港澳居民来往内地通行证、台湾居民来往大陆通行证的港澳台同胞等境外个人，在境内办理境外投资外汇登记业务时，需审核相关真实性证明材料（如境内购买的房产、内资权益等相关财产权利证明文件等） 对于同时持有境内合法身份证件和境外（含港澳台）合法身份证件的，视同境外个人管理。对于境外个人以其境外资产或权益向境外特殊目的公司出资的，不纳入境内居民个人特殊目的公司外汇（补）登记范围 2. 境内居民个人办理登记之前，可在境外先行设立特殊目的公司，但在登记完成之前，除支付（含境外支付）特殊目的公司注册费用外，境内居民个人对该特殊目的公司不得发生其他出资（含境外出资）行为，否则按特殊目的公司外汇补登记处理

（续）

审核原则	3. 境内居民个人只为直接设立或控制的（第一层）特殊目的公司办理登记 4. 对于境内居民个人以境内外合法资产或权益已向特殊目的公司出资但未按规定办理境外投资外汇登记的，在境内居民个人向外汇局出具说明函详细说明理由后，外汇局资本项目管理部门应根据合法性、合理性等原则，根据实际情况办理补登记。对于涉嫌违反外汇管理规定的，依法进行处理 5. 境内居民个人参与境外上市公司股权激励计划按相关外汇管理规定办理
办理期限	10 个工作日。涉及境内居民个人特殊目的公司外汇补登记的，应于 20 个工作日内处理完毕
授权范围	境内居民个人以境内企业资产或权益出资的，应向境内企业资产或权益所在地外汇分局（外汇管理部）申请办理登记。如有多个境内企业资产或权益且所在地不一致时，境内居民个人应选择其中一个主要资产或权益所在地外汇分局（外汇管理部）集中办理登记。境内居民个人以境外合法资产或权益出资的，应向户籍所在地外汇分局（外汇管理部）申请办理登记 如为多个境内居民个人共同设立特殊目的公司的，可委托其中一人在受托人境内资产权益所在地或者户籍所在地外汇分局（外汇管理部）集中办理

十一、境内居民个人特殊目的公司外汇变更登记

法规依据	1.《中华人民共和国外汇管理条例》(国务院令第 532 号) 2.《关于外国投资者并购境内企业的规定》（商务部　国务院国有资产监督管理委员会　国家税务总局　国家工商行政管理总局　中国证券监督管理委员会　国家外汇管理局令 2006 年第 10 号） 3. 其他相关法规
审核材料	1. 书面申请与《境内居民个人境外投资外汇登记表》 2. 其他相关真实性证明材料
审核原则	1. 已登记的特殊目的公司发生境内居民个人股东、名称、经营期限等基本信息变更，或发生境内居民个人增资、减资、股权转让或置换、合并或分立等重要事项变更的，适用本操作指引 2. 境内居民个人从已登记的特殊目的公司获得资本变动收入，在外汇局办理外汇变更登记后，境内居民个人可到银行办理境外资产变现账户开立、资金入账等手续 3. 收回原《境内居民个人境外投资外汇登记表》，并填写新的《境内居民个人境外投资外汇登记表》
办理期限	10 个工作日
授权范围	原特殊目的公司登记地外汇局办理

十二、特殊目的公司项下境内居民个人购付汇核准

法规依据	1.《中华人民共和国外汇管理条例》(国务院令第 532 号) 2.《关于外国投资者并购境内企业的规定》(商务部　国务院国有资产监督管理委员会　国家税务总局　国家工商行政管理总局　中国证券监督管理委员会　国家外汇管理局令 2006 年第 10 号) 3. 其他相关法规
审核材料	1. 书面申请（重点说明资金汇出需求及安排等内容）与《境内居民个人境外投资外汇登记表》 2. 如涉及股份回购或退市操作，需提交上市公司公告或公司董事会（股东会）决议等证明材料 3. 境外上市公司如成功退市，应在退市操作完成后，补充提供公司退市的相关证明文件 4. 境内居民个人采取委托方式集中汇出资金的，应提交授权委托书 5. 在前述材料不能充分说明交易的真实性或申请材料之间的一致性时，要求提供的补充材料
办理原则	1. 境内居民个人在真实、合理需求的基础上可向其已登记的特殊目的公司汇出资金用于特殊目的公司设立、股份回购或退市操作等 2. 境内居民个人购汇汇出的资金应专项用于申请事项，不得转作其他用途 3. 境内居民个人应在汇出设立特殊目的公司款项前按本操作指引“十、境内居民个人特殊目的公司外汇（补）登记”办理登记，或在申请办理境内居民个人特殊目的公司外汇登记时一并申请购付汇用于设立特殊目的公司 4. 境内居民个人应在股份认购、股权回购或退市完成后到原特殊目的公司登记地外汇局办理变更登记手续 5. 境内居民个人可以集中委托特定境内机构或个人，在境内集中用于收购或回购的人民币资金，由集中受托人向外汇局申请购汇汇出
授权范围	原特殊目的公司登记地外汇局

十三、境内居民个人特殊目的公司外汇注销登记

法规依据	1.《中华人民共和国外汇管理条例》(国务院令第 532 号) 2.《关于外国投资者并购境内企业的规定》(商务部　国务院国有资产监督管理委员会　国家税务总局　国家工商行政管理总局　中国证券监督管理委员会　国家外汇管理局令 2006 年第 10 号) 3. 其他相关法规
审核材料	1. 书面申请及相关真实性证明材料 2.《境内居民个人境外投资外汇登记表》
审核原则	因转股、破产、解散、清算、经营期满、身份变更等原因造成境内居民个人不再持有已登记的特殊目的公司权益的，或者不再属于需要办理特殊目的公司登记的（如因转股和身份变更致持有特殊目的公司权益但不持有境内企业权益的），适用本操作指引
办理期限	10 个工作日
授权范围	原特殊目的公司登记地外汇局办理

十四、境内机构境外直接投资资金汇出

法规依据	1.《中华人民共和国外汇管理条例》(国务院令第 532 号) 2.《国家外汇管理局关于发布〈境内机构境外直接投资外汇管理规定〉的通知》(汇发〔2009〕30 号) 3.《国家外汇管理局关于境内银行境外直接投资外汇管理有关问题的通知》(汇发〔2010〕31 号) 4.《国家外汇管理局关于进一步改进和调整直接投资外汇管理政策的通知》(汇发〔2012〕59 号) 5. 其他相关法规
审核材料	1. 业务登记凭证 2. 外汇局资本项目信息系统银行端中打印的对外义务出资额度控制信息表
审核原则	1. 汇出资金累计不得超过外汇局在资本项目信息系统登记的可汇出资金额度 2. 银行应在业务办理后及时完成国际收支申报手续 3. 收款人信息与外汇局资本项目信息系统中登记信息不一致的，银行应进行真实性审核并在国际收支申报交易附言中予以说明
授权范围	直接在银行办理

十五、境外资产变现账户开立、注销

法规依据	1.《中华人民共和国外汇管理条例》(国务院令第 532 号) 2.《国家外汇管理局关于发布〈境内机构境外直接投资外汇管理规定〉的通知》(汇发〔2009〕30 号) 3.《国家外汇管理局关于进一步改进和调整直接投资外汇管理政策的通知》(汇发〔2012〕59 号) 4. 其他相关法规
审核材料	1. 业务登记凭证 2. 外汇局资本项目信息系统银行端中打印的境外投资业务控制信息表
办理原则	1. 境外投资企业发生减资、转股、清算等业务以及境内居民从特殊目的公司获得资本变动收入等需汇回资金的，银行可根据境内机构、境内居民个人的申请直接办理开户手续 2. 账户使用完毕后，银行可根据开户主体的申请直接办理账户注销手续 3. 银行应在业务办理后及时向外汇局资本项目信息系统报送有关交易信息
授权范围	直接在银行办理

十六、境外资产变现账户入账、结汇

法规依据	1.《中华人民共和国外汇管理条例》(国务院令第 532 号) 2.《国家外汇管理局关于发布〈境内机构境外直接投资外汇管理规定〉的通知》(汇发〔2009〕30 号) 3.《国家外汇管理局关于进一步改进和调整直接投资外汇管理政策的通知》(汇发〔2012〕59 号) 4. 其他相关法规
审核材料	一、入账 1. 业务登记凭证 2. 外汇局资本项目信息系统银行端中打印的境内居民境外投资业务控制信息表 二、结汇 1. 境内机构 （1）结汇所得人民币资金的支付命令函 （2）结汇后人民币资金用途证明文件 （3）前一笔结汇所得人民币资金按照支付命令函对外支付的发票等相关凭证（注：验原件，留存加盖企业公章或财务印章及有结汇银行批注字样的复印件）、加盖企业公章或财务印章的税务部门网络发票真伪查询结果打印件及其使用情况明细清单（若该笔结汇为一次性或分次结汇中的最后一笔，企业应当在结汇后的 5 个工作日内向银行提交前述材料） 2. 境内个人 （1）《境内居民个人境外投资外汇登记表》 （2）纳税申报或完税凭证

（续）

办理原则	1. 银行应查询外汇局资本项目信息系统中登记的开户主体可汇回额度后，为其办理入账手续，当次入账金额不得超出尚可汇回金额 2. 银行应在业务办理后及时完成国际收支申报手续
授权范围	直接在银行办理

十七、特殊目的公司项下境内个人购付汇

法规依据	1.《中华人民共和国外汇管理条例》(国务院令第 532 号) 2.《关于外国投资者并购境内企业的规定》(中华人民共和国商务部　国务院国有资产监督管理委员会　国家税务总局　国家工商行政管理总局　中国证券监督管理委员会　国家外汇管理局令 2006 年第 10 号) 3.《国家外汇管理局关于进一步改进和调整直接投资外汇管理政策的通知》(汇发〔2012〕59 号) 4. 其他相关法规
审核材料	外汇局资本项目信息系统打印的核准件
办理原则	1. 银行应严格按照外汇局相应核准件要求办理． 2. 银行应在业务办理后及时完成国际收支申报手续
授权范围	直接在银行办理

附件 2

资本项目直接投资外汇业务申请表

附表 1　境内直接投资基本信息登记业务申请表（一）

企业名称：　　　　　　　　　　　　　　　　　　　　　　　　注册币种：

<table>
<tr><td colspan="5">一、申请事项</td></tr>
<tr><td>□外商投资企业新设登记</td><td colspan="4">成立方式：□新设　□并购（□转股并购　□增资并购　□资产并购）</td></tr>
<tr><td>□外国投资者前期费用登记</td><td colspan="4">前期费用主要用途：</td></tr>
<tr><td rowspan="2">□外商投资企业变更登记</td><td colspan="4">□基本信息变更　□增资　□减资（□减外方实际出资　□外方出资义务减少　□中方减资）　□先行回收投资　□出资方式变更　□注册币种变更</td></tr>
<tr><td colspan="4">□股权转让（□中方转外方　□外方转中方　□外方转外方　□中方转中方）</td></tr>
<tr><td rowspan="2">□外商投资企业迁移登记</td><td colspan="4">□迁出登记　　迁入地区：</td></tr>
<tr><td colspan="4">□迁入登记　　迁出地区：</td></tr>
<tr><td>□外商投资企业注销登记</td><td colspan="4">□提前清算　□到期清算　□转内资　□吸收合并　□特殊清算</td></tr>
<tr><td colspan="5">二、企业基本信息（变更登记的，填写变更后的基本信息；注销及迁移登记的，填写当前基本信息）</td></tr>
<tr><td>组织机构代码</td><td colspan="2"></td><td>经营到期日</td><td>年　月　日</td></tr>
<tr><td>主管部门批复文号</td><td colspan="2"></td><td>主管部门批准日期</td><td>年　月　日</td></tr>
<tr><td>工商注册日期</td><td colspan="2">年　月　日</td><td>营业执照注册号</td><td></td></tr>
<tr><td>法人代表名称</td><td colspan="2"></td><td>所属行业</td><td></td></tr>
<tr><td>主要经营范围</td><td colspan="4"></td></tr>
<tr><td>注册地址</td><td colspan="4"></td></tr>
<tr><td>投资总额</td><td colspan="2"></td><td>注册资本</td><td></td></tr>
<tr><td>外方所占注册资本金额</td><td colspan="2"></td><td>外方出资比例（%）</td><td></td></tr>
<tr><td>企业性质</td><td colspan="2">□合资　□独资　□合作　□合伙</td><td>企业类型</td><td>□有限责任　□股份制　□其他</td></tr>
<tr><td>上市情况</td><td colspan="2">□未上市　□上市（□A股上市　□B股上市　□H股上市　□其他证券市场上市）</td><td>是否投资性公司</td><td>□是　□否</td></tr>
<tr><td>返程投资情况</td><td colspan="4">□非返程投资　□返程投资</td></tr>
<tr><td>联系人</td><td></td><td colspan="2">联系电话</td><td></td></tr>
</table>

（续）

三、股东基本信息（变更登记的，填写变更后的信息；迁移、注销登记的，填写当前股东信息）				
股东名称	护照号码 / 组织机构代码 / 身份证号码 / 永久居留证号码 / 其他	所属国别或地区 / 境内机构注册地 / 境内个人常住地	实际控制人所属国别 / 地区	实际控制人名称（外方股东实际控制人为非中国境内居民的，无须填写此项）

四、外方股东投资信息（变更登记的，填写变更后的信息；迁移、注销登记的，填写当前股东信息）								
外方股东名称		所占注册资本	所占注册资本比例（%）	所占注册资本出资额	出资形式［包括但不限于：境外汇入（含跨境人民币）、境内划转、人民币利润再投资、人民币非利润再投资、实物、无形资产等，请根据实际情况填写，详见填表说明第 44 项］			利润分配比例（%）
合计	—			—				—

五、中方股东投资信息（变更登记的，填写变更后的信息；迁移、注销登记的，填写当前股东信息）				
中方股东名称	所占注册资本	出资比例（%）	所占注册资本出资额	利润分配比例（%）
合计		—		—

六、外国投资者前期费用流入基本信息					
外国投资者名称	拟成立境内企业或项目名称	拟成立境内企业或项目所在地区	拟成立境内企业或项目投资总额	外国投资者所占注册资本金额	申请流入前期费用金额

七、外方股东向中方转让股权所得处置计划（股权转让外方转中方需填写）					
中方股东名称（受让方）	外方股东名称（出让方）	转让注册资本金额	股权转让对价	1. 用于境内再投资金额	2. 汇出境外金额

八、中方股东向外方转让股权所得处置计划（股权转让中方转外方需填写）				
中方股东名称（出让方）	中方股东组织机构代码或身份证号码	外方股东名称（受让方）	转让注册资本金额	股权转让对价

（续）

九、外方股东减资所得处置计划				
减资外方股东名称	减少注册资本金额	减资所得金额	1. 用于境内再投资金额	2. 汇出境外金额

十、企业清算外方股东所得资产处置计划（外资企业清算后有剩余资产的需填写）			
外方股东名称	清算所得金额	1. 用于境内再投资金额	2. 汇出境外金额

十一、备注（以上表格内容无法完全涵盖企业申请事项的，可在此栏中填写）

十二、承诺：请勾选
□本公司为非返程投资企业。本公司保证外方股东没有直接或间接地被境内居民持股或控制。如存在虚假、误导性陈述骗取外汇登记的行为，本公司及其法定代表人愿意承担由此而导致的法律后果。 □本公司为返程投资企业。本公司如实披露了外方股东实际控制人情况。如存在虚假、误导性陈述骗取外汇登记的行为，本公司及其法定代表人愿意承担由此而导致的法律后果。 □本企业所填写《境内直接投资基本信息登记业务申请表》中各项内容及所提交的所有书面材料均真实有效，所有复印件均与原件完全相同。本企业保证所提交的各项表格、文件真实、准确、完整，否则本企业及其法定代表人将承担由此而导致的一切后果。 法定代表人签名（或授权委托人签名）：__________ 单位公章： 申请日期： 年 月 日

填表说明：

1. 申请人办理前期费用登记、外商投资企业外汇登记、外汇登记变更、外汇登记注销、中外合作企业外国投资者先行回收投资对外支付登记业务的，应按规定如实、准确、完整地填写并提交本申请表。
2. 本申请表中所涉金额栏目，均按注册币种折算后填写阿拉伯数字，保留小数点后两位。
3. 请根据申请内容勾选申请事项，若勾选“外商投资企业变更登记”，请选择变更类型，变更类型可多选。
4. 成立方式中的“新设”指境外机构或个人在境内新成立外商投资企业。
5. 成立方式中的“转股并购”指境外机构或个人收购原境内企业股权，并将内资企业变更为外商投资企业的行为。
6. 成立方式中的“增资并购”指境外机构或个人认购原境内企业增资，并将内资企业变更为外商投资企业的行为。
7. 成立方式中的“资产并购”指境外机构或个人设立外商投资企业，并通过该企业协议购买境内企业资产且运营该资产，或者境外机构或个人协议购买境内企业资产，并以该资产投资设立外商投资企业并运营该资产。
8. “外商投资企业迁移登记”指外商投资企业的注册地转移到其他地区，需要到外汇局办理所属外汇局的变更登记。
9. “基本信息变更”指外商投资企业的名称、注册地址、经营范围、法定代表人、所属行业、投资总额、经营到期日、企业类型、上市情况、返程投资情况等基本信息发生变动。

10.“增资”指外商投资企业注册资本增加。
11.“减资”指外商投资企业注册资本减少。
12.“减外方实际出资”指外商投资企业外方股东减少其已经实际到位的注册资本。
13.“外方出资义务减少”指外商投资企业外方股东减少其尚未到位的注册资本。
14.“先行回收投资”指外商投资企业的外方股东与中方约定，在企业成立一段时期后可以先行回收初始投资的行为。
15.“股权转让”指外商投资企业的股权发生转让。
16.“中方转外方”指外商投资企业的原中方股东将所持股权的全部或部分转让给境外机构或个人。
17.“外方转中方”指外商投资企业的原外方股东将所持股权的全部或部分转让给境内机构或个人。
18.“外方转外方”指外商投资企业的原外方股东将所持股权的全部或部分转让给境外机构或个人。
19.“中方转中方”指外商投资企业的原中方股东将所持股权的全部或部分转让给境内机构或个人。
20.“组织机构代码”指质量技术监督局颁发的“组织机构代码证”上九位代码。
21.“经营到期日”指工商营业执照上的经营期限届满之日，经营期限为“无限期”的，按99年计算。
22.“主管部门批复文号”指商务部门或行业主管部门批准企业相关业务的批文文号。
23.“主管部门批准日期”指商务部门或行业主管部门批准企业相关业务的批文落款日期。
24.“工商注册日期”指工商营业执照上的“成立日期”。
25.“营业执照注册号”指工商营业执照上的“注册号”。
26.“法人代表名称”指工商营业执照上的“法定代表人”名称。
27.“所属行业”根据《国民经济行业分类》(GB/T 4754—2002）填写。
28.“主要经营范围”根据工商营业执照上的“经营范围”填写，经营范围太长无法填写完整的，可只填写三项主要经营范围。
29.“注册地址”根据工商营业执照上的“住所”填写。
30.“投资总额”根据外商投资企业批准证书上的“投资总额”栏填写。
31.“注册资本”根据外商投资企业批准证书上的“注册资本”栏填写。
32.“外方所占注册资本金额”栏目填写全部外方股东所占注册资本的合计值。
33.“外方出资比例”栏目填写全部外方股东所占股份比例的合计值。
34.“企业性质”根据主管部门批复文件或工商营业执照上的“公司类型”内容勾选。
35.“企业类型”按照工商营业执照上的“公司类型”勾选。
36.“上市情况”根据企业实际上市情况勾选。
37.“返程投资情况”选项含义：

返程投资——本企业外方股东直接或间接地被境内居民持股或控制。

非返程投资——本企业外方股东没有直接或间接地被境内居民持股或控制。

38.“外方股东名称”根据外商投资企业批准证书上的“投资者名称”栏目中外方股东名称填写。
39.“所属国家 / 地区”根据外商投资企业批准证书上的“注册地”栏目填写。
40.“实际控制人名称”——外方股东实际控制人为中国境内居民的，填写“实际控制人名称”栏；外方股东实际控制人非中国境内居民，但与外方股东不属于同一国别 / 地区的，填写“实际控制人所属国别 / 地区”栏。
41.“所占注册资本”根据外商投资企业批准证书上的“出资额”栏目填写。
42.“所占注册资本出资额”根据商务主管部门或行业主管部门批复文件或公司章程中外方股东实际出资金额填写。
43.“出资比例”根据商务主管部门或行业主管部门批复文件或公司章程中外方股东所占注册资本比例填写。
44.出资形式包括但不限于：境外汇入（含跨境人民币）、境内划转、前期费用结汇、人民币利润再投资、人民币非利润再投资、实物、无形资产、股权、其他非货币资本、合并分立、资产并购、其他；企业应根据外国投资者实际出资情况，在出资形式栏中填写出资形式名称，并在下面一栏填写该出资形式对应的出资金额。

其中，主要出资形式含义如下：

“境外汇入（含跨境人民币）”指该外方股东以境外汇入（包括从离岸账户非居民账户汇入）的外汇或跨境人民币资金进行出资。

“境内划转”指外方股东以境内外汇或跨境人民币资金进行出资。

“前期费用结汇”指外方股东汇入的前期费用中已结汇的资金进行出资。

“人民币利润再投资”指外方股东以在境内合法所得的利润进行再投资（或转增资）出资。

“人民币非利润再投资”指外方股东以其在境内股权转让所得、减资所得、先行回收所得、清算所得用于境内再投资出资或以所投资企业的盈余公积、资本公积转增资本出资。

“其他非货币资本”指外方股东以实物、无形资产、股权以外的非货币资本出资。

“合并分立”指外方股东所投资企业因合并、分立产生股权变化的出资形式。

“资产并购”指外方股东以合法取得的境内资产进行出资。

“其他”指上述 11 项出资方式以外的出资形式。

45.“利润分配比例”指该外方股东按照公司章程应该享有的利润分配比例。

46.“中方股东名称”根据外商投资企业批准证书上的“投资者名称”栏目中中方股东名称填写。

47.“组织机构代码 / 身份证号码”栏填写中方股东的组织机构代码证号码或者身份证件号码。

48.“所属地区”指境内机构的注册地区或境内个人的常住地区。

49.“清算所得金额”指公司外方股东在公司清算后获得的资产金额，请根据企业清算审计报告和清算小组决议填写。

50.“用于境内再投资”指外方股东清算所得用于在境内开展投资活动的金额。

51.“汇出境外金额”指外方股东清算所得需汇出境外的金额。

52.“转让注册资本金额”指股权出让方向受让方转让的注册资本金额。

53.“股权转让对价”指出让股权的价格。

54.“减少注册资本金额”指外方股东申请减少的注册资本金额。

55.“减资所得金额”指外方股东减少注册资本所得金额。

56.“外商投资企业注销登记”中的“提前清算”指外商投资企业在经营期限到期前提前清盘撤资的行为。

57.“外商投资企业注销登记”中的“到期清算”指外商投资企业在经营期满后正常清算的行为。

58.“外商投资企业注销登记”中的“转内资”指外商投资企业外方股东向境内机构或个人出让所持全部股权，转让后企业变更为内资企业。该业务附属于外商投资企业变更登记中股权转让项下的外方转中方选项。

59.“外商投资企业注销登记”中的“吸收合并”指外商投资企业被另一境内公司吸收后主体消亡，不再存续。

60.“外商投资企业注销登记”中的“特殊清算”指外商投资企业因为破产、诉讼等特殊原因而进行清算。

61.“护照号码”指外方股东为境外个人的，需填写护照号码（持《外国人永久居留证》的境外个人，可填写《外国人永久居留证》号码)，境外机构无须填写。

62.“出资方式变更”指外商投资企业外方股东变更其注册资本的出资形式，例如：将现汇出资变更为实物出资。

63.“注册币种变更”指外商投资企业因股份制改造等原因，申请注册币种变更业务时，表头上的“注册币种”一栏填写变更后的注册币种。

附表 2　境内直接投资基本信息登记业务申请表（二）

<table>
<tr><td colspan="4">一、申请事项</td></tr>
<tr><td colspan="2">□主体信息登记</td><td colspan="2">□主体信息变更</td></tr>
<tr><td colspan="4">二、主体基本信息（变更登记的，填写变更后的基本信息）</td></tr>
<tr><td>主体类型</td><td colspan="3">□境内个人　　□境内机构</td></tr>
<tr><td>主体名称</td><td colspan="3"></td></tr>
<tr><td>主体代码（组织机构代码 / 金融机构标识码 / 个人身份证件号码 / 护照号码 / 其他）</td><td colspan="3"></td></tr>
<tr><td>境内机构注册地 / 境内个人常住地</td><td colspan="3"></td></tr>
<tr><td>上市情况</td><td colspan="3">□未上市　□ A 股上市　□ B 股上市　□境外上市　□其他</td></tr>
<tr><td>特殊主体性质</td><td colspan="3">□港澳台居民　□国有中资企业　□外商投资企业　□境外投资企业　□特殊目的公司　□投资性公司　□投资性公司境内再投资企业　□境外银行　□境外非银行金融机构　□其他</td></tr>
<tr><td>联系人</td><td></td><td>联系电话</td><td></td></tr>
<tr><td colspan="4">三、接收外商投资性公司境内再投资基本情况（如境内主体的股东中有外商投资性公司，需填写此栏信息）</td></tr>
<tr><td>外商投资性公司代码</td><td></td><td>外商投资性公司名称</td><td></td></tr>
<tr><td>外商投资性公司出资币种</td><td></td><td>外商投资性公司出资金额</td><td></td></tr>
<tr><td colspan="4">四、备注（如以上表格内容不能完整反映主体信息，可在此栏中填写）</td></tr>
<tr><td colspan="4">五、承诺：请勾选
□本人 / 本机构所填写的《境内直接投资基本信息登记业务申请表》中各项内容及所提交的所有书面材料均真实有效，本人 / 本机构保证所提交的各项表格、文件真实、准确、完整，否则本人 / 本机构将承担由此而导致的一切后果。

本人 / 法定代表人签名（或授权委托人签名）：__________　　单位公章：

申请日期：　年　月　日</td></tr>
</table>

填表说明：

1. 申请人办理境内机构接收境内再投资外汇信息登记及开立外汇保证金账户的境内主体信息登记业务的（本操作指引 1.5 ～ 1.6 项），应按规定如实、准确、完整地填写并提交本申请表。
2. “主体信息登记”指境内外主体在外汇局系统数据库中没有相关信息，但需要办理直接投资项下业务，应先办理主体信息登记。
3. “主体信息登记变更”指境内外主体基本信息发生变动，应办理主体信息登记变更。
4. “主体类型”请根据主体情况勾选。
5. “主体名称”指主体有效证明文件上的名称。
6. “主体代码”指境内企业的组织机构代码证号码、境内金融机构的金融机构标识码和境内个人的身份证件号码，其他请填写代码类型及号码。
7. “境内机构注册地 / 境内个人常住地”指境内机构的登记注册地或境内个人的常住地。
8. “上市情况”指主体在境内外的上市情况。
9. “特殊主体性质”根据主体实际情况勾选。
10. “外商投资性公司代码”指在中国境内设立，以开展投资为目的的外商投资企业的组织机构代码证号码。
11. “外商投资性公司名称”指在中国境内设立，以开展投资为目的的外商投资企业的营业执照上的注册名称。
12. “外商投资性公司出资币种”指外商投资性公司对境内主体出资的实际币种。
13. “外商投资性公司出资金额”指外商投资性公司对境内主体的出资金额。

附表 3　境内直接投资出资确认申请表

一、申请主体基本信息			
主体类型	□会计师事务所　□非法人机构（含外商合伙企业）　□其他类型		
主体名称			
境内机构主体代码（组织机构代码）			
境外机构及个人所在国家 / 地区			
联系人		联系电话	

二、出资确认信息（汇总）										
对应出资的外商投资企业名称	对应出资的外商投资企业代码	本次出资外方股东名称	本次出资外方股东所属国家 / 地区	外商投资企业注册币种	外方股东认缴（认购）注册资本金额	外方股东认缴注册资本出资额（认购股权对价）	外方股东累计已确认到位注册资本金额	外方股东累计已确认到位注册资本实际出资金额（已支付股权对价金额）	本次拟确认注册资本金额	本次实际出资金额（本次支付股权对价金额）

三、出资确认信息（明细）						
本次出资外方股东名称	实际缴款人名称	出资形式［包括但不限于：境外汇入（含跨境人民币）、境内划转、人民币利润再投资、人民币非利润再投资、实物、无形资产等，请根据实际情况填写，详见填表说明第 11 项］			实际流入币种及金额	折注册币种及金额

四、备注（如以上表格内容不能完整反映主体信息，可在此栏中填写）

五、承诺：请勾选

□本人 / 本机构所填写的《外商直接投资出资确认申请表》中各项内容及所提交的所有书面材料均真实有效，本人 / 本机构保证所提交的各项表格、文件真实、准确、完整，否则本人 / 本机构将承担由此而导致的一切后果。

本人 / 法定代表人签名（或授权委托人签名）：____________　　单位公章：

申请日期：　年　月　日

（续）

以下为外汇局填写：	
外汇局经办人员签名：__________	复核人员签名：__________
受理日期：　年　月　日	年　月　日

填表说明：

1. 申请人办理外国投资者出资验资询证及出资确认登记业务的（本操作指引 1.7 ~ 1.9 项），应按规定如实、准确、完整地填写并提交本申请表。
2. 请根据申请主体所属类型勾选对应选项，如外商投资企业委托会计师事务所办理出资确认，请在主体类型上选择会计师事务所。
3. “对应出资的外商投资企业名称”指外方出资所对应的外商投资企业名称或外方收购股权的外商投资企业名称。
4. “对应出资的外商投资企业代码”指该企业组织机构代码证书上的 9 位编码。
5. “外商投资企业注册币种”指外商投资企业工商营业执照上的注册币种。
6. “外方认缴（认购）注册资本金额”指外方所占注册资本金额。
7. “外方认缴（认购）注册资本对应出资额（认购股权对价）”指外方出资或收购股权的实际金额。
8. “外方股东累计已确认到位的注册资本金额”指外方股东已经外汇局确认到位的注册资本金额。
9. “外方股东累计已确认到位注册资本的实际出资金额（已支付股权对价金额）”指外方股东的实际出资金额。
10. “本次拟确认注册资本金额”指外方股东本次出资确认的注册资本金额。
11. 出资形式包括但不限于：境外汇入（含跨境人民币）、境内划转、前期费用结汇、人民币利润再投资、人民币非利润再投资、实物、无形资产、股权、其他非货币资本、合并分立、资产并购、其他。企业应根据外国投资者实际出资情况，在出资形式栏中填写出资形式名称，并在下面一栏填写该出资形式对应的出资金额。

    其中，主要出资形式含义如下：

    “境外汇入（含跨境人民币）”指该外方股东以境外汇入（包括从离岸账户、非居民账户汇入）的外汇或跨境人民币资金进行出资。

    “境内划转”指外方股东以境内外汇或跨境人民币资金进行出资。

    “前期费用结汇”指外方股东汇入的前期费用中已结汇的资金进行出资。

    “人民币利润再投资”指外方股东以在境内合法所得的利润进行再投资（或转增资）出资。

    “非人民币利润再投资”指外方股东以其在境内股权转让所得、减资所得、先行回收所得、清算所得用于境内再投资出资或以所投资企业的盈余公积、资本公积转增资本出资。

    “其他非货币资本”指外方股东以实物、无形资产、股权以外的非货币资本出资。

    “合并分立”指外方股东所投资企业因合并、分立产生股权变化的出资形式。

    “资产并购”指外方股东以合法取得的境内资产进行出资。

    “其他”指上述 11 项出资方式以外的出资形式。

附表 4　境外直接投资外汇登记业务申请表

境内企业名称：　　　　　　　　　　　　　　　　　　　　　　　　注册币种：

<table>
<tr><td colspan="4">一、申请事项</td></tr>
<tr><td>☐境外投资企业外汇登记</td><td colspan="3">成立方式：☐新设　☐并购　☐其他</td></tr>
<tr><td rowspan="2">☐境外投资企业变更登记</td><td colspan="3">☐基本信息变更　☐增资　☐减资（☐减中方实际出资　☐中方出资义务减少）
☐出资形式</td></tr>
<tr><td colspan="3">☐股权转让（☐中方转外方　☐外方转中方　☐外方转外方　☐中方转中方）</td></tr>
<tr><td rowspan="2">☐境外投资债权回收登记</td><td rowspan="2" colspan="2">申请金额：</td><td>其中—本金：</td></tr>
<tr><td>其中—利息：</td></tr>
<tr><td>☐非货币出资确认登记</td><td colspan="3">申请金额：</td></tr>
<tr><td rowspan="2">☐境外投资前期费用登记</td><td rowspan="2" colspan="2">申请金额：</td><td>其中—购付汇金额：</td></tr>
<tr><td>其中—跨境人民币：</td></tr>
<tr><td>☐境外投资企业注销登记</td><td colspan="3">注销原因：☐股权转让　☐清算　☐其他</td></tr>
<tr><td colspan="4">二、境外投资企业基本信息（变更登记的，填写变更后的基本信息；注销登记的，填写注销前基本信息）</td></tr>
<tr><td>企业中文名称</td><td></td><td>企业外文名称</td><td></td></tr>
<tr><td>主管部门批复文号</td><td></td><td>主管部门批准日期</td><td>年　　月　　日</td></tr>
<tr><td>所在国家 / 地区</td><td></td><td>所属行业</td><td></td></tr>
<tr><td>主要经营范围</td><td colspan="3"></td></tr>
<tr><td>投资总额</td><td></td><td>注册资本</td><td></td></tr>
<tr><td>中方协议投资总额</td><td></td><td>中方所占注册资本（股权出资金额）</td><td></td></tr>
<tr><td>中方所占注册资本比例（%）</td><td></td><td>中方利润分配比例（%）</td><td></td></tr>
<tr><td>境外投资企业性质</td><td>☐有限责任
☐股份制　☐其他</td><td>境外投资企业类型</td><td>☐中方独资　☐中外合资　☐合作　☐合伙</td></tr>
<tr><td>前期费用已汇出金额</td><td></td><td>上市情况</td><td>☐未上市　☐已上市（上市地：　　　　）</td></tr>
<tr><td>联系人</td><td></td><td>联系电话</td><td></td></tr>
<tr><td colspan="4">三、股东基本信息（变更登记的，填写变更后的信息；注销登记的，填写当前股东信息）</td></tr>
<tr><td>股东名称</td><td colspan="2">护照号码 / 组织机构代码 / 身份证明文件号码</td><td>所属国别或地区 / 境内机构注册地 / 境内个人常住地</td></tr>
<tr><td></td><td colspan="2"></td><td></td></tr>
<tr><td></td><td colspan="2"></td><td></td></tr>
<tr><td></td><td colspan="2"></td><td></td></tr>
</table>

（续）

四、中方股东信息（变更登记的，填写变更后的信息；注销登记的，填写当前股东信息）

中方股东名称	所占注册资本金额	所占注册资本比例（%）	协议投资总额	现汇		债权转股权	境外解决	境内权益出资 A. 实物 B. 无形资产 C. 股权 D. 其他形式	利润分配比例（%）
				其中：购付汇金额	其中：跨境人民币金额				
合计		—	—						—

出资方式选择境外解决的，请说明资金来源：

五、外方股东信息（变更登记的，填写变更后的信息；注销登记的，填写当前股东信息）

外方股东名称	协议投资总额	注册资本出资金额	出资比例（%）	利润分配比例（%）
合计			—	—

六、外方股东向中方转让股权所得付款计划（股权转让外方转中方需填写）

中方股东名称（受让方）	外方股东名称（出让方）	外方股东国别/地区	转让注册资本金额	股权转让对价	1. 境外支付金额	2. 需汇出境外金额	2.1 其中：购付汇金额	2.2 其中：跨境人民币

七、中方股东向外方转让股权所得处置计划（股权转让中方转外方需填写）

中方股东名称（出让方）	外方股东名称（受让方）	转让注册资本金额	股权转让对价	1. 留存境外金额	2. 调回境内金额	2.1 其中：现汇	2.2 其中：跨境人民币

八、中方股东减资所得处置计划（中方减实际出资需填写）

中方股东名称	减少注册资本金额	减资所得金额	1. 留存境外金额	2. 调回境内金额	2.1 其中：现汇	2.2 其中：跨境人民币

九、境外投资企业注销后中方股东所得资产处置计划（境外投资企业注销后有剩余资产调回境内的需填写）

中方股东名称（出让方）	清算所得金额	1. 留存境外金额	2. 需调回境内金额	2.1 其中：现汇	2.2 其中：跨境人民币

（续）

十、境外投资债权回收登记（中方回收境外债权出资时需填写）						
中方股东名称	原登记债权出资金额	申请回收债权金额	1. 留存境外金额	2. 调回境内金额	2.1 其中：现汇	2.2 其中：跨境人民币
十一、非货币出资确认登记（境内主体以非货币形式出资后，如希望将该部分资产以现汇形式调回，需填写以下信息）						
中方股东名称	原登记非货币形式出资金额	非货币出资确认金额	1. 留存境外金额	2. 调回境内金额	2.1 其中：现汇	2.2 其中：跨境人民币
十二、备注（以上表格内容无法完全涵盖企业申请事项的，可在此栏中填写）						
十三、承诺：请勾选 □本企业所填写《境外直接投资外汇业务申请表》中各项内容及所提交的所有书面材料均真实有效，所有复印件均与原件完全相同。本企业保证所提交的各项表格、文件真实、准确、完整，否则本企业及其法定代表人愿承担由此而导致的一切后果。 □本企业保证此次申请调回的境外债权尚未调回境内，否则本企业及其法定代表人愿承担由此而导致的一切后果。 □本企业保证此次申请确认的非货币形式出资均已投入境外企业使用，否则本企业及其法定代表人愿承担由此而导致的一切后果。 法定代表人签名（或授权委托人签名）：____________ 单位公章： 申请日期：						

填表说明：

1. 申请人办理境内机构境外直接投资前期费用登记、境外直接投资外汇登记、非货币形式出资确认登记、债权投资回收登记、境外直接投资外汇变更登记、境外再投资外汇备案和境内机构境外直接投资清算登记业务的（《资本项目直接投资外汇业务操作规程》对应的 2.1 ～ 2.7 项），应按规定如实、准确、完整地填写并提交本申请表。
2. 本申请表中所涉金额栏目，均按注册币种折算后填写阿拉伯数字；保留小数点后两位。
3. 请根据申请内容勾选申请事项，若勾选“境外投资企业变更登记”，请选择变更类型，变更类型可多选。
4. “境外投资企业外汇登记”指境内主体在境外以新设或并购的方式取得境外公司控制权的行为。
5. 成立方式中的“新设”、“并购”和“其他”根据“企业境外投资证书”上的设立方式勾选。
6. “境外投资企业注销登记”——境外投资企业因清算、股权转让等原因，中方不再控制境外公司，需办理境外投资企业注销登记。
7. “境外投资债权回收登记”——指中方以债权出资方式汇出资金后，如需调回债权出资金额，需先办理债权回收登记。
8. “非货币出资确认登记”——境内主体以非货币资产对外投资后，如需将该部分资本变现调回境内，需先到外汇局办理非货币出资确认登记。
9. “境外投资前期费用登记”——境内主体获得境外投资主管部门批复文件之前，如因项目前期调研、招投标等原因需汇出资金的，需办理境外投资前期费用登记。

10.“其中：购付汇金额”指境内主体需汇出境外资金中的外汇现汇和人民币购汇金额之和。
11.“其中：跨境人民币金额”指境内主体需汇出境外资金中以跨境人民币方式直接汇出的金额。
12.“基本信息变更”指境外投资企业名称、经营范围、所属行业、各股东所占注册资本比例、各股东所占利润分配比例、境外投资项目性质、境外投资企业类型、上市情况、上市地、是否特殊目的公司等信息发生变动。
13.“增资”指境内主体增加对境外投资企业的出资。
14.“减资”指境内主体减少对境外投资企业的出资。
15.“减中方实际出资”指境内主体减少对境外投资企业的已到位实际出资。
16.“中方出资义务减少”指境内主体减少对境外投资企业的尚未到位出资。
17.“股权转让”指境外投资企业的股权发生转让。
18.“中方转外方”指境外投资企业的原中方股东将所持股权的全部或部分转让给境外机构或个人。
19.“外方转中方”指境外投资企业的原外方股东将所持股权的全部或部分转让给境内机构或个人。
20.“外方转外方”指境外投资企业的原外方股东将所持股权的全部或部分转让给境外机构或个人。
21.“中方转中方”指境外投资企业的原中方股东将所持股权的全部或部分转让给境内机构或个人。
22.“企业中文名称”根据企业境外投资证书上的“境外企业名称（中文）”填写。
23.“企业外文名称”根据企业境外投资证书上的“境外企业名称（外文）”填写。
24.“主管部门批复文号”指商务部门或行业主管部门批准企业相关业务的批文文号。
25.“主管部门批准日期”指商务部门或行业主管部门批准企业相关业务的批文落款日期。
26.“所在国家 / 地区”根据企业境外投资证书上的“国家 / 地区（中文）”填写。
27.“所属行业”根据《国民经济行业分类》(GB/T 4754—2002）填写。
28.“主要经营范围”根据企业境外投资证书上的“经营范围”填写，经营范围太长无法填写完整的，可只填写三项主要经营范围。
29.“投资总额”根据企业境外投资证书上的中方和外方投资总额合计数填写。
30.“注册资本”根据企业境外投资证书上的“注册资本”填写。
31.“中方协议投资总额”根据企业境外投资证书上的中方投资总额填写。
32.“中方所占注册资本”根据企业境外投资证书上的注册资本金额乘以中方所占“股比”计算填写。
33.“中方所占注册资本比例”根据企业境外投资证书上的中方所占股比合计填写。
34.“中方利润分配比例”根据各方约定利润分配比例填写。
35.“境外投资项目性质”根据境外投资企业投资目的勾选。
36.“境外投资企业性质”指境外投资企业的组织形式，根据境外公司登记注册证书填写。
37.“境外投资企业类型”指境外投资企业中外方股东之前的合作形式，如无外方股东，则勾选中方独资。
38.“上市情况”根据企业实际上市情况勾选。
39.“是否特殊目的公司”根据境外投资企业是否做过特殊目的公司登记情况勾选。
40.“前期费用已汇出金额”根据申请境外投资的中方是否做过前期费用登记情况填写。
41.“中方股东名称”按企业境外投资证书上的投资主体中的“中方名称”填写。
42.“所属地区”指境内机构的注册地区或境内个人的常住地区。
43.“协议投资总额”根据企业境外投资证书上的股东对应投资总额填写。
44.“所占注册资本”根据企业境外投资证书上的注册资本金额乘以各股东所占“股比”计算填写。
45.“自有外汇”指中方股东需汇出境外资金中的外汇现汇金额。
46.“人民币购汇”指中方股东需汇出境外资金中通过人民币购汇方式汇出的金额。
47.“跨境人民币”指中方股东需汇出境外资金中以跨境人民币方式直接汇出的金额。
48.“债权转股权”指中方股东以其持有境外债权转做公司股权。
49.“境外解决”指中方股东以其境外持有的合法资产或权益对境外投资企业出资。

50.“实物、无形资产、股权、其他形式”指中方股东以上述出资方式出资的金额，此栏目如需多选，请分开填写，例如“A. 20 万美元；B. 50 万美元”。
51.“外方股东名称”按企业境外投资证书上的投资主体中的“外方名称”填写。
52.“所属国家 / 地区”按企业外方股东所在地填写。
53.“转让注册资本金额”指股权出让方向受让方转让的注册资本金额。
54.“股权转让对价”指出让股权的价格。
55.“其中：现汇”指以外汇形式调回境内的金额。
56.“其中：跨境人民币”指以跨境人民币形式汇回境内的金额。
57.“减少注册资本金额”指中方股东申请减少的注册资本金额。
58.“减资所得金额”指中方股东减少注册资本所得金额。
59.“原登记债权出资金额”指中方股东原登记信息中协议投资总额与所占注册资本金额之间的差额。
60.“申请回收债权金额”指中方股东申请汇回的债权金额。
61.“原登记非货币形式出资金额”指中方股东原登记信息中以非货币形式出资的金额（包括实物、无形资产、股权等）。
62.“非货币出资确认金额”指中方股东通过非货币形式已经实际出资到位的金额。
63.“境外投资企业变更登记”中的“出资方式”指境内股东对外投资的出资形式发生变化。

附表 5　境外放款外汇登记业务申请表

境内放款人名称（盖章）：　　　　　　　　　　　　　　　　额度登记币种：

<table>
<tr><td colspan="6">一、申请事项</td></tr>
<tr><td colspan="3">□境外放款额度登记</td><td colspan="3">□境外放款额度变更登记</td></tr>
<tr><td>□境外放款注销登记</td><td colspan="5">□正常注销（本息已全部归还）　□非正常注销（有未归还放款本息）</td></tr>
<tr><td colspan="6">二、境外放款基本信息（变更登记的，填写变更后的基本信息；注销登记的，填写当前基本信息）</td></tr>
<tr><td>境内放款人名称</td><td colspan="2"></td><td colspan="2">境内放款人代码（组织机构代码证号或身份证件号码）</td><td></td></tr>
<tr><td>境内放款人所属行业</td><td colspan="2"></td><td colspan="2">境内放款人类型</td><td>□中资企业
□外商投资企业</td></tr>
<tr><td>放款人与借款人之间的关系</td><td colspan="5">□直接控股　□间接控股　□关联公司　□业务往来　□其他</td></tr>
<tr><td>境外借款人名称</td><td colspan="5"></td></tr>
<tr><td>境外借款人类型</td><td colspan="3">□境外投资企业　□特殊目的公司　□其他</td><td colspan="2">是否委托贷款：□是　□否</td></tr>
<tr><td>所在国家 / 地区</td><td></td><td colspan="2">所属行业</td><td colspan="2"></td></tr>
<tr><td>境外放款总额度</td><td></td><td colspan="2">境外放款年利率</td><td colspan="2"></td></tr>
<tr><td>境外放款期限（月）</td><td></td><td colspan="2">境外放款到期日</td><td colspan="2">年　　月　　日</td></tr>
<tr><td>联系人</td><td></td><td colspan="2">联系电话</td><td colspan="2"></td></tr>
<tr><td colspan="6">三、非正常注销境外放款业务债权处置情况</td></tr>
<tr><td rowspan="2">未回收境外放款本息金额</td><td colspan="5">处置情况</td></tr>
<tr><td>债务注销金额</td><td colspan="2">债权转股权金额</td><td colspan="2">其他用途金额</td></tr>
<tr><td></td><td></td><td colspan="2"></td><td colspan="2"></td></tr>
<tr><td colspan="6">四、备注（以上表格内容无法完全涵盖企业申请事项的，可在此栏中填写）</td></tr>
<tr><td colspan="6">五、承诺：请勾选
□本企业所填写《境外放款外汇业务申请表》中各项内容及所提交的所有书面材料均真实有效，所有复印件均与原件完全相同。本企业保证所提交的各项表格、文件真实、准确、完整，否则本企业及其法定代表人将承担由此而导致的一切后果。

法定代表人签名（或授权委托人签名）：____________　　单位公章：
申请日期：　年　　月　　日</td></tr>
</table>

填表说明：

1. 申请人办理境内机构境外放款额度登记、境内机构境外放款额度变更与注销登记业务的，应按规定如实、准确、完整地填写并提交本申请表。
2. 本申请表中所涉金额栏目，均按注册币种折算后填写阿拉伯数字，保留小数点后两位。
3. “境外放款额度登记”指境内主体向境外机构放款，需到外汇局办理额度登记。
4. “境外放款额度变更登记”指境内主体已登记的境外放款的额度、期限、利率、境外借款人所在国家 / 地区、境外借款人类型等发生变动的，需到外汇局办理额度变更登记。
5. “境外放款注销登记”指已登记境外放款业务中止，需到外汇局办理注销登记。
6. “正常注销”指境外放款期限到期，且本息已全部偿清的情况下注销。
7. “非正常注销”指境外放款由于债务豁免、债权转股权等原因，在本息未完全归还的情况下注销。
8. “境内放款人名称”指境内放款主体，根据营业执照或有效证明文件填写。
9. “境内放款人代码”，根据境内主体组织机构代码证号或者有效身份证明文件填写。
10. “境内放款人所属行业”，根据《国民经济行业分类》（GB/T 4754—2002）填写。
11. “境外借款人名称”指境外借款的主体名称。
12. “境外借款人类型”指境外借款主体是否属于境外投资企业、特殊目的公司等特殊类型主体。
13. “是否委托贷款”指该笔放款是否通过银行委托贷款的方式发放。
14. “所在国家 / 地区”指境外借款人的注册国家 / 地区。
15. “境外放款总额度”指双方签署的放款合同总额。
16. “境外放款年利率”指双方签署的放款合同中约定的年借款利率。
17. “境外放款期限”指双方签署的放款合同中约定的借款有效期。
18. “境外放款到期日”指双方签署的放款合同中约定的借款到期日。
19. “未回收境外放款本息金额”，指办理非正常注销时，尚未收回的境外放款本息金额。
20. “债务注销金额”指境内放款人豁免借款人的债务金额。
21. “债权转股权金额”指境内放款人将境外债权转做境外股权的金额。
22. “其他用途金额”指除上述两种方式外，其他的债务处置情况。
23. 关联公司定义：同一控制人控制的，相互之间无持股关系的公司。

附表 6 境内居民个人境外投资外汇登记表

一、境内居民个人基本信息

境内居民个人姓名	境内企业资产或权益所在地或户籍所在地（境外个人填写在中国境内的习惯性居住地）	居民身份证件号码或护照号码

二、申请事项

<table>
<tr><td rowspan="3">□境外投资企业新设登记</td><td>□境内资产 / 权益出资
□境外资产 / 权益出资</td><td colspan="2">境内资产 / 权益名称：
境外资产 / 权益名称：</td></tr>
<tr><td>□货币出资</td><td>出资形式：</td><td>申请金额：</td></tr>
<tr><td>□其他</td><td>出资形式：</td><td>申请金额：</td></tr>
<tr><td rowspan="2">□境外投资企业变更登记</td><td colspan="3">□基本信息变更 □增资 □减资 □出资形式</td></tr>
<tr><td colspan="3">□股权转让（□中方转外方 □外方转中方 □外方转外方 □中方转中方）</td></tr>
<tr><td>□境外投资企业注销登记</td><td colspan="3">注销原因： □股权转让 □清算 □其他________</td></tr>
<tr><td>联系人</td><td></td><td>联系电话</td><td></td></tr>
</table>

三、境外投资企业基本信息（变更登记的，填写变更后的基本信息；注销登记的，填写注销前基本信息）

境外企业名称	注册地	注册日期	上市地	上市日期	总资产	已发行总股数	预留员工期权股数

四、境外投资企业的中方股东信息（变更登记的，填写变更后的信息；注销登记的，填写当前股东信息）

中方股东名称	境外企业名称	币种	出资额	出资比例（%）	持股数	持股比例（%）

五、境外投资企业的外方股东信息（变更登记的，填写变更后的信息；注销登记的，填写当前股东信息，股权结构分散的，可酌情填写主要外方股东信息）

外方股东名称	境外企业名称	币种	投资金额	出资比例（%）	持股数	持股比例（%）

六、返程投资企业基本信息（变更登记的，填写变更后的信息；注销登记的，填写当前股东信息）

返程投资企业名称	组织机构代码	外商投资企业批准证书编号

（续）

七、境外投资企业的外方股东向中方转让股权所得付款计划（股权转让外方转中方需填写）						
中方股东名称（受让方）	外方股东名称（出让方）	外方股东国别 / 地区	转让股份数	股权转让对价	1. 境外支付金额	2. 需汇出境外金额

八、境外投资企业的中方股东向外方转让股权所得处置计划（股权转让中方转外方需填写）					
中方股东名称（出让方）	外方股东名称（受让方）	转让股份数	股权转让对价	1. 留存境外金额	2. 调回境内金额

九、境外投资企业的中方股东减资所得处置计划（中方减实际出资需填写）				
中方股东名称	减少股份数	减资所得金额	1. 留存境外金额	2. 调回境内金额

十、境外投资企业注销后中方股东所得资产处置计划（境外投资企业注销后有剩余资产调回境内的需填写）			
中方股东名称（出让方）	清算所得金额	1. 留存境外金额	2. 需调回境内金额

十一、备注（以上表格内容无法完全涵盖企业申请事项的，可在此栏中填写）

十二、承诺：请勾选

□本人所填写《境内居民个人境外投资外汇登记表》中各项内容及所提交的所有书面材料均真实有效，所有复印件均与原件完全相同。本人保证按照有关规定完整、真实地办理外汇登记及变更手续，如有违反，本人愿承担由此而导致的一切后果。

□以上资料真实完整地反映了本人（或本人及本人所代理的所有境内居民个人）的境外持股状况，如存在虚假陈述、骗取外汇登记的行为，本人愿意承担由此而导致的法律责任。

□本人承诺，本人用于境外投资的境内外资产及权益均通过合法渠道取得，其中不含：司法、纪检监察等部门依法限制对外转移的财产，本人或近亲属涉及尚未审结的国内刑事、民事诉讼案件的财产，法律规定不得对外转移的财产，以及不能证明合法来源的财产等。如有虚假承诺，本人愿意承担由此而导致的法律责任。

□本人及所设立的特殊目的公司，不存在危害中国国家主权、安全和社会公共利益，或违反中国法律法规，或损害中国与有关国家（地区）关系，或违反中国对外缔结的国际条约，或涉及中国禁止出口的技术和产品等情况。

境内居民个人（委托人）签名：____________

申请日期：　　年　　月　　日

国家外汇管理局__________分局（外汇管理部）

填表说明：

1. 申请人办理境内居民个人（以下简称中方）特殊目的公司外汇登记、外汇变更登记和注销登记等业务的，应按规定如实、准确、完整地填写并提交本表。外汇局在本表上加盖资本项目外汇业务专用章后返还给申请人，并留存复印件。
2. 本表中所涉金额栏目，均按注册币种折算后填写阿拉伯数字；保留小数点后两位。
3. 请根据申请内容勾选申请事项，若勾选“境外投资企业变更登记”，请选择变更类型，变更类型可多选。
4. “境外投资企业新设登记”指境内居民个人直接或间接取得境外公司控制权的行为。境内外资产或权益包括但不限于货币、有价证券、实物、知识产权或技术、股权、债权、无形资产等。
5. “股权转让”指境外投资企业的股权发生转让。
6. “中方转外方”指境外投资企业的原中方股东将所持股权的全部或部分转让给境外机构或个人。
7. “外方转中方”指境外投资企业的原外方股东将所持股权的全部或部分转让给境内机构或个人。
8. “外方转外方”指境外投资企业的原外方股东将所持股权的全部或部分转让给境外机构或个人。
9. “中方转中方”指境外投资企业的原中方股东将所持股权的全部或部分转让给境内机构或个人。
10. “境外投资企业注销登记”——境外投资企业因清算、股权转让等原因，中方不再控制境外公司，需办理境外投资企业注销登记。
11. “基本信息变更”指境外投资企业名称、中方持股比例等主要事项发生变动。
12. “境外企业名称”指境内居民个人直接设立或控制的特殊目的公司。
13. “注册地”指境外企业的所在国家或地区。
14. “注册日期”指境外企业在境外设立的日期。
15. “上市地”指公开发行股票的证券交易所所在国家或地区。
16. “上市日期”指股票公开发行的日期。
17. “返程投资企业名称”指境内居民个人通过特殊目的公司直接或间接控制的境内公司名称。
18. “外商投资企业批准证书编号”指商务主管部门颁发的返程投资企业批准证书编号。
19. “股权转让对价”指出让股权的价格。
20. “境外支付金额”指中方股东以其境外持有的合法资产或权益对境外投资企业出资金额。
21. “减资所得金额”指中方股东减少注册资本所得金额。
22. “境内居民个人（受托人）签名”指直接或间接持有境外特殊目的公司股份或股权的境内居民个人需签名确认填表内容的真实性。

国家外汇管理局关于发布《跨境担保外汇管理规定》的通知

（国家外汇管理局　2014 年 5 月 12 日）

国家外汇管理局各省、自治区、直辖市分局、外汇管理部，深圳、大连、青岛、厦门、宁波市分局，各中资外汇指定银行：

为深化外汇管理体制改革，简化行政审批程序，规范跨境担保项下收支行为，国家外汇管理局决定改进跨境担保外汇管理方式，制定了《跨境担保外汇管理规定》及其操作指引（以下简称《规定》）。现印发给你们，请遵照执行。

《规定》自 2014 年 6 月 1 日起实施，之前相关规定与本《规定》内容不一致的，以本《规定》为准。《规定》实施后，附件 3 所列法规即行废止。

国家外汇管理局各分局、外汇管理部接到本通知后，应及时转发辖内中心支局、支局、城市商业银行、农村商业银行、外资银行、农村合作银行；各中资银行接到本通知后，应及时转发所辖各分支机构。执行中如遇问题，请及时向国家外汇管理局资本项目管理司反馈。

附件：1. 跨境担保外汇管理规定。

2. 跨境担保外汇管理操作指引。

3. 废止法规（略）。

国家外汇管理局

附件 1

跨境担保外汇管理规定

第一章　总　　则

第一条　为完善跨境担保外汇管理，规范跨境担保项下收支行为，促进跨境担保业务健康有序发展，根据《中华人民共和国物权法》、《中华人民共和国担保法》及《中华人民共和国外汇管理条例》等法律法规，特制定本规定。

第二条　本规定所称的跨境担保是指担保人向债权人书面作出的、具有法律约束力、承诺按照担保合同约定履行相关付款义务并可能产生资金跨境收付或资产所有权跨境转移等国际收支交易的担保行为。

第三条　按照担保当事各方的注册地，跨境担保分为内保外贷、外保内贷和其他形式跨境担保。

内保外贷是指担保人注册地在境内、债务人和债权人注册地均在境外的跨境担保。

外保内贷是指担保人注册地在境外、债务人和债权人注册地均在境内的跨境担保。

其他形式跨境担保是指除前述内保外贷和外保内贷以外的其他跨境担保情形。

第四条　国家外汇管理局及其分支局（以下简称外汇局）负责规范跨境担保产生的各类国际收支交易。

第五条　境内机构提供或接受跨境担保，应当遵守国家法律法规和行业主管部门的规定，并按本规定办理相关外汇管理手续。

担保当事各方从事跨境担保业务，应当恪守商业道德，诚实守信。

第六条　外汇局对内保外贷和外保内贷实行登记管理。

境内机构办理内保外贷业务，应按本规定要求办理内保外贷登记；经外汇局登记的内保外贷，发生担保履约的，担保人可自行办理；担保履约后应按本规定要求办理对外债权登记。

境内机构办理外保内贷业务，应符合本规定明确的相关条件；经外汇局登记的外保内贷，债权人可自行办理与担保履约相关的收款；担保履约后境内债务人应按本规定要求办理外债登记手续。

第七条　境内机构提供或接受其他形式跨境担保，应符合相关外汇管理规定。

第二章　内保外贷

第八条　担保人办理内保外贷业务，在遵守国家法律法规、行业主管部门规定及外汇管理规定的前提下，可自行签订内保外贷合同。

第九条　担保人签订内保外贷合同后，应按以下规定办理内保外贷登记。

担保人为银行的，由担保人通过数据接口程序或其他方式向外汇局报送内保外贷业务相关数据。

担保人为非银行金融机构或企业（以下简称非银行机构）的，应在签订担保合同后 15 个工作日内到所在地外汇局办理内保外贷签约登记手续。担保合同主要条款发生变更的，应当办理内保外贷签约变更登记手续。

外汇局按照真实、合规原则对非银行机构担保人的登记申请进行程序性审核并办理登记手续。

第十条　银行、非银行金融机构作为担保人提供内保外贷，按照行业主管部门规定，应具有相应担保业务经营资格。

第十一条　内保外贷项下资金用途应当符合以下规定：

（一）内保外贷项下资金仅用于债务人正常经营范围内的相关支出，不得用于支持债务人从事正常业务范围以外的相关交易，不得虚构贸易背景进行套利，或进行其他形式的投机性交易。

（二）未经外汇局批准，债务人不得通过向境内进行借贷、股权投资或证券投资等方式将担保项下资金直接或间接调回境内使用。

第十二条　担保人办理内保外贷业务时，应对债务人主体资格、担保项下资金用途、预计的还款资金来源、担保履约的可能性及相关交易背景进行审核，对是否符合境内外相关法律法规进行尽职调查，并以适当方式监督债务人按照其申明的用途使用担保项下资金。

第十三条　内保外贷项下担保人付款责任到期、债务人清偿担保项下债务或发生担保履约后，担保人应办理内保外贷登记注销手续。

第十四条　如发生内保外贷履约，担保人为银行的，可自行办理担保履约项下对外支付。

担保人为非银行机构的，可凭担保登记文件直接到银行办理担保履约项下购汇及对外支付。在境外债务人偿清因担保人履约而对境内担保人承担的债务之前，未经外汇局批准，担保人须暂停签订新的内保外贷合同。

第十五条　内保外贷业务发生担保履约的，成为对外债权人的境内担保人或反担保人应当按规定办理对外债权登记手续。

第十六条　境内个人可作为担保人并参照非银行机构办理内保外贷业务。

第三章　外保内贷

第十七条　境内非金融机构从境内金融机构借用贷款或获得授信额度，在同时满足以下条件的前提下，可以接受境外机构或个人提供的担保，并自行签订外保内贷合同：

（一）债务人为在境内注册经营的非金融机构。

（二）债权人为在境内注册经营的金融机构。

（三）担保标的为金融机构提供的本外币贷款（不包括委托贷款）或有约束力的授信额度。

（四）担保形式符合境内、外法律法规。

未经批准，境内机构不得超出上述范围办理外保内贷业务。

第十八条　境内债务人从事外保内贷业务，由发放贷款或提供授信额度的境内金融机构向外汇局集中报送外保内贷业务相关数据。

第十九条　外保内贷业务发生担保履约的，在境内债务人偿清其对境外担保人的债务之前，未经外汇局批准，境内债务人应暂停签订新的外保内贷合同；已经签订外保内贷合同但尚未提款或尚未全部提款的，未经所在地外汇局批准，境内债务人应暂停办理新的提款。

境内债务人因外保内贷项下担保履约形成的对外负债，其未偿本金余额不得超过其上年度末经审计的净资产数额。

境内债务人向债权人申请办理外保内贷业务时，应真实、完整地向债权人提供其已办理外保内贷业务的债务违约、外债登记及债务清偿情况。

第二十条　外保内贷业务发生境外担保履约的，境内债务人应到所在地外汇局办理短期外债签约登记及相关信息备案手续。外汇局在外债签约登记环节对债务人外保内贷业务的合规性进行事后核查。

第四章　物权担保的外汇管理

第二十一条　外汇局不对担保当事各方设定担保物权的合法性进行审查。担保当事各方应自行确认担保合同内容符合境内外相关法律法规和行业主管部门的规定。

第二十二条　担保人与债权人之间因提供抵押、质押等物权担保而产生的跨境收支和交易事项，已存在限制或程序性外汇管理规定的，应当符合规定。

第二十三条　当担保人与债权人分属境内、境外，或担保物权登记地（或财产所在地、收益来源地）与担保人、债权人的任意一方分属境内、境外时，境内担保人或境内债权人应按下列规定办理相关外汇管理手续：

（一）当担保人、债权人注册地或担保物权登记地（或财产所在地、收益来源地）至少有两项分属境内外时，担保人实现担保物权的方式应当符合相关法律规定。

（二）除另有明确规定外，担保人或债权人申请汇出或收取担保财产处置收益时，可直接向境内银行提出申请；在银行审核担保履约真实性、合规性并留存必要材料后，担保人或债权人可以办理相关购汇、结汇和跨境收支。

（三）相关担保财产所有权在担保人、债权人之间发生转让，按规定需要办理跨境投资外汇登记的，当事人应办理相关登记或变更手续。

第二十四条　担保人为第三方债务人向债权人提供物权担保，构成内保外贷或外保内贷的，应当按照内保外贷或外保内贷相关规定办理担保登记手续，并遵守相关规定。

经外汇局登记的物权担保因任何原因而未合法设立，担保人应到外汇局注销相关登记。

第五章 附 则

第二十五条 境内机构提供或接受除内保外贷和外保内贷以外的其他形式跨境担保，在符合境内外法律法规和本规定的前提下，可自行签订跨境担保合同。除外汇局另有明确规定外，担保人、债务人不需要就其他形式跨境担保到外汇局办理登记或备案。

境内机构办理其他形式跨境担保，可自行办理担保履约。担保项下对外债权债务需要事前审批或核准，或因担保履约发生对外债权债务变动的，应按规定办理相关审批或登记手续。

第二十六条 境内债务人对外支付担保费，可按照服务贸易外汇管理有关规定直接向银行申请办理。

第二十七条 担保人、债务人不得在明知或者应知担保履约义务确定发生的情况下签订跨境担保合同。

第二十八条 担保人、债务人、债权人向境内银行申请办理与跨境担保相关的购付汇或收结汇业务时，境内银行应当对跨境担保交易的背景进行尽职审查，以确定该担保合同符合中国法律法规和本规定。

第二十九条 外汇局对跨境担保合同的核准、登记或备案情况以及本规定明确的其他管理事项与管理要求，不构成跨境担保合同的生效要件。

第三十条 外汇局定期分析内保外贷和外保内贷整体情况，密切关注跨境担保对国际收支的影响。

第三十一条 外汇局对境内机构跨境担保业务进行核查和检查，担保当事各方、境内银行应按照外汇局要求提供相关资料。对未按本规定及相关规定办理跨境担保业务的，外汇局根据《中华人民共和国外汇管理条例》进行处罚。

第三十二条 国家外汇管理局可出于保障国际收支平衡的目的，对跨境担保管理方式适时进行调整。

第三十三条 本规定由国家外汇管理局负责解释。

附件 2

跨境担保外汇管理操作指引

第一部分　内保外贷外汇管理

一、担保人办理内保外贷业务，在遵守国家法律法规、行业主管部门规定及外汇管理规定的前提下，可自行签订内保外贷合同。

二、内保外贷登记

担保人签订内保外贷合同后，应按以下规定办理内保外贷登记：

（一）担保人为银行的，由担保人通过数据接口程序或其他方式向外汇局资本项目信息系统报送内保外贷相关数据。

（二）担保人为非银行金融机构或企业（以下简称为非银行机构）的，应在签订担保合同后 15 个工作日内到所在地外汇局办理内保外贷签约登记手续。担保合同或担保项下债务合同主要条款发生变更的（包括债务合同展期以及债务或担保金额、债务或担保期限、债权人等发生变更），应当在 15 个工作日内办理内保外贷变更登记手续。

1. 非银行机构到外汇局办理内保外贷签约登记时，应提供以下材料：

（1）关于办理内保外贷签约登记的书面申请报告（内容包括公司基本情况、已办理且未了结的各项跨境担保余额、本次担保交易内容要点、预计还款资金来源、其他需要说明的事项。有共同担保人的，应在申请报告中说明）。

（2）担保合同和担保项下主债务合同（合同文本内容较多的，提供合同简明条款并加盖印章；合同为外文的，须提供中文翻译件并加盖印章）。

（3）外汇局根据本规定认为需要补充的相关证明材料（如发改委、商务部门关于境外投资项目的批准文件、办理变更登记时需要提供的变更材料等）。

2. 外汇局按照真实、合规原则对非银行机构担保人的登记申请进行程序性审核，并为其办理登记手续。外汇局对担保合同的真实性、商业合理性、合规性及履约倾向存在疑问的，有权要求担保人作出书面解释。外汇局按照合理商业标准和相关法规，认为担保人解释明显不成立的，可以决定不受理登记申请，并向申请人书面说明原因。

担保人未在规定期限内到外汇局办理担保登记的，如能说明合理原因，且担保人提出登记申请时尚未出现担保履约意向的，外汇局可按正常程序为其办理补登记；不能说明合理原因的，外汇局可按未及时办理担保登记进行处理，在移交外汇检查部门后再为其办理补登记手续。

3. 非金融机构可以向外汇局申请参照金融机构通过资本项目系统报送内保外贷数据。

4. 同一内保外贷业务下存在多个境内担保人的，可自行约定其中一个担保人到所在地外汇局办理登记手续。外汇局在办理内保外贷登记时，应在备注栏中注明其他担保人。

三、金融机构作为担保人提供内保外贷，按照行业主管部门规定，应具有相应担保业务经营资格。以境内分支机构名义提供的担保，应当获得总行或总部授权。

四、内保外贷项下资金用途应当符合以下规定：

（一）内保外贷项下资金仅用于债务人正常经营范围内的相关支出，不得用于支持债务人从事正常业务范围以外的相关交易，不得虚构贸易背景进行套利，或进行其他形式的投机性交易。

（二）未经外汇局批准，债务人不得通过向境内进行借贷、股权投资或证券投资等方式将担保项下资金直接或间接调回境内使用。

担保项下资金不得用于境外机构或个人向境内机构或个人进行直接或间接的股权、债权投资，包括但不限于以下行为：

1. 债务人使用担保项下资金直接或间接向在境内注册的机构进行股权或债权投资。

2. 担保项下资金直接或间接用于获得境外标的公司的股权，且标的公司50% 以上资产在境内的。

3. 担保项下资金用于偿还债务人自身或境外其他公司承担的债务，而原融资资金曾以股权或债权形式直接或间接调回境内的。

4. 债务人使用担保项下资金向境内机构预付货物或服务贸易款项，且付款时间相对于提供货物或服务的提前时间超过1年、预付款金额超过100万美元及买卖合同总价30%的（出口大型成套设备或承包服务时，可将已完成工作量视同交货）。

（三）内保外贷合同项下发生以下类型特殊交易时，应符合以下规定：

1. 内保外贷项下担保责任为境外债务人债券发行项下还款义务时，境外债务人应由境内机构直接或间接持股，且境外债券发行收入应用于与境内机构存在股权关联的境外投资项目，且相关境外机构或项目已经按照规定获得国内境外投资主管部门的核准、登记、备案或确认。

2. 内保外贷合同项下融资资金用于直接或间接获得对境外其他机构的股权（包括新建境外企业、收购境外企业股权和向境外企业增资）或债权时，该投资行为应当符合国内相关部门有关境外投资的规定。

3. 内保外贷合同项下义务为境外机构衍生交易项下支付义务时，债务人从事衍生交易应当以止损保值为目的，符合其主营业务范围且经过股东适当授权。

五、内保外贷注销登记

内保外贷项下债务人还清担保项下债务、担保人付款责任到期或发生担保履约后，担保人应办理内保外贷登记注销手续。其中，银行可通过数据接口程序或其他方式向外汇局资本项目系统报送内保外贷更新数据；非银行机构应在15个工作日内到外汇局申请注销相关登记。

六、担保履约

（一）银行发生内保外贷担保履约的，可自行办理担保履约项下对外支付，其担保履约资金可以来源于自身向反担保人提供的外汇垫款、反担保人以外汇或人民币形式交存的保证金，或反担保人支付的其他款项。反担保人可凭担保履约证明文件直接办理购汇或支付手续。

（二）非银行机构发生担保履约的，可凭加盖外汇局印章的担保登记文件直接到银行办理担保履约项下购汇及对外支付。在办理国际收支间接申报时，须填写该笔担保登记时取得的业务编号。

非银行机构发生内保外贷履约的，在境外债务人偿清境内担保人承担的债务之前（因债务人破产、清算等原因导致其无法清偿债务的除外），未经外汇局批准，担保人必须暂停签订新的内保外贷合同。

（三）非银行机构提供内保外贷后未办理登记但需要办理担保履约的，担保人须先向外汇局申请办理内保外贷补登记，然后凭补登记文件到银行办理担保履约手续。外汇局在办理补登记前，应先移交外汇检查部门。

七、对外债权登记

（一）内保外贷发生担保履约的，成为对外债权人的境内担保人或境内反担保人，应办理对外债权登记。

对外债权人为银行的，通过资本项目信息系统报送对外债权相关信息。债权人为非银行机构的，应在担保履约后 15 个工作日内到所在地外汇局办理对外债权登记，并按规定办理与对外债权相关的变更、注销手续。

（二）对外债权人为银行时，担保项下债务人（或反担保人）主动履行对担保人还款义务的，债务人（或反担保人）、担保人可自行办理各自的付款、收款手续。债务人（或反担保人）由于各种原因不能主动履行付款义务的，担保人以合法手段从债务人（或反担保人）清收的资金，其币种与原担保履约币种不一致的，担保人可自行代债务人（或反担保人）办理相关汇兑手续。

（三）对外债权人为非银行机构时，其向债务人追偿所得资金为外汇的，在向银行说明资金来源、银行确认境内担保人已按照相关规定办理对外债权登记后可以办理结汇。

八、其他规定

（一）担保人办理内保外贷业务时，应对债务人主体资格、担保项下资金用途、预计的还款资金来源、担保履约的可能性及相关交易背景进行审核，对是否符合境内、外相关法律法规进行尽职调查，并以适当方式监督债务人按照其申明的用途使用担保项下资金。

（二）境内个人作为担保人，可参照境内非银行机构办理内保外贷业务。

（三）境内机构为境外机构（债务人）向其境外担保人提供的反担保，按内保外贷进行管理，提供反担保的境内机构须遵守本规定。境内机构按内保外贷规定为境外机构（债务人）提供担保时，其他境内机构为债务人向提供内保外贷的境内机构提供反担保，不按内保外贷进行管理，但需符合相关外汇管理规定。

（四）担保人对担保责任上限无法进行合理预计的内保外贷，如境内企业出具的不明确赔偿金额上限的项目完工责任担保，可以不办理登记，但经外汇局核准后可以办理担保履约手续。

第二部分　外保内贷外汇管理

一、境内非金融机构从境内金融机构借用贷款或获得授信额度，在同时满足以下条件的前提下，可以接受境外机构或个人提供的担保，并自行签订外保内贷合同：

（一）债务人为在境内注册经营的非金融机构。

（二）债权人为在境内注册经营的金融机构。

（三）担保标的为本外币贷款（不包括委托贷款）或有约束力的授信额度。

（四）担保形式符合境内、外法律法规。

未经批准，境内机构不得超出上述范围办理外保内贷业务。

二、境内债务人从事外保内贷业务，由发放贷款或提供授信额度的境内金融机构向外汇局的资本项目系统集中报送外保内贷业务数据。

三、发生外保内贷履约的，金融机构可直接与境外担保人办理担保履约收款。

境内债务人从事外保内贷业务发生担保履约的，在境内债务人偿清其对境外担保人的债务之前，未经外汇局批准，境内债务人应暂停签订新的外保内贷合同；已经签订外保内贷合同但尚未提款或全部提款的，未经所在地外汇局批准，应暂停办理新的提款。

境内债务人因外保内贷项下担保履约形成的对外负债，其未偿本金余额不得超过其上年度末经审计的净资产数额。超出上述限额的，须占用其自身的外债额度；外债额度仍然不够的，按未经批准擅自对外借款进行处理。

境内非银行金融机构为债权人，发生境外担保人履约的，境内非银行金融机构在办理国际收支间接申报时，应在申报单上填写该笔外保内贷登记时取得的业务编号。

境内债务人向债权人申请办理外保内贷业务时，应向债权人真实、完整地提供其已办理外保内贷业务的债务违约、外债登记及债务清偿情况。

四、外保内贷业务发生境外担保履约的，境内债务人应在担保履约后15个工作日内到所在地外汇局办理短期外债签约登记及相关信息备案。外汇局在外债签约登记环节对债务人外保内贷业务的合规性进行事后核查。发现违规的，在将违规行为移交外汇检查部门后，外汇局可为其办理外债登记手续。

因境外担保履约而申请办理外债登记的，债务人应当向外汇局提供以下材料：

（一）关于办理外债签约登记的书面申请报告（内容包括公司基本情况、外保内贷业务逐笔和汇总情况、本次担保履约情况及其他需要说明的事项）。

（二）担保合同复印件和担保履约证明文件（合同文本内容较多的，提供合同简明条款并加盖印章；合同为外文的，须提供中文翻译件并加盖债务人印章）。

（三）外商投资企业应提供批准证书、营业执照等文件，中资企业应提供营业执照。

（四）上年度末经审计的债务人财务报表。

（五）外汇局为核查外保内贷业务合规性、真实性而可能要求提供的其他材料（如境外债权人注册文件或个人身份证件）。

五、金融机构办理外保内贷履约，如担保履约资金与担保项下债务提款币种不一致而需要办理结汇或购汇的，应当向外汇局提出申请。金融机构办理境外担保履约款结汇（或购汇）业务，由其分行或总行汇总自身及下属分支机构的担保履约款结汇（或购汇）申请后，向其所在地外汇局集中提出申请。

金融机构提出的境外担保履约款结汇（或购汇）申请，由外汇局资本项目管理部门受理。金融机构作为债权人签订贷款担保合同时无违规行为的，外汇局可批准其担保履约款结汇（或购汇）。若金融机构违规行为属于未办理债权人集中登记等程序性违规的，外汇局可先允许其办理结汇（或购汇），再依据相关法规进行处理；金融机构违规行为属于超出现行政策许可范围等实质性违规且金融机构应当承担相应责任的，外汇局应先移交外汇检查部门，然后再批准其结汇（或购汇）。

六、金融机构申请担保履约款结汇（或购汇），应提交以下文件：

（一）申请书。

（二）外保内贷业务合同（或合同简明条款）。

（三）证明结汇（或购汇）资金来源的书面材料。

（四）债务人提供的外保内贷履约项下外债登记证明文件（因清算、解散、债务豁免或其他合理因素导致债务人无法取得外债登记证明的，应当说明原因）。

（五）外汇局认为必要的其他证明材料。

七、境外担保人向境内金融机构为境内若干债务人发放的贷款组合提供部分担保（风险分担），发生担保履约（赔付）后，如合同约定由境内金融机构代理境外担保人向债务人进行债务追偿，则由代理的金融机构向外汇局报送外债登记数据，其未偿本金余额不得超过该担保合同项下各债务人上年度末经审计的净资产数之和。

第三部分　物权担保外汇管理

一、外汇局仅对跨境担保涉及的资本项目外汇管理事项进行规范，但不对担保当事各方设定担保物权的合法性进行审查。担保当事各方应自行确认以下事项符合相关法律法规，包括但不限于：

（一）设定抵押（质押）权的财产或权利是否符合法律规定的范围。

（二）设定抵押（质押）权在法律上是否存在强制登记要求。

（三）设定抵押（质押）权是否需要前置部门的审批、登记或备案。

（四）设定抵押（质押）权之前是否应当对抵押或质押物进行价值评估或是否允许超额抵押（质押）等。

（五）在实现抵押（质押）权时，国家相关部门是否对抵押（质押）财产或权利的转让或变现存在限制性规定。

二、担保人与债权人之间因提供抵押、质押等物权担保而产生的跨境收支和交易事项，已存在限制或程序性外汇管理规定的，应当符合规定。

国家对境内外机构或个人跨境获取特定类型资产（股权、债权、房产和其他类型资产等）存在限制性规定的，如境外机构从境内机构或另一境外机构获取境内资产，或境内机构从境外机构或另一境内机构获取境外资产，担保当事各方应自行确认担保合同履约不与相关限制性规定产生冲突。

三、当担保人与债权人分属境内、境外，或担保物权登记地（或财产所在地、收益来源地）与担保人、债权人的任意一方分属境内、境外时，境内担保人或境内债权人应按下列规定办理相关外汇管理手续：

（一）当担保人、债权人注册地或担保物权登记地（或财产所在地、收益来源地）至少有两项分属境内外时，担保人实现担保物权的方式应当符合相关法律规定。

（二）除另有明确规定外，担保人或债权人申请汇出或收取担保财产处置收益时，可直接向境内银行提出申请；银行在审核担保履约真实性、合规性并留存必要材料后，担保人或债权人可以办理相关购汇、结汇和跨境收支。

（三）相关担保财产所有权在担保人、债权人之间发生转让，按规定需要办理跨境投资外汇登记的，当事人应办理相关登记或变更手续。

四、担保人为第三方债务人向债权人提供物权担保，构成内保外贷或外保内贷的，应当按照内保外贷或外保内贷相关规定办理担保登记手续，并遵守相关限制性规定。

经外汇局登记的物权担保因任何原因而未合法设立，担保人应到外汇局注销相关登记。

五、境内非银行机构为境外债务人向境外债权人提供物权担保，外汇局在办理内保外贷登记时，应在内保外贷登记证明中简要记录其担保物权的具体内容。

外汇局在内保外贷登记证明中记录的担保物权具体事项，不成为设定相关抵押、质押等权利的依据，也不构成相关抵押或质押合同的生效条件。

六、境内机构为自身债务提供跨境物权担保的，不需要办理担保登记。担保人以法规允许的方式用抵押物折价清偿债务，或抵押权人变卖抵押物后申请办理对外汇款时，担保人参照一般外债的还本付息办理相关付款手续。

第四部分　跨境担保其他事项外汇管理

一、其他形式跨境担保

（一）其他形式跨境担保是指除前述内保外贷和外保内贷以外的其他跨境担保情形。包括但不限于：

1. 担保人在境内、债务人与债权人分属境内或境外的跨境担保。

2. 担保人在境外、债务人与债权人分属境内或境外的跨境担保。

3. 担保当事各方均在境内，担保物权登记地在境外的跨境担保。

4. 担保当事各方均在境外，担保物权登记地在境内的跨境担保。

（二）境内机构提供或接受其他形式跨境担保，在符合境内外法律法规和本规定的前提下，可自行签订跨境担保合同。除外汇局另有明确规定外，担保人、债务人不需要就其他形式跨境担保到外汇局办理登记或备案，无须向资本项目信息系统报送数据。

（三）境内机构办理其他形式跨境担保，应按规定办理与对外债权债务有关的外汇管理手续。担保项下对外债权或外债需要事前办理审批或登记手续的，应当办理相关手续。

（四）除另有明确规定外，境内担保人或境内债权人申请汇出或收取担保履约款时，可直接向境内银行提出申请；银行在审核担保履约真实性、合规性并留存必要材料后，担保人或债权人可以办理相关购汇、结汇和跨境收支。

（五）担保人在境内、债务人在境外，担保履约后构成对外债权的，应当办理对外债权登记；担保人在境外、债务人在境内，担保履约后发生境外债权人变更的，应当办理外债项下债权人变更登记手续。

（六）境内担保人向境内债权人支付担保履约款，或境内债务人向境内担保人偿还担保履约款的，因担保项下债务计价结算币种为外币而付款人需要办理境内外汇划转的，付款人可直接在银行办理相关付款手续。

二、境内债务人对外支付担保费，可按照服务贸易外汇管理有关规定直接向银行申请办理。

三、担保人、债务人不得在明知或者应知担保履约义务确定发生的情况下签订跨境担保合同。担保人、债务人和债权人可按照合理商业原则，依据以下标准判断担保合同是否具备明显的担保履约意图：

（一）签订担保合同时，债务人自身是否具备足够的清偿能力或可预期的还款资金来源。

（二）担保项下借款合同规定的融资条件，在金额、利率、期限等方面与债务人声明的借款资金用途是否存在明显不符。

（三）担保当事各方是否存在通过担保履约提前偿还担保项下债务的意图。

（四）担保当事各方是否曾经以担保人、反担保人或债务人身份发生过恶意担保履约或债务违约。

四、担保人、债务人、债权人向境内银行申请办理与跨境担保相关的购付汇和收结汇时，境内银行应当对跨境担保交易的背景进行尽职审查，以确定该担保合同符合中国法律法规和本规定。

五、具备以下条件之一的跨境承诺，不按跨境担保纳入外汇管理范围：

（一）该承诺不具有契约性质或不受法律约束。

（二）履行承诺义务的方式不包括现金交付或财产折价清偿等付款义务。

（三）履行承诺义务不会同时产生与此直接对应的对被承诺人的债权。

（四）国内有其他法规、其他部门通过其他方式进行有效管理，经外汇局明确不按跨境担保纳入外汇管理范围的跨境承诺，如境内银行在货物与服务进口项下为境内机构开立的即期和远期信用证、已纳入行业主管部门监管范围的信用保险等。

（五）一笔交易存在多个环节，但监管部门已在其中一个环节实行有效管理，经外汇局明确不再重复纳入规模和统计范围的跨境承诺，如境内银行在对外开立保函、开立信用证或发放贷款时要求境内客户提供的保证金或反担保。

（六）由于其他原因外汇局决定不按跨境担保纳入外汇管理范围的相关承诺。

不按跨境担保纳入外汇管理范围的相关承诺，不得以跨境担保履约的名义办理相关跨境收支。

六、跨境担保可分为融资性担保和非融资性担保。融资性担保是指担保人为融资性付款义务提供的担保，这些付款义务来源于具有融资合同一般特征的相关交易，包括但不限于普通借款、债券、融资租赁、有约束力的授信额度等。非融资性担保是指担保人为非融资性付款义务提供的担保，这些付款义务来源于不具有融资合同一般特征的交易，包括但不限于招投标担保、预付款担保、延期付款担保、货物买卖合同下的履约责任担保等。

七、外汇局对境内机构跨境担保业务进行核查和检查，担保当事各方、境内银行应按照外汇局要求提供相关资料。对未按本规定及相关规定办理跨境担保业务的，外汇局根据《中华人民共和国外汇管理条例》（以下简称《条例》）进行处罚。

（一）违反《跨境担保外汇管理规定》（以下简称《规定》）第十一条第（二）项规定，债务人将担保项下资金直接或间接调回境内使用的，按照《条例》第四十一条对担保人进行处罚。

（二）有下列情形之一的，按照《条例》第四十三条处罚：

1. 违反《规定》第八条规定，担保人办理内保外贷业务违反法律法规及相关部门规定的。

2. 违反《规定》第十条规定，担保人超出行业主管部门许可范围提供内保外贷的。

3. 违反《规定》第十二条规定，担保人未对债务人主体资格、担保项下资金用途、预计的还款资金来源、担保履约的可能性及相关交易背景进行审核，对是否符合境内、外相关法律法规未进行尽职调查，或未以适当方式监督债务人按照其申明的用途使用担保项下资金的。

4. 违反《规定》第十四条规定，担保人未经外汇局批准，在向债务人收回提供履约款之前签订新的内保外贷合同的。

5. 违反《规定》第十七条规定，未经批准，债务人、债权人超出范围办理外保内贷业务的。

6. 违反《规定》第十九条第一款规定，境内债务人未经外汇局批准，在偿清对境外担保人债务之前擅自签订新的外保内贷合同或办理新的提款的。

7. 违反《规定》第十九条第二款规定，境内债务人担保履约项下未偿本金余额超过其上年度末经审计的净资产数额的。

8. 违反《规定》第二十七条规定，担保人、被担保人明知或者应知担保履约义务确定发生的情况下仍然签订跨境担保合同的。

（三）有下列情形之一的，按照《条例》第四十七条处罚：

1. 违反《规定》第二十三条第（二）项规定，银行未审查担保履约真实性、合规性或留存必要材料的。

2. 违反《规定》第二十八条规定，境内银行对跨境担保交易的背景未进行尽职审查，以确定该担保交易符合中国法律法规和本规定的。

（四）有下列情形的，按照《条例》第四十八条处罚：

1. 违反《规定》第九条规定，担保人未按规定办理内保外贷登记的。

2. 违反《规定》第十三条规定，担保人未按规定办理内保外贷登记注销手续的。

3. 违反《规定》第十五条规定，担保人或反担保人未按规定办理对外债权登记手续的。

4. 违反《规定》第十八条规定，境内金融机构未按规定向外汇局报送外保内贷业务相关数据的。

5. 违反《规定》第十九条第三款规定，债务人办理外保内贷业务时未向债权人真实、完整地提供其已办理外保内贷业务的债务违约、外债登记及债务清偿情况的。

6. 违反《规定》第二十条规定，境内债务人未按规定到所在地外汇局办理短期外债签约登记及相关信息备案手续的。

7. 违反《规定》第二十三条第（三）项规定，当事人未按规定办理跨境投资外汇登记的。

8. 违反《规定》第二十四条第二款规定，担保人未到外汇局注销相关登记的。

国家外汇管理局关于印发《跨国公司外汇资金集中运营管理规定（试行）》的通知

（汇发〔2014〕23号　2014年4月18日）

国家外汇管理局各省、自治区、直辖市分局、外汇管理部，深圳、大连、青岛、厦门、宁波市分局：

为满足跨国公司统筹使用境内外外汇资金需要，服务实体经济，促进贸易投资便利化，支持产业结构转型升级，探索投融资汇兑便利，国家外汇管理局制定了《跨国公司外汇资金集中运营管理规定（试行）》，现印发执行。

附件：跨国公司外汇资金集中运营管理规定（试行）。

国家外汇管理局

2014年4月18日

附件

跨国公司外汇资金集中运营管理规定（试行）

第一章 总 则

第一条 为促进贸易投资便利化，服务实体经济，制定本规定。

第二条 跨国公司可以根据经营需要，在所在地银行开立国内外汇资金主账户，集中运营管理境内成员企业外汇资金。并可办理经常项目外汇资金集中收付汇、轧差净额结算等业务。

第三条 跨国公司可以根据经营需要，在所在地银行开立国际外汇资金主账户，集中运营管理境外成员企业资金及从其他境外机构借入的外债资金。

国际外汇资金主账户之间以及与境外机构境内外汇账户、境外资金往来自由。国际外汇资金主账户内资金不占用企业外债指标，但应按规定办理外债登记。

境内银行通过国际外汇资金主账户吸收的存款可在不超过 10% 的额度内境内运用；在占用短期外债余额指标的前提下，可将国际外汇资金主账户吸收存款中超过 10% 的部分境内运用。

第四条 国内外汇资金主账户与国际外汇资金主账户之间净融入额不得超过境内成员企业集中的外债额度，净融出额不得超过境内成员企业集中的对外放款额度。

第五条 跨国公司可以根据经营需要，同时开立国内、国际外汇资金主账户，也可以选择开立其中任何一个账户。

同时开立国内、国际外汇资金主账户的，外债、对外放款融出入资金应经由国际外汇资金主账户办理；仅开立国内外汇资金主账户的，外债、对外放款融出入资金可在第四条规定额度内由境外直接进出入国内外汇资金主账户；仅开立国际外汇资金主账户的，外债、对外放款通过该账户办理。

跨国公司、银行应做好额度控制，确保任一时点外债、对外放款融出入资金不超过规定额度。

第六条　开户银行应为近三年执行外汇管理规定年度考核B类及以上的银行。主办企业原则上选择不超过3家境内具有结售汇业务资格的银行作为办理资金集中运营管理业务的开户银行，开户银行依据本规定对相关账户交易进行操作和管理。

开户银行办理资金集中运营管理业务后考核等次为B（不含）以下的，可以继续办理原有相应业务。

第二章　业务备案

第七条　满足以下条件的跨国公司，可根据经营需要开立国内、国际外汇资金主账户：

（一）具备真实业务需求。

（二）具有完善的外汇资金管理架构、内控制度。

（三）建立相应的内部管理电子系统。

（四）上年度外汇收支规模超过1亿美元（参加外汇资金集中运营管理的境内成员企业合并计算）。

（五）近三年无重大外汇违法违规行为（成立不满三年的企业，自成立之日起无重大外汇违规行为）。贸易外汇收支企业名录内企业，货物贸易分类结果应为A类。

（六）外汇局规定的其他审慎监管条件。

第八条　主办企业开立国内、国际外汇资金主账户应向所在地外汇分局、外汇管理部（以下简称分局）备案，提交以下材料：

（一）备案申请。包括跨国公司基本情况，业务需求；主办企业基本情况，参与企业名单、股权结构；跨国公司对主办企业的授权书等。选择经常项目外汇资金集中收付汇、轧差净额结算业务的，还需列表说明参与的境内外成员企业名单，包括名称、组织机构代码、注册地等。

（二）相关证明材料。包括加盖主办企业公章的主办企业及境内成员企业营业执照；金融业务许可证及经营范围批准文件（财务公司需提供）；境外成员企业只需提供注册证明。

（三）企业与开户银行联合制定的业务模式、操作流程、内控制度、组织架构、系统建设、风险控制措施、数据监测方式以及技术服务保障方案等；经签署的《跨国公司外汇资金集中运营管理业务办理确认书》；选择2家以上（含）开户银行的，应明确外债、对外放款集中额度在各家开户银行的具体分配。

（四）外汇局要求提供的其他材料。

第九条　主办企业首次申请集中外债额度时应提交以下材料：

（一）申请书，应列表说明参加外债额度集中的成员企业名称、组织机构代码、注册地、每家成员企业可用外债额度、已登记外债签约额及提款额、集中的外债额度。

（二）参与集中或者部分集中外债额度的成员企业的资本项目信息系统外债业务查询中的尚可借债额、外债签约登记列表及外债业务条线查询列表信息打印界面。

特殊敏感行业不得参与及共享归集的外债额度。

第十条　外汇局应在主办企业提交完整的备案申请材料之日起二十个工作日内完成备案手续并出具备案通知书。备案通知书应包含外债、对外放款资金融出入额度等。

第十一条　主办企业为财务公司的，应当遵守行业主管部门规定，并将跨国公司外汇资金集中运营管理业务和其他业务（包括自身资产负债业务）分账管理。

第十二条　业务办理期间开户银行、主办企业、成员企业等发生变更的，应提前一个月向分局变更备案。

开户银行变更的，应提交以下材料：

（一）变更开户银行申请。主要包括：变更开户银行的原因，拟选择的开户银行，原账户余额的处理方式等。

（二）拟新开户银行业务模式、操作流程、内控制度、组织架构、系统建设、风险控制措施、数据监测方式以及技术服务保障方案等。

（三）加盖银行业务公章的原账户余额对账单。

（四）经签署的《跨国公司外汇资金集中运营管理业务办理确认书》。

（五）外汇局要求的其他材料。

成员企业、主办企业外债和对外放款额度、业务种类变更的，除参照第八、九条提交材料外，还应提交备案通知书复印件。

第十三条　主办企业货物贸易分类结果降为B、C类，根据违规情节轻重，外汇局将通知跨国公司变更主办企业并重新提交申请材料，或取消主办企业业务资格；其他成员企业货物贸易分类结果降为B、C类，主办企业应终止其业务，并向外汇局进行成员企业变更备案。

第十四条　主办企业存在外汇违规行为的，自处罚生效之日起，取消主办企业业务资格；成员企业存在外汇违规行为，自处罚生效之日起，取消该成员企业参与业务资格。

第三章　国内、国际外汇资金主账户管理

第十五条　主办企业应持备案通知书到银行开立国内和（或）国际外汇资金主账户。国内和国际外汇资金主账户可以是多币种账户，允许日间及隔夜透支；透支资金只能用于对外支付，收到外汇资金后应优先偿还透支款。根据业务需要，该账户项下可设立分账户。

国内外汇资金主账户和国际外汇资金主账户开户数量不予限制，但应符合审慎监管要求。

第十六条　国内外汇资金主账户收支范围。

（一）收入范围

1. 境内成员企业从境外直接获得的经常项目外汇收入。

2. 境内成员企业经常项目外汇账户、资本金账户、资产变现账户、再投资专用账户、外债账户划入。

3. 规定额度内由国际外汇资金主账户划入的从境外借入的外债和偿还的对外放款本息。

4. 购汇存入（经常项目项下对外支付购汇所得资金、对外放款或购汇偿

还外债资金）。

5. 理财产品的本息。

6. 外汇局核准的其他收入。

同一跨国公司未开立国际外汇资金主账户的，国内外汇资金主账户收入范围还包括规定额度内从境外借入的外债资金或者收回的对外放款本息。

跨国公司向境内存款性金融机构借入的外汇贷款不得进入国内资金主账户（用于归还外债、对外放款等项下外汇贷款除外）。

（二）支出范围

1. 境内成员企业向境外的经常项目外汇支出。

2. 向境内成员企业经常项目外汇账户、资本金账户、资产变现账户、再投资专用账户、外债账户划出。

3. 规定额度内向国际外汇资金主账户划出的对外放款和偿还的外债本息。

4. 结汇。

5. 理财产品本金划出。

6. 交纳外币存款准备金。

7. 外汇局核准的其他支出。

同一跨国公司未开立国际外汇资金主账户的，国内外汇资金主账户支出范围还包括规定额度内对外放款和偿还的外债本息。

第十七条　跨国公司集中的外债额度 = 参与集中的境内成员企业外债额度 - 参与集中的境内成员企业已登记中长期外债签约额 - 参与集中的境内成员企业已登记短期外债未偿余额 - 参与部分集中的境内成员企业保留的外债额度。

第十八条　主办企业可以集中成员企业全部外债额度，也可以集中部分外债额度。

主办企业集中全部外债额度的，自递交申请之日起，成员企业不得自行举借外债。集中部分外债额度的，所余外债额度仍按照现行外债管理规定办理。具体管理办法由主办企业所在地外汇局与所涉外汇局核实后商主办企业及其开户银行制定，且所涉外汇局之间应按季度核对外债数据。

第十九条　主办企业通过国际外汇资金主账户从境外融入的外汇资金需

办理外债登记。外债登记实行分债权人分币种填报，即企业对每个境外债权人的每个币种的负债视为一笔外债。企业在办理与外债提款、还本付息相关的业务时，应准确进行国际收支申报，并在“外汇局批件号 / 备案表号 / 业务编号”中准确填写相应的业务编号。主办企业应在签订外债合同后 15 个工作日内且在首笔外债资金入账前，到外汇局办理签约登记手续，外债变更登记按现行规定办理。

同一跨国公司未开立国际外汇资金主账户的，国内外汇资金主账户借入外债资金，在规定额度内按前款规定办理。

第二十条　跨国公司对外放款，遵循现行外汇管理程序办理。对外放款额度超过境内成员企业所有者权益 50% 的，可以向分局申请。分局按规定程序集体讨论决定。

第二十一条　国内外汇资金主账户与境外经常项目收付以及结售汇，包括集中收付汇和轧差净额结算等，由经办银行按照“了解客户”“了解业务”“尽职审查”等原则办理相关手续。对于资金性质不明确的，银行应当要求主办企业提供相关单证。服务贸易等项目对外支付仍需按规定提交税务备案表。

银行、主办企业应当分别留存相关单证 5 年备查。

第二十二条　国内外汇资金主账户可集中办理经常项下、直接投资、外债和对外放款项下结售汇。

企业归集至主办企业的外商直接投资项下外汇资金（包括外汇资本金、资产变现账户资金和境内再投资账户资金）、外债资金在国内外汇资金主账户内按照意愿结汇方式办理结汇手续，结汇所得人民币资金划入主办企业对应开立的人民币专用存款账户（资本项目—结汇待支付账户），可在各成员企业经营范围内审核真实性后直接支付。银行留存相关单证 5 年备查。

企业及开户银行应及时准确地报送结汇和支付数据至外汇局相关业务信息系统。银行应参照《国家外汇管理局关于资本项目信息系统试点及相关数据报送工作的通知》（汇发〔2012〕60 号）和《外汇账户数据采集规范（1.1 版）》的要求报送人民币专用存款账户的开关户及收支余信息，人民币专用存款账户的账户性质代码为 2113，账户性质名称为“资本项目—结汇待支付账户”。银行应参照《国家外汇管理局关于做好调整境内银行涉外收付凭证及相关信息报送准备工作的通知》（汇发〔2011〕49号）的要求，通过境内收付款凭证，报送人民币专用存款账户与其他境内人民币账户之间的收付款信息。

外商直接投资项下外汇资金和外债资金结汇用途应遵守现行外汇管理规定，不得用于以下用途：

（一）不得直接或间接用于企业经营范围和外债资金指定用途范围之外或国家法律法规禁止的支出。

（二）除法律法规另有规定外，不得直接或间接用于证券和衍生产品投资。

（三）不得直接或间接用于发放人民币委托贷款（经营范围许可的除外）、偿还企业间借贷（含第三方垫款）以及偿还已转贷予第三方的银行人民币贷款。

（四）除外商投资房地产企业外，不得用于支付购买非自用房地产的相关费用。

主办企业为财务公司的，成员企业可申请在财务公司办理上述结售汇业务，也可由主办企业以其名义在银行办理结售汇业务。财务公司为成员企业办理结售汇业务应当具备结售汇业务资格，并按规定向外汇局报送结售汇数据。

第二十三条　开户银行或财务公司应按规定向外汇局报送国际外汇资金主账户（代码为“3600”）和国内外汇资金主账户（代码为“3601”）信息。

第二十四条　国内、国际外汇资金主账户的跨境资金收付均应按照《国家外汇管理局关于印发〈通过金融机构进行国际收支统计申报业务操作规程〉的通知》（汇发〔2010〕22号）中关于跨境资金收付的国际收支申报要求进行申报。国内、国际外汇资金主账户与境内非居民间的资金收付，应按照《国家外汇管理局关于明确和调整国际收支统计申报有关事项的通知》（汇发〔2011〕34号）中关于境内居民与境内非居民间交易的要求进行申报。有关国内外汇资金主账户经常项目集中收付汇和轧差净额结算的国际收支申报执行本规定第三十一条。

第二十五条　国内外汇资金主账户和国际外汇资金主账户之间的资金划转无须进行国际收支申报，但应按照《国家外汇管理局关于做好调整境内银行涉外收付凭证及相关信息报送准备工作的通知》（汇发〔2011〕49号）、《国家外汇管理局关于启用境内银行涉外收付凭证及明确有关数据报送要求的通知》（汇发〔2012〕42号）和《国家外汇管理局关于发布〈金融机构外汇业务数据采集规范（1.0版）〉的通知》（汇发〔2014〕18号）关于境内居民之间资金划转要求报送有关数据。

第二十六条　主办企业为财务公司的，应按照《国家外汇管理局综合司关于加强金融机构对外资产负债和损益申报及升级报送系统的通知》（汇综发〔2012〕145号）和《国家外汇管理局关于印发〈对外金融资产负债及交易统计制度〉的通知》（汇发〔2013〕43号）的规定进行申报。其中，通过国际外汇资金主账户集中运营管理的境外成员企业资金或从境外借入资金均应申报为主办企业的对外负债。

第四章　经常项目集中收付汇和轧差净额结算业务管理

第二十七条　集中收付汇是指主办企业通过国内外汇资金主账户集中代理境内成员企业办理经常项目外汇收支。

轧差净额结算是指主办企业通过国内外汇资金主账户集中核算其境内外成员企业经常项目项下外汇应收应付资金，合并一定时期内外汇收付交易为单笔外汇交易的操作方式。原则上每个自然月轧差净额结算不少于1次。

第二十八条　境内成员企业办理货物贸易集中收付汇或货物贸易轧差净额结算时，应按规定办理“贸易外汇收支企业名录”登记手续（主办企业为财务公司除外），并按货物贸易外汇管理规定及时、准确通过货物贸易外汇业务监测系统（企业端）进行贸易信贷、贸易融资等业务报告。

第二十九条　主办企业可以根据境内成员企业真实合法的进口付汇需求提前购汇存入国内外汇资金主账户。

对于退汇日期与原收、付款日期间隔在180天（不含）以上或由于特殊情况无法按规定办理原路退汇的，主办企业应当到外汇局办理货物贸易外汇业务登记手续，并提供书面申请、原收入/支出申报单证、原进/出口合同、退汇合同等。

第三十条　境内成员企业按照《货物贸易外汇管理指引》及其实施细则规定，需凭《货物贸易外汇业务登记表》办理的业务不得参加集中收付汇和轧差净额结算，按现行规定办理。

第三十一条　办理经常项目集中收付款或轧差净额结算应按以下要求进行国际收支申报：

主办企业应对两类数据进行国际收支统计申报。一类是集中收付款或轧差净额结算时主办企业的实际收付款数据（以下简称实际收付款数据）；另一类是逐笔还原集中收付或轧差净额结算前各成员企业的原始收付款数据（以下简称还原数据）。

实际收付款数据不为零时，主办企业应通过办理实际对外收付款交易的境内银行进行申报，境内银行应将实际收付款信息交易编码标记为“999999”。实际收付款数据为零时（轧差净额结算为零），主办企业应虚拟一笔结算为零的申报数据，填写《境外汇款申请书》，收付款人名称均为主办企业，交易编码标记为“999998”，国别为“中国”，其他必输项可视情况填报或填写“N/A”（大写英文字母）。境内银行应在其实际对外收付款之日（轧差净额结算为零时为轧差结算日或会计结算日）（T）后的第1个工作日（T+1）中午12:00前，完成实际数据的报送工作。

对还原数据的申报，主办企业应按照实际对外收付款的日期（轧差净额结算为零时为轧差结算日或会计结算日）确认还原数据申报时点（T），并根据全收全支原则，以境内成员企业名义，向实际办理或记账处理对外收付款业务的银行提供还原数据的基础信息和申报信息，使其至少包括国际收支统计申报的所需信息。境内银行应在上述还原数据申报时点（T）后的第1个工作日（T+1）中午12:00前，完成还原数据基础信息的报送工作；第5个工作日（T+5）中午12:00前，完成还原数据申报信息的报送工作。

申报单号码由发生实际收付款的银行编制，交易编码按照实际交易性质填报。境内银行应将还原数据的“银行业务编号”填写为所对应的对外实际收付数据的申报号码，以便建立集中收付数据与还原数据间的对应关系。境内银行应为主办企业提供申报渠道等基础条件，并负责将还原数据的基础信息和申报信息传送到外汇局。

第五章　监督管理

第三十二条　主办企业应认真按照本规定及外汇局备案通知书内容开展业务。业务开展期间，相关事项发生变更的，应按要求及时向外汇局变更备案。

主办企业及成员企业应严格按规定向银行申报跨境资金收付性质，办理国际收支统计申报。

第三十三条　开户银行对跨国公司外汇资金集中运营管理业务及提交的材料，做好真实性和合规性审核；对其相关外汇资金变动，做好相应登记备案；对资金流动，做好监测、审核和额度管理。

第三十四条　开户银行应按规定及时、完整、准确地报送国内、国际外汇资金主账户、结汇待支付账户等账户信息、国际收支申报、境内资金划转、结售汇等数据，审核企业报送的业务数据，协助外汇局做好非现场监测。

第三十五条　分局应采取下列措施确保外汇资金集中运营管理工作平稳有序，政策落到实处：

（一）完善工作机制，责任到人，及时准确报送数据。指定牵头处室并 1 名工作联系人负责向总局报告。《规定》实施之日起一年内，每月 10 日前以局发文形式向总局报告业务情况及相关统计报表；每季度一并报告辖内办理资金集中运营管理企业名单等基本情况。一年后，以综合部门名义每月报告统计报表；每季度报告辖内办理资金集中运营管理企业名单等基本情况；每半年报告业务情况。

（二）强化非现场监测与现场核查检查。充分利用跨境资金流动监测与分析平台等现有外汇管理系统，建立跨国公司名单功能设置，全面分析国际、国内资金主账户外汇收支、结售汇、资金划转、集中收付汇和轧差结算等数据信息。

（三）做好银行和企业风险提示和窗口指导工作。采取有效措施满足企业需求，逐步形成合理的跨境资金双向流动格局。督促银行建立操作规程和内控制度，提供必要的技术服务保障。必要时，可要求主办企业对外汇资金集中运营管理业务的合规性等进行审计。

（四）根据本规定及当地实际情况，制定细化准入条件等操作规程，按程序向总局备案后实施。

第三十六条　企业发生异常情况及违规行为，分局应暂停或取消办理本规定范围内的各项业务，根据《外汇管理条例》等相关法规进行行政处罚；开户银行发生违反“了解客户”“了解业务”“尽职审查”真实性审核规定等违规行为，应取消办理本规定范围内各项业务，根据《外汇管理条例》等相关法规进行行政处罚。

第六章　附　　则

第三十七条　本规定所称跨国公司是以资本联结为纽带，由母公司、子公司及其他成员企业或机构共同组成的企业法人联合体（不含财务公司以外的金融机构）。

成员企业，是指跨国公司内部相互直接或间接持股的、具有独立法人资格的各家公司，分为境内成员企业和境外成员企业。

主办企业，是指履行主体业务申请、备案、实施、数据报送、情况反馈等职责的跨国公司或取得跨国公司授权且具有独立法人资格的一家境内公司。主办企业为财务公司的，其从事跨境资金交易应遵守行业管理部门的规定。

本规定第三条第二款所称境外机构境内外汇账户包括境外机构在境内银行开立的 NRA 账户（Non-resident Account）以及在取得离岸银行业务资格的离岸银行业务部开立的 OSA 账户（Offshore Account）。

第三十八条　单一企业集团符合内控制度完善、上年度外汇收支规模超过 1 亿美元、最近三年无重大外汇违规行为等条件的，可以根据业务实际，申请单独开立国内外汇资金主账户，办理经常项目轧差净额结算业务，以及按照本规定第二十一条简化单证审核、第二十二条第二、三款办理结汇手续等；或者单独开立国际资金主账户，集中管理境外资金。

跨国公司资金集中运营管理框架下委托贷款，应遵守有关境内外汇贷款管理规定，无须开立并通过实体外汇账户办理相关业务；成员企业之间可直接划转资金，无须先上划至国内外汇资金主账户，再下划至成员企业。

第三十九条　外汇局可根据国家宏观调控政策、外汇收支形势及业务开展情况，逐步完善和改进政策内容。

第四十条　本规定自2014年6月1日起实施，由国家外汇管理局负责解释。《国家外汇管理局综合司关于跨国公司集中收付业务数据报送相关问题的通知》(汇综发〔2013〕47号）同时废止。经外汇局批准已开展外汇资金集中运营管理的跨国公司，可以继续适用原来资金集中运营管理框架和政策，也可以提供变更后的业务需求等材料（已经提供的材料无须提供），向分局备案后适用本规定。

国家税务总局关于居民企业报告境外投资和所得信息有关问题的公告

（国家税务总局公告2014年第38号　2014年9月30日）

为规范居民企业境外投资和所得信息报告的内容和方式，根据《中华人民共和国税收征收管理法》（以下简称税收征管法）及其实施细则、《中华人民共和国企业所得税法》（以下简称企业所得税法）及其实施条例等有关规定，现就居民企业报告境外投资和所得信息有关问题公告如下：

一、居民企业成立或参股外国企业，或者处置已持有的外国企业股份或有表决权股份，符合以下情形之一，且按照中国会计制度可确认的，应当在办理企业所得税预缴申报时向主管税务机关填报《居民企业参股外国企业信息报告表》（附件1）：

（一）在本公告施行之日，居民企业直接或间接持有外国企业股份或有表决权股份达到10%（含）以上；

（二）在本公告施行之日后，居民企业在被投资外国企业中直接或间接持有的股份或有表决权股份自不足10%的状态改变为达到或超过10%的状态；

（三）在本公告施行之日后，居民企业在被投资外国企业中直接或间接持有的股份或有表决权股份自达到或超过10%的状态改变为不足10%的状态。

二、居民企业在办理企业所得税年度申报时，还应附报以下与境外所得相关的资料信息：

（一）有适用企业所得税法第四十五条情形或者需要适用《特别纳税调整实施办法（试行）》（国税发〔2009〕2号文件印发）第八十四条规定的居民企业填报《受控外国企业信息报告表》（附件2）；

（二）纳入企业所得税法第二十四条规定抵免范围的外国企业或符合企业所得税法第四十五条规定的受控外国企业按照中国会计制度编报的年度独立

财务报表。

三、在税务检查（包括纳税评估、税务审计及特别纳税调整调查等）时，主管税务机关可以要求居民企业限期报告与其境外所得相关的必要信息。

四、居民企业能够提供合理理由，证明确实不能按照本办法规定期限报告境外投资和所得信息的，可以依法向主管税务机关提出延期要求。限制提供相关信息的境外法律规定、商业合同或协议，不构成合理理由。

五、主管税务机关应当为纳税人报告境外投资和所得信息提供便利，及时受理纳税人报告的各类信息，并依法保密。

六、居民企业未按照本办法规定报告境外投资和所得信息，经主管税务机关责令限期改正，逾期仍不改正的，主管税务机关可根据税收征管法及其实施细则以及其他有关法律、法规的规定，按已有信息合理认定相关事实，并据以计算或调整应纳税款。

七、非居民企业在境内设立机构、场所，取得发生在境外但与其所设机构、场所有实际联系的所得的，参照本公告规定报告相关信息。

八、本公告自 2014 年 9 月 1 日起施行。在施行之日以前发生，但与施行之日以后应报告信息相关或者属于施行之日以后纳税年度的应报告信息，仍适用本公告规定。《国家税务总局关于印发〈中华人民共和国企业年度关联业务往来报告表〉的通知》（国税发〔2008〕114 号）所附《对外投资情况表》同时废止。

国家税务总局

2014 年 6 月 30 日

附件 1

居民企业参股外国企业信息报告表

一、报告人信息			
企业名称：		纳税识别号：	
二、被投资外国企业信息			
外国企业名称：		所在国纳税识别号：	
成立地：		主营业务类型：	
报告人持股比例：			

持有外国企业 10% 以上股份或有表决权股份的其他股东情况				
持股股东名称	居住地或成立地	持股类型	持股比例	达到 10% 以上权益份额的起始日期

中国居民个人担任外国企业高管或董事情况				
中国居民个人姓名	中国境内常住地	身份识别号	职务	任职起止日期

三、外国企业股份变动信息				
报告人收购外国企业股份情况				
被收购股份类型	交易日期	收购方式	收购前报告人在外国企业持股份额	收购后报告人在外国企业持股份额
报告人处置外国企业股份情况				
被处置股份类型	处置日期	处置方式	处置前报告人在外国企业持股份额	处置后报告人在外国企业持股份额

（续）

<table>
<tr><td colspan="2">四、报告人声明</td></tr>
<tr><td colspan="2">我谨在此声明：以上呈报事项准确无误，如有不实，愿承担相应的法律责任。

报告人签字和盖章：　　　　　　　　　　报告日期：　年　月　日</td></tr>
<tr><td colspan="2">经办人：　　　　　　　　　　联系电话：

以下由主管税务机关填写</td></tr>
<tr><td>受理人：
联系电话：</td><td>税务机关（盖章）
年　月　日</td></tr>
</table>

填表说明：

1. 按照《国家税务总局关于居民企业报告境外投资和所得信息的公告》（以下称公告）第一条规定应该填报本表的企业为本表报告人。报告人直接或间接投资多家外国企业，并符合规定条件的，应该分别按每个符合条件的被投资外国企业填报本表。
2. 持股股东名称栏仅填报在被投资外国企业直接持有 10% 以上股份或有表决权股份的所有股东。
3. 持股类型栏、被收购股份类型栏和被处置股份类型栏按照有表决权股份和无表决权股份填报。
4. 持股比例栏按照《特别纳税调整实施办法（试行）》第七十七条第二款规定计算填报。
5. 中国居民个人姓名栏应该填报担任被投资外国企业高管和董事，且按照个人所得税法规定构成在中国有住所，或者在中国无住所但在中国境内居住满一年的所有个人。
6. 身份识别号栏按中国居民个人所持身份证件的识别号填报。
7. 交易日期栏和处置日期栏按中国会计制度确认的相关交易或处置行为完成的日期填报。
8. 收购外国企业股份情况仅填报导致公告第一条规定情形的一次或多次收购交易及其相关情况。
9. 外国企业股份处置情况仅填报导致公告第一条规定情形的一次或多次股份处置交易及其相关情况。
10. 本表相关栏目应填报的名称为外文的，应同时填报中文译文名称。

附件 2

受控外国企业信息报告表

<table>
<tr><td colspan="7">一、报告人信息</td></tr>
<tr><td colspan="2">企业名称</td><td colspan="2"></td><td colspan="2">纳税人识别号</td><td></td></tr>
<tr><td colspan="7">二、受控外国企业信息</td></tr>
<tr><td colspan="2">企业名称</td><td colspan="2"></td><td colspan="2">纳税人识别号</td><td></td></tr>
<tr><td colspan="2">注册地址</td><td colspan="2"></td><td colspan="2">法定代表人</td><td></td></tr>
<tr><td colspan="2">成立时间</td><td colspan="2"></td><td colspan="2">纳税年度起止</td><td></td></tr>
<tr><td colspan="2">记账本位货币</td><td colspan="2"></td><td colspan="2">折合人民币汇率选用</td><td></td></tr>
<tr><td colspan="7">主营业务范围</td></tr>
<tr><td colspan="7">三、受控外国企业构成条件　　持股比例□　　实质控制□</td></tr>
<tr><td colspan="7">四、持有受控外国企业股份的中国居民股东持股信息</td></tr>
<tr><td>股东名称</td><td>持股数量</td><td>持股比例</td><td>直接持股数量和比例</td><td>起止时间</td><td>间接持股数量和比例</td><td>起止时间</td></tr>
<tr><td></td><td></td><td></td><td></td><td></td><td></td><td></td></tr>
<tr><td></td><td></td><td></td><td></td><td></td><td></td><td></td></tr>
<tr><td></td><td></td><td></td><td></td><td></td><td></td><td></td></tr>
<tr><td></td><td></td><td></td><td></td><td></td><td></td><td></td></tr>
<tr><td colspan="7">五、例外适用情况</td></tr>
<tr><td colspan="7">1. 受控外国企业是否在国家税务总局指定的非低税率国家（地区）　是□　否□
实际税负：</td></tr>
<tr><td colspan="7">2. 受控外国企业年度利润是否不高于 500 万元人民币　是□　否□</td></tr>
<tr><td colspan="7">3. 受控外国企业主要取得积极经营活动所得　是□　否□</td></tr>
<tr><td colspan="7">六、受控外国企业利润分配</td></tr>
<tr><td colspan="3">可分配利润总额</td><td></td><td>可抵免外国税额</td><td colspan="2"></td></tr>
<tr><td colspan="3">以前年度已视同分配额</td><td></td><td>可抵免外国税额</td><td colspan="2"></td></tr>
<tr><td colspan="3">本年度分配额超出以前年度已视同分配额的数额</td><td></td><td>可抵免外国税额</td><td colspan="2"></td></tr>
<tr><td colspan="3">未分配利润额</td><td></td><td>可抵免外国税额</td><td colspan="2"></td></tr>
<tr><td colspan="3">视同分配给报告人股息</td><td></td><td>可抵免外国税额</td><td colspan="2"></td></tr>
<tr><td colspan="3">视同分配给其他中国居民股东的股息</td><td></td><td>可抵免外国税额</td><td colspan="2"></td></tr>
<tr><td colspan="3">备注</td><td></td><td></td><td colspan="2"></td></tr>
</table>

（续）

七、报告人声明	
我谨在此声明：以上呈报事项准确无误，如有不实，愿承担相应的法律责任。 报告人签字和盖章：　　　　　　　　　　　　报告日期：　　年　　月　　日	
以下由主管税务机关填写	
受理人： 联系电话：	税务机关（盖章） 年　　月　　日

填表说明：

1. 按照《特别纳税调整实施办法（试行）》第七十六条规定构成中国居民企业股东的企业为本表的报告人。由报告人投资的多家外国企业构成《特别纳税调整实施办法（试行）》第七十六条规定的受控外国企业的，报告人应分别各受控外国企业填报本表。
2. 企业名称或股东名称为外文的，应同时填报中文译文名称。
3. 股东名称栏仅填报符合《特别纳税调整实施办法（试行）》第七十六条规定的所有中国居民股东。
4. 折合人民币汇率选用栏按本表所用汇率确定方法填报，如按受控外国企业年度平均汇率或年末汇率确定。
5. 未分配利润栏按可分配利润栏减以前年度已视同分配额以及本年度分配额超出以前年度已视同分配额的数额之差填报。
6. 视同分配给报告人股息栏和视同分配给其他中国居民股东的股息栏以未分配利润栏为基础，按照《特别纳税调整实施办法（试行）》第八十条规定计算填写。
7. 本表视同分配给报告人股息栏及对应可抵免外国税额栏数额计入居民企业年度申报表相关栏目。
8. 本表中货币金额一律使用人民币填写。

外商投资篇

国务院关于修改《中华人民共和国外资银行管理条例》的决定

（中华人民共和国国务院令第 657 号　2014 年 11 月 27 日）

现公布《国务院关于修改〈中华人民共和国外资银行管理条例〉的决定》，自 2015 年 1 月 1 日起施行。

总理　李克强

2014 年 11 月 27 日

国务院关于修改《中华人民共和国外资银行管理条例》的决定

国务院决定对《中华人民共和国外资银行管理条例》作如下修改：

一、将第八条第二款修改为："外商独资银行、中外合资银行在中华人民共和国境内设立的分行，应当由其总行无偿拨给人民币或者自由兑换货币的营运资金。外商独资银行、中外合资银行拨给各分支机构营运资金的总和，不得超过总行资本金总额的 60%。"

二、删去第十条第二项、第十一条第二项、第十二条第三项、第二十八条第二款。

三、将第三十四条修改为："外资银行营业性机构经营本条例第二十九条或者第三十一条规定业务范围内的人民币业务的，应当具备下列条件，并经国务院银行业监督管理机构批准：

（一）提出申请前在中华人民共和国境内开业 1 年以上；

（二）国务院银行业监督管理机构规定的其他审慎性条件。

外国银行分行改制为由其总行单独出资的外商独资银行的，前款第一项规定的期限自外国银行分行设立之日起计算。

外国银行的1家分行已经依照本条例规定获准经营人民币业务，该外国银行的其他分行申请经营人民币业务的，不受本条第一款第一项的限制。”

本决定自2015年1月1日起施行。

《中华人民共和国外资银行管理条例》根据本决定作相应修改，重新公布。

附件

中华人民共和国外资银行管理条例

（2006年11月11日中华人民共和国国务院令第478号公布
根据2014年7月29日《国务院关于修改部分行政法规的决定》第一次修订
根据2014年11月27日《国务院关于修改〈中华人民共和国外资银行管理条例〉的决定》第二次修订）

第一章　总　　则

第一条　为了适应对外开放和经济发展的需要，加强和完善对外资银行的监督管理，促进银行业的稳健运行，制定本条例。

第二条　本条例所称外资银行，是指依照中华人民共和国有关法律、法规，经批准在中华人民共和国境内设立的下列机构：

（一）1家外国银行单独出资或者1家外国银行与其他外国金融机构共同出资设立的外商独资银行；

（二）外国金融机构与中国的公司、企业共同出资设立的中外合资银行；

（三）外国银行分行；

（四）外国银行代表处。

前款第一项至第三项所列机构，以下统称外资银行营业性机构。

第三条　本条例所称外国金融机构，是指在中华人民共和国境外注册并经所在国家或者地区金融监管当局批准或者许可的金融机构。

本条例所称外国银行，是指在中华人民共和国境外注册并经所在国家或者地区金融监管当局批准或者许可的商业银行。

第四条　外资银行必须遵守中华人民共和国法律、法规，不得损害中华人民共和国的国家利益、社会公共利益。

外资银行的正当活动和合法权益受中华人民共和国法律保护。

第五条　国务院银行业监督管理机构及其派出机构（以下统称银行业监督

管理机构）负责对外资银行及其活动实施监督管理。法律、行政法规规定其他监督管理部门或者机构对外资银行及其活动实施监督管理的，依照其规定。

第六条　国务院银行业监督管理机构根据国家区域经济发展战略及相关政策制定有关鼓励和引导的措施，报国务院批准后实施。

第二章　设立与登记

第七条　设立外资银行及其分支机构，应当经银行业监督管理机构审查批准。

第八条　外商独资银行、中外合资银行的注册资本最低限额为 10 亿元人民币或者等值的自由兑换货币。注册资本应当是实缴资本。

外商独资银行、中外合资银行在中华人民共和国境内设立的分行，应当由其总行无偿拨给人民币或者自由兑换货币的营运资金。外商独资银行、中外合资银行拨给各分支机构营运资金的总和，不得超过总行资本金总额的 60%。

外国银行分行应当由其总行无偿拨给不少于 2 亿元人民币或者等值的自由兑换货币的营运资金。

国务院银行业监督管理机构根据外资银行营业性机构的业务范围和审慎监管的需要，可以提高注册资本或者营运资金的最低限额，并规定其中的人民币份额。

第九条　拟设外商独资银行、中外合资银行的股东或者拟设分行、代表处的外国银行应当具备下列条件：

（一）具有持续盈利能力，信誉良好，无重大违法违规记录；

（二）拟设外商独资银行的股东、中外合资银行的外方股东或者拟设分行、代表处的外国银行具有从事国际金融活动的经验；

（三）具有有效的反洗钱制度；

（四）拟设外商独资银行的股东、中外合资银行的外方股东或者拟设分行、代表处的外国银行受到所在国家或者地区金融监管当局的有效监管，并且其申请经所在国家或者地区金融监管当局同意；

（五）国务院银行业监督管理机构规定的其他审慎性条件。

拟设外商独资银行的股东、中外合资银行的外方股东或者拟设分行、代表处的外国银行所在国家或者地区应当具有完善的金融监督管理制度，并且其金融监管当局已经与国务院银行业监督管理机构建立良好的监督管理合作机制。

第十条　拟设外商独资银行的股东应当为金融机构，除应当具备本条例第九条规定的条件外，其中唯一或者控股股东还应当具备下列条件：

（一）为商业银行；

（二）提出设立申请前1年年末总资产不少于100亿美元；

（三）资本充足率符合所在国家或者地区金融监管当局以及国务院银行业监督管理机构的规定。

第十一条　拟设中外合资银行的股东除应当具备本条例第九条规定的条件外，其中外方股东及中方唯一或者主要股东应当为金融机构，且外方唯一或者主要股东还应当具备下列条件：

（一）为商业银行；

（二）提出设立申请前1年年末总资产不少于100亿美元；

（三）资本充足率符合所在国家或者地区金融监管当局以及国务院银行业监督管理机构的规定。

第十二条　拟设分行的外国银行除应当具备本条例第九条规定的条件外，还应当具备下列条件：

（一）提出设立申请前1年年末总资产不少于200亿美元；

（二）资本充足率符合所在国家或者地区金融监管当局以及国务院银行业监督管理机构的规定。

第十三条　外国银行在中华人民共和国境内设立营业性机构的，除已设立的代表处外，不得增设代表处，但符合国家区域经济发展战略及相关政策的地区除外。

代表处经批准改制为营业性机构的，应当依法办理原代表处的注销登记手续。

第十四条　设立外资银行营业性机构，应当先申请筹建，并将下列申请资料报送拟设机构所在地的银行业监督管理机构：

（一）申请书，内容包括拟设机构的名称、所在地、注册资本或者营运资金、申请经营的业务种类等；

（二）可行性研究报告；

（三）拟设外商独资银行、中外合资银行的章程草案；

（四）拟设外商独资银行、中外合资银行各方股东签署的经营合同；

（五）拟设外商独资银行、中外合资银行的股东或者拟设分行的外国银行的章程；

（六）拟设外商独资银行、中外合资银行的股东或者拟设分行的外国银行及其所在集团的组织结构图、主要股东名单、海外分支机构和关联企业名单；

（七）拟设外商独资银行、中外合资银行的股东或者拟设分行的外国银行最近 3 年的年报；

（八）拟设外商独资银行、中外合资银行的股东或者拟设分行的外国银行的反洗钱制度；

（九）拟设外商独资银行的股东、中外合资银行的外方股东或者拟设分行的外国银行所在国家或者地区金融监管当局核发的营业执照或者经营金融业务许可文件的复印件及对其申请的意见书；

（十）国务院银行业监督管理机构规定的其他资料。

拟设机构所在地的银行业监督管理机构应当将申请资料连同审核意见，及时报送国务院银行业监督管理机构。

第十五条　国务院银行业监督管理机构应当自收到设立外资银行营业性机构完整的申请资料之日起 6 个月内作出批准或者不批准筹建的决定，并书面通知申请人。决定不批准的，应当说明理由。

特殊情况下，国务院银行业监督管理机构不能在前款规定期限内完成审查并作出批准或者不批准筹建决定的，可以适当延长审查期限，并书面通知申请人，但延长期限不得超过 3 个月。

申请人凭批准筹建文件到拟设机构所在地的银行业监督管理机构领取开业申请表。

第十六条　申请人应当自获准筹建之日起 6 个月内完成筹建工作。在规定期限内未完成筹建工作的，应当说明理由，经拟设机构所在地的银行业监督管理机构批准，可以延长3个月。在延长期内仍未完成筹建工作的，国务院银行业监督管理机构作出的批准筹建决定自动失效。

第十七条　经验收合格完成筹建工作的，申请人应当将填写好的开业申请表连同下列资料报送拟设机构所在地的银行业监督管理机构：

（一）拟设机构的主要负责人名单及简历；

（二）对拟任该机构主要负责人的授权书；

（三）法定验资机构出具的验资证明；

（四）安全防范措施和与业务有关的其他设施的资料；

（五）设立分行的外国银行对该分行承担税务、债务的责任保证书；

（六）国务院银行业监督管理机构规定的其他资料。

拟设机构所在地的银行业监督管理机构应当将申请资料连同审核意见，及时报送国务院银行业监督管理机构。

第十八条　国务院银行业监督管理机构应当自收到完整的开业申请资料之日起2个月内，作出批准或者不批准开业的决定，并书面通知申请人。决定批准的，应当颁发金融许可证；决定不批准的，应当说明理由。

第十九条　经批准设立的外资银行营业性机构，应当凭金融许可证向工商行政管理机关办理登记，领取营业执照。

第二十条　设立外国银行代表处，应当将下列申请资料报送拟设代表处所在地的银行业监督管理机构：

（一）申请书，内容包括拟设代表处的名称、所在地等；

（二）可行性研究报告；

（三）申请人的章程；

（四）申请人及其所在集团的组织结构图、主要股东名单、海外分支机构和关联企业名单；

（五）申请人最近3年的年报；

（六）申请人的反洗钱制度；

（七）拟任该代表处首席代表的身份证明和学历证明的复印件、简历以及拟任人有无不良记录的陈述书；

（八）对拟任该代表处首席代表的授权书；

（九）申请人所在国家或者地区金融监管当局核发的营业执照或者经营金融业务许可文件的复印件及对其申请的意见书；

（十）国务院银行业监督管理机构规定的其他资料。

拟设代表处所在地的银行业监督管理机构应当将申请资料连同审核意见，及时报送国务院银行业监督管理机构。

第二十一条　国务院银行业监督管理机构应当自收到设立外国银行代表处完整的申请资料之日起6个月内作出批准或者不批准设立的决定，并书面通知申请人。决定不批准的，应当说明理由。

第二十二条　经批准设立的外国银行代表处，应当凭批准文件向工商行政管理机关办理登记，领取工商登记证。

第二十三条　本条例第十四条、第十七条、第二十条所列资料，除年报外，凡用外文书写的，应当附有中文译本。

第二十四条　按照合法性、审慎性和持续经营原则，经国务院银行业监督管理机构批准，外国银行可以将其在中华人民共和国境内设立的分行改制为由其单独出资的外商独资银行。申请人应当按照国务院银行业监督管理机构规定的审批条件、程序、申请资料提出设立外商独资银行的申请。

第二十五条　外国银行分行改制为由其总行单独出资的外商独资银行的，经国务院银行业监督管理机构批准，该外国银行可以在规定的期限内保留1家从事外汇批发业务的分行。申请人应当按照国务院银行业监督管理机构规定的审批条件、程序、申请资料提出申请。

前款所称外汇批发业务，是指对除个人以外客户的外汇业务。

第二十六条　外资银行董事、高级管理人员、首席代表的任职资格应当符合国务院银行业监督管理机构规定的条件，并经国务院银行业监督管理机构核准。

第二十七条　外资银行有下列情形之一的，应当经国务院银行业监督管理机构批准，并按照规定提交申请资料，依法向工商行政管理机关办理有关登记：

（一）变更注册资本或者营运资金；

（二）变更机构名称、营业场所或者办公场所；

（三）调整业务范围；

（四）变更股东或者调整股东持股比例；

（五）修改章程；

（六）国务院银行业监督管理机构规定的其他情形。

外资银行更换董事、高级管理人员、首席代表，应当报经国务院银行业监督管理机构核准其任职资格。

第二十八条　外商独资银行、中外合资银行变更股东的，变更后的股东应当符合本条例第九条、第十条或者第十一条关于股东的条件。

第三章　业务范围

第二十九条　外商独资银行、中外合资银行按照国务院银行业监督管理机构批准的业务范围，可以经营下列部分或者全部外汇业务和人民币业务：

（一）吸收公众存款；

（二）发放短期、中期和长期贷款；

（三）办理票据承兑与贴现；

（四）买卖政府债券、金融债券，买卖股票以外的其他外币有价证券；

（五）提供信用证服务及担保；

（六）办理国内外结算；

（七）买卖、代理买卖外汇；

（八）代理保险；

（九）从事同业拆借；

（十）从事银行卡业务；

（十一）提供保管箱服务；

（十二）提供资信调查和咨询服务；

（十三）经国务院银行业监督管理机构批准的其他业务。

外商独资银行、中外合资银行经中国人民银行批准，可以经营结汇、售汇业务。

第三十条　外商独资银行、中外合资银行的分支机构在总行授权范围内开展业务，其民事责任由总行承担。

第三十一条　外国银行分行按照国务院银行业监督管理机构批准的业务范围，可以经营下列部分或者全部外汇业务以及对除中国境内公民以外客户的人民币业务：

（一）吸收公众存款；

（二）发放短期、中期和长期贷款；

（三）办理票据承兑与贴现；

（四）买卖政府债券、金融债券，买卖股票以外的其他外币有价证券；

（五）提供信用证服务及担保；

（六）办理国内外结算；

（七）买卖、代理买卖外汇；

（八）代理保险；

（九）从事同业拆借；

（十）提供保管箱服务；

（十一）提供资信调查和咨询服务；

（十二）经国务院银行业监督管理机构批准的其他业务。

外国银行分行可以吸收中国境内公民每笔不少于100万元人民币的定期存款。

外国银行分行经中国人民银行批准，可以经营结汇、售汇业务。

第三十二条　外国银行分行及其分支机构的民事责任由其总行承担。

第三十三条　外国银行代表处可以从事与其代表的外国银行业务相关的联络、市场调查、咨询等非经营性活动。

外国银行代表处的行为所产生的民事责任，由其所代表的外国银行承担。

第三十四条　外资银行营业性机构经营本条例第二十九条或者第三十一条规定业务范围内的人民币业务的，应当具备下列条件，并经国务院银行业监督管理机构批准：

（一）提出申请前在中华人民共和国境内开业1年以上；

（二）国务院银行业监督管理机构规定的其他审慎性条件。

外国银行分行改制为由其总行单独出资的外商独资银行的，前款第一项规定的期限自外国银行分行设立之日起计算。

外国银行的1家分行已经依照本条例规定获准经营人民币业务，该外国银行的其他分行申请经营人民币业务的，不受本条第一款第一项的限制。

第四章　监督管理

第三十五条　外资银行营业性机构应当按照有关规定，制定本行的业务规则，建立、健全风险管理和内部控制制度，并遵照执行。

第三十六条　外资银行营业性机构应当遵守国家统一的会计制度和国务院银行业监督管理机构有关信息披露的规定。

第三十七条　外资银行营业性机构举借外债，应当按照国家有关规定执行。

第三十八条　外资银行营业性机构应当按照有关规定确定存款、贷款利率及各种手续费率。

第三十九条　外资银行营业性机构经营存款业务，应当按照中国人民银行的规定交存存款准备金。

第四十条　外商独资银行、中外合资银行应当遵守《中华人民共和国商业银行法》关于资产负债比例管理的规定。外国银行分行变更的由其总行单独出资的外商独资银行以及本条例施行前设立的外商独资银行、中外合资银行，其资产负债比例不符合规定的，应当在国务院银行业监督管理机构规定的期限内达到规定要求。

国务院银行业监督管理机构可以要求风险较高、风险管理能力较弱的外商独资银行、中外合资银行提高资本充足率。

第四十一条　外资银行营业性机构应当按照规定计提呆账准备金。

第四十二条　外商独资银行、中外合资银行应当遵守国务院银行业监督管理机构有关公司治理的规定。

第四十三条　外商独资银行、中外合资银行应当遵守国务院银行业监督管理机构有关关联交易的规定。

第四十四条　外国银行分行营运资金的30%应当以国务院银行业监督管

理机构指定的生息资产形式存在。

第四十五条　外国银行分行营运资金加准备金等项之和中的人民币份额与其人民币风险资产的比例不得低于 8%。

国务院银行业监督管理机构可以要求风险较高、风险管理能力较弱的外国银行分行提高前款规定的比例。

第四十六条　外国银行分行应当确保其资产的流动性。流动性资产余额与流动性负债余额的比例不得低于 25%。

第四十七条　外国银行分行境内本外币资产余额不得低于境内本外币负债余额。

第四十八条　在中华人民共和国境内设立 2 家及 2 家以上分行的外国银行，应当授权其中 1 家分行对其他分行实施统一管理。

国务院银行业监督管理机构对外国银行在中华人民共和国境内设立的分行实行合并监管。

第四十九条　外资银行营业性机构应当按照国务院银行业监督管理机构的有关规定，向其所在地的银行业监督管理机构报告跨境大额资金流动和资产转移情况。

第五十条　国务院银行业监督管理机构根据外资银行营业性机构的风险状况，可以依法采取责令暂停部分业务、责令撤换高级管理人员等特别监管措施。

第五十一条　外资银行营业性机构应当聘请在中华人民共和国境内依法设立的会计师事务所对其财务会计报告进行审计，并应当向其所在地的银行业监督管理机构报告。解聘会计师事务所的，应当说明理由。

第五十二条　外资银行营业性机构应当按照规定向银行业监督管理机构报送财务会计报告、报表和有关资料。

外国银行代表处应当按照规定向银行业监督管理机构报送资料。

第五十三条　外资银行应当接受银行业监督管理机构依法进行的监督检查，不得拒绝、阻碍。

第五十四条　外商独资银行、中外合资银行应当设置独立的内部控制系统、风险管理系统、财务会计系统、计算机信息管理系统。

第五十五条　外国银行在中华人民共和国境内设立的外商独资银行的董

事长、高级管理人员和从事外汇批发业务的外国银行分行的高级管理人员不得相互兼职。

第五十六条　外国银行在中华人民共和国境内设立的外商独资银行与从事外汇批发业务的外国银行分行之间进行的交易必须符合商业原则，交易条件不得优于与非关联方进行交易的条件。外国银行对其在中华人民共和国境内设立的外商独资银行与从事外汇批发业务的外国银行分行之间的资金交易，应当提供全额担保。

第五十七条　外国银行代表处及其工作人员，不得从事任何形式的经营性活动。

第五章　终止与清算

第五十八条　外资银行营业性机构自行终止业务活动的，应当在终止业务活动30日前以书面形式向国务院银行业监督管理机构提出申请，经审查批准予以解散或者关闭并进行清算。

第五十九条　外资银行营业性机构已经或者可能发生信用危机，严重影响存款人和其他客户合法权益的，国务院银行业监督管理机构可以依法对该外资银行营业性机构实行接管或者促成机构重组。

第六十条　外资银行营业性机构因解散、关闭、依法被撤销或者宣告破产而终止的，其清算的具体事宜，依照中华人民共和国有关法律、法规的规定办理。

第六十一条　外资银行营业性机构清算终结，应当在法定期限内向原登记机关办理注销登记。

第六十二条　外国银行代表处自行终止活动的，应当经国务院银行业监督管理机构批准予以关闭，并在法定期限内向原登记机关办理注销登记。

第六章　法律责任

第六十三条　未经国务院银行业监督管理机构审查批准，擅自设立外资银行或者非法从事银行业金融机构的业务活动的，由国务院银行业监督管理机构予以取缔，自被取缔之日起5年内，国务院银行业监督管理机构不受理该当事人设立外资银行的申请；构成犯罪的，依法追究刑事责任；尚不构成犯罪的，由国务院银行业监督管理机构没收违法所得，违法所得50万元以上的，并处违法所得1倍以上5倍以下罚款；没有违法所得或者违法所得不足50万元的，处50万元以上200万元以下罚款。

第六十四条　外资银行营业性机构有下列情形之一的，由国务院银行业监督管理机构责令改正，没收违法所得，违法所得50万元以上的，并处违法所得1倍以上5倍以下罚款；没有违法所得或者违法所得不足50万元的，处50万元以上200万元以下罚款；情节特别严重或者逾期不改正的，可以责令停业整顿或者吊销其金融许可证；构成犯罪的，依法追究刑事责任：

（一）未经批准设立分支机构的；

（二）未经批准变更、终止的；

（三）违反规定从事未经批准的业务活动的；

（四）违反规定提高或者降低存款利率、贷款利率的。

第六十五条　外资银行有下列情形之一的，由国务院银行业监督管理机构责令改正，处20万元以上50万元以下罚款；情节特别严重或者逾期不改正的，可以责令停业整顿、吊销其金融许可证、撤销代表处；构成犯罪的，依法追究刑事责任：

（一）未按照有关规定进行信息披露的；

（二）拒绝或者阻碍银行业监督管理机构依法进行的监督检查的；

（三）提供虚假的或者隐瞒重要事实的财务会计报告、报表或者有关资料的；

（四）隐匿、损毁监督检查所需的文件、证件、账簿、电子数据或者其他资料的；

（五）未经任职资格核准任命董事、高级管理人员、首席代表的；

（六）拒绝执行本条例第五十条规定的特别监管措施的。

第六十六条　外资银行营业性机构违反本条例有关规定，未按期报送财务会计报告、报表或者有关资料，或者未按照规定制定有关业务规则、建立健全有关管理制度的，由国务院银行业监督管理机构责令限期改正；逾期不改正的，处10万元以上30万元以下罚款。

第六十七条　外资银行营业性机构违反本条例第四章有关规定从事经营或者严重违反其他审慎经营规则的，由国务院银行业监督管理机构责令改正，处20万元以上50万元以下罚款；情节特别严重或者逾期不改正的，可以责令停业整顿或者吊销其金融许可证。

第六十八条　外资银行营业性机构违反本条例规定，国务院银行业监督管理机构除依照本条例第六十三条至第六十七条规定处罚外，还可以区别不同情形，采取下列措施：

（一）责令外资银行营业性机构撤换直接负责的董事、高级管理人员和其他直接责任人员；

（二）外资银行营业性机构的行为尚不构成犯罪的，对直接负责的董事、高级管理人员和其他直接责任人员给予警告，并处5万元以上50万元以下罚款；

（三）取消直接负责的董事、高级管理人员一定期限直至终身在中华人民共和国境内的任职资格，禁止直接负责的董事、高级管理人员和其他直接责任人员一定期限直至终身在中华人民共和国境内从事银行业工作。

第六十九条　外国银行代表处违反本条例规定，从事经营性活动的，由国务院银行业监督管理机构责令改正，给予警告，没收违法所得，违法所得50万元以上的，并处违法所得1倍以上5倍以下罚款；没有违法所得或者违法所得不足50万元的，处50万元以上200万元以下罚款；情节严重的，由国务院银行业监督管理机构予以撤销；构成犯罪的，依法追究刑事责任。

第七十条　外国银行代表处有下列情形之一的，由国务院银行业监督管理机构责令改正，给予警告，并处10万元以上30万元以下罚款；情节严重的，取消首席代表一定期限在中华人民共和国境内的任职资格或者要求其代表的外国银行撤换首席代表；情节特别严重的，由国务院银行业监督管理机构予以撤销：

（一）未经批准变更办公场所的；

（二）未按照规定向国务院银行业监督管理机构报送资料的；

（三）违反本条例或者国务院银行业监督管理机构的其他规定的。

第七十一条　外资银行违反中华人民共和国其他法律、法规的，由有关主管机关依法处理。

第七章　附　　则

第七十二条　香港特别行政区、澳门特别行政区和台湾地区的金融机构在内地设立的银行机构，比照适用本条例。国务院另有规定的，依照其规定。

第七十三条　本条例自 2006 年 12 月 11 日起施行。2001 年 12 月 20 日国务院公布的《中华人民共和国外资金融机构管理条例》同时废止。

国务院办公厅关于印发《自由贸易试验区外商投资国家安全审查试行办法》的通知

（国办发〔2015〕24号　2015年4月8日）

各省、自治区、直辖市人民政府，国务院各部委、各直属机构：

《自由贸易试验区外商投资国家安全审查试行办法》已经国务院同意，现印发给你们，请认真贯彻执行。

国务院办公厅

2015年4月8日

（此件公开发布）

附件

自由贸易试验区外商投资国家安全审查试行办法

为做好中国（上海）自由贸易试验区、中国（广东）自由贸易试验区、中国（天津）自由贸易试验区、中国（福建）自由贸易试验区等自由贸易试验区（以下统称自贸试验区）对外开放工作，试点实施与负面清单管理模式相适应的外商投资国家安全审查（以下简称安全审查）措施，引导外商投资有序发展，维护国家安全，制定本办法。

一、审查范围

总的原则是，对影响或可能影响国家安全、国家安全保障能力，涉及敏感投资主体、敏感并购对象、敏感行业、敏感技术、敏感地域的外商投资进行安全审查。

（一）安全审查范围为：外国投资者在自贸试验区内投资军工、军工配套和其他关系国防安全的领域，以及重点、敏感军事设施周边地域；外国投资者在自贸试验区内投资关系国家安全的重要农产品、重要能源和资源、重要基础设施、重要运输服务、重要文化、重要信息技术产品和服务、关键技术、重大装备制造等领域，并取得所投资企业的实际控制权。

（二）外国投资者在自贸试验区内投资，包括下列情形：

1. 外国投资者单独或与其他投资者共同投资新建项目或设立企业。

2. 外国投资者通过并购方式取得已设立企业的股权或资产。

3. 外国投资者通过协议控制、代持、信托、再投资、境外交易、租赁、认购可转换债券等方式投资。

（三）外国投资者取得所投资企业的实际控制权，包括下列情形：

1. 外国投资者及其关联投资者持有企业股份总额在50%以上。

2. 数个外国投资者持有企业股份总额合计在50%以上。

3. 外国投资者及其关联投资者、数个外国投资者持有企业股份总额不超过 50%，但所享有的表决权已足以对股东会或股东大会、董事会的决议产生重大影响。

4. 其他导致外国投资者对企业的经营决策、人事、财务、技术等产生重大影响的情形。

二、审查内容

（一）外商投资对国防安全，包括对国防需要的国内产品生产能力、国内服务提供能力和有关设施的影响。

（二）外商投资对国家经济稳定运行的影响。

（三）外商投资对社会基本生活秩序的影响。

（四）外商投资对国家文化安全、公共道德的影响。

（五）外商投资对国家网络安全的影响。

（六）外商投资对涉及国家安全关键技术研发能力的影响。

三、安全审查工作机制和程序

（一）自贸试验区外商投资安全审查工作，由外国投资者并购境内企业安全审查部际联席会议（以下简称联席会议）具体承担。在联席会议机制下，国家发展改革委、商务部根据外商投资涉及的领域，会同相关部门开展安全审查。

（二）自贸试验区安全审查程序依照《国务院办公厅关于建立外国投资者并购境内企业安全审查制度的通知》(国办发〔2011〕6 号）第四条办理。

（三）对影响或可能影响国家安全，但通过附加条件能够消除影响的投资，联席会议可要求外国投资者出具修改投资方案的书面承诺。外国投资者出具书面承诺后，联席会议可作出附加条件的审查意见。

（四）自贸试验区管理机构在办理职能范围内外商投资备案、核准或审核手续时，对属于安全审查范围的外商投资，应及时告知外国投资者提出安全审查申请，并暂停办理相关手续。

（五）商务部将联席会议审查意见书面通知外国投资者的同时，通知自贸试验区管理机构。对不影响国家安全或附加条件后不影响国家安全的外商投资，自贸试验区管理机构继续办理相关手续。

（六）自贸试验区管理机构应做好外商投资监管工作。如发现外国投资者提供虚假信息、遗漏实质信息、通过安全审查后变更投资活动或违背附加条件，对国家安全造成或可能造成重大影响的，即使外商投资安全审查已结束或投资已实施，自贸试验区管理机构应向国家发展改革委和商务部报告。

（七）国家发展改革委、商务部与自贸试验区管理机构通过信息化手段，在信息共享、实时监测、动态管理和定期核查等方面形成联动机制。

四、其他规定

（一）外商投资股权投资企业、创业投资企业、投资性公司在自贸试验区内投资，适用本办法。

（二）外商投资金融领域的安全审查另行规定。

（三）香港特别行政区、澳门特别行政区、台湾地区的投资者进行投资，参照本办法的规定执行。

（四）本办法由国家发展改革委、商务部负责解释。

（五）本办法自印发之日起 30 日后实施。

国务院办公厅关于印发《自由贸易试验区外商投资准入特别管理措施（负面清单）》的通知

（国办发〔2015〕23号　2015年4月8日）

各省、自治区、直辖市人民政府，国务院各部委、各直属机构：

《自由贸易试验区外商投资准入特别管理措施（负面清单）》已经国务院同意，现印发给你们，请认真执行。实施中的重大问题，要及时向国务院请示报告。

国务院办公厅

2015年4月8日

（此件公开发布）

附件

自由贸易试验区外商投资准入特别管理措施（负面清单）

说　明

一、《自由贸易试验区外商投资准入特别管理措施（负面清单）》(以下简称《自贸试验区负面清单》）依据现行有关法律法规制定，已经国务院批准，现予以发布。负面清单列明了不符合国民待遇等原则的外商投资准入特别管理措施，适用于上海、广东、天津、福建四个自由贸易试验区（以下统称自贸试验区）。

二、《自贸试验区负面清单》依据《国民经济行业分类》（GB/T 4754—2011）划分为 15 个门类、50 个条目、122 项特别管理措施。其中特别管理措施包括具体行业措施和适用于所有行业的水平措施。

三、《自贸试验区负面清单》中未列出的与国家安全、公共秩序、公共文化、金融审慎、政府采购、补贴、特殊手续和税收相关的特别管理措施，按照现行规定执行。自贸试验区内的外商投资涉及国家安全的，须按照《自由贸易试验区外商投资国家安全审查试行办法》进行安全审查。

四、《自贸试验区负面清单》之外的领域，在自贸试验区内按照内外资一致原则实施管理，并由所在地省级人民政府发布实施指南，做好相关引导工作。

五、香港特别行政区、澳门特别行政区、台湾地区投资者在自贸试验区内投资参照《自贸试验区负面清单》执行。内地与香港特别行政区、澳门特别行政区关于建立更紧密经贸关系的安排及其补充协议，《海峡两岸经济合作框架协议》，我国签署的自贸协定中适用于自贸试验区并对符合条件的投资者有更优惠的开放措施的，按照相关协议或协定的规定执行。

六、《自贸试验区负面清单》自印发之日起 30 日后实施，并适时调整。

自由贸易试验区外商投资准入特别管理措施（负面清单）

序号	领域	特别管理措施
一、农、林、牧、渔业		
(一)	种业	1. 禁止投资中国稀有和特有的珍贵优良品种的研发、养殖、种植以及相关繁殖材料的生产（包括种植业、畜牧业、水产业的优良基因） 2. 禁止投资农作物、种畜禽、水产苗种转基因品种选育及其转基因种子（苗）生产 3. 农作物新品种选育和种子生产属于限制类，须由中方控股 4. 未经批准，禁止采集农作物种质资源
(二)	渔业捕捞	5. 在中国管辖水域从事渔业活动，须经中国政府批准 6. 不批准以合作、合资等方式引进渔船在管辖水域作业的船网工具指标申请
二、采矿业		
(三)	专属经济区与大陆架勘探开发	7. 对中国专属经济区和大陆架的自然资源进行勘查、开发活动或在中国大陆架上为任何目的进行钻探，须经中国政府批准
(四)	石油和天然气开采	8. 石油、天然气（含油页岩、油砂、页岩气、煤层气等非常规油气）的勘探、开发，限于合资、合作
(五)	稀土和稀有矿采选	9. 禁止投资稀土勘查、开采及选矿；未经允许，禁止进入稀土矿区或取得矿山地质资料、矿石样品及生产工艺技术 10. 禁止投资钨、钼、锡、锑、萤石的勘查、开采 11. 禁止投资放射性矿产的勘查、开采、选矿
(六)	金属矿及非金属矿采选	12. 贵金属（金、银、铂族）勘查、开采，属于限制类 13. 锂矿开采、选矿，属于限制类 14. 石墨勘查、开采，属于限制类
三、制造业		
(七)	航空制造	15. 干线、支线飞机设计、制造与维修，3 吨级及以上民用直升机设计与制造，地面、水面效应飞机制造及无人机、浮空器设计与制造，须由中方控股 16. 通用飞机设计、制造与维修限于合资、合作
(八)	船舶制造	17. 船用低、中速柴油机及曲轴制造，须由中方控股 18. 海洋工程装备（含模块）制造与修理，须由中方控股 19. 船舶（含分段）修理、设计与制造属于限制类，须由中方控股
(九)	汽车制造	20. 汽车整车、专用汽车制造属于限制类，中方股比不低于 50%；同一家外商可在国内建立两家（含两家）以下生产同类（乘用车类、商用车类）整车产品的合资企业，如与中方合资伙伴联合兼并国内其他汽车生产企业可不受两家的限制 21. 新建纯电动乘用车生产企业生产的产品须使用自有品牌，拥有自主知识产权和已授权的相关发明专利
(十)	轨道交通设备制造	22. 轨道交通运输设备制造限于合资、合作（与高速铁路、铁路客运专线、城际铁路配套的乘客服务设施和设备的研发、设计与制造，与高速铁路、铁路客运专线、城际铁路相关的轨道和桥梁设备研发、设计与制造，电气化铁路设备和器材制造，铁路客车排污设备制造等除外） 23. 城市轨道交通项目设备国产化比例须达到 70% 及以上

（续）

序号	领域	特别管理措施
（十一）	通信设备制造	24. 民用卫星设计与制造、民用卫星有效载荷制造须由中方控股 25. 卫星电视广播地面接收设施及关键件生产属于限制类
（十二）	矿产冶炼和压延加工	26. 钨、钼、锡（锡化合物除外）、锑（含氧化锑和硫化锑）等稀有金属冶炼属于限制类 27. 稀土冶炼、分离属于限制类，限于合资、合作 28. 禁止投资放射性矿产冶炼、加工
（十三）	医药制造	29. 禁止投资列入《野生药材资源保护管理条例》和《中国稀有濒危保护植物名录》的中药材加工 30. 禁止投资中药饮片的蒸、炒、炙、煅等炮制技术的应用及中成药保密处方产品的生产
（十四）	其他制造业	31. 禁止投资象牙雕刻、虎骨加工、宣纸和墨锭生产等民族传统工艺
四、电力、热力、燃气及水生产和供应业		
（十五）	原子能	32. 核电站的建设、经营，须由中方控股 33. 核燃料、核材料、铀产品以及相关核技术的生产经营和进出口由具有资质的中央企业实行专营 34. 国有或国有控股企业才可从事放射性固体废物处置活动
（十六）	管网设施	35. 城市人口50万以上的城市燃气、热力和供排水管网的建设、经营属于限制类，须由中方控股 36. 电网的建设、经营须由中方控股
五、批发和零售业		
（十七）	专营及特许经营	37. 对烟草实行专营制度。烟草专卖品（指卷烟、雪茄烟、烟丝、复烤烟叶、烟叶、卷烟纸、滤嘴棒、烟用丝束、烟草专用机械）的生产、销售、进出口实行专卖管理，并实行烟草专卖许可证制度。禁止投资烟叶、卷烟、复烤烟叶及其他烟草制品的批发、零售 38. 对中央储备粮（油）实行专营制度。中国储备粮管理总公司具体负责中央储备粮（含中央储备油）的收购、储存、经营和管理 39. 对免税商品销售业务实行特许经营和集中统一管理 40. 对彩票发行、销售实行特许经营，禁止在中华人民共和国境内发行、销售境外彩票
六、交通运输、仓储和邮政业		
（十八）	道路运输	41. 公路旅客运输公司属于限制类
（十九）	铁路运输	42. 铁路干线路网的建设、经营须由中方控股 43. 铁路旅客运输公司属于限制类，须由中方控股
（二十）	水上运输	44. 水上运输公司（上海自贸试验区内设立的国际船舶运输企业除外）属于限制类，须由中方控股，且不得经营以下业务：（1）中国国内水路运输业务，包括以租用中国籍船舶或者舱位等方式变相经营水路运输业务；（2）国内船舶管理、水路旅客运输代理和水路货物运输代理业务 45. 船舶代理外资比例不超过51% 46. 外轮理货属于限制类，限于合资、合作

（续）

序号	领域	特别管理措施
（二十）	水上运输	47. 水路运输经营者不得使用外国籍船舶经营国内水路运输业务，经中国政府许可的特殊情形除外 48. 中国港口之间的海上运输和拖航，由悬挂中华人民共和国国旗的船舶经营。外国籍船舶经营中国港口之间的海上运输和拖航，须经中国政府批准
（二十一）	公共航空运输	49. 公共航空运输企业须由中方控股，单一外国投资者（包括其关联企业）投资比例不超过 25% 50. 公共航空运输企业董事长和法定代表人须由中国籍公民担任 51. 外国航空器经营人不得经营中国境内两点之间的运输 52. 只有中国指定承运人可以经营中国与其他缔约方签订的双边运输协议确定的双边航空运输市场
（二十二）	通用航空	53. 允许以合资方式投资专门从事农、林、渔作业的通用航空企业，其他通用航空企业须由中方控股 54. 通用航空企业法定代表人须由中国籍公民担任 55. 禁止外籍航空器或者外籍人员从事航空摄影、遥感测绘、矿产资源勘查等重要专业领域的通用航空飞行
（二十三）	民用机场与空中交通管制	56. 禁止投资和经营空中交通管制系统 57. 民用机场的建设、经营，须由中方相对控股
（二十四）	邮政	58. 禁止投资邮政企业和经营邮政服务 59. 禁止经营信件的国内快递业务
七、信息传输、软件和信息技术服务业		
（二十五）	电信传输服务	60. 电信公司属于限制类，限于中国入世承诺开放的电信业务，其中：增值电信业务（电子商务除外）外资比例不超过 50%，基础电信业务经营者须为依法设立的专门从事基础电信业务的公司，且公司中国有股权或者股份不少于 51%
（二十六）	互联网和相关服务	61. 禁止投资互联网新闻服务、网络出版服务、网络视听节目服务、网络文化经营（音乐除外）、互联网上网服务营业场所、互联网公众发布信息服务（上述服务中，中国入世承诺中已开放的内容除外） 62. 禁止从事互联网地图编制和出版活动（上述服务中，中国入世承诺中已开放的内容除外） 63. 互联网新闻信息服务单位与外国投资者进行涉及互联网新闻信息服务业务的合作，应报经中国政府进行安全评估
八、金融业		
（二十七）	银行业股东机构类型要求	64. 境外投资者投资银行业金融机构，应为金融机构或特定类型机构。具体要求： （1）外商独资银行股东、中外合资银行外方股东应为金融机构，且外方唯一或者控股 / 主要股东应为商业银行 （2）投资中资商业银行、信托公司的应为金融机构 （3）投资农村商业银行、农村合作银行、农村信用（合作）联社、村镇银行的应为境外银行

（续）

序号	领域	特别管理措施
（二十七）	银行业股东机构类型要求	（4）投资金融租赁公司的应为金融机构或融资租赁公司 （5）消费金融公司的主要出资人应为金融机构 （6）投资货币经纪公司的应为货币经纪公司 （7）投资金融资产管理公司的应为金融机构，且不得参与发起设立金融资产管理公司 （8）法律法规未明确的应为金融机构
（二十八）	银行业资质要求	65. 境外投资者投资银行业金融机构须符合一定数额的总资产要求，具体包括： （1）外资法人银行外方唯一或者控股 / 主要股东、外国银行分行的母行 （2）中资商业银行、农村商业银行、农村合作银行、农村信用（合作）联社、村镇银行、信托公司、金融租赁公司、贷款公司、金融资产管理公司的境外投资者 （3）法律法规未明确不适用的其他银行业金融机构的境外投资者 66. 境外投资者投资货币经纪公司须满足相关业务年限、全球机构网络和资讯通信网络等特定条件
（二十九）	银行业股比要求	67. 境外投资者入股中资商业银行、农村商业银行、农村合作银行、农村信用（合作）联社、金融资产管理公司等银行业金融机构受单一股东和合计持股比例限制
（三十）	外资银行	68. 除符合股东机构类型要求和资质要求外，外资银行还受限于以下条件： （1）外国银行分行不可从事《中华人民共和国商业银行法》允许经营的“代理发行、代理兑付、承销政府债券”“代理收付款项”“从事银行卡业务”，除可以吸收中国境内公民每笔不少于 100 万元人民币的定期存款外，外国银行分行不得经营对中国境内公民的人民币业务 （2）外国银行分行应当由总行无偿拨付营运资金，营运资金的一部分应以特定形式存在并符合相应管理要求 （3）外国银行分行须满足人民币营运资金充足性（8%）要求 （4）外资银行获准经营人民币业务须满足最低开业时间要求
（三十一）	期货公司	69. 期货公司属于限制类，须由中方控股
（三十二）	证券公司	70. 证券公司属于限制类，外资比例不超过 49% 71. 单个境外投资者持有（包括直接持有和间接控制）上市内资证券公司股份的比例不超过 20%；全部境外投资者持有（包括直接持有和间接控制）上市内资证券公司股份的比例不超过 25%
（三十三）	证券投资基金管理公司	72. 证券投资基金管理公司属于限制类，外资比例不超过 49%
（三十四）	证券和期货交易	73. 不得成为证券交易所的普通会员和期货交易所的会员 74. 不得申请开立 A 股证券账户以及期货账户
（三十五）	保险机构设立	75. 保险公司属于限制类（寿险公司外资比例不超过 50%），境内保险公司合计持有保险资产管理公司的股份不低于 75%

（续）

序号	领域	特别管理措施
（三十五）	保险机构设立	76. 申请设立外资保险公司的外国保险公司，以及投资入股保险公司的境外金融机构（通过证券交易所购买上市保险公司股票的除外），须符合中国保险监管部门规定的经营年限、总资产等条件
（三十六）	保险业务	77. 非经中国保险监管部门批准，外资保险公司不得与其关联企业从事再保险的分出或者分入业务
九、租赁和商务服务业		
（三十七）	会计审计	78. 担任特殊普通合伙会计师事务所首席合伙人（或履行最高管理职责的其他职务），须具有中国国籍
（三十八）	法律服务	79. 外国律师事务所只能以代表机构的方式进入中国，在华设立代表机构、派驻代表，须经中国司法行政部门许可 80. 禁止从事中国法律事务，不得成为国内律师事务所合伙人 81. 外国律师事务所驻华代表机构不得聘用中国执业律师，聘用的辅助人员不得为当事人提供法律服务
（三十九）	统计调查	82. 实行涉外调查机构资格认定制度和涉外社会调查项目审批制度 83. 禁止投资社会调查 84. 市场调查属于限制类，限于合资、合作，其中广播电视收听、收视调查须由中方控股 85. 评级服务属于限制类
（四十）	其他商务服务	86. 因私出入境中介机构法定代表人须为具有境内常住户口、具有完全民事行为能力的中国公民
十、科学研究和技术服务业		
（四十一）	专业技术服务	87. 禁止投资大地测量、海洋测绘、测绘航空摄影、行政区域界线测绘，地形图、世界政区地图、全国政区地图、省级及以下政区地图、全国性教学地图、地方性教学地图和真三维地图编制，导航电子地图编制，区域性的地质填图、矿产地质、地球物理、地球化学、水文地质、环境地质、地质灾害、遥感地质等调查 88. 测绘公司属于限制类，须由中方控股 89. 禁止投资人体干细胞、基因诊断与治疗技术开发和应用 90. 禁止设立和运营人文社会科学研究机构
十一、水利、环境和公共设施管理业		
（四十二）	动植物资源保护	91. 禁止投资国家保护的原产于中国的野生动植物资源开发 92. 禁止采集或收购国家重点保护野生植物
十二、教育		
（四十三）	教育	93. 外国教育机构、其他组织或者个人不得单独设立以中国公民为主要招生对象的学校及其他教育机构（不包括非学制类职业技能培训） 94. 外国教育机构可以同中国教育机构合作举办以中国公民为主要招生对象的教育机构，中外合作办学者可以合作举办各级各类教育机构，但是： （1）不得举办实施义务教育和实施军事、警察、政治和党校等特殊领域教育机构

（续）

序号	领域	特别管理措施
（四十三）	教育	（2）外国宗教组织、宗教机构、宗教院校和宗教教职人员不得在中国境内从事合作办学活动，中外合作办学机构不得进行宗教教育和开展宗教活动 （3）普通高中教育机构、高等教育机构和学前教育属于限制类，须由中方主导（校长或者主要行政负责人应当具有中国国籍，在中国境内定居；理事会、董事会或者联合管理委员会的中方组成人员不得少于1/2；教育教学活动和课程教材须遵守我国相关法律法规及有关规定）
十三、卫生和社会工作		
（四十四）	医疗	95. 医疗机构属于限制类，限于合资、合作
十四、文化、体育和娱乐业		
（四十五）	广播电视播出、传输、制作、经营	96. 禁止投资设立和经营各级广播电台（站）、电视台（站）、广播电视频率频道和时段栏目、广播电视传输覆盖网［广播电视发射台、转播台（包括差转台、收转台）、广播电视卫星、卫星上行站、卫星收转站、微波站、监测台（站）及有线广播电视传输覆盖网等］，禁止从事广播电视视频点播业务和卫星电视广播地面接收设施安装服务 97. 禁止投资广播电视节目制作经营公司 98. 对境外卫星频道落地实行审批制度。引进境外影视剧和以卫星传送方式引进其他境外电视节目由新闻出版广电总局指定的单位申报 99. 对中外合作制作电视剧（含电视动画片）实行许可制度
（四十六）	新闻出版、广播影视、金融信息	100. 禁止投资设立通讯社、报刊社、出版社以及新闻机构 101. 外国新闻机构在中国境内设立常驻新闻机构、向中国派遣常驻记者，应当经中国政府批准 102. 外国通讯社在中国境内提供新闻的服务业务须由中国政府审批 103. 禁止投资经营图书、报纸、期刊、音像制品和电子出版物的出版、制作业务；禁止经营报刊版面 104. 中外新闻机构业务合作、中外合作新闻出版项目，须中方主导，且须经中国政府批准（经中国政府批准，允许境内科学技术类期刊与境外期刊建立版权合作关系，合作期限不超过5年，合作期满需延长的，须再次申请报批。中方掌握内容的终审权，外方人员不得参与中方期刊的编辑、出版活动） 105. 禁止从事电影、广播电视节目、美术品和数字文献数据库及其出版物等文化产品进口业务（上述服务中，中国入世承诺中已开放的内容除外） 106. 出版物印刷属于限制类，须由中方控股 107. 未经中国政府批准，禁止在中国境内提供金融信息服务 108. 境外传媒（包括外国和港澳台地区报社、期刊社、图书出版社、音像出版社、电子出版物出版公司以及广播、电影、电视等大众传播机构）不得在中国境内设立代理机构或编辑部。如需设立办事机构，须经审批

（续）

序号	领域	特别管理措施
（四十七）	电影制作、发行、放映	109. 禁止投资电影制作公司、发行公司、院线公司 110. 中国政府对中外合作摄制电影片实行许可制度 111. 电影院的建设、经营须由中方控股。放映电影片，应当符合中国政府规定的国产电影片与进口电影片放映的时间比例。放映单位年放映国产电影片的时间不得低于年放映电影片时间总和的 2/3
（四十八）	非物质文化遗产、文物及考古	112. 禁止投资和经营文物拍卖的拍卖企业、文物购销企业 113. 禁止投资和运营国有文物博物馆 114. 禁止不可移动文物及国家禁止出境的文物转让、抵押、出租给外国人 115. 禁止设立与经营非物质文化遗产调查机构 116. 境外组织或个人在中国境内进行非物质文化遗产调查和考古调查、勘探、发掘，应采取与中国合作的形式并经专门审批许可
（四十九）	文化娱乐	117. 禁止设立文艺表演团体 118. 演出经纪机构属于限制类，须由中方控股（为本省市提供服务的除外） 119. 大型主题公园的建设、经营属于限制类
十五、所有行业		
（五十）	所有行业	120. 不得作为个体工商户、个人独资企业投资人、农民专业合作社成员，从事经营活动 121.《外商投资产业指导目录》中的禁止类以及标注有“限于合资”“限于合作”“限于合资、合作”“中方控股”“中方相对控股”和有外资比例要求的项目，不得设立外商投资合伙企业 122. 外国投资者并购境内企业、外国投资者对上市公司的战略投资、境外投资者以其持有的中国境内企业股权出资涉及外商投资项目和企业设立及变更事项的，按现行规定办理

外商投资产业指导目录（2015 年修订）

（国家发展和改革委员会、商务部令第 22 号　2015 年 3 月 10 日）

国家发展改革委、商务部第 22 号令公布了《外商投资产业指导目录（2015 年修订）》（详见附件），并规定自 2015 年 4 月 10 日起施行。现就海关执行中的有关问题公告如下：

一、自 2015 年 4 月 10 日起，对属于《外商投资产业指导目录（2015 年修订）》鼓励类范围的外商投资项目（包括增资项目），在投资总额内进口的自用设备以及按照合同随上述设备进口的技术和配套件、备件，除《外商投资项目不予免税的进口商品目录》和《进口不予免税的重大技术装备和产品目录》所列商品外，按照《国务院关于调整进口设备税收政策的通知》（国发〔1997〕37 号）、海关总署公告 2008 年第 103 号及其他相关规定，免征关税，照章征收进口环节增值税。

二、为保持政策的连续性，对 2015 年 4 月 10 日以前（不含 4 月 10 日，下同）审批、核准或备案的外商投资项目（以项目的审批、核准或备案日期为准，下同），属于《外商投资产业指导目录（2011 年修订）》鼓励类范围的，可继续按照规定办理免征进口关税手续。但有关项目单位须于 2016 年 4 月 10 日以前，向海关申请办理减免税备案手续。逾期，海关不再受理上述减免税备案申请。

对于 2015 年 4 月 10 日以前审批、核准或备案，同时属于《外商投资产业指导目录（2015 年修订）》鼓励类范围的外商投资项目，有关项目单位按相关规定向海关申请办理减免税备案手续的，海关可予受理。

三、对于不属于《外商投资产业指导目录（2011 年修订）》鼓励类范围的外商投资在建项目，凡符合《外商投资产业指导目录（2015 年修订）》鼓励类范围的，在有关项目单位按相关规定向海关申请办理减免税相关手续后，在建项目进口的自用设备以及按照合同随上述设备进口的技术和配套件、备件，可参照本公告第一条的规定享受进口税收优惠政策。对于自2015年4月10日（含4月10日）至本公告发布之日期间，上述有关在建项目项下进口设备已经征税的，税款可以退还；自本公告发布之日起，进口设备已经征税的，税款不予退还。

特此公告。

附件:《外商投资产业指导目录（2015年修订)》。

海关总署

2015年6月18日

附件

外商投资产业指导目录（2015年修订）

鼓励外商投资产业目录

一、农、林、牧、渔业

1. 木本食用油料、调料和工业原料的种植及开发、生产

2. 绿色、有机蔬菜（含食用菌、西甜瓜）、干鲜果品、茶叶栽培技术开发及产品生产

3. 糖料、果树、牧草等农作物栽培新技术开发及产品生产

4. 花卉生产与苗圃基地的建设、经营

5. 橡胶、油棕、剑麻、咖啡种植

6. 中药材种植、养殖

7. 农作物秸秆还田及综合利用、有机肥料资源的开发生产

8. 水产苗种繁育（不含我国特有的珍贵优良品种）

9. 防治荒漠化及水土流失的植树种草等生态环境保护工程建设、经营

10. 水产品养殖、深水网箱养殖、工厂化水产养殖、生态型海洋增养殖

二、采矿业

11. 石油、天然气（含油页岩、油砂、页岩气、煤层气等非常规油气）的勘探、开发和矿井瓦斯利用（限于合资、合作）

12. 提高原油采收率（以工程服务形式）及相关新技术的开发应用

13. 物探、钻井、测井、录井、井下作业等石油勘探开发新技术的开发与应用

14. 提高矿山尾矿利用率的新技术开发和应用及矿山生态恢复技术的综合应用

15. 我国紧缺矿种（如钾盐、铬铁矿等）的勘探、开采和选矿

三、制造业

（一）农副食品加工业

16. 绿色无公害饲料及添加剂开发

17. 水产品加工、贝类净化及加工、海藻保健食品开发

18. 蔬菜、干鲜果品、禽畜产品加工

（二）食品制造业

19. 婴儿、老年食品及保健食品的开发、生产

20. 森林食品的开发、生产

21. 天然食品添加剂、天然香料新技术开发与生产

（三）酒、饮料和精制茶制造业

22. 果蔬饮料、蛋白饮料、茶饮料、咖啡饮料、植物饮料的开发、生产

（四）纺织业

23. 采用非织造、机织、针织及其复合工艺技术的轻质、高强、耐高 / 低温、耐化学物质、耐光等多功能化的产业用纺织品生产

24. 采用先进节能减排技术和装备的高档织物印染及后整理加工

25. 符合生态、资源综合利用与环保要求的特种天然纤维（包括山羊绒等特种动物纤维、竹纤维、麻纤维、蚕丝、彩色棉花等）产品加工

（五）纺织服装、服饰业

26. 采用计算机集成制造系统的服装生产

27. 功能性特种服装生产

（六）皮革、毛皮、羽毛及其制品和制鞋业

28. 皮革和毛皮清洁化技术加工

29. 皮革后整饰新技术加工

30. 皮革废弃物综合利用

（七）木材加工和木、竹、藤、棕、草制品业

31. 林业三剩物，“次、小、薪”材和竹材的综合利用新技术、新产品开发与生产

（八）文教、工美、体育和娱乐用品制造业

32. 高档地毯、刺绣、抽纱产品生产

（九）石油加工、炼焦和核燃料加工业

33. 酚油加工、洗油加工、煤沥青高端化利用（不含改质沥青）

（十）化学原料和化学制品制造业

34. 聚氯乙烯和有机硅新型下游产品开发与生产

35. 合成材料的配套原料：过氧化氢氧化丙烯法环氧丙烷、萘二甲酸二甲酯（NDC）、1,4- 环己烷二甲醇（CHDM）、5 万吨 / 年及以上丁二烯法己二腈、己二胺生产

36. 合成纤维原料：尼龙 66 盐、1,3- 丙二醇生产

37. 合成橡胶：异戊橡胶、聚氨酯橡胶、丙烯酸酯橡胶、氯醇橡胶，以及氟橡胶、硅橡胶等特种橡胶生产

38. 工程塑料及塑料合金：6 万吨 / 年及以上非光气法聚碳酸酯（PC)、均聚法聚甲醛、聚苯硫醚、聚醚醚酮、聚酰亚胺、聚砜、聚醚砜、聚芳酯（PAR)、聚苯醚及其改性材料、液晶聚合物等产品生产

39. 精细化工：催化剂新产品、新技术，染（颜）料商品化加工技术，电子化学品和造纸化学品，皮革化学品（N-N 二甲基甲酰胺除外），油田助剂，表面活性剂，水处理剂，胶粘剂，无机纤维、无机纳米材料生产，颜料包膜处理深加工

40. 环保型印刷油墨、环保型芳烃油生产

41. 天然香料、合成香料、单离香料生产

42. 高性能涂料，高固体份、无溶剂涂料，水性工业涂料及配套水性树脂生产

43. 高性能氟树脂、氟膜材料，医用含氟中间体，环境友好型含氟制冷剂和清洁剂、发泡剂生产

44. 从磷化工、铝冶炼中回收氟资源生产

45. 林业化学产品新技术、新产品开发与生产

46. 环保用无机、有机和生物膜开发与生产

47. 新型肥料开发与生产：高浓度钾肥、复合型微生物接种剂、复合微生物肥料、秸秆及垃圾腐熟剂、特殊功能微生物制剂

48. 高效、安全、环境友好的农药新品种、新剂型、专用中间体、助剂的

开发与生产，以及相关清洁生产工艺的开发和应用（甲叉法乙草胺、水相法毒死蜱工艺、草甘膦回收氯甲烷工艺、定向合成法手性和立体结构农药生产、乙基氯化物合成技术）

49. 生物农药及生物防治产品开发与生产：微生物杀虫剂、微生物杀菌剂、农用抗生素、昆虫信息素、天敌昆虫、微生物除草剂

50. 废气、废液、废渣综合利用和处理、处置

51. 有机高分子材料生产：飞机蒙皮涂料、稀土硫化铈红色染料、无铅化电子封装材料、彩色等离子体显示屏专用系列光刻浆料、小直径大比表面积超细纤维、高精度燃油滤纸、锂离子电池隔膜、表面处理自我修复材料、超疏水纳米涂层材料

（十一）医药制造业

52. 新型化合物药物或活性成分药物的生产（包括原料药和制剂）

53. 氨基酸类：发酵法生产色氨酸、组氨酸、蛋氨酸等生产

54. 新型抗癌药物、新型心脑血管药及新型神经系统用药的开发及生产

55. 采用生物工程技术的新型药物生产

56. 艾滋病疫苗、丙肝疫苗、避孕疫苗及宫颈癌、疟疾、手足口病等新型疫苗生产

57. 海洋药物的开发及生产

58. 药品制剂：采用缓释、控释、靶向、透皮吸收等新技术的新剂型、新产品生产

59. 新型药用辅料的开发及生产

60. 动物专用抗菌原料药生产（包括抗生素、化学合成类）

61. 兽用抗菌药、驱虫药、杀虫药、抗球虫药新产品及新剂型生产

62. 新型诊断试剂的开发及生产

（十二）化学纤维制造业

63. 差别化化学纤维及芳纶、碳纤维、高强高模聚乙烯、聚苯硫醚（PPS）等高新技术化纤（粘胶纤维除外）生产

64. 纤维及非纤维用新型聚酯生产：聚对苯二甲酸丙二醇酯（PTT）、聚葵二甲酸乙二醇酯（PEN）、聚对苯二甲酸环已烷二甲醇酯（PCT）、二元醇改性

聚对苯二甲酸乙二醇酯（PETG）

65. 利用新型可再生资源和绿色环保工艺生产生物质纤维，包括新溶剂法纤维素纤维（Lyocell）、以竹或麻等为原料的再生纤维素纤维、聚乳酸纤维（PLA）、甲壳素纤维、聚羟基脂肪酸酯纤维（PHA）、动植物蛋白纤维等

66. 尼龙 11、尼龙 1414、尼龙 46、长碳链尼龙、耐高温尼龙等新型聚酰胺开发与生产

67. 子午胎用芳纶纤维及帘线生产

（十三）橡胶和塑料制品业

68. 新型光生态多功能宽幅农用薄膜开发与生产

69. 废旧塑料的回收和再利用

70. 塑料软包装新技术、新产品（高阻隔、多功能膜及原料）开发与生产

（十四）非金属矿物制品业

71. 节能、环保、利废、轻质高强、高性能、多功能建筑材料开发生产

72. 以塑代钢、以塑代木、节能高效的化学建材品生产

73. 年产 1000 万平方米及以上弹性体、塑性体改性沥青防水卷材，宽幅（2 米以上）三元乙丙橡胶防水卷材及配套材料，宽幅（2 米以上）聚氯乙烯防水卷材，热塑性聚烯烃（TPO）防水卷材生产

74. 新技术功能玻璃开发生产：屏蔽电磁波玻璃、微电子用玻璃基板、透红外线无铅玻璃、电子级大规格石英玻璃制品（管、板、坩埚、仪器器皿等）、光学性能优异多功能风挡玻璃、信息技术用极端材料及制品（包括波导级高精密光纤预制棒石英玻璃套管和陶瓷基板）、高纯（≥ 99.998%）超纯（≥ 99.999%）水晶原料提纯加工

75. 薄膜电池导电玻璃、太阳能集光镜玻璃、建筑用导电玻璃生产

76. 玻璃纤维制品及特种玻璃纤维生产：低介电玻璃纤维、石英玻璃纤维、高硅氧玻璃纤维、高强高弹玻璃纤维、陶瓷纤维等及其制品

77. 光学纤维及制品生产：传像束及激光医疗光纤、超二代和三代微通道板、光学纤维面板、倒像器及玻璃光锥

78. 陶瓷原料的标准化精制、陶瓷用高档装饰材料生产

79. 水泥、电子玻璃、陶瓷、微孔炭砖等窑炉用环保（无铬化）耐火材料生产

80. 氮化铝（AlN）陶瓷基片、多孔陶瓷生产

81. 无机非金属新材料及制品生产：复合材料、特种陶瓷、特种密封材料（含高速油封材料）、特种摩擦材料（含高速摩擦制动制品）、特种胶凝材料、特种乳胶材料、水声橡胶制品、纳米材料

82. 有机－无机复合泡沫保温材料生产

83. 高技术复合材料生产：连续纤维增强热塑性复合材料和预浸料、耐温 >300℃树脂基复合材料成型用工艺辅助材料、树脂基复合材料（包括体育用品、轻质高强交通工具部件）、特种功能复合材料及制品（包括深水及潜水复合材料制品、医用及康复用复合材料制品）、碳 / 碳复合材料、高性能陶瓷基复合材料及制品、金属基和玻璃基复合材料及制品、金属层状复合材料及制品、压力≥ 320MPa 超高压复合胶管、大型客机航空轮胎

84. 精密高性能陶瓷原料生产：碳化硅（SiC）超细粉体（纯度 >99%，平均粒径 <1μm）、氮化硅（Si_3N_4）超细粉体（纯度 >99%，平均粒径 <1μm）、高纯超细氧化铝微粉（纯度 >99.9%，平均粒径 <0.5μm）、低温烧结氧化锆（ZrO_2）粉体（烧结温度 <1350℃）、高纯氮化铝（AlN）粉体（纯度 >99%，平均粒径 <1μm）、金红石型 TiO_2 粉体（纯度 >98.5%）、白炭黑（粒径 <100nm）、钛酸钡（纯度 >99%，粒径 <1μm）

85. 高品质人工晶体及晶体薄膜制品开发生产：高品质人工合成水晶（压电晶体及透紫外光晶体）、超硬晶体（立方氮化硼晶体）、耐高温高绝缘人工合成绝缘晶体（人工合成云母）、新型电光晶体、大功率激光晶体及大规格闪烁晶体、金刚石膜工具、厚度 0.3mm 及以下超薄人造金刚石锯片

86. 非金属矿精细加工（超细粉碎、高纯、精制、改性）

87. 超高功率石墨电极生产

88. 珠光云母生产（粒径 3 ～ 150μm）

89. 多维多向整体编制织物及仿形织物生产

90. 利用新型干法水泥窑无害化处置固体废弃物

91. 建筑垃圾再生利用

92. 工业副产石膏综合利用

93. 非金属矿山尾矿综合利用的新技术开发和应用及矿山生态恢复

（十五）有色金属冶炼和压延加工业

94. 直径 200mm 以上硅单晶及抛光片生产

95. 高新技术有色金属材料生产：化合物半导体材料（砷化镓、磷化镓、磷化铟、氮化镓），高温超导材料，记忆合金材料（钛镍、铜基及铁基记忆合金材料），超细（纳米）碳化钙及超细（纳米）晶硬质合金，超硬复合材料，贵金属复合材料，轻金属复合材料及异种材结合，散热器用铝箔，中高压阴极电容铝箔，特种大型铝合金型材，铝合金精密模锻件，电气化铁路架空导线，超薄铜带，耐蚀热交换器铜合金材，高性能铜镍、铜铁合金带，铍铜带、线、管及棒加工材，耐高温抗衰钨丝，镁合金铸件，无铅焊料，镁合金及其应用产品，泡沫铝，钛合金冶炼及加工，原子能级海绵锆，钨及钼深加工产品

（十六）金属制品业

96. 航空、航天、汽车、摩托车轻量化及环保型新材料研发与制造（专用铝板、铝镁合金材料、摩托车铝合金车架等）

97. 轻金属半固态快速成形材料研发与制造

98. 用于包装各类粮油食品、果蔬、饮料、日化产品等内容物的金属包装制品（厚度 0.3 毫米以下）的制造及加工（包括制品的内外壁印涂加工）

99. 节镍不锈钢制品的制造

（十七）通用设备制造业

100. 高档数控机床及关键零部件制造：五轴联动数控机床、数控坐标镗铣加工中心、数控坐标磨床、五轴联动数控系统及伺服装置、精密数控加工用高速超硬刀具

101. 1000 吨及以上多工位镦锻成型机制造

102. 报废汽车拆解、破碎及后处理分选设备制造

103. FTL 柔性生产线制造

104. 垂直多关节工业机器人、焊接机器人及其焊接装置设备制造

105. 特种加工机械制造：激光切割和拼焊成套设备、激光精密加工设备、数控低速走丝电火花线切割机、亚微米级超细粉碎机

106. 400 吨及以上轮式、履带式起重机械制造

107. 工作压力≥35MPa高压柱塞泵及马达、工作压力≥35MPa低速大扭矩马达的设计与制造

108. 工作压力≥25MPa的整体式液压多路阀，电液比例伺服元件制造

109. 阀岛、功率0.35W以下气动电磁阀、200Hz以上高频电控气阀设计与制造

110. 静液压驱动装置设计与制造

111. 压力10MPa以上非接触式气膜密封、压力10MPa以上干气密封（包括实验装置）的开发与制造

112. 汽车用高分子材料（摩擦片、改型酚醛活塞、非金属液压总分泵等）设备开发与制造

113. 第三代及以上轿车轮毂轴承、高中档数控机床和加工中心轴承、高速线材和板材轧机轴承、高速铁路轴承、振动值Z4以下低噪音轴承、各类轴承的P4和P2级轴承、风力发电机组轴承、航空轴承制造

114. 高密度、高精度、形状复杂的粉末冶金零件及汽车、工程机械等用链条的制造

115. 风电、高速列车用齿轮变速器，船用可变桨齿轮传动系统，大型、重载齿轮箱的制造

116. 耐高温绝缘材料（绝缘等级为F、H级）及绝缘成型件制造

117. 蓄能器胶囊、液压气动用橡塑密封件开发与制造

118. 高精度、高强度（12.9级以上）、异形、组合类紧固件制造

119. 微型精密传动联结件（离合器）制造

120. 大型轧机连接轴制造

121. 机床、工程机械、铁路机车装备等机械设备再制造及汽车零部件再制造

122. 1000万像素以上数字照相机制造

123. 办公机械制造：多功能一体化办公设备（复印、打印、传真、扫描），彩色打印设备，精度2400dpi及以上高分辨率彩色打印机头，感光鼓

124. 电影机械制造：2K、4K数字电影放映机，数字电影摄像机，数字影像制作、编辑设备

（十八）专用设备制造业

125. 矿山无轨采、装、运设备制造：200 吨及以上机械传动矿用自卸车，移动式破碎机，5000 立方米 / 小时及以上斗轮挖掘机，8 立方米及以上矿用装载机，2500 千瓦以上电牵引采煤机设备等

126. 物探（不含重力、磁力测量）、测井设备制造：MEME 地震检波器，数字遥测地震仪，数字成像、数控测井系统，水平井、定向井、钻机装置及器具，MWD 随钻测井仪

127. 石油勘探、钻井、集输设备制造：工作水深大于 1500 米的浮式钻井系统和浮式生产系统及配套海底采油、集输设备

128. 口径 2 米以上深度 30 米以上大口径旋挖钻机、直径 1.2 米以上顶管机、回拖力 300 吨以上大型非开挖铺设地下管线成套设备、地下连续墙施工钻机制造

129. 520 马力及以上大型推土机设计与制造

130. 100 立方米 / 小时及以上规格的清淤机、1000 吨及以上挖泥船的挖泥装置设计与制造

131. 防汛堤坝用混凝土防渗墙施工装备设计与制造

132. 水下土石方施工机械制造：水深 9 米以下推土机、装载机、挖掘机等

133. 公路桥梁养护、自动检测设备制造

134. 公路隧道营运监控、通风、防灾和救助系统设备制造

135. 铁路大型施工、铁路线路、桥梁、隧道维修养护机械和检查、监测设备及其关键零部件的设计与制造

136.（沥青）油毡瓦设备、镀锌钢板等金属屋顶生产设备制造

137. 环保节能型现场喷涂聚氨酯防水保温系统设备、聚氨酯密封膏配制技术与设备、改性硅酮密封膏配制技术和生产设备制造

138. 高精度带材轧机（厚度精度 10 微米）设计与制造

139. 多元素、细颗粒、难选冶金属矿产的选矿装置制造

140. 100 万吨 / 年及以上乙烯成套设备中的关键设备制造：年处理能力 40 万吨以上混合造粒机，直径 1000 毫米及以上螺旋卸料离心机，小流量高扬程离心泵

141. 金属制品模具（铜、铝、钛、锆的管、棒、型材挤压模具）设计、制造

142. 汽车车身外覆盖件冲压模具，汽车仪表板、保险杠等大型注塑模具，汽车及摩托车夹具、检具设计与制造

143. 汽车动力电池专用生产设备的设计与制造

144. 精密模具（冲压模具精度高于 0.02 毫米、型腔模具精度高于 0.05 毫米）设计与制造

145. 非金属制品模具设计与制造

146. 6 万瓶 / 小时及以上啤酒灌装设备、5 万瓶 / 小时及以上饮料中温及热灌装设备、3.6 万瓶 / 小时及以上无菌灌装设备制造

147. 氨基酸、酶制剂、食品添加剂等生产技术及关键设备制造

148. 10 吨 / 小时及以上的饲料加工成套设备及关键部件制造

149. 楞高 0.75 毫米及以下的轻型瓦楞纸板及纸箱设备制造

150. 单张纸多色胶印机（幅宽≥ 750 毫米，印刷速度：单面多色≥ 16 000 张 / 小时，双面多色≥ 13 000 张 / 小时）制造

151. 单幅单纸路卷筒纸平版印刷机印刷速度大于 75 000 对开张 / 小时（787 × 880 毫米）、双幅单纸路卷筒纸平版印刷机印刷速度大于 170 000 对开张 / 小时（787 × 880 毫米）、商业卷筒纸平版印刷机印刷速度大于 50 000 对开张 / 小时（787 × 880 毫米）制造

152. 多色宽幅柔性版印刷机（印刷宽度≥ 1300 毫米，印刷速度≥ 350 米 / 秒），喷墨数字印刷机（出版用：印刷速度≥ 150 米 / 分，分辨率≥ 600dpi；包装用：印刷速度≥ 30 米 / 分，分辨率≥ 1000dpi ；可变数据用：印刷速度≥ 100 米 / 分，分辨率≥ 300dpi）制造

153. 计算机墨色预调、墨色遥控、水墨速度跟踪、印品质量自动检测和跟踪系统、无轴传动技术、速度在 75 000 张 / 小时的高速自动接纸机、给纸机和可以自动遥控调节的高速折页机、自动套印系统、冷却装置、加硅系统、调偏装置等制造

154. 电子枪自动镀膜机制造

155. 平板玻璃深加工技术及设备制造

156. 新型造纸机械（含纸浆）等成套设备制造

157. 皮革后整饰新技术设备制造

158. 农产品加工及储藏新设备开发与制造：粮食、油料、蔬菜、干鲜果品、肉食品、水产品等产品的加工储藏、保鲜、分级、包装、干燥等新设备，农产品品质检测仪器设备，农产品品质无损伤检测仪器设备，流变仪，粉质仪，超微粉碎设备，高效脱水设备，五效以上高效果汁浓缩设备，粉体食品物料杀菌设备，固态及半固态食品无菌包装设备，碟片式分离离心机

159. 农业机械制造：农业设施设备（温室自动灌溉设备、营养液自动配置与施肥设备、高效蔬菜育苗设备、土壤养分分析仪器），配套发动机功率 120 千瓦以上拖拉机及配套农具，低油耗低噪音低排放柴油机，大型拖拉机配套的带有残余雾粒回收装置的喷雾机，高性能水稻插秧机，棉花采摘机及棉花采摘台，适应多种行距的自走式玉米联合收割机（液压驱动或机械驱动），花生收获机，油菜籽收获机，甘蔗收割机，甜菜收割机

160. 林业机具新技术设备制造

161. 农作物秸秆收集、打捆及综合利用设备制造

162. 农用废物的资源化利用及规模化畜禽养殖废物的资源化利用设备制造

163. 节肥、节（农）药、节水型农业技术设备制造

164. 机电井清洗设备及清洗药物生产设备制造

165. 电子内窥镜制造

166. 眼底摄影机制造

167. 医用成像设备（高场强超导型磁共振成像设备、X 线计算机断层成像设备、数字化彩色超声诊断设备等）关键部件的制造

168. 医用超声换能器（3D）制造

169. 硼中子俘获治疗设备制造

170. 图像引导适型调强放射治疗系统制造

171. 血液透析机、血液过滤机制造

172. 全自动生化监测设备、五分类血液细胞分析仪、全自动化学发光免疫分析仪、高通量基因测序系统制造

173. 药品质量控制新技术、新设备制造

174. 天然药物有效物质分析的新技术、提取的新工艺、新设备开发与制造

175. 非 PVC 医用输液袋多层共挤水冷式薄膜吹塑装备制造

176. 新型纺织机械、关键零部件及纺织检测、实验仪器开发与制造

177. 电脑提花人造毛皮机制造

178. 太阳能电池生产专用设备制造

179. 大气污染防治设备制造：耐高温及耐腐蚀滤料、低 NO_x 燃烧装置、烟气脱氮催化剂及脱氮成套装置、工业有机废气净化设备、柴油车排气净化装置、含重金属废气处理装置

180. 水污染防治设备制造：卧式螺旋离心脱水机、膜及膜材料、50kg/h 以上的臭氧发生器、10kg/h 以上的二氧化氯发生器、紫外消毒装置、农村小型生活污水处理设备、含重金属废水处理装置

181. 固体废物处理处置设备制造：污水处理厂污泥处置及资源利用设备、日处理量 500 吨以上垃圾焚烧成套设备、垃圾填埋渗滤液处理技术装备、垃圾填埋场防渗土工膜、建筑垃圾处理和资源化利用装备、危险废物处理装置、垃圾填埋场沼气发电装置、废钢铁处理设备、污染土壤修复设备

182. 铝工业赤泥综合利用设备开发与制造

183. 尾矿综合利用设备制造

184. 废旧塑料、电器、橡胶、电池回收处理再生利用设备制造

185. 废旧纺织品回收处理设备制造

186. 废旧机电产品再制造设备制造

187. 废旧轮胎综合利用装置制造

188. 水生生态系统的环境保护技术、设备制造

189. 移动式组合净水设备制造

190. 非常规水处理、重复利用设备与水质监测仪器

191. 工业水管网和设备（器具）的检漏设备和仪器

192. 日产 10 万立方米及以上海水淡化及循环冷却技术和成套设备开发与制造

193. 特种气象观测及分析设备制造

194. 地震台站、台网和流动地震观测技术系统开发及仪器设备制造

195. 四鼓及以上子午线轮胎成型机制造

196. 滚动阻力试验机、轮胎噪音试验室制造

197. 供热计量、温控装置新技术设备制造

198. 氢能制备与储运设备及检查系统制造

199. 新型重渣油气化雾化喷嘴、漏汽率 0.5% 及以下高效蒸汽疏水阀、1000℃及以上高温陶瓷换热器制造

200. 海上溢油回收装置制造

201. 低浓度煤矿瓦斯和乏风利用设备制造

202. 洁净煤技术产品的开发利用及设备制造（煤炭气化、液化、水煤浆、工业型煤）

203. 大型公共建筑、高层建筑、石油化工设施、森林、山岳、水域和地下设施消防灭火救援技术开发与设备制造

（十九）汽车制造业

204. 汽车发动机制造及发动机研发机构建设：升功率不低于 70 千瓦的汽油发动机、升功率不低于 50 千瓦的排量 3 升以下柴油发动机、升功率不低于 40 千瓦的排量 3 升以上柴油发动机、燃料电池和混合燃料等新能源发动机

205. 汽车关键零部件制造及关键技术研发：双离合器变速器（DCT）、无级自动变速器（CVT）、电控机械变速器（AMT）、汽油发动机涡轮增压器、粘性连轴器（四轮驱动用）、自动变速器执行器（电磁阀）、液力缓速器、电涡流缓速器、汽车安全气囊用气体发生器、燃油共轨喷射技术（最大喷射压力大于 2000 帕）、可变截面涡轮增压技术（VGT）、可变喷嘴涡轮增压技术（VNT）、达到中国Ⅴ阶段污染物排放标准的发动机排放控制装置、智能扭矩管理系统（ITM）及耦合器总成、线控转向系统、柴油机颗粒捕捉器、低地板大型客车专用车桥、吸能式转向系统、大中型客车变频空调系统、汽车用特种橡胶配件，以及上述零部件的关键零件、部件

206. 汽车电子装置制造与研发：发动机和底盘电子控制系统及关键零部件，车载电子技术（汽车信息系统和导航系统），汽车电子总线网络技术（限

于合资)，电子控制系统的输入（传感器和采样系统）输出（执行器）部件，电动助力转向系统电子控制器（限于合资)，嵌入式电子集成系统、电控式空气弹簧，电子控制式悬挂系统，电子气门系统装置，电子组合仪表，ABS/TCS/ESP 系统，电路制动系统（BBW)，变速器电控单元（TCU)，轮胎气压监测系统（TPMS)，车载故障诊断仪（OBD)，发动机防盗系统，自动避撞系统，汽车、摩托车型试验及维修用检测系统

207. 新能源汽车关键零部件制造：能量型动力电池（能量密度≥ 110Wh/kg，循环寿命≥ 2000 次，外资比例不超过 50%)，电池正极材料（比容量≥ 150mAh/g，循环寿命 2000 次不低于初始放电容量的 80%)，电池隔膜（厚度 15 ~ 40μm，孔隙率 40% ~ 60%)；电池管理系统，电机管理系统，电动汽车电控集成；电动汽车驱动电机（峰值功率密度≥ 2.5kW/kg，高效区：65% 工作区效率≥ 80%)，车用 DC/DC（输入电压 100V ~ 400V)，大功率电子器件（IGBT，电压等级≥ 600V，电流≥ 300A)；插电式混合动力机电耦合驱动系统

（二十）铁路、船舶、航空航天和其他运输设备制造业

208. 达到中国摩托车Ⅲ阶段污染物排放标准的大排量（排量 >250ml）摩托车发动机排放控制装置制造

209. 轨道交通运输设备（限于合资、合作）

210. 民用飞机设计、制造与维修：干线、支线飞机（中方控股)，通用飞机（限于合资、合作）

211. 民用飞机零部件制造与维修

212. 民用直升机设计与制造（3 吨级及以上需中方控股）

213. 民用直升机零部件制造

214. 地面、水面效应飞机制造及无人机、浮空器设计与制造（中方控股）

215. 航空发动机及零部件、航空辅助动力系统设计、制造与维修

216. 民用航空机载设备设计与制造

217. 航空地面设备制造：民用机场设施、民用机场运行保障设备、飞行试验地面设备、飞行模拟与训练设备、航空测试与计量设备、航空地面试验设备、机载设备综合测试设备、航空制造专用设备、航空材料试制专用设备、

民用航空器地面接收及应用设备、运载火箭地面测试设备、运载火箭力学及环境实验设备

218. 航天器光机电产品、航天器温控产品、星上产品检测设备、航天器结构与机构产品制造

219. 轻型燃气轮机制造

220. 豪华邮轮及深水（3000米以上）海洋工程装备的设计

221. 海洋工程装备（含模块）的制造与修理（中方控股）

222. 船舶低、中速柴油机及其零部件的设计

223. 船舶低、中速柴油机及曲轴的制造（中方控股）

224. 船舶舱室机械的设计与制造

225. 船舶通讯导航设备的设计与制造：船舶通信系统设备、船舶电子导航设备、船用雷达、电罗经自动舵、船舶内部公共广播系统等

226. 游艇的设计与制造

（二十一）电气机械和器材制造业

227. 100万千瓦超超临界火电机组用关键辅机设备制造：安全阀、调节阀

228. 燃煤电站、钢铁行业烧结机脱硝技术装备制造

229. 火电设备的密封件设计、制造

230. 燃煤电站、水电站设备用大型铸锻件制造

231. 水电机组用关键辅机设备制造

232. 输变电设备制造

233. 新能源发电成套设备或关键设备制造：光伏发电、地热发电、潮汐发电、波浪发电、垃圾发电、沼气发电、2.5兆瓦及以上风力发电设备

234. 额定功率350兆瓦及以上大型抽水蓄能机组制造：水泵水轮机及调速器、大型变速可逆式水泵水轮机组、发电电动机及励磁、启动装置等附属设备

235. 斯特林发电机组制造

236. 直线和平面电机及其驱动系统开发与制造

237. 高技术绿色电池制造：动力镍氢电池、锌镍蓄电池、锌银蓄电池、锂离子电池、太阳能电池、燃料电池等（新能源汽车能量型动力电池除外）

238. 电动机采用直流调速技术的制冷空调用压缩机、采用 CO_2 自然工质制冷空调压缩机、应用可再生能源（空气源、水源、地源）制冷空调设备制造

239. 太阳能空调、采暖系统、太阳能干燥装置制造

240. 生物质干燥热解系统、生物质气化装置制造

241. 交流调频调压牵引装置制造

（二十二）计算机、通信和其他电子设备制造业

242. 高清数字摄录机、数字放声设备制造

243. TFT-LCD、PDP、OLED 等平板显示屏、显示屏材料制造（6 代及 6 代以下 TFT-LCD 玻璃基板除外）

244. 大屏幕彩色投影显示器用光学引擎、光源、投影屏、高清晰度投影管和微显投影设备模块等关键件制造

245. 数字音、视频编解码设备，数字广播电视演播室设备，数字有线电视系统设备，数字音频广播发射设备，数字电视上下变换器，数字电视地面广播单频网（SFN）设备，卫星数字电视上行站设备制造

246. 集成电路设计，线宽 28 纳米及以下大规模数字集成电路制造，0.11 微米及以下模拟、数模集成电路制造，MEMS 和化合物半导体集成电路制造及 BGA、PGA、CSP、MCM 等先进封装与测试

247. 大中型电子计算机、万万亿次高性能计算机、便携式微型计算机、大型模拟仿真系统、大型工业控制机及控制器制造

248. 计算机数字信号处理系统及板卡制造

249. 图形图像识别和处理系统制造

250. 大容量光、磁盘驱动器及其部件开发与制造

251. 高速、容量 100TB 及以上存储系统及智能化存储设备制造

252. 计算机辅助设计（三维 CAD）、电子设计自动化（EDA）、辅助测试（CAT）、辅助制造（CAM）、辅助工程（CAE）系统及其他计算机应用系统制造

253. 软件产品开发、生产

254. 电子专用材料开发与制造（光纤预制棒开发与制造除外）

255. 电子专用设备、测试仪器、工模具制造

256. 新型电子元器件制造：片式元器件、敏感元器件及传感器、频率控

制与选择元件、混合集成电路、电力电子器件、光电子器件、新型机电元件、高分子固体电容器、超级电容器、无源集成元件、高密度互连积层板、多层挠性板、刚挠印刷电路板及封装载板

257. 触控系统（触控屏幕、触控组件等）制造

258. 发光效率 140lm/W 以上高亮度发光二极管、发光效率 140lm/W 以上发光二极管外延片（蓝光）、发光效率 140lm/W 以上且功率 200mW 以上白色发光管制造

259. 高密度数字光盘机用关键件开发与生产

260. 可录类光盘生产

261. 民用卫星设计与制造、民用卫星有效载荷制造（中方控股）

262. 民用卫星零部件制造

263. 卫星通信系统设备制造

264. 光通信测量仪表、速率 40Gb/s 及以上光收发器制造

265. 超宽带（UWB）通信设备制造

266. 无线局域网（含支持 WAPI）、广域网设备制造

267. 100Gbps 及以上速率时分复用设备（TDM）、密集波分复用设备（DWDM）、宽带无源网络设备（包括 EPON、GPON、WDM-PON 等）、下一代 DSL 芯片及设备、光交叉连接设备（OXC）、自动光交换网络设备（ASON）、40G/sSDH 以上光纤通信传输设备制造

268. 基于 IPv6 的下一代互联网系统设备、终端设备、检测设备、软件、芯片开发与制造

269. 第三代及后续移动通信系统手机、基站、核心网设备以及网络检测设备开发与制造

270. 高端路由器、千兆比以上网络交换机开发与制造

271. 空中交通管制系统设备制造

272. 基于声、光、电、触控等计算机信息技术的中医药电子辅助教学设备，虚拟病理、生理模型人设备的开发与制造

（二十三）仪器仪表制造业

273. 工业过程自动控制系统与装置制造：现场总线控制系统，大型可编

程控制器（PLC），两相流量计，固体流量计，新型传感器及现场测量仪表

274. 大型精密仪器开发与制造

275. 高精度数字电压表、电流表制造（显示量程七位半以上）

276. 无功功率自动补偿装置制造

277. 安全生产新仪器设备制造

278. VXI 总线式自动测试系统（符合 IEEE1155 国际规范）制造

279. 煤矿井下监测及灾害预报系统、煤炭安全检测综合管理系统开发与制造

280. 工程测量和地球物理观测设备制造

281. 环境监测仪器制造

282. 水文数据采集、处理与传输和防洪预警仪器及设备制造

283. 海洋勘探监测仪器和设备制造

（二十四）废弃资源综合利用业

284. 煤炭洗选及粉煤灰（包括脱硫石膏）、煤矸石等综合利用

285. 全生物降解材料的生产

286. 废旧电器电子产品、汽车、机电设备、橡胶、金属、电池回收处理

四、电力、热力、燃气及水生产和供应业

287. 单机 60 万千瓦及以上超超临界机组电站的建设、经营

288. 采用背压（抽背）型热电联产、热电冷多联产、30 万千瓦及以上热电联产机组电站的建设、经营

289. 缺水地区单机 60 万千瓦及以上大型空冷机组电站的建设、经营

290. 整体煤气化联合循环发电等洁净煤发电项目的建设、经营

291. 单机 30 万千瓦及以上采用流化床锅炉并利用煤矸石、中煤、煤泥等发电项目的建设、经营

292. 发电为主水电站的建设、经营

293. 核电站的建设、经营（中方控股）

294. 新能源电站（包括太阳能、风能、地热能、潮汐能、潮流能、波浪能、生物质能等）建设、经营

295. 电网的建设、经营（中方控股）

296. 海水利用（海水直接利用、海水淡化）

297. 供水厂建设、经营

298. 再生水厂建设、经营

299. 污水处理厂建设、经营

300. 机动车充电站、电池更换站建设、经营

五、交通运输、仓储和邮政业

301. 铁路干线路网的建设、经营（中方控股）

302. 城际铁路、市域（郊）铁路、资源型开发铁路和支线铁路及其桥梁、隧道、轮渡和站场设施的建设、经营

303. 高速铁路、铁路客运专线、城际铁路基础设施综合维修

304. 公路、独立桥梁和隧道的建设、经营

305. 公路货物运输公司

306. 港口公用码头设施的建设、经营

307. 民用机场的建设、经营（中方相对控股）

308. 航空运输公司（中方控股，且一家外商及其关联企业投资比例不得超过 25%）

309. 农、林、渔业通用航空公司（限于合资、合作）

310. 定期、不定期国际海上运输业务（限于合资、合作）

311. 国际集装箱多式联运业务

312. 输油（气）管道、油（气）库的建设、经营

313. 煤炭管道运输设施的建设、经营

314. 自动化高架立体仓储设施，包装、加工、配送业务相关的仓储一体化设施建设、经营

六、批发和零售业

315. 一般商品的共同配送、鲜活农产品和特殊药品低温配送等物流及相关技术服务

316. 农村连锁配送

317. 托盘及集装单元共用系统建设、经营

七、租赁和商务服务业

318. 会计、审计（首席合伙人需具有中国国籍）

319. 国际经济、科技、环保、物流信息咨询服务

320. 以承接服务外包方式从事系统应用管理和维护、信息技术支持管理、银行后台服务、财务结算、软件开发、离岸呼叫中心、数据处理等信息技术和业务流程外包服务

321. 创业投资企业

322. 知识产权服务

323. 家庭服务业

八、科学研究和技术服务业

324. 生物工程与生物医学工程技术、生物质能源开发技术

325. 同位素、辐射及激光技术

326. 海洋开发及海洋能开发技术、海洋化学资源综合利用技术、相关产品开发和精深加工技术、海洋医药与生化制品开发技术

327. 海洋监测技术（海洋浪潮、气象、环境监测）、海底探测与大洋资源勘查评价技术

328. 综合利用海水淡化后的浓海水制盐、提取钾、溴、镁、锂及其深加工等海水化学资源高附加值利用技术

329. 海上石油污染清理与生态修复技术及相关产品开发，海水富营养化防治技术，海洋生物爆发性生长灾害防治技术，海岸带生态环境修复技术

330. 节能环保技术开发与服务

331. 资源再生及综合利用技术、企业生产排放物的再利用技术开发及其应用

332. 环境污染治理及监测技术

333. 化纤生产及印染加工的节能降耗、三废治理新技术

334. 防沙漠化及沙漠治理技术

335. 草畜平衡综合管理技术

336. 民用卫星应用技术

337. 研究开发中心

338. 高新技术、新产品开发与企业孵化中心

339. 物联网技术开发与应用

340. 工业设计、建筑设计、服装设计等创意产业

九、水利、环境和公共设施管理业

341. 综合水利枢纽的建设、经营（中方控股）

342. 城市封闭型道路建设、经营

343. 城市地铁、轻轨等轨道交通的建设、经营

344. 垃圾处理厂，危险废物处理处置厂（焚烧厂、填埋场）及环境污染治理设施的建设、经营

十、教育

345. 非学制类职业培训机构

十一、卫生和社会工作

346. 老年人、残疾人和儿童服务机构

347. 养老机构

十二、文化、体育和娱乐业

348. 演出场所经营

349. 体育场馆经营、健身、竞赛表演及体育培训和中介服务

限制外商投资产业目录

一、农、林、牧、渔业

1. 农作物新品种选育和种子生产（中方控股）

二、采矿业

2. 特殊和稀缺煤类勘查、开采（中方控股）

3. 贵金属（金、银、铂族）勘查、开采

4. 石墨勘查、开采

5. 锂矿开采、选矿

三、制造业

6. 豆油、菜籽油、花生油、棉籽油、茶籽油、葵花籽油、棕榈油等食用油脂加工（中方控股），大米、面粉、原糖加工，玉米深加工

7. 生物液体燃料（燃料乙醇、生物柴油）生产（中方控股）

8. 出版物印刷（中方控股）

9. 钨、钼、锡（锡化合物除外）、锑（含氧化锑和硫化锑）等稀有金属冶炼

10. 稀土冶炼、分离（限于合资、合作）

11. 汽车整车、专用汽车和摩托车制造：中方股比不低于50%，同一家外商可在国内建立两家（含两家）以下生产同类（乘用车类、商用车类、摩托车类）整车产品的合资企业，如与中方合资伙伴联合兼并国内其他汽车生产企业可不受两家的限制

12. 船舶（含分段）的修理、设计与制造（中方控股）

13. 卫星电视广播地面接收设施及关键件生产

四、电力、热力、燃气及水生产和供应业

14. 小电网范围内，单机容量30万千瓦及以下燃煤凝汽火电站、单机容量10万千瓦及以下燃煤凝汽抽汽两用机组热电联产电站的建设、经营

15. 城市人口50万以上的城市燃气、热力和供排水管网的建设、经营（中方控股）

五、交通运输、仓储和邮政业

16. 铁路旅客运输公司（中方控股）

17. 公路旅客运输公司

18. 水上运输公司（中方控股）

19. 公务飞行、空中游览、摄影、探矿、工业等通用航空公司（中方控股）

六、信息传输、软件和信息技术服务业

20. 电信公司：增值电信业务（外资比例不超过 50%，电子商务除外），基础电信业务（外资比例不超过 49%）

七、批发和零售业

21. 粮食收购，粮食、棉花批发，大型农产品批发市场建设、经营

22. 船舶代理（中方控股）、外轮理货（限于合资、合作）

23. 加油站（同一外国投资者设立超过 30 家分店、销售来自多个供应商的不同种类和品牌成品油的连锁加油站，由中方控股）建设、经营

八、金融业

24. 银行（单个境外金融机构及被其控制或共同控制的关联方作为发起人或战略投资者向单个中资商业银行投资入股比例不得超过 20%，多个境外金融机构及被其控制或共同控制的关联方作为发起人或战略投资者投资入股比例合计不得超过 25%，投资农村中小金融机构的境外金融机构必须是银行类金融机构）

25. 保险公司（寿险公司外资比例不超过 50%）

26. 证券公司（设立时限于从事人民币普通股、外资股和政府债券、公司债券的承销与保荐，外资股的经纪，政府债券、公司债券的经纪和自营；设立满 2 年后符合条件的公司可申请扩大业务范围；外资比例不超过 49%）、证券投资基金管理公司（外资比例不超过 49%）

27. 期货公司（中方控股）

九、租赁和商务服务业

28. 市场调查（限于合资、合作，其中广播电视收听、收视调查要求中方控股）

29. 资信调查与评级服务公司

十、科学研究和技术服务业

30. 测绘公司（中方控股）

十一、教育

31. 高等教育机构（限于合作、中方主导*）
32. 普通高中教育机构（限于合作、中方主导）
33. 学前教育机构（限于合作、中方主导）

十二、卫生和社会工作

34. 医疗机构（限于合资、合作）

十三、文化、体育和娱乐业

35. 广播电视节目、电影的制作业务（限于合作）
36. 电影院的建设、经营（中方控股）
37. 大型主题公园的建设、经营
38. 演出经纪机构（中方控股）

十四、国家法律法规和我国缔结或者参加的国际条约规定限制的其他产业

禁止外商投资产业目录

一、农、林、牧、渔业

1. 我国稀有和特有的珍贵优良品种的研发、养殖、种植以及相关繁殖材料的生产（包括种植业、畜牧业、水产业的优良基因）

---

* 中方主导是指校长或者主要行政负责人应当具有中国国籍，中外合作办学机构的理事会、董事会或者联合管理委员会的中方组成人员不得少于 1/2（下同）。

2. 农作物、种畜禽、水产苗种转基因品种选育及其转基因种子（苗）生产

3. 我国管辖海域及内陆水域水产品捕捞

二、采矿业

4. 钨、钼、锡、锑、萤石勘查、开采

5. 稀土勘查、开采、选矿

6. 放射性矿产的勘查、开采、选矿

三、制造业

（一）医药制造业

7. 列入《野生药材资源保护管理条例》和《中国稀有濒危保护植物名录》的中药材加工

8. 中药饮片的蒸、炒、炙、煅等炮制技术的应用及中成药保密处方产品的生产

（二）石油加工、炼焦和核燃料加工业

9. 放射性矿产冶炼、加工，核燃料生产

（三）专用设备制造业

10. 武器弹药制造

（四）其他制造业

11. 象牙雕刻

12. 虎骨加工

13. 宣纸、墨锭生产

四、电力、热力、燃气及水生产和供应业

14. 大电网范围内，单机容量 30 万千瓦及以下燃煤凝汽火电站、单机容量 20 万千瓦及以下燃煤凝汽抽汽两用热电联产电站的建设、经营

五、交通运输、仓储和邮政业

15. 空中交通管制

16. 邮政公司、信件的国内快递业务

六、批发和零售业

17. 烟叶、卷烟、复烤烟叶及其他烟草制品的批发、零售

七、租赁和商务服务业

18. 社会调查

19. 中国法律事务咨询（提供有关中国法律环境影响的信息除外）

八、科学研究和技术服务业

20. 人体干细胞、基因诊断与治疗技术开发和应用

21. 大地测量、海洋测绘、测绘航空摄影、行政区域界线测绘、地形图、世界政区地图、全国政区地图、省级及以下政区地图、全国性教学地图、地方性教学地图和真三维地图编制、导航电子地图编制，区域性的地质填图、矿产地质、地球物理、地球化学、水文地质、环境地质、地质灾害、遥感地质等调查

九、水利、环境和公共设施管理业

22. 自然保护区和国际重要湿地的建设、经营

23. 国家保护的原产于我国的野生动、植物资源开发

十、教育

24. 义务教育机构，军事、警察、政治和党校等特殊领域教育机构

十一、文化、体育和娱乐业

25. 新闻机构

26. 图书、报纸、期刊的出版业务

27. 音像制品和电子出版物的出版、制作业务

28. 各级广播电台（站）、电视台（站）、广播电视频道（率）、广播电视传

输覆盖网（发射台、转播台、广播电视卫星、卫星上行站、卫星收转站、微波站、监测台、有线广播电视传输覆盖网）

29. 广播电视节目制作经营公司

30. 电影制作公司、发行公司、院线公司

31. 新闻网站、网络出版服务、网络视听节目服务、互联网上网服务营业场所、互联网文化经营（音乐除外）

32. 经营文物拍卖的拍卖企业、文物商店

33. 高尔夫球场、别墅的建设

十二、其他行业

34. 危害军事设施安全和使用效能的项目

35. 博彩业（含赌博类跑马场）

36. 色情业

十三、国家法律法规和我国缔结或者参加的国际条约规定禁止的其他产业

注：《内地与香港关于建立更紧密经贸关系的安排》及其补充协议、《内地与澳门关于建立更紧密经贸关系的安排》及其补充协议、《海峡两岸经济合作框架协议》及其后续协议、我国与有关国家签订的自由贸易区协议、投资协定另有规定的，从其规定。

外商投资项目核准和备案管理办法

（发展改革委令第12号　2014年5月17日）

《外商投资项目核准和备案管理办法》已经国家发展和改革委员会主任办公会讨论通过，现予发布，自2014年6月17日起施行。国家发展和改革委员会2004年10月9日发布的《外商投资项目核准暂行管理办法》（国家发展和改革委员会令第22号）同时废止。

主任：徐绍史

2014年5月17日

第一章　总　　则

第一条　为进一步深化外商投资管理体制改革，根据《中华人民共和国行政许可法》、《指导外商投资方向规定》、《国务院关于投资体制改革的决定》及《政府核准的投资项目目录（2013年本）》（以下简称《核准目录》），特制定本办法。

第二条　本办法适用于中外合资、中外合作、外商独资、外商投资合伙、外商并购境内企业、外商投资企业增资及再投资项目等各类外商投资项目。

第二章　项目管理方式

第三条　外商投资项目管理分为核准和备案两种方式。

第四条　根据《核准目录》，实行核准制的外商投资项目的范围为：

（一）《外商投资产业指导目录》中有中方控股（含相对控股）要求的总投资（含增资）3亿美元及以上鼓励类项目，总投资（含增资）5000万美元及以上限制类（不含房地产）项目，由国家发展和改革委员会核准。

（二）《外商投资产业指导目录》限制类中的房地产项目和总投资（含增资）5000 万美元以下的其他限制类项目，由省级政府核准。《外商投资产业指导目录》中有中方控股（含相对控股）要求的总投资（含增资）3 亿美元以下鼓励类项目，由地方政府核准。

（三）前两项规定之外的属于《核准目录》第一至十一项所列的外商投资项目，按照《核准目录》第一至十一项的规定核准。

（四）由地方政府核准的项目，省级政府可以根据本地实际情况具体划分地方各级政府的核准权限。由省级政府核准的项目，核准权限不得下放。

本办法所称项目核准机关，是指本条规定具有项目核准权限的行政机关。

第五条　本办法第四条范围以外的外商投资项目由地方政府投资主管部门备案。

第六条　外商投资企业增资项目总投资以新增投资额计算，并购项目总投资以交易额计算。

第七条　外商投资涉及国家安全的，应当按照国家有关规定进行安全审查。

第三章　项目核准

第八条　拟申请核准的外商投资项目应按国家有关要求编制项目申请报告。项目申请报告应包括以下内容：

（一）项目及投资方情况；

（二）资源利用和生态环境影响分析；

（三）经济和社会影响分析。

外国投资者并购境内企业项目申请报告应包括并购方情况、并购安排、融资方案和被并购方情况、被并购后经营方式、范围和股权结构、所得收入的使用安排等。

第九条　国家发展和改革委员会根据实际需要，编制并颁布项目申请报告通用文本、主要行业的项目申请报告示范文本、项目核准文件格式文本。

对于应当由国家发展和改革委员会核准或者审核后报国务院核准的项目，国家发展和改革委员会制定并颁布《服务指南》，列明项目核准的申报材料和所需附件、受理方式、办理流程、办理时限等内容，为项目申报单位提供指导和服务。

第十条　项目申请报告应附以下文件：

（一）中外投资各方的企业注册证明材料及经审计的最新企业财务报表（包括资产负债表、利润表和现金流量表）、开户银行出具的资金信用证明；

（二）投资意向书，增资、并购项目的公司董事会决议；

（三）城乡规划行政主管部门出具的选址意见书（仅指以划拨方式提供国有土地使用权的项目）；

（四）国土资源行政主管部门出具的用地预审意见（不涉及新增用地，在已批准的建设用地范围内进行改扩建的项目，可以不进行用地预审）；

（五）环境保护行政主管部门出具的环境影响评价审批文件；

（六）节能审查机关出具的节能审查意见；

（七）以国有资产出资的，需由有关主管部门出具的确认文件；

（八）根据有关法律法规的规定应当提交的其他文件。

第十一条　按核准权限属于国家发展和改革委员会核准的项目，由项目所在地省级发展改革部门提出初审意见后，向国家发展和改革委员会报送项目申请报告；计划单列企业集团和中央管理企业可直接向国家发展和改革委员会报送项目申请报告，并附项目所在地省级发展改革部门的意见。

第十二条　项目申报材料不齐全或者不符合有关要求的，项目核准机关应当在收到申报材料后 5 个工作日内一次告知项目申报单位补正。

第十三条　对于涉及有关行业主管部门职能的项目，项目核准机关应当商请有关行业主管部门在 7 个工作日内出具书面审查意见。有关行业主管部门逾期没有反馈书面审查意见的，视为同意。

第十四条　项目核准机关在受理项目申请报告之日起 4 个工作日内，对需要进行评估论证的重点问题委托有资质的咨询机构进行评估论证，接受委托的咨询机构应在规定的时间内提出评估报告。

第十五条　对于可能会对公共利益造成重大影响的项目，项目核准机关在进行核准时应采取适当方式征求公众意见。对于特别重大的项目，可以实行专家评议制度。项目核准机关自受理项目核准申请之日起20个工作日内，完成对项目申请报告的核准。如20个工作日内不能做出核准决定的，由本部门负责人批准延长10个工作日，并将延长期限的理由告知项目申报单位。前款规定的核准期限，委托咨询评估和进行专家评议所需的时间不计算在内。

第十六条　对外商投资项目的核准条件是：

（一）符合国家有关法律法规和《外商投资产业指导目录》、《中西部地区外商投资优势产业目录》的规定；

（二）符合发展规划、产业政策及准入标准；

（三）合理开发并有效利用了资源；

（四）不影响国家安全和生态安全；

（五）对公众利益不产生重大不利影响；

（六）符合国家资本项目管理、外债管理的有关规定。

第十七条　对予以核准的项目，项目核准机关出具书面核准文件，并抄送同级行业管理、城乡规划、国土资源、环境保护、节能审查等相关部门；对不予核准的项目，应以书面说明理由，并告知项目申报单位享有依法申请行政复议或者提起行政诉讼的权利。

第四章　项目备案

第十八条　拟申请备案的外商投资项目需由项目申报单位提交项目和投资方基本情况等信息，并附中外投资各方的企业注册证明材料、投资意向书及增资、并购项目的公司董事会决议等其他相关材料。

第十九条　外商投资项目备案需符合国家有关法律法规、发展规划、产业政策及准入标准，符合《外商投资产业指导目录》、《中西部地区外商投资优势产业目录》。

第二十条　对不予备案的外商投资项目，地方投资主管部门应在7个工作日内出具书面意见并说明理由。

第五章 项目变更

第二十一条 经核准或备案的项目如出现下列情形之一的，需向原批准机关申请变更：

（一）项目地点发生变化；

（二）投资方或股权发生变化；

（三）项目主要建设内容发生变化；

（四）有关法律法规和产业政策规定需要变更的其他情况。

第二十二条 变更核准和备案的程序比照本办法前述有关规定执行。

第二十三条 经核准的项目若变更后属于备案管理范围的，应按备案程序办理；予以备案的项目若变更后属于核准管理范围的，应按核准程序办理。

第六章 监督管理

第二十四条 核准或备案文件应规定文件的有效期。在有效期内未开工建设的，项目申报单位应当在有效期届满前30个工作日向原核准和备案机关提出延期申请。在有效期内未开工建设且未提出延期申请的，原核准文件期满后自动失效。

第二十五条 对于未按规定权限和程序核准或者备案的项目，有关部门不得办理相关手续，金融机构不得提供信贷支持。

第二十六条 各级项目核准和备案机关要切实履行核准和备案职责，改进监督、管理和服务，提高行政效率，并按照相关规定做好项目核准及备案的信息公开工作。

第二十七条 各级发展改革部门应当会同同级行业管理、城乡规划、国土资源、环境保护、金融监管、安全生产监管等部门，对项目申报单位执行项目情况和外商投资项目核准或备案情况进行稽察和监督检查，加快完善信息系统，建立发展规划、产业政策、准入标准、诚信记录等信息的横向互通制度，严肃查处违法违规行为并纳入不良信用记录，实现行政审批和市场监管的信息共享。

第二十八条　国家发展和改革委员会要联合地方发展改革部门建立完善外商投资项目管理电子信息系统，实现外商投资项目可查询、可监督，提升事中事后监管水平。

第二十九条　省级发展改革部门每月10日前汇总整理上月本省项目核准及备案相关情况，包括项目名称、核准及备案文号、项目所在地、中外投资方、建设内容、资金来源（包括总投资、资本金等）等，报送国家发展和改革委员会。

第七章　法律责任

第三十条　项目核准和备案机关及其工作人员违反本办法有关规定的，由其上级行政机关或者监察机关责令改正；情节严重的，对直接负责的主管人员和其他直接责任人员依法给予行政处分。

第三十一条　项目核准和备案机关工作人员，在项目核准和备案过程中滥用职权谋取私利，构成犯罪的，依法追究刑事责任；尚不构成犯罪的，依法给予行政处分。

第三十二条　咨询评估机构及其人员、参与专家评议的专家，在编制项目申请报告、受项目核准机关委托开展评估或者参与专家评议过程中，不遵守国家法律法规和本办法规定的，依法追究相应责任。

第三十三条　项目申报单位以拆分项目或提供虚假材料等不正当手段申请核准或备案的，项目核准和备案机关不予受理或者不予核准及备案。已经取得项目核准或备案文件的，项目核准和备案机关应依法撤销该项目的核准或备案文件。已经开工建设的，依法责令其停止建设。相应的项目核准和备案机关及有关部门应当将其纳入不良信用记录，并依法追究有关责任人的法律责任。

第八章　附　　则

第三十四条　具有项目核准职能的国务院行业管理部门和省级政府有关

部门可以按照国家有关法律法规和本办法的规定，制定外商投资项目核准具体实施办法和相应的《服务指南》。

第三十五条　香港特别行政区、澳门特别行政区和台湾地区的投资者在祖国大陆举办的投资项目，参照本办法执行。外国投资者以人民币在境内投资的项目，按照本办法执行。

第三十六条　法律、行政法规和国家对外商投资项目管理有专门规定的，按照有关规定执行。

第三十七条　本办法由国家发展和改革委员会负责解释。

第三十八条　本办法自2014年6月17日起施行。国家发展和改革委员会2004年10月9日发布的《外商投资项目核准暂行管理办法》（国家发展和改革委员会令第22号）同时废止。

关于印发《中国（上海）自由贸易试验区外商投资经营增值电信业务试点管理办法》的通知

（工信部通〔2014〕130号　2014年4月15日）

为贯彻落实《工业和信息化部、上海市人民政府关于中国（上海）自由贸易试验区进一步对外开放增值电信业务的意见》(工信部联通〔2013〕410号)，推进中国（上海）自由贸易试验区增值电信业务试点开放工作，我部制定了《中国（上海）自由贸易试验区外商投资经营增值电信业务试点管理办法》，现予印发。

2014年4月15日

附件

中国（上海）自由贸易试验区外商投资经营增值电信业务试点管理办法

第一条　为了适应中国（上海）自由贸易试验区（以下简称试验区）外商投资经营增值电信业务的需要，根据《中华人民共和国电信条例》、《外商投资电信企业管理规定》、《国务院关于在中国（上海）自由贸易试验区内暂时调整有关行政法规和国务院文件规定的行政审批或者准入特别管理措施的决定》及《工业和信息化部、上海市人民政府关于中国（上海）自由贸易试验区进一步对外开放增值电信业务的意见》等有关规定，制定本办法。

第二条　试验区外商投资企业可以经营的增值电信业务及外方投资者的出资比例，由工业和信息化部根据有关规定确定。

第三条　试验区外商投资企业申请经营增值电信业务的，应当符合下列条件：

（一）经营者为在试验区依法设立的公司。

（二）有与开展经营活动相适应的资金和专业人员。

（三）有为用户提供长期服务的信誉或者能力。

（四）注册资本最低限额为 100 万元人民币。

（五）有必要的场地、设施、技术方案以及网络与信息安全保障制度和措施，其中服务设施须设在试验区内。

（六）公司及其主要投资者和主要经营管理人员三年内无违反电信监督管理制度的违法记录。

（七）国家规定的其他条件。

第四条　试验区内申请经营增值电信业务的外商投资企业，应向上海市通信管理局提出申请并报送下列文件：

（一）公司法定代表人签署的经营增值电信业务的书面申请。内容包括：申请经营电信业务的种类、业务覆盖范围、公司名称、公司通信地址、邮政编码、联系人、联系电话、电子信箱地址等。

（二）公司外方主要投资者的有关材料，包括公司登记证、基本情况介绍、经会计师事务所审计的最近财务会计报告、资信证明；公司其他投资者的有关材料，包括公司登记证或者营业执照、基本情况介绍。

（三）公司的《外商投资企业批准证书》或《中国（上海）自由贸易试验区外商 / 港澳台侨投资企业备案证明》、《企业法人营业执照》副本及复印件。

（四）公司概况。包括：公司基本情况，拟从事增值电信业务的人员、场地和设施等情况。

（五）公司章程、公司股权结构的有关情况。

（六）申请经营电信业务的业务发展、实施计划和技术方案。

（七）为用户提供长期服务、质量保障及用户个人信息保护的措施。

（八）网络与信息安全保障制度和措施。

（九）证明公司信誉的有关材料。

（十）公司法定代表人签署的公司依法经营电信业务的承诺书。

第五条　上海市通信管理局应当对申请材料进行审查，申请材料齐全、符合法定形式的，应当向申请企业出具受理申请通知书。申请材料不齐全或者不符合法定形式的，应当当场或者在 5 个工作日内一次告知申请企业需要补正的全部内容。

第六条　上海市通信管理局应当自受理之日起 60 日内完成审查工作，作出予以批准或者不予批准的决定。予以批准的，颁发《中国（上海）自由贸易试验区外商投资经营增值电信业务试点批复》（有效期暂定为 3 年）。不予批准的，应当书面通知申请企业并说明理由。

第七条　上海市通信管理局向申请企业颁发试点批复后，应当在 10 日内向工业和信息化部备案。

第八条　试验区外商投资电信企业应当依法规范经营增值电信业务，保护用户合法权益，按时报送业务发展情况，不实施任何方式的不正当竞争，做好用户信息保护，维护网络与信息安全。

第九条　上海市通信管理局对试验区外商投资电信企业实行年检制度。外商投资电信企业应当在报告年的次年第一季度向上海市通信管理局报送下列年检材料：

（一）本年度的电信业务经营情况；业务发展、人员及机构变动情况；服务质量和用户个人信息保护情况；落实网络与信息安全管理要求情况；执行国家和电信管理机构有关规定的情况等。

（二）公司的企业法人营业执照复印件。

（三）上海市通信管理局要求报送的其他材料。

第十条　上海市通信管理局进行年检时，应当对外商投资电信企业报送的材料进行全面审核，并对其经营主体、经营行为、电信资费、服务质量和用户个人信息保护、落实网络与信息安全管理要求、执行国家和电信管理机构有关规定的情况等进行检查。

按时参加年检并且年检事项符合规定的，为年检合格。未按规定参加年检或者年检事项不符合规定的，上海市通信管理局应当责令改正，并依法给予相应的行政处罚；按时改正的，为经整改年检合格；拒不改正的，为年检不合格。

年检结果和处罚情况应当在《试点批复》附件《年检和违法记录》中记录，向社会公布并通报工商行政管理机关。

第十一条　试验区外商投资电信企业有《外商投资电信企业管理规定》第十八条至二十条规定情形的，上海市通信管理局依法予以处罚。

第十二条　工业和信息化部负责组织对试验区外商投资经营增值电信业务试点工作进行评估。上海市通信管理局应当依据年检及日常监管情况按季度出具外商投资经营增值电信业务评估报告，报送工业和信息化部。

第十三条　本办法自印发之日起施行，有关内容将根据国务院有关决定适时进行调整。

自由贸易试验区外商投资备案管理办法（试行）

（商务部公告 2015 年第 12 号　2015 年 4 月 8 日）

为进一步扩大对外开放，推进外商投资管理制度改革，在自由贸易试验区（以下称自贸试验区）营造国际化、法治化、市场化的营商环境，经全国人大常委会授权，国务院决定在自贸试验区对外商投资实行准入前国民待遇加负面清单的管理模式。为落实改革外商投资管理模式的相关要求，规范自贸试验区外商投资备案管理工作，现公布《自由贸易试验区外商投资备案管理办法（试行）》，自发布之日起 30 日后实施。

商务部

2015 年 4 月 8 日

自由贸易试验区外商投资备案管理办法（试行）

第一条　为进一步扩大对外开放，推进外商投资管理制度改革，在中国（广东）自由贸易试验区、中国（天津）自由贸易试验区、中国（福建）自由贸易试验区、中国（上海）自由贸易试验区（以下简称自贸试验区）营造国际化、法治化、市场化的营商环境，根据《全国人大常委会关于授权国务院在中国（上海）自由贸易试验区暂时调整有关法律规定的行政审批的决定》、《全国人大常委会关于授权国务院在中国（广东）、中国（天津）、中国（福建）自由贸易试验区以及中国（上海）自由贸易试验区扩展区域暂时调整有关法律规定的行政审批的决定》、相关法律、行政法规及国务院决定，制定本办法。

第二条　外国投资者在自贸试验区投资《自由贸易试验区外商投资准入特别管理措施（负面清单）》以外领域，外商投资企业设立、变更（以下统称投资实施）及合同章程备案，适用本办法。法律、行政法规和国务院决定另有规定的，从其规定。

投资实施的时间对外商投资企业设立而言，为企业营业执照签发时间；对外商投资企业变更而言，涉及换发企业营业执照的，投资实施时间为企业营业执照换发时间，不涉及换发企业营业执照的，投资实施时间为变更事项发生时间。

第三条　自贸试验区管理机构（以下简称备案机构）负责自贸试验区外商投资事项的备案管理。

备案机构通过商务部外商（港澳台侨）投资备案信息系统（以下简称备案系统），开展自贸试验区外商投资事项的备案工作。

第四条　外国投资者在自贸试验区投资设立企业，属于本办法规定的备案范围的，外国投资者在取得企业名称预核准通知书后，可在投资实施前，或投资实施之日起 30 日内，登录自贸试验区一口受理平台（以下简称受理平台），在线填报和提交《自贸试验区外商投资企业设立备案申报表》(以下简称《设立申报表》)。

第五条　属于本办法规定的备案范围的外商投资企业，发生以下变更事项的，可在投资实施前，或投资实施之日起 30 日内，在线填报和提交《自贸试验区外商投资企业变更事项备案申报表》（以下简称《变更申报表》），办理变更备案手续：

（一）投资总额变更；

（二）注册资本变更；

（三）股权、合作权益变更或转让；

（四）股权质押；

（五）合并、分立；

（六）经营范围变更；

（七）经营期限变更；

（八）提前终止；

（九）出资方式、出资期限变更；

（十）中外合作企业外国合作者先行回收投资；

（十一）企业名称变更；

（十二）注册地址变更。

其中，依照相关法律法规规定应当公告的，应当在办理变更备案手续时说明依法办理公告手续情况。

第六条　备案管理的外商投资企业发生需审批的变更事项，应按照外商投资管理的相关规定办理审批手续。

第七条　自贸试验区内于本办法实施前已设立的外商投资企业发生变更，或自贸试验区外的外商投资企业迁入，且属于本办法规定的备案范围的，应办理变更备案手续，并缴销《外商（港澳台侨）投资企业批准证书》。

第八条　外国投资者或外商投资企业在提交《设立申报表》或《变更申报表》时承诺，申报内容真实、完整、有效，申报的投资事项符合相关法律法规的规定。

第九条　外国投资者或外商投资企业在线提交《设立申报表》或《变更申报表》后，备案机构对申报事项是否属于备案范围进行甄别。属于本办法规定的备案范围的，备案机构应在3个工作日内完成备案，通知外国投资者或外商投资企业。不属于备案范围的，通知外国投资者或外商投资企业按有关规定办理审批手续。

第十条　备案机构应即时在备案系统发布备案结果，并向受理平台共享备案结果信息。

第十一条　收到备案完成通知后，外国投资者或外商投资企业可向备案机构领取《外商投资企业备案证明》（以下简称《备案证明》）。领取时需提交以下文件：

（一）企业名称预先核准通知书（复印件）；

（二）外国投资者或其授权代表签章的《设立申报表》，或外商投资企业或其授权代表签章的《变更申报表》；

（三）外国投资者、实际控制人主体资格证明或身份证明（复印件）。

第十二条　自贸试验区外商投资企业应在每年6月30日前登录备案系统，填报《外商投资企业投资经营情况年度报告表》。

第十三条　备案机构对自贸试验区外国投资者及外商投资企业遵守外商投资法律法规规定情况实施监督检查。

备案机构可采取定期抽查、根据举报进行检查、根据有关部门或司法机关的建议和反映进行检查，以及依法定职权启动检查等方式开展监督检查。

第十四条　备案机构的监督检查内容包括：外国投资者或外商投资企业是否按本办法规定履行备案程序；外商投资企业投资经营活动是否与填报的备案信息一致；是否按本办法规定填报年度报告；是否存在违反外商投资法律法规规定的其他情形。

第十五条　经监督检查发现外国投资者或外商投资企业存在违反外商投资法律法规规定的情形的，备案机构应以书面通知责成其说明情况，并依法开展调查。经调查确认存在违法行为的，责令其限期整改；情节严重的，备案机构应取消备案，并提请相关部门依法予以处罚。

第十六条　外国投资者、外商投资企业在备案、登记及投资经营等活动中所形成的信息，以及备案机构和其他主管部门在监督检查中掌握的反映其诚信状况的信息，将纳入商务部外商（港澳台侨）投资诚信档案系统。

商务部与相关部门共享外国投资者及外商投资企业的诚信信息。对于备案信息不实，或未按本办法规定填报年度报告的，备案机构将把相关信息记入诚信档案，并采取适当方式予以公示。

诚信信息共享与公示不得含有外国投资者、外商投资企业的商业秘密、个人隐私。

第十七条　自贸试验区外商投资事项涉及国家安全审查、反垄断审查的，按相关规定办理。

第十八条　外商投资的投资性公司、创业投资企业在自贸试验区投资，视同外国投资者，适用本办法。

自贸试验区内的外资并购、外国投资者对上市公司战略投资、外国投资者以其持有的中国境内企业股权出资、外商投资企业境内再投资，应符合相关规定要求。

第十九条　香港特别行政区、澳门特别行政区、台湾地区投资者在自贸试验区投资《自由贸易试验区外商投资准入特别管理措施（负面清单）》以外领域的，参照本办法办理。

第二十条　本办法自发布之日起30日后实施。

附件：1. 自贸试验区外商投资企业设立备案申报表。

2. 自贸试验区外商投资企业变更事项备案申报表。

3. 中国（　）自由贸易试验区外商投资企业备案证明。

附件 1

自贸试验区外商投资企业设立备案申报表

<table>
<tr><td colspan="3">企业基本信息</td></tr>
<tr><td>企业名称</td><td colspan="2"></td></tr>
<tr><td>注册地址</td><td colspan="2"></td></tr>
<tr><td>企业类型</td><td colspan="2">□合资 □合作 □独资 □股份制 □合伙</td></tr>
<tr><td>经营期限</td><td colspan="2">××年或长期</td></tr>
<tr><td>投资行业</td><td colspan="2">（从行业代码中勾选）</td></tr>
<tr><td>经营范围</td><td colspan="2"></td></tr>
<tr><td>投资总额</td><td></td><td>折 万元人民币</td></tr>
<tr><td>注册资本</td><td></td><td>折 万元人民币</td></tr>
<tr><td>在华投资计划描述</td><td colspan="2"></td></tr>
<tr><td>是否将开展实质经营活动</td><td colspan="2"></td></tr>
<tr><td>是否将通过本企业协议控制其他境内企业</td><td colspan="2">（如选择是，请说明以何种方式控制何企业）</td></tr>
<tr><td>未来 3 年计划雇用人数</td><td colspan="2"></td></tr>
<tr><td>企业联系方式</td><td colspan="2">电话： 传真： 电子邮件：</td></tr>
<tr><td colspan="3">企业权力机构</td></tr>
<tr><td>权力机构名称</td><td colspan="2"></td></tr>
<tr><td rowspan="3">人员构成</td><td colspan="2">董事： 国籍： 委派方：</td></tr>
<tr><td colspan="2">监事： 国籍： 委派方：</td></tr>
<tr><td colspan="2">法定代表人： 国籍：</td></tr>
<tr><td colspan="3">境外投资者基本信息（可按投资者数量下拉填报）</td></tr>
<tr><td>姓名 / 名称</td><td colspan="2"></td></tr>
<tr><td>国籍 / 注册地</td><td colspan="2"></td></tr>
<tr><td>护照号码 / 商业登记证明号码</td><td colspan="2"></td></tr>
</table>

（续）

认缴出资额		折　　万元人民币
出资方式		
资金来源地		
是否为投资类企业	从以下选项勾选： ☐ 境外投资者是外商投资的投资性公司 ☐ 境外投资者是外商投资的创业投资企业 ☐ 境外投资者是外商投资的股权投资企业 ☐ 境外投资者不属于以上投资类企业	
是否为港澳服务提供者	☐ 是　☐ 否	
境外投资者实际控制人信息（可按实际控制人数量下拉填报）		
姓名 / 名称		
国籍 / 注册地		
护照号码或身份证号 / 商业登记证明号码或工商登记证明号码		
实际控制方式	从以下方式勾选： ☐ 单独或与关联投资者共同持有企业 50% 以上股份 ☐ 单独或与关联投资者共同持有企业股份不足 50%，但所享有的表决权足以对权力机构决议产生重大影响 ☐ 对企业的经营决策、人事、财务、技术等有重大影响的其他情形（请详细说明）	
境内投资者基本信息（可按投资者数量下拉填报）		
姓名 / 名称		
住址 / 注册地址		
身份证号 / 工商登记证明号码		
认缴出资额		折　　万元人民币
出资方式		
联系人信息		
姓名	固定电话	手机
联系地址		电子邮件
证件名及号码		

备案申报承诺书

____________：

根据中华人民共和国有关法律法规规定，现提交 ×× 公司设立 / 变更备案信息，本人 /×× 公司承诺：

1. 所填报的备案信息及提供的证明材料真实有效。

2. 所从事经营活动不涉及自贸试验区外商投资准入特别管理措施目录范围。

3. 遵守中华人民共和国法律规定。

4. 所从事投资经营活动不损害中国国家主权或社会公共利益，不危害中国国家安全，不损害环境。

上述承诺如有不实，本承诺人承担相应的法律责任和后果。

承诺人：____

承诺人 / 授权代表签字、盖章：__________________________

年　　月　　日

附件 2

自贸试验区外商投资企业变更事项备案申报表

<table>
<tr><td>企业名称</td><td colspan="2"></td></tr>
<tr><td>组织机构代码</td><td colspan="2"></td></tr>
<tr><td>变更事项（勾选）</td><td colspan="2">□ 投资总额变更
□ 注册资本变更
□ 股权（权益）变更（转让）
□ 股权质押
□ 合并分立
□ 经营范围变更
□ 经营期限变更
□ 提前终止
□ 出资方式和期限变更
□ 中外合作企业外国投资者先行回收投资
□ 企业名称变更
□ 注册地址变更</td></tr>
<tr><td>变更内容（文字描述）</td><td colspan="2"></td></tr>
<tr><td colspan="3">联系人信息</td></tr>
<tr><td>姓名</td><td>固定电话</td><td>手机</td></tr>
<tr><td colspan="2">联系地址</td><td>电子邮件</td></tr>
<tr><td colspan="3">证件名及号码</td></tr>
</table>

备案申报承诺书

____________：

根据中华人民共和国有关法律法规规定，现提交 ×× 公司设立 / 变更备案信息，本人 /×× 公司承诺：

1. 所填报的备案信息及出示的证明材料真实有效。

2. 外商投资企业所从事经营活动不涉及自贸试验区外商投资准入特别管理措施目录范围。

3. 遵守中华人民共和国法律规定。

4. 不损害中国国家主权或社会公共利益，不危害中国国家安全，不损害环境。

上述承诺如有不实，本承诺人承担所引发的一切后果和法律责任。

承诺人：______________________________

承诺人 / 授权代表签字、盖章：____________________

年　　月　　日

附件 3

中国（　　　）自由贸易试验区外商投资企业备案证明

备案机构名称：　　　　　　　　　　　　　　　　　　　　　　　　编号：

企业名称			
注册地址			
投资总额		折合　　万元人民币	
注册资本		折合　　万元人民币	
投资行业		经营期限	
经营范围			

投资者名称	注册地	出资额

备注	

（备案机构盖章）

备案日期：

商务部关于改进外资审核管理工作的通知

（商资函〔2014〕314 号　2014 年 6 月 17 日）

各省、自治区、直辖市、计划单列市及新疆生产建设兵团商务主管部门：

为贯彻落实《国务院关于印发注册资本登记制度改革方案的通知》（国发〔2014〕7 号，以下简称《通知》）和《国务院关于废止和修改部分行政法规的决定》（国务院令第 648 号，以下简称《决定》），商务部就部分外商投资管理工作提出改进措施，现通知如下：

一、关于外资审核

（一）取消对外商投资（含台、港、澳投资）的公司（以下简称公司）首次出资比例、货币出资比例和出资期限的限制或规定。

认缴出资额、出资方式、出资期限由公司投资者（股东、发起人）自主约定，并在合营（合作）合同、公司章程中载明。各级商务主管部门应在批复中对上述内容予以明确。

（二）除法律、行政法规以及国务院决定对特定行业注册资本最低限额另有规定外，取消公司最低注册资本的限制。

（三）《通知》所列《暂不实行注册资本认缴登记制的行业》的注册资本出资事项，在有关法律、行政法规以及国务院决定未修改前，暂按现行规定执行。

除上述暂不实行注册资本认缴登记制的行业外，不再审核公司注册资本的缴付情况。

（四）2014 年 3 月 1 日前批准的外商投资事项，投资者应继续按原合同、章程的约定履行出资义务；如需变更，投资者可向商务主管部门提出申请，各级商务主管部门应根据本通知的有关要求进行审核。

（五）公司注册资本和投资总额的比例仍需符合《关于中外合资经营企业注册资本与投资总额比例的暂行规定》及其他现行有效规定。《国家鼓励发展的内外资项目确认书》和《外商投资企业进口更新设备、技术和配件证明》的办理工作仍按《商务部关于办理外商投资企业〈国家鼓励发展的内外资项目确认书〉有关问题的通知》（商资发〔2006〕201号）执行。

（六）《决定》废止了《中外合资经营企业合营各方出资的若干规定》及《〈中外合资经营企业合营各方出资的若干规定〉的补充规定》，修订了《中外合资经营企业法实施条例》、《中外合作经营企业法实施条例》和《外资企业法实施细则》关于注册资本出资的内容，各级商务主管部门应认真遵照执行。

二、关于外资统计

（七）根据《外商投资统计制度》，仍以实收资本为基础开展外资统计工作。商务部将在全口径外资管理信息系统“审批发证”项下的“投资各方及出资”模块中增加投资者出资进度及期限的内容。各级商务主管部门在发放批准证书时应在系统中录入相关内容，以此作为了解掌握投资者出资情况及汇总实际使用外资数据的基础。

（八）实际出资后，公司应当按照《公司法》、《中外合资经营企业法实施条例》、《中外合作经营企业法实施细则》等法律法规的要求向投资者签发出资证明书。出资证明书应载明：公司名称；成立日期；注册资本；投资者（股东）名称或姓名、出资方式、缴纳出资金额或提供合作条件的内容；缴纳出资日期；出资证明书的编号和核发日期。

（九）公司向投资者签发出资证明书后，应于30日内将加盖公章的出资证明书副本抄报所在地商务主管部门，并提供与出资内容相关的证明材料。

出资证明材料主要包括（但不限于）以下形式：

1. 投资者以现汇或跨境人民币出资的，企业需提交银行进账单（或具有同等证明效力的文件）及报文；

2. 以实物出资的，需提交实物移交与验收证明、作价依据、权属证明等；

3. 以无形资产出资的，需视情况提交专利证书、专利登记簿、商标注册证等，与无形资产出资有关的转让合同，评估报告、投资各方对资产价值的确认文件等；

4. 以境内人民币投资的，需提交利润来源企业的批准证书、产生利润年度财务报表、有关利润分配的董事会决议；或清算所得来源企业清算报告；或股权转让所得企业的批准证书、与股权转让相关的董事会决议。

各级商务主管部门按出资证明书载明的出资方式、出资金额及币种（或提供合作条件的内容）、出资时间等进行实际投资统计。

本通知执行过程中如有问题，请及时与商务部（外资司）联系。

商务部

2014 年 6 月 17 日

开展规范优化外商投资审批试点工作

（中华人民共和国商务部公告2014年第41号　2014年5月28日）

为贯彻党的十八大和十八届三中全会关于深化行政审批制度改革的精神，规范审批行为，优化审批管理，提高审批效率，商务部决定开展规范优化外商投资审批试点工作。通过试点，进一步压缩审批时间，方便申请人办理。现就规范优化外资审批试点工作有关事项公告如下：

一、除外商投资直销项目外，依法由商务部审批的外商投资企业设立和变更事项全部列入本次审批试点范围。

二、简化试点范围内审批事项的申报程序。省级商务主管部门直接受理外国和港澳台投资者以及外商投资企业（以下简称申请人）申请文件，经初审后转报商务部，取消省级以下商务主管部门转报环节。

三、简化申报文件，取消部分无法律、法规明确规定需要报送的文件，具体报送文件可参考商务部网站外商投资审批事项办事指南。

四、商务部行政事务大厅统一受理申请人申报材料，并向申请人出具收文回执。审批事项经批准后，申请人在行政事务大厅领取批复文件和外商投资企业批准证书。申请人也可在提交申报文件时委托商务部行政事务大厅，将批复文件和批准证书通过快递方式送达申请人。

五、申请人应及时与所在地省级商务主管部门沟通，以便地方商务主管部门了解项目情况，并提供后续服务。

六、商务部针对试点范围内的审批事项制定了商务部外商投资审批事项办事指南和办理流程，申请人可在商务部网站查阅。

七、本试点自公告发布之日起实施，2014年8月31日结束。

各级商务主管部门及申请人在试点过程中遇到问题，可以向商务部（外资司）电话咨询，或在商务部网站留言。

咨询电话：010-65197962/7394/7893

传　　真：010-65197347

中华人民共和国商务部

2014 年 5 月 28 日

商务部　财政部　税务总局　统计局关于开展 2015 年外商投资企业年度投资经营信息联合报告工作的通知

（商资函〔2015〕366 号　2015 年 7 月 13 日）

为进一步转变政府职能，改善投资环境，加强对外商投资事中事后协同监管，做好 2015 年外商投资企业年度投资经营信息联合报告工作（以下简称联合年报），现就有关事项通知如下：

一、在我国境内依法批准设立并登记注册、获得法人资格的外商投资企业应当于 2015 年 7 月 16 日至 10 月 15 日，登录“全国外商投资企业年度投资经营信息网上联合报告及共享系统”（http：//lhnb.gov.cn/），填报 2014 年度投资经营信息报告。相关信息在商务、财政、税务、统计部门间实现共享。

2015 年度批准设立的外商投资企业，自下一年度起填报企业年度投资经营信息。

二、企业所填报的投资经营信息，根据《企业信息公示暂行条例》（国务院令第 654 号）应向社会公示的，将在联合年报结束后通过“全国外商投资企业年度投资经营信息公示平台”（http：//gongshi.lhnb.gov.cn/）向社会公示。

三、各地商务主管部门应会同财政、税务、统计部门加强对联合年报数据的统计分析，形成总结分析报告，于 2015 年 10 月 30 日前报送商务部，并抄送财政部、税务总局、统计局。

附件：外商投资企业年度投资经营信息联合报告书（2015 年版）。

商务部　财政部

税务总局　统计局

2015 年 7 月 13 日

附件

外商投资企业年度投资经营信息联合报告书（2015 年版）

一、基本信息

企业名称		企业代码	
工商注册号		工商登记时间	
经营年限		法定代表人	
董事长		总经理	
外方董事、监事情况	姓名： 国籍： 护照号或身份证号：		
国税登记证号		地税登记证号	
财政登记证号			
联系人		手机	
企业电话		传真	
电子邮箱		邮编	
联系地址			

二、投资信息

1. 投资行业			
企业类别	鼓励（ ） 允许（ ） 限制（ ） 中西部优势产业（ ）		
所属行业		行业代码	
经营范围			
2. 投资者			
企业类型	合资企业（ ） 合作企业（ ） 外商独资企业（ ） 股份公司（ ）		
中方投资者	中方 1	中方 2	中方 3
名称			
外方投资者	外方 1	外方 2	外方 3
名称			
国别			
实际来源地			

（续）

<table>
<tr><td>境外投资者实际控制人姓名 / 名称</td><td></td><td>实际控制人国籍 / 注册地</td><td></td></tr>
<tr><td colspan="2">实际控制人护照号或身份证号 / 商业登记证明号码或工商登记证明号码</td><td colspan="2"></td></tr>
<tr><td>境外实际控制人是否发生变化</td><td></td><td>实际控制人变化情况说明</td><td></td></tr>
<tr><td colspan="4">3. 资本状况</td></tr>
<tr><td>投资总额（万美元）</td><td></td><td>注册资本（万美元）</td><td></td></tr>
<tr><td>外方认缴注册资本（万美元）</td><td></td><td>外方本年实际出资（万美元）</td><td></td></tr>
<tr><td>累计外方实际出资（万美元）</td><td></td><td>外方实际出资占外方认缴注册资本比例</td><td></td></tr>
<tr><td>外方股东贷款（万美元）</td><td colspan="3"></td></tr>
<tr><td>当年度外方已分配利润（元人民币）</td><td></td><td>当年度外方利润转投资（元人民币）</td><td></td></tr>
<tr><td>已分配但尚未汇出外方股利（元人民币）</td><td></td><td>外方未分配利润（元人民币）</td><td></td></tr>
</table>

<table>
<tr><td colspan="5">4. 境内投资　　　项目数：</td></tr>
<tr><td>投资企业名称</td><td>注册号</td><td>所在省、市</td><td>注册资本（万元人民币）</td><td>所占比例</td></tr>
<tr><td></td><td></td><td></td><td></td><td></td></tr>
<tr><td></td><td></td><td></td><td></td><td></td></tr>
<tr><td></td><td></td><td></td><td></td><td></td></tr>
<tr><td></td><td></td><td></td><td></td><td></td></tr>
<tr><td></td><td></td><td></td><td></td><td></td></tr>
<tr><td colspan="5">5. 境外投资　　　项目数：</td></tr>
<tr><td>投资企业名称</td><td colspan="2">所在国家（地区）</td><td>注册资本（万美元）</td><td>所占比例</td></tr>
<tr><td></td><td colspan="2"></td><td></td><td></td></tr>
<tr><td></td><td colspan="2"></td><td></td><td></td></tr>
<tr><td></td><td colspan="2"></td><td></td><td></td></tr>
<tr><td></td><td colspan="2"></td><td></td><td></td></tr>
<tr><td></td><td colspan="2"></td><td></td><td></td></tr>
<tr><td colspan="5">6. 境内分支机构　　　项目数：</td></tr>
<tr><td>分支机构名称</td><td colspan="2">注册号</td><td colspan="2">所在省、市</td></tr>
<tr><td></td><td colspan="2"></td><td colspan="2"></td></tr>
<tr><td></td><td colspan="2"></td><td colspan="2"></td></tr>
<tr><td></td><td colspan="2"></td><td colspan="2"></td></tr>
<tr><td></td><td colspan="2"></td><td colspan="2"></td></tr>
<tr><td></td><td colspan="2"></td><td colspan="2"></td></tr>
</table>

三、经营信息

<table>
<tr><td colspan="4">营业收入　　　　　　　　　　　　　　　　　　　　　元人民币</td></tr>
<tr><td colspan="4">国内（营业）销售额　　　　　　　　　　　　　　　　元人民币</td></tr>
<tr><td>企业进出口情况</td><td colspan="3">出口额（万美元）:　　　　　　　　进口额（万美元）:</td></tr>
<tr><td colspan="2">利润总额　　　元人民币</td><td colspan="2">净利润　　　　元人民币</td></tr>
<tr><td>纳税总额　　　元人民币</td><td colspan="3">其中：增值税　　元；消费税　　元；营业税　　元
企业所得税　　元；个人所得税　　元；关税　　元</td></tr>
<tr><td>是否高新技术企业</td><td></td><td>认定证号</td><td></td></tr>
<tr><td>是否技术先进型服务企业</td><td></td><td>认定证号</td><td></td></tr>
<tr><td colspan="4">研发投入　　　　元人民币</td></tr>
<tr><td>从业人数　　人</td><td colspan="3">其中：外籍职工　人；大学以上学历职工人数：　人；
研发人员　人；本年新增就业人数：　人。</td></tr>
</table>

2015 年联合年报报告书填写说明

1. 报告年度：指填报时间的上一年度，即报告期为上年 1 月 1 日至 12 月 31 日。如填报时间为“2015 年 × 月 × 日”，报告年度应为“2014 年”。

2. 企业名称：指营业执照上的企业名称。

3. 企业代码：填写“进出口企业代码”（13 位码）。“进出口企业代码”的编写原则：前 4 位为“企业注册地行政区别代码”，采用《中华人民共和国行政区划代码》（如：北京市区划代码为 1100）；后 9 位为国家质量检验检疫总局或其授权机构核发的“全国组织机构代码”。“全国组织机构代码”后两位之间的连接符“—”不需要填入。

4. 工商注册号：指营业执照上的注册号。

5. 经营年限：指企业设立批准证书上的经营年限。

6. 企业类别：按照《指导外商投资方向规定》和《外商投资产业指导目录》的规定填写“鼓励类”“允许类”“限制类”“中西部优势产业”；中西部优势产业：系指投资的产业属于《中西部地区外商投资优势产业目录》的外商投资企业。

7. 所属行业：填写核准的经营范围中主要业务的所属行业。

8. 企业类型：在合资企业、合作企业、外商独资企业、股份公司四种类型中选择一类填写。

9. 实际控制人：指虽然不是投资者，但通过投资关系、协议或者其他安排，能够决定企业的财务和经营政策，并能从企业的经营活动中获取利益，能够实际支配企业行为的自然人或实体。

10. 外方股东贷款：是指截至报告期末外国投资者以自有资金向外商投资企业提供的期限 1 年以上的中长期贷款本金和针对外国股东贷款所获得的利息，包括债券和信贷。

11. 已分配但尚未汇出外方股利：指企业已宣告分配但尚未支付给外方的股利（未扣除应代扣代缴的税款）。

12. 境内投资：指企业作为出资人向境内其他企业的直接或间接投资；所占比例是指占所投资企业的注册资本（金）的百分比。

13. 境外投资：指企业作为出资人向境外其他企业的投资；所占比例是指占所投资企业的注册资本（金）的百分比。

14. 营业收入：反映企业经营主要业务和其他业务所取得的收入总额。

15. 利润总额：指企业在一定会计期间的经营成果，包括收入减去费用后的净额、直接计入当期利润的利得和损失等，亏损用“－”表示。按企业当年财务会计报告中“利润表”所披露的“利润总额”科目发生额填写。

16. 净利润：指企业实现的净利润，亏损用“－”表示。按企业当年财务会计报告中“利润表”所披露的“净利润”科目发生额填写。

17. 纳税总额：反映企业本年实际缴纳的增值税、消费税、营业税、资源税、城建税、教育费附加、关税、企业所得税及其他各税的合计数额。

18. 企业所得税：指根据《中华人民共和国企业所得税法》的规定，企业填报《企业所得税年度纳税申请表》（A 类、2014 年）主表第 31 行“实际应纳所得税额”。

19. 个人所得税：指根据个人所得税相关规定，企业代扣代缴的员工个人所得税总额。

20. 高新技术企业：以企业所在地科技部门颁发的“高新技术企业证书”为准。

21. 技术先进型服务企业：以企业所在地科技部门颁发的“技术先进型服务企业证书”为准。

22. 研发投入：指企业研究与开发过程中发生的各项支出。

23. 从业人数：指在企业工作并取得劳动报酬或者经营收入的全部人员数量。

24. 外籍职工：指在企业工作并由企业支付劳动报酬的外国公民和华侨、台、港、澳人员。

25. 本年度新增就业人数：指本年度新增加的劳动者人数。

商务部关于印发《外商投资统计制度（2015年）》的通知

（商资函〔2015〕35号　2015年2月2日）

各省、自治区、直辖市、计划单列市及新疆生产建设兵团商务主管部门：

根据注册资本登记制度改革和外商投资管理体制改革的总体要求，结合外商投资统计制度实施的实际情况，经国家统计局批准，我部编制了《外商投资统计制度（2015年）》，现印发给你们，自2015年1月起执行，执行中如遇问题请及时反馈。《商务部关于印发〈外商投资统计制度（2013年）〉的通知》（商资函〔2013〕41号）同时废止。

中华人民共和国商务部

2015年2月2日

附件

外商投资统计制度（2015年）

（中华人民共和国商务部制定　中华人民共和国国家统计局批准　2015年1月）

本报表制度根据《中华人民共和国统计法》的有关规定制定

《中华人民共和国统计法》第七条规定：国家机关、企业事业单位和其他组织以及个体工商户和个人等统计调查对象，必须依照本法和国家有关规定，真实、准确、完整、及时地提供统计调查所需的资料，不得提供不真实或者不完整的统计资料，不得迟报、拒报统计资料。

《中华人民共和国统计法》第九条规定：统计机构和统计人员在统计工作中知悉的国家秘密、商业秘密和个人信息，应当予以保密。

一、总说明

（一）总则

1. 为科学、有效地组织全国外商投资统计工作，按照《中华人民共和国统计法》及其实施细则和国家有关利用外资的法律、法规，制定本制度。

2. 外商投资统计的基本任务是：及时、准确、全面地反映全国吸收外商投资情况，对国家批准的外商投资协议、合同和实际执行情况，以及由此产生的经济效益和已设立外商投资企业运营等方面的情况，进行系统的统计调查、统计分析，实行统计监督。为国家和各级政府部门经济管理和宏观决策提供统计信息、统计咨询、数据共享，并为对外交流提供服务。

3. 本制度适用于地方各级商务主管部门和国家利用外资的有关综合部门和单位，以及在我国境内设立的外商投资企业、合作开发项目等。

上述部门、单位和企业都必须按照《中华人民共和国统计法》及本制度的规定，提供统计资料，不得提供不真实的统计数据。

4. 外商投资统计制度由商务部制定，国家统计局审批。外商投资统计工作由各级商务主管部门组织、协调、管理，并接受同级政府统计机构的业务指导。按照国务院授权，商务部负责全国外商投资统计资料的汇总、发布和对外交流工作。

5. 外商投资统计工作实行统一领导、分级管理。全国性的外商投资统计报表格式、指标设置、计算口径等必须按本制度的规定统一执行。各地方、部门如需对外商投资企业进行本制度规定以外的专项的统计调查，须经同级政府统计机构批准，并报商务部和国家统计局备案。外商投资审批数据和外商投资企业运营状况数据（含外商投资企业年度报告数据）可作为外商投资统计的基础数据。

6. 各级商务主管部门应建立完备的外商投资审批网络管理系统和外商投资企业年度报告系统，提高外资统计工作的信息化管理水平。

（二）统计范围和主要内容

1. 根据我国现行利用外资的政策、法规，外商投资统计的范围包括外商直接投资和外商其他投资。

2. 本制度所称外商投资，是指国外及港澳台地区的法人和自然人在中国大陆地区以现金、实物、无形资产、股权等方式进行投资。其中，外商直接投资是指外国投资者在非上市公司中的全部投资及在单个外国投资者所占股权比例不低于 10% 的上市公司中的投资。

3. 本制度按照投资者所注册的国别 / 地区确定外商投资的来源，自由港投资按实际投资者国别 / 地区确定来源地。

4. 外商投资统计报表包括外商投资统计基层报表和外商投资统计综合报表。其中：

外商投资统计基层报表的主要内容包括：

（1）外商投资企业基础信息表，包括外商投资企业的各种属性，合同投资资金及其来源状况。

（2）外商投资企业实际投资统计表，包括当期发生的实际投资及其详细分类。

（3）外商投资企业经营状况统计表，包括企业资产负债、经营收益、人员、进出口等方面的指标。

（4）外商投资企业外方股东留存收益统计表，主要包括当年度企业未作为利润分配但应归属于外方投资者的利润部分等。

《外商投资统计报表目录》及其说明是本制度的组成部分。

（三）统计资料的报送、管理和发布

1. 地方各级商务主管部门和国家利用外资的有关综合部门和单位应按本制度的规定，按时收集、审核、汇总、编制、报送有关报表，同时要做好外商投资统计资料的档案管理和综合分析工作。

2. 外商投资企业设立时须在外商投资批准部门办理统计登记，必须按《中华人民共和国统计法》和本制度的规定提供统计资料，填报统计报表。外商投资企业应根据统计调查任务需要配备专职或指定兼职统计人员。外商投资统计起止时间是：从企业设立或协议、合同生效开始至企业终止或协议、合同执行完毕为止。

3. 外商投资统计报表采取以网络传输为基础的中心数据库管理模式，由地方各级商务主管部门报送上一级商务主管部门，省级商务主管部门报送商务部，同时抄报同级统计局，商务部汇总全国外商投资统计资料后报国家统计局。

银行、证券、保险的外商投资统计报表由银监会、证监会、保监会负责汇总，并报商务部。

中外合作开发油气合同统计报表由对外签订合作开发合同的中国境内公司填报商务部。

4. 商务部对各地报送的统计数据进行核查，以保证外商投资统计数据的准确性和严肃性。商务部、国家统计局对各省、自治区、直辖市的统计数据定期进行检查和评估。

5. 外商投资统计资料由商务部定期发布。外商投资管理工作中使用的以及对外提供的统计资料，以商务部、国家统计局发布的统计资料为准。

外商投资月度统计数据由商务部于月后30日内对外公布。股东贷款和外方股东留存收益以年度统计数据形式由商务部对外公布。

6. 商务部可根据外商投资实际情况于每年 9 月 30 日前对往年数据进行一次性调整，最终数据以商务部年度公布数据为准。

7. 对外公开发布和提供外商投资统计资料，应确保国家机密和企业商业秘密，地方各级商务主管部门应严格按照《中华人民共和国统计法》及其实施细则和国际有关规定执行。

二、报表目录

表号	表名	报告期别	填报范围	报送单位	报送日期	报送方式	页码
外资统基 1 表	外商投资企业基础信息表	月报	外商投资企业	各级商务主管部门	即时	电子数据网络直报	
外资统基 2 表	外商投资企业实际投资统计表	月报	外商投资企业	各级商务主管部门	月后 7 日内	电子数据网络直报	
外资统基 3 表	外商投资企业经营状况统计表	年报	已投产开业的外商投资企业	各级商务主管部门	年后 180 日内	电子数据网络直报	
外资统基 4 表	外商投资企业外方股东留存收益统计表	年报	已投产开业的外商投资企业	各级商务主管部门	年后 180 日内	电子数据网络直报	
外资统基 5 表	中外合作开发油气合同基础信息表	月报	已生效的对外合作开发合同	对外签订合作开发合同的中国境内公司	即时	电子数据交换	
外资统综 1 表	外商投资分方式统计表	月报	外商投资企业	各级商务主管部门及银监会、证监会、保监会	月后 7 日内	电子数据网络直报及纸制报表交换	
外资统综 2 表	外商投资金融业、保险业、证券业情况表	季报	外商投资金融、保险、证券企业	银监会、证监会、保监会	季后 15 日内	电子数据交换	
外资统综 3 表	中外合作开发油气合同情况汇总表	季报	已生效的对外合作开发合同	对外签订合作开发合同的中国境内公司	季后 15 日内	电子数据交换	
外资统综 4 表	吸收外商投资评价表	年报	外商投资企业	各级商务主管部门	年后 180 日内	电子数据网络直报	

三、调查表式

（一）外商投资企业基础信息表

填报单位：

<table>
<tr><td rowspan="2">企业名称</td><td>中文</td><td colspan="3"></td></tr>
<tr><td>英文</td><td colspan="3"></td></tr>
<tr><td>注册地址</td><td colspan="4"></td></tr>
<tr><td>经营年限</td><td></td><td colspan="2">进出口企业代码</td><td></td></tr>
<tr><td>企业类型</td><td colspan="4">○合资○合作○独资○股份公司○合伙○合作开发（非独立法人）○其他</td></tr>
<tr><td rowspan="4">项目类型</td><td colspan="4">○高新技术企业○研发中心（○独立法人研发中心○非独立法人研发中心）
○功能性机构（○地区总部○采购中心○财务管理中心○结算中心
○销售中心○分拨中心○其他）</td></tr>
<tr><td colspan="4">○投资性公司○投资性公司投资○创业投资企业○创业投资管理企业
○创业投资企业投资○股权投资企业○股权投资管理企业
○股权投资企业投资○境内投资○金融资产管理公司</td></tr>
<tr><td colspan="2">○股权并购
○资产并购</td><td colspan="2">○并购涉及国有股权变更
○并购涉及国有资产转移</td></tr>
<tr><td colspan="4">○境外中资机构投资○境内居民返程投资○新设合并○吸收合并
○存续分立○解散分立○外国分支机构（分公司）○ BOT ○ TOT</td></tr>
<tr><td>主管机关</td><td></td><td colspan="2">批准（备案）文号</td><td></td></tr>
<tr><td>投资总额</td><td></td><td colspan="2">折　万元人民币</td><td>本次增资额</td></tr>
<tr><td>注册资本</td><td></td><td colspan="2">折　万元人民币</td><td>本次增资额</td></tr>
<tr><td>投资总额内
境外借款</td><td></td><td colspan="2">折　万元人民币</td><td>本次境外借款增加额</td></tr>
<tr><td>外方股东贷款
（来自境外）</td><td></td><td colspan="2">折　万元人民币</td><td>本次外方股东贷款增加额</td></tr>
<tr><td rowspan="3">土地利用</td><td colspan="2">固定资产投资总额
（万元）</td><td></td><td>实际发生值</td></tr>
<tr><td colspan="2">建筑面积（m^2）</td><td></td><td>实际发生值</td></tr>
<tr><td colspan="2">建筑物、构筑物面积（m^2）</td><td></td><td>实际发生值</td></tr>
<tr><td rowspan="2">节能环保</td><td colspan="2">环评文件审批部门</td><td colspan="2"></td></tr>
<tr><td colspan="2">环保投资（万元）</td><td></td><td>实际发生值</td></tr>
</table>

表　　号：外资统基 1 表
制定机关：商务部
批准机关：国家统计局
批准文号：国统制［2015］7 号
有效期至：2016 年 12 月
金额单位：万元人民币

	邮政编码		
	特殊经济区域		
	行业代码		
	项目性质	○鼓励类○允许类○限制类○中西部优势产业	
		○其他类型	
○被并购公司为上市公司 ○被并购公司非上市公司	○战略投资 ○返程并购		
		免税进口设备金额　万美元	
		折　万元人民币	
		折　万元人民币	
		折　万元人民币	
		折　万元人民币	
	用地面积（m^2）	实际发生值	
	办公生活设施用地（m^2）	实际发生值	
	绿地面积（m^2）	实际发生值	
	审批文号		
	二氧化硫排放量（吨 / 年）	实际发生值	

化学需氧量（COD）排放量（吨 / 年）				
投资者类别	投资者名称	注册地	实际控制人	注册地
中方投资者				
	股权并购 / 股权受让支付对价			
	股权并购 / 股权受让支付溢折价			
	本次增资额			
	增资溢折价			
外商投资性公司				
	股权受让支付对价			
	股权受让支付溢折价			
	本次增资额			
	增资溢折价			
外方投资者				
	股权并购 / 股权受让支付对价			
	股权并购 / 股权受让支付溢折价			
	本次增资额			
	增资溢折价			
作为合同章程附件的技术引进数量				
经营范围				
生产规模				
法人代表		总经理		联系人

发证原因：　　　　　　　　　经 办 人：

原批准号：　　　　　　　　　签 发 人：

批 准 号：　　　　　　　　　签发时间：　年　月　日

时　　间：　年　月　日

（续）

	实际发生值					
出资方式	出资金额	折万元人民币	所占比例	其中技术出资额	折万元人民币	所占比例
	万美元					

电子信箱				
	固定电话：		传真	
	移动电话：			

说明：

一、制表目的：反映外商投资企业的基本情况和企业合同外资的明细情况。

二、填报单位：由地方各级商务主管部门（含特殊经济区域外经贸 / 商务主管机构）填报。

三、报告时间及方法：根据报告期内外商投资企业的基本情况和企业合同外资情况，以电子数据方式即时报送商务部。

四、特殊经济区域：是指按照国家规定设立的经济特区、国家级经济技术开发区、国家级高新技术开发区、边境经济合作区，以及综合保税区和出口加工区等海关特殊监管区域和其他类型的特殊经济区域。

五、行业代码：按中华人民共和国《国民经济行业分类》（GB/T 4754—2011）中划分的小类行业类别代码填写，所选行业应以填报企业的主营业务为准。

六、企业类型：按外商投资企业性质分别填写"合资""合作""独资""股份公司""合伙""合作开发（非独立法人）"，或填写以括号加注"外商投资企业投资""外资比例低于25%"的企业类型，或"其他"。

七、项目性质：按照《指导外商投资方向规定》和《外商投资产业指导目录》的规定填写"鼓励类""允许类""限制类"，"中西部优势产业"。中西部优势产业：系指投资的产业属于《中西部地区外商投资优势产业目录》的外商投资企业。其中："鼓励类"和属于《中西部地区外商投资优势产业目录》的项目须出具项目确认书。

八、项目类型：凡领取批准证书或备案证书（证明、通知书）的外商投资企业、公司、机构，必须填写其中的一项或多项。

1. 高新技术企业：系指根据科技部《高新技术企业认定管理办法》有关规定认定的高新技术企业。
2. 独立法人研发中心：系指依据《关于外商投资设立研发中心有关问题的通知》规定，外国投资者以合资、合作、独资等方式设立的独立法人研发中心。
3. 非独立法人研发中心：系指依据《关于外商投资设立研发中心有关问题的通知》规定，外商投资企业内部设立的非独立法人的研发中心。
4. 功能性机构：系指依照有关规定设立的外商投资采购中心、财务管理中心、结算中心、销售中心、分拨中心和其他功能性机构，以及商务部或省级商务主管部门认定的地区总部。
5. 投资性公司：系指依据外商投资开办投资性公司的有关规定设立的外商投资性公司。
6. 投资性公司投资：系指由已设立的外商投资性公司投资设立的企业，投资性公司投资不计入全国外资统计。
7. 创业投资企业：系指依据设立外商投资创业投资企业的有关规定设立的外商投资创业投资企业。
8. 创业投资管理企业：系指根据外商投资创业投资企业有关规定从事创业投资管理服务的企业。
9. 创业投资企业投资：系指由已设立的外商投资创业投资企业所投资设立的企业，创业投资企业投资不计入全国外资统计。
10. 股权投资企业：系指依据外商投资股权投资企业相关规定在中国境内设立的从事股权投资的外商投资企业。
11. 股权投资管理企业：系指依据外商投资股权投资企业相关规定在中国境内设立的从事股权投资管理服务的企业。
12. 股权投资企业投资：系指外商投资股权投资企业所投资设立的企业，股权投资企业投资不计入全国外资统计。
13. 境内投资：系指外商投资企业依据《关于外商投资企业境内投资的暂行规定》在中西部地区设立的享受外商投资企业待遇的境内投资企业，此类企业的批准证书应在"企业类型"一栏中以括号加注"外商投资企业投资"，外商投资企业境内投资不计入全国外资统计。

14. 金融资产管理公司：系指外商投资设立的金融资产管理公司和依据《金融资产管理公司吸收外资参与资产重组与处置的暂行规定》设立的外商投资企业。

15. 股权并购：系指依据《外国投资者并购境内企业的规定》，外国投资者购买境内非外商投资企业股东的股权或认购其增资，使其变更为外商投资企业。

16. 资产并购：系指依据《外国投资者并购境内企业的规定》，外国投资者设立外商投资企业，并通过该企业协议购买境内企业资产且运营该资产，或外国投资者协议购买境内企业资产，并以该资产投资设立外商投资企业运营该资产。

17. 战略投资：系指依据《外国投资者对上市公司战略投资管理办法》所进行的外国投资者对A股上市公司通过具有一定规模的中长期战略性并购投资，使其取得该公司股份的行为。

18. 返程并购：系指根据国家外汇管理局《关于境内居民通过境外特殊目的公司融资及返程投资外汇管理有关问题的通知》规定，境内居民通过特殊目的公司对其自身或关联投资者拥有的企业进行股权或资产并购。

19. 境外中资机构投资：系指具有中资或国有资产背景的境外投资者在华投资设立的外商投资企业。

20. 境内居民返程投资：系指根据国家外汇管理局《关于境内居民通过境外特殊目的公司融资及返程投资外汇管理有关问题的通知》规定，境内居民通过特殊目的公司在境内设立外商投资企业并开展经营活动。

21. 新设合并、吸收合并、存续分立、解散分立：系指依据《关于外商投资企业合并与分立的规定》进行合并与分立的外商投资企业。

22. 外国分支机构（分公司）：系指外国公司在华设立的分支机构或分公司。

23. BOT：含义为“建设—经营—转让”，即"Build-Operate-Transfer"或"Building-Operating-Transfering"。

24. TOT：含义为“转让—经营—转让”，即"Transfer-Operate-Transfer"或"Transfering-Operating-Transfering"。

如不属上述各种类型的，请选择填写“其他类型”。

九、主管机关：系指外商投资企业设立或变更的审批机关或备案机关。

十、投资总额、注册资本：按外商投资企业合同、章程规定的货币单位填写。

十一、折万元人民币：根据国家外汇管理局公布的《各种货币对美元内部统一折算率表》折算并用阿拉伯数字填写。

十二、投资总额内境外借款：系指在外商投资企业投资总额内，以企业名义从境外借入的资金，不包括从境内外资金融机构的借款。外方股东贷款（来自境外）计入外方直接投资统计，外方股东担保贷款和外方股东商业贷款不计入外方直接投资统计。

十三、外方股东贷款（来自境外）：系指投资总额内境外借款中由外方股东以自有资金提供的期限1年以上的中长期贷款。

十四、本次增资额、本次境外借款增加额：分别填写本次变更时的投资总额（注册资本、出资额）与原投资总额（注册资本、出资额）之差，以及本次变更时投资总额内境外借款额与原投资总额内境外借款额之差。减资时使用负数。增资的溢折价部分计入外资统计，但如果增资溢价部分计入资本公积，则当资本公积转增注册资本时，计入资本公积的溢价部分不得重复统计，差额部分可纳入统计。

十五、投资者名称：按中方投资者、外方投资者的顺序依次填写。外商投资性公司作为投资者的，须填写在中方投资者之投资性公司栏中。

十六、股权受让支付的对价：系指中方投资者受让外商投资企业中的外方投资者股权所支付的对价，此对价应统计为合同外资金额的减少，对价的实际交割应统计为实际使用外资金额的减少；或者指外方投资者受让外商投资企业中的中方投资者股权所支付的对价，此对价应统计为合同外资金额的增加，对价的实际交割应统计为实际使用外资金额的增加。股权受让溢折价部分计入外资统计，但如果股权受让溢价部分计入资本公积，则当资本公积转增注册资本时，计入资本公积的溢价部分不得重复统计，差额部分可纳入统计。

十七、股权并购支付的对价：系指依据《外国投资者并购境内企业暂行规定》，外国投资者协议购买境内非外商投资企业的股东的股权或认购境内公司增资使该境内非外商投资企业变更设立为外商投资企业所支付的对价，此对价应统计为合同外资金额的增加，对价的实际交割应统计为实际使用外资金额的增加，股权并购溢折价部分纳计入外资统计，但如果股权并购溢价部分计入资本公积，则当资本公积转增注册资本时，计入资本公积的溢价部分不得重复统计，差额部分可计入统计。

十八、注册地：填写投资者、实际控制人的注册地（国家或地区）或个人投资者所在国家或地区。

十九、实际控制人：虽不是投资者，但通过投资关系、协议或者其他安排，能够决定企业的财务和经营政策，并能从企业的经营活动中获取利益，能够实际支配企业行为的自然人或实体。

二十、出资方式：从现金、实物、无形资产、土地使用权、股权、其他等选项中选择填写。

二十一、金额：填写投资者的出资金额，合作经营企业投资者以非货币出资且不作价的，需填写出资条件。

二十二、所占比例：系指出资额占注册资本的比例以及技术性出资额占出资额的比例。

二十三、中（外）方投资者出资货币币种不同，在进行中（外）方出资额合计时，可以人民币或美元为单位折算后进行加总。合作经营企业投资者以非货币出资且不作价的，可不进行出资额合计。

二十四、发证原因：填写“新设立”“股权转让”“资金变更（增资、减资）”“转制”“股东变更”“经营范围变更”“企业名称变更”“注册地址变更”“合并分立”“新版换证”“遗失补证”和“其他变更”。

二十五、原批准号：填写换证前批准证书编号，如无特殊原因批准号不变。

二十六、批准号：应根据发证单位名称，填写本次发证批准证书的编号。

（二）外商投资企业实际投资统计表

填报单位：

表　　号：外资统基 2 表
制定机关：商务部
批准机关：国家统计局
批准文号：国统制［2015］7 号
有效期至：2016 年 12 月

进出口企业代码：　　　　年 1—　月　　　　金额单位：万元人民币

<table>
<tr><th rowspan="2">指标名称</th><th colspan="2">指标值（合计金额）</th><th rowspan="2">现金</th><th rowspan="2">实物</th><th rowspan="2">无形资产</th><th rowspan="2">土地使用权</th><th rowspan="2">股权出资</th><th rowspan="2">其他</th></tr>
<tr><th>万元人民币</th><th>万美元</th></tr>
<tr><td>实际投资合计</td><td></td><td></td><td></td><td></td><td></td><td></td><td></td><td></td></tr>
<tr><td>中方（小计）</td><td></td><td></td><td></td><td></td><td></td><td></td><td></td><td></td></tr>
<tr><td>投资性公司</td><td></td><td></td><td></td><td></td><td></td><td></td><td></td><td></td></tr>
<tr><td>外方（小计）</td><td></td><td></td><td></td><td></td><td></td><td></td><td></td><td></td></tr>
<tr><td>其中：外方境外出资</td><td></td><td></td><td></td><td></td><td></td><td></td><td></td><td></td></tr>
<tr><td>外方境内出资</td><td></td><td></td><td></td><td></td><td></td><td></td><td></td><td></td></tr>
<tr><td>外方股东贷款</td><td></td><td></td><td></td><td></td><td></td><td></td><td></td><td></td></tr>
<tr><td colspan="9">备注：最近一次企业提供出资证明书时间：
出资证明书编号：</td></tr>
</table>

单位负责人：　　填报人：　　固定电话：　　移动电话：　　经办人：

说明：

一、填表目的：反映外商投资企业实际出资情况。

二、填报单位：由外商投资企业填报。

三、报告时间及方法：以外商投资企业向投资者签发的出资证明书为主要统计依据，按出资证明书的时间进行统计，由地方各级商务主管部门逐级汇总，并于月后 7 日内以电子数据方式报商务部。

四、除“实际投资合计”行及“指标值（合计金额）”列外，表内各项数据均按验资报告、出资证明书或其他填报依据中载明的实际币种及其金额填写，统计系统将根据当期汇率自动折算为人民币数和美元数，并汇总得出“实际投资合计”行及“指标值（合计金额）”列数据。

五、实际投资合计：系指当期企业各投资者通过投资交易直接向企业提供的资本额，包括中方实际投资和外方实际投资。

六、外方境外出资：是指报告期内，外方投资者根据外商投资企业合同（章程）所规定的注册资本出资比例缴纳的来自境外的出资额。撤资及向境内投资者转让股权应作为扣减项。

七、外方境内投资：是指报告期内，外方投资者根据外商投资企业合同（章程）所规定的注册资本出资比例以其在境内合法取得的人民币缴纳的出资额，包括利润再投资、资本公积转增注册资本以及其他所取得权益的投资。

八、外方股东贷款：是指报告期当期内外国投资者以自有资金向外商投资企业提供的期限 1 年以上的中长期贷款本金和针对外国股东贷款所获得的利息，包括债券和信贷。外国投资者当期向企业提供的借贷作为当期实际投资，企业当期对外国投资者偿还的贷款本息应作扣减项。

九、现金：是指投资者以货币资本作为投资。

十、实物：是指投资者以设备、建筑物、原材料等有形资产形式进行的投资。

十一、无形资产：是指依据法律取得的，且符合《会计准则》（2006）相关定义的工业产权、专有技术等，作价投资计入“无形资产”项下。

十二、土地使用权：是指投资者依法取得并作价出资的土地使用权。

十三、股权出资：是指依据《商务部关于涉及外商投资企业股权出资的暂行规定》，以股权作为出资的行为。股权出资不纳入外资统计。

十四、其他：是指以上未包括的投资。

十五、备注栏应注明最近一次企业提供出资证明书的时间以及出资证明书编号。

（三）外商投资企业经营状况统计表

填报企业：
进出口企业代码：

表　　号：外资统基 3 表
制定机关：商务部
批准机关：国家统计局
批准文号：国统制［2015］7 号
有效期至：2016 年 12 月

年度

指标名称	计量单位	代码	本年实际
主营业务收入	万元人民币	01	
其中：出口销售收入	万美元	02	
主营业务成本	万元人民币	03	
其中：研发投入	万元人民币	04	
社会保障支出金额	万元人民币	05	
纳税总额	万元人民币	06	
其中：企业所得税	万元人民币	07	
个人所得税	万元人民币	08	
增值税	万元人民币	09	
消费税	万元人民币	10	
营业税	万元人民币	11	
进出口关税	万元人民币	12	
利润总额	万元人民币	13	
企业应缴所得税	万元人民币	14	
净利润	万元人民币	15	
可供分配利润	万元人民币	16	
其中：外方应分配利润	万元人民币	17	
外方实际汇出利润	万元人民币	18	
期末资产总额	万元人民币	19	
其中：流动资产	万元人民币	20	
长期投资	万元人民币	21	
固定资产	万元人民币	22	
无形资产	万元人民币	23	
期末负债总额	万元人民币	24	
其中：长期负债	万元人民币	25	
期末所有者权益总额	万元人民币	26	
期末从业人员人数	人	27	
其中：外籍职工人数	人	28	
大学以上学历人数	人	29	
农村进城务工人数	人	30	
缴纳社会保障金人数	人	31	
结汇金额	万美元	32	
其中：资本项目结汇金额	万美元	33	
经常项目结汇金额	万美元	34	
售汇金额	万美元	35	
其中：资本项目售汇金额	万美元	36	
经常项目售汇金额	万美元	37	

单位负责人：　　　　填表人：

说明：

一、本表反映外商投资企业年度生产、经营情况。

二、填报单位：由已投产（开业）的外商投资企业填报。

三、报告时间及方法：外商投资企业于每年 6 月 30 日前向所在地商务主管部门报送上一年度运营情况信息，各省、自治区、直辖市、计划单列市商务主管部门汇总本省（自治区、直辖市）外商投资企业信息后以电子数据方式报商务部。

四、主营业务收入：是指企业损益表中记录的当期销售产品和提供劳务等主要经营业务取得的收入总额，针对不同类型的企业，具体表现为产品销售收入、营业收入、营运收入、工程价款收入、各种劳务或者服务收入等。

五、主营业务成本：是指企业损益表中记录的当期主营业务成本支出。

六、研发投入：是指企业研究与开发过程中发生的各项支出。

七、社会保障支出金额：是指企业根据相关规定所缴纳的“五险一金总额”(养老保险、医疗保险、失业保险、工伤保险和生育保险及住房公积金）以及其他社会保障支出。

八、纳税总额：是指企业根据税收法律法规、关税税则规定向税务机关和海关缴纳的各种税款的总和。

九、企业所得税：是指企业根据《中华人民共和国企业所得税法》的规定，所缴纳的企业所得税总额。

十、个人所得税：是指根据个人所得税相关规定，企业代扣代缴的员工个人所得税总额。

十一、利润总额：是指企业损益表中记录的当期实现的利润或发生的亏损，亏损用“-”表示。

十二、净利润：是指企业当期实现利润扣除企业所得税后的净额。

十三、资产总额：是指企业资产负债表上记录的资产总额，包括流动资产、长期投资、固定资产、递延资产与其他资产。

十四、负债总额：是指企业资产负债表上记录的负债总额，包括流动负债和长期负债。其中，长期负债是指偿还期在一年以上或超过一年的一个经营周期的债务。

十五、所有者权益：是指企业资产负债表上记录的权益总额，包括资本金、公积金和未分配利润。

十六、从业人员人数：是指到期末止在企业工作并取得劳动报酬或经营收入的全部人员。其中，外籍职工人数是指在本企业工作，并由企业支付劳动报酬的外国公民和华侨、台、港、澳人员总数。

十七、大学以上学历人数：是指企业中具有大专以上学历的职工人数。

十八、农村进城务工人数：是指企业中具有农村户籍的职工人数。

十九、缴纳社会保障金人数：是指已由本企业缴纳“五险一金”等社会保障支出的职工人数。

二十、结汇金额：指外汇所有者根据外汇管理有关规定将外汇卖给外汇指定银行的金额总和，包括资本项目结汇金额与经常项目结汇金额。

二十一、售汇金额：指外汇指定银行根据外汇管理有关规定将外汇卖给外汇使用者的金额总和，包括资本项目售汇金额与经常项目售汇金额。

（四）外商投资企业外方股东留存收益统计表

填表单位：

表　　号：外资统基 4 表
制定机关：商务部
批准机关：国家统计局
批准文号：国统制［2015］7 号
有效期至：2016 年 12 月

进出口企业代码：　　　　20____年　　　　单位：万元人民币

指标名称	期初数	期末数
外方享有的公积金及留存收益额		
资本公积		
盈余公积		
未分配利润		
已分配但尚未汇出的外方股利		
当期外方已汇出利润		

说明：

一、本表反映外商投资企业外方投资者拥有的权益，包括留存收益、未分配利润。

二、填报单位：省级商务主管部门。

三、报告时间及方法：以外商投资企业报送的上一年度运营情况信息作为主要统计依据，各省、自治区、直辖市、计划单列市商务主管部门汇总本省（自治区、直辖市）外商投资企业信息后于每年 6 月 30 日前以电子数据方式报商务部。

四、外方享有的公积金及留存收益额：是指按照股权比例或约定计算的外方投资者所有的资本公积、盈余公积和未分配利润等。

五、已分配但尚未汇出的外方股利：是指企业已宣告分配但尚未支付给外方投资者的现金股利。

六、本年度外方已汇出利润：是指企业当年已分配给外方的现金股利。

（五）中外合作开发油气合同基础信息表

填报单位：

表　　号：外资统基 5 表
制定机关：商务部
批准机关：国家统计局
批准文号：国统制［2015］7 号
有效期至：2016 年 12 月
金额单位：万美元

<table>
<tr><td rowspan="2">合同项目名称</td><td>中文</td><td colspan="4"></td><td>合同区块</td><td colspan="2"></td></tr>
<tr><td>英文</td><td colspan="4"></td><td>合同区块面积</td><td colspan="2">平方公里</td></tr>
<tr><td>合同签订日期</td><td colspan="5"></td><td>合同生效日期</td><td colspan="2"></td></tr>
<tr><td>合同期限</td><td colspan="3"></td><td colspan="2">勘探期</td><td></td><td>商业生产期</td><td></td></tr>
<tr><td>审批机关</td><td colspan="5"></td><td>批准文号</td><td colspan="2"></td></tr>
<tr><td>项目类型</td><td colspan="8">○海洋石油（天然气）开发○陆上石油（天然气）开发○煤层气勘探开发</td></tr>
<tr><td>项目投资总额</td><td colspan="4"></td><td>本次增资额</td><td colspan="3"></td></tr>
<tr><td>投资者类别</td><td colspan="2">投资者名称</td><td colspan="2">注册地</td><td>开发期规定投资额</td><td>开发生产权益比例</td><td>最低义务工作量</td><td>年度分成额</td></tr>
<tr><td rowspan="4">中方</td><td colspan="2"></td><td colspan="2"></td><td></td><td></td><td></td><td></td></tr>
<tr><td colspan="2"></td><td colspan="2"></td><td></td><td></td><td></td><td></td></tr>
<tr><td colspan="2"></td><td colspan="2"></td><td></td><td></td><td></td><td></td></tr>
<tr><td colspan="2"></td><td colspan="2"></td><td></td><td></td><td></td><td></td></tr>
<tr><td rowspan="4">外方</td><td colspan="2"></td><td colspan="2"></td><td></td><td></td><td></td><td></td></tr>
<tr><td colspan="2"></td><td colspan="2"></td><td></td><td></td><td></td><td></td></tr>
<tr><td colspan="2"></td><td colspan="2"></td><td></td><td></td><td></td><td></td></tr>
<tr><td colspan="2"></td><td colspan="2"></td><td></td><td></td><td></td><td></td></tr>
</table>

单位负责人：　　　　填表人：　　　　电话：　　　　报出日期：

说明：

一、本表反映已生效的中外油气合作开发项目基本情况。

二、填报单位：由根据《对外合作开发海洋石油资源条例》和《对外合作开采陆上石油资源条例》，与外国公司合作进行石油、天然气和煤层气资源勘探开发的中方公司依据合作项目情况分别填报。

三、报告时间及方法：中方公司在新的中外合作开发油气合同生效后的 1 个月内，或已生效的合同发生变更后 1 个月内，以电子数据方式报商务部。

四、合同项目名称：是指依据《对外合作开发海洋石油资源条例》和《对外合作开采陆上石油资源条例》，外国公司同中国公司签订的石油、天然气和煤层气资源合作勘探开发项目的名称。

五、合同区块：是指为合作开采石油天然气资源，以地理坐标圈定的海洋（陆地）表面积。

六、项目类型：是指合作勘探项目的具体类型，按海洋石油（天然气）开发、陆上石油（天然气）开发、煤层气勘探开发等分类填写。

七、项目投资总额：是指合作开发合同约定的中外各方需投入的资金总额。

（六）外商投资分方式表

汇总单位：

表　　号：外资统综 1 表
制定机关：商务部
批准机关：国家统计局
批准文号：国统制［2015］7 号
有效期至：2016 年 12 月

年 1— 　月

	新设立企业数	合同外资金额（万美元）				实际使用外资金额（万美元）
		合计	新设立企业	增资	减资	
合计						
一、外商直接投资						
中外合资经营企业						
中外合作经营企业						
外资企业						
外商投资股份有限公司（非上市）						
外商投资上市公司						
其中：外商投资 A 股上市公司						
外商投资 B 股上市公司						
外商投资合伙企业						
中外合作开发项目						
其他						
二、外商其他投资						
对外发行股票						
国际租赁						
补偿贸易						
加工装配						
三、外商投资非营利性机构						

单位负责人：　　　　填表人：　　　　电话：　　　　报出日期：

说明：

一、本表反映外商投资分方式情况。

二、填报单位：由省、自治区、直辖市及计划单列市商务主管部门汇总填报。其中，外商直接投资银行、保险、证券等其他项，以及外商其他投资的对外发行股票项由银监会、证监会、保监会等有关部门分别填报。

三、报告时间及方法：根据报告期内新设立或发生资金变更的外商投资企业基础信息表（外资统基 1 表）、外商投资企业实际投资情况表（外资统基 2 表）编制，于月后 7 日内以电子数据方式报商务部，同时抄报同级统计局。

四、新设立企业个数：是指报告期内新设立的外商投资企业家数、新生效的合作开发项目个数。

五、合同外资金额：是指外商投资企业的合同、章程中规定的外方投资者认缴的出资额和企业投资总额内的应由外方投资者以自己的境外自有资金直接向企业提供的期限 1 年以上的中长期贷款。包括新设立企业合同外资和原有企业的增资 / 减资，增资 / 减资不对企业（项目）个数进行调整。合伙企业的合同外资是指登记设立的外商投资合伙企业，其外方认缴的出资额。“合同外资金额”按企业类型分别计算，即：

1. 中外合资经营企业、中外合作经营企业和外资企业按照合同外资金额 = 注册资本 × 外商出资比例 + 外方股东贷款计算。

2. 外商投资合伙企业按照合同外资 = 认缴资本 × 外方出资比例计算。

3. 外商投资股份制企业按外方股东在公司中的持股比例，按外方股东认购股票的价格计算出的出资额（不包括社会公开募集的金额）填列。

六、实际使用外资金额：是指合同外资金额的实际执行数，外方投资者根据外商投资企业的合同（章程）的规定实际缴付的出资额和企业投资总额内外方投资者以自己的境外自有资金实际直接向企业提供的期限 1 年以上的中长期贷款。

七、外商直接投资：是指外方投资者在我国境内通过设立外商投资企业、合伙企业、与中方投资者共同进行石油、天然气和煤层气等资源的合作勘探开发以及设立外国公司分支机构等方式进行投资。

外方投资者可以用现金、实物、无形资产、股权等投资。

八、中外合资经营企业：是指外国公司、企业和其他经济组织或个人依据《中华人民共和国中外合资经营企业法》，同中国的公司、企业或其他经济组织在中国境内共同投资举办的企业，合营各方按各自的出资比例分享利润、承担风险。

九、中外合作经营企业：是指外国公司、企业和其他经济组织或个人依据《中华人民共和国中外合作经营企业法》，同中国的公司、企业或其他经济组织在中国境内共同投资或提供合作条件举办的企业。合作各方的权利、义务、利益分配和风险分担等在各方签订的合同中确定。

十、外资企业：是指外国公司、企业和其他经济组织或个人依据《中华人民共和国外资企业法》，在中国境内设立的全部资本由外国投资者投资的企业。

十一、外商投资股份有限公司：是指根据《关于设立外商投资股份公司暂行规定》设立，且未上市的股份公司。

十二、外商投资合伙企业：是指根据《外国企业或者个人在中国境内设立合伙企业管理办法》规定，由两个以上外国企业或者个人在中国境内设立的合伙企业，以及外国企业或个人与中国的自然人、法人和其他组织在中国境内设立的合伙企业。

十三、合作开发项目：是指外国公司依据《对外合作开发海洋石油资源条例》和《对外合作开采陆上石油资源条例》，同中国的公司合作进行石油、天然气和煤层气资源勘探开发的项目。

十四、外商投资 A 股上市公司：是指以人民币计价，面对中国公民发行股票且在境内上市的外商投资企业。

十五、外商投资 B 股上市公司：是指以美元或港元计价，面向境内外投资者发行股票，但在中国境内上市的外商投资企业。

十六、其他：是指外国公司、金融机构在华设立从事经营活动的分支机构，如境外公司分公司、境外银行分行等，还包括在境内注册的企业对外发行股票，由境外投资者以外币认购后单个外国投资者在企业所占股权比例超过 10%（含 10%）的资金。

十七、外商其他投资：是指除外商直接投资以外其他方式吸收的外资。

十八、对外发行股票：是指在境内注册的企业在境内外股票市场公开发行股票，由外国投资者以外币认购所筹集的资金（单个外国投资者在企业所占股权比例不超过 10%）。

十九、国际租赁：是指我国境内企业通过签订租赁合同，从租赁公司较长期地租赁进口的机器设备，承租人将其用于生产经营活动，租赁期满后租赁物所有权一般归承租人。

二十、补偿贸易：是指国外厂商直接提供或通过国外信贷进口生产技术或设备，境内企业以该技术、设备生产的产品分期偿还外方技术、设备价款。

二十一、加工装配（包括来料加工、来件装配等）：是指由外商提供全部或部分原辅材料、零部件、元器件等，我国境内的企业根据外商的要求进行加工生产、产品交外商销售，境内企业只收取工缴费，这种合作方式一般外商需进口部分机器设备，境内企业可用工缴费偿还。

（七）外商投资金融业、保险业、证券业情况表

汇总单位：

表　　号：外资统综 2 表
制定机关：商务部
批准机关：国家统计局
批准文号：国统制［2015］7 号
有效期至：2016 年 12 月

年第　　季度

	新设营业性机构个数	撤销营业性机构个数	投资额（万美元）	营运资金（万美元）	资本金（万美元）
合计					
一、金融机构					
合资银行					
外国银行分行					
独资银行					
合资财务公司					
独资财务公司					
外资基金管理公司					
二、保险机构					
合资保险公司					
独资保险公司					
外国保险公司分公司					
三、证券机构					
合资证券公司					

单位负责人：　　　　填表人：　　　　电话：　　　　填表日期：

说明：

一、本表反映外商投资金融业、保险业、证券业的情况。

二、填报单位：由中国银行业监督管理委员会、中国保险监督委员会、中国证券监督管理委员会分别填报。

三、报告时间及方法：由中国银行业监督管理委员会、中国保险监督委员会、中国证券监督管理委员会于季后 15 日内以电子数据方式报商务部。

四、合资银行：是指外国的金融机构同中国的公司、企业在中国境内合资经营的银行。

五、独资银行：是指依照中华人民共和国有关法律、法规的规定，经批准在中国境内设立和营业的总行在中国境内的外国资本的银行。

六、外国银行分行：是指外国银行在中国境内的分行。

七、合资财务公司：是指外国的金融机构同中国的公司、企业在中国境内合资经营的财务公司。

八、独资财务公司：是指总公司在中国境内的外国资本的财务公司。

九、外资基金管理公司：是指外国的金融机构同中国的公司、企业在中国境内合资经营的基金管理公司。

十、合资保险公司：是指外国保险公司同中国的公司、企业在中国境内合资经营的保险公司。

十一、独资保险公司：是指外国保险公司在中国境内投资经营的外国资本保险公司。

十二、外国保险公司分公司：是指外国保险公司在中国境内的分公司。

十三、合资证券公司：是指外国金融机构同中国的公司、企业在中国境内合资经营的证券公司。

（八）中外合作开发油气合同情况汇总表

汇总单位：

表　　号：外资统综 3 表
制定机关：商务部
批准机关：国家统计局
批准文号：国统制［2015］7 号
有效期至：2016 年 12 月

年 1—　月

合作项目名称	合同义务金额（万美元）		实际投入金额（万美元）	
	中方	外方	中方	外方
项目名称一 项目名称二 ……				
合计				

单位负责人：　　　　填表人：　　　　电话：　　　　填表日期：

说明：

一、本表反映已生效的中外油气合作开发项目中方投资者和外方投资者资金投入情况。

二、填报单位：由根据《对外合作开发海洋石油资源条例》和《对外合作开采陆上石油资源条例》，与外国公司合作进行石油、天然气和煤层气资源勘探开发的中方公司依据合作项目执行情况分别填报。

三、报告时间及方法：中方公司于每季度后 15 日内将上一季度中、外方投资者资金投入情况以电子数据方式报商务部。

四、合同项目名称：是指依据《对外合作开发海洋石油资源条例》和《对外合作开采陆上石油资源条例》，外国公司同中国公司签订的石油、天然气和煤层气资源合作勘探开发项目的名称。

五、合同义务金额：是指依据合作开发合同约定，中、外方投资者承诺投入的资金额。

六、实际投入金额：是指报告期（上一季度）内，中、外方投资者新投入的资金额。

（九）吸收外商投资评价表

汇总单位：

表　　号：外资统综 4 表
制定机关：商务部
批准机关：国家统计局
批准文号：国统制［2015］7 号
有效期至：2016 年 12 月

年

指标名称	计量单位	数值
资金到位率	%	
近三年（含当年）累计实际使用外资金额	万美元	
近三年（含当年）累计合同外资金额	万美元	
鼓励类企业率	%	
当年新设立鼓励类外商投资企业数	家	
当年新设立外商投资企业数	家	
出口销售收入占销售总收入比重	%	
当年出口销售收入	万人民币	
当年销售总收入	万人民币	
就业增长率	%	
外商投资企业从业人数（本年度）	人	
外商投资企业从业人数（上年度）	人	
纳税金额增长率	%	
外商投资企业纳税总额（本年度）	万人民币	
外商投资企业纳税总额（上年度）	万人民币	
年度信息报送比率	%	
报送年度信息企业数	家	
累计已设立外商投资企业数	家	
已终止 / 撤销外商投资企业数	家	
现存外商投资企业数	家	
高新技术企业率	%	
现存已认定的外商投资高新技术企业数	家	
当年新认定外商投资高新技术企业数	家	
研发投入率	%	
当年研发投资资金	万人民币	
当年营业收入	万人民币	

单位负责人：　　　　填表人：　　　　电话：　　　　填表日期：

说明：

一、本表反映地区外商投资企业总体经营状况，衡量外资对当地经济社会发展的贡献，进而综合评价利用外资的质量。

二、填报单位：由省、自治区、直辖市及计划单列市商务主管部门汇总填报。

三、报告时间及方法：根据报告期内外商直接统计数据、外商投资企业运营状况统计数据，以及国家统计局相关国民经济数据编制，各省、自治区、直辖市、计划单列市商务主管部门于每年 6 月 30 日前将上年度报表以电子数据方式报商务部。

四、资金到位率：是指近三年（含当年）累计实际使用外资金额与近三年（含当年）累计合同外资金额之比。

五、鼓励类企业率：是指当年新设立鼓励类外商投资企业数（包括研发机构）与当年新设立外商投资企业总数之比。

六、出口销售收入占销售总收入比重：是指外商投资企业出口销售收入（包括货物、服务、技术）在其销售总收入中所占比重，该指标反映外商投资企业对外依存度。

七、就业增长率：是指本地区外商投资企业当年就业人数比上年就业人数增长的比率，该指标反映外商投资企业对就业的贡献和对就业的持续影响力。

八、纳税金额增长率：是指本地区外商投资企业当年纳税总额比上年纳税总额增长的比率，该指标反映外商投资企业经营状况及对财政收入的贡献。

九、年度信息报送比率：是指按规定报送当年运营状况信息的外商投资企业数 /（累计已设立企业数 – 已终止 / 撤销企业数）。

十、高新技术企业率：是指现存已认定的高新技术企业数与现存外商投资企业数之比，该指标反映外商投资企业中高新技术企业的情况。

十一、研发投入率：是指当年外商投资企业用于研发投入的资金与营业收入之比，该指标反映外商投资企业用于研发投入的资金情况。

四、附录

（一）国家（地区）统计代码

国别地区代码	中文名（简称）	英文名（简称）
100	亚洲	Asia
101	阿富汗	Afghanistan
102	巴林	Bahrain
103	孟加拉国	Bangladesh
104	不丹	Bhutan
105	文莱	Brunei
106	缅甸	Myanmar
107	柬埔寨	Cambodia
108	塞浦路斯	Cyprus
109	朝鲜	Korea，DPR
110	中国香港	China Hong Kong
111	印度	India
112	印度尼西亚	Indonesia
113	伊朗	Iran
114	伊拉克	Iraq
115	以色列	Israel
116	日本	Japan
117	约旦	Jordan
118	科威特	Kuwait
119	老挝	Lao，PDR
120	黎巴嫩	Lebanon
121	中国澳门	China Macau
122	马来西亚	Malaysia
123	马尔代夫	Maldives
124	蒙古	Mongolia
125	尼泊尔联邦民主共和国	Nepal，FDR

126	阿曼	Oman
127	巴基斯坦	Pakistan
128	巴勒斯坦	Palestine
129	菲律宾	Philippines
130	卡塔尔	Qatar
131	沙特阿拉伯	Saudi Arabia
132	新加坡	Singapore
133	韩国	Korea，Rep.
134	斯里兰卡	Sri Lanka
135	叙利亚	Syrian Arab Republic
136	泰国	Thailand
137	土耳其	Turkey
138	阿联酋	United Arab Emirates
139	也门	Yemen
141	越南	Viet Nam
142	中国	China
143	中国台湾省	Taiwan，Prov. of China
144	东帝汶	Timor-Leste
145	哈萨克斯坦	Kazakhstan
146	吉尔吉斯斯坦	Kyrgyzstan
147	塔吉克斯坦	Tajikistan
148	土库曼斯坦	Turkmenistan
149	乌兹别克斯坦	Uzbekistan
199	亚洲其他国家（地区）	Oth. Asia nes
200	**非洲**	**Africa**
201	阿尔及利亚	Algeria
202	安哥拉	Angola
203	贝宁	Benin
204	博茨瓦纳	Botswana
205	布隆迪	Burundi

206	喀麦隆	Cameroon
207	加那利群岛	Canary Islands
208	佛得角	Cape Verde
209	中非	Central African Republic.
210	塞卜泰（休达）	Ceuta
211	乍得	Chad
212	科摩罗	Comoros
213	刚果（布）	Congo
214	吉布提	Djibouti
215	埃及	Egypt
216	赤道几内亚	Equatorial Guinea
217	埃塞俄比亚	Ethiopia
218	加蓬	Gabon
219	冈比亚	Gambia
220	加纳	Ghana
221	几内亚	Guinea
222	几内亚比绍	Guinea-Bissau
223	科特迪瓦	Cote d’lvoire
224	肯尼亚	Kenya
225	利比里亚	Liberia
226	利比亚	Libyan Arab Jamahiriya
227	马达加斯加	Madagascar
228	马拉维	Malawi
229	马里	Mali
230	毛里塔尼亚	Mauritania
231	毛里求斯	Mauritius
232	摩洛哥	Morocco
233	莫桑比克	Mozambique
234	纳米比亚	Namibia
235	尼日尔	Niger

236	尼日利亚	Nigeria
237	留尼汪	Reunion
238	卢旺达	Rwanda
239	圣多美和普林西比	Sao Tome and Principe
240	塞内加尔	Senegal
241	塞舌尔	Seychelles
242	塞拉利昂	Sierra Leone
243	索马里	Somalia
244	南非	South Africa
245	西撒哈拉	Western Sahara
246	苏丹	Sudan
247	坦桑尼亚	Tanzania
248	多哥	Togo
249	突尼斯	Tunisia
250	乌干达	Uganda
251	布基纳法索	Burkina Faso
252	刚果（金）	Congo，DR
253	赞比亚	Zambia
254	津巴布韦	Zimbabwe
255	莱索托	Lesotho
256	梅利利亚	Melilla
257	斯威士兰	Swaziland
258	厄立特里亚	Eritrea
259	马约特	Mayotte
260	南苏丹共和国	Republic of South Sudan
299	非洲其他国家（地区）	Oth. Afr. nes
300	**欧洲**	**Europe**
301	比利时	Belgium
302	丹麦	Denmark
303	英国	United Kingdom

304	德国	Germany
305	法国	France
306	爱尔兰	Ireland
307	意大利	Italy
308	卢森堡	Luxembourg
309	荷兰	Netherlands
310	希腊	Greece
311	葡萄牙	Portugal
312	西班牙	Spain
313	阿尔巴尼亚	Albania
314	安道尔	Andorra
315	奥地利	Austria
316	保加利亚	Bulgaria
318	芬兰	Finland
320	直布罗陀	Gibraltar
321	匈牙利	Hungary
322	冰岛	Iceland
323	列支敦士登	Liechtenstein
324	马耳他	Malta
325	摩纳哥	Monaco
326	挪威	Norway
327	波兰	Poland
328	罗马尼亚	Romania
329	圣马力诺	San Marino
330	瑞典	Sweden
331	瑞士	Switzerland
334	爱沙尼亚	Estonia
335	拉脱维亚	Latvia
336	立陶宛	Lithuania
337	格鲁吉亚	Georgia

338	亚美尼亚	Armenia
339	阿塞拜疆	Azerbaijan
340	白俄罗斯	Belarus
343	摩尔多瓦	Moldova
344	俄罗斯联邦	Russian Federation
347	乌克兰	Ukraine
350	斯洛文尼亚	Slovenia
351	克罗地亚	Croatia
352	捷克	Czech Republic
353	斯洛伐克	Slovakia
354	马其顿	Macedonia，FYR
355	波黑	Bosnia and Hercegovina
356	梵蒂冈城国	Vatican City State
357	法罗群岛	Faroe Islands
358	塞尔维亚	Serbia
359	黑山	Montenegro
399	欧洲其他国家（地区）	Oth. Eur. nes
400	**拉丁美洲**	**Latin America**
401	安提瓜和巴布达	Antigua & Barbuda
402	阿根廷	Argentina
403	阿鲁巴	Aruba
404	巴哈马	Bahamas
405	巴巴多斯	Barbados
406	伯利兹	Belize
408	多民族玻利维亚国	Estado Plurinacional de Bolivia
409	博内尔	Bonaire
410	巴西	Brazil
411	开曼群岛	Cayman Islands
412	智利	Chile
413	哥伦比亚	Colombia

414	多米尼克	Dominica
415	哥斯达黎加	Costa Rica
416	古巴	Cuba
417	库拉索岛	Curacao
418	多米尼加共和国	Dominican Republic
419	厄瓜多尔	Ecuador
420	法属圭亚那	French Guiana
421	格林纳达	Grenada
422	瓜德罗普	Guadeloupe
423	危地马拉	Guatemala
424	圭亚那	Guyana
425	海地	Haiti
426	洪都拉斯	Honduras
427	牙买加	Jamaica
428	马提尼克	Martinique
429	墨西哥	Mexico
430	蒙特塞拉特	Montserrat
431	尼加拉瓜	Nicaragua
432	巴拿马	Panama
433	巴拉圭	Paraguay
434	秘鲁	Peru
435	波多黎各	Puerto Rico
436	萨巴	Saba
437	圣卢西亚	Saint Lucia
438	圣马丁岛	Saint Martin Islands
439	圣文森特和格林纳丁斯	Saint Vincent and Grenadines
440	萨尔瓦多	El Salvador
441	苏里南	Suriname
442	特立尼达和多巴哥	Trinidad and Tobago
443	特克斯和凯科斯群岛	Turks and Caicos Islands

444	乌拉圭	Uruguay
445	委内瑞拉	Venezuela
446	英属维尔京群岛	Virgin Islands, British
447	圣基茨和尼维斯	Saint Kitts and Nevis
448	圣皮埃尔和密克隆	Saint Pierre and Miquelon
449	荷属安的列斯	Netherlands Antilles
499	拉丁美洲其他国家（地区）	Oth. L.Amer. nes
500	**北美洲**	**North America**
501	加拿大	Canada
502	美国	United States
503	格陵兰	Greenland
504	百慕大	Bermuda
599	北美洲其他国家（地区）	Oth. N.Amer. nes
600	**大洋洲**	**Oceania**
601	澳大利亚	Australia
602	库克群岛	Cook Islands
603	斐济	Fiji
604	盖比群岛	Gambier Islands
605	马克萨斯群岛	Marquesas Islands
606	瑙鲁	Nauru
607	新喀里多尼亚	New Caledonia
608	瓦努阿图	Vanuatu
609	新西兰	New Zealand
610	诺福克岛	Norfolk Island
611	巴布亚新几内亚	Papua New Guinea
612	社会群岛	Society Islands
613	所罗门群岛	Solomon Islands
614	汤加	Tonga
615	土阿莫土群岛	Tuamotu Islands
616	土布艾群岛	Tubuai Islands

617	萨摩亚	Samoa
618	基里巴斯	Kiribati
619	图瓦卢	Tuvalu
620	密克罗尼西亚联邦	Micronesia，Fs
621	马绍尔群岛	Marshall Islands
622	帕劳	Palau
623	法属波利尼西亚	French Polynesia
625	瓦利斯和富图纳	Wallis and Futuna
699	大洋洲其他国家（地区）	Oth. Ocean. nes
701	**国（地）别不详**	Countries (reg.) unknown
702	**联合国及所属机构和其他国际组织**	UN &other international org

（二）省、市、自治区代码表

北京市	110000
天津市	120000
河北省	130000
山西省	140000
内蒙古自治区	150000
辽宁省	210000
大连市	210200
吉林省	220000
黑龙江省	230000
上海市	310000
江苏省	320000
浙江省	330000
宁波市	330200
安徽省	340000
福建省	350000
厦门市	350200

江西省	360000
山东省	370000
青岛市	370200
河南省	410000
湖北省	420000
湖南省	430000
广东省	440000
深圳市	440300
广西壮族自治区	450000
海南省	460000
重庆市	500000
四川省	510000
贵州省	520000
云南省	530000
西藏自治区	540000
陕西省	610000
甘肃省	620000
青海省	630000
宁夏回族自治区	640000
新疆维吾尔自治区	650000

（三）统计机构和统计人员

各级商务主管部门要加强外商投资统计工作的领导，根据工作需要相应设立统计机构或配备专职统计人员，外商投资统计人员要保持相对稳定。

外商投资统计人员应具备统计工作所需的专业知识。各级商务主管部门应加强对外商投资统计人员的专业技能培训。

1. 根据《中华人民共和国统计法》的规定，外商投资统计人员有权要求有关单位和人员依照国家规定提供统计资料，检查统计资料的准确性，要求改正不确实的统计资料，揭发和检举统计工作中违法违规的行为。

2. 各级商务主管部门人员虚报、瞒报、伪造、篡改统计资料或拒报、迟报统计数据情节严重的，予以通报批评；情节较重的，由所在部门依法给予或建议有关部门给予行政处分。

外商投资企业有上述违法违规行为，情节严重的，由县级以上商务主管部门提请同级统计局予以警告，并可按国家有关规定予以处罚。

3. 对在完成规定的统计任务、保障统计资料的准确性、及时性方面成绩显著，在开展统计分析、信息报送、统计预测和监督方面成绩突出的统计机构和人员，商务部将给予表彰，有关单位应依据《中华人民共和国统计法实施细则》的规定给予奖励。

4. 未经外商投资统计负责部门批准自行编制、发布外商投资统计报表和自行公布外商投资统计资料的，由县级以上商务主管部门会同同级统计局责令改正，并予以通报批评。

（四）附则

1. 外商投资统计货币币种为美元和人民币，美元、人民币与其他货币的折算率，按国家外汇管理局制定的《各种货币对美元内部统一折算率表》执行。

2. 本制度使用的国别（地区）统计代码，按国家海关总署制定的《国别（地区）统计代码》执行。所属行业类别按中华人民共和国《国民经济行业分类》（GB/T 4754—2011）执行。逢法定节假日，报表报出日期可相应顺延（双休日报表不顺延）》。

3. 本制度由商务部负责解释。

4. 本制度自 2015 年 1 月 1 日起实行。

商务部　财政部　税务总局　统计局　外汇局关于开展2014年外商投资企业年度经营情况联合申报工作的通知

（商资函〔2014〕175号　2014年4月16日）

各省、自治区、直辖市、计划单列市及新疆生产建设兵团商务主管部门、财政厅（局）、国家税务局、地方税务局、统计局、外汇局：

为进一步转变政府职能、改善投资环境，推进外商投资企业及境外投资者诚信制度建设，在相关部门之间充分实现信息共享，自2014年起在全国开展外商投资企业年度经营状况联合申报工作（以下称联合年报）。现就有关事项通知如下：

一、2014年4月21日至6月30日为外商投资企业填报联合年报时间，年报内容为2013年度外商投资企业运营情况及有关基础信息变更情况。在我国境内，依法设立并登记注册、获得法人资格的外商投资企业均须在规定时间内提交和填报年度报告。

二、外商投资企业应在规定时间内登录全国外商投资企业年度运营情况网上联合申报及共享系统（以下简称网上联合申报及共享系统），填报联合年报信息，并可在6月30日前对错误、遗漏的信息进行更正。

三、联合年报信息将通过网上联合申报及共享系统在联合年报各部门间实现信息共享。

四、企业填报联合年报信息情况，将在网上联合申报及共享系统中以适当方式向社会公示。对未按时、如实申报年度报告或在生产经营活动中存在违法、违规行为的企业，联合年报各部门应密切沟通并按照各自职能依法处理。

五、联合年报各部门要按照《通知》要求全面部署，精心组织开展联合年报工作。广泛宣传，全面动员，加强部门联动机制，加大联合监督及催报力度，提高企业自觉报告意识。

六、联合年报各部门要加强对新设立企业、年报工作人员和会计师事务所的业务培训工作，提高相关人员的数据填报及审核技能。应密切关注企业填报联合年报情况，对明显遗漏或异常数据，提醒企业及时纠正。

七、鼓励企业委托具有相关资质的会计师事务所代为填报年报数据。会计师事务所应依据《中华人民共和国会计法》、《中国注册会计师法》、《企业财务会计报告条例》及财务会计等法规制度的规定，客观、真实、公允地进行鉴证和服务。

八、联合年报是加强外商投资企业事中事后监管的重要方式，联合年报各部门应充分利用年报数据成果，依托企业年报数据加强外商投资企业及境外投资者诚信监管，并从多方面对当年的优秀企业进行表扬和适当的奖励。

九、联合年报是全面掌握外商投资企业存续状况，了解企业运营情况的重要手段，各地应加强对年报数据的统计分析，丰富年报数据利用形式和发布渠道。年报工作结束后形成总结分析报告，并于2014年7月31日前报各主管部门。

联合年报申报工作中遇到的问题，请及时向各主管部门反映。

商务部　财政部　税务总局

统计局　外汇局

2014年4月16日

国家外汇管理局关于在部分地区开展外商投资企业外汇资本金结汇管理方式改革试点有关问题的通知

（汇发〔2014〕36号　2014年7月4日）

国家外汇管理局天津、辽宁、江苏、湖北、广东、四川、北京、重庆、黑龙江、浙江、福建、广西、贵州省（自治区、直辖市）分局（外汇管理部），深圳、青岛市分局：

为进一步深化外汇管理体制改革，更好地满足和便利外商投资企业经营与资金运作需要，国家外汇管理局决定在部分地区（天津滨海新区、沈阳经济区、苏州工业园区、东湖国家自主创新示范区、广州南沙新区、横琴新区、成都市高新技术产业开发区、中关村国家自主创新示范区、重庆两江新区、黑龙江沿边开发开放外汇管理改革试点地区、温州市金融综合改革试验区、平潭综合实验区、中国－马来西亚钦州产业园区、贵阳综合保税区、深圳前海深港现代服务业合作区和青岛市财富管理金融综合改革试验区）开展外商投资企业资本金结汇管理方式改革试点。现就有关问题通知如下：

一、外商投资企业外汇资本金实行意愿结汇

外商投资企业外汇资本金意愿结汇是指外商投资企业资本金账户中经所在地外汇局办理出资权益确认的外汇资本金可根据企业的实际经营需要在银行办理结汇。试点区域内注册成立的外商投资企业外汇资本金意愿结汇比例暂定为100%。国家外汇管理局可根据国际收支形势适时对上述比例进行调整。

在实行外汇资本金意愿结汇的同时，外商投资企业仍可选择现行支付结汇制使用其外汇资本金。银行按照支付结汇原则为企业办理每一笔结汇业务

时，均应审核企业上一笔结汇（包括意愿结汇和支付结汇）资金使用的真实性与合规性。

外商投资企业外汇资本金境内原币划转以及跨境对外支付按现行相关外汇管理规定办理。

二、外商投资企业外汇资本金意愿结汇所得人民币资金纳入结汇待支付账户管理

外商投资企业应在其资本金账户开户银行开立一一对应的资本项目—结汇待支付账户（以下简称结汇待支付账户），用于存放意愿结汇所得人民币资金，并通过该账户办理各类支付手续。外商投资企业按支付结汇原则结汇所得人民币资金不得通过结汇待支付账户进行支付。

外商投资企业资本金账户的收入范围包括：外国投资者境外汇入外汇资本金或认缴出资（含非居民存款账户、离岸账户、境外个人境内外汇账户出资），境外汇入保证金专用账户划入的外汇资本金或认缴出资；本账户合规划出后划回的资金，同名资本金账户划入资金，因交易撤销退回的资金，利息收入及经外汇局登记或核准的其他收入。

资本金账户的支出范围包括：经营范围内结汇，结汇划入结汇待支付账户，境内原币划转至境内划入保证金专用账户、同名资本金账户、委托贷款账户、资金集中管理专户、境外放款专用账户、境内再投资专用账户、外债专用账户的资金，因外国投资者减资、撤资汇出，经常项目对外支付及经外汇局登记或核准的其他资本项目支出。

结汇待支付账户的收入范围包括：由对应的资本金账户、境内资产变现账户、境内再投资账户结汇划入的资金，由本账户合规划出后划回的资金，因交易撤销退回的资金，人民币利息收入及经外汇局登记或核准的其他收入。

结汇待支付账户的支出范围包括：经营范围内的支出，支付人民币保证金、划往资金集中管理专户，偿还已使用完毕的人民币贷款，购付汇或直接对外偿还外债，外国投资者减资、撤资资金购付汇或直接对外支付，购付汇或直接对外支付经常项目支出及经外汇局登记或核准的其他资本项目支出。

结汇待支付账户内的人民币资金未经外汇局批准不得购汇划回资本金账户。外商投资企业同名结汇待支付账户间的资金不得相互划转。由结汇待支付账户划出用于担保或支付其他保证金的人民币资金，除发生担保履约或违约扣款的，均需原路划回结汇待支付账户。

三、外商投资企业资本金的使用应在企业经营范围内遵循真实、自用原则

外商投资企业资本金及其结汇所得人民币资金不得用于以下用途：

（一）不得直接或间接用于企业经营范围之外或国家法律法规禁止的支出；

（二）除法律法规另有规定外，不得直接或间接用于证券投资；

（三）不得直接或间接用于发放人民币委托贷款（经营范围许可的除外）、偿还企业间借贷（含第三方垫款）以及偿还已转贷予第三方的银行人民币贷款；

（四）除外商投资房地产企业外，不得用于支付购买非自用房地产的相关费用。

四、便利外商投资企业以结汇资金开展境内股权投资

除原币划转股权投资款外，允许以投资为主要业务的外商投资企业（包括外商投资性公司、外商投资创业投资企业和外商投资股权投资企业），在其境内所投资项目真实、合规的前提下，按实际投资规模将外汇资本金直接结汇后划入被投资企业账户。上述企业股权投资款以外的资本金结汇按支付结汇原则办理。

上述企业以外的一般性外商投资企业以资本金原币划转开展境内股权投资的，按现行境内再投资规定办理。以结汇资金开展境内股权投资的，应由被投资企业先到所在地外汇局办理境内再投资登记并开立相应结汇待支付账户，再由开展投资的企业按实际投资规模将结汇所得人民币资金划往被投资企业开立的结汇待支付账户。被投资企业继续开展境内股权投资的，按上述原则办理。

五、进一步规范结汇资金的支付管理

（一）外国投资者、外商投资企业及其他相关申请主体应按规定如实向外汇局和银行提供相关真实性证明材料，并在办理资本金结汇所得人民币资金的支付使用（包括外汇资本金直接支付使用）时填写《直接投资相关账户资金支付命令函》(见附件)。

（二）银行应履行“了解客户”、“了解业务”、“尽职审查”等原则，在为外商投资企业办理资本金对外支付及结汇所得人民币资金支付时承担真实性审核责任。在办理每一笔资金支付时，均应审核前一笔支付证明材料的真实性与合规性。银行应留存外商投资企业外汇资本金结汇及使用的相关证明材料 5 年备查。

银行应按照《国家外汇管理局关于发布〈金融机构外汇业务数据采集规范（1.0 版)〉的通知》(汇发〔2014〕18 号文）的要求，及时报送与资本金账户、结汇待支付账户（账户性质代码 2113）有关的账户、跨境收支、境内划转、账户内结售汇等信息。其中，结汇待支付账户与其他人民币账户之间的资金划转，应通过填写境内收付款凭证报送境内划转信息，并在“发票号”栏中填写资金用途代码（按照汇发〔2014〕18 号文“7.10 结汇用途代码”填写)；除货物贸易核查项下的支付，其他划转的交易编码均填写为“929070”。

（三）对于企业确有特殊原因暂时无法提供真实性证明材料的，银行可在履行尽职审查义务、确定交易具备真实交易背景的前提下为企业办理相关支付，并应于办理业务当日通过外汇局相关业务系统向外汇局提交特殊事项备案。银行应在支付完毕后 20 个工作日内收齐并审核企业补交的相关证明材料，并通过相关业务系统向外汇局报告特殊事项备案业务的真实性证明材料补交情况。

对于外商投资企业以备用金名义使用资本金的，银行可不要求其提供上述真实性证明材料。单一企业每月备用金支付累计金额不得超过等值 60 万元人民币。

对于申请一次性将全部外汇资本金支付结汇或将结汇待支付账户中全部人民币资金进行支付的外商投资企业，如不能提供相关真实性证明材料，银行不得为其办理结汇、支付。

六、其他直接投资项下外汇账户资金结汇及使用管理

境内机构开立的境内资产变现账户和境内再投资账户内资金结汇参照外商投资企业资本金账户管理。

境内个人开立的境内资产变现账户和境内再投资账户，以及境内机构和个人开立的境外资产变现账户可凭外汇局相关业务登记凭证直接在银行办理结汇。

外国投资者前期费用账户资金结汇按支付结汇原则办理。

境外汇入保证金专用账户和境内汇入保证金专用账户内的外汇资金不得结汇使用。如发生担保履约或违约扣款的，相关保证金应划入接收保证金一方经外汇局核准或登记后开立的其他资本项目外汇账户并按照相关规定使用。

上述直接投资项下账户内利息收入和投资收益均可按照经常项目外汇管理有关规定直接在银行办理结汇及支付。

七、进一步强化外汇局事后监管与违规查处

（一）外汇局应根据《中华人民共和国外汇管理条例》、《外国投资者境内直接投资外汇管理规定》等有关规定加强对银行办理外商投资企业资本金结汇和使用等业务合规性的指导和核查。核查的方式包括要求相关业务主体提供书面说明和业务材料、约谈负责人、现场查阅或复制业务主体相关资料、通报违规情况等。对于严重、恶意违规的银行可按相关程序暂停其资本项目下外汇业务办理，对于严重、恶意违规的外商投资企业等可取消其意愿结汇资格，且在其提交书面说明函并进行相应整改前，不得为其办理其他资本项下外汇业务。

（二）对于违反本通知办理外商投资企业资本金结汇和使用等业务的外商投资企业和银行，外汇局依据《中华人民共和国外汇管理条例》及有关规定予以查处。

八、其他相关问题

本通知自 2014 年 8 月 4 日起实施。此前规定与本通知内容不一致的，以

本通知为准。试点地区外商投资企业外汇资本金结汇暂不适用《国家外汇管理局综合司关于完善外商投资企业外汇资本金支付结汇管理有关业务操作问题的通知》（汇综发〔2008〕142号）和《国家外汇管理局综合司关于完善外商投资企业外汇资本金支付结汇管理有关业务操作问题的补充通知》（汇综发〔2011〕88号）的有关要求。

请各试点分局、外汇管理部尽快将本通知转发试点区域内中心支局、支局和银行。执行中如遇问题，请及时向国家外汇管理局资本项目管理司反馈。

附件：直接投资相关账户资金支付命令函。

国家外汇管理局

2014年7月4日

附件

直接投资相关账户资金支付命令函

______________银行（行号：______________）：

请贵行将本公司直接投资相关账户资金，按照以下要求进行：

☐结汇支付　☐结汇所得人民币支付　☐对外付汇

<table>
<tr><td colspan="2">支付账户类型</td><td colspan="2">支付账户账号</td><td colspan="2">支付资金是否已
办理出资权益确认</td></tr>
<tr><td colspan="2"></td><td colspan="2"></td><td colspan="2"></td></tr>
<tr><td>收款人</td><td>收款人
所属行业</td><td>支付金额及
币种</td><td>收款人开户
银行名称</td><td>收款人账号</td><td>支付资金用途</td></tr>
<tr><td></td><td></td><td></td><td></td><td></td><td></td></tr>
<tr><td></td><td></td><td></td><td></td><td></td><td></td></tr>
<tr><td>合计</td><td></td><td></td><td></td><td></td><td></td></tr>
<tr><td colspan="6">重要提示：直接投资相关账户及其结汇所得人民币资金不得用于以下用途：
（一）不得直接或间接用于企业经营范围之外或国家法律法规禁止的支出；
（二）除法律法规另有规定外，不得直接或间接用于购买银行保本型产品之外的投资理财产品或其他有价证券；
（三）不得直接或间接用于发放人民币委托贷款（经营范围许可的除外）、偿还企业间借贷（含第三方垫款）以及偿还已转贷予第三方的银行人民币贷款；
（四）除外商投资房地产企业外，不得用于支付购买非自用房地产的相关费用。</td></tr>
</table>

注：请按填表说明填写。

本公司承诺：本公司已认真阅读并完全理解上表中重要提示和所附填表说明的内容，本公司所填写《直接投资相关账户资金支付命令函》各项内容真实有效，并保证合法合规在经营范围内使用此次申请支付的资金。如擅自改变支付用途或虚假承诺，依照《中华人民共和国外汇管理条例》及相关法规，本公司及其法定代表人将承担相应的法律责任。

联系人：　　　　　　　　　　　　　　　　联系电话：

公司法定代表人签章：　　　　　　　　　　______________公司（盖章）

年　　月　　日

填表说明

1. 请在“结汇支付”、“结汇所得人民币支付”或“对外付汇”前的方框中打钩。“结汇支付”指相关直接投资账户内资金结汇后直接支付给实际收款人（含划入结汇待支付账户）；“对外付汇”是指资本金直接对外付汇。本选项只能单选，如同时包括三种情况，请分别填表。

2. 支付账户类型是指划出支付资金的账户类型，包括资本金账户、境内再投资账户、境内资产变现账户、境外资产变现账户、前期费用账户、结汇待支付账户。

3. 填写支付资金用途时，请按标准用途填写［支付贷款、支付工程款、支付保证金、支付咨询费、支付其他服务费用、支付税款、支付工资、土地出让金、购房、支付股权转让款、偿还银行贷款本息、个人、备用金、预付款、购买其他固定资产、购买银行保本型投资产品、资本项下跨境支出、经常项下跨境支出、境内股权投资、融资租赁、担保履约、小额贷款、保理业务、转入结汇待支付账户、特殊备案、其他（选择“预付款或其他”的，请另行提交资金用途说明）］。

4. 支付资金用途不同需分开填写。

5. 公司法人代表授权委托他人填写本表的，另需提供授权委托书。

海关总署公告 2015 年第 29 号［关于执行《外商投资产业指导目录（2015 年修订）》的公告］

（海关总署公告 2015 年第 29 号 2015 年 6 月 18 日）

国家发展改革委、商务部第 22 号令公布了《外商投资产业指导目录（2015 年修订）》，并规定自 2015 年 4 月 10 日起施行。现就海关执行中的有关问题公告如下：

一、自 2015 年 4 月 10 日起，对属于《外商投资产业指导目录（2015 年修订）》鼓励类范围的外商投资项目（包括增资项目），在投资总额内进口的自用设备以及按照合同随上述设备进口的技术和配套件、备件，除《外商投资项目不予免税的进口商品目录》和《进口不予免税的重大技术装备和产品目录》所列商品外，按照《国务院关于调整进口设备税收政策的通知》（国发〔1997〕37 号）、海关总署公告 2008 年第 103 号及其他相关规定，免征关税，照章征收进口环节增值税。

二、为保持政策的连续性，对 2015 年 4 月 10 日以前（不含 4 月 10 日，下同）审批、核准或备案的外商投资项目（以项目的审批、核准或备案日期为准，下同），属于《外商投资产业指导目录（2011 年修订）》鼓励类范围的，可继续按照规定办理免征进口关税手续。但有关项目单位须于 2016 年 4 月 10 日以前，向海关申请办理减免税备案手续。逾期，海关不再受理上述减免税备案申请。

对于 2015 年 4 月 10 日以前审批、核准或备案，同时属于《外商投资产业指导目录（2015 年修订）》鼓励类范围的外商投资项目，有关项目单位按相关规定向海关申请办理减免税备案手续的，海关可予受理。

三、对于不属于《外商投资产业指导目录（2011 年修订）》鼓励类范围的外商投资在建项目，凡符合《外商投资产业指导目录（2015年修订）》鼓励类范围的，在有关项目单位按相关规定向海关申请办理减免税相关手续后，在建项目进口的自用设备以及按照合同随上述设备进口的技术和配套件、备件，可参照本公告第一条的规定享受进口税收优惠政策。对于自2015年4月10日（含4月10日）至本公告发布之日期间，上述有关在建项目项下进口设备已经征税的，税款可以退还；自本公告发布之日起，进口设备已经征税的，税款不予退还。

特此公告。

海关总署

2015年6月18日

海关总署公告2014年第85号（关于调整进口环节消费税政策的公告）

（总署公告〔2014〕85号　2014年11月28日）

经国务院批准，现将进口环节消费税政策调整事项公告如下：

一、取消汽缸容量250毫升（不含）以下的小排量摩托车进口环节消费税。气缸容量250毫升和250毫升（不含）以上的摩托车继续分别按3%和10%的税率征收进口环节消费税。

二、取消汽车轮胎税目。

三、取消车用含铅汽油进口环节消费税，汽油税目不再划分二级子目，统一按照无铅汽油税率征收进口环节消费税。

四、取消酒精进口环节消费税，“酒及酒精”品目相应改为“酒”，并继续按现行进口环节消费税政策执行。

本公告自2014年12月1日起执行。

海关总署

2014年11月28日

海关总署令第 224 号（《海关总署关于修改〈中华人民共和国海关《中华人民共和国与智利共和国政府自由贸易协定》项下进口货物原产地管理办法〉的决定》）

（署令〔2014〕224 号　2014 年 9 月 30 日）

《海关总署关于修改〈中华人民共和国海关《中华人民共和国与智利共和国政府自由贸易协定》项下进口货物原产地管理办法〉的决定》已于 2014 年 9 月 30 日经海关总署署务会议审议通过，现予公布，自 2014 年 10 月 1 日起施行。

署　长　于广洲

2014 年 9 月 30 日

海关总署关于修改《中华人民共和国海关〈中华人民共和国与智利共和国政府自由贸易协定〉项下进口货物原产地管理办法》的决定

为配合《中智自贸协定》产品特定原产地规则（PSR）转版实施工作，海关总署决定对《中华人民共和国海关〈中华人民共和国与智利共和国政府自由贸易协定〉项下进口货物原产地管理办法》（海关总署令第 151 号公布，第 198 号修改，以下简称《办法》）作如下修改：

一、将《办法》第三条第一款第（三）项拆分为两项，具体修改如下：

（一）将第三条第一款第（三）项原表述修改为“在智利一方或者中国、智利双方的境内生产，使用了非原产材料，并且属于本办法附件1适用范围的货物，同时符合本办法第六条规定的产品特定原产地标准的”；

（二）增加“在智利一方或者中国、智利双方的境内生产，使用了非原产材料，并且不属于本办法附件1适用范围的货物，同时符合本办法第七条规定的区域价值成分标准的”的表述，作为第三条第一款第（四）项。

同时在第三条中增加一款，“附件1所列《中智自贸协定》项下产品特定原产地标准发生变化时，由海关总署另行公告”，作为第三条第二款。

二、将《办法》第十八条第一款第（二）项“在智利境内签发的提单”的表述修改为“由智利至我国的全程运输单证”。

三、将《办法》第十八条第三款“货物经过其他国家或者地区运输至我国境内的，进口货物收货人还应当按照海关的要求提交该国家或者地区海关出具的证明文件。货物经过香港或者澳门运输至内地口岸的，应当向海关提交中国检验（香港）有限公司或者澳门中国检验有限公司加注‘未再加工证明’的原产地证书。”修改为“货物经过其他国家或者地区运输至我国境内的，进口货物收货人还应当按照海关的要求提交该国家或者地区海关出具的证明文件，或者海关认可的其他证明文件。”

本决定自2014年10月1日起施行。

《中华人民共和国海关〈中华人民共和国与智利共和国政府自由贸易协定〉项下进口货物原产地管理办法》根据本决定作相应修改，重新公布。

中华人民共和国海关《中华人民共和国与智利共和国政府自由贸易协定》项下进口货物原产地管理办法

第一条　为了正确确定《中华人民共和国与智利共和国政府自由贸易协定》(以下简称《中智自贸协定》)项下进口货物的原产地，促进我国与智利的经贸往来，根据《中华人民共和国海关法》、《中华人民共和国进出口货物原产地条例》、《中智自贸协定》有关原产地规则及有关法律法规的规定，制定本办法。

第二条　本办法适用于从智利进口的《中智自贸协定》项下货物。

第三条　从智利直接运输进口的货物，符合下列条件之一的，其原产地为智利，适用《中华人民共和国进出口税则》(以下简称《税则》)中的中智自贸协定税率：

(一) 在智利完全获得或者生产的；

(二) 在智利一方或者中国、智利双方的境内生产，并且全部使用符合本办法规定的原产材料的；

(三) 在智利一方或者中国、智利双方的境内生产，使用了非原产材料，并且属于本办法附件1适用范围的货物，同时符合本办法第六条规定的产品特定原产地标准的；

(四) 在智利一方或者中国、智利双方的境内生产，使用了非原产材料，并且不属于本办法附件1适用范围的货物，同时符合本办法第七条规定的区域价值成分标准的。

本办法附件1所列《中智自贸协定》项下产品特定原产地标准发生变化时，由海关总署另行公告。

第四条　本办法第三条所称的“直接运输”是指《中智自贸协定》项下

的进口货物从智利直接运输至我国境内，途中未经过中国、智利以外的其他国家或者地区（以下简称“其他国家或者地区”）。

原产于智利的进口货物，经过其他国家或者地区运输至我国境内，同时符合下列条件的，应当视为“直接运输”：

（一）由于地理原因或者运输需要；

（二）该货物在经过其他国家或者地区时，未做除装卸和为使货物保持良好状态或者运输所必需处理以外的其他处理；

（三）未进入该国家或者地区进行贸易或者消费。

不论该货物是否换装运输工具，其进入所经过的其他国家或者地区停留时间最长不得超过 3 个月。

第五条　本办法第三条第（一）项所称“在智利完全获得或者生产”的货物是指：

（一）在智利领土或者海床采掘的矿产品；

（二）在智利收获的植物和植物产品；

（三）在智利出生并饲养的活动物；

（四）由在智利饲养的活动物获得的产品；

（五）在智利狩猎、诱捕或者在内陆水域捕捞所获得的产品；

（六）在智利的领海或者专属经济区捕捞获得的渔产品和其他产品，以及由悬挂智利国旗的船只在智利专属经济区海域捕捞获得的渔产品和其他产品；

（七）悬挂智利国旗的船只在智利专属经济区以外的海域捕捞获得的鱼类和其他产品；

（八）在悬挂智利国旗的加工船上仅由第（六）项和第（七）项的产品加工所得的产品；

（九）在智利收集的仅适于回收原材料的旧物品；

（十）在智利生产加工过程中产生并且仅适于回收原材料的废碎料；

（十一）在智利领海以外，智利独享开发权的海床或者海床底土提取的产品；

（十二）在智利仅由第（一）项至第（十一）项所列产品加工获得的产品。

第六条　从智利进口本办法附件 1 所列货物，符合“章改变标准”、“4 位级税号改变标准”、“区域价值成分不少于 50% 标准”的，其原产地为智利。

“章改变标准”，是指在智利生产或者加工的货物所使用的非原产材料均为《税则》中该货物所在章之外的任何其他章所列的材料。

“4 位级税号改变标准”，是指在智利生产或者加工的货物所使用的非原产材料均为《税则》中该货物所在 4 位级税号之外的任何其他税号所列的材料。

“区域价值成分不少于 50% 标准”，是指在智利生产或者加工的货物不仅符合本办法的相关条款规定，而且按照第八条规定计算的区域价值成分不少于 50%。

第七条　除适用本办法第五条、第六条的货物外，货物的区域价值成分不得少于 40%。

第八条　区域价值成分应当按照下列方法计算：

$$区域价值成分=\frac{货物价格-非原产材料价格}{货物价格}\times 100\%$$

“货物价格”，是指该货物的船上交货价格，无论货物以何种方式运输，该价格为其在最终装运港口或者地点的价格。

“非原产材料的价格”，是指生产商所使用的非原产材料价格，包括其进口成本、运至目的港口或者地点的保险费和运费，不包括在生产过程中为生产原产材料而使用的非原产材料价值。如果非原产材料是由货物生产商在智利境内获得的，则该材料从供应商的仓库运到生产商厂址的过程中所产生的运费、保险费、包装费以及任何其他费用不包括在内。

本条规定中的区域价值成分的计算应符合公认的会计准则及《海关估价协定》。

第九条　原产于中国的货物或者材料，在智利境内用于生产另一货物，并构成另一货物组成部分的，应当视为原产于智利。

第十条　下列微小加工或者处理不影响货物原产地的确定：

（一）为运输或者贮存期间保存货物而作的加工或者处理；

（二）包装的拆解和包裹；

（三）洗涤、清洁、除尘，去除氧化物、油、漆以及其他涂层；

（四）纺织品的熨烫或者压平；

（五）简单的上漆及磨光工序；

（六）谷物及大米的去壳、部分或者完全的漂白、抛光及上光；

（七）食糖上色或者制成糖块的加工或者处理；

（八）水果、坚果及蔬菜的去皮、去核及去壳；

（九）削尖、简单研磨或者简单切割；

（十）过滤、筛选、挑选、分类、分级、匹配，包括成套物品的组合；

（十一）简单的装瓶、装罐、装袋、装箱、装盒，固定于纸板或者木板以及其他任何简单包装的加工或者处理；

（十二）在产品或者其包装上粘贴或者印刷标志、标签、标识及其他类似的用于区别的标记；

（十三）对产品进行的简单混合，无论其是否为不同种类的产品；

（十四）把物品零部件装配成完整品的简单装配或者将产品拆成零部件的简单拆卸；

（十五）仅为方便港口装卸所进行的加工或者处理；

（十六）第（一）项至第（十五）项中的两项或者多项加工或者处理的组合；

（十七）屠宰动物。

第十一条　在适用章改变、4 位级税号改变标准确定货物的原产地时，在生产过程中所使用的部分非原产材料虽然未能满足该标准的要求，但是按照本办法第八条确定的价值未超过该货物价值 8% 的，该货物的原产地仍应当视为智利。

第十二条　属于《税则》归类总规则三所规定的成套货品，其中全部货品均原产于智利的，该成套货品即为原产于智利；其中部分货品非原产于智利，但是按照本办法第八条确定的价值未超过该成套货品价值 15% 的，该成套货品仍应当视为原产于智利。

第十三条　在确定货物的原产地时，与货物一起申报进口的附件、备件或者工具，同时符合下列条件的，不影响货物原产地的确定：

（一）附件、备件或者工具在《税则》中与货物一并归类并且不单独开具发票；

（二）附件、备件或者工具的配备均在正常数量和价值之内。

第十四条　在确定本办法附件 1 所列应当适用章改变、4 位级税号改变标准的货物原产地时，零售用包装材料和容器与所包装的货物一并归类的，其原产地不影响货物原产地的确定。

在确定适用区域价值成分标准的货物原产地时，其零售用包装材料和容器的价值应当予以计算。

运输期间用于保护货物的包装材料和容器的原产地不影响货物原产地的确定。

第十五条　在确定货物的原产地时，货物生产过程中使用的本身不构成货物的物质成分、也不成为货物组成部件的下列材料，其原产地不影响货物原产地的确定：

（一）燃料、能源、催化剂和溶剂；

（二）用于测试或者检验货物的设备、装置和用品；

（三）手套、眼镜、鞋靴、衣服、安全设备和用品；

（四）工具、模具和模子；

（五）用于维护设备和厂房建筑的备件和材料；

（六）在生产中使用的，或者用于运行设备和厂房建筑的润滑剂、油脂、化合材料和其他材料；

（七）在货物生产过程中使用，虽然不构成该货物组成成分，但能合理地表明其参与了该货物生产过程的其他任何材料。

第十六条　原产于智利的货物，在其他国家或者地区展览并于展览后售往中国，并且同时满足下列条件的，在进口时可以享受《税则》中的中智自贸协定税率：

（一）该货物以送展时的状态已经在展览期间或者预定在展览后立即发运至中国；

（二）该货物送展后，除用于展览会展示外，未作他用；

（三）该货物在展览期间处于展览所在国家或者地区的海关监管之下。

在商店或者商业场所以出售外国产品为目的的展销活动不属于本条规定的展览范围。

第十七条　货物申报进口时，进口货物收货人应当主动向海关提交智利外交部国际经济关系总司签发的原产地证书正本（格式见附件 2），并按照海关的申报规定填制《中华人民共和国海关进口货物报关单》（以下简称《报关单》），申明适用中智自贸协定税率。

进口货物收货人向海关提交的智利原产地证书必须符合本办法附件 2 所列格式，所用文字应当为英文，并且加盖有“正本（ORIGINAL）”字样的印章。

原产地证书上所列的一项或者多项货物应当为同一批次进口到中国的原产于智利的货物。一份原产地证书应当仅对应一份《报关单》。

第十八条　进口货物收货人在申明适用中智自贸协定税率时，应当向海关提交以下文件：

（一）货物出口前签发或者出口后 30 天内签发的原产地证书；

（二）由智利至我国的全程运输单证；

（三）进口货物的商业发票正本。

进口货物的商业发票由其他国家或者地区开具的，该货物原产地证书的“备注”栏内应当注明智利生产商的名称、地址。该原产地证书中的收货人应当为中国境内收货人。

货物经过其他国家或者地区运输至我国境内的，进口货物收货人还应当按照海关的要求提交该国家或者地区海关出具的证明文件，或者海关认可的其他证明文件。

申报货物为展览货物的，进口收货人应当在提交的原产地证书上注明展览的名称及地点，并且同时向海关提交与展览相关的证明文件。

第十九条　原产地证书自签发之日起一年内有效。进口货物收货人应当向海关提交在有效期内的原产地证书。

第二十条　货物申报进口时，进口货物收货人虽然申明适用中智自贸协定税率，但是未能提供本办法规定的原产地证书以及相关文件或者提供的原产地证书以及相关文件不符合本办法规定的，海关应当按照规定收取保证金后放行货物，并按规定办理进口手续、进行海关统计。海关可以应进口货物收货人的申请在保证金收取的期限内，根据进口货物收货人提供的下列材料退还保证金：

（一）原产地申报为智利的《报关单》；

（二）符合本办法第十七条规定的原产地证书；

（三）海关要求提供的与货物进口相关的其他文件。

在保证金收取的期限内，进口货物收货人未能提供上述材料的，海关应当立即办理保证金转为进口税款手续。

货物申报进口时，进口货物收货人未申明适用中智自贸协定税率的，海关不得按照该协定税率计征税款。

第二十一条　原产于智利的货物，价格不超过600美元的，免予提交原产地证书。

属于为规避本办法第十七条而实施或者安排的一次或者多次进口货物的，不适用前款规定。

第二十二条　海关对智利原产地证书的真实性和相关货物是否原产于智利产生怀疑时，可以向智利有关部门提出原产地核查请求。

在核查期间，海关可以按照该货物适用的其他种类税率征收相当于应缴税款的等值保证金后放行货物，并按规定办理进口手续、进行海关统计。核查结束后，海关应当根据核查结果，立即办理退还保证金手续或者办理保证金转为进口税款手续。

在提出核查请求之日起6个月内，海关未收到智利有关部门核查结果，或者核查结果未包含足以确定原产地证书真实性或者货物真实原产地信息的，有关货物不享受关税优惠待遇，海关应当立即办理保证金转为进口税款手续。海关统计数据同时作相应修改。

进口货物属于国家限制进口的，或者有违法嫌疑的，在原产地证书核查完毕前海关不得放行货物。

第二十三条　海关对依照本办法规定获得的商业秘密依法负有保密义务。未经收货人同意，海关不得泄露或者用于其他用途，但是法律、行政法规及相关司法解释另有规定的除外。

第二十四条　违反本办法，构成走私或者违反海关监管规定行为的，由海关依照《中华人民共和国海关法》和《中华人民共和国海关行政处罚实施条例》的有关规定予以处理；构成犯罪的，依法追究刑事责任。

第二十五　本办法下列用语的含义：

“海关估价协定”，是指作为《马拉喀什建立世贸组织协定》一部分的《关于履行1994年关税与贸易总协定第7条的协定》。

“材料”，是指已实际上构成另一货物组成部分或者已用于另一货物生产过程的零件、部件、成分、半组装件等。

“非原产材料”，是指按照本办法规定，原产地不能确定为中国或者智利的材料或者货物。

“生产”，是指货物获得的方法，包括：种植、饲养、开采、收获、捕捞、诱捕、狩猎、制造、加工或者装配等。

第二十六条　本办法由海关总署负责解释。

第二十七条　本办法自2006年10月1日起施行。

附件：1. 产品特定原产地标准。

2. 原产地证书格式。

附件 1

产品特定原产地标准

一、章改变标准的适用范围

《中华人民共和国进出口税则》第 1 ~ 16 章和第 22 章。

二、4 位级税号改变标准的适用范围

《中华人民共和国进出口税则》第 17 ~ 19 章。

三、区域价值成分不少于 50% 标准的适用范围

《中华人民共和国进出口税则》中下列章、4 位或者 6 位级税号。

第 20 章	29.16	39.09	第 44 章	70.08	84.31
第 21 章	29.17	39.10	第 48 章	70.09	84.50
第 23 章	29.18	39.11	第 49 章	70.10	84.51
第 24 章	29.21	39.12	第 51 章	70.11	84.74
第 25 章	29.30	39.13	52.04	70.13	84.81
第 26 章	29.33	39.14	52.05	72.08	85.09
28.01	29.36	39.15	52.06	72.09	85.16
28.04	29.37	39.16	52.07	72.10	85.44
28.06	29.41	39.17	52.08	72.13	87.02
28.08	29.42	3920.10	52.09	72.14	87.04
28.09	30.02	3920.20	52.10	72.16	87.07
28.10	30.03	3920.43	52.11	72.17	87.08
28.11	30.04	3920.59	52.12	72.28	87.12
28.12	30.05	3920.92	53.01	72.29	89.01

（续）

28.15	30.06	3921.12	53.06	73.06	89.02
28.17	31.02	3921.13	53.09	73.12	89.04
28.18	31.03	3921.90	53.11	73.13	92.01
28.19	31.04	39.22	第 54 章	73.14	92.02
28.20	31.05	3923.21	第 55 章	73.17	92.04
28.21	第 32 章	3923.29	第 56 章	73.18	92.07
28.22	33.02	3923.30	第 57 章	73.20	第 93 章
28.25	33.03	40.06	第 58 章	73.21	第 94 章
28.26	33.04	40.07	第 59 章	74.08	95.01
28.27	33.05	40.08	第 60 章	74.09	95.02
28.28	33.06	4009.11	第 61 章	74.12	95.03
28.29	33.07	4009.12	第 62 章	74.13	95.06
28.30	第 34 章	4009.22	第 63 章	74.15	
28.33	第 35 章	4010.11	第 64 章	74.19	
28.34	36.01	4010.12	69.05	76.04	
28.35	36.02	4010.13	69.07	76.08	
28.36	36.03	4010.19	69.08	76.10	
28.39	36.05	4010.31	69.09	83.02	
28.40	39.01	4010.32	69.10	83.08	
28.41	39.02	4011.10	69.11	83.11	
28.47	39.03	4011.99	69.12	84.18	
28.48	39.04	40.12	69.13	84.19	
29.01	39.05	4013.10	69.14	84.21	
29.05	39.06	40.15	70.05	84.24	
29.08	39.07	4016.93	70.06	84.26	
29.15	39.08	4016.95	70.07	84.29	

附件 2

原产地证书格式

ORIGINAL

1 .Exporter's name, address, country: 2. Producer's name and address, if known: 3. Consignee's name, address, country:	Certificate No.: CERTIFICATE OF ORIGIN Form F for China-Chile FTA Issued in ____________ (see Instruction overleaf)
4. Means of transport and route (as far as known) Departure Date Vessel /Flight/Train/Vehicle No. Port of loading Port of discharge	5. For Official Use Only ☐ Preferential Tariff Treatment Given Under _______ ☐ Preferential Treatment Not Given (Please state reasons) .... Signature of Authorized Signatory of the Importing Country 6. Remarks

7. Item number (Max 20)	8. Marks and numbers on packages	9. Number and kind of packages; description of goods	10. HS code (Six digit code)	11. Origin criterion	12. Gross weight, quantity (Quantity Unit) or other measures (liters,m^3,etc)	13. Number, date of invoice and invoiced value

14.Declaration by the exporter	15.Certification
The undersigned hereby declares that the above details and statement are correct, that all the goods were produced in ____________________ (Country) and that they comply with the origin requirements specified in the FTA for the goods exported to ____________________ (Importing country) ____________________ Place and date, signature of authorized signatory	It is hereby certified, on the basis of control carried out, that the declaration of the exporter is correct. Place and date*, signature and stamp of certifying authority Certifying authority Tel: Fax: Address:

* A Certificate of Origin under China-Chile Free Trade Agreement shall be valid for one year from the date of issue in the exporting country.

Overleaf Instruction

Box 1: State the full legal name, address (including country) of the exporter.

Box 2: State the full legal name, address (including country) of the producer. If more than one producer's good is included in the certificate, list the additional producers, including name, address (including country). If the exporter or the producer wishes the information to be confidential, it is acceptable to state " Available to the competent governmental authority upon request " . If the producer and the exporter are the same, please complete field with " SAME " . If the producer is unknown, it is acceptable to state "UNKNOWN" .

Box 3: State the full legal name, address (including country) of the consignee.

Box 4: Complete the means of transport and route and specify the departure date, transport vehicle No., port of loading and discharge.

Box 5: The customs authorities of the importing country must indicate (√) in the relevant boxes whether or not preferential tariff treatment is accorded.

Box 6: Customer's order number, letter of credit number, and etc. may be included if required. if the invoice is issued by a non-party operator, the name, address of the producer in the originating party shall be stated herein.

Box 7: State the item number, and item number should not exceed 20.

Box 8: State the shipping marks and numbers on the packages.

Box 9: Number and kind of package shall be specified. Provide a full description of each good. The description should be sufficiently detailed to enable the products to be identified by the customs officers examining them and relate it to the invoice description and to the HS description of the good. If goods are not packed, state " in bulk" . When the description of the goods is finished, add "*** " (three stars) or "\" (finishing slash).

Box 10: For each good described in Box 9, identify the HS tariff classification to six digits.

Box 11: If the goods qualify under the Rules of Origin, the exporter must indicate in Box 11 of this form the origin criteria on the basis of which he claims that his goods qualify for preferential tariff treatment, in the manner shown in the following table:

The origin criteria on the basis of which the exporter claims that his goods qualify for preferential tariff treatment	Insert in Box 11
Goods wholly obtained	P
General rule as ≥ 40% regional value content	RVC
Products specific rules	PSR

Box 12: Gross weight in Kilos should be shown here. Other units of measurement e.g. volume or number of items which would indicate exact quantities may be used when customary.

Box 13: Invoice number, date of invoices and invoiced value should be shown here.

Box 14: The field must be completed, signed and dated by the exporter. Insert the place, date of signature.

Box 15: The field must be completed, signed, dated and stamped by the authorized person of the certifying authority. The telephone number, fax and address of the certifying authority shall be given.

关于废止《外商投资广告企业管理规定》的决定

（国家工商行政管理总局令第 75 号　2015 年 6 月 29 日）

现公布《关于废止〈外商投资广告企业管理规定〉的决定》，自公布之日起生效。

局长　张茅

2015 年 6 月 29 日

关于废止《外商投资广告企业管理规定》的决定

为了依法推进行政审批制度改革和政府职能转变，促进和保障政府管理由事前审批更多地转为事中事后监管，根据《国务院关于推广中国（上海）自由贸易试验区可复制改革试点经验的通知》（国发〔2014〕65 号）的要求，经商商务部同意，现决定废止《外商投资广告企业管理规定》（2008 年 8 月 22 日国家工商行政管理总局、商务部令第 35 号）。

本决定自公布之日起生效。

国家工商行政管理总局关于修改《中华人民共和国企业法人登记管理条例施行细则》、《外商投资合伙企业登记管理规定》、《个人独资企业登记管理办法》、《个体工商户登记管理办法》等规章的决定

（国家工商行政管理总局令第 63 号　2014 年 2 月 20 日）

为贯彻实施国务院批准的《注册资本登记制度改革方案》，根据 2013 年 12 月 28 日第十二届全国人民代表大会常务委员会第六次会议通过的修改公司法的决定，国家工商行政管理总局决定对《中华人民共和国企业法人登记管理条例施行细则》、《外商投资合伙企业登记管理规定》、《个人独资企业登记管理办法》、《个体工商户登记管理办法》作如下修改：

一、中华人民共和国企业法人登记管理条例施行细则

（一）将第十四条第一款第（七）项修改为："有符合规定数额并与经营范围相适应的注册资金，国家对企业注册资金数额有专项规定的按规定执行"。

（二）删去第三十二条第六款。

（三）删去第三十六条第一款中的"核实开办条件"。

（四）删去第五十三条第（二）项中的"并核实有关登记事项和开办条件"。

删去第（五）项。

（五）将第九章标题修改为："公示和证照管理"。

（六）将第五十四条修改为："登记主管机关应当将企业法人登记、备案信息通过企业信用信息公示系统向社会公示。"

（七）将第五十五条修改为："企业法人应当于每年 1 月 1 日至 6 月 30 日，通过企业信用信息公示系统向登记主管机关报送上一年度年度报告，并向社会公示。

年度报告公示的内容及监督检查按照国务院的规定执行。"

（八）删去第五十六条第二款，增加一款作为第二款："国家推行电子营业执照。电子营业执照与纸质营业执照具有同等法律效力。"

（九）将第五十九条第（三）项修改为："监督企业是否按照规定报送、公示年度报告"。

（十）删去第六十三条第一款第（七）项中的"擅自复印营业执照的，收缴复印件，予以警告，处以 2000 元以下的罚款。"

删去第（十）项。

二、外商投资合伙企业登记管理规定

（一）将第七章标题修改为："年度报告公示和证照管理"。

（二）将第四十七条修改为："外商投资合伙企业应当于每年 1 月 1 日至 6 月 30 日，通过企业信用信息公示系统向企业登记机关报送上一年度年度报告，并向社会公示。"

（三）删去第五十七条、第五十八条。

三、个人独资企业登记管理办法

（一）将第六章标题修改为"公示和证照管理"。

（二）增加一条作为第二十九条："登记机关应当将个人独资企业登记、备案信息通过企业信用信息公示系统向社会公示。"

（三）将第二十九条修改为第三十条："个人独资企业应当于每年 1 月 1 日至 6 月 30 日，通过企业信用信息公示系统向登记机关报送上一年度年度报告，并向社会公示。

年度报告公示的内容和监督检查按照国务院的规定执行。"

（四）删去第三十条、第四十条。

四、个体工商户登记管理办法

（一）将第二十三条修改为："个体工商户应当于每年 1 月 1 日至 6 月 30 日向登记机关报送上一年度年度报告，并对其年度报告的真实性、合法性负责。

个体工商户年度报告、公示办法由国家工商行政管理总局另行制定。"

（二）删去第三十三条第（二）项。

（三）删去第三十八条。

此外，对上述规章的条文顺序和部分文字做了相应调整和修改。

本决定自 2014 年 3 月 1 日起施行。

《中华人民共和国企业法人登记管理条例施行细则》、《外商投资合伙企业登记管理规定》、《个人独资企业登记管理办法》、《个体工商户登记管理办法》根据本决定作相应修改，重新公布。

附件 1

中华人民共和国企业法人登记管理条例施行细则

（1988 年 11 月 3 日国家工商行政管理局令第 1 号公布。根据 1996 年 12 月 25 日国家工商行政管理局令第 66 号修订。根据 2000 年 12 月 1 日国家工商行政管理局令第 96 号进行第二次修订。根据 2011 年 12 月 12 日国家工商行政管理总局令第 58 号公布的《国家工商行政管理总局关于按照〈中华人民共和国行政强制法〉修改有关规章的决定》修订。根据 2014 年 2 月 20 日国家工商行政管理总局令第 63 号公布的《国家工商行政管理总局关于修改〈中华人民共和国企业法人登记管理条例施行细则〉、〈外商投资合伙企业登记管理规定〉、〈个人独资企业登记管理办法〉、〈个体工商户登记管理办法〉等规章的决定》修订）

第一条　根据《中华人民共和国企业法人登记管理条例》（以下简称《条例》），制定本施行细则。

登记范围

第二条　具备企业法人条件的全民所有制企业、集体所有制企业、联营企业、在中国境内设立的外商投资企业（包括中外合资经营企业、中外合作经营企业、外资企业）和其他企业，应当根据国家法律、法规及本细则有关规定，申请企业法人登记。

第三条　实行企业化经营、国家不再核拨经费的事业单位和从事经营活动的科技性社会团体，具备企业法人条件的，应当申请企业法人登记。

第四条　不具备企业法人条件的下列企业和经营单位，应当申请营业登记：

（一）联营企业；

（二）企业法人所属的分支机构；

（三）外商投资企业设立的分支机构；

（四）其他从事经营活动的单位。

第五条　外商投资企业设立的办事机构应当申请登记。

第六条　省、自治区、直辖市人民政府规定应当办理登记的企业和经营单位，按照《条例》和本细则的有关规定申请登记。

登记主管机关

第七条　工商行政管理机关是企业法人登记和营业登记的主管机关。登记主管机关依法独立行使职权，实行分级登记管理的原则。

对外商投资企业实行国家工商行政管理总局登记管理和授权登记管理的原则。

上级登记主管机关有权纠正下级登记主管机关不符合国家法律、法规和政策的决定。

第八条　国家工商行政管理总局负责以下企业的登记管理：

（一）国务院批准设立的或者行业归口管理部门审查同意由国务院各部门以及科技性社会团体设立的全国性公司和大型企业；

（二）国务院批准设立的或者国务院授权部门审查同意设立的大型企业集团；

（三）国务院授权部门审查同意由国务院各部门设立的经营进出口业务、劳务输出业务或者对外承包工程的公司。

第九条　省、自治区、直辖市工商行政管理局负责以下企业的登记管理：

（一）省、自治区、直辖市人民政府批准设立的或者行业归口管理部门审查同意由政府各部门以及科技性社会团体设立的公司和企业；

（二）省、自治区、直辖市人民政府批准设立的或者政府授权部门审查同意设立的企业集团；

（三）省、自治区、直辖市人民政府授权部门审查同意由政府各部门设立的经营进出口业务、劳务输出业务或者对外承包工程的公司；

（四）国家工商行政管理总局根据有关规定核转的企业或分支机构。

第十条　市、县、区（指县级以上的市辖区，下同）工商行政管理局负责第八条、第九条所列企业外的其他企业的登记管理。

第十一条　国家工商行政管理总局授权的地方工商行政管理局负责以下外商投资企业的登记管理：

（一）省、自治区、直辖市人民政府或政府授权机关批准的外商投资企业，由国家工商行政管理总局授权的省、自治区、直辖市工商行政管理局登记管理；

（二）市人民政府或政府授权机关批准的外商投资企业，由国家工商行政管理总局授权的市工商行政管理局登记管理。

第十二条　国家工商行政管理总局和省、自治区、直辖市工商行政管理局应将核准登记的企业的有关资料，抄送企业所在市、县、区工商行政管理局。

第十三条　各级登记主管机关可以运用登记注册档案、登记统计资料以及有关的基础信息资料，向机关、企事业单位、社会团体等单位和个人提供各种形式的咨询服务。

登记条件

第十四条　申请企业法人登记，应当具备下列条件（外商投资企业另列）：

（一）有符合规定的名称和章程；

（二）有国家授予的企业经营管理的财产或者企业所有的财产，并能够以其财产独立承担民事责任；

（三）有与生产经营规模相适应的经营管理机构、财务机构、劳动组织以及法律或者章程规定必须建立的其他机构；

（四）有必要的并与经营范围相适应的经营场所和设施；

（五）有与生产经营规模和业务相适应的从业人员，其中专职人员不得少于 8 人；

（六）有健全的财会制度，能够实行独立核算，自负盈亏，独立编制资金平衡表或者资产负债表；

（七）有符合规定数额并与经营范围相适应的注册资金，国家对企业注册资金数额有专项规定的按规定执行；

（八）有符合国家法律、法规和政策规定的经营范围；

（九）法律、法规规定的其他条件。

第十五条　外商投资企业申请企业法人登记，应当具备下列条件：

（一）有符合规定的名称；

（二）有审批机关批准的合同、章程；

（三）有固定经营场所、必要的设施和从业人员；

（四）有符合国家规定的注册资本；

（五）有符合国家法律、法规和政策规定的经营范围；

（六）有健全的财会制度，能够实行独立核算，自负盈亏，独立编制资金平衡表或者资产负债表。

第十六条　申请营业登记，应当具备下列条件：

（一）有符合规定的名称；

（二）有固定的经营场所和设施；

（三）有相应的管理机构和负责人；

（四）有经营活动所需要的资金和从业人员；

（五）有符合规定的经营范围；

（六）有相应的财务核算制度。

不具备企业法人条件的联营企业，还应有联合签署的协议。

外商投资企业设立的从事经营活动的分支机构应当实行非独立核算。

第十七条　外商投资企业设立的办事机构申请登记，应当具备下列条件：

（一）有符合规定的名称；

（二）有固定的办事场所和负责人。

外商投资企业设立的办事机构不得直接从事经营活动。

第十八条　企业法人章程的内容应当符合国家法律、法规和政策的规定，并载明下列事项：

（一）宗旨；

（二）名称和住所；

（三）经济性质；

（四）注册资金数额及其来源；

（五）经营范围和经营方式；

（六）组织机构及其职权；

（七）法定代表人产生的程序和职权范围；

（八）财务管理制度和利润分配形式；

（九）劳动用工制度；

（十）章程修改程序；

（十一）终止程序；

（十二）其他事项。

联营企业法人的章程还应载明：

（一）联合各方出资方式、数额和投资期限；

（二）联合各方成员的权利和义务；

（三）参加和退出的条件、程序；

（四）组织管理机构的产生、形式、职权及其决策程序；

（五）主要负责人任期。

外商投资企业的合营合同和章程按《中华人民共和国中外合资经营企业法》、《中华人民共和国中外合作经营企业法》和《中华人民共和国外资企业法》的有关规定制定。

登记注册事项

第十九条　企业法人登记注册的主要事项按照《条例》第九条规定办理。

营业登记的主要事项有：名称、地址、负责人、经营范围、经营方式、经济性质、隶属关系、资金数额。

第二十条　外商投资企业登记注册的主要事项有：名称、住所、经营范围、投资总额、注册资本、企业类型、法定代表人、营业期限、分支机构、有限责任公司股东或者股份有限公司发起人的姓名或者名称。

第二十一条　外商投资企业设立的分支机构登记注册的主要事项有：名

称、营业场所、负责人、经营范围、隶属企业。

第二十二条　外商投资企业设立的办事机构登记注册的主要事项有：名称、地址、负责人、业务范围、期限、隶属企业。

第二十三条　企业名称应当符合国家有关法律法规及登记主管机关的规定。

第二十四条　住所、地址、经营场所按所在市、县（镇）及街道门牌号码的详细地址注册。

第二十五条　经登记主管机关核准登记注册的代表企业行使职权的主要负责人，是企业法人的法定代表人。法定代表人是代表企业法人根据章程行使职权的签字人。

企业的法定代表人必须是完全民事行为能力人，并且应当符合国家法律、法规和政策的规定。

第二十六条　登记主管机关根据申请单位提交的文件和章程所反映的财产所有权、资金来源、分配形式，核准企业和经营单位的经济性质。

经济性质可分别核准为全民所有制、集体所有制。联营企业应注明联合各方的经济性质，并标明“联营”字样。

第二十七条　外商投资企业的企业类型分别核准为中外合资经营、中外合作经营、外商独资经营。

第二十八条　登记主管机关根据申请单位的申请和所具备的条件，按照国家法律、法规和政策以及规范化要求，核准经营范围和经营方式。企业必须按照登记主管机关核准登记注册的经营范围和经营方式从事经营活动。

第二十九条　注册资金数额是企业法人经营管理的财产或者企业法人所有的财产的货币表现。除国家另有规定外，企业的注册资金应当与实有资金相一致。

企业法人的注册资金的来源包括财政部门或者设立企业的单位的拨款、投资。

第三十条　外商投资企业的注册资本是指设立外商投资企业在登记主管机关登记注册的资本总额，是投资者认缴的出资额。

注册资本与投资总额的比例，应当符合国家有关规定。

第三十一条　营业期限是联营企业、外商投资企业的章程、协议或者合同所确定的经营时限。营业期限自登记主管机关核准登记之日起计算。

开业登记

第三十二条　申请企业法人登记，应按《条例》第十五条（一）至（七）项规定提交文件、证件。

企业章程应经主管部门审查同意。

资金信用证明是财政部门证明全民所有制企业资金数额的文件。

验资证明是会计师事务所或者审计事务所及其他具有验资资格的机构出具的证明资金真实性的文件。

企业主要负责人的身份证明包括任职文件和附照片的个人简历。个人简历由该负责人的人事关系所在单位或者乡镇、街道出具。

第三十三条　外商投资企业申请企业法人登记，应提交下列文件、证件：

（一）董事长签署的外商投资企业登记申请书；

（二）合同、章程以及审批机关的批准文件和批准证书；

（三）有关项目建议书或可行性研究报告的批准文件；

（四）投资者合法开业证明；

（五）投资者的资信证明；

（六）董事会名单以及董事会成员的姓名、住址的文件以及任职文件和法定代表人的身份证明；

（七）其他有关文件、证件。

第三十四条　申请营业登记，应根据不同情况，提交下列文件、证件：

（一）登记申请书；

（二）经营资金数额的证明；

（三）负责人的任职文件；

（四）经营场所使用证明；

（五）其他有关文件、证件。

第三十五条　外商投资企业申请设立分支机构或者办事机构，应当提交下列文件、证件：

（一）隶属企业董事长签署的登记申请书；

（二）原登记主管机关的通知函；

（三）隶属企业董事会的决议；

（四）隶属企业的执照副本；

（五）负责人的任职文件；

（六）其他有关文件、证件。

法律、法规及国家工商行政管理总局规章规定设立分支机构或者办事机构需经审批的，应提交审批文件。

第三十六条　登记主管机关应当对申请单位提交的文件、证件、登记申请书、登记注册书以及其他有关文件进行审查，经核准后分别核发下列证照：

（一）对具备企业法人条件的企业，核发《企业法人营业执照》；

（二）对不具备企业法人条件，但具备经营条件的企业和经营单位，核发《营业执照》；

（三）对外商投资企业设立的办事机构，核发《外商投资企业办事机构注册证》。

登记主管机关应当分别编定注册号，在颁发的证照上加以注明，并记入登记档案。

第三十七条　登记主管机关核发的《企业法人营业执照》是企业取得法人资格和合法经营权的凭证。登记主管机关核发的《营业执照》是经营单位取得合法经营权的凭证。经营单位凭据《营业执照》可以刻制公章，开立银行账户，开展核准的经营范围以内的生产经营活动。

登记主管机关核发的《外商投资企业办事机构注册证》是外商投资企业设立的办事机构从事业务活动的合法凭证。办事机构凭据《外商投资企业办事机构注册证》，可以刻制公章，开立银行账户，从事业务活动。

变更登记

第三十八条　企业法人根据《条例》第十七条规定，申请变更登记时，应提交下列文件、证件：

（一）法定代表人签署的变更登记申请书；

（二）原主管部门审查同意的文件；

（三）其他有关文件、证件。

第三十九条　企业法人实有资金比原注册资金数额增加或者减少超过20%时，应持资金信用证明或者验资证明，向原登记主管机关申请变更登记。

登记主管机关在核准企业法人减少注册资金的申请时，应重新审核经营范围和经营方式。

第四十条　企业法人在异地（跨原登记主管机关管辖地）增设或者撤销分支机构，应向原登记主管机关申请变更登记。经核准后，向分支机构所在地的登记主管机关申请开业登记或者注销登记。

企业法人在国外开办企业或增设分支机构，应向原登记主管机关备案。

第四十一条　因分立或者合并而保留的企业应当申请变更登记；因分立或者合并而新办的企业应当申请开业登记；因合并而终止的企业应当申请注销登记。

第四十二条　企业法人迁移（跨原登记主管机关管辖地），应向原登记主管机关申请办理迁移手续；原登记主管机关根据新址所在地登记主管机关同意迁入的意见，收缴《企业法人营业执照》，撤销注册号，开出迁移证明，并将企业档案移交企业新址所在地登记主管机关。企业凭迁移证明和有关部门的批准文件，向新址所在地登记主管机关申请变更登记，领取《企业法人营业执照》。

第四十三条　企业法人因主管部门改变，涉及原主要登记事项的，应当分别情况，持有关文件申请变更、开业、注销登记。不涉及原主要登记事项变更的，企业法人应当持主管部门改变的有关文件，及时向原登记主管机关备案。

第四十四条　外商投资企业改变登记注册事项，应当申请变更登记。申请变更登记时，应提交下列文件、证件：

（一）董事长签署的变更登记申请书；

（二）董事会的决议；

（三）变更股东、注册资本、经营范围、营业期限时应提交原审批机关的批准文件。

法律、法规及国家工商行政管理总局规章规定设立分支机构或者办事机构需经审批的，应提交原审批机关的批准文件。

外商投资企业变更住所，还应提交住所使用证明；增加注册资本涉及改变原合同的，还应提交补充协议；变更企业类型，还应提交修改合同、章程的补充协议；变更法定代表人，还应提交委派方的委派证明和被委派人员的身份证明；转让股权，还应提交转让合同和修改原合同、章程的补充协议，以及受让方的合法开业证明和资信证明。

外商投资企业董事会成员发生变化的，应向原登记主管机关备案。

第四十五条　经营单位改变营业登记的主要事项，应当申请变更登记。变更登记的程序和应当提交的文件、证件，参照企业法人变更登记的有关规定执行。

第四十六条　外商投资企业设立的分支机构和办事机构改变主要登记事项，应当申请变更登记。变更登记的程序和应当提交的文件、证件，参照外商投资企业变更登记的有关规定执行。

第四十七条　登记主管机关应当在申请变更登记的单位提交的有关文件、证件齐备后 30 日内，作出核准变更登记或者不予核准变更登记的决定。

注销登记

第四十八条　企业法人根据《条例》第二十条规定，申请注销登记，应提交下列文件、证件：

（一）法定代表人签署的注销登记申请书；

（二）原主管部门审查同意的文件；

（三）主管部门或者清算组织出具的负责清理债权债务的文件或者清理债务完结的证明。

第四十九条　外商投资企业应当自经营期满之日或者终止营业之日、批准证书自动失效之日、原审批机关批准终止合同之日起三个月内，向原登记主管机关申请注销登记，并提交下列文件、证件：

（一）董事长签署的注销登记申请书；

（二）董事会的决议；

（三）清理债权债务完结的报告或者清算组织负责清理债权债务的文件；

（四）税务机关、海关出具的完税证明。

法律、法规规定必须经原审批机关批准的，还应提交原审批机关的批准文件。

不能提交董事会决议的以及国家对外商投资企业的注销另有规定的，按国家有关规定执行。

第五十条　经营单位终止经营活动，应当申请注销登记。注销登记程序和应当提交的文件、证件，参照企业法人注销登记的有关规定执行。

第五十一条　外商投资企业撤销其分支机构和办事机构，应当申请注销登记，并提交下列文件、证件：

（一）隶属企业董事长签署的注销登记申请书；

（二）隶属企业董事会的决议。

第五十二条　登记主管机关核准注销登记或者吊销执照，应当同时撤销注册号，收缴执照正、副本和公章，并通知开户银行。

登记审批程序

第五十三条　登记主管机关审核登记注册的程序是受理、审查、核准、发照、公告。

（一）受理：申请登记的单位应提交的文件、证件和填报的登记注册书齐备后，方可受理，否则不予受理。

（二）审查：审查提交的文件、证件和填报的登记注册书是否符合有关登记管理规定。

（三）核准：经过审查和核实后，做出核准登记或者不予核准登记的决定，并及时通知申请登记的单位。

（四）发照：对核准登记的申请单位，应当分别颁发有关证照，及时通知法定代表人（负责人）领取证照，并办理法定代表人签字备案手续。

公示和证照管理

第五十四条　登记主管机关应当将企业法人登记、备案信息通过企业信用信息公示系统向社会公示。

第五十五条　企业法人应当于每年1月1日至6月30日，通过企业信用信息公示系统向登记主管机关报送上一年度年度报告，并向社会公示。

年度报告公示的内容及监督检查按照国务院的规定执行。

第五十六条《企业法人营业执照》、《营业执照》分为正本和副本，同样具有法律效力。正本应悬挂在主要办事场所或者主要经营场所。登记主管机关根据企业申请和开展经营活动的需要，可以核发执照副本若干份。

国家推行电子营业执照。电子营业执照与纸质营业执照具有同等法律效力。

第五十七条　登记主管机关对申请筹建登记的企业，在核准登记后核发《筹建许可证》。

第五十八条　执照正本和副本、《筹建许可证》、《外商投资企业办事机构注册证》、企业法人申请开业登记注册书、企业申请营业登记注册书、企业申请变更登记注册书、企业申请注销登记注册书、企业申请筹建登记注册书以及其他有关登记管理的重要文书表式，由国家工商行政管理总局统一制定。

监督管理与罚则

第五十九条　登记主管机关对企业进行监督管理的主要内容是：

（一）监督企业是否按照《条例》和本细则规定办理开业登记变更登记和注销登记；

（二）监督企业是否按照核准登记的事项以及章程、合同或协议开展经营活动；

（三）监督企业是否按照规定报送、公示年度报告；

（四）监督企业和法定代表人是否遵守国家有关法律、法规和政策。

第六十条　各级登记主管机关，均有权对管辖区域内的企业进行监督检查。企业应当接受检查，提供检查所需要的文件、账册、报表及其他有关资料。

第六十一条　登记主管机关对辖区内的企业进行监督检查时，有权依照有关规定予以处罚。但责令停业整顿、扣缴或者吊销证照，只能由原发照机关作出决定。

第六十二条　上级登记主管机关对下级登记主管机关作出的不适当的处罚有权予以纠正。

对违法企业的处罚权限和程序，由国家工商行政管理总局和省、自治区、直辖市工商行政管理局分别作出规定。

第六十三条　对有下列行为的企业和经营单位，登记主管机关作出如下处罚，可以单处，也可以并处：

（一）未经核准登记擅自开业从事经营活动的，责令终止经营活动，没收非法所得，处以非法所得额 3 倍以下的罚款，但最高不超过 3 万元，没有非法所得的，处以 1 万元以下的罚款。

（二）申请登记时隐瞒真实情况、弄虚作假的，除责令提供真实情况外，视其具体情节，予以警告，没收非法所得，处以非法所得额 3 倍以下的罚款，但最高不超过 3 万元，没有非法所得的，处以 1 万元以下的罚款。经审查不具备企业法人条件或者经营条件的，吊销营业执照。伪造证件骗取营业执照的，没收非法所得，处以非法所得额 3 倍以下的罚款，但最高不超过 3 万元，没有非法所得的，处以 1 万元以下的罚款，并吊销营业执照。

（三）擅自改变主要登记事项，不按规定办理变更登记的，予以警告，没收非法所得，处以非法所得额 3 倍以下的罚款，但最高不超过 3 万元，没有非法所得的，处以 1 万元以下的罚款，并限期办理变更登记；逾期不办理的，责令停业整顿或者扣缴营业执照；情节严重的，吊销营业执照。超出经营期限从事经营活动的，视为无照经营，按照本条第一项规定处理。

（四）超出核准登记的经营范围或者经营方式从事经营活动的，视其情节轻重，予以警告，没收非法所得，处以非法所得额 3 倍以下的罚款，但最高不超过 3 万元，没有非法所得的，处以 1 万元以下的罚款。同时违反国家其他有关规定，从事非法经营的，责令停业整顿，没收非法所得，处以非法所得额 3 倍以下的罚款，但最高不超过 3 万元，没有非法所得的，处以 1 万元以下的罚款；情节严重的，吊销营业执照。

（五）侵犯企业名称专用权的，依照企业名称登记管理的有关规定处理。

（六）伪造、涂改、出租、出借、转让、出卖营业执照的，没收非法所得，处以非法所得额 3 倍以下的罚款，但最高不超过 3 万元，没有非法所得的，处以 1 万元以下的罚款；情节严重的，吊销营业执照。

（七）不按规定悬挂营业执照的，予以警告，责令改正；拒不改正的，处以 2000 元以下的罚款。

（八）抽逃、转移资金，隐匿财产逃避债务的，责令补足抽逃、转移的资金，追回隐匿的财产，没收非法所得，处以非法所得额 3 倍以下的罚款，但最高不超过 3 万元，没有非法所得的，处以 1 万元以下的罚款；情节严重的，责令停业整顿或者吊销营业执照。

（九）不按规定申请办理注销登记的，责令限期办理注销登记。拒不办理的，处以 3000 元以下的罚款，吊销营业执照，并可追究企业主管部门的责任。

（十）拒绝监督检查或者在接受监督检查过程中弄虚作假的，除责令其接受监督检查和提供真实情况外，予以警告，处以 1 万元以下的罚款。

登记主管机关对有上述违法行为的企业作出处罚决定后，企业逾期不提出申诉又不缴纳罚没款的，可以申请人民法院强制执行。

第六十四条　对提供虚假文件、证件的单位和个人，除责令其赔偿因出具虚假文件、证件给他人造成的损失外，处以 1 万元以下的罚款。

第六十五条　登记主管机关在查处企业违法活动时，对构成犯罪的有关人员，交由司法机关处理。

第六十六条　登记主管机关对工作人员不按规定程序办理登记、监督管理和严重失职的，根据情节轻重给予相应的行政处分，对构成犯罪的人员，交由司法机关处理。

第六十七条　企业根据《条例》第三十二条规定向上一级登记主管机关申请复议的，上一级登记主管机关应当在规定的期限内作出维持、撤销或者纠正的复议决定，并通知申请复议的企业。

附　则

第六十八条　根据《条例》第三十六条规定应当申请筹建登记的企业，按照国务院有关部门或者省、自治区、直辖市人民政府的专项规定办理筹建登记。

第六十九条　港、澳、台企业，华侨、港、澳、台同胞投资举办的合资经营企业、合作经营企业、独资经营企业，参照本细则对外商投资企业的有关规定执行。

第七十条　对在中国境内从事经营活动的外国（地区）企业的登记管理，按专项规定执行。

第七十一条　本细则自公布之日起施行。

附件 2

外商投资合伙企业登记管理规定

（2010 年 1 月 29 日国家工商行政管理总局令第 47 号公布，根据 2014 年 2 月 20 日国家工商行政管理总局令第 63 号公布的《国家工商行政管理总局关于修改〈中华人民共和国企业法人登记管理条例施行细则〉、〈外商投资合伙企业登记管理规定〉、〈个人独资企业登记管理办法〉、〈个体工商户登记管理办法〉等规章的决定》修订）

第一章　总　　则

第一条　为了规范外国企业或者个人在中国境内设立合伙企业的行为，便于外国企业或者个人以设立合伙企业的方式在中国境内投资，扩大对外经济合作和技术交流，依据《中华人民共和国合伙企业法》（以下简称《合伙企业法》）、《外国企业或者个人在中国境内设立合伙企业管理办法》和《中华人民共和国合伙企业登记管理办法》（以下简称《合伙企业登记管理办法》），制定本规定。

第二条　本规定所称外商投资合伙企业是指 2 个以上外国企业或者个人在中国境内设立的合伙企业，以及外国企业或者个人与中国的自然人、法人和其他组织在中国境内设立的合伙企业。

外商投资合伙企业的设立、变更、注销登记适用本规定。

申请办理外商投资合伙企业登记，申请人应当对申请材料的真实性负责。

第三条　外商投资合伙企业应当遵守《合伙企业法》以及其他有关法律、行政法规、规章的规定，应当符合外商投资的产业政策。

国家鼓励具有先进技术和管理经验的外国企业或者个人在中国境内设立合伙企业，促进现代服务业等产业的发展。

《外商投资产业指导目录》禁止类和标注“限于合资”、“限于合作”、“限于合资、合作”、“中方控股”、“中方相对控股”和有外资比例要求的项目，不得设立外商投资合伙企业。

第四条　外商投资合伙企业经依法登记，领取《外商投资合伙企业营业执照》后，方可从事经营活动。

第五条　国家工商行政管理总局主管全国的外商投资合伙企业登记管理工作。

国家工商行政管理总局授予外商投资企业核准登记权的地方工商行政管理部门（以下称企业登记机关）负责本辖区内的外商投资合伙企业登记管理。

省、自治区、直辖市及计划单列市、副省级市工商行政管理部门负责以投资为主要业务的外商投资合伙企业的登记管理。

第二章　设立登记

第六条　设立外商投资合伙企业，应当具备《合伙企业法》和《外国企业或者个人在中国境内设立合伙企业管理办法》规定的条件。

国有独资公司、国有企业、上市公司以及公益性的事业单位、社会团体不得成为普通合伙人。

第七条　外商投资合伙企业的登记事项包括：

（一）名称；

（二）主要经营场所；

（三）执行事务合伙人；

（四）经营范围；

（五）合伙企业类型；

（六）合伙人姓名或者名称、国家（地区）及住所、承担责任方式、认缴或者实际缴付的出资数额、缴付期限、出资方式和评估方式。

合伙协议约定合伙期限的，登记事项还应当包括合伙期限。

执行事务合伙人是外国企业、中国法人或者其他组织的，登记事项还应当包括外国企业、中国法人或者其他组织委派的代表（以下简称委派代表）。

第八条　外商投资合伙企业的名称应当符合国家有关企业名称登记管理的规定。

第九条　外商投资合伙企业主要经营场所只能有一个，并且应当在其企业登记机关登记管辖区域内。

第十条　合伙协议未约定或者全体普通合伙人未决定委托执行事务合伙人的，全体普通合伙人均为执行事务合伙人。

有限合伙人不得成为执行事务合伙人。

第十一条　外商投资合伙企业类型包括外商投资普通合伙企业（含特殊的普通合伙企业）和外商投资有限合伙企业。

第十二条　设立外商投资合伙企业，应当由全体合伙人指定的代表或者共同委托的代理人向企业登记机关申请设立登记。

申请设立外商投资合伙企业，应当向企业登记机关提交下列文件：

（一）全体合伙人签署的设立登记申请书；

（二）全体合伙人签署的合伙协议；

（三）全体合伙人的主体资格证明或者自然人身份证明；

（四）主要经营场所证明；

（五）全体合伙人指定代表或者共同委托代理人的委托书；

（六）全体合伙人对各合伙人认缴或者实际缴付出资的确认书；

（七）全体合伙人签署的符合外商投资产业政策的说明；

（八）与外国合伙人有业务往来的金融机构出具的资信证明；

（九）外国合伙人与境内法律文件送达接受人签署的《法律文件送达授权委托书》；

（十）本规定规定的其他相关文件。

法律、行政法规或者国务院规定设立外商投资合伙企业须经批准的，还应当提交有关批准文件。

外国合伙人的主体资格证明或者自然人身份证明和境外住所证明应当经其所在国家主管机构公证认证并经我国驻该国使（领）馆认证。香港特别行政区、澳门特别行政区和台湾地区合伙人的主体资格证明或者自然人身份证明和境外住所证明应当依照现行相关规定办理。

《法律文件送达授权委托书》应当明确授权境内被授权人代为接受法律文件送达，并载明被授权人姓名或者名称、地址及联系方式。被授权人可以是外国合伙人在中国境内设立的企业、拟设立的外商投资合伙企业（被授权人为拟设立的外商投资合伙企业的，外商投资合伙企业设立后委托生效）或者境内其他有关单位或者个人。

第十三条　外商投资合伙企业的经营范围中有属于法律、行政法规或者国务院规定在登记前须经批准的行业的，应当向企业登记机关提交批准文件。

第十四条　外国合伙人用其从中国境内依法获得的人民币出资的，应当提交外汇管理部门出具的境内人民币利润或者其他人民币合法收益再投资的资本项目外汇业务核准件等相关证明文件。

第十五条　以实物、知识产权、土地使用权或者其他财产权利出资，由全体合伙人协商作价的，应当向企业登记机关提交全体合伙人签署的协商作价确认书；由全体合伙人委托法定评估机构评估作价的，应当向企业登记机关提交中国境内法定评估机构出具的评估作价证明。

外国普通合伙人以劳务出资的，应当向企业登记机关提交外国人就业许可文件，具体程序依照国家有关规定执行。

第十六条　法律、行政法规规定设立特殊的普通合伙企业，需要提交合伙人的职业资格证明的，应当依照相关法律、行政法规规定，向企业登记机关提交有关证明。

第十七条　外商投资合伙企业营业执照的签发日期，为外商投资合伙企业成立日期。

第三章　变更登记

第十八条　外商投资合伙企业登记事项发生变更的，该合伙企业应当自作出变更决定或者发生变更事由之日起 15 日内，向原企业登记机关申请变更登记。

第十九条　外商投资合伙企业申请变更登记，应当向原企业登记机关提交下列文件：

（一）执行事务合伙人或者委派代表签署的变更登记申请书；

（二）全体普通合伙人签署的变更决定书或者合伙协议约定的人员签署的

变更决定书；

（三）本规定规定的其他相关文件。

法律、行政法规或者国务院规定变更事项须经批准的，还应当提交有关批准文件。

变更执行事务合伙人、合伙企业类型、合伙人姓名或者名称、承担责任方式、认缴或者实际缴付的出资数额、缴付期限、出资方式和评估方式等登记事项的，有关申请文书的签名应当经过中国法定公证机构的公证。

第二十条　外商投资合伙企业变更主要经营场所的，应当申请变更登记，并提交新的主要经营场所使用证明。

外商投资合伙企业变更主要经营场所在原企业登记机关辖区外的，应当向迁入地企业登记机关申请办理变更登记；迁入地企业登记机关受理的，由原企业登记机关将企业登记档案移送迁入地企业登记机关。

第二十一条　外商投资合伙企业执行事务合伙人变更的，应当提交全体合伙人签署的修改后的合伙协议。

新任执行事务合伙人是外国企业、中国法人或者其他组织的，还应当提交其委派代表的委托书和自然人身份证明。

执行事务合伙人委派代表变更的，应当提交继任代表的委托书和自然人身份证明。

第二十二条　外商投资合伙企业变更经营范围的，应当提交符合外商投资产业政策的说明。

变更后的经营范围有属于法律、行政法规或者国务院规定在登记前须经批准的行业的，合伙企业应当自有关部门批准之日起 30 日内，向原企业登记机关申请变更登记。

外商投资合伙企业的经营范围中属于法律、行政法规或者国务院规定须经批准的项目被吊销、撤销许可证或者其他批准文件，或者许可证、其他批准文件有效期届满的，合伙企业应当自吊销、撤销许可证、其他批准文件或者许可证、其他批准文件有效期届满之日起 30 日内，向原企业登记机关申请变更登记或者注销登记。

第二十三条　外商投资合伙企业变更合伙企业类型的，应当按照拟变更企业类型的设立条件，在规定的期限内向企业登记机关申请变更登记，并依法提交有关文件。

第二十四条　外商投资合伙企业合伙人变更姓名（名称）或者住所的，应当提交姓名（名称）或者住所变更的证明文件。

外国合伙人的姓名（名称）、国家（地区）或者境外住所变更证明文件应当经其所在国家主管机构公证认证并经我国驻该国使（领）馆认证。香港特别行政区、澳门特别行政区和台湾地区合伙人的姓名（名称）、地区或者境外住所变更证明文件应当依照现行相关规定办理。

第二十五条　合伙人增加或者减少对外商投资合伙企业出资的，应当向原企业登记机关提交全体合伙人签署的或者合伙协议约定的人员签署的对该合伙人认缴或者实际缴付出资的确认书。

第二十六条　新合伙人入伙的，外商投资合伙企业应当向原登记机关申请变更登记，提交的文件参照本规定第二章的有关规定。

新合伙人通过受让原合伙人在外商投资合伙企业中的部分或者全部财产份额入伙的，应当提交财产份额转让协议。

第二十七条　外商投资合伙企业的外国合伙人全部退伙，该合伙企业继续存续的，应当依照《合伙企业登记管理办法》规定的程序申请变更登记。

第二十八条　合伙协议修改未涉及登记事项的，外商投资合伙企业应当将修改后的合伙协议或者修改合伙协议的决议送原企业登记机关备案。

第二十九条　外国合伙人变更境内法律文件送达接受人的，应当重新签署《法律文件送达授权委托书》，并向原企业登记机关备案。

第三十条　外商投资合伙企业变更登记事项涉及营业执照变更的，企业登记机关应当换发营业执照。

第四章　注销登记

第三十一条　外商投资合伙企业解散，应当依照《合伙企业法》的规定由清算人进行清算。清算人应当自被确定之日起 10 日内，将清算人成员名单向企业登记机关备案。

第三十二条　外商投资合伙企业解散的，清算人应当自清算结束之日起15日内，向原企业登记机关办理注销登记。

第三十三条　外商投资合伙企业办理注销登记，应当提交下列文件：

（一）清算人签署的注销登记申请书；

（二）人民法院的破产裁定、外商投资合伙企业依照《合伙企业法》作出的决定、行政机关责令关闭、外商投资合伙企业依法被吊销营业执照或者被撤销的文件；

（三）全体合伙人签名、盖章的清算报告（清算报告中应当载明已经办理完结税务、海关纳税手续的说明）。

有分支机构的外商投资合伙企业申请注销登记，还应当提交分支机构的注销登记证明。

外商投资合伙企业办理注销登记时，应当缴回营业执照。

第三十四条　经企业登记机关注销登记，外商投资合伙企业终止。

第五章　分支机构登记

第三十五条　外商投资合伙企业设立分支机构，应当向分支机构所在地的企业登记机关申请设立登记。

第三十六条　分支机构的登记事项包括：分支机构的名称、经营场所、经营范围、分支机构负责人的姓名及住所。

分支机构的经营范围不得超出外商投资合伙企业的经营范围。

外商投资合伙企业有合伙期限的，分支机构的登记事项还应当包括经营期限。分支机构的经营期限不得超过外商投资合伙企业的合伙期限。

第三十七条　外商投资合伙企业设立分支机构，应当向分支机构所在地的企业登记机关提交下列文件：

（一）分支机构设立登记申请书；

（二）全体合伙人签署的设立分支机构的决定书；

（三）加盖合伙企业印章的合伙企业营业执照复印件；

（四）全体合伙人委派执行分支机构事务负责人的委托书及其身份证明；

（五）经营场所证明；

（六）本规定规定的其他相关文件。

第三十八条　分支机构的经营范围中有属于法律、行政法规或者国务院规定在登记前须经批准的行业的，应当向分支机构所在地的企业登记机关提交批准文件。

第三十九条　外商投资合伙企业申请分支机构变更登记或者注销登记，比照本规定关于外商投资合伙企业变更登记、注销登记的规定办理。

第四十条　外商投资合伙企业应当自分支机构设立登记之日起 30 日内，持加盖印章的分支机构营业执照复印件，到原企业登记机关办理备案。

分支机构登记事项变更的，隶属企业应当自变更登记之日起 30 日内到原企业登记机关办理备案。

申请分支机构注销登记的，外商投资合伙企业应当自分支机构注销登记之日起 30 日内到原企业登记机关办理备案。

第四十一条　分支机构营业执照的签发日期，为外商投资合伙企业分支机构的成立日期。

第六章　登记程序

第四十二条　申请人提交的登记申请材料齐全、符合法定形式，企业登记机关能够当场登记的，应予当场登记，发给（换发）营业执照。

除前款规定情形外，企业登记机关应当自受理申请之日起 20 日内，作出是否登记的决定。予以登记的，发给（换发）营业执照；不予登记的，应当给予书面答复，并说明理由。

对于《外商投资产业指导目录》中没有法定前置审批的限制类项目或者涉及有关部门职责的其他项目，企业登记机关应当自受理申请之日起 5 日内书面征求有关部门的意见。企业登记机关应当在接到有关部门书面意见之日起 5 日内，作出是否登记的决定。予以登记的，发给（换发）营业执照；不予登记的，应当给予书面答复，并说明理由。

第四十三条　外商投资合伙企业涉及须经政府核准的投资项目的，依照国家有关规定办理投资项目核准手续。

第四十四条　外商投资合伙企业设立、变更、注销的，企业登记机关应当同时将企业设立、变更或者注销登记信息向同级商务主管部门通报。

第四十五条　企业登记机关应当将登记的外商投资合伙企业登记事项记载于外商投资合伙企业登记簿上，供社会公众查阅、复制。

第四十六条　企业登记机关吊销外商投资合伙企业营业执照的，应当发布公告。

第七章　年度报告公示和证照管理

第四十七条　外商投资合伙企业应当于每年1月1日至6月30日，通过企业信用信息公示系统向企业登记机关报送上一年度年度报告，并向社会公示。

第四十八条　营业执照分为正本和副本，正本和副本具有同等法律效力。

外商投资合伙企业及其分支机构根据业务需要，可以向企业登记机关申请核发若干营业执照副本。

营业执照正本应当置放在经营场所的醒目位置。

第四十九条　任何单位和个人不得涂改、出售、出租、出借或者以其他方式转让营业执照。

营业执照遗失或者毁损的，应当在企业登记机关指定的报刊上声明作废，并向企业登记机关申请补领或者更换。

第五十条　外商投资合伙企业及其分支机构的登记文书格式和营业执照的正本、副本样式，由国家工商行政管理总局制定。

第八章　法律责任

第五十一条　未领取营业执照，而以外商投资合伙企业名义从事合伙业务的，由企业登记机关依照《合伙企业登记管理办法》第三十六条规定处罚。

从事《外商投资产业指导目录》禁止类项目的，或者未经登记从事限制类项目的，由企业登记机关和其他主管机关依照《无照经营查处取缔办法》规定处罚。法律、行政法规或者国务院另有规定的，从其规定。

第五十二条　提交虚假文件或者采取其他欺骗手段，取得外商投资合伙企业登记的，由企业登记机关依照《合伙企业登记管理办法》第三十七条规定处罚。

第五十三条　外商投资合伙企业登记事项发生变更，未依照本规定规定办理变更登记的，由企业登记机关依照《合伙企业登记管理办法》第三十八条规定处罚。

第五十四条　外商投资合伙企业在使用名称中未按照企业登记机关核准的名称标明“普通合伙”、“特殊普通合伙”或者“有限合伙”字样的，由企业登记机关依照《合伙企业登记管理办法》第三十九条规定处罚。

第五十五条　外商投资合伙企业未依照本规定办理不涉及登记事项的协议修改、分支机构及清算人成员名单备案的，由企业登记机关依照《合伙企业登记管理办法》第四十条规定处罚。

外商投资合伙企业未依照本规定办理外国合伙人《法律文件送达授权委托书》备案的，由企业登记机关责令改正；逾期未办理的，处2000元以下的罚款。

第五十六条　外商投资合伙企业的清算人未向企业登记机关报送清算报告，或者报送的清算报告隐瞒重要事实，或者有重大遗漏的，由企业登记机关依照《合伙企业登记管理办法》第四十一条规定处罚。

第五十七条　外商投资合伙企业未将其营业执照正本置放在经营场所醒目位置的，由企业登记机关依照《合伙企业登记管理办法》第四十四条规定处罚。

第五十八条　外商投资合伙企业涂改、出售、出租、出借或者以其他方式转让营业执照的，由企业登记机关依照《合伙企业登记管理办法》第四十五条规定处罚。

第五十九条　外商投资合伙企业的分支机构有本章规定的违法行为的，适用本章有关规定。

第六十条　企业登记机关违反产业政策，对于不应当登记的予以登记，或者应当登记的不予登记的，依法追究其直接责任人或者主要负责人的行政责任。

企业登记机关的工作人员滥用职权、徇私舞弊、收受贿赂、侵害外商投资合伙企业合法权益的，依法给予处分。

第九章　附　　则

第六十一条　中国的自然人、法人和其他组织在中国境内设立的合伙企业，外国企业或者个人入伙的，应当符合本规定，并依法向企业登记机关申请变更登记。

第六十二条　以投资为主要业务的外商投资合伙企业境内投资的，应当依照国家有关外商投资的法律、行政法规、规章办理。

第六十三条　外商投资的投资性公司、外商投资的创业投资企业在中国境内设立合伙企业或者加入中国自然人、法人和其他组织已经设立的合伙企业的，参照本规定。

第六十四条　外商投资合伙企业依照本规定办理相关登记手续后，应当依法办理外汇、税务、海关等手续。

第六十五条　香港特别行政区、澳门特别行政区、台湾地区的企业或者个人在内地设立合伙企业或者加入内地自然人、法人和其他组织已经设立的合伙企业的，参照本规定。

第六十六条　本规定自 2010 年 3 月 1 日起施行。

附件 3

个人独资企业登记管理办法

（2000 年 1 月 13 日国家工商行政管理局令第 94 号公布，根据 2014 年 2 月 20 日国家工商行政管理总局令第 63 号公布的《国家工商行政管理总局关于修改〈中华人民共和国企业法人登记管理条例施行细则〉、〈外商投资合伙企业登记管理规定〉、〈个人独资企业登记管理办法〉、〈个体工商户登记管理办法〉等规章的决定》修订）

第一章　总　　则

第一条　为了确认个人独资企业的经营资格，规范个人独资企业登记行为，依据《中华人民共和国个人独资企业法》(以下简称《个人独资企业法》)，制定本办法。

第二条　个人独资企业的设立、变更、注销，应当依照《个人独资企业法》和本办法的规定办理企业登记。

第三条　个人独资企业经登记机关依法核准登记，领取营业执照后，方可从事经营活动。

个人独资企业应当在登记机关核准的登记事项内依法从事经营活动。

第四条　工商行政管理机关是个人独资企业的登记机关。

国家工商行政管理总局主管全国个人独资企业的登记工作。

省、自治区、直辖市工商行政管理局负责本地区个人独资企业的登记工作。

市、县工商行政管理局以及大中城市工商行政管理分局负责本辖区内的个人独资企业登记。

第二章　设立登记

第五条　设立个人独资企业应当具备《个人独资企业法》第八条规定的条件。

第六条　个人独资企业的名称应当符合名称登记管理有关规定，并与其责任形式及从事的营业相符合。

个人独资企业的名称中不得使用“有限”、“有限责任”或者“公司”字样。

第七条　设立个人独资企业，应当由投资人或者其委托的代理人向个人独资企业所在地登记机关申请设立登记。

第八条　个人独资企业的登记事项应当包括：企业名称、企业住所、投资人姓名和居所、出资额和出资方式、经营范围。

第九条　投资人申请设立登记，应当向登记机关提交下列文件：

（一）投资人签署的个人独资企业设立申请书；

（二）投资人身份证明；

（三）企业住所证明；

（四）国家工商行政管理总局规定提交的其他文件。

从事法律、行政法规规定须报经有关部门审批的业务的，应当提交有关部门的批准文件。

委托代理人申请设立登记的，应当提交投资人的委托书和代理人的身份证明或者资格证明。

第十条　个人独资企业设立申请书应当载明下列事项：

（一）企业的名称和住所；

（二）投资人的姓名和居所；

（三）投资人的出资额和出资方式；

（四）经营范围。

个人独资企业投资人以个人财产出资或者以其家庭共有财产作为个人出资的，应当在设立申请书中予以明确。

第十一条　登记机关应当在收到本办法第九条规定的全部文件之日起15日内，作出核准登记或者不予登记的决定。予以核准的发给营业执照；不予核准的，发给企业登记驳回通知书。

的，应当由投资人或者清算人于清算结束之日起15日内向原登记机关申请注销登记。

第十九条　个人独资企业申请注销登记，应当向登记机关提交下列文件：

（一）投资人或者清算人签署的注销登记申请书；

（二）投资人或者清算人签署的清算报告；

（三）国家工商行政管理总局规定提交的其他文件。

个人独资企业办理注销登记时，应当缴回营业执照。

第二十条　登记机关应当在收到本办法第十九条规定的全部文件之日起15日内，作出核准登记或者不予登记的决定。予以核准的，发给核准通知书；不予核准的，发给企业登记驳回通知书。

第二十一条　经登记机关注销登记，个人独资企业终止。

第五章　分支机构登记

第二十二条　个人独资企业设立分支机构，应当由投资人或者其委托的代理人向分支机构所在地的登记机关申请设立登记。

第二十三条　分支机构的登记事项应当包括：分支机构的名称、经营场所、负责人姓名和居所、经营范围。

第二十四条　个人独资企业申请设立分支机构，应当向登记机关提交下列文件：

（一）分支机构设立登记申请书；

（二）登记机关加盖印章的个人独资企业营业执照复印件；

（三）经营场所证明；

（四）国家工商行政管理总局规定提交的其他文件。

分支机构从事法律、行政法规规定须报经有关部门审批的业务的，还应当提交有关部门的批准文件。

个人独资企业投资人委派分支机构负责人的，应当提交投资人委派分支机构负责人的委托书及其身份证明。

委托代理人申请分支机构设立登记的，应当提交投资人的委托书和代理人的身份证明或者资格证明。

第二十五条　登记机关应当在收到本办法第二十四条规定的全部文件之日起 15 日内，作出核准登记或者不予登记的决定。核准登记的，发给营业执照；不予登记的，发给登记驳回通知书。

第二十六条　个人独资企业分支机构申请变更登记、注销登记，比照本办法关于个人独资企业申请变更登记、注销登记的有关规定办理。

第二十七条　个人独资企业应当在其分支机构经核准设立、变更或者注销登记后 15 日内，将登记情况报该分支机构隶属的个人独资企业的登记机关备案。

第二十八条　个人独资企业向登记机关备案，应当提交下列文件：

（一）分支机构登记机关加盖印章的分支机构营业执照复印件、变更登记通知书或者注销登记通知书；

（二）国家工商行政管理总局规定提交的其他文件。

第六章　公示和证照管理

第二十九条　登记机关应当将个人独资企业登记、备案信息通过企业信用信息公示系统向社会公示。

第三十条　个人独资企业应当于每年 1 月 1 日至 6 月 30 日，通过企业信用信息公示系统向登记机关报送上一年度年度报告，并向社会公示。

年度报告公示的内容和监督检查按照国务院的规定执行。

第三十一条　个人独资企业营业执照分为正本和副本，正本和副本具有同等法律效力。

个人独资企业根据业务需要，可以向登记机关申请核发若干营业执照副本。

个人独资企业营业执照遗失的，应当在报刊上声明作废，并向登记机关申请补领。个人独资企业营业执照毁损的，应当向登记机关申请更换。

第三十二条　个人独资企业应当将营业执照正本置放在企业住所的醒目位置。

第三十三条　任何单位和个人不得伪造、涂改、出租、转让营业执照。

任何单位和个人不得承租、受让营业执照。

第三十四条　个人独资企业的营业执照正本和副本样式，由国家工商行政管理总局制定。

第七章　法律责任

第三十五条　未经登记机关依法核准登记并领取营业执照，以个人独资企业名义从事经营活动的，由登记机关责令停止经营活动，处以3000元以下的罚款。

第三十六条　个人独资企业办理登记时，提交虚假文件或者采取其他欺骗手段，取得企业登记的，由登记机关责令改正，处以5000元以下的罚款；情节严重的，并处吊销营业执照。

第三十七条　个人独资企业使用的名称与其在登记机关登记的名称不相符合的，责令限期改正，处以2000元以下的罚款。

第三十八条　个人独资企业登记事项发生变更，未依照本办法规定办理变更登记的，由登记机关责令限期改正；逾期不办理的，处以2000元以下的罚款。

第三十九条　个人独资企业不按规定时间将分支机构登记情况报该分支机构隶属的个人独资企业的登记机关备案的，由登记机关责令限期改正；逾期不备案的，处以2000元以下的罚款。

第四十条　个人独资企业营业执照遗失，不在报刊上声明作废的，由登记机关处以500元以下的罚款；个人独资企业营业执照遗失或者毁损，不向登记机关申请补领或者更换的，由登记机关处以500元以下的罚款。

第四十一条　个人独资企业未将营业执照正本置放在企业住所醒目位置的，由登记机关责令限期改正；逾期不改正的，处以500元以下的罚款。

第四十二条　个人独资企业涂改、出租、转让营业执照的，由登记机关责令改正，没收违法所得，处以3000元以下的罚款；情节严重的，吊销营业执照。

承租、受让营业执照从事经营活动的，由登记机关收缴营业执照，责令停止经营活动，处以5000元以下的罚款。

第四十三条　伪造营业执照的，由登记机关责令停业，没收违法所得，处以5000元以下的罚款；构成犯罪的，依法追究刑事责任。

第四十四条　个人独资企业成立后，无正当理由超过6个月未开业，或者开业后自行停业连续6个月的，吊销营业执照。

第四十五条　登记机关对不符合法律规定条件的个人独资企业予以登记，或者对符合法律规定条件的个人独资企业不予登记的，对直接责任人员依法予以行政处分；构成犯罪的，依法追究刑事责任。

第四十六条　登记机关的上级部门有关主管人员强令登记机关对不符合法律规定条件的个人独资企业予以登记，或者对符合法律规定条件的个人独资企业不予登记，或者对登记机关的违法登记行为进行包庇的，对直接责任人员依法予以行政处分；构成犯罪的，依法追究刑事责任。

第八章　附　　则

第四十七条　本办法施行前依据《中华人民共和国私营企业暂行条例》登记成立的私营独资企业，符合《个人独资企业法》规定的条件的，依据《个人独资企业法》和本办法登记为个人独资企业。

第四十八条　本办法自公布之日起施行。

附件 4

个体工商户登记管理办法

（2011 年 9 月 30 日国家工商行政管理总局令第 56 号公布，根据 2014 年 2 月 20 日国家工商行政管理总局令第 63 号公布的《国家工商行政管理总局关于修改〈中华人民共和国企业法人登记管理条例施行细则〉、〈外商投资合伙企业登记管理规定〉、〈个人独资企业登记管理办法〉、〈个体工商户登记管理办法〉等规章的决定》修订）

第一章　总　　则

第一条　为保护个体工商户合法权益，鼓励、支持和引导个体工商户健康发展，规范个体工商户登记管理行为，依据《个体工商户条例》，制定本办法。

第二条　有经营能力的公民经工商行政管理部门登记，领取个体工商户营业执照，依法开展经营活动。

第三条　个体工商户的注册、变更和注销登记应当依照《个体工商户条例》和本办法办理。

申请办理个体工商户登记，申请人应当对申请材料的真实性负责。

第四条　工商行政管理部门是个体工商户的登记管理机关。

国家工商行政管理总局主管全国的个体工商户登记管理工作。

省、自治区、直辖市工商行政管理局和设区的市（地区）工商行政管理局负责本辖区的个体工商户登记管理工作。

县、自治县、不设区的市工商行政管理局以及市辖区工商行政管理分局为个体工商户的登记机关（以下简称登记机关），负责本辖区内的个体工商户登记。

第五条　登记机关可以委托其下属工商行政管理所（以下简称工商所）办理个体工商户登记。

第二章　登记事项

第六条　个体工商户的登记事项包括：

（一）经营者姓名和住所；

（二）组成形式；

（三）经营范围；

（四）经营场所。

个体工商户使用名称的，名称作为登记事项。

第七条　经营者姓名和住所，是指申请登记为个体工商户的公民姓名及其户籍所在地的详细住址。

第八条　组成形式，包括个人经营和家庭经营。

家庭经营的，参加经营的家庭成员姓名应当同时备案。

第九条　经营范围，是指个体工商户开展经营活动所属的行业类别。

登记机关根据申请人申请，参照《国民经济行业分类》中的类别标准，登记个体工商户的经营范围。

第十条　经营场所，是指个体工商户营业所在地的详细地址。

个体工商户经登记机关登记的经营场所只能为一处。

第十一条　个体工商户申请使用名称的，应当按照《个体工商户名称登记管理办法》办理。

第三章　登记申请

第十二条　个人经营的，以经营者本人为申请人；家庭经营的，以家庭成员中主持经营者为申请人。

委托代理人申请注册、变更、注销登记的，应当提交申请人的委托书和代理人的身份证明或者资格证明。

第十三条　申请个体工商户登记，申请人或者其委托的代理人可以直接到经营场所所在地登记机关登记；登记机关委托其下属工商所办理个体工商户登记的，到经营场所所在地工商所登记。

申请人或者其委托的代理人可以通过邮寄、传真、电子数据交换、电子邮件等方式向经营场所所在地登记机关提交申请。通过传真、电子数据交换、电子邮件等方式提交申请的，应当提供申请人或者其代理人的联络方式及通讯地址。对登记机关予以受理的申请，申请人应当自收到受理通知书之日起5日内，提交与传真、电子数据交换、电子邮件内容一致的申请材料原件。

第十四条　申请个体工商户注册登记，应当提交下列文件：

（一）申请人签署的个体工商户注册登记申请书；

（二）申请人身份证明；

（三）经营场所证明；

（四）国家工商行政管理总局规定提交的其他文件。

第十五条　申请个体工商户变更登记，应当提交下列文件：

（一）申请人签署的个体工商户变更登记申请书；

（二）申请经营场所变更的，应当提交新经营场所证明；

（三）国家工商行政管理总局规定提交的其他文件。

第十六条　申请个体工商户注销登记，应当提交下列文件：

（一）申请人签署的个体工商户注销登记申请书；

（二）个体工商户营业执照正本及所有副本；

（三）国家工商行政管理总局规定提交的其他文件。

第十七条　申请注册、变更登记的经营范围涉及国家法律、行政法规或者国务院决定规定在登记前须经批准的项目的，应当在申请登记前报经国家有关部门批准，并向登记机关提交相关批准文件。

第四章　受理、审查和决定

第十八条　登记机关收到申请人提交的登记申请后，对于申请材料齐全、符合法定形式的，应当受理。

申请材料不齐全或者不符合法定形式，登记机关应当当场告知申请人需要补正的全部内容，申请人按照要求提交全部补正申请材料的，登记机关应当受理。

申请材料存在可以当场更正的错误的，登记机关应当允许申请人当场更正。

第十九条　登记机关受理登记申请，除当场予以登记的外，应当发给申请人受理通知书。

对于不符合受理条件的登记申请，登记机关不予受理，并发给申请人不予受理通知书。

申请事项依法不属于个体工商户登记范畴的，登记机关应当即时决定不予受理，并向申请人说明理由。

第二十条　申请人提交的申请材料齐全、符合法定形式的，登记机关应当当场予以登记，并发给申请人准予登记通知书。

根据法定条件和程序，需要对申请材料的实质性内容进行核实的，登记机关应当指派两名以上工作人员进行核查，并填写申请材料核查情况报告书。登记机关应当自受理登记申请之日起 15 日内作出是否准予登记的决定。

第二十一条　对于以邮寄、传真、电子数据交换、电子邮件等方式提出申请并经登记机关受理的，登记机关应当自受理登记申请之日起 15 日内作出是否准予登记的决定。

第二十二条　登记机关作出准予登记决定的，应当发给申请人准予个体工商户登记通知书，并在 10 日内发给申请人个体工商户营业执照。不予登记的，应当发给申请人个体工商户登记驳回通知书。

第五章　监督管理

第二十三条　个体工商户应当于每年 1 月 1 日至 6 月 30 日向登记机关报送上一年度年度报告，并对其年度报告的真实性、合法性负责。

个体工商户年度报告、公示办法由国家工商行政管理总局另行制定。

第二十四条　个体工商户营业执照（以下简称营业执照）分为正本和副本，载明个体工商户的名称、经营者姓名、组成形式、经营场所、经营范围、注册日期和注册号、发照机关及发照时间信息，正、副本具有同等法律效力。

第二十五条　营业执照正本应当置于个体工商户经营场所的醒目位置。

第二十六条　个体工商户变更登记涉及营业执照载明事项的，登记机关应当换发营业执照。

第二十七条　营业执照遗失或毁损的，个体工商户应当向登记机关申请补领或者更换。

营业执照遗失的，个体工商户还应当在公开发行的报刊上声明作废。

第二十八条　有下列情形之一的，登记机关或其上级机关根据利害关系人的请求或者依据职权，可以撤销个体工商户登记：

（一）登记机关工作人员滥用职权、玩忽职守作出准予登记决定的；

（二）超越法定职权作出准予登记决定的；

（三）违反法定程序作出准予登记决定的；

（四）对不具备申请资格或者不符合法定条件的申请人准予登记的；

（五）依法可以撤销登记的其他情形。

申请人以欺骗、贿赂等不正当手段取得个体工商户登记的，应当予以撤销。

依照前两款的规定撤销个体工商户登记，可能对公共利益造成重大损害的，不予撤销。

依照本条第一款的规定撤销个体工商户登记，经营者合法权益受到损害的，行政机关应当依法给予赔偿。

第二十九条　登记机关作出撤销登记决定的，应当发给原申请人撤销登记决定书。

第三十条　有关行政机关依照《个体工商户条例》第二十四条规定，通知登记机关个体工商户行政许可被撤销、吊销或者行政许可有效期届满的，登记机关应当依法撤销登记或者吊销营业执照，或者责令当事人依法办理变更登记。

第三十一条　登记机关应当依照国家工商行政管理总局有关规定，依托个体工商户登记管理数据库，利用信息化手段，开展个体工商户信用监管，促进社会信用体系建设。

第六章　登记管理信息公示、公开

第三十二条　登记机关应当在登记场所及其网站公示个体工商户登记的

以下内容：

（一）登记事项；

（二）登记依据；

（三）登记条件；

（四）登记程序及期限；

（五）提交申请材料目录及申请书示范文本；

（六）登记收费标准及依据。

登记机关应申请人的要求应当就公示内容予以说明、解释。

第三十三条　公众查阅个体工商户的下列信息，登记机关应当提供：

（一）注册、变更、注销登记的相关信息；

（二）国家工商行政管理总局规定公开的其他信息。

第三十四条　个体工商户登记管理材料涉及国家秘密、商业秘密和个人隐私的，登记机关不得对外公开。

第七章　法律责任

第三十五条　个体工商户提交虚假材料骗取注册登记，或者伪造、涂改、出租、出借、转让营业执照的，由登记机关责令改正，处4000元以下的罚款；情节严重的，撤销注册登记或者吊销营业执照。

第三十六条　个体工商户登记事项变更，未办理变更登记的，由登记机关责令改正，处1500元以下的罚款；情节严重的，吊销营业执照。

第三十七条　个体工商户违反本办法第二十五条规定的，由登记机关责令限期改正；逾期未改正的，处500元以下的罚款。

第八章　附　　则

第三十八条　香港特别行政区、澳门特别行政区永久性居民中的中国公民，台湾地区居民可以按照国家有关规定，申请登记为个体工商户。

第三十九条　个体工商户申请转变为企业组织形式的，登记机关应当依法为其提供继续使用原名称字号、保持工商登记档案延续性等市场主体组织形式转变方面的便利，及相关政策、法规和信息咨询服务。

第四十条　个体工商户办理注册登记、变更登记，应当缴纳登记费。

个体工商户登记收费标准，按照国家有关规定执行。

第四十一条　个体工商户的登记文书格式以及营业执照的正本、副本样式，由国家工商行政管理总局制定。

第四十二条　本办法自2011年11月1日起施行。1987年9月5日国家工商行政管理局公布、1998年12月3日国家工商行政管理局令第86号修订的《城乡个体工商户管理暂行条例实施细则》，2004年7月23日国家工商行政管理总局令第13号公布的《个体工商户登记程序规定》同时废止。

编 后 语

为了加强对“引进来”和“走出去”双向投资工作的宏观指导和服务，更好地为中国企业“走出去”、跨国公司“进入中国”提供政策和资讯等方面的信息，在国家发展和改革委员会领导的关怀和指导下，国际合作中心组织编辑了“一带一路双向投资丛书”(以下简称“丛书”)。

“丛书”以促进“双向投资”为宗旨，建立国际投资合作交流平台，由《2015中国双向投资发展报告》《中国双向投资政策指南》《一带一路国外投资指南》(上、下)《一带一路双向投资研究与案例分析》组成，以达到务实指导和服务社会各界开展交流合作的目的。

本书的编辑团队，经过走访、调研、征稿、网上搜集、分析等多种方式，历时10个月完成了“丛书”编辑工作。在“丛书”编辑过程中，编辑组得到了国家发展和改革委员会办公厅、利用外资和境外投资司、西部开发司、国际合作司等有关部门的支持，有关省区市发展改革委为“丛书”提供了大量丰富的发展信息资料，得到了商务部外国投资管理司、对外投资和经济合作司、投资促进事务局、国际贸易经济合作研究院的支持与帮助。同时，此书也得到了有关外国驻华大使馆的大力协助与支持。最后，机械工业出版社华章公司对本“丛书”的出版也给予了大力协助，在此一并致以最诚挚的谢意。

国家发展和改革委员会国际合作中心　曹文炼

2015年11月

德鲁克管理经典

编号	书号	书名	定价
	德鲁克管理经典		
1	978-7-111-28077-4	工业人的未来(珍藏版)	¥36.00
2	978-7-111-28075-0	公司的概念(珍藏版)	¥39.00
3	978-7-111-28078-1	新社会(珍藏版)	¥49.00
4	978-7-111-28074-3	管理的实践(珍藏版)	¥49.00
5	978-7-111-28073-6	管理的实践(中英文双语典藏版、珍藏版)	¥86.00
6	978-7-111-28072-9	成果管理(珍藏版)	¥46.00
7	978-7-111-28071-2	卓有成效的管理者(珍藏版)	¥30.00
8	978-7-111-28070-5	卓有成效的管理者(中英文双语 珍藏版)	¥40.00
9	978-7-111-28069-9	管理:使命.责任.实务(使命篇)(珍藏版)	¥60.00
10	978-7-111-28067-5	管理:使命.责任.实务(实务篇)(珍藏版)	¥46.00
11	978-7-111-28068-2	管理:使命.责任.实务(责任篇)(珍藏版)	¥39.00
12	978-7-111-28079-8	旁观者:管理大师德鲁克回忆录(珍藏版)	¥39.00
13	978-7-111-28066-8	动荡时代的管理(珍藏版)	¥36.00
14	978-7-111-28065-1	创新与企业家精神(珍藏版)	¥49.00
15	978-7-111-28064-4	管理前沿(珍藏版)	¥42.00
16	978-7-111-28063-7	非营利组织的管理(珍藏版)	¥36.00
17	978-7-111-28062-0	管理未来(珍藏版)	¥42.00
18	978-7-111-28061-3	巨变时代的管理(珍藏版)	¥42.00
19	978-7-111-28060-6	21世纪的管理挑战(珍藏版)	¥30.00
20	978-7-111-28059-0	21世纪的管理挑战(中英文双语典藏版、珍藏版)	¥42.00
21	978-7-111-28058-3	德鲁克管理思想精要(珍藏版)	¥46.00
22	978-7-111-28057-6	下一个社会的管理(珍藏版)	¥36.00
23	978-7-111-28080-4	功能社会:德鲁克自选集(珍藏版)	¥40.00
24	978-7-111-28517-5	管理(下册)(原书修订版)	¥49.00
25	978-7-111-28515-1	管理(上册)(原书修订版)	¥39.00
26	978-7-111-28359-1	德鲁克经典管理案例解析(原书最新修订版)	¥36.00
27	978-7-111-37733-7	卓有成效管理者的实践	¥36.00
28	978-7-111-44339-1	行善的诱惑	¥29.00
29	978-7-111-45029-0	德鲁克看中国与日本	¥39.00
30	978-7-111-46700-7	最后的完美世界	¥39.00
31	978-7-111-47543-9	管理新现实	¥39.00
32	978-7-111-48566-7	人与绩效：德鲁克管理精华	¥59.00
33	978-7-111-52122-8	养老金革命	¥39.00
	解读德鲁克系列		
1	978-7-111-28076-7	大师的轨迹:探索德鲁克的世界	¥29.00
2	978-7-111-23177-6	德鲁克的最后忠告	¥36.00
3	978-7-111-27690-6	走近德鲁克	¥32.00
4	978-7-111-28468-0	德鲁克实践在中国	¥38.00
5	978-7-111-28462-8	德鲁克管理思想解读	¥49.00
6	978-7-111-28469-7	百年德鲁克	¥38.00
7	978-7-111-30025-0	德鲁克教你经营完美人生	¥26.00
8	978-7-111-35091-0	德鲁克论领导力：现代管理学之父的新教诲	¥39.00
9	978-7-111-45189-1	卓有成效的个人管理	¥29.00
10	978-7-111-45191-4	卓有成效的组织管理	¥29.00
11	978-7-111-45188-4	卓有成效的变革管理	¥29.00
12	978-7-111-45190-7	卓有成效的社会管理	¥29.00
13	978-7-111-44748-1	德鲁克的十七堂管理课	¥49.00
14	978-7-111-47266-7	德鲁克思想的管理实践	¥49.00
15	978-7-111-52138-9	英雄领导力：以正直和荣誉进行领导	¥45.00

陈春花管理系列

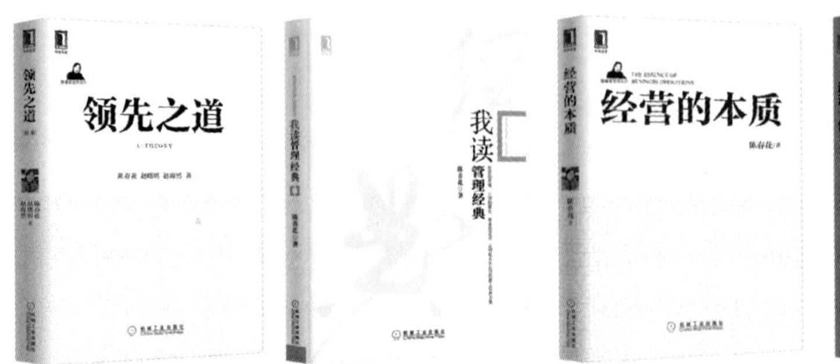

书名	ISBN	价格
领先之道	978-7-111-45006-1	49.00
我读管理经典	978-7-111-48695-4	39.00
经营的本质	978-7-111-40290-9	39.00
管理的常识：让管理发挥绩效的7个基本概念	978-7-111-28967-8	36.00
从理念到行为习惯：企业文化管理	978-7-111-35224-2	38.00
中国企业的下一个机会：成为价值型企业	978-7-111-24019-8	36.00
冬天的作为：经济危机下企业逆势增长	978-7-111-25913-8	36.00
回归基本层面	978-7-111-18845	28.00
超越竞争（第五届教育部高等学校科学研究优秀成果奖三等奖）	978-7-111-21913-2	36.00
从现在出发：大学生的七项修炼	978-7-111-32988-6	25.00
带妈妈去旅游	978-7-111-50088-9	49.00
让心安然	978-7-111-51075-8	69.00
让心安住	978-7-111-40438-5	35.00
让心淡然	978-7-111-44724-5	39.00
在苍茫中点灯	978-7-111-24994-8	25.00
手比头高	978-7-111-28966-1	26.00
激活个体：互联时代的组织管理新范式	978-7-111-51742-9	49.00
中国领先企业管理思想研究	978-7-111-46988-9	49.00